WOLFGANG J. MOMMSEN

GROSSMACHTSTELLUNG UND WELTPOLITIK

Die Außenpolitik des Deutschen Reiches 1870 bis 1914

PROPYLÄEN-STUDIENAUSGABE

Diese Studienausgabe enthält die außenpolitischen Kapitel des 1993 erschienenen Bandes 7/1 der »Propyläen Geschichte Deutschlands« sowie die Abschnitte über die deutsche Außenpolitik in dem in Vorbereitung befindlichen Band 7/2 des Propyläen-Reihenwerks, ergänzt durch den wissenschaftlichen Apparat.

Betreuung der Tabellen und Karten: Gisela Hidde
Landkarten und Graphiken: Erika Baßler
Bibliographie und Register: Kirsten Zirkel, M.A. und Stephanie Merkenich, M.A.
Umschlagentwurf: Theodor Bayer-Eynck
Satz: Utesch Satztechnik GmbH, Hamburg
Druck und Weiterverarbeitung: Ebner Ulm

Printed in Germany 1993
ISBN 3-548-33169-6

Gedruckt auf alterungsbeständigem Papier
mit chlorfrei gebleichtem Zellstoff

Die Deutsche Bibliothek – CIP-Einheitsaufnahme

Mommsen, Wolfgang J.:
Grossmachtstellung und Weltpolitik: die Aussenpolitik des Deutschen Reiches 1870 bis 1914 / Wolfgang J. Mommsen. –
Frankfurt am Main; Berlin: Ullstein, 1993
(Ullstein-Buch; Nr. 33169: Propyläen-Studienausgabe)
ISBN 3-548-33169-6
NE: GT

Inhalt

Die Außenpolitik Bethmann Hollwegs unter dem Druck zunehmender imperialistischer Strömungen in der deutschen Gesellschaft (1909–1914)

Einleitung

Das Deutsche Reich ist in gewissem Sinne auf dem Schlachtfelde zustande gekommen. Es hatte dreier europäischer Kriege bedurft, des Krieges gegen Dänemark 1864, des deutschen Krieges zwischen Preußen und Österreich 1866, der zur Verdrängung des Kaiserstaates aus Deutschland führte und eine Lösung der deutschen Frage unter preußischer Führung unabwendbar machte, und schließlich des deutsch-französischen Krieges von 1870/71, um den Weg zur staatlichen Einigung der Deutschen frei zu machen. Allerdings verblieben nun die Deutschen innerhalb des österreichischen Staatsverbandes definitiv außerhalb des neuen, wie die Zeitgenossen sagten, kleindeutschen Nationalstaates.

Es hat mehr als nur symbolische Bedeutung, daß die Gründung des Deutschen Reiches in der Form eines dynastischen Akts unter starker militärischer Präsenz, der sogenannten Kaiserproklamation vom 18. Januar 1871, im Spiegelsaal des Versailler Schlosses vollzogen wurde. Versailles diente dem kaiserlichen Hofe während der späteren Phasen des deutsch-französischen Krieges als Hauptquartier, und insofern lag es nahe, die Zeremonie in einem der berühmten Königsschlösser Frankreichs und nicht, wie man wohl hätte erwarten können, in Berlin zu vollziehen. Aber die Errichtung des deutschen Nationalstaates auf fremdem Territorium prägte der inneren Politik von Anfang an einen konservativ-monarchischen Stempel auf; die preußisch-deutschen Waffen, nicht die deutsche Nationalbewegung hatten die Reichsgründung möglich gemacht. Gleiches gilt, in noch vermehrtem Maße, für die äußere Politik des Deutschen Reiches. An ihrem Anfang stand die symbolische Demütigung des geschlagenen Frankreich; mit der hegemonialen Stellung, die Frankreich während der Herrschaft Napoleons III. stets beansprucht und gutenteils hatte durchsetzen können, war es vorbei. Der Triumph der deutschen Nation über das besiegte Frankreich wurde durch die Erhebung des Tages der Schlacht von Sedan zum deutschen Nationalfeiertag symbolisch auf Dauer gestellt.[1] Der deutsch-französische Gegensatz, der in seinen Anfängen bis auf Napoleon I. zurückging, wurde nun zu einer unverrückbaren Konstante der europäischen Mächtebeziehungen; zugleich aber verhärteten sich die frankophoben und wechselseitig auch die germanophoben Einstellungen in der deutschen und der französischen Öffentlichkeit. Dies mußte zwangsläufig weitreichende Auswirkungen auf die deutsche Außenpolitik der kommenden Jahrzehnte haben.

Aus heutiger Sicht stellt sich die Frage, ob sich die Einigung der Deutschen in der Mitte Europas auch ohne militärische Waffengänge mit ihren unmittelbaren europäischen Nachbarn hätte erreichen und insbesondere der deutsch-französische Krieg von 1870/71 hätte vermeiden lassen. Doch wird man sagen können, daß anfänglich gewiß alternative Möglichkeiten zur Lösung der deutschen Frage bestanden haben. Doch wären diese sämtlich nur in einem vergleichsweise höchst lockeren Staatenverband realisierbar gewesen, der hinter dem Ideal eines geschlossenen deutschen Nationalstaats weit zurückgeblieben wäre. Einer solchen Lösung stand überdies die selbständige Existenz des österreichischen Kaiserstaates als einer europäischen, nicht einer deutschen Macht ebenso im Wege wie die eigenständige, durch eine vergleichsweise starke wirtschaftliche Position zusätzlich gefestigte Stellung Preußens. Eine der denkbaren, in den 60er Jahren unter anderem von dem sächsischen Staatskanzler Graf Beust betriebenen und späterhin auch von dem bayerischen Ministerpräsidenten Chlodwig Fürst zu Hohenlohe-Schillingsfürst favorisierten Alternativen wäre ein Zusammenschluß des »dritten« Deutschland mit einer relativ selbständigen staatlichen Existenz, bei unverändertem Fortbestand des österreichisch-ungarischen Vielvölkerstaates und einem aufsteigenden, ehrgeizigen Preußen, gewesen. Dies hätte zugleich im Interesse der Politik Napoleons III. gelegen, der dann hätte hoffen können, weiterhin maßgeblichen Einfluß auf den dann entstehenden Südbund ausüben zu können und diesen gegebenenfalls sogar gegen die Begehrlichkeiten der beiden deutschen Großmächte zu schützen. Eine solche Neuordnung der Verhältnisse in Deutschland, mit anderen Worten der Aufteilung der Nation auf drei unabhängige Staatsgebilde, aber wäre von der deutschen Nationalbewegung nie als vollgültige Lösung akzeptiert worden, und dies um so mehr, als mit der Gründung und schrittweisen Erweiterung des Deutschen Zollvereins die Weichen bereits in eine andere Richtung gestellt waren. Jede weitergehende Lösung aber mußte bei Lage der Dinge mit der Gegnerschaft des napoleonischen Frankreichs und gegebenenfalls mit einem militärischen Eingreifen desselben rechnen.

Jedoch waren die Würfel in dieser Hinsicht bereits mit den Entscheidungen von 1866 gefallen. Zwar war die Pazifizierung Österreich-Ungarns nach dem verlorenen Kriege im ganzen gelungen, nicht zuletzt dank der relativ maßvollen Friedensbedingungen, die Bismarck damals gegen den Willen Wilhelms I. und des älteren Moltke durchzusetzen verstanden hatte. Dafür aber war weiterhin mit der Gegnerschaft des napoleonischen Frankreich zu rechnen, welches seine überkommene Rolle als Hegemonialmacht in Europa, unter vorsichtiger Unterstützung der Nationalbewegungen, nicht aufzugeben bereit war. Im Prager Frieden vom 23. August 1866 war dem zu gründenden »süddeutschen Staatenbund« eine »international unabhängige Existenz« zugesichert worden. Dies hieß im Klartext, daß jedes Ausgreifen Preußens über die Mainlinie mit einer Intervention Frankreichs und möglicherweise anderer Großmächte zu rechnen haben würde. In der deutschen öffentlichen Meinung setzte sich seitdem mehr und mehr die Ansicht durch, daß aller Voraussicht nach die Vollendung der Einigung der Deutschen nicht ohne einen Waffengang mit Frankreich erreichbar sein werde. Auch Bismarck hat sich gelegentlich in diesem Sinne ausgesprochen, aber es ist sicher, daß er einen Krieg mit Frankreich zumindest einstweilen tunlichst zu vermeiden bestrebt gewesen ist, zumal auch andere Gründe dafür sprachen, den Prozeß der nationalen Einigung nicht zu stark zu forcieren. In der Luxemburger Krise des Jahres 1867 hatte er einen Kompromiß mit Napoleon III. ausgehandelt, der den definitiven Verzicht des deutschen Nationalstaates auf das ehemals zum Deutschen Bunde gehörende Großherzogtum Luxemburg als Preis für die Erhaltung des europäischen Friedens erforderte. Ebenso zeigte er dem ungeduldigen Drängen der deutschen Nationalbewegung auf ein entschiedeneres Vorgehen in der »deutschen Frage« die kalte Schulter. Bismarck ging damals noch davon aus, daß eine Ausdehnung des nun entstehenden Norddeutschen Bundes auf die süddeutschen Staaten noch Jahrzehnte dauern könne und vielleicht zu seinen Lebzeiten überhaupt nicht zustande kommen würde. Die mehrfachen, von den Nationalliberalen begeistert befürworteten Anträge des Großherzogtums Baden auf Aufnahme in den Norddeutschen Bund, ein Schritt, der nach seiner Ansicht mit großer Wahrscheinlichkeit eine sofortige militärische Intervention Frankreichs nach sich gezogen haben würde, wies er brüsk zurück.[2] Er sprach in diesem Zusammenhang davon, daß das Abschlagen »unreifer Früchte« der schwerste Fehler sei, den ein Staatsmann begehen könnte. Er wollte zuwarten, bis die Verhältnisse von selbst einen Beitritt der süddeutschen Staaten zum Norddeutschen Bund unabweisbar machen würden.

Aber die Entwicklung der Dinge lief seit 1868 keineswegs in der von Bismarck erwarteten Richtung. Vielmehr kam es zu einer Zuspitzung der Entwicklung im antipreußischen Sinne. Die Zunahme preußenfeindlicher Tendenzen und das stete Anwachsen der gegen die preußisch-deutsche Einigung eingestellten Parteien in den süddeutschen Staaten sowie der ungünstige Ausfall der Zollvereinswahlen von 1868 veränderten die Lage. Andererseits wurden die Forderungen der nationalen Bewegung, man solle doch wenigstens Baden, komme was wolle, unverzüglich in den Norddeutschen Bund aufnehmen, immer lauter. Bismarck wehrte diesen Schritt, der mit großer Wahrscheinlichkeit den Krieg mit Frankreich gebracht haben würde, wie bisher mit Entschiedenheit ab. Aber er geriet in eine immer schwierigere innenpolitische Lage; er lief Gefahr, die moralische Führung in der »deutschen Frage« an die nationalen Parteien abzugeben.

In dieser Konstellation bot sich die Frage der Berufung eines Hohenzollernprinzen auf den spanischen Königsthron, die im Februar 1870 akut wurde, als gegebene Möglichkeit an, um, wenn auch nur indirekt, erneut Bewegung in die deutsche Frage hineinzubringen. Am 26. Februar 1870 wurde dem Erbprinzen Karl Anton von Hohenzollern-Sigmaringen offiziell das Angebot der Übernahme des verwaisten spanischen Königsthrons für dessen Sohn Leopold überbracht. Bismarck hat, wie wir erst seit Anfang der 1950er Jahre mit Sicherheit wissen, die spanische Thronkandidatur Leopolds oder gegebenenfalls auch eines anderen Prinzen aus der katholischen Linie der Hohenzollern vom ersten Tage an mit allen ihm zu Gebote stehenden Mitteln betrieben und gegen erhebliche Widerstände dann auch durchgesetzt, obschon weder Wilhelm I. noch die Sigmaringer von dem

Gedanken begeistert waren, den durch eine Revolution freigewordenen spanischen Thron zu übernehmen, zumal von vornherein mit der erbitterten Gegnerschaft Frankreichs gerechnet werden müßte. Der Kanzler appellierte dabei an das Nationalgefühl der Betroffenen, sei doch damit eine Steigerung des internationalen Ansehens der Hohenzollerndynastie verbunden, die auch auf die weitere Entwicklung der deutschen Verhältnisse günstige Auswirkungen haben werde. Allerdings gab er nach außen von vornherein die Parole aus, daß die amtliche Politik Preußen-Deutschlands und auch er selbst mit dieser Angelegenheit nicht das Geringste zu tun hätten; dies sei eine Privatsache allein des Hauses Hohenzollern-Sigmaringen.

Die Frage, ob Bismarck dabei von vornherein mit der Möglichkeit eines Krieges mit Frankreich gerechnet und diese kaltblütig in sein diplomatisches Kalkül eingestellt hat, ist bis heute umstritten.[3] Daß er grundsätzlich einen solchen Krieg eher zu vermeiden wünschte, wenn dies möglich sein würde, ist gewiß; am 27. Februar 1870, also einen Tag nachdem das Angebot an Leopold ergangen war, erklärte Bismarck gegenüber Moritz Busch: »Wir könnten einen Krieg mit Frankreich führen und siegen; es würden aber vier bis fünf daraus werden, und so wäre das Thorheit, wenn nicht Verbrechen, wenn man es auf friedlichem Wege erreichen kann.«[4] Aber andererseits scheute Bismarck das Mittel des Krieges nicht, sofern ihm die Lage dafür reif zu sein schien. In seinen internen Äußerungen jener Monate spielte der Kanzler die Gefahr eines Krieges mit Frankreich wegen der spanischen Thronfolgefrage naturgemäß herunter. Aber er nahm das Risiko eines Krieges von vornherein bewußt in Kauf. In jedem Falle war er nicht bereit, dieserhalb von der Betreibung der Hohenzollernkandidatur Abstand zu nehmen. Immerhin dürfte er die Hoffnung gehegt haben, daß sich die französische Regierung, wenn sie überraschend mit dem fait accompli der Wahl Leopolds durch die spanischen Cortes konfrontiert werde, ohne daß dabei die amtliche Politik Preußens nach außen hin in Erscheinung getreten war, am Ende grollend mit dem neugeschaffenen Tatbestand abfinden werde.

Als dann aber die Kandidatur Leopolds wegen eines Übermittlungsfehlers und der dadurch unvermeidlich gewordenen Vertagung der Cortes vorzeitig bekannt wurde, brach das sorgfältig vorbereitete Inszenario wie ein Kartenhaus zusammen. Die französische Regierung forderte sogleich nicht nur, daß sich die preußische Politik von der Thronkandidatur distanzieren solle, sondern auch, daß Wilhelm I. der Kandidatur in einer öffentlich wirksamen Weise seine Zustimmung versagen möge. Dies wurde auf Bismarcks Weisung mit dem (wie wir heute wissen, wahrheitswidrigen) Hinweis darauf beantwortet, daß die amtliche preußische Politik mit der Kandidatur nichts zu tun habe und diese allein eine Sache des Hauses Sigmaringen-Hohenzollern sei. Die französische Regierung sah sich weder dadurch noch durch den hastig ausgesprochenen Verzicht der Sigmaringer auf die Kandidatur befriedigt. Der französische Außenminister Gramont hatte sich mit seiner Erklärung in der französischen Kammer vom 6. Juli 1870, in der er offen mit dem Kriege gedroht hatte, schon zu weit vorgewagt, um sich damit zufriedenzugeben; er wollte eine öffentliche Demütigung Preußens, das, wie man in Paris als gewiß annahm, hinter der ganzen Angelegenheit gestanden habe. Die französische Diplomatie verlangte nun eine öffentlich verwertbare Erklärung des Königs von Preußen, daß er auch in Zukunft niemals einer Kandidatur eines Hohenzollern für den spanischen Königsthron seine Zustimmung geben werde. Der französische Botschafter Benedetti wurde beauftragt, eine solche Erklärung von dem in Bad Ems weilenden Monarchen, koste es, was es wolle, zu erlangen. Am Ende gab Wilhelm I. anläßlich eines von Benedetti erzwungenen Gesprächs auf der Kurpromenade von Bad Ems eine verbindliche, in der Sache abwiegelnde Stellungnahme ab, auch wenn er es weiterhin ablehnte, eine förmliche Garantieerklärung abzugeben. Bismarck wertete bereits dies als eine persönliche Niederlage und eine Demütigung Preußens. Zu diesem Zeitpunkt war er fest entschlossen, Frankreich doch noch zum Kriege zu provozieren. Durch die verkürzende und die ablehnenden Passagen der Stellungnahme Wilhelms I. pointiert herausstellende Redaktion des Berichts des Vertreters des Auswärtigen Amtes in Bad Ems, der sog. Emser Depesche, über das Gespräch des Königs mit dem französischen Botschafter Benedetti gelang es ihm, eine diplomatische Demütigung in eine Herausforderung an Frankreich umzumünzen. Nunmehr wollte der Kanzler den Krieg, während die französische Regierung, die den Druck der nationalistischen öffentlichen Meinung fürchtete und für den Fall eines Rückzugs eine weitere Schwächung der bereits angeschlagenen Position des Napoleonischen Kaisertums erwartete, keine Möglichkeit mehr sah, sich aus ihrer selbstgeknüpften Schlinge wieder herauszuziehen. Zwei Tage später erklärte Frankreich in aller Form dem Norddeutschen Bund den Krieg.

Zunächst lief alles nach Bismarcks Wunsch. Das Odium des Angreifers fiel, wie wir heute wissen, nicht ganz berechtigterweise, allein auf Frankreich, und die Position des Norddeutschen Bundes, dem jetzt auch die süddeutschen Staaten zu Hilfe kamen, schien moralisch glänzend gerechtfertigt. Demgemäß sahen die anderen Mächte keinen Anlaß, in den ausbrechenden Konflikt einzugreifen. In Großbritannien bestanden ohnehin große Sympathien für die nationale Einigung Deutschlands; nur Benjamin Disraeli warnte wenig später davor, daß dieser Krieg eine »deutsche Revolution« darstelle und das europäische Gleichgewicht völlig zerstört habe.[5] Die zarische Regierung hingegen betrachtete das bonapartistische Frankreich mit großem Mißtrauen; außerdem zahlten sich jetzt Bismarcks Dienstleistungen bei der Niederwerfung des polnischen Aufstandes 1863 aus. Österreich–Ungarn hingegen hielt sich zurück; die immerhin noch vorhandenen Tendenzen, jetzt im Bunde mit Frankreich die Ergebnisse des Prager Friedens zu revidieren, kamen schon deshalb nicht zum Zuge, weil auch die deutsche Bevölkerung des zisleithanischen Österreich mit der deutschen Sache sympathisierte.

Desgleichen kam es zu einer Welle der nationalen Begeisterung, die die bislang bestehenden Reserven gegen ein unter preußischer Führung stehendes Deutschland hinwegfegte. Die nationale Aufbruchstimmung der ersten Kriegswochen nahm in mancher Hinsicht den »Geist des 4. August 1914« vorweg. Selbst Leopold von Ranke, der dem neuen integralen Nationalismus eher mit Reserve gegenüberstand, bekundete damals mit tiefer Bewegung, daß durch den Krieg mit Frankreich »das Bewußtsein unserer Nationalität [...] wieder erwacht und zu einer großartigen Erscheinung gebracht ist.«[6]

Der Ablauf der militärischen Ereignisse hingegen gestaltete sich zunächst keineswegs so günstig, wie man auf deutscher Seite erwartet hatte.[7] Zwar lief sich der von der französischen Armeeführung geplante große Offensivschlag nach Süddeutschland hinein in den ersten Anläufen fest, aber auch die preußische Gegenoffensive, die nach äußerst blutigen Grenzschlachten am 12. August eingeleitet wurde, führte zunächst zu massenhaften Verlusten bei nur begrenzten strategischen Gewinnen. Im weiteren Verlauf gelang es dann, teilweise dank schwerer strategischer Fehler auf französischer Seite, die französische Rheinarmee nach Metz abzudrängen und dort einzuschließen. Erst jetzt ergab sich die Chance, die gesamte Armee MacMahon einschließlich Napoleons III. gegen die belgische Grenze zu drängen und schließlich bei Sedan einzuschließen. Der Sieg in der Schlacht bei Sedan, der mit der Gefangennahme von über 100 000 französischen Soldaten und Napoleons selbst endete, wurde in Deutschland weithin bereits als endgültiger Triumph über Frankreich aufgefaßt und begeistert gefeiert. Erst nach und nach stellte sich heraus, daß dies voreilig gewesen war. Die neue republikanische »Regierung der nationalen Verteidigung« unter Jules Favre und Léon Gambetta gab mit großem Erfolg die Parole eines nationalen Volkskrieges aus; und es gelang ihr, in verhältnismäßig kurzer Zeit ganz neue Armeen aus dem Boden zu stampfen. Darüber hinaus sahen sich die deutschen Armeen überraschend mit zahlreichen Guerillaeinheiten, Franctireurs, wie man sie damals nannte, konfrontiert, die auf die Unterstützung der lokalen Bevölkerung zählen konnten. Der Frieden, den man auf deutscher Seite schon in greifbarer Nähe gesehen hatte, schien in weiter Ferne zu liegen, und selbst Moltke war tief besorgt. »Wie kurz oder wie lang dieser schreckliche Krieg noch dauert, und mit wem wir einmal den Frieden abzuschließen haben, das übersieht auch hier Niemand! Ein ganzes Volk in Waffen ist nicht zu unterschätzen.«[8]

Unter diesen Umständen wurde Bismarck immer stärker von der Sorge vor einer Intervention der Großmächte erfaßt. Am 7. November 1870 war die zarische Regierung überraschend mit einem Zirkular an die Regierungen der europäischen Großmächte hervorgetreten, in dem der Art. 56 des Pariser Friedens von 1856 einseitig aufgekündigt wurde; ersichtlich wollte auch das zarische Rußland von der dramatischen Verschiebung des europäischen Gleichgewichts, das durch den deutschen militärischen Sieg über Frankreich entstanden war, ihrerseits profitieren. Damit wurde die Gefahr, daß eine europäische Mächtekonferenz nicht allein über die sog. Pontusklausel, sondern auch über die Herbeiführung eines Friedensschlusses zwischen Preußen-Deutschland und Frankreich befinden werde, zum Nachteil des ersteren, akut. Dies gab den Anstoß zu erbitterten Auseinandersetzungen zwischen Bismarck und Moltke über eine Beschießung von Paris, von der ersterer erwartete, daß die Franzosen auf diese Weise zu einem raschen Friedensschluß genötigt werden könnten, während letzterer den militärischen Wert einer solchen Maßnahme mit einigem Recht bezweifelte. Am Ende gelang es Bismarck dann doch noch, einen Waffenstillstand mit Jules Favre auszuhandeln, noch bevor die Pontuskonferenz in die eigentlichen Sachverhandlungen eingetreten war.[9]

Das wichtigste Hindernis für einen raschen Friedensschluß waren von Anbeginn die vergleichsweise drückenden Friedensbedingungen gewesen, die von deutscher Seite gefordert wurden, insbesondere die Abtretung nicht nur des Elsaß, sondern auch Lothringens mit teilweise überwiegend französischsprachiger Bevölkerung, einschließlich von Metz und Belfort, sowie eine Kriegskontribution über 1300 Millionen Thaler, die binnen fünf Jahren gezahlt werden sollte. Jedoch erwies sich Bismarck in diesen Punkten, von Ehrenfragen, wie dem Verzicht auf einen förmlichen Einmarsch der deutschen Truppen in Paris, abgesehen, unnachgiebig. Erst nach langen, zähen Verhandlungen, in denen in einer Reihe von Einzelfragen und auch über die Grenzziehungen von französischer Seite noch Modifikationen durchgesetzt werden konnten, und die überdies durch den Ausbruch des Kommuneaufstandes noch verzögert und erschwert wurden, wurde schließlich am 10. Mai 1871 der Friede zu Frankfurt unterzeichnet. Damit erschien die Stellung Frankreichs als europäische Großmacht fürs erste besiegelt, zumal durch die für damalige Verhältnisse ungewöhnlich hohe Kriegskontribution eine rasche wirtschaftliche Erholung Frankreichs verhindert werden sollte.

Die Wiedergewinnung des Elsaß und Lothringens, Territorien, die ehemals zum Heiligen Römischen Reiche deutscher Nation gehört hatten, aber im 17. Jahrhundert an Frankreich verlorengegangen waren, wurde von Beginn des deutsch-französischen Krieges an von großen Teilen der deutschen öffentlichen Meinung als Siegespreis gefordert, obschon die Einwohner dieser beiden Provinzen sich überwiegend längst als Bürger des französischen Staates fühlten und nichts weniger wünschten, als über Nacht zu Untertanen Preußens oder des deutschen Kaisers zu werden.[10] Heinrich von Treitschke lieferte dafür die historische Rechtfertigung, in Anlehnung an Edmund Burkes berühmte Definition der Nation als eines Paktes der Generationen: »Der Geist eines Volkes umfaßt nicht blos[s] die nebeneinander, sondern auch die nacheinander lebenden Geschlechter. Wir berufen uns wider den mißleiteten Willen derer, die da leben [,] auf den Willen derer, die da waren.«[11] Es bedurfte gar nicht der bald einsetzenden offiziösen Propaganda, um die Zustimmung der Öffentlichkeit für die amtlichen Kriegsziele zu gewinnen, obschon es an einer intensiven Beeinflussung durch Bismarcks Schreiberlinge nicht gefehlt hat. Schwerwiegender noch war, daß die deutsche Politik mit der Annexion von rein französisch besiedelten Gebietsteilen über die Sprachgrenze hinweg griff und damit die Chancen für eine Integration dieser Provinzen in das Deutsche Reich sogleich erheblich beeinträchtigte. Für die Einbeziehung der französischen Teile Lothringens waren in erster Linie strategische Erwägungen maßgeblich, während ökonomische Gesichtspunkte noch keine wesentliche Rolle spielten. Bismarck hat diese Forderungen bisweilen selbst als exzessiv und problematisch angesehen und in erster Linie auf die Wünsche der Militärs zurückgeführt;[12] aber tatsächlich hat er schon früh selbst die Ansicht vertreten, daß die süddeutschen Bundesstaaten auf diese Weise vor künftighin zu erwartenden Angriffen Frankreichs wirksam geschützt werden müßten.[13] Im Hintergrund spielte ferner das Kalkül eine Rolle, durch die Annexion Elsaß und Lothringens die Bedingungen für die Reichseinigung zu erleichtern, war doch die Möglichkeit einer Aufteilung der süddeutschen Staaten erwogen worden.

Die kurzfristigen Vorteile des Friedensschlusses mit Frankreich, einschließlich der Annexion des Elsaß und Lothringens, waren groß. Allerdings erkaufte sich das Deutsche Reich damit eine dauernde Belastung des deutsch-französischen Verhältnisses. Denn die Franzosen waren nicht bereit, den Verlust dieser beiden Provinzen innerlich hinzunehmen. Die Erbitterung über das »Loch in den Vogesen«, welches es wieder zu schließen gelte, begründete die unversöhnliche Gegnerschaft Frankreichs gegenüber dem eben begründeten Deutschen Reich; sie sollte sich als schwerwiegende Hypothek für die deutsche Außenpolitik der nächsten Jahrzehnte erweisen.

Jüngsthin ist gelegentlich die Ansicht vertreten worden, daß die Existenz eines machtvollen deutschen Nationalstaates in der Mitte Europas im Grunde mit den Interessen der übrigen europäischen Mächte nicht vereinbar gewesen sei. Dies ist gewiß nicht richtig. Die ältere deutsche Forschung war in dem Bestreben, die Leistung des Reichsgründers in noch hellerem Lichte erscheinen zu lassen, geneigt, die Hindernisse auf dem Felde der internationalen Politik, die der Einigung der Deutschen in einem gemeinsamen Nationalstaat im Wege gestanden haben, vergleichsweise hoch anzusetzen.[14] Tatsächlich stand insbesondere die englische Politik der Idee einer staatlichen Zusammenfassung der deutschen Staatenwelt in Übereinstimmung mit den Wünschen der deutschen Nationalbewegung durchaus wohlwollend gegenüber, ungeachtet mancher politischer Probleme, wie beispielsweise der Erhaltung der staatlichen Integrität des im britischen Einflußbereich liegenden Dänemark, welche eine Lösung der Zukunft Schleswigs und Holsteins im deutschen Sinne erschwerte. Und auch Österreich–Ungarn hatte sich damit abgefunden, daß es nicht länger eine deutsche Macht sei, und seinen Schwerpunkt mehr in Richtung des Balkans verlagert. Das zarische Rußland hingegen betrachtete die Zähmung der deutschen Nationalbewegung und deren Einhegung in festen Dämmen durch Bismarck als eine bei Lage der Dinge beste unter allen möglichen schlechten Entwicklungen. Zudem hatte es mit der Abschüttelung der Pontusklausel selbst eine substantielle Aufbesserung des eigenen internationalen Status erlangt. Gleichwohl ging die zarische Politik davon aus, daß das Deutsche Reich Rußland für die in der Periode der Reichsgründung und speziell während des deutsch-französischen Krieges geleisteten Dienste, unter anderem durch die Kalmierung Österreich–Ungarns, zu Dankbarkeit verpflichtet sei. Italien hingegen konnte einstweilen als ein natürlicher Partner des Deutschen Reiches gelten, zumal es, ebenfalls als Nebenergebnis der durch den deutsch-französischen Krieg von 1870/71 eingetretenen Machtverschiebungen, sich den Kirchenstaat hatte einverleiben können. Es überrascht demgemäß nicht, daß Bismarck die Forderung des Zentrums im Zusammenhang der Adreßdebatte des deutschen Reichstages, das Deutsche Reich möge sich für die Wiederherstellung des Kirchenstaates verwenden, rundweg ablehnte.

Insgesamt war die internationale Stellung des Deutschen Reiches zum Zeitpunkt seiner Gründung relativ unangefochten. Dazu trug freilich auch bei, daß Bismarck sogleich auch öffentlich versicherte, daß das Deutsche Reich keinerlei weitergehende territoriale Ansprüche erhebe und sein vornehmstes Ziel die Erhaltung des Friedens in Europa sei. In der feierlichen Thronrede anläßlich der Eröffnung des ersten deutschen Reichstages am 21. März 1871 im festlich geschmückten Weißen Saal des Berliner Schlosses hieß es unter anderem, daß Deutschland die »Achtung«, die es für seine eigene Selbständigkeit in Anspruch nehme, »bereitwillig der Unabhängigkeit aller anderen Staaten und Völker, der schwachen wie der starken«, zolle.[15] Aber dies war gutenteils nur ein Lippenbekenntnis, dessen Bedeutung begrenzt war. Tatsächlich verwies allein schon der vorläufig unheilbare Gegensatz zu Frankreich das Deutsche Reich auf die Bahn einer staatlichen Machtpolitik, die in erster Linie auf die bewaffnete Macht und deren Gewicht in den internationalen Beziehungen setzte. Gleichwohl bedurfte es einer umsichtigen, die Interessen der anderen Großmächte sorgfältig abwägenden Diplomatie, um die unabhängige Stellung des Deutschen Reiches in der Mitte Europas auf Dauer zu sichern. Im Hintergrund aber lauerte die Sprengkraft des Nationalismus der aufsteigenden bürgerlichen Schichten, der seine Energien nicht länger in erster Linie auf die Errichtung und den Ausbau eines konstitutionell regierten nationalen Staates konzentrierte, sondern auf die Steigerung der Weltstellung des Deutschen Reiches. Auch Bismarck erwies sich schließlich nicht in der Lage, die gefährliche Mischung von preußischem Militarismus und deutschem nationalen Geltungsbedürfnis, die sich hier zusammenbraute, auf die Dauer zu zähmen. Mit dem Übergang zu einer aggressiven »Weltpolitik« in den neunziger Jahren, der sich unter dem Druck der bürgerlichen Öffentlichkeit und eines wesentlichen Teils der Intellektuellen vollzog, gerieten die Bedingungen, unter denen die Existenz eines machtvollen deutschen Nationalstaats in der Mitte Europas mit den Interessen der anderen europäischen Mächte vereinbar war, am Ende gänzlich außer

Sicht, mit weitreichenden Auswirkungen. Die »Flucht nach vorn«, in der die deutsche Führungsschicht im Juli 1914 ihren einzigen Ausweg sah, endete mit dem Verlust eines Weltkrieges und dem Zusammenbruch des deutschen Kaiserreiches.

Das Deutsche Reich und die europäischen Mächte (1870–1878)

Die Anfänge des Bismarckschen Bündnissystems und die Krieg-in-Sicht-Krise 1875

Bereits auf dem Höhepunkt des deutsch-französischen Krieges beschäftigte sich Bismarck mit den zukünftigen Perspektiven für die Außenpolitik des Deutschen Reiches.[1] Schon jetzt sah er die größte Schwierigkeit darin, gleichzeitig mit Rußland und Österreich–Ungarn ein gutes Verhältnis zu begründen und die Entstehung einer Situation zu verhindern, in welcher die deutsche Politik zwischen beiden Mächten zu wählen haben würde. Bereits am 8. Oktober 1870 meinte er: »Wir würden ungern uns gegen Österreich erklären, dessen deutsche Elemente ein Bindeglied zwischen uns sind, welches gleichzeitig die Grundlage der Stärkung und Konsolidierung der österreichisch-ungarischen Monarchie bildet. Wir sind auf der anderen Seite der Politik des Kaisers Alexander und seiner Haltung gerade in der gegenwärtigen Krise so viel Dank schuldig, daß wir uns nicht auf die Seite seiner Gegner stellen können. Es ist daher unser Wunsch, durch solche Beziehungen zwischen beiden Reichen, wie sie bei richtiger Erkenntnis der gemeinsamen Interessen und der gemeinsamen Gefahr natürlich und erreichbar scheinen, dieser Wahl überhoben zu sein.«[2] Nur mit einiger Mühe hatte Bismarck, nachdem Rußland im Dezember 1870 einseitig die sogenannte Pontusklausel des Pariser Vertrags von 1856 gekündigt hatte, die Einberufung einer allgemeinen europäischen Konferenz zur Vermittlung im deutsch-französischen Konflikt verhindern können und die diesbezüglichen Bestrebungen ausschließlich auf die Erörterung der Orient-Fragen abgedrängt. Die Unterstützung der russischen Forderungen bezüglich der Aufhebung der Neutralisierung des Schwarzen Meeres wurde von Rußland nur als ein selbstverständliches Verhalten quittiert, nicht aber als politische Dienstleistung, durch die die gegebene Dankespflicht Preußen-Deutschlands gegenüber dem zarischen Rußland abgegolten worden sei. Insofern erforderte das deutsch-russische Verhältnis weiterhin die besondere Aufmerksamkeit Bismarcks.

Dies war um so mehr geboten, als der Friedensschluß mit Frankreich, der letzteres zwar für den Augenblick aus der Reihe der europäischen Großmächte eliminiert, dafür jedoch zu einem potentiellen Partner künftiger gegen das Deutsche Reich gerichteter Koalitionen, gleichviel welchen Charakters, gemacht hatte, eine schwere außenpolitische Hypothek darstellte. Aber unabhängig davon hatte die Errichtung eines machtvollen deutschen Nationalstaates unter preußischer Führung in der Mitte Europas unübersehbare Auswirkungen auf das europäische Staatensystem. Angesichts der Schwächung Österreich–Ungarns und dessen Verdrängung aus Deutschland sowie der mindestens einstweiligen Ausschaltung

Frankreichs als europäischer Großmacht wuchs dem neuen Reich innerhalb des klassischen Systems der Pentarchie von vornherein ein weit größeres Gewicht zu, als es Preußen selbst in seinen glanzvollsten Zeiten unter Friedrich dem Großen je besessen hatte. Unter solchen Umständen waren politische Zurückhaltung und ein maßvolles Auftreten in der mächtepolitischen Arena für die deutsche Politik unbedingt geboten. Schon in der Thronrede bei der Eröffnung des ersten Deutschen Reichstages am 21. März 1871 ließ Bismarck den Monarchen dementsprechend erklären, daß das Deutsche Reich territorial befriedigt sei und sich nunmehr ganz der eigenen inneren Entwicklung zuwenden werde.[3]

Doch er beließ es nicht bei derartigen Beschwichtigungen. Er setzte sogleich alles daran, durch eine ebenso behutsame wie gegebenenfalls energisch zugreifende äußere Politik das neugeschaffene Reich außenpolitisch zu stabilisieren. Er tat dies mit den Mitteln klassischer Kabinettsdiplomatie, die auf die Gefühle der betroffenen Völker ebensowenig Rücksicht nahm wie auf die Meinungen der Parlamente, hingegen stets darum bemüht war, die realen machtpolitischen Interessen der europäischen Mächte in Rechnung zu stellen und im Rahmen eines ausgeklügelten Bündnissystems gegeneinander auszutarieren. Zwei Zielsetzungen standen dabei zunächst im Vordergrund: zum einen die Konsolidierung der zwar im Augenblick guten, aber nach wie vor prekären Beziehungen zu Österreich–Ungarn, das ja auf einen anderen Ausgang des deutsch-französischen Krieges gehofft hatte und für diesen Fall die »deutsche Frage« aufs neue aufgeworfen haben würde, und zum anderen die sorgsame Pflege des Verhältnisses zu St. Petersburg. Beides war Voraussetzung für eine möglichst weitgehende diplomatische Isolierung des republikanischen Frankreich, wie sie Bismarck im Interesse der Sicherheit des Deutschen Reiches unabdingbar erschien. Angesichts der österreichisch-russischen Gegensätze auf dem Balkan und der großen Empfindlichkeiten der Führungseliten in St. Petersburg und Wien war dieses Ziel jedoch nicht leicht erreichbar.

Bereits hier tritt ein wesentlicher Grundzug der Außenpolitik Bismarcks hervor, nämlich das Bemühen um ein politisches Zusammengehen der drei großen konservativen Monarchien Europas: des Deutschen Reiches, Österreich–Ungarns und des zarischen Rußland, ungeachtet der zwischen den beiden letzteren Mächten bestehenden Interessengegensätze. Diese Strategie stand eindeutig unter konservativem Vorzeichen. Dabei spekulierte Bismarck zugleich auf das solidarische Interesse der Dynastien an einer Zähmung der nationalrevolutionären Strömungen, insbesondere der Niederhaltung der sozialistischen Bewegungen in Europa. Mit großem Geschick nahm Bismarck bereits den Commune-Aufstand in Paris zum Anlaß, um mit Österreich–Ungarn und Rußland Verhandlungen über ein eventuelles gemeinsames Vorgehen gegen die Sozialistische Internationale anzubahnen.[4] Er appellierte in diesem Zusammenhang ausdrücklich an die »Gemeinsamkeit« der Interessen der »Dynastien an der Spitze der europäischen Staaten« gegenüber den »Angriffen [...], mit welchen die staatliche Ordnung in Europa von seiten der sozialistischen Revolution bedroht wird«, wenngleich unter Abweisung der naheliegenden Idee, daß es ihm um eine Neuauflage der Politik der »Heiligen Allianz« zu tun sei.[5] Am 7. Juni 1871 regte er an, die bei den jeweiligen Behörden vorhandenen Informationen über die Aktivitäten der Sozialistischen Internationale auszutauschen.[6] Ebenso benutzte er das Projekt einer internationalen Konferenz über Arbeiterfragen, um in St. Petersburg und Wien den Boden für ein gemeinsames politisches Vorgehen auch in außenpolitischen Fragen vorzubereiten.[7] Man wird schwerlich davon ausgehen dürfen, daß Bismarck die Gefahr der revolutionären Bestrebungen der sozialistischen Bewegungen, die er bei solcher Gelegenheit farbkräftig auszumalen pflegte, wirklich in vollem Maße ernst genommen hat; aber der Aufstand der Commune und die Solidaritätserklärungen der internationalen sozialistischen Gruppen, wie sie unter anderen August Bebel im deutschen Reichstag vortrug, kamen ihm gerade recht, um die beiden östlichen Monarchien trotz ihrer Interessengegensätze in den Fragen der großen Politik auf einen gemeinsamen Kurs zu bringen. Überzeugung und taktische Erwägungen gingen hier ein im einzelnen schwer zu bestimmendes Mischungsverhältnis ein. Immerhin ging Bismarck so weit, die beiden Monarchen, Wilhelm I. und Franz Joseph I., bei ihrem Treffen in Ischl persönlich mit dem Plan zu befassen, eine internationale Konferenz einzuberufen, die für eine Koordinierung der jeweiligen sozialpolitischen Maßnahmen zwecks Verbesserung der Lage der arbeitenden Klassen Sorge tragen sollte, um ansonsten befürchtete Wettbewerbsvorteile einzelner nationaler Volkswirtschaften gegenüber anderen auszuschließen. Man wird füglich davon ausgehen können, daß dies für Bismarck in erster Linie Spielmaterial war, um Wilhelm I., vor allem aber Kaiser Franz Joseph und Zar Alexander II. an den Gedanken der gemeinsamen solidarischen Verpflichtung der konservativen Mächte für die Stabilisierung der europäischen Verhältnisse sowohl in innen- wie in außenpolitischer Hinsicht zu gewöhnen. Beiläufig erwähnt sei dabei, daß diese Strategie auf innenpolitischem Feld die Beschränkung der Macht der Parlamente und der politischen Parteien bezweckte.

Bismarcks Bemühungen fanden ihren politischen Niederschlag zunächst in der sogenannten Drei-Kaiser-Revue Wilhelms I., des Zaren Alexander II. und Kaiser Franz Josephs im September 1872. Daraus ging dann im Juni 1873 das Schönbrunner Bündnis zwischen Wien und St. Petersburg hervor, dem Wilhelm I. im Oktober durch Akzession beitrat und das als »Drei-Kaiser-Abkommen« bekannt ist. Darin kamen die drei Mächte überein, gemeinsam für die Erhaltung des Friedens in Europa einzutreten, von welcher Seite auch immer er in Frage gestellt werden sollte. Freilich enthielt dieses Abkommen keine sonderlich konkreten Verpflichtungen; für den Fall des Angriffs einer dritten Macht auf eine der Vertragsparteien war nur vorgesehen, daß man miteinander in enge Fühlungnahme treten werde und daß der Abschluß von neuen Bündnissen ausgeschlossen sein solle. Den Abschluß einer förmlichen Militärkonvention zu dritt, wie er ursprünglich ins

Auge gefaßt und zwischen dem Deutschen Reich und Rußland im Mai 1873 vereinbart worden war, wenn auch mit höchst magerem Inhalt, hatte die österreichische Diplomatie zu verhindern gewußt. De facto war das Abkommen wenig mehr als eine wohlmeinende Willenserklärung der drei Monarchen, für den Fall einer europäischen Krise gemeinsam zu handeln. Keinesfalls stellte es eine stabile Grundlage für ein dauerhaftes Bündnis der konservativen Monarchien gegen Frankreich und Großbritannien dar. Es hat die russische Diplomatie unter Führung des Außenministers Alexander Michailowitsch Fürst Gortschakow in der Folge nicht gehindert, auch zu dem republikanischen Frankreich nähere Beziehungen anzuknüpfen, sofern und soweit dies für die Förderung der orientalischen Interessen des Zarenreiches vorteilhaft erschien. Sosehr Rußland die Stärkung der europäischen Mitte unter preußischer Führung begrüßte, so wenig war es an einem noch stärkeren Ausbau der Hegemonialstellung des Deutschen Reiches interessiert. Dem neuen russischen Botschafter in Paris, Nikolai Alexejewitsch Fürst Orlow, wurde die Weisung auf den Weg gegeben, daß Frankreich im Augenblick von Deutschland nichts zu fürchten habe, da Rußland grundsätzlich Herr der Lage und entschlossen sei, keine Störung des Friedens in Europa zuzulassen.[8] Österreich–Ungarn war ebenfalls nicht bereit, seine Interessen ohne weiteres jenen des Deutschen Reiches unterzuordnen. Im Gegenteil: Die Wiener Diplomatie tendierte gerade in den folgenden Wochen und Monaten dazu, sich in Orient-Fragen gleichsam ohne und implizit gegen das Deutsche Reich mit Rußland zu verständigen. Ebenso spielte man mit dem Gedanken, bei passender Gelegenheit die polnische oder auch die dänische Karte gegen das Deutsche Reich auszuspielen.

Die einzige Macht, auf deren Sympathie das Deutsche Reich mit einiger Zuverlässigkeit setzen konnte, war das Königreich Italien, und dies auch nur, weil es in der »vatikanischen Frage« am ehesten in Berlin Rückendeckung gegenüber den katholischen Mächten erwarten konnte. Umgekehrt befürchtete Bismarck schon zum damaligen Zeitpunkt, daß es unter »ultramontanem« Vorzeichen zu einem Bündnis der vorwiegend katholischen Mächte gegen das Deutsche Reich und gegebenenfalls zu einer Neuauflage des deutsch-französischen Krieges unter wesentlich ungünstigeren Bedingungen kommen könnte. Dies war aus der Sicht des Kanzlers der wahrscheinlichste Fall eines gegen das Deutsche Reich gerichteten Bündnisses, und die Sorge, daß es dazu kommen könne, wuchs sich in diesen Monaten bei ihm zu einer förmlichen Obsession aus. Eine politische Annäherung an Großbritannien aber war für Bismarck schon deshalb nicht aktuell, weil nach seiner Ansicht eine wesentliche Voraussetzung für den Abschluß eines Bündnisses fehlte, nämlich die Unabhängigkeit der diplomatischen Entscheidungsträger von den Willensbekundungen des Parlaments, die nach seiner Ansicht allein eine relative Berechenbarkeit und Dauerhaftigkeit bündnispolitischer Entscheidungen gewährleistete.

Unter diesen Umständen maß Bismarck der Niederhaltung Frankreichs große

Bedeutung zu. Bereits der Friedensschluß mit Frankreich war teilweise von der Erwägung beeinflußt worden, daß man es auf möglichst lange Zeit militärisch, wirtschaftlich und politisch daran hindern müsse, den Versuch zu wagen, eine Revision der 1871 geschaffenen Verhältnisse zu erzwingen.[9] Die für damalige Begriffe hohe Kriegskontribution von fünf Milliarden Francs und die militärische Okkupation der westlichen Regionen Frankreichs, deren schrittweise Aufhebung mit der Zahlung der vereinbarten Raten verknüpft war, sollten Frankreich auch wirtschaftlich für absehbare Zeit davon abhalten, eine Wiederaufnahme des Kampfes ins Auge zu fassen. Die frühe Rückzahlung der französischen Kriegskontribution, teilweise dank einer vom Hause Rothschild vermittelten internationalen Anleihe, an der sich auch zahlreiche deutsche Investoren beteiligt hatten, hatte zur Folge, daß die letzten deutschen Truppen schon im Herbst 1873 vom französischen Territorium zurückgezogen wurden. Die unerwartet rasche politische und wirtschaftliche Konsolidierung der Dritten Republik wurde aus deutscher Sicht als höchst beunruhigend empfunden. Infolgedessen verlegte sich die deutsche Diplomatie auf die Strategie einer ausgesprochenen Drohpolitik, die unter Androhung eventueller militärischer Schritte – konkret gesprochen eines Präventivkrieges – von Frankreich eine Politik des Wohlverhaltens einforderte.

Dementsprechend verfolgte nicht nur die Öffentlichkeit, sondern auch die Reichsleitung alle anti-deutschen Äußerungen in der französischen Presse, die als Symptome französischer Kriegsbereitschaft gedeutet werden konnten, mit größter Aufmerksamkeit. Es war mehr als ein bloßer Zufall, daß gerade die Kanzelabkündigung in der Diözese Nancy, man möge für die Wiedervereinigung von Metz und Straßburg mit Frankreich beten, in Berlin größten Anstoß erregte und zum Anlaß massiver deutscher Demarchen gemacht wurde. Bismarck sah sich veranlaßt, von der französischen Regierung zu fordern, daß derartige Formen anti-deutscher Propaganda unverzüglich abgestellt würden. Der deutsche Botschafter in Paris, Harry von Armin-Suckow, wurde beauftragt, dem französischen Ministerpräsidenten, dem Herzog von Broglie, in aller Form zu erklären, daß das Deutsche Reich »nur mit einem Frankreich und nur mit einer solchen französischen Regierung in Frieden bleiben« könne, »welche uns durch ihre Gesamthaltung Garantien dafür gibt, daß sie den jetzigen politischen Zustand Europas, namentlich die heutige Karte des Weltteils, soweit sie uns interessiert, als definitiv ansieht.«[10] Bismarck selbst lehnte es im Prinzip ab, zum Mittel des Präventivkrieges zu greifen, meinte aber: »Keine Regierung würde so töricht sein, für den Krieg, sobald sie gegen ihren Wunsch ihn als unvermeidlich betrachten muß, dem Gegner nach Belieben die Wahl von Zeit und Gelegenheit zu überlassen und den Augenblick abzuwarten, der dem Feinde der genehmste ist.«[11]

Es hat den Anschein, als ob Bismarck damals ernstlich erwogen hat, Frankreich durch die Androhung militärischer Maßnahmen zu politischem Wohlverhalten zu zwingen, gegebenenfalls sogar zu einem Präventivkrieg zu schreiten.[12] Er schätzte den Kriegswillen Frankreichs, sobald es militärisch, wirtschaftlich und bündnispolitisch wieder in der Lage sein würde, einen Krieg zu führen, sehr hoch ein. Schon Ende Februar 1874 heißt es in einem Erlaß an Heinrich VII. Prinz Reuß: »Nach meiner Überzeugung beginnt die Gefahr, welche uns von Frankreich droht, mit dem Augenblicke, wo Frankreich den monarchischen Höfen Europas wieder bündnisfähig erscheinen wird [...].«[13] Eben diese Situation schien sich nun anzubahnen, wie Bismarck aus verstärkten Kontakten sowohl der russischen als auch der italienischen Diplomatie mit Frankreich schließen zu können glaubte. Besonders großes Mißtrauen brachte er in dieser Hinsicht dem russischen Außenminister Gortschakow entgegen, der schon früher seine Bemühungen um die Herstellung eines stabilen Bündnisses der östlichen Monarchien ungeachtet der persönlichen Haltung des Zaren zu durchkreuzen gewußt hatte. Was Frankreich anging, so hielt er ein massives Vorgehen für den einzig gangbaren Weg. Denn, so meinte er: »Niemand kann sich darüber täuschen, daß, wenn Frankreich wieder stark genug ist, den Frieden zu brechen, der Friede zu Ende sein wird.«[14]

Da Bismarck in absehbarer Zeit mit einer neuen militärischen Auseinandersetzung mit Frankreich rechnete, griff er, vermutlich um sich den Rücken freizuhalten, zu dem ungewöhnlichen Mittel, die Verstimmungen, die sich zwischen St. Petersburg und Berlin akkumuliert hatten – die russische Diplomatie war irritiert über ein eigenmächtiges, nicht, wie es im Drei-Kaiser-Abkommen vorgesehen war, zuvor abgesprochenes Vorpreschen der deutschen Diplomatie in der »montenegrinischen Frage« bei der Pforte –, durch eine diplomatische Sondermission auszubügeln. Dafür wurde ein Bismarck ergebener Karrierediplomat, Joseph Maria von Radowitz, ausersehen.[15] Ein Vorteil war dabei, daß diesem als Sonderbotschafter gemäß den damaligen diplomatischen Usancen die Chance eröffnet wurde, persönlich mit dem Zaren zu verhandeln. Von einem förmlichen Bündnisangebot, welches die Unterstützung der russischen Orient-Politik auf Kosten Österreich–Ungarns für die Gegenleistung russischer Neutralität im Falle eines erneuten Krieges mit Frankreich vorsah, war, im Gegensatz zu späteren französischen Behauptungen, freilich nicht die Rede. Wohl aber sollte ostentativ das gute Verhältnis zwischen beiden Reichen zur Schau gestellt werden, offenbar um auf Frankreich abkühlend zu wirken. Immerhin wurde diese Aktion von gezielten, vermutlich auf offiziöse Quellen zurückgehenden Indiskretionen in der deutschen Presse begleitet, in denen davon die Rede war, daß sich das Deutsche Reich gegebenenfalls auch auf Kosten Österreich–Ungarns mit Rußland verständigen könne, offenbar um ein eventuelles Zusammenspiel der österreichischen Diplomatie mit Frankreich bereits im Ansatz zu ersticken.

Die Dinge erreichten einen Höhepunkt, als die französische Kammer am 12. März 1875 ein neues Cadre-Gesetz verabschiedete, das eine umfassende Reorganisation des französischen Heeres zum Ziel hatte; es sah unter anderem eine Erhöhung der Linienregimenter von drei auf vier Bataillone vor. Die Auswirkungen des Cadre-Gesetzes wurden vom deutschen Generalstab für wesentlich bedeutsamer gehalten, als sie es tatsächlich waren. Anfänglich schien es, als ob die Franzosen mit einem Schlag ihr Heer um fünfundzwanzig Prozent zu verstärken die Absicht hätten. Dadurch wurde in Berlin die Besorgnis geweckt, daß diese Maßnahme möglicherweise der Auftakt zu einem französischen Revanchekrieg im Bunde mit Österreich–Ungarn sein könnte. Daraufhin entschloß sich Bismarck, offenbar um entsprechenden Tendenzen in Paris und Wien gleichsam im vorhinein entgegenzuwirken, zu einer indirekten publizistischen Offensive. Die Presseabteilung des Auswärtigen Amtes lancierte einen Artikel in die »Kölnische Zeitung«, von der allgemein bekannt war, daß sie der Regierung nahestand; in diesem bezeichnenderweise »Neue Allianzen« betitelten Artikel vom 5. April 1875 war von Tendenzen in Österreich die Rede, sich von dem Drei-Kaiser-Verhältnis abzuwenden und unter ultramontaner Flagge ein Bündnis mit Frankreich zu schließen. Wenige Tage später, am 8. April 1875, erschien in der konservativen, regierungsnahen »Post« ein Artikel »Ist Krieg in Sicht?«, der in alarmierendem Ton von angeblichen Kriegsvorbereitungen Frankreichs berichtete und unverzügliche Gegenmaßnahmen verlangte. Noch die Herausgeber der »Großen Politik der europäischen Kabinette« haben bestritten, daß dieser Artikel dem Auswärtigen Amt vor seinem Erscheinen bekannt gewesen sei; tatsächlich war er von Konstantin Rößler, einem freien Mitarbeiter der Presseabteilung des Auswärtigen Amtes, verfaßt worden und dürfte aller Wahrscheinlichkeit nach mit Bismarcks Wissen in der »Post« plaziert worden sein. Seine politische Zielsetzung war eindeutig: Dadurch sollte den Dingen die Schelle umgehängt werden.

Die Wirkung des Artikels sowohl in Deutschland als auch in Frankreich war ungeheuer, und für einige Tage schien alles in der Schwebe und die Gefahr eines Krieges unmittelbar gegeben zu sein. Zudem entspann sich ein regelrechter deutsch-französischer Pressekrieg. Die deutsche Presse schlug überwiegend drohende Töne gegenüber Frankreich an, und auch in regierungsnahen Organen ließ man es nicht an einer scharfen Sprache fehlen, wie in einem Artikel der »Preußischen Jahrbücher« aus der Feder des nationalliberalen Politikers und Publizisten Wilhelm Wehrenpfennig: »Alle ehrlichen Leute in der Welt müssen uns bezeugen, daß wir den Krieg mit Frankreich so wenig suchen wie 1870. [...] Aber die Hände in den Schoß legen, bis der Gegner marschirt«, sei unmöglich.[16] Der preußische Generalstabschef Helmuth von Moltke goß zusätzlich Öl ins Feuer, indem er gegenüber einem belgischen Diplomaten erklärte, daß man nicht abwarten dürfe, bis Frankreich zum Krieg bereit sei; er sehe es vielmehr als seine Pflicht an, dem zuvorzukommen.[17] In ähnlicher Weise äußerte er sich auch gegenüber dem britischen Botschafter in Berlin, Lord Odo Russell. Auch Radowitz ließ sich in seinen diplomatischen Unterredungen in St. Petersburg dazu herbei, die Idee des Präventivkrieges prinzipiell zu rechtfertigen. Es klang zumindest so, als ob die Reichsleitung es diesmal wirklich ernst meine und zum Krieg gegen Frankreich entschlossen sei.[18] Die offiziösen Äußerungen in der »Norddeutschen Allgemeinen Zeitung« lauteten zwar ein wenig zurückhaltender; dort war von einer unmittelbaren Kriegsgefahr nicht die Rede. Aber auch hier wurde darauf hingewiesen, daß die französischen Rüstungsmaßnahmen als äußerst beunruhigend gelten müßten.

War wirklich Krieg in Sicht? Nach allem, was bekannt ist, hat Bismarck damals keineswegs die Absicht gehabt, einen erneuten Waffengang mit Frankreich zu unternehmen, auch wenn er sich, wie die wenig zuvor durchgeführte Mission Radowitz zeigt, die ihm für diesen Fall die wohlwollende Neutralität des zarischen Rußland sichern sollte, offenbar auf eine solche Eventualität eingestellt hat. Vielmehr handelt es sich um eine massive Drohaktion, die das Ziel verfolgte, Frankreich zur Zurücknahme der eben gewonnenen militärischen Reorganisationsmaßnahmen zu bewegen, zugleich aber den anderen Großmächten zu demonstrieren, daß mit Paris als Bündnispartner ernstlich noch nicht wieder gerechnet werden könne. Dies sollte sich allerdings sogleich als eine schwerwiegende Fehlkalkulation erweisen. Der französische Außenminister Amanieu de Decazes tat auf dem Höhepunkt der Krise seinerseits alles, um die Gefahr eines deutschen Angriffs in einem möglichst bedrohlichen Licht erscheinen zu lassen. Der Pariser Korrespondent der »Times« übermittelte seinem Blatt einen aufsehenerregenden Artikel »A French Scare«, der am 6. Mai 1875 erschien; darin war ausführlich von den in Deutschland vorhandenen Tendenzen die Rede, durch einen Präventivkrieg gegen Frankreich dem Deutschen Reich eine lange Periode des Friedens zu sichern.

Dies rief die anderen europäischen Mächte, vor allem Großbritannien, auf den Plan, die den europäischen Frieden und das europäische Gleichgewicht durch einen erneuten Krieg zwischen Deutschland und Frankreich bedroht sahen. Die britische Regierung trat unverzüglich an die Regierungen der anderen europäischen Großmächte, insbesondere Rußlands und Italiens, mit dem Vorschlag heran, man möge gemeinsam auf die deutsche Regierung mäßigend einwirken. Ebenso bot sie durch den englischen Botschafter in Berlin, Lord Odo Russell, sogleich »ihre guten Dienste« für eine Vermittlung zwischen beiden Mächten an. Gortschakow reagierte zurückhaltender, um Bismarck nicht zu sehr zu reizen, aber in der Sache ebenfalls eindeutig. Bei der Lage der Dinge blieb Bismarck nichts anderes übrig, als schleunigst zum Rückzug zu blasen. Er gab nun alle Schuld an den Verwicklungen dem Treiben einer international tätigen, unter katholischem Einfluß stehenden »Preßliga«, die die Absicht verfolge, »Kriegsbefürchtungen zu erfinden und Kriegsgefahren als nahe bevorstehend zu bezeichnen und die Schuld davon Deutschland, insbesondere der Reichsregierung zuzuschieben«[19]. Das war bestenfalls ein schlecht verhülltes Rückzugsgefecht, dessen Glaubwürdigkeit auf schwachen Füßen stand; selbst der nichtsahnende Wilhelm I. meinte nachträglich, man solle hinfort den Redakteuren der »Kölnischen Zeitung« und der »Post« einmal gründlich ins Gewissen reden, damit »dergleichen unsinnige, gänzlich aus der Luft gegriffene Raisonnements [...], die ganz Europa in Alarm versetzt haben«, künftig unterblieben.[20] Nur wenige Tage später trafen Zar Alexander II. und Gortschakow zu einem Besuch in Berlin ein. Offiziell wurde bei dieser Gelegenheit der Dissens über das deutsche Verhalten gegenüber Frankreich unter einer Woge von Beteuerungen des Willens zur Erhaltung des europäischen Friedens begraben. Dennoch blieb ein bitterer Stachel zurück. Bismarck selbst bekannte, daß er »ein gewisses Gefühl von Mißtrauen und Unsicherheit«, welches ihm »früher gegenüber Rußland und dem Fürsten Gortschakow fremd« gewesen sei, seitdem nicht mehr loswerden könne.[21]

Bismarcks Politik der Drohungen gegenüber Frankreich war nahezu einhellig auf den Widerspruch der anderen Großmächte gestoßen; allein Österreich–Ungarn hatte sich zurückgehalten. Dies beleuchtete schlagartig die Grenzen der Machtstellung des Deutschen Reiches in Europa. Die Strategie der Marginalisierung Frankreichs war vollständig fehlgeschlagen, und die von Bismarck so gefürchtete Koalition der europäischen Mächte gegen das Reich unter halbherziger Beteiligung selbst Rußlands hatte sich als reale Möglichkeit erwiesen, auch wenn sie zu großen Teilen erst durch seine eigene unbesonnene Politik heraufbeschworen worden war. Das Auswärtige Amt war noch für einige Wochen intensiv damit beschäftigt, den Vertrauensverlust, der durch die Krieg-in-Sicht-Krise eingetreten war, wieder wettzumachen. Bismarcks Verbitterung namentlich über Großbritannien, aber auch über Rußland war anfänglich grenzenlos. Er sah Anlaß dazu gegeben, seine Versicherung, daß das Deutsche Reich territorial saturiert sei, gegenüber den anderen Regierungen auf diplomatischem Weg zu erneuern. Deutschland, so erklärte er am 31. Mai 1875 gegenüber Lucius, sei »in sich gefestigt, will nichts als sich selbst in Frieden überlassen bleiben und sich friedlich weiter entwickeln. In Territorialfragen gibt es für uns gar keine begehrenswerten Objekte des Ehrgeizes mehr. Wir haben schon jetzt mehr Polen, Dänen, Franzosen, als uns erwünscht sein kann.« Allerdings fügte er jenen vergleichsweise versöhnlichen Worten die Bemerkung hinzu: »Wir halten Frieden, indem wir uns kampfbereit zeigen.«[22]

Darin klingt an, daß Bismarck die Lage des Reiches weiterhin als bedroht ansah. Dennoch war nun eine behutsamere Gangart in der äußeren Politik angezeigt. Bismarck konnte es sich hinfort nicht mehr leisten, in der Rolle eines europäischen Störenfrieds aufzutreten, wie er es 1875 bis zu einem gewissen Grad getan hat. Um den bestehenden Status quo in Mitteleuropa zu stabilisieren, verlegte er sich angesichts der relativen Isolierung des Deutschen Reiches, das im Zweifelsfall weder mit der Unterstützung Rußlands noch mit jener der Donau-Monarchie fest rechnen konnte, auf eine »Strategie der Aushilfen«. Sie zielte darauf ab, die anderen Großmächte zu veranlassen, ihre aggressiven Energien an der Peripherie Europas abzunutzen, während das Reich im Hintergrund blieb. Ansätze zu dieser Strategie gab es schon seit geraumer Zeit. Bereits im Januar 1875 hatte Bismarck gemeint, daß es vorteilhaft sein müsse, Frankreich in seinen Aspirationen auf

Tunesien, obschon man diese bislang immer für unakzeptabel gehalten habe, zu ermutigen. »Im regelmäßigen Lauf der Dinge ist es [...] für uns in erster Linie kein Nachteil und kein zu bekämpfendes Bestreben, wenn die französische Politik in Nordafrika und dem türkischen Orient ein Feld ihrer Tätigkeit sucht. Die Absorbierung der Kräfte, welche Frankreich dort verwendet und festlegt, und die Händel, welche es sich dort schafft, bilden einen Abzug für seine aggressiven Tendenzen gegenüber Deutschland.«[23]

Die Orient-Krise (1875–1878) und der Berliner Kongreß

Es war für Bismarck ein außerordentlicher Glücksfall, daß im Sommer 1875 die politischen Brandherde auf dem Balkan, die während der letzten beiden Jahrzehnte gleichsam nur geschwelt hatten, überraschend wieder voll entflammten.[1] Denn dadurch wurde der ungünstige Eindruck, den die Drohpolitik gegenüber Frankreich bei den anderen Großmächten hinterlassen hatte, wieder ein wenig verwischt. In der Herzegowina und in Bosnien brachen Aufstandsbewegungen gegen die türkische Herrschaft aus. Diese gewaltsamen Protestaktionen speisten sich gleichermaßen aus nationalen und religiösen Motiven. Sie waren ein Symptom der Todkrankheit des osmanischen Herrschaftssystems; das völlige Versagen der Verwaltung in diesen türkischen Provinzen, die von Gouverneuren des Sultans mit despotischen Methoden und ohne nennenswerte Kontrolle seitens der Zentrale regiert wurden, vor allem aber die massive Benachteiligung der christlichen Bevölkerungsgruppen hatten seit langem zu nahezu unerträglichen Zuständen geführt. Serbien und Montenegro, die sich erst kurz zuvor von türkischer Oberherrschaft hatten befreien können, erklärten daraufhin dem Osmanischen Reich den Krieg mit dem Ziel, der unterdrückten serbo-kroatischen Bevölkerung zu Hilfe zu kommen; die Gelegenheit erschien günstig, um der Realisierung des Prinzips der nationalen Selbstbestimmung ein großes Stück näher zu kommen. Überdies rechneten sie damit, daß die Großmächte gegebenenfalls zu ihren Gunsten eingreifen würden. Die Tage der »europäischen Türkei«, das heißt der Herrschaft der Osmanen über die ganz überwiegend christliche Bevölkerung auf dem Balkan, schienen nunmehr gezählt zu sein. Doch die Pforte erwies sich am Ende um einiges stärker und handlungsfähiger, als man in den Hauptstädten Europas angenommen hatte. Die Serben wurden in einem kurzen Feldzug vernichtend geschlagen. Daraufhin intervenierten Rußland und Österreich–Ungarn gemeinsam zugunsten der nichtmuslimischen Bevölkerung in Bosnien und der Herzegowina; als Schutzmacht der Christen in der Türkei verfügte zumindest Rußland dafür über einen wenn auch etwas fadenscheinigen völkerrechtlichen Rechtstitel. In Wahrheit erfolgte diese Aktion keineswegs aus uneigennützigen Motiven; beide Mächte verfolgten damit zugleich territoriale Ziele: Rußland die Rückgewinnung Bessarabiens, das 1856 verlorengegangen war, und Österreich–Ungarn die Besetzung von Bosnien und der Herzegowina. Freilich lief in Orient-Fragen nichts ohne die Billigung aller europäischen Großmächte, also auch Englands und Frankreichs.[2]

Bismarck kam diese Entwicklung sehr gelegen. Er sah darin eine ideale Gelegenheit, um das Verhältnis der drei östlichen Monarchien, das sich in den letzten Jahren in eine russisch-österreichisch-ungarische Entente im Orient unter Aussparung des Deutschen Reiches verändert hatte, wieder mit neuem Leben zu erfüllen. Er regte sogleich ein gemeinsames Vorgehen der drei Ostmächte in der Orient-Frage an, ohne sonderliche Rücksicht auf die Westmächte zu nehmen. Ostentativ motivierte er diesen Vorschlag mit dem Argument, daß es ihm einzig und allein darauf ankomme, einen europäischen Krieg zu vermeiden. Dies rechtfertige auch die Abtretung von Territorien des Osmanischen Reiches an die europäischen Mächte. »Die ganze Türkei mit Einrechnung der verschiedenen Stämme ihrer Bewohner«, so argumentierte er, »ist als politische Institution nicht so viel wert, daß sich die zivilisierten europäischen Völker um ihretwillen in großen Kriegen gegenseitig zugrunde richten [...].«[3] Allerdings kümmerte es ihn nicht im geringsten, ob bei der Neuverteilung von Teilen der »europäischen Türkei« das Nationalitätenprinzip beachtet würde oder nicht. Im Gegenteil, er fand nichts dabei, über die nationalen Hoffnungen der betroffenen Bevölkerungsgruppen hinwegzugehen, sofern mächtepolitische Erwägungen eine andere Lösung als zweckmäßiger erscheinen ließen.[4] Der Sache nach hieß dies, daß die anderen Mächte ruhig zugreifen und sich aus der Ländermasse des Osmanischen Reiches jene Gebiete aneignen sollten, die sie für wünschenswert erachteten. Demgemäß war es ihm nur recht, wenn Rußland Bessarabien und Österreich–Ungarn eventuell Bosnien und die Herzegowina annektieren würden, obwohl ersteres mit den nationalen Aspirationen der Rumänen, letzteres mit den nationalen Hoffnungen der Serbo-Kroaten unvereinbar war. England hingegen wollte er mit Ägypten, Frankreich mit Syrien abfinden. Angesichts der zu erwartenden französischen Proteste gegen eine Festsetzung Englands in Ägypten erwog er als Alternative, ob sich nicht die beiden Mächte in Ägypten und Syrien »einen zunächst gemeinschaftlichen Wirkungskreis schaffen« könnten. Zudem erklärte er, daß das Deutsche Reich keinerlei eigene Interessen im Orient verfolge.[5]

In einem Memorandum vom 13. Mai 1876 formulierte Bismarck einen Katalog von Bedingungen an die Pforte, in dem neben Garantien für eine angemessene Behandlung der christlichen Bevölkerung in den weiterhin unter türkischer Verwaltung verbleibenden Regionen insbesondere die Befriedigung der russischen und österreichischen territorialen Wünsche aufgeführt waren, während von eventuellen Gebietsabtretungen an die Westmächte auf Kosten des Osmanischen Reiches natürlich nicht die Rede war. Als die Westmächte, vor allem Großbritannien, diesen Vorschlag ablehnten, der nach ihrer Ansicht eine zu einseitige Machtsteigerung Rußlands auf dem Balkan gebracht haben würde, hielt Bismarck gleichwohl an dieser Linie fest. »Das Drei-Kaiser-Bündnis«, so ließ er verlauten, »ist bisher die Bürgschaft des Friedens.«[6] Es ist leicht zu sehen, daß Bismarcks demonstratives Desinteresse an den Orient-Fragen keineswegs so uneigennützig war, wie es auf den ersten Blick erscheint. Denn er verfolgte mit dieser Strategie das Ziel einer Reaktivierung des Drei-Kaiser-Verhältnisses, bot sich doch hier eine günstige Gelegenheit, Rußland und Österreich–Ungarn gleichermaßen gegen die Westmächte zu engagieren und ihnen dergestalt den Wert der Freundschaft des Deutschen Reiches handgreiflich vor Augen zu führen. Umgekehrt durfte er davon ausgehen, daß eine Festsetzung Frankreichs in Syrien und Großbritanniens in Ägypten beide Mächte miteinander embrouillieren würde. Mittelfristig gesehen, mußte ein direktes Engagement beider Mächte im Nahen Osten auch zu einer Verschärfung des Gegensatzes zu Rußland führen und dieses damit in eine Lage bringen, in der es auf die Unterstützung des Deutschen Reiches und Österreich–Ungarns angewiesen sein würde. Außerdem hätten dann in erster Linie die Westmächte und nicht die Donau-Monarchie einer allzu ausgreifenden russischen Orient-Politik Zügel anlegen müssen; demgemäß wäre das Dilemma der deutschen Politik geringer geworden, wie man den russischen Drang nach dem Nahen Osten behutsam abbremsen könne, um einen russisch-österreichischen Zusammenstoß zu vermeiden, ohne darüber die russische Diplomatie dauernd zu verärgern.

Aber die Dinge entwickelten sich keineswegs ganz in dem von Bismarck gewünschten Sinne. Zwar faßten Rußland und Österreich–Ungarn ein gemeinsames Vorgehen gegen das Osmanische Reich ins Auge, um es zu den notwendigen Reformen zu zwingen, doch sie nahmen davon wieder Abstand, als Großbritannien dagegen Einspruch erhob. Die Donau-Monarchie begrüßte zwar die ungewohnte Situation einer weitgehenden Übereinstimmung mit Rußland und dem Deutschen Reich in den Orient-Fragen, war aber nicht bereit, die eigenen Ziele um den Preis einer Entfremdung mit Großbritannien zu verfolgen oder, anders gesagt, sich von seinen Partnern in eine schroff anti-westliche Position hineinmanövrieren zu lassen. Bismarck wiederum konnte es nicht darauf ankommen lassen, in dieser Frage mit Rußland allein zu agieren. Vielmehr war er peinlich darum bemüht, mit dem Zarenreich und der Donau-Monarchie gleichermaßen auf gutem Fuß zu stehen. Eine einseitige Bindung des Deutschen Reiches an Rußland, wie sie im Oktober 1876 von Gortschakow angesichts der zögerlichen Haltung des Ballhausplatzes gefordert wurde, lehnte er daher konsequent ab. Die Erhaltung sowohl der russischen als auch der österreichischen Monarchie als europäischer Mächte sei, wie er bei dieser Gelegenheit erklärte, für den Bestand des Mächtesystems gleichermaßen unabdingbar.[7] In der Erhaltung des Systems der Pentarchie, bei gleichzeitiger Engagierung der anderen Mächte an der Peripherie Europas in einer Weise, die diese in Gegensatz zueinander bringen würde, sah er das Unterpfand für die Stabilisierung der bestehenden Mächteverhältnisse in der Mitte Europas und zugleich des politischen Systems des Deutschen Reiches. Dem Deutschen Reich könne weder daran gelegen sein, den Vielvölkerstaat Österreich–Ungarn auf dem Altar der Verständigung mit Rußland zu opfern, noch daran, daß sich erneut eine Situation gleich jener während des Krim-Krieges einstellen würde, nämlich einer gesamteuropäischen Koalition gegen das Zarenreich. »Unseren Interessen kann es nicht entsprechen, [...] wenn das Glück den russischen Waffen ungünstig wäre, die Machtstellung Rußlands wesentlich und dauernd geschädigt zu sehen; ebenso tief aber würde es die Interessen Deutschlands berühren, wenn die österreichische Monarchie in ihrem Bestande als europäische Macht oder in ihrer Unabhängigkeit derart gefährdet wäre, daß einer der Faktoren, mit denen wir im europäischen Gleichgewicht zu rechnen haben, für die Zukunft auszufallen drohte.«[8]

Zunächst also wollten die Blütenträume einer Reaktivierung des Drei-Kaiser-Bündnisses über der Orient-Frage nicht reifen. Vielmehr schleppten sich die Auseinandersetzungen auf den üblichen diplomatischen Kanälen hin, während die Pforte gegenüber der serbo-kroatischen Bevölkerung zu Mitteln schärfster Repression griff. Eine Botschafterkonferenz, die vom Dezember 1876 bis zum Januar 1877 in Konstantinopel zusammentrat, blieb ergebnislos, weil sich die Pforte weigerte, den weitreichenden Reformforderungen der Mächte nachzugeben. Bei dieser Gelegenheit geriet Bismarck obendrein in sehr unerwünschter Weise in das Kreuzfeuer der Kritik der anderen Mächte. Die britische Regierung warf ihm vor, daß er den Forderungen Rußlands im vorhinein zu weit nachgegeben habe und dadurch das Zustandekommen eines maßvollen Reformprogramms verhindert habe, welches der Sultan hätte annehmen können. Einmal mehr wurde Bismarck in die Ecke des europäischen Störenfrieds gedrängt, der in unangemessener Weise über die Interessen anderer Großmächte hinweggegangen sei. Die Verärgerung der britischen Regierung war beträchtlich. Dies wurde von dem französischen Außenminister Decazes prompt ausgenutzt, um das politische Image des republikanischen Frankreich aufzupolieren und sich der britischen Regierung, aber auch Österreich–Ungarn in den Orient-Fragen als Bundesgenosse anzuempfehlen.

Mittlerweile stieg insbesondere in Rußland die Irritation über die drückende Behandlung der Bevölkerung in Bosnien und der Herzegowina nach der Niederwerfung der Aufstandsbewegungen. Schließlich entschloß sich Rußland nach der Ablehnung eines erneuten Reformvorschlags seitens der Großmächte durch die Pforte, dem sogenannten Londoner Protokoll vom 31. März 1877, zu einem Alleingang gegen das Osmanische Reich mit dem Anspruch, als »Mandatar Europas« zu handeln. Der Kriegserklärung war im Reichstadter Abkommen vom 8. Juli 1876, welches freilich mehr Fragen offenließ, als geregelt wurden, eine Abstimmung mit Österreich–Ungarn vorausgegangen, die die Teilung der europäischen Türkei in beiderseitige Interessensphären vorsah, dagegen die Errichtung eines überwiegend großbulgarischen Balkanstaates ausdrücklich ausschloß. Alexander II. bezeichnete es demonstrativ als das Ziel des militärischen Vorgehens gegen die Pforte, den Schutz der christlichen Bevölkerungsgruppen zu gewährleisten. Tatsächlich standen hinter dem russischen Eingreifen einerseits panslawistische Motive, die auf die Befreiung der slawischen Balkanvölker vom türkischen Joch drängten, andererseits handfeste machtpolitische Erwägungen, die letztendlich dem Ziel galten, die Fesseln des Pariser Friedens von 1856 endgültig abzuschütteln und die Kontrolle der Meerengen zu erzwingen.[9] Bismarck quittierte die pathetische Erklärung des Zaren, daß Rußland als »Mandatar Europas« zu den Waffen greife, kühl mit der Frage: »Wer ist Europa?«[10] Insbesondere Großbritannien sah in dem Vorpreschen des Zarenreiches, das darauf hinauslief, die eigene Machtstellung im Orient ohne Rücksicht auf die Interessen der Westmächte auszubauen, eine Brüskierung und Herausforderung. Doch die britische Regierung entschied sich ebenso wie jene der anderen Großmächte dafür, zunächst einmal abzuwarten. Obschon das russische Vorgehen eine Verletzung des Pariser Friedens von 1856 darstellte, meinte der britische Außenminister Lord Derby, daß Friedensverträge nun einmal mit dem Ablauf der Zeit und mit der Gewalt der Umstände ihre Geltungskraft verlören. Es war aber jedermann klar, daß vornehmlich Großbritannien nicht gewillt war, Rußland in der Orient-Frage unbeschränkt freie Hand zu lassen.

In dieser Situation griff Bismarck das von ihm bereits bei Anfang der Orient-Krise vorgeschlagene Lösungsmodell wieder auf, nämlich die Mächte auf Kosten des Osmanischen Reiches sämtlich mit einem Stück der Beute abzufinden und auf diese Weise einerseits Rußland Genugtuung zu verschaffen, andererseits einen allgemeinen europäischen Krieg zu verhindern. Damit verband sich die Absicht, durch die Ableitung der aggressiven Energien der anderen Mächte an die Peripherie Europas den Druck auf die europäische Mitte zu reduzieren und so den »cauchemar des coalitions«, der ihn seit einigen Jahren plagte, für absehbare Zeit loszuwerden. Bismarck skizzierte die Grundzüge dieser Strategie im »Kissinger Diktat« vom 15. Juni 1877, dem wohl berühmtesten seiner diplomatischen Texte: »Ein französisches Blatt sagte neulich von mir, ich hätte ›le cauchemar des coalitions‹; diese Art Alp wird für einen deutschen Minister noch lange, und vielleicht immer, ein sehr berechtigter bleiben. Koalitionen gegen uns können auf westmächtlicher Basis mit Zutritt Österreichs sich bilden, gefährlicher vielleicht noch auf russisch-österreichisch-französischer; eine große Intimität zwischen zweien der drei letztgenannten Mächte würde der dritten unter ihnen jederzeit das Mittel zu einem sehr empfindlichen Drucke auf uns bieten. In der Sorge vor diesen Eventualitäten, nicht sofort, aber im Laufe der Jahre, würde ich als wünschenswerte Ergebnisse der orientalischen Krisis für uns ansehn: 1. Gravitierung der russischen und der österreichischen Interessen und gegenseitigen Rivalitäten nach Osten hin, 2. der Anlaß für Rußland, eine starke Defensivstellung im Orient und an seinen Küsten zu nehmen und unseres Bündnisses zu bedürfen, 3. für England und Rußland ein befriedigender status quo, der ihnen dasselbe Interesse an Erhaltung des Bestehenden gibt, welches wir haben, 4. Loslösung Englands von dem uns feindlich bleibenden Frankreich wegen Ägyptens und des Mittelmeers, 5. Beziehungen zwischen Rußland und Österreich, welche es beiden schwierig machen, die antideutsche Konspiration gegen uns gemeinsam herzustellen, zu welcher zentralistische oder klerikale Elemente in Österreich etwa geneigt sein möchten.«[11] In der Tat hätte ein solches Arrangement zumindest kurzfristig eine wesentliche Verbesserung der mächtepolitischen Konstellation für das Deutsche Reich gebracht; ja diesem wäre nunmehr effektiv jene latente Hegemonialstellung innerhalb des europäischen Mächtesystems zugefallen, die es bisher nur dank seines militärischen Übergewichts ausgeübt hatte, durchaus zum Mißvergnügen der anderen Mächte.

Für Bismarck war entscheidend, in einem von fünf Großmächten bestimmten Staatensystem jeweils immer zu dritt zu sein, im übrigen aber die anderen Mächte davon abzuhalten, gegen das Deutsche Reich gerichtete Koalitionen einzugehen. Die Orient-Krise bot sich, so schien es, an, um dieses große Ziel wenigstens für die absehbare Zukunft zu realisieren. Auch aus sozialkonservativer Perspektive empfahl sich eine solche Strategie. Eine Stabilisierung der Machtstellung Österreichs wie Rußlands war auch innenpolitisch von einiger Bedeutung; beide Mächte bildeten Eckpfeiler des überkommenen konservativen Systems, welches den breiten Massen der Bevölkerung jegliche Mitwirkung an den politischen Prozessen verweigerte. Der dilatorische Kompromiß zwischen den konservativen und fortschrittlichen Kräften, den Bismarck mit der Reichsgründung in Deutschland zuwege gebracht hatte, wäre dann ebenfalls in Gefahr geraten. Allerdings enthielt die Strategie, die Mächte auf Kosten des territorialen Bestandes des Osmanischen Reiches sowie der Bestrebungen der Balkanvölker nach nationaler Selbständigkeit gegeneinander zu engagieren, erhebliche Risiken. Denn sie lief darauf hinaus, daß die regionalen Konflikte auf dem Balkan und an der Peripherie Europas gleichsam permanent am Leben erhalten und nicht etwa einer dauerhaften Lösung entgegengeführt wurden. Davon abgesehen, barg sie die Gefahr in sich, daß sich die anderen Mächte, des Gegeneinanderausgespieltwerdens müde, am Ende gemeinsam gegen das Deutsche Reich wenden könnten.

Es ist in diesem Zusammenhang bemerkenswert, daß Bismarck sich mit seiner kühl kalkulierten Strategie, die die Mächte eher auseinanderzudividieren als in den Grundfragen der europäischen Politik zusammenzuführen suchte, namentlich von britischer Seite den Vorwurf zuzog, moralische Gesichtspunkte völlig außer acht zu lassen. Dies wurde durch den Umstand verschärft, daß der Kanzler die Wünsche der von den großen mächtepolitischen Entscheidungen primär betroffenen Bevölkerungsgruppen, insbesondere das Prinzip der nationalen Selbstbestimmung, im Grunde weitgehend vernachlässigte. Bismarcks großer Gegenspieler der kommenden Jahre, Sir William Gladstone, beispielsweise betrachtete es als eines seiner außenpolitischen Grundprinzipien, »to strive to cultivate and maintain, ay, to the very uttermost, what is called the Concert of Europe; to keep the Powers of Europe in union together. And why? Because by keeping all in union together you neutralize and fetter and bind up the selfish aims of each [...] Common action means common objects; and the only objects for which you can unite together the Powers of Europe are objects connected with the common good of them all.«[12] Bismarck empfand dergleichen Argumentationen als unerträgliches Moralisieren, welches an den wirklichen Gegebenheiten gänzlich vorbeigehe. Europa war für ihn ein geographischer, nicht ein moralischer Begriff, und er hat gelegentlich bemerkt, daß er der Berufung auf das Interesse Europas bei ausländischen Staatsmännern immer dann begegnet sei, wenn sie damit eigennützige nationale Ziele zu bemänteln suchten.[13]

Im übrigen entwickelten sich die Dinge in der Folge zunächst keineswegs so, wie Bismarck sich dies erhofft hatte. Als sich Anfang 1878 eine vollständige militärische Niederlage der Pforte abzuzeichnen begann, wurde klar, daß sich Rußland nicht in den Grenzen der in Reichstadt mit der Donau-Monarchie vereinbarten Kriegsziele halten werde. Damit brachen die latenten Interessengegensätze zwischen St. Petersburg und Wien, die in dem Reichstadter Abkommen vom Juli 1876 nur mühsam und unvollkommen überbrückt worden waren, wieder auf. Unter diesen Umständen stand es nicht gut mit Bismarcks Plan, das Drei-Kaiser-Bündnis mit Hilfe eines gemeinsamen Vorgehens der Ostmächte in den Orient-Fragen wieder zu kitten. Angesichts der katastrophalen militärischen Lage nach der Schlacht von Plewna am 10. Dezember 1877 sah sich die Pforte gezwungen, am 30. Januar 1878 einen Waffenstillstand abzuschließen, der der russischen Diplomatie hinsichtlich der künftigen Gestaltung der Verhältnisse auf dem Balkan weitgehend freie Hand gab. Dies rief sogleich die anderen Großmächte, zumal Österreich–Ungarn und Großbritannien, auf den Plan; sie wollten von einer derart weitgehenden Amputierung des Osmanischen Reiches, wie sie sich nunmehr abzeichnete, nichts wissen. Ein erneuter europäischer Krieg lag in der Luft. Der österreichische Außenminister Julius Graf Andrássy regte an, daß die strittige Frage der künftigen Gestaltung der politischen Ordnung auf dem Balkan von einer Konferenz der europäischen großen Mächte geregelt werden solle.[14]

Bismarck war ursprünglich kein Freund der Idee einer europäischen Konferenz, denn ihm war klar, daß dann die Gegensätze zwischen Österreich–Ungarn und Rußland in voller Stärke aufbrechen würden und das Deutsche Reich in die Zwickmühle kommen könne, zwischen ihnen wählen zu müssen. Doch er vermochte sich dem Gedanken einer Konferenz der europäischen Mächte nicht zu widersetzen, nachdem auch die zarische Regierung diesen Vorschlag im Prinzip akzeptiert hatte. Es kam nun alles darauf an, die russischen Erwartungen hinsichtlich einer entschieden diplomatischen Unterstützung durch das Deutsche Reich auf ein vernünftiges Maß zurückzuschrauben. Schon Anfang 1878 führte Bismarck Klage darüber, daß Rußland nicht auf die uneingeschränkte Gefolgschaft des Deutschen Reiches zählen könne, wenn dieses bedeute, gegen Österreich-Ungarn aufzutreten. »Wir sind seit Jahr und Tag im russischen Interesse so gut wie im eigenen bemüht, das Drei-Kaiser-Bündnis beisammen zu halten, eine Aufgabe, die namentlich wegen der Kollision der österreichischen und russischen Interessen in Wien ihre großen Schwierigkeiten hat [...].« Das Deutsche Reich könne Österreich-Ungarn jedoch nicht preisgeben. »Wir haben in der Türkei keine Interessen, die wir Rußland nicht opfern könnten; in Österreich aber haben wir solche. Deutschland hat ein unmittelbares und ein europäisches Interesse, sich mit Österreich gut zu stellen.«[15]

Um seiner Position in einer diplomatisch unverfänglichen Weise auch nach außen hin Ausdruck zu geben, ohne sich dabei persönlich festlegen zu müssen, veranlaßte der Kanzler den Führer der nationalliberalen Reichstagsfraktion, Rudolf von Bennigsen, die Dinge in Form einer parlamentarischen Anfrage im Reichstag zur Sprache zu bringen; dies gab Bismarck die erwünschte Gelegenheit, dazu öffentlich Stellung zu nehmen. In seiner Rede im Reichstag am 19. Februar 1878 erklärte Bennigsen in pathetischen Worten, daß das Deutsche Reich seit 1870 unter Führung Bismarcks konsequent eine Politik der Friedenserhaltung betrieben habe. Dabei hob er ostentativ die positive Funktion hervor, die in diesem Zusammenhang dem Drei-Kaiser-Bündnis zugemessen werden müsse. Er würdigte die Absichten, um derentwillen Rußland den Krieg gegen das Osmanische Reich geführt habe, warnte aber vor zu hochgesteckten Forderungen, die insbesondere von Österreich-Ungarn nicht hingenommen werden könnten. Er ließ keinen Zweifel daran, daß Österreich-Ungarn auf die uneingeschränkte Unterstützung der deutschen Öffentlichkeit werde rechnen können: »Vor allen Dingen haben wir in Deutschland daran ein Interesse [...], daß nicht etwa der Verlauf der Wirren im Orient, die friedliche oder kriegerische Lösung derselben die Interessen Österreichs wesentlich alterire und schädige oder gar zu einer erheblichen Schwächung von Österreich führe.«[16] Diese indirekte Warnung an die Adresse St. Petersburgs kam Bismarck sehr gelegen, denn sie enthob ihn der Notwendigkeit, sich persönlich zu diesem Punkt in ähnlichem Sinne zu äußern. Er erklärte, daß er es als die Aufgabe des Deutschen Reiches ansehe, in diesem Streit nicht für die eine oder die andere Seite Partei zu nehmen, sondern zwischen Rußland und Österreich-Ungarn zu vermitteln. Dieses werde dem Deutschen Reich dadurch erleichtert, daß es selbst so gut wie keine materiellen Interessen im Orient verfolge. Er lehnte es allerdings ausdrücklich ab, den anderen Mächten die Wege vorschreiben zu wollen, die zu einer Lösung der gegenwärtigen Krise führen könnten, und wies die Idee von sich, daß das Deutsche Reich die Rolle eines Schiedsrichters übernehmen solle, wie dies in der Presse angeregt worden war. »Ich bin nicht der Meinung, daß wir den napoleonischen Weg zu gehen hätten, um, wenn nicht der Schiedsrichter, auch nur der Schulmeister in Europa sein zu wollen.« Dies war auch an die Adresse St. Petersburgs gerichtet. Bismarck sah voraus, daß die Schiedsrichterrolle ein höchst undankbares Geschäft werden würde, und suchte ihr zumindest zu diesem Zeitpunkt aus dem Weg zu gehen. Der Führer der Zentrumspartei, Ludwig Windthorst, hingegen verlangte eine eindeutige Stellungnahme zugunsten der Donau-Monarchie und vertrat sogar die Ansicht, daß die deutsche Diplomatie schon den Ausbruch des Krieges selbst hätte verhindern müssen, da dieser die Großmachtstellung Österreich–Ungarns auf dem Balkan gefährde; das Interesse Österreichs aber falle mit dem »germanischen Interesse« zusammen. Windthorst verstieg sich gar zu der These, daß es sich um einen Konflikt zwischen dem Slawentum und dem Germanentum handele: »Meine Herren, nach meinem Dafürhalten handelt es sich in diesen orientalischen Fragen um die große und für alle Zukunft bedeutungsvolle Frage, ob das germanische Element oder das slavische Element das die Welt beherrschende sein soll... durch das Vorgehen der Russen – welches notorisch getrieben worden ist von den panslavistischen Ideen [...] –« sei »den slavischen Elementen bereits ein Vorsprung gegeben, welchen die germanischen Völkerschaften kaum noch werden aufholen können.«[17] Der konservative Abgeordnete Otto Heinrich von Helldorff verteidigte demgegenüber die zivilisatorische Mission Rußlands in der Orient-Frage. Für solche Argumente hatte Bismarck nun freilich keinerlei Verständnis. Aber der Zweck, nämlich Rußland in unauffälliger Weise darauf vorzubereiten, daß vom Deutschen Reich keine uneingeschränkte Gefolgschaft in den Orient-Fragen erwartet werden könne, wurde auch so erreicht.

Die Warnungen der anderen europäischen Mächte fruchteten zunächst nicht viel. Der russische Unterhändler Nikolai Ignatiew ging davon aus, daß eine konsequente Unterstützung der slawischen Nationalitäten zugleich im besten Interesse Rußlands liege. Er sah den Zeitpunkt gekommen, um eine radikale Umgestaltung der Länderkarte des Balkans durchzusetzen, ohne zu bedenken, daß die anderen Mächte nicht gewillt waren, Rußland uneingeschränkt auf diesem Weg zu folgen. Am 3. März 1878 schlossen Rußland und die Türkei den Präliminarfrieden von San Stefano, der der Pforte äußerst harte Friedensbedingungen auferlegte, welche die ursprünglichen, in Reichstadt in Umrissen mit Österreich abgesprochenen russischen Kriegsziele bei weitem hinter sich ließen. Darin wurde festgelegt, daß Serbien, Montenegro und Rumänien endgültig aus dem Staatsverband des Osmanischen Reiches entlassen und zusätzlich durch Abtretung weiteren türkischen Staatsgebiets vergrößert werden sollten. Vor allem aber sollte Bulgarien auf nahezu das Dreifache seines bisherigen territorialen Besitzstandes erweitert und zu einem autonomen Fürstentum erhoben werden, das zwar der Pforte weiterhin tributpflichtig, jedoch in allen anderen Hinsichten selbständig sein sollte. Im übrigen sollte Bulgarien für zwei weitere Jahre von russischen Truppen besetzt bleiben. Dies hätte die Wünsche der bulgarischen Nationalbewegung in einem Ausmaß erfüllt, welches sie sich niemals hätte träumen lassen. Doch jedermann war ersichtlich, daß die russische Regierung die Gründung eines großbulgarischen Staates nicht bloß aufgrund panslawistischer Erwägungen betrieb. Dahinter stand vielmehr die Absicht, Bulgarien in einen russischen Satellitenstaat zu verwandeln, der als Basis für eine künftige weitausgreifende Orient-Politik dienen sollte. Außerdem wurde der Pforte eine gewaltige Kriegskontribution von 1 400 Millionen Rubel auferlegt, die zum größeren Teil – denn es war allgemein bekannt, daß die Türkei diese Summe niemals würde aufbringen können – durch Abtretung von weiteren Territorien an Rußland abgegolten werden könne: unter anderem von Ardahan, Kars und Batum, also Gebieten mit überwiegend armenischer Bevölkerung, sowie des Sandschak von Toultcha, mit dem Rumänien für den definitiven Verlust Bessarabiens entschädigt werden sollte. Es versteht sich, daß nun auch die Reste der gegen Rußland gerichteten Bestimmungen des Pariser Friedens von 1856 beseitigt werden sollten; der Präliminarfrieden sah vor, daß der Bosporus und die Dardanellen künftig auch im Kriegsfall für die Handelsschiffahrt neutraler Staaten geöffnet, dagegen für Kriegsschiffe geschlossen bleiben sollten, eine aus russischer Sicht nahezu optimale Lösung der Meerengenfrage.

Dies war ersichtlich ein Gewaltfrieden, der, sofern er in dieser Form verwirklicht worden wäre, Rußlands Vorherrschaft auf dem Balkan für absehbare Zeit festgeschrieben hätte. Darüber hinaus wäre ihm eine hegemoniale Machtposition gegenüber dem Osmanischen Reich zugefallen, die den Grundsätzen des bisherigen europäischen Rechts in der Orient-Frage vollkommen zuwiderlief. Großbritannien sah sich um die Früchte des Krim-Krieges gebracht, und die Donau-Monarchie fürchtete um ihre politische Position auf dem Balkan, ja mehr noch, langfristig auch um ihre politische Stabilität, obschon die russische Diplomatie vereinbarungsgemäß willens war, Österreich–Ungarn Bosnien und die Herzegowina zu überlassen. Unter diesen Umständen bestand durchaus die Möglichkeit, daß es zu einem allgemeinen europäischen Krieg kommen werde. Am Ende mußte sich Rußland dazu bereit finden, daß eine Konferenz der europäischen Mächte über die Neuordnung der Verhältnisse im Orient befinden sollte.

Schon relativ früh war klar, daß diese Konferenz in Deutschland stattfinden solle, in Anerkennung der Bemühungen Bismarcks um eine Vermittlung zwischen den Großmächten. Doch der Kanzler suchte die Konferenzidee zunächst möglichst herunterzuspielen. Statt dessen bemühte er sich, in fieberhaft geführten Verhandlungen eine Verständigung zwischen Österreich–Ungarn und Rußland herbeizuführen, um das Drei-Kaiser-Bündnis zu retten. Gegenüber Rußland konnte er dabei auf die einhellige Ablehnung des Präliminarfriedens von seiten der Westmächte verweisen. Die österreichisch-ungarische Diplomatie suchte er davon zu überzeugen, daß die Schaffung eines großbulgarischen Staates die machtpolitischen Interessen der Donau-Monarchie gar nicht verletze, sofern man für die entsprechenden politischen Kautelen sorge – eine These, die sich schon wenig später als vollkommen zutreffend erweisen sollte. Ein vereinigtes Großbulgarien, so meinte Bismarck, würde sich »viel weniger geneigt zeigen . . ., nach

Rußland zu gravitieren«, als ein Bulgarien, das weiterhin territoriale Ansprüche an seine Nachbarn erhebe.[18] Doch er vermochte die österreichische Diplomatie, die wie gebannt auf die panslawistische Gefahr starrte, nicht zu überzeugen. Inzwischen war die britische Regierung unter dem neuen Premierminister Benjamin Disraeli an die Pforte herangetreten und sicherte ihr gegen die Abtretung Zyperns an Großbritannien – dies blieb allerdings zunächst ein gut gehütetes diplomatisches Geheimnis, um die Verhandlungsposition der Pforte nicht noch weiter zu schwächen – weitgehende diplomatische Unterstützung gegen Rußland zu. Sosehr es Bismarcks allgemeiner Strategie entsprach, Großbritannien im Orient politisch zu engagieren, sowenig kam ihm dies zu jenem Zeitpunkt gelegen; denn dies versteifte nur den Widerstand des Ballhausplatzes gegen einen für Rußland allenfalls annehmbaren Kompromiß. Sehr zu Bismarcks Erbitterung führten die Verhandlungen zwischen beiden Mächten zu keinem greifbaren Ergebnis. Ärger noch, die russische Diplomatie, der Obstruktionspolitik des Grafen Andrássy, aber auch Bismarcks Politik des Finassierens müde, wandte sich daraufhin direkt an den eigentlichen Gegenspieler Rußlands im Orient, nämlich an Großbritannien. Der russische Botschafter in London, Peter Graf Schuwalow, und der neue britische Außenminister Robert Cecil Lord Salisbury handelten im Mai 1878 ein Geheimabkommen aus, in dem bereits die Grundzüge der später auf dem Berliner Kongreß abgesegneten Regelungen festgelegt waren. Vor allem willigte die zarische Regierung unter britischem Druck in eine Dreiteilung Großbulgariens ein. Nur die Kernregion Bulgariens sollte ganz aus türkischer Herrschaft entlassen werden, während Ostrumelien zwar den Status einer autonomen Provinz erhalten, aber weiterhin unter türkischer Verwaltung stehen sollte. Mazedonien hingegen sollte im türkischen Herrschaftsbereich verbleiben, allerdings unter Abtretung eines Teils von Thessalien an Griechenland. Die britische Politik verfolgte damit die Absicht, einen Schutzwall vor die Kerngebiete des Osmanischen Reiches zu legen und auf diese Weise dem russischen Einfluß am Balkan Grenzen zu setzen. Gleichzeitig sollte Österreich–Ungarn das Recht zur Okkupation Bosniens, der Herzegowina und des Sandschaks von Novibazar erhalten, unbeschadet der theoretisch weiterhin aufrechtzuerhaltenden Souveränitätsrechte des Sultans.

Demnach war, als der Berliner Kongreß am 13. Juni 1878 unter dem Vorsitz Bismarcks eröffnet wurde, die Neuordnung auf dem Balkan in ihren Grundzügen bereits vorgezeichnet.[19] Gleichwohl blieb noch viel zu tun. Bismarck fiel die Aufgabe zu, als »ehrlicher Makler, der das Geschäft wirklich zustande bringen will«, einen Ausgleich zwischen den auf den ersten Blick unlösbar gegeneinander verkeilten Mächteinteressen zu finden. Er entledigte sich dieser Aufgabe mit Glanz und Bravour. In gewissem Sinne stand er damals auf der Höhe seines Ruhms; er wurde nunmehr allseits als der führende Staatsmann Europas anerkannt. Doch die Lage des Deutschen Reiches war keineswegs so rosig, wie dies auf den ersten

Blick erscheinen mochte. Denn faktisch präsidierte Bismarck dem feierlichen Begräbnis des Drei-Kaiser-Bündnisses.

Die Frontlinie zwischen den Mächten auf dem Berliner Kongreß verlief ganz anders, als es sich der Kanzler gewünscht hatte: Großbritannien und Österreich–Ungarn einerseits, Rußland andererseits standen sich als Hauptkontrahenten gegenüber, während sich das Deutsche Reich in einer unbequemen Mittellage befand – war es doch sowohl Rußland als auch Österreich–Ungarn politisch verpflichtet. Frankreich stand zwar abseits, war aber in der Lage, sich jeweils der siegenden Partei anzuschließen. Das Osmanische Reich war zwar formal als gleichberechtigte Macht zur Konferenz eingeladen worden, spielte aber ein Schattendasein; es wurde als Objekt der mächtepolitischen Interessen der Großmächte, nicht als ein gleichberechtigter Verhandlungspartner behandelt. Besonders Bismarck ließ die Repräsentanten der Pforte während der Verhandlungen wiederholt in brüsker Form fühlen, daß ihre Interessen bei der Friedensregelung eine völlig untergeordnete Rolle spielten. Österreich–Ungarn und, mit gewissen Einschränkungen, Großbritannien traten für eine weitgehende Wiederherstellung des Osmanischen Reiches auf dem Balkan ein, aber eigentlich nur, weil sie auf diese Weise den Machtzuwachs Rußlands in engen Grenzen halten wollten, nicht, weil sie von der Lebensfähigkeit der Türkei überzeugt waren. Ebenso gingen die Mächte ziemlich unbekümmert über die nationalen Interessen der betroffenen Balkanvölker hinweg; die neuen Grenzziehungen erfolgten ausschließlich nach mächtepolitischem Kalkül und nicht mit Rücksichtnahme auf das in dieser Region ohnehin nicht rein durchführbare Prinzip der nationalen Selbstbestimmung. Das Resultat war ein Kompromiß, welcher die Existenzfähigkeit des Osmanischen Reiches schwer beeinträchtigte und hinter den nationalen Erwartungen der Balkanvölker ebenfalls weit zurückblieb. Der Friede Europas wurde im wesentlichen auf Kosten der Völker des Balkans und der Türkei wiederhergestellt, für einen hohen Preis, nämlich dauernde politische Instabilität in Südosteuropa. Das Osmanische Reich geriet hinfort vollständig unter die Kontrolle der europäischen Großmächte. Es sank zu einer »Halbkolonie« im Sinne Lenins herab, die nur noch eine Chance hatte, eine eigenständige Politik durchzusetzen, wenn es ihr gelang, die europäischen Mächte gegeneinander auszuspielen.

Auch Rußland gehörte insofern zu den Verlierern, als es auf den größten Teil seiner Kriegsbeute wieder verzichten mußte. Statt eines russischen Satellitenstaates Großbulgarien wurde ein autonomes, aber der Pforte weiterhin tributpflichtiges Fürstentum Bulgarien geschaffen mit der Maßgabe, daß der künftige König von Bulgarien keinem der europäischen Fürstenhäuser angehören dürfe. Die Provinz Ostrumelien, also der südliche Teil Bulgariens, sollte weiterhin unter türkischer Verwaltung stehen, Mazedonien gar im Verband des Osmanischen Reiches verbleiben, abzüglich Thessaliens, das Griechenland zugesprochen wurde, obschon dieses – unter englischem Druck – an den Kriegshandlungen überhaupt nicht teilgenommen hatte. Damit war vorerst sichergestellt, daß Bulgarien nicht zum Einfallstor für eine offensive russische Orient-Politik werden könne, aber um den Preis fortdauernder politischer Instabilität in diesem Land, da die Bulgaren ihre nationalen Interessen auf dem Altar der Mächtepolitik geopfert sahen. Ihre Enttäuschung wurde verstärkt durch die relativ günstige Behandlung der anderen Balkanstaaten, mit denen sie in einem Verhältnis gegenseitiger Rivalität standen. Rumänien, Montenegro und Serbien, letzteres unter einer mäßigen Vergrößerung seines territorialen Besitzstandes, wurden unabhängige Staaten.

Als Gegengewicht zu diesen Regelungen, die den Selbständigkeitsbestrebungen der slawischen Nationalitäten auf dem Balkan immerhin ein gutes Stück entgegenkamen, wurde Österreich–Ungarn das Recht zur Okkupation Bosniens und der Herzegowina sowie des Sandschaks von Novibazar auf unbestimmte Zeit zugestanden. Dieser Verwaltungsbezirk schob sich wie ein Riegel zwischen das neugeschaffene Montenegro und Serbien und sollte den Bestrebungen entgegenwirken, einen großserbischen Nationalstaat ins Leben zu rufen, der die Serben und Kroaten unter einem gemeinsamen Dach zusammenführen sollte. Die Österreicher betrachteten die Kontrolle dieser Territorien als eine notwendige Barriere gegen ein mögliches Übergreifen der irredentistischen Bewegungen auf Österreich–Ungarn selbst, zugleich aber als wichtige Ausgangsbasis für eine künftige Politik der wirtschaftlichen Durchdringungen des Balkans mit informellen, vorwiegend ökonomischen Mitteln. Damit handelte sich die Donau-Monarchie freilich langfristig schwere Probleme ein, da die nun getroffene Regelung niemanden, weder die Serben noch die Bulgaren, noch die Griechen und schon gar nicht die moslemische Bevölkerung jener Region, zufriedenstellte. Zwar war die türkische Herrschaft über die christliche Bevölkerung auf dem Balkan erheblich beschnitten worden, aber nicht zugunsten der betroffenen Völker, sondern der beteiligten Großmächte.

Die russische Orient-Politik sah sich erheblich zurückgeworfen. Langfristig bestand freilich weiterhin die Chance, im Bündnis mit den slawischen Völkern die eigene Machtbasis auf dem Balkan auf Kosten entweder des Osmanischen Reiches oder der Donau-Monarchie zu erweitern. Allerdings war der panslawische Kurs Ignatiews auch in St. Petersburg einstweilen in Verruf geraten. Rußland erhielt Bessarabien und Kars, Ardahan und Batum am Schwarzen Meer, Territorien, die sich bald ökonomisch als höchst bedeutsam erweisen sollten, politisch aber bis heute eher eine Belastung für den russischen Staatsverband beziehungsweise die Gemeinschaft unabhängiger Staaten darstellen. Davon abgesehen, vermochte es eine immerhin erträgliche Lösung der Meerengenfrage zu erreichen. In Zukunft sollte der Sultan im Kriegsfall frei darüber bestimmen können, ob und welche Flotten die Meerengen passieren dürften – eine Regelung, die zwar faktisch Großbritannien einseitig begünstigte, jedoch die diskriminierenden Bestimmungen des Pariser Vertrages von 1856 beseitigte.

Im übrigen wurde dem Osmanischen Reich, dessen Staatsfinanzen durch die

Verpflichtung zur Zahlung einer hohen Kriegskontribution an Rußland endgültig an den Rand des Abgrunds gerieten – es hatte schon 1875 den Staatsbankrott verkündet und damit eine einstweilige Stundung seiner auswärtigen Zahlungsverpflichtungen erreicht –, von den Großmächten »nahegelegt«, eine internationale Schuldenverwaltung zwecks Regelung seiner Auslandsschulden und Wiederherstellung des türkischen Staatskredits zu akzeptieren. Zwei Jahre später wurde im sogenannten Erlaß von Mouharrem die Administration de la Dette Publique Ottomane errichtet, die künftig etwa zwei Fünftel der türkischen Staatseinnahmen, welche als Sicherheit für die Gewährung von Staatsanleihen verpfändet worden waren, in eigener Regie verwaltete.[20] Die türkische Schuldenverwaltung war der Form nach eine private internationale Institution, die im Auftrag der europäischen Gläubiger handelte, welche auch deren Vertreter im Verwaltungsrat wählten; de facto war sie ein Einfallstor des europäischen Finanzimperialismus und indirekt der europäischen Mächtepolitik in das Osmanische Reich. Zum deutschen Vertreter in der türkischen Schuldenverwaltung wurde Gerson von Bleichröder, Bismarcks Bankier, bestimmt, der zwar in der Folge keine sonderlich aktive Rolle in den türkischen Angelegenheiten gespielt hat, aber Bismarck mit hochkarätigen Informationen versorgte.[21]

Aus deutscher Sicht stellten sich die Ergebnisse des Berliner Kongresses auf den ersten Blick sehr positiv dar. Das persönliche Ansehen Bismarcks war gewaltig gestiegen; er hatte glaubwürdig die Position vertreten, daß es ihm in erster Linie um die Wahrung des europäischen Friedens gehe. Doch ganz so uninteressiert an den Balkan-Fragen, wie er dies vorgab, war die deutsche Diplomatie nun doch nicht. Zum einen nutzte Bismarck die informellen Kontakte auf der Konferenz, um Frankreich zu ermutigen, sich in Tunesien festzusetzen; zum anderen ließ er gegenüber den britischen Staatsmännern durchblicken, daß er eine Okkupation Ägyptens nicht ungern sehen würde. Dies lag bekanntlich ganz auf der Linie seiner Strategie der Ableitung der Spannungen an die Peripherie Europas, wie er sie bereits im Kissinger Diktat skizziert hatte. Im übrigen nahm Bismarck die günstige Gelegenheit wahr, um die Verpflichtung des Artikels V des Prager Friedens von 1866 formell aufzukündigen, der zufolge über die Zukunft Nordschleswigs nach Maßgabe der Ergebnisse eines Plebiszits entschieden und dieses gegebenenfalls an Dänemark zurückgegeben werden solle.[22] Äußerlich kam in der Schlüsselrolle, die Bismarck und dem Geschäftsführer des Kongresses, Joseph Maria von Radowitz, bei den Berliner Verhandlungen zugefallen war, zum Ausdruck, daß das Deutsche Reich nun tatsächlich in die Position der Hegemonialmacht auf dem europäischen Kontinent eingerückt war. Aber dem stand als großer Negativposten gegenüber, daß das Drei-Kaiser-Bündnis zerbrochen und somit die Geschäftsgrundlage für das besondere Verhältnis der drei Ostmächte verlorengegangen war. Am Rande kündigte sich zudem an, daß die Strategie der Abstinenz des Deutschen Reiches in der orientalischen Frage sich langfristig keineswegs mit den steigenden wirtschaftlichen Interessen Deutschlands auf dem Balkan und im Vorderen Orient deckte. Der glanzvolle Ablauf des Berliner Kongresses, an dem die führenden Staatsmänner Europas persönlich teilgenommen hatten, konnte die Tatsache nicht verdecken, daß die Orient-Probleme nur für den Augenblick, nicht auf Dauer gelöst worden waren und deshalb die nächste europäische Krise bereits vorprogrammiert war.

Das Deutsche Reich als Vormacht Europas (1879–1890)

Bismarcks zweites Bündnissystem (1879–1884)

Bismarcks Politik auf dem Berliner Kongreß von 1878 hatte vor allem einem Ziel gegolten, nämlich einen militärischen Konflikt zwischen den beiden konservativen Flügelmächten des Deutschen Reiches, Rußland und Österreich–Ungarn, zu verhüten. Dies war erreicht worden, jedoch nur um einen Preis, der sich in der Folge als überaus hoch herausstellen sollte; denn es ergab sich eine dauernde Verärgerung Rußlands. Das Zarenreich schrieb der deutschen Diplomatie unter Bismarck einseitig die Verantwortung dafür zu, daß es die im Frieden von San Stefano bereits zugesicherten politischen und territorialen Vorteile auf dem Balkan angesichts des Einspruchs der Großmächte nicht hatte behaupten können.[1] Darüber hinaus hatte Bismarcks Strategie der Ableitung von Spannungen an die Peripherie mit Hilfe der Ermutigung anderer Mächte, sich in den Außenbezirken des Osmanischen Reiches oder auch anderswo zu engagieren, bislang nur in geringem Maße Erfolg gehabt. Vorderhand war nicht das erwartete Ergebnis eingetreten, daß der Druck auf das Zentrum Europas verringert würde und die anderen, potentialiter feindlichen Mächte dadurch daran gehindert würden, mit Frankreich enge Beziehungen zu begründen oder gar gemeinsame Sache zu machen.

Die innenpolitische Krise in Ägypten, die zur Aufhebung der Doppelkontrolle der ägyptischen Staatsfinanzen durch einen französischen und einen englischen Finanzfachmann mit Ministerrang in der Regierung geführt hatte, gab Bismarck allerdings die Chance, erneut die ägyptische Karte zu spielen.[2] Obschon die deutschen Kapitalanlagen in Ägypten äußerst gering waren, protestierte der Kanzler energisch gegen diese angebliche Verletzung des europäischen Rechts in der Absicht, die Krise zu verschärfen und die Situation für eine Intervention Großbritanniens reif zu machen. Bismarcks vorsichtige Avancen an die britische Adresse, sich Ägyptens zu bemächtigen, blieben zunächst ohne konkretes Ergebnis. Gleiches galt von entsprechenden Hinweisen, daß Frankreich sich gegebenenfalls in Syrien schadlos halten möge. Allerdings okkupierte Frankreich 1881 Tunesien; damit war ein erster Schritt in Richtung auf einen Prozeß imperialistischer Landnahme in Afrika getan, der zunächst nur insofern folgenreich war, als sich der junge italienische Nationalstaat dadurch unmittelbar herausgefordert sah. In Tunis bestand seit längerem eine starke italienische Kolonie, und demgemäß lag Tunesien eigentlich im italienischen Interessenbereich. Die Errichtung eines tunesischen Schattenregiments unter französischem Protektorat im Vertrag von Bardo 1881 weckte in Italien mit einem Schlage imperialistische Begehrlichkeiten, die weitreichende Auswirkungen haben sollten. Vorerst aber brachten diese Entwicklungen keinerlei fühlbare Entlastungen für die deutsche Politik. Im Gegenteil, sie veranlaßten Rußland und Österreich–Ungarn, ihre beiderseitigen Bemühungen um einen Ausbau ihrer Vorrangstellung auf dem Balkan zu intensivieren. Darüber kam es zu einer erneuten Verschärfung der Spannungen zwischen beiden Mächten. Dies aber konnte nicht ohne Rückwirkungen auf das Bismarcksche Bündnissystem bleiben.

Die deutsch-russischen Beziehungen entwickelten sich nach dem Berliner Kongreß in denkbar ungünstiger Weise. Die Schlappe, die Rußland dort hatte hinnehmen müssen, wurde von Zar Alexander II. und seinem Außenminister Gortschakow Bismarck persönlich angelastet. Die im Frieden von Berlin getroffenen Regelungen wurden in der Folge für Rußland noch weiter verschlechtert, im Zuge der Arbeit einer Reihe von internationalen Kommissionen, die 1878 von den Großmächten eingesetzt worden waren, um die Beschlüsse des Berliner Kongresses im Detail umzusetzen. Die Erbitterung in St. Petersburg über Bismarcks angeblich anti-russische Politik fand ihren Höhepunkt mit dem sogenannten Ohrfeigenbrief Alexanders I. an Wilhelm I. vom 3./15. August 1879, in dem sich der Zar über das unfreundliche Verhalten des Deutschen Reiches gegenüber Rußland bitter beschwerte und darauf hinwies, daß dies mit der wohlwollenden Haltung, die die russische Politik seit 1870 gegenüber Deutschland an den Tag gelegt habe, überhaupt nicht vereinbar sei.[3] Eine derartige Politik könne, so fügte der Zar drohend hinzu, traurige Konsequenzen haben, indem sie die beiden Völker gegeneinander aufbringe, wie dies hier wie da in der Presse bereits geschehe.[4] Desgleichen wurde Klage darüber geführt, daß die deutschen Schutzzölle auf agrarische Produkte die russischen Agrarexporte nach Deutschland schwer schädigten. Wilhelm I. war über diesen Brief sehr beunruhigt, denn in seinem simplizistischen konservativen Weltbild erschienen enge freundschaftliche Beziehungen zu Rußland schon aus Gründen weltanschaulicher Art unabdingbar.[5] Er war äußerst irritiert darüber, daß mit diesem Schreiben das Drei-Kaiser-Verhältnis von 1873 sich gleichsam in Luft aufgelöst hatte.[6]

Bismarck war ebenfalls sehr betroffen, auch wenn er über die russische Haltung nicht ganz so überrascht war wie sein Souverän. Er schloß daraus, daß unter den obwaltenden Umständen Rußland eine größere Gefahr für den europäischen Frieden darstelle als selbst Frankreich. Doch er dachte nicht daran, das Steuer herumzuwerfen; immerhin blieb ihm nichts anderes übrig, als behutsam die Gewichte innerhalb des Dreiecksverhältnisses mit Rußland und Österreich–Ungarn noch stärker zugunsten der Donau-Monarchie zu verlagern. Bismarck stellte klar, daß die Dankbarkeit Deutschlands für die russische Haltung 1866 und 1870/71 »so weit nicht reichen« könne, »daß die deutsche Politik für immer der russischen untergeordnet würde und wir Rußland zuliebe die Zukunft unserer Beziehungen zu Österreich opfern«, zumal dies die Neigung der russischen Diplomatie nur steigern würde, Pressionen auf das Deutsche Reich auszuüben.[7] Andererseits versicherte er seinem Monarchen, daß »das Drei-Kaiser-Bündnis im Sinne einer friedlichen und erhaltenden Politik [...] ein ideales Ziel« seiner Politik bleibe.[8] Der Sache nach war Bismarck entschlossen, die Russen durch geeignete politische Gegenzüge wieder zur Vernunft zu bringen. Er befand sich nun in jener Situation, welche er bislang mit geschicktem Taktieren zu vermeiden gesucht hatte, nämlich zwischen Rußland und Österreich–Ungarn optieren zu müssen. Landläufig geht man davon aus, daß die Hinwendung zu Österreich–Ungarn nur eine temporäre »Aushilfe« gewesen sei und lediglich das Ziel gehabt habe, die Russen auf die bisherige Linie einer gemeinsamen Politik der konservativen Mächte zurückzuführen. Die Wirklichkeit sah ein wenig anders aus. Denn das Bündnis mit Österreich–Ungarn, das Bismarck nunmehr im Gegenzug zu den russischen Drohungen ins Auge faßte, war überaus weitreichend konzipiert. Er dachte an ein uneingeschränktes Defensivbündnis beider Mächte, welches von beiden Parlamenten förmlich ratifiziert werden und öffentlich sein sollte; unter diesen Umständen wäre die Bindungskraft eines solchen Abkommens außerordentlich groß gewesen. Ein solcher Schritt läßt sich schwerlich unter dem Stichwort diplomatische »Aushilfen auf Zeit« abbuchen. Es kommt hinzu, daß Bismarck die Absicht hatte, dieses Bündnis durch eine deutsch-österreichische Zollunion zu ergänzen und ihm dadurch eine materielle Grundlage zu geben; das war aber nur dann sinnvoll, wenn das Bündnis selbst auf einige Dauer angelegt wurde. Dies war ganz offenbar Bismarcks Absicht, entgegen seiner sonstigen Praxis, Bündnisse mit nur sehr kurzen Laufzeiten zu schließen und miteinander derart zu kombinieren, daß ein Eintreten des Bündnisfalls ausgeschlossen wurde. Er bezeichnete den Plan eines engeren deutsch-österreichischen Bündnisses gelegentlich gar als eine Art von Wiederherstellung des Deutschen Bundes.[9] Dies hätte bedeutet, daß das deutsch-österreichische Verhältnis innerhalb des europäischen Staatensystems einen besonderen Status erhalten haben würde.

Diese Planungen konnten sich überdies auf die pro-österreichische Einstellung der deutschen öffentlichen Meinung stützen. Sie liefen in gewisser Weise darauf hinaus, die großdeutsche Idee im nachhinein doch noch, wenn auch nur in indirekter Form, vor den Wagen der Außenpolitik des Deutschen Reiches zu spannen.[10] Bismarck knüpfte damit an eine lange Tradition an. Die Idee eines deutschen Mitteleuropa besaß eine lange Vorgeschichte; sie ist in regelmäßigen Intervallen immer wieder aufgetaucht: 1848/49, 1865, dann 1913, und sie erfuhr schließlich 1931 erneute Wiederbelebungsversuche, von Hitlers nationalsozialistischer Großraumpolitik ganz zu schweigen. Zumindest auf dem Höhepunkt der Krise der deutsch-russischen Beziehungen 1879/80 war Bismarck offenbar weit stärker geneigt, auf die Karte einer mitteleuropäischen Politik zu setzen, als jene Historiker es wahrhaben wollen, die den Schlüssel seiner außenpolitischen Strategie in einer konservativen Gleichgewichtspolitik sehen. Ungeachtet der äußerst positiven Aufnahme, die die Idee einer engeren deutsch-österreichischen Bindung in der deutschen Öffentlichkeit fand, angefangen von den Katholiken bis hin zu den Nationalliberalen, wurde aus diesen hochfliegenden Plänen am Ende so gut wie nichts. Graf Andrássy, dem österreichischen Außenminister, gingen sie viel zu weit. Überdies standen die Bestimmungen des Prager Friedens von 1866 der Errichtung einer deutsch-österreichischen Zollunion im Weg, da Frankreich dann berechtigt gewesen wäre, für sich die gleichen Rechte zu beanspruchen.

Statt dessen kam es lediglich zum Abschluß eines gewöhnlichen Defensivbündnisses, das sich ganz in den Bahnen der klassischen Mächtepolitik bewegte und außerordentlich behutsam formuliert war, dem sogenannten Zweibundvertrag vom 7. Oktober 1879. Es versteht sich, daß dieser Vertrag nunmehr geheim bleiben sollte; von einer Ratifizierung durch den österreichischen Reichsrat beziehungsweise die österreichisch-ungarischen Delegationen und den deutschen Reichstag war nun nicht mehr die Rede. Dabei spielte eine wesentliche Rolle, daß Wilhelm I. sich dem Abschluß eines Vertrages mit Österreich–Ungarn, der einer Brüskierung Rußlands gleichgekommen wäre, mit größter Hartnäckigkeit widersetzte. Nur mit einer Rücktrittsdrohung gelang es Bismarck schließlich, seinen Souverän dazu zu bewegen, dem Abschluß des Zweibundvertrags zuzustimmen. Doch der Monarch bestand am Ende, entgegen Bismarcks Absichten, darauf, daß dem Zaren wenigstens in allgemeiner Form Mitteilung von dem Vertragsabschluß gemacht werden solle.

Der Zweibundvertrag von 1879 ist in der Folge zum Eckpfeiler des zweiten Bündnissystems Bismarcks geworden. Er wurde indirekt gestützt durch die proösterreichische Stimmung der Deutschen, die in Österreich–Ungarn, in Verkennung der dort bestehenden staatsrechtlichen Verhältnisse, einen deutschen Bruderstaat sahen. Sein konkreter Inhalt war jedoch durchaus begrenzter Natur. Es handelte sich um eine reine Defensivallianz, die sich ausschließlich gegen Rußland richtete – wobei sogar im Vertragstext davon die Rede war, daß man darauf hoffe, »daß die Rüstungen Rußlands sich als bedrohlich... in Wirklichkeit nicht erweisen werden«[11]. Im Falle von Konflikten mit dritten Mächten war hingegen nur die beiderseitige Verpflichtung zu wohlwollender Neutralität vereinbart, also das denkbare Minimum dessen, was in einem Bündnisvertrag zwischen Staaten geregelt zu werden pflegt. Der Zweibundvertrag sollte eine Laufzeit von fünf Jahren haben und, sofern nicht Verhandlungen mit dem Ziel einer Veränderung des Vertrages aufgenommen würden, sich jeweils automatisch um drei Jahre verlängern. Es war also noch etwas von Bismarcks ursprünglicher Absicht zu erkennen, diesen Vertrag langfristig anzulegen, im Unterschied zu der sonst von ihm geübten Praxis.

Der Zweibundvertrag gewährte Österreich–Ungarn Schutz gegen einen Angriffskrieg Rußlands, gab ersterem aber jedenfalls der Intention nach keinerlei Freibrief für eine offensive Politik auf dem Balkan. Umgekehrt gab der Vertrag dem Deutschen Reich die Gewähr, daß im Falle eines erneuten Krieges mit Frankreich Österreich–Ungarn nicht mit diesem gemeinsame Sache machen würde –

eine Gefahr, die 1875 immerhin akut gegeben gewesen ist. Die relative Dürftigkeit dieses Vertrages, zumal im Vergleich mit den anfänglichen, ziemlich hochgesteckten Plänen Bismarcks, ging nicht zuletzt auf die Abneigung Wilhelms I. zurück, überhaupt eine vertragliche Bindung dieser Art einzugehen, welche die traditionell guten Beziehungen zu Rußland gefährden könne. Selbst in der höchst mageren Form, die dieser schließlich erhalten hatte, hätte der Zweibundvertrag, wäre er der russischen Politik im Wortlaut bekannt geworden, die in St. Petersburg bestehenden Irritationen über die deutsche Außenpolitik gewaltig verstärkt. Gemeinhin wird die Ansicht vertreten, daß Bismarck den Zweibundvertrag nur als Schachzug benutzt habe, um die Russen zu zwingen, in das Lager der drei konservativen Ostmächte zurückzukehren. Dafür spricht in der Tat, daß der Text keinerlei Bestimmungen enthielt, die Österreich–Ungarn zu einer aktiveren Politik auf dem Balkan hätten ermutigen können. Bismarck war nicht gewillt, sich, wie er einmal bei anderer Gelegenheit gesagt hat, von Österreich »das Leitseil überwerfen zu lassen«[12]. Gleichwohl brachte der Vertrag eine Stärkung der Position Österreichs innerhalb des europäischen Mächtesystems und indirekt auch auf dem Balkan mit sich und veranlaßte den Ballhausplatz, zusätzlich Defensivverträge mit Serbien und Rumänien zu schließen, die gleichermaßen gegen die russischen Balkan-Aspirationen gerichtet waren. Allerdings wurde dabei vermieden, die russische Politik direkt herauszufordern. 1881 ersuchte Rumänien das Deutsche Reich um Beitritt zum Zweibund; es wurde von Bismarck an Wien verwiesen, um eine direkte vertragliche Bindung zwischen dem Deutschen Reich und Rumänien, die aus russischer Sicht äußerst mißbilligt worden wäre, tunlichst zu vermeiden. In der Tat konnte Bismarck es am Ende als einen großen Erfolg seiner Politik verbuchen, daß es über diesen Verhandlungen nicht zu einer weiteren Verschärfung der Beziehungen zwischen dem Reich und Rußland gekommen war.

Vielmehr gelang es Bismarck in der Folge, aus einer Position relativer Stärke heraus wieder eine Entente zu dritt, zwischen Rußland, Österreich–Ungarn und dem Deutschen Reich, zuwege zu bringen, die einer effektiven Wiederaufnahme des Drei-Kaiser-Verhältnisses gleichkam. Die deutsche Politik konnte dabei das beiderseitige Mißfallen in Berlin und St. Petersburg über Gladstones Orient-Politik als Anknüpfungspunkt benutzen. Der 1880 als Premier einer liberalen Regierung unter anti-imperialistischem Vorzeichen erneut zur Macht gekommene Führer der britischen Liberalen Partei, Sir William Ewart Gladstone, drängte auf durchgreifende Reformen in den Territorien der europäischen Türkei angesichts der anhaltenden politischen Unruhen und der beständigen, zuweilen brutalen Übergriffe der jeweiligen türkischen Provinzgouverneure gegenüber der einheimischen Bevölkerung. Er deklarierte es als letztendliches Ziel der britischen Politik, den nichttürkischen Nationalitäten auf dem Balkan die volle politische Unabhängigkeit zu gewähren. Eine solche Politik lag verständlicherweise weder im Interesse Rußlands noch in dem Österreich–Ungarns. Beide hofften vielmehr, ihre jeweilige indirekte Einflußzone auf dem Balkan weiter auszubauen; und dies ließ sich am besten bewerkstelligen, indem man sich gegenüber der Pforte als Schutzmacht der christlichen Bevölkerungsgruppen in der europäischen Türkei gerierte. Dabei stand die Absicht im Hintergrund, zumindest partiell in die Rolle des Sultans als Oberhoheit jener Region zu schlüpfen. Beiden Mächten konnte daher an einer beschleunigten politischen Mobilisierung der Nationalitäten auf dem Balkan nicht gelegen sein, ganz abgesehen davon, daß die Nationalitätenkonflikte den inneren Zusammenhalt der Donau-Monarchie unmittelbar gefährdeten. Bismarck scheute sich zudem nicht, Gladstone in den anderen europäischen Hauptstädten auch allgemein als einen wenig vertrauenerweckenden Politiker zu diskreditieren, der im Bund mit den revolutionären Bewegungen stehe: England treibe dem Republikanismus zu, ließ er allen Ernstes zur Übermittlung an seine russischen Kollegen nach St. Petersburg drahten.[13]

Sachlich bedeutete dies, daß sich Bismarck auf dem Balkan für die Erhaltung des Status quo einsetzte, unter Zurückweisung aller weitergehenden Reformvorschläge von seiten der Westmächte, die auf eine grundlegende Änderung der türkischen Herrschaftsmethoden gerichtet waren, um so mehr, als diese im Namen des Selbstbestimmungsrechts vorgetragen wurden. Damit war allerdings die Absicht verbunden, mäßigend, ja bremsend auf die österreichischen wie die russischen Aspirationen auf dem Balkan einzuwirken. Angesichts der Tatsache, daß Rußland ohne die Rückendeckung des Deutschen Reiches Gefahr lief, in den Orient-Fragen einmal mehr allein dazustehen, schienen Bismarcks Angebote der russischen Diplomatie und auch dem Zaren besser als gar nichts zu sein. Aber es war ein schwieriges Stück diplomatischer Arbeit, eine konkrete Vereinbarung zwischen den drei Monarchien zustande zu bringen. Denn Rußland wie Österreich–Ungarn hegten nach wie vor äußerstes Mißtrauen hinsichtlich der Intentionen des jeweils anderen Partners, von dem immer noch vorhandenen Argwohn gegen die manipulatorischen Methoden Bismarcks ganz zu schweigen. Es erforderte erhebliche Überzeugungsarbeit, beiden Regierungen klarzumachen, daß sie ihre Balkan-Pläne, wenn überhaupt, dann nur in vorab sorgfältig koordinierten Aktionen vorantreiben könnten, weil sich allein auf diese Weise entsprechende diplomatische Schritte Englands und Frankreichs zugunsten des Osmanischen Reiches beziehungsweise der verschiedenen Nationalitäten auf dem Balkan würden abfangen lassen. Selbst der russische Botschafter in Berlin, Peter A. von Saburow, räumte 1880 ein, daß es »gefährlich sein könnte, heute in den Kampf mit Österreich um den Osten einzutreten, den eine spätere Generation vielleicht erleben wird. Gegenwärtig können wir diesen nur dann mit einiger Erfolgsaussicht mit friedlichen Mitteln führen, wenn wir uns mit den Kompromissen zufriedengeben, für die Deutschland seine Unterstützung anbietet, und zwar immer dann, wenn sich dazu die Gelegenheit bietet.«[14]

In der Drei-Kaiser-Allianz vom 18. Juni 1881, die in einem äußerst schwierigen

Klima beständigen Einwirkens auf die russischen und österreichischen Staatsmänner zustande kam, wird man das Meisterstück der Diplomatie Bismarcks zu sehen haben. Sie war das Ergebnis einer höchst geschickten Ausnutzung der expansionistischen Bestrebungen beider Mächte auf dem Balkan. Obschon sie sich im Wortlaut einer rein technizistischen Sprache bediente, betrachtete sie de facto die imperialistischen Tendenzen Rußlands und Österreichs als vorgegeben. Es ging nicht darum, sie zu bremsen oder gar abzublocken; vielmehr galt es, sie zu koordinieren und gegenüber möglichen Aktionen dritter Mächte, vornehmlich Englands, nach Möglichkeit im vorhinein abzuschirmen. Auf diese Weise sollten beide Mächte zufriedengestellt und zu einem dauernden Zusammengehen mit dem Deutschen Reich bewogen werden. Natürlich war dieser Gesichtspunkt im Vertragswerk nirgends explizit zum Ausdruck gebracht. Aber dieser Aspekt der Vereinbarungen war namentlich aus russischer Sicht das Wertvollste an dem ganzen Vertragswerk, während man sich durch die Einzelbestimmung arg an die Kette gelegt fühlte.

Das Drei-Kaiser-Bündnis bestand aus einem Bündnisvertrag, der die gegenseitigen Verpflichtungen im einzelnen festlegte, und einem Zusatzprotokoll, in dem über die Objekte imperialistischer Begehrlichkeiten gesprochen und damit konkreter zur Sache selbst geredet wurde.[15] Der Vertrag hielt zunächst formell fest, daß für den Fall, daß einer der Vertragspartner in einen Krieg mit einer vierten Macht verwickelt werden sollte, die anderen Mächte wohlwollende Neutralität zu bewahren hätten. Sofern freilich diese vierte Macht die Türkei sein würde – und darum ging es in erster Linie –, war zusätzlich vorgesehen, daß eine vorgängige Verständigung – »un accord préalable« – zwischen den Vertragspartnern stattfinden solle, und zwar jeweils mit beiden anderen Mächten. Dies bedeutete, daß Rußland und Österreich–Ungarn in der Orient-Frage nur im gemeinsamen Einverständnis offensiv werden konnten und daß das Deutsche Reich in jedem Falle im Bremserhäuschen saß und erforderlichenfalls gegen jedwede politische Aktion, komme sie von Österreich–Ungarn oder von Rußland, ein Veto einzulegen vermochte. Das Erfordernis einer vorgängigen gegenseitigen Absprache wurde verstärkt in dem darauffolgenden Artikel 2; darin wurden die Vertragspartner ausdrücklich verpflichtet, erneute territoriale oder sonstige Veränderungen in den Gebieten der europäischen Türkei nur in gegenseitigem Einvernehmen vorzunehmen. Als quid pro quo für die weitgehende Anerkennung der Position Österreich–Ungarns auf dem Balkan, wie sie auf dem Berliner Kongreß 1878 die Sanktion der Großmächte gefunden hatte, wenn auch von seiten der russischen Diplomatie nur mit Zähneknirschen, wurde jetzt die russische Interpretation des Berliner Vertrages hinsichtlich der Meerengenfrage, der zufolge die Durchfahrt durch die Dardanellen unter allen Umständen für die Streitkräfte anderer Mächte gesperrt sein sollte, in aller Form anerkannt.

Im Zusatzprotokoll ging es dagegen um konkrete territoriale Fragen. Österreich–Ungarn wurde zugesichert, daß es Bosnien und die Herzegowina annektieren könne, wann immer es den Zeitpunkt dafür als gegeben erachte; ebenso wurde ihm garantiert, daß der Sandschak von Novibazar unter österreichische Verwaltung gestellt werden könne. Dafür wurde Rußland im Gegenzug die Aussicht eröffnet, daß Ostrumelien, das 1878 in Berlin, entgegen den Bestimmungen des Friedens von San Stefano, der Türkei belassen worden war, baldmöglichst mit Bulgarien vereint werden möge. Dies bedeutete, daß es dann indirekt unter russischen Einfluß kommen würde, da Rußland in Sofia weiterhin eine prädominante Stellung innehatte. Schließlich verständigten sich die drei Mächte darauf, daß ihre Bevollmächtigten beim Sultan von Konstantinopel jeweils nur nach vorheriger Konsultation handeln und für den Fall eventueller Divergenzen zunächst bei ihren Regierungen um weitere Weisungen nachsuchen sollten. Diese Bestimmung sollte künftig ein gemeinsames Vorgehen der drei Mächte in der Orient-Frage sicherstellen. Sie enthielt eine direkte Spitze gegen England und Frankreich; beide waren in Konstantinopel in eine Minoritätsposition geraten, sehr zum Nachteil ihres politischen Einflusses.

Unzweifelhaft richtete sich die Drei-Kaiser-Allianz indirekt gegen die Westmächte; sie wäre sonst wohl kaum jemals zustande gekommen. Aus russischer Sicht rechtfertigte sich der Abschluß dieses Vertrages, der Rußland in der Orient-Frage erhebliche Beschränkungen seiner Handlungsfreiheit auferlegte, einzig und allein aus dieser Perspektive. Für den Fall eines erneuten Krieges mit der Türkei mußte das Zarenreich nicht nochmals eine Demütigung durch die anderen Großmächte befürchten, wie dies 1878 in Berlin geschehen war. Andererseits waren jeder militärischen Aktion gegen das Osmanische Reich durch die Notwendigkeit einer vorherigen Übereinkunft der drei Kaisermächte enge Grenzen gesetzt. In mancher Hinsicht war das Deutsche Reich zum Bremser des russischen und des österreichischen Imperialismus im Nahen Osten avanciert – eine ohne Zweifel wenig beneidenswerte Position. Dies war um so mehr der Fall, als Rußland seine politischen Aspirationen auf dem Balkan weitgehend hatte aufgeben oder auf eine ferne Zukunft vertagen müssen. Dennoch geht es zu weit, von einer »politischen Kapitulation Rußlands« zu sprechen, wie es Andreas Hillgruber getan hat.[16] Denn das Zarenreich hatte zumindest in Teilen eine Revision der Beschlüsse des Berliner Kongresses erreicht; ansonsten war ihm ein Weg eröffnet, um dies in Zukunft zu bewerkstelligen, wenn auch gebunden an die Notwendigkeit einer vorgängigen Verständigung mit Österreich–Ungarn. Die Ausbeute, die Österreich–Ungarn aus dem Vertragswerk gewann, war allerdings viel konkreter. Bosnien und die Herzegowina standen bereits seit 1878 unter österreichischer Okkupation; nun bot sich die Chance, diese bei erstbester Gelegenheit in formelle Herrschaft umzuwandeln. Die Aussicht, den Sandschak von Novibazar demnächst unter österreichische Verwaltung stellen zu können, war von großem ökonomischen Wert; denn dieser bildete eine günstige Ausgangsbasis für den Bau einer Eisenbahnlinie nach

Warna, die der ökonomischen Penetration des Balkans durch österreichisch-ungarische Wirtschaftsinteressen als Unterpfand zu dienen vermochte.

Aus deutscher Sicht war der Ertrag des Drei-Kaiser-Bündnisses weit bescheidener. Nicht zuletzt deshalb ist es in der Literatur vielfach, so auch von Theodor Schieder[17], als ein pragmatisches »Zweckbündnis von Partnern, die sich gegenseitig von einer kriegerischen Intervention abhalten wollen«, mit begrenzter Laufzeit und von begrenzter Bedeutung oder gar als eine bloße »Aushilfe« betrachtet worden. Es stellte jedoch das Vertragsverhältnis der drei konservativen Mächte wieder her, das die Grundlage des älteren Bismarckschen Systems dargestellt hatte, wenn auch nunmehr auf vergleichsweise weit labileren Fundamenten, da es die imperialistischen Tendenzen beider Mächte, also die Dynamisierung der Verhältnisse an der Peripherie, als gegeben voraussetzte. Es garantierte für absehbare Zeit die mächtepolitische Isolierung Frankreichs und stellte die Neutralität des zarischen Rußland für den Fall eines erneuten deutsch-französisch-österreichischen Krieges in Aussicht. Es verstärkte das Gewicht der konservativen Mächte in Europa, wenn nicht tatsächlich, so doch tendenziell. Und es erlaubte Bismarck, gegenüber Großbritannien, dessen Bündniswert er aus ideologischen Gründen sehr niedrig einstufte, weiterhin relative Distanz zu halten. Die Instabilität dieses Bündnissystems ist gleichwohl nicht zu übersehen. Es beruhte teils auf der Koordinierung, teils auf der Zähmung der imperialistischen Tendenzen Rußlands und Österreich–Ungarns; sofern diese sich erneut ungestüm entfalten sollten, waren die Tage der Gültigkeit dieses Bündnisses gezählt. Vorderhand bildete das Deutsche Reich den Mittelpunkt eines weitgespannten kontinentalen Bündnissystems, dessen Abrundung durch die Einbeziehung Italiens, Rumäniens und in indirekter Form sogar Serbiens in den folgenden Jahren relativ mühelos gelang.

Dieses System wurde durch den Abschluß des sogenannten Dreibundvertrages zwischen dem Deutschen Reich, Österreich–Ungarn und Italien vom 20. Mai 1882 noch weiter ausgebaut.[18] Italien hielt seit langem stärker zum Lager der Mittelmächte, insbesondere zum Deutschen Reich; die flankierende Unterstützung Preußen-Deutschlands gegenüber Österreich in der Periode des italienischen Einigungskrieges war hier vergessen. Hinzu kam die »vatikanische Frage«, in der Bismarck stets eine pro-italienische Position eingenommen hatte. Die Staatsmänner der Zentralmächte hofften, mit diesem Vertrag einen weiteren Schritt zur Sicherung des europäischen Friedens auf der Basis des politischen Status quo vollzogen zu haben. Der Dreibund bildete, so schien es wenigstens, den formalen Schlußstein einer langen Periode bitterer Auseinandersetzungen Österreich–Ungarns mit Italien über die italienische Einigung und die italienischsprachigen Territorien des Vielvölkerstaates. Künftigen irredentistischen Bestrebungen Italiens war jetzt, so schien es wenigstens, ein Riegel vorgelegt. Zugleich sah Österreich–Ungarn in der italienischen Bindung an die Mittelmächte einen wichtigen Flankenschutz für die eigenen Balkan-Aspirationen, die langfristig auf die Erlangung der Hegemonie gegenüber den kleineren slawischen Staaten und auf die ökonomische Penetration des Balkans angelegt waren.

Der Abschluß des Dreibundvertrages war allerdings erst möglich geworden als Folge des französischen Ausgreifens nach Tunesien. Im Vertrag von Bardo am 12. Mai 1881 war Tunesien zu einem französischen Protektorat erklärt worden, ungeachtet der Tatsache, daß die italienische Kolonie in Tunis bis dahin unbestritten eine Vorrangstellung innegehabt hatte. Der Bey von Tunis mußte sich hinfort mit einem Schattendasein als Strohmann einer französischen Kolonialadministration begnügen. Er mußte einen französischen Residenten akzeptieren, in dessen Hände, zwar nicht rechtlich, aber faktisch die Verwaltung Tunesiens überging. Dies veranlaßte die italienische Regierung, nunmehr politische Anlehnung bei den Mittelmächten zu suchen. Für Bismarck wiederum brachte der Abschluß des Dreibundvertrages eine weitere Absicherung seines Bündnissystems, allerdings um den Preis einer indirekten Absegnung der imperialistischen Bestrebungen Italiens und, in zweiter Linie, Österreich–Ungarns.

Der Dreibundvertrag war in seinem Tenor äußerst restriktiv ausgelegt, und man wird darüber streiten können, ob er angesichts der radikal unterschiedlichen Erwartungen, die die einzelnen Partner an das Vertragswerk knüpften, im Bündnisfall sonderliche Bindungskraft gehabt haben würde.[19] Er sah zunächst vor, daß keine der drei Mächte einem gegen einen von ihnen gerichteten Bündnis beitreten dürfe, sowie die Verpflichtung zu gegenseitiger Konsultation in allen wichtigen Fragen wirtschaftlicher und politischer Natur. Im Falle eines französischen Angriffs auf Italien »ohne unmittelbare Herausforderung« sollte dieses auf den militärischen Beistand der beiden anderen Mächte rechnen können. Gleiches sollte für einen Angriff Frankreichs auf das Deutsche Reich gelten. Sofern eine Großmacht, die nicht Partner des Vertrages sei, die Sicherheit eines der Vertragspartner so bedrohe, daß dieser sich gezwungen sehe, militärische Schritte zu unternehmen, sollten die anderen zumindest »wohlwollende Neutralität« wahren. Die Möglichkeit, daß das Bündnis auch für den Fall eines Präventivkrieges seine Geltung behalten würde, war demnach nicht ausdrücklich ausgeschlossen. Über alle weitergehenden Vorschläge, etwa jene einer gegenseitigen Garantie des territorialen Status quo durch Italien und Österreich–Ungarn, insbesondere wegen des Status des Vatikans, ließ sich jedoch keine Einigkeit erzielen; als führende katholische Macht wollte Österreich–Ungarn die 1871 geschaffenen Verhältnisse nach wie vor nicht ausdrücklich sanktionieren. Umgekehrt stieß Italien mit seiner Forderung, daß es in den Orient-Fragen als gleichberechtigter Partner beteiligt werden möge, in Wien auf keinerlei Gegenliebe. Dort wollte man die eigene Balkan-Politik nicht durch die Verpflichtung zur Berücksichtigung italienischer Interessen zusätzlich erschwert sehen.

Im Hintergrund standen sowohl auf österreichischer als auch auf italienischer Seite Begehrlichkeiten imperialistischer Natur, deren gegensätzlicher Charakter nur deshalb nicht zum Ausdruck kam, weil alle entsprechenden Formulierungen am Ende nicht in den Vertrag aufgenommen wurden. Dies sollte sich in späteren Verhandlungen über eine Verlängerung des Vertrages deutlich ändern. Kurz vor Abschluß der Vertragsverhandlungen trat Italien überdies zur allgemeinen Überraschung mit einer zusätzlichen Forderung hervor, nämlich dem Verlangen, es möge einvernehmlich festgestellt werden, daß »der Vertrag keine offensive Tendenz gegenüber England enthalte und daß die Unterzeichnermächte einen Beitritt Englands zum Bündnis begrüßen würden«[20]. Diese »Mancini-Erklärung« wurde namentlich in Berlin, aber auch in Wien mit großer Irritation zur Kenntnis genommen, jeweils aus unterschiedlichen Gründen. Doch schließlich willigte man in die gemeinsame Abgabe einer solchen Erklärung ein, obgleich sie mit der gegen die Westmächte gerichteten Spitze besonders der Drei-Kaiser-Allianz, die einen indirekten Bestandteil des Bündnissystems darstellte, im Grunde nicht vereinbar war.

Ungeachtet seines ostentativ defensiven Charakters, der allerdings durch die Insertion von Klauseln, die einen Präventivkrieg immerhin als möglich erklärten, teilweise ausgehöhlt war, besaß der Dreibundvertrag, was Italien und Österreich–Ungarn anging, indirekt eine imperialistische Dimension. Österreich–Ungarn konnte sicher sein, im Falle eines durch die Drei-Kaiser-Allianz ja keineswegs ausgeschlossenen Konflikts mit Rußland die Unterstützung oder jedenfalls die wohlwollende Neutralität Italiens zu erhalten, während Italien gegenüber möglichen aggressiven Aktionen Frankreichs – und hier waren mittelbar auch wirtschaftliche Sanktionen einbezogen worden – auf die Hilfe der beiden Zentralmächte rechnen durfte. Dies bedeutete eine zwar nur indirekte, aber für die Regierung Crispi gleichwohl höchst wertvolle Unterstützung der italienischen kolonialen Aspirationen in Nordafrika.

Insgesamt wurde mit dem Dreibundvertrag vom 20. Mai 1882 der Schlußstein für Bismarcks zweites europäisches Bündnissystem gelegt. Zumindest auf den ersten Blick sah dieses mit großen Mühen geschaffene System außerordentlich eindrucksvoll aus, umspannte es doch einen großen Teil Europas und ließ an bedeutenderen Mächten eigentlich nur Frankreich und Großbritannien, daneben allenfalls Spanien beiseite. Bismarck selbst war äußerst zufrieden mit dem Erreichten. Er erklärte gelegentlich, »die auswärtige Politik bereite ihm auch keine einzige schlaflose Stunde. Die Sache sei seit zehn Jahren so aufgezogen, daß sie von selbst ginge«[21]. Fraglos befand sich das Deutsche Reich in einer starken Position; es operierte gleichsam auf der inneren Linie der mächtepolitischen Konstellation in Europa. Zwar war das Bismarcksche Bündnissystem keineswegs frei von inneren Bruchlinien und Widersprüchen; es hätte eine tatsächliche Belastungsprobe in Form eines europäischen Krieges wohl kaum überstanden. Die Zuverlässigkeit Italiens als Bündnispartner konnte schwerlich hoch veranschlagt werden; jeder europäische Konflikt, in dem Großbritannien dem gegnerischen Lager angehörte, hätte ihm die Möglichkeit gegeben, formal gesehen ohne Vertragsbruch aus seinen Bündnisverpflichtungen wieder auszuscheiden. Aber seinen primären Zweck, den Frieden in Europa zu erhalten und namentlich auf dem Balkan allenfalls Piecemeal change zu erlauben, erfüllte dieses Bündnissystem zumindest vorderhand sehr wohl.

Das Deutsche Reich war, so schien es, gleichsam durch zwei miteinander verzahnte dreigliedrige Bündnisse gegenüber mächtepolitischen Verwicklungen, welche die bestehenden Verhältnisse hätten gefährden können, abgesichert. Das Drei-Kaiser-Bündnis, der Bund der drei konservativen Monarchien, bildete das Rückgrat dieses Systems, aber es wurde ergänzt und teilweise überlagert vom deutsch-österreichisch-italienischen Dreibundvertrag, der einerseits dem Deutschen Reich einen zusätzlichen Bundesgenossen für den Fall eines französischen Angriffskrieges garantierte, andererseits Österreich–Ungarn eine gewisse, wenn auch in ihrer Tragfähigkeit nicht sonderlich hoch zu veranschlagende Rückendeckung für die eigenen offensiven Orient-Pläne gewährte. Abgerundet wurde dieses System überdies durch einen geheimen Bündnisvertrag Österreich–Ungarns mit Serbien, das gegenüber den expansiven Aspirationen Bulgariens und gegenüber dem Osmanischen Reich bei Österreich–Ungarn Anlehnung suchte, und durch ein Bündnis mit Rumänien, welches gleichermaßen daran interessiert war, gegenüber den slawischen Balkanvölkern und deren Protektor Rußland eine außenpolitische Absicherung zu finden. Entgegen anfänglicher Zurückhaltung trat das Deutsche Reich dem österreichisch-rumänischen Vertrag schließlich am 30. Oktober 1883 auch formell bei. Als zusätzlicher Vorteil hatte sich ergeben, daß Großbritannien in Ägypten und Frankreich in Tunesien politisch fest engagiert waren und deshalb in stärkerem Maße als bisher damit gerechnet werden konnte, daß sie russischen imperialistischen Tendenzen im Nahen oder Mittleren Osten mit einiger Energie entgegentreten würden. Überdies war Bismarcks Rechnung insofern voll aufgegangen, als sich Frankreich und England über der Frage der Zukunft Ägyptens so weitgehend entzweiten, daß der Kanzler zeitweilig sogar die Karte einer deutsch-französischen Kolonialentente zu spielen vermochte.[22]

In Wirklichkeit war dieses System gar nicht so stabil, wie das hier beigegebene Stemma der Bündnisbeziehungen des Deutschen Reiches nahelegen könnte. Bismarck war sich fast überscharf der Tatsache bewußt, daß es einen »dynamischen Komplex« darstellte, dessen Glieder einander ausbalancierten.[23] Dem entsprach die sehr kurz bemessene Laufzeit der Bündnisverträge; diese waren für die Partnerstaaten des Deutschen Reiches nur deshalb akzeptabel, weil sie ihren langfristigen machtpolitischen Aspirationen lediglich für eine vergleichsweise kurze Frist Fesseln anlegten beziehungsweise zu einer gutenteils als lästig, ja hinderlich empfundenen Kooperation mit den jeweils rivalisierenden Mächten zwangen. Mittelfristig waren sowohl Rußland wie Italien und auch Österreich–Ungarn entschlossen, ihre Pläne einer Ausweitung der eigenen Machtstellung, sei es auf dem Balkan, sei es in Nordafrika, ohne Rücksicht auf die Vertragsverpflichtungen untereinander und gegenüber dem Deutschen Reich zielbewußt weiterzuverfolgen. In-

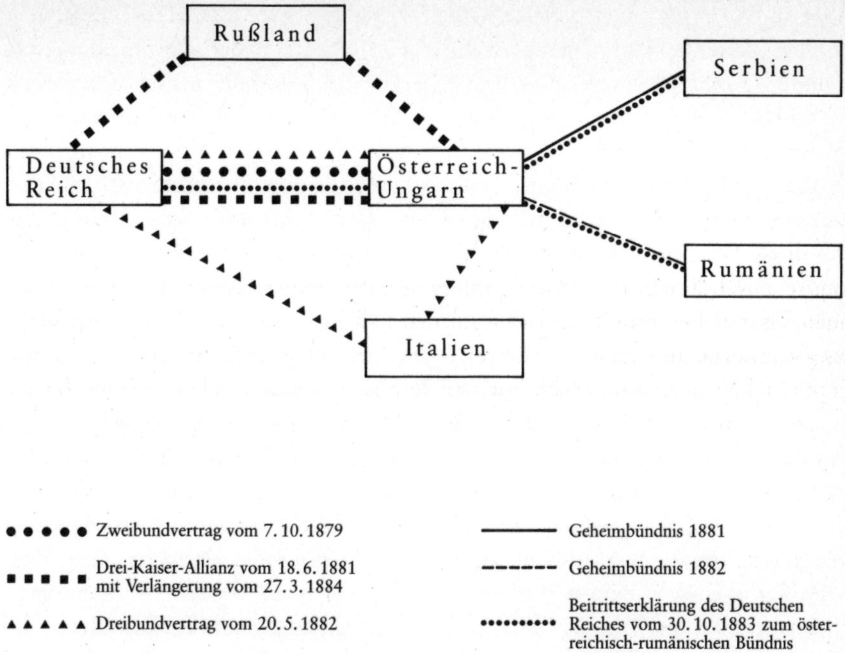

Bismarcks zweites Bündnissystem

sofern läßt sich nur mit Einschränkungen davon ausgehen, daß das zweite Bündnissystem Bismarcks »defensiver Natur« gewesen sei, wie man immer wieder gemeint hat. Denn es beruhte trotz des auf den ersten Blick defensiven Charakters aller dieser Verträge auf dem Prinzip der beständigen Austarierung der expansiven Tendenzen nicht allein des zarischen Rußland und der Donau-Monarchie, sondern auch der Mächte zweiten Ranges. Die imperialistischen Interessen, gleichviel, ob sie sich der hergebrachten Formen territorialer Annexion oder der Begründung von Protektoratsverhältnissen oder der moderneren Form informeller ökonomischer und kultureller Durchdringung bedienten, entwickelten in der Folge eine Eigendynamik, die mit dem klassischen Instrumentarium der Kabinettsdiplomatie immer weniger beherrscht werden konnte. Gleiches gilt in noch höherem Maße von den nationalrevolutionären Bewegungen auf dem Balkan, deren potentielle Sprengwirkung für die bestehende Staats- und Gesellschaftsordnung in Südost- und Ostmitteleuropa nur schwer abzuschätzen war. Bismarck war sich über dieses Problem vollauf im klaren; er neigte dazu, die potentiellen Gefahren für das bestehende System überscharf einzuschätzen, und suchte mit ausgeklügelten diplomatischen Schachzügen, die zuweilen die Spannungen eher noch verschärften, ihnen im vorhinein zu begegnen.

Besondere Sorge bereiteten Bismarck die expansiven Bestrebungen der russischen Diplomatie, die weiterhin unbeirrt darauf hinarbeitete, die eigene Machtstellung auf dem Balkan auszuweiten. Dabei wurde allerdings ganz unzureichend in Rechnung gestellt, daß es auch auf russischer Seite nicht nur Scharfmacher auf außenpolitischem Feld gab und daß insbesondere die panslawistische Ideologie, die Rußlands Mission darin sah, den Balkanvölkern zu voller nationaler Emanzipation zu verhelfen, in den Führungskreisen des zarischen Reiches durchaus mit gemischten Gefühlen betrachtet wurde. Denn eine politische Mobilisierung der breiten Massen der Bevölkerung, wie sie mit der Entwicklung nationaler Bewegungen einherzugehen pflegt, wollte die russische Autokratie natürlich ebenfalls tunlichst vermeiden; die ziemlich konsequente Politik der Repression nationalpolnischer Tendenzen, welche die russische Regierung in Russisch-Polen betrieb, lag auf der gleichen Linie. Sowohl Rußland als auch Österreich–Ungarn betrachteten die bestehenden vertraglichen Bindungen in vieler Hinsicht als eine höchst unbequeme Einengung ihrer politischen Handlungsfreiheit. Es lag allerdings keineswegs in der Absicht der Bündnispolitik Bismarcks, den anderen Partnern Zügel anzulegen und sie zur Mäßigung in der Verfolgung ihrer Ziele zu zwingen. Vielmehr war es dieser allein darum zu tun, die expansiven Tendenzen der anderen Mächte in einer solchen Weise zu kanalisieren, daß die Stabilität des Mächtesystems als solches nicht in Frage gestellt und eine maximale Entlastung der Position des Reiches bewirkt würde. Dies erwies sich freilich seit Mitte der achtziger Jahre als ein immer schwierigeres Geschäft.

Bereits Anfang 1883 wurde der deutschen Regierung von russischer Seite nahegelegt, eine Erneuerung des Drei-Kaiser-Bündnisses vorzunehmen, obschon es noch bis zum 17. Juni 1884 galt, also noch gut fünfzehn Monate Laufzeit besaß. Das war offenbar mit der Absicht verbunden, die Bestimmungen dieses Bündnisses behutsam zu modifizieren, um Rußland gegenüber Österreich–Ungarn ein größeres Maß an Handlungsfreiheit zu verschaffen. Der russische Botschafter Saburow ließ durchblicken, daß man in St. Petersburg am liebsten eine Erweiterung der Vereinbarungen mit dem Deutschen Reich und Österreich–Ungarn nach Art des Reichstadter Abkommens, das ja eine regelrechte Kriegszielabsprache war, sehen würde, etwas, wozu sich Bismarck allerdings von vornherein nicht herbeizulassen bereit war. Er wies bei dieser Gelegenheit ausdrücklich darauf hin, daß es nicht Sache des Deutschen Reiches sein könne, Rußland zu mäßigen, und daß dies ebenso auch für Österreich–Ungarn gelte; es könne nicht die Aufgabe beider Mächte sein, »die Rolle des europäischen Polizisten in der Beaufsichtigung resp[ective] Festhaltung Rußlands« zu übernehmen.[24] Vielmehr müsse man dies den primär betroffenen Mächten, der Türkei und insbesondere Großbritannien, überlassen. »Letzteres kann, trotz Gladstone, doch nimmer zugeben, daß Constantinopel und der Verschluß des Bosporus in russische Hände fällt, u[nd] Kleinasien eine russische Enclave zwischen Armenien u[nd] der Dardanellenposition, letztere aber die Ausfallstation auf den egyptisch-indischen Seeweg würde.«[25] Hier trat bereits in Umrissen jene Strategie zutage, die Bismarck wenige Jahre später systematisch zu entfalten gesucht hat, nämlich einerseits Großbritannien in aller Form an den Dreibund heranzuziehen, gleichsam als Gegengewicht zu den russischen Orient-Interessen, andererseits Rußland dazu zu ermutigen, in die so bereitgestellte Gasse hineinzulaufen.

Von russischer Seite wurde eine Abschwächung des Drei-Kaiser-Bündnisses auch deshalb angestrebt, weil man für den Fall, daß es in Frankreich zu einer Restauration der Monarchie kommen sollte, einen deutschen Angriffskrieg zwecks Wiederherstellung eines republikanischen Regimes für möglich hielt. Bismarcks ständige Hinweise darauf, daß das republikanische Frankreich nicht eigentlich als ernstlicher Bündnispartner zu betrachten sei, hatten hier also eine unbeabsichtigte Rückwirkung gefunden. Um dieses Argument zu entkräften, bedurfte es schließlich einer unmißverständlichen Erklärung Bismarcks, daß es, solange er Kanzler sei, einen Angriffskrieg auf Frankreich nicht geben werde. Am Ende wurde das Drei-Kaiser-Bündnis am 27. März 1884 mit einigen unbedeutenden Abschwächungen um weitere drei Jahre verlängert. Bismarck ging davon aus, daß die Geschäftsgrundlage ungeachtet der verklausulierten Vertragsbestimmungen, die eine Ausweitung des russischen oder des österreichisch-ungarischen Einflusses auf dem Balkan an eine vorhergehende Verständigung aller Mächte banden, darin bestehe, daß Serbien sowie Bosnien und die Herzegowina stillschweigend der österreichisch-ungarischen, Bulgarien hingegen der russischen Einflußsphäre zugewiesen worden seien. Dies sollte sich schon bald als eine irrtümliche Annahme erweisen.

Einstweilen schien freilich alles überaus günstig arrangiert zu sein. Die Drei-Kaiser-Revue in Skierniewice vom 15. bis 17. September 1884 fand Wilhelm I., Kaiser Franz Joseph und Zar Alexander II. in bestem Einvernehmen. Allerdings hatte Bismarck, für dieses Mal im Zusammenspiel mit dem russischen Außenminister Nikolai von Giers, dem wenig zuvor für seine Verdienste um die Verlängerung des Drei-Kaiser-Bündnisses der Schwarze Adlerorden verliehen worden war, dafür gesorgt, daß keine spannungsgeladenen politischen Fragen auf der Agenda standen. Statt dessen kam es in Skierniewice zu einer höchst wirklichkeitsfremden Debatte über das monarchische Prinzip, ausgelöst durch die damals vagen Aussichten auf eine Restauration der Monarchie in Frankreich. Bei dieser Gelegenheit erging sich insbesondere der Zar in Reflexionen darüber, daß Großbritannien eine Art Wahlmonarchie geworden sei und daher eigentlich nicht mehr zu den echten monarchischen Staaten gezählt werden könne. Bismarcks altes Zaubermittel, um die auseinanderstrebenden Ostmächte gleichwohl aneinander zu kitten, nämlich der Appell an das konservative Prinzip, hatte sich für den Augenblick einmal mehr als wirkungsvoll erwiesen. Aber Franz Josephs Sorge, daß sich unter russischer Ägide ein »slawischer Ring« um die Südostflanke der Donau-Monarchie zu legen beginne, war nur für den Augenblick, nicht auf Dauer besänftigt, und gleiches galt von der Dynamik der russischen Orient-Politik, die immer stärker in den Sog der slawischen Nationalbewegungen hineingeriet und infolgedessen immer weniger eine Beschneidung ihrer Ziele durch Österreich–Ungarn und das mit ihm verbündete Deutsche Reich hinzunehmen geneigt war. Einstweilen aber konnte Bismarck es wagen, die bisherige strikte Zurückhaltung, die er dem Deutschen Reich auf kolonialpolitischem Gebiet verordnet hatte, aufzugeben und schließlich sogar in der Frage der Zukunft Westafrikas gegenüber England als Sprecher der drei Ostmächte und Italiens aufzutreten.

Die Anfänge des deutschen Imperialismus (1882–1885)

Das Deutsche Reich ist vergleichsweise spät in die imperialistische Arena eingetreten. Anders als Großbritannien, Frankreich und die Niederlande konnte es nicht auf einer langen Tradition kolonialer Herrschaft in außereuropäischen Gebieten aufbauen. Davon abgesehen, war es im Jahrzehnt seines Bestehens viel zu sehr mit sich selbst beschäftigt, um den Blick über die Grenzen Europas hinaus zu richten. Angelegentlich der Friedensverhandlungen mit Frankreich 1871 war einen Augenblick erwogen worden, ob man von diesem die Abtretung Kotschinchinas, das heißt des südlichen Teils des heutigen Vietnam, verlangen solle, doch auch davon wurde sogleich wieder Abstand genommen. Bismarck selbst war ein entschiedener Gegner jeglicher Kolonialpolitik im engeren Sinne. Er erklärte in diesem Zusammenhang: »Ich will auch gar keine Kolonien. Die sind bloß zu Versorgungsposten gut. [...] Diese ganze Kolonialgeschichte wäre für uns genau so wie der seid[e]ne Zobelpelz in polnischen Adelsfamilien, die keine Hemden haben.«[1]

Die Außenpolitik des Deutschen Reiches war seit 1871 auf das Prinzip ausgerichtet, daß es territorial »saturiert« sei; die Strategie der Ableitung von Spannungen an die Peripherie setzte voraus, daß das Deutsche Reich sich in den überseeischen Regionen zurückhielt und nicht selbst als Konkurrent anderer Mächte auftrat. Damit war aller auf formellen Kolonialbesitz gerichteten Politik vorerst ein Riegel vorgeschoben. Allerdings war Bismarck durchaus bereit, den deutschen Handel in Übersee mit staatlichen Mitteln zu fördern, soweit und sofern sich dies als notwendig erwies; er war, wie Hans Ulrich Wehler dies treffend beschrieben hat, ein Anhänger des Freihandelsimperialismus, mit anderen Worten der vornehmlich wirtschaftlichen Expansion nach Übersee mit informellen Mitteln.[2] Bereits seit der Mitte der siebziger Jahre bemühte sich die Reichsleitung, dem deutschen Handel in Übersee und namentlich in unterentwickelten Regionen politische Hilfestellung zu leisten, insbesondere durch die Bereitstellung konsularischer Dienste und durch den Abschluß von Handelsverträgen auch mit Staaten der überseeischen Welt, zum Beispiel 1879 mit Hawaii und Samoa. Dadurch sollte der deutsche Handel gegenüber den jeweiligen lokalen Herrschern, vor allem aber gegenüber unliebsamen Interventionen dritter Mächte, die erforderliche Absicherung erhalten.

Während der Periode der Vorherrschaft des Nationalliberalismus von 1867 bis 1879 spielten koloniale Bestrebungen in der deutschen Öffentlichkeit allerdings noch keine sonderlich bedeutsame Rolle. Die große Mehrheit des Bürgertums und mit ihm die liberalen Parteien begrüßten zwar ein deutsches wirtschaftliches Vordringen nach Übersee, doch außerhalb eines eng begrenzten Kreises von Interessenten war für eine von Staats wegen betriebene Kolonialpolitik keinerlei Unterstützung vorhanden; von der Begründung formeller Kolonien von Staats wegen war einstweilen nirgends die Rede.[3] Der Bruch mit dem Prinzip des Freihandels und der Übergang zur Schutzzollpolitik 1879, die zugleich eine Verlagerung des innenpolitischen Kurses nach rechts brachten, setzten in dieser Hinsicht neue Akzente. Nun wurde in der Öffentlichkeit die Forderung laut, daß auch das Deutsche Reich den Erwerb von Kolonien in Übersee ins Auge fassen müsse. Zwei Gesichtspunkte standen dabei im Vordergrund. Zum einen sollte die damals immer noch hohe Zahl von Auswanderern in deutsche Siedlungskolonien in Übersee gelenkt werden, um diese wertvollen Elemente der deutschen Volkskraft nicht auf Dauer zu verlieren. Zum anderen hoffte man, daß durch die Abwanderung eines Teils der Arbeiterschaft nach Übersee die chronische Armut der Unterschichten vermindert und die explosiven sozialen Spannungen, die den Bestand der bürgerlichen Gesellschaft gefährdeten, abgebaut werden könnten. Darüber hinaus wurde die Idee propagiert, daß mit der Gründung von überseeischen Kolonien der Wirtschaft neue Absatzmärkte erschlossen würden und auf diese Weise der gefährliche Zyklus periodischer wirtschaftlicher Krisen, wie sie die deutsche Gesellschaft erst jüngst, 1873, wieder zu spüren bekommen hatte, gemildert werden könnte.[4] Die frühen deutschen Kolonialagitatoren, zu denen insbesondere der Leiter der Rheinischen Missionsgesellschaft in Wuppertal, Friedrich Fabri, gehörte, standen freilich den Kreisen der Wirtschaft eher fern; hier war einstweilen noch ganz die herkömmliche Freihandelsidee vorherrschend, wenn man von einer kleinen Gruppe von Kaufleuten und Unternehmern absieht, die unmittelbar in überseeischen Unternehmungen engagiert war. Auch die bürgerlichen Parteien waren vorerst noch nicht für ein aktives Hervortreten des Staates auf kolonialpolitischem Felde, in Abweichung von den Grundsätzen des Freihandels, zu haben.

Dies zeigte sich anläßlich der Einbringung der sogenannten Samoa-Vorlage im Reichstag im Sommer 1880. Die »Deutsche Handels- und Plantagengesellschaft« des Hamburger Handelshauses Godeffroy, die auf Samoa umfangreiche Plantagen betrieb und eine Schlüsselposition in der Wirtschaft dieser vergleichsweise reichen Pazifik-Insel innehatte, war wegen Fehlspekulationen mit Eisenbahnwerten, die mit ihren Aktivitäten in Übersee nichts zu tun hatten, in finanzielle Schwierigkeiten geraten. Unter diesen Umständen erwog Johann Cesar Godeffroy den Verkauf der Gesellschaft, an der auch die Disconto-Gesellschaft beteiligt war, an britische Interessenten. Daraufhin entschloß sich die Reichsleitung, vornehmlich auf Drängen der unmittelbar Betroffenen, insbesondere Adolph von Hansemanns von der Disconto-Gesellschaft, die in Bismarcks Mitarbeiter Heinrich von Kusserow einen einflußreichen Fürsprecher fanden, helfend einzugreifen, um dieses wertvolle wirtschaftliche Unternehmen nicht in englische Hände gelangen zu lassen. Es bestand der Plan, eine Auffanggesellschaft, die »Deutsche Seehandelsgesellschaft«, ausgestattet mit einer dreiprozentigen Dividendengarantie des Reiches, ins Leben zu rufen, die die »Deutsche Handels- und Plantagengesellschaft« und ihre Besitzungen auf Samoa übernehmen sollte. Dieses Projekt wurde allerdings in der Folge von den Liberalen aller Richtungen in der Luft zerrissen. Insbesondere der finanzpolitische Sprecher der Nationalliberalen Partei, Ludwig Bamberger, wollte von einem derartigen direkten Eingreifen des Reiches zugunsten der wirtschaftlichen Belange einzelner nichts wissen, schon gar nicht zugunsten kolonialer Unternehmungen. »Die Kolonialkrankheit«, so meinte er, habe »ihre Grundzüge darin, daß die Staatstätigkeit für die Bereicherung der Individuen eintreten solle [...].«[5] Es gehe nicht an, daß der Privatwirtschaft von staatlicher Seite Konkurrenz gemacht werde. Die Samoa-Vorlage wurde daraufhin mit einer Mehrheit von 128 zu 112 Stimmen zu Fall gebracht. Bei der Abstimmung, die implizit eine Entscheidung gegen eine staatliche Kolonialpolitik, wenn auch nicht gegen koloniale Expansion schlechthin bedeutete, hatte die Erbitterung der Nationalliberalen über ihre Ausschaltung als »Regierungspartei« durch Bismarck ebenso eine Rolle gespielt wie die unglückliche Art, in der hier einzelne Firmen beziehungsweise Firmengruppen auf Kosten des Steuerzahlers einseitig begünstigt werden sollten. Schließlich gelang es einem Bankenkonsortium unter Führung Adolph von Hansemanns und unter Beteiligung Gerson von Bleichröders, des Bankiers Bismarcks, die »Deutsche Handels- und Plantagengesellschaft« auch ohne Staatshilfe zu konsolidieren.

Durch diese Vorgänge sah sich die freihändlerische Richtung, die ein direktes Eingreifen des Staates in das Wirtschaftsleben auch hinsichtlich der überseeischen Interessen für verfehlt hielt, in ihren Auffassungen im Grunde nur bestätigt. Auf dem neunzehnten »Kongress deutscher Volkswirthe«, einer der führenden freihändlerischen Interessenorganisationen, wurde ihre Haltung wenig später noch einmal ausdrücklich bekräftigt. Auf dem Kongreß im Jahr 1880 wurde eine Resolution verabschiedet, in der es für »nicht zulässig« erachtet wurde, »dass auf Kosten der Gesamtheit und zu Gunsten einzelner Klassen theure und aussichtslose [...] Versuche mit Einrichtung irgend welcher Art von Kolonien angestellt werden«.[6] Allerdings bedeutete dies keineswegs, daß von deutscher wirtschaftlicher Betätigung in Übersee Abstand genommen werden sollte. Im Gegenteil: Diese sollte sich, wie man heute sagen würde, informeller Methoden bedienen, nicht aber in die überlebten des Merkantilismus zurückfallen. Auch Bamberger vertrat diese Ansicht: »Wenn der freie Kaufmann von sich aus Kolonien erwerben wolle, hätte er nichts dagegen, aber die Oberaufsicht der Polizei und die fürsorgende Hand des Staates dürfte nicht darüber gesetzt werden.«[7]

Doch der Ansturm der Interessenten auf die Reichsleitung war nur für den Augenblick, nicht auf Dauer gestoppt. Bereits ein Jahr später unternahm Hansemann in einer ausführlichen Denkschrift an den Reichskanzler einen neuen Anlauf, ihn von der Notwendigkeit einer zielbewußten Förderung kolonialer Unternehmungen durch das Reich zu überzeugen. Er war gerade damit beschäftigt, ein Konsortium zur Gründung einer Kolonialgesellschaft zustande zu bringen, die im nördlichen Neuguinea tätig werden sollte. Bismarck war zunächst höchst zurückhaltend. Eine Inbesitznahme Neuguineas durch das Reich sei unmöglich: »Mit Geheimräten? [...] Der Staat ist nicht im Besitz von Beamten, um ›Kolonien‹ damit zu gründen [...]. Die Sache müßte kaufmännisch entstehen.«[8] Dies blieb auch in der Folge Bismarcks Standpunkt. Er war zwar durchaus geneigt, koloniale Unternehmungen deutscher Kaufleute in Übersee zu unterstützen, jedoch sollte dies ausschließlich in informeller Weise geschehen; jedes unmittelbare Engagement des Deutschen Reiches lehnte der Kanzler hingegen beharrlich ab. Er wollte nach dem Vorbild der englischen Chartered Companies verfahren, die, gestützt auf einen königlichen Freibrief, die jeweilige Kolonie in eigener Verantwortung, auf eigene Kosten und auf eigenes Risiko verwalten sollten. Das Reich sollte sich auf Gewährung von Schutz nach außen, insbesondere gegenüber Interventionen dritter Mächte, beschränken. Von dem Aufbau staatlicher Kolonialverwaltungen und der Errichtung von Garnisonen wollte er grundsätzlich nichts wissen; es sei nicht die Sache des Staates, sondern der beteiligten wirtschaftlichen Interessengruppen, für die Verwaltung der betreffenden kolonialen Territorien und die Gewährleistung der inneren Sicherheit zu sorgen. Nur unter diesen Bedingungen war Bismarck bereit, die Förderung kolonialer Unternehmungen in Übersee von seiten des Staates ins Auge zu fassen; auch dies stellte bereits eine behutsame Modifikation seines bisherigen antikolonialistischen Standpunktes dar. Er blieb zeitlebens ein konsequenter Anhänger des Systems indirekter Herrschaft. In jedem Fall sollte die Initiative für den Erwerb von kolonialen Territorien von der Kaufmannschaft selbst kommen. Jeden Gedanken an eine präventive Annexion von überseeischen Gebieten, die erst noch wirtschaftlich erschlossen werden mußten, wies er entschieden zurück.

Seit 1882 zeichnete sich in der öffentlichen Meinung eine erhebliche Veränderung der Einstellung gegenüber kolonialer Politik ab. Die wirtschaftliche Rezession von 1883, die verbreiteten Besorgnisse über die bedrängte soziale Lage der Arbeiterschaft und die revolutionäre Agitation der Sozialdemokratie, der das Sozialistengesetz offenbar nichts hatte anhaben können, sowie das gespannte innenpolitische Klima nach der Wahlniederlage der Nationalliberalen bei den Reichstagswahlen von 1881 – dies alles verhalf den Argumenten der radikalen Kolonialagitatoren, an ihrer Spitze Friedrich Fabri, des Leiters der Rheinischen Missionsgesellschaft in Wuppertal, zu ungewöhnlicher Resonanz.[9] Koloniale Expansion, so versprachen sie, könne helfen, alle Übel, die die deutsche Gesellschaft befallen hatten, gleichermaßen zu beseitigen. Sie werde zur Überwindung der periodischen Überproduktionskrisen der Industrie beitragen, sie verheiße eine Lösung der drängenden sozialen Frage, indem sie den Unterschichten der Bevölkerung, die im Binnenmarkt keine ausreichende Beschäftigung finden könnten, in Übersee neue Arbeitsmöglichkeiten eröffnen, die Überbevölkerung im Lande reduzieren und die Auswanderung in eine dem Reich nützliche Richtung lenken würde. Durch eine Politik kolonialer Erwerbungen würden schließlich der deutschen Nation neue große nationale Ziele vor Augen gestellt, die die Zwietracht und den Parteienstreit im Innern vergessen machen könnten. Ernst von der Brüggen schrieb 1883 in den angesehenen und von den Führungsschichten Deutschlands viel gelesenen »Preußischen Jahrbüchern«: »Wenn ich das Heil Deutschland's nicht in einer künftigen Kolonialpolitik beschlossen sehe, so erkenne ich doch in dem kräftigen und von allen Theilen der Nation ausgehenden Erfassen unserer kolonialen Aufgaben den Beginn einer äußeren Bewegung, von der ich reichen Segen in ihrer Rückwirkung auf unsere inneren Zustände erwarte.«[10] Mit einem Wort: Wer für die Erhaltung der bestehenden Sozialordnung sei, der müsse auch für ein deutsches Kolonialreich eintreten.

In unmittelbarem Zusammenhang damit kam es zur Gründung von Agitationsvereinen, wobei die politischen und wirtschaftlichen Interessenten an einer Politik imperialistischer Expansion eng zusammenarbeiteten. Friedrich Fabri gründete 1881 den »Westdeutschen Verein für Colonisation und Export« in Düsseldorf, der sich insbesondere um die Gewinnung von Vertretern der Wirtschaft bemühte, wenn auch mit mäßigem Erfolg. Ein Jahr später entstand in Berlin die »Deutsche Kolonialgesellschaft« unter Führung des liberalen Hocharistokraten Hermann Fürst zu Hohenlohe-Langenburg.[11] Die treibende Kraft in der »Deutschen Kolonialgesellschaft« war der nationalliberale Politiker Johannes Miquel, der in den sechziger Jahren ein führendes Mitglied des Nationalvereins gewesen war; er sah in der Propagierung der Idee eines deutschen Kolonialreiches in erster Linie eine nationale Aufgabe, die gleichsam die Bemühungen des Nationalvereins auf einer neuen, höheren Ebene fortsetzen sollte. Miquel hoffte, auf diese Weise der Nationalliberalen Partei wieder neuen politischen Elan zu verschaffen und neue Wählerschichten zu erschließen. Ihren primär politischen Zielsetzungen gemäß richtete sich die Agitation der »Deutschen Kolonialgesellschaft« nicht in erster Linie an die unmittelbaren ökonomischen Interessenten tatsächlicher oder potentieller Art, sondern an die Führungsschichten in Gesellschaft und Staat. Sie bemühte sich vornehmlich um die Unterstützung von prominenten Persönlichkeiten der deutschen Gesellschaft, die auch gegenüber der amtlichen Politik einiges Gewicht in die Waagschale zu werfen hatten. Demgemäß waren radikale Agitatoren vom Schlage Fabris nunmehr weniger gefragt; die Tonart der Argumentation war gemäßigter und die Gangart behutsamer. Als die »Deutsche Kolonialgesellschaft« 1882 mit dem »Westdeutschen Verein für Colonisation und Export« fusionierte, wurde dafür Sorge getragen, daß Fabri nicht in eine leitende Position berufen wurde. In der Folge gelang es, eine große Zahl von Persönlichkeiten des öffentlichen Lebens, die politisch überwiegend im nationalliberalen oder freikonservativen Lager standen, für die Arbeit der Kolonialgesellschaft zu gewinnen, unter ihnen den späteren Reichskanzler Chlodwig Fürst zu Hohenlohe-Schillingsfürst.

Obschon die Kolonialgesellschaft anfänglich einen vergleichsweise gemäßigten Kurs steuerte und vorderhand nur die Schaffung von Handelsposten in Übersee unter deutschem Schutz propagierte, während der Gedanke, deutsche Siedlungskolonien zur Aufnahme des Bevölkerungsüberschusses zu schaffen, in den Hintergrund gedrängt wurde, offensichtlich um die amtliche Politik nicht von vornherein herauszufordern, beklagte man lebhaft die Zurückhaltung Bismarcks auf kolonialpolitischem Gebiet. Fürst zu Hohenlohe-Langenburg empfand ein Gefühl der Frustration angesichts der eher abweisenden Haltung des Kanzlers in der Kolonialfrage und vermutete, daß es übergreifende staatsmännische Erwägungen sein müßten, die Bismarck davor zurückhielten, seine Autorität uneingeschränkt zugunsten einer zielbewußten Kolonialpolitik geltend zu machen. In der Tat spielte für Bismarck der Gesichtspunkt eine wichtige Rolle, daß ein Hinausgreifen des Deutschen Reiches über die Grenzen Europas schwerwiegende Konsequenzen für dessen Stellung innerhalb des europäischen Mächtesystems haben könne. Fürst zu Hohenlohe-Langenburg zeigte Verständnis für dergleichen Erwägungen, war jedoch besorgt, »daß Deutschland zu spät erkennen würde, wie sehr es Kolonien nötig habe«, und dergestalt den Zeitpunkt für den Erwerb von Kolonien verpassen könnte.[12]

Bismarck erkannte jedoch bald die politischen Chancen, die ein Aufgreifen des Kolonialgedankens durch die Reichsleitung boten. Ihm war daran gelegen, die politische Konstellation, die sich nach der innenpolitischen Wende von 1879 ergeben hatte, zu konsolidieren. Die Unterstützung der Idee einer deutschen Kolonisation eröffnete die Aussicht auf eine Stärkung des gemäßigten Flügels der Nationalliberalen Partei, und zwar auf Kosten des radikalen Flügels, in dem die doktrinären Freihändler das Sagen hatten. Eine Abspaltung der gouvernementalen Elemente vom Gros der Nationalliberalen Partei und ihre Einbeziehung in eine Koalition der »staatsbejahenden« Parteien, unter gleichzeitiger Frontstellung gegen den entschiedenen Liberalismus, lag in seinem unmittelbaren Interesse – mußte ihm doch daran liegen, den auch im Lager der Nationalliberalen weiterhin gehegten Plänen, einen Ausbau der Reichsverfassung in Richtung auf ein parlamentarisches System zu erzwingen, einen Riegel vorzuschieben. Im Hinblick auf die für 1884 bevorstehenden Reichstagswahlen war es ebenfalls erwägenswert, den kolonialpolitischen Strömungen in der öffentlichen Meinung entgegenzukommen. Die Propagierung einer deutschen Kolonialpolitik unter nationalem Vorzeichen eröffnete die Chance, von den inneren Schwierigkeiten abzulenken und die internationalistisch gesonnene Sozialdemokratie politisch zu isolieren. In diesem Sinne läßt sich Bismarcks Übergang zu einer aktiven Kolonialpolitik nach Hans-Ulrich Wehler als Spielart des Sozialimperialismus bestimmen. Es kam hinzu, daß die außenpolitische Situation des Deutschen Reiches 1882 ungewöhnlich günstig war.

Der Übergang zu einer aktiven Kolonialpolitik vollzog sich in einer höchst pragmatischen, ganz undogmatischen Weise. Soweit der deutsche Handel in Übersee in den kolonialen Besitzungen dritter Mächte ungestört und unbeeinträchtigt von behördlichen Interventionen operierte, wollte Bismarck keinesfalls von seiten des Staates eingreifen. Er sah Anlaß zum Schutz der deutschen Interessen nur dort gegeben, wo es an Protektion für die deutschen Kaufleute und ihre Agenten vor Ort durch die betreffenden Kolonialmächte fehle oder wo sie in ihren Aktivitäten gegenüber den Kaufleuten anderer Nationen ernstlich benachteiligt würden. Aber im wesentlichen wollte er sich auf die flankierende Abstützung deutscher wirtschaftlicher Aktivitäten in Übersee beschränken. Dazu gehörte unter anderem die Bereitschaft, Postdampferlinien nach Ostasien mit finanziellen Zuschüssen des Reiches einzurichten. Nach den schlechten Erfahrungen, die die Reichsleitung mit der Samoa-Vorlage gemacht hatte, wurde mit der Ausarbeitung einer entsprechenden Postdampfervorlage erst im September 1883 begonnen; diese wurde, wiederum mit großer Verzögerung, im Juni 1884 im Reichstag eingebracht. Auch diese Vorlage, die eine maßvolle Subventionierung deutscher Schiffahrtslinien nach Übersee durch das Reich vorsah, geriet ins Kreuzfeuer freihändlerischer Kritik, obschon sich Bismarck persönlich dafür verwendete: »Wollen wir Nichts thun für die Seefahrt, die Arbeit, die Erhaltung unseres Exports, zur Vorbeugung von Nahrungslosigkeit im Lande wegen Mangel an Export und Mangel an Arbeit? Wollen wir nicht vielmehr jedes Mittel wählen, die Ausfuhr zu fördern, auch solche Mittel, für deren Rentabilität wir nicht vorher den Beweis liefern können [...].«[13] Die Vorlage wurde von der Reichstagsmehrheit mit dem Argument, daß es sich um eine unzulässige Einmischung des Reiches in privatwirtschaftliche Angelegenheiten handele, zu Fall gebracht.

Zu diesem Zeitpunkt war Bismarck allerdings bereits fest entschlossen, alles zu tun, um die deutschen wirtschaftlichen Unternehmungen in Übersee von staatlicher Seite zu fördern, soweit dies auf indirektem Weg möglich sei. Nur von der Errichtung formeller Kolonien mit einer eigenständigen Verwaltung und eigenen Garnisonen wollte er nach wie vor nichts wissen: »Direkte Kolonien können wir nicht verwalten, nur [private Handels-]Kompagnien unterstützen. Kolonialverwaltungen wären nur Vergrößerung des parlamentarischen Exerzierplatzes.«[14] Dies hieß freilich nicht, die Hände in den Schoß zu legen und nichts zu tun. Der

Abschluß einer englisch-französischen Konvention vom 28. Juni 1882 über die Abgrenzung der beiderseitigen Interessensphären in Westafrika, in der zugleich festgelegt wurde, daß der Handel von Angehörigen beider Staaten, im Unterschied zu dem Handel dritter Länder, gleichberechtigte Behandlung erfahren sollte, veranlaßte Bismarck, im Frühjahr 1883 die Interessenten, insbesondere die Senate der Hansestädte, zu der Frage Stellung nehmen zu lassen, in welchem Maße durch diesen Vertrag legitime deutsche Schiffahrts- und Handelsinteressen in Westafrika beeinträchtigt werden könnten.[15] Damit gab er selbst den Anstoß für die Mobilisierung der wirtschaftlichen Interessenten zugunsten eines verstärkten Engagements des Deutschen Reiches in Übersee.

Das tatsächliche wirtschaftliche Engagement deutscher Kaufleute und Unternehmer in den überseeischen Regionen hielt sich zu diesem Zeitpunkt noch in engen Grenzen. Hamburger Wirtschaftskreise spielten dabei eine Schlüsselrolle.[16] Am bedeutendsten waren die wirtschaftlichen Aktivitäten der Deutschen auf Samoa. Nach der erfolgreichen Sanierung der »Deutschen Handels- und Plantagengesellschaft« kontrollierten deutsche Firmen rund siebzig Prozent des Außenhandels der Inselgruppe, obschon die deutsche Position von dem erwachenden Subimperialismus Australiens bedroht war. Davon abgesehen, bestanden beachtliche, wenn auch quantitativ bescheidene Handelsbeziehungen mit Westafrika, insbesondere im Gebiet der Kongo-Mündung, des Niger und des späteren Kamerun. Eine Reihe von Hamburger und Bremer Handelshäusern, unter anderen Jantzen & Thormählen und C. Woermann, unterhielten dort Niederlassungen, die über afrikanische Mittelsmänner einen lebhaften Handel mit der eingeborenen Bevölkerung im Landesinnern unterhielten und darüber hinaus eigene Plantagen betrieben. Ungeachtet wiederholter Klagen darüber, daß diese Unternehmungen vom Reich gegenüber ihren englischen und französischen Konkurrenten nicht zureichend unterstützt würden, hatte die Reichsleitung bisher konsequent davon abgesehen, hier in irgendeiner konkreten Weise, die über diplomatische Unterstützung hinausging, zugunsten der deutschen Handelshäuser tätig zu werden. Dies deckte sich weitgehend mit den Ansichten der hanseatischen Wirtschaft, die in ihrer übergroßen Mehrheit dem Gedanken einer aktiven deutschen Kolonialpolitik eher reserviert gegenüberstand. Nur allmählich begann sich deren Einstellung zu ändern. In Hamburg war es insbesondere der »königliche Kaufmann« Adolf Woermann, der Direktor der Handels- und Schiffahrtsgesellschaft Woermann & Co und Vorsitzende der Handelskammer, der seine ganze Energie einsetzte, um für eine aktive deutsche Kolonialpolitik Stimmung zu machen. Jedoch war er der Ansicht, daß der Staat, nicht die private Wirtschaft, auf diesem Gebiet den ersten Schritt tun müsse. »Wenn die deutsche Regierung [...] einen Landstrich tatsächlich erwerben sollte, so würde eine solche Tatsache in sehr vielen hiesigen Kaufmannskreisen mit Freuden begrüßt werden. Solange aber die deutsche Reichsregierung, ohne deren Mitwirkung eine deutsche Kolonie unmöglich erscheint, sich so ablehnend verhält wie bisher, wird man sich hier nicht theoretisch für die Erwerbung von Kolonien erwärmen können.«[17] Die primär interessierten Kreise der Wirtschaft erwarteten von der Reichsleitung, daß sie in der Frage des Erwerbs von Kolonien ihrerseits vorangehen solle, während Bismarck und mit ihm das Auswärtige Amt nach wie vor die Ansicht vertraten, daß solche Initiativen von den wirtschaftlichen Interessenten ausgehen müßten und diese das Risiko und die Kosten der Verwaltung eventueller kolonialer Gründungen selbst zu tragen haben würden. Das Deutsche Reich habe allenfalls für den Schutz gegenüber dritten Mächten zu sorgen. Woermanns Bemühungen, in dieser Frage eine Änderung der Haltung der Reichsleitung herbeizuführen, blieben auch in den folgenden Monaten zunächst ergebnislos. Ein Vorschlag vom März 1883, eine deutsche Handelskolonie in Westafrika zu gründen, fand bei Bismarck noch immer kein positives Echo, und auch eine Eingabe der Hamburger Handelskammer vom Juni 1883 zugunsten dieses Projektes, die auf Betreiben Woermanns zustande gekommen war, vermochte an Bismarcks grundsätzlicher Zurückhaltung nichts zu ändern.

Kaum anders erging es der von Friedrich Fabri und dem Düsseldorfer Unternehmer F. A. Hasenclever mit Unterstützung der Disconto-Gesellschaft gegründeten »Deutschen Bergbaugesellschaft an der Walfisch Bai«, die im Hinterland des britischen Territoriums Walfish Bay Bergbau betreiben wollte, und ebenso dem Bremer Kaufmann Adolf Lüderitz, der mit Unterstützung von Bremer Kaufleuten in Angra Pequeña, dem Kernland der späteren Kolonie Deutsch-Südwestafrika, umfangreiche Ländereien erworben hatte. Lüderitz' Ersuchen vom 16. November 1882, seine zunächst noch relativ bescheidenen Besitzungen unter den Schutz des Deutschen Reiches zu stellen, wurde vom Auswärtigen Amt abgewiesen. Dabei spielte eine Rolle, daß dieser Schritt von Lüderitz auch deshalb unternommen worden war, um seinem finanziell äußerst schwachbrüstigen Unternehmen in den Augen der deutschen Investoren größere Respektabilität zu verleihen; denn die Geldgeber mußten zum größten Teil erst noch gefunden werden. Aber Lüderitz ließ nicht locker. Als er im Januar 1883 anläßlich eines Besuches in Berlin sein Schutzersuchen erneuerte, nachdem es ihm gelungen war, seine Unternehmungen auszuweiten und ein wenig zu konsolidieren, war die Reaktion der Reichsleitung wiederum höchst zwiespältig. Bismarck ließ daraufhin am 7. Februar 1883 durch seinen Sohn Herbert die Anfrage an die britische Regierung richten, ob sie in dieser Region Souveränitätsrechte wahrnehme oder beabsichtige, dort in naher Zukunft selbst direkte Herrschaft auszuüben, hinzufügend, daß »uns jetzt wie früher alle überseeischen Projekte und insbesondere jede Einmischung in vorhandene britische Interessen fernlägen, sowie daß wir es nur gern sehen würden, wenn England eventuell deutschen Ansiedlern in jenen Gegenden seinen wirksamen Schutz angedeihen lassen wollte«[18].

Dies lag auf der bisherigen Linie einer pragmatischen Politik, die zwar die Förderung deutscher Wirtschaftsinteressen im Rahmen des Möglichen zu betreiben suchte, aber nicht über die Linie eines informellen Imperialismus hinausgehen wollte. Die britische Regierung nahm diese höchst zurückhaltende diplomatische Anfrage, der der deutsche Botschafter in London, Georg Herbert Graf zu Münster, der persönlich ein scharfer Gegner jeglicher Kolonialpolitik war, überdies keine sonderliche Dringlichkeit verlieh, zunächst nicht recht ernst und reagierte darauf mit großer Verzögerung. Die britische Präsenz in Angra Pequeña war jedoch gering. Daher war das Foreign Office anfänglich bereit, grünes Licht für die Errichtung eines deutschen Protektorats in Angra Pequeña zu geben. Aber die vom britischen Colonial Office konsultierte Kap-Kolonie protestierte gegen eine Festsetzung des Deutschen Reiches an ihrer nördlichen Grenze. Daraufhin erklärte die britische Regierung ein Protektorat über die gesamte Westküste Afrikas von der Kap-Kolonie bis zum 18. Breitengrad, obschon »die Regierung Ihrer Britischen Majestät«, wie man am 21. November 1883 in Berlin mitteilen ließ, »ihre Souveränität nicht entlang der gesamten Küste«, sondern nur an einzelnen Punkten proklamiert habe.[19] Diese Stellungnahme, die schon die Zeitgenossen als eine afrikanische Variante der Monroe-Doktrin – der Begriff ging auf den Premierminister der Kap-Kolonie, Scanlen, zurück – bezeichnet haben, wurde in Berlin als außerordentliche Zumutung empfunden. Bismarck sah darin nichts anderes als den Anspruch Großbritanniens, über alle bisher unberührten Territorien des Erdballs prophylaktisch einen Herrschaftsanspruch geltend zu machen, ganz unabhängig davon, ob dort ein reales britisches Engagement vorliege oder nicht. In scharfer Wendung gegen diese »Anmaßung« gab er nunmehr Anweisung, »überall, wo England nicht tatsächlich Jurisdiktion ausübt und unseren Angehörigen ausreichenden Schutz gewährt, diesen Schutz selbst in die Hand zu nehmen beziehungsweise in der Hand zu behalten«.[20]

Dies kam einem Wendepunkt in der deutschen Kolonialpolitik gleich, obschon die Konsequenzen dieser Entscheidung nicht sogleich in vollem Umfang sichtbar wurden. Fortan wurden Ersuchen um Unterstützung deutscher wirtschaftlicher Vorhaben in überseeischen Regionen, von Angra Pequeña bis zu den Fidschi-Inseln, vom Auswärtigen Amt höchst wohlwollend behandelt. In Angra Pequeña wurde Lüderitz nunmehr zum Abschluß weiterer Verträge mit einheimischen Stammesherrschern zwecks Ausweitung des eigenen Herrschaftsgebietes ermutigt; desgleichen wurden seine Unternehmungen am 24. März 1884 formell unter den Schutz des Reiches gestellt. Allerdings war zu Lüderitz' Mißfallen damit noch nicht der Anspruch verbunden, daß die Territorien der an diesem Projekt beteiligten deutschen Handelsunternehmen unter deutscher Souveränität stünden. Diese liege, wie das Auswärtige Amt unmißverständlich erklärte, wenn überhaupt, bei Lüderitz, nicht beim Reich. Das Bemühen, die beteiligten Gruppen zur Gründung einer gemeinschaftlichen Gesellschaft zur Übernahme der Verwaltung zu bewegen, scheiterte jedoch bereits im Ansatz. Lüderitz selbst stand bereits im Dezember 1884 am Rande des Bankrotts; seine Rechte wurden dann in eine unter wesentlicher Beteiligung Adolph Hansemanns und Bleichröders ins Leben gerufene »Deutsche Kolonialgesellschaft für Südafrika« eingebracht, die ihre Tätigkeit allerdings erst vier Monate später aufnehmen sollte. Ebenso wurde den deutschen Firmen in Kamerun nahegelegt, ihre Ansprüche ohne Rücksicht auf eventuelle britische oder französische Einsprüche konsequent zu verfolgen und zu diesem Zweck gegebenenfalls Verträge mit eingeborenen Herrschern abzuschließen, um konkurrierenden Schritten von britischer Seite möglichst zuvorzukommen. Ja mehr noch: Bismarck entschloß sich auf Drängen der unmittelbar betroffenen Wirtschaftskreise zur Entsendung eines Reichskommissars für die westafrikanische Küste nach Little Popo, dem späteren Togo, und Kamerun – eine Aufgabe, für die Gustav Nachtigal ausersehen wurde. Er wurde damit beauftragt, an Ort und Stelle Informationen über die Lage des deutschen Handels einzuholen und durch den Abschluß von Handelsverträgen die wirtschaftliche Gleichberechtigung der deutschen Kaufleute gegenüber rivalisierenden Unternehmungen anderer Nationen zu sichern. Die förmliche Errichtung einer Handelskolonie, wie sie namentlich von Woermann erneut gefordert worden war, oder auch nur eines Protektorats wurde allerdings wiederum abgelehnt. Kurz, Bismarck verlegte sich nunmehr darauf, wo immer möglich, Anwartschaften für künftige deutsche Besitzungen in Übersee zu begründen, um den augenscheinlich auf Ausschluß aller anderen Mächte gerichteten kolonialen Aktivitäten Großbritanniens wirksam entgegentreten zu können, ohne sich im einzelnen schon jetzt festzulegen.

Somit trat das Deutsche Reich nunmehr in das Wettrennen um koloniale Besitzungen in Übersee ein, wenn auch vorerst mit verhaltener Energie. Den Brennpunkt der Auseinandersetzungen bildeten, neben Ägypten, dessen Besetzung durch Großbritannien im Sommer 1882 auf erbitterte Kritik insbesondere Frankreichs gestoßen war, die westafrikanischen Küstenregionen am Kongo und Niger. Vor allem der französische Kolonialpionier Pierre de Brazza machte große Anstrengungen, von Norden aus in den Kongo vorzustoßen, dessen Hinterland nach Meinung der Zeitgenossen ungeahnte Reichtümer enthielt. Gleichzeitig bemühte sich die Internationale Kongo-Assoziation des belgischen Königs Leopold II. darum, die Zustimmung der Mächte für die Gründung eines riesigen privaten Imperiums im Kongo-Becken zu erhalten. Leopold II. hatte sich zu diesem Zweck unter anderem die Dienste des berühmten amerikanischen Geographen Henry Morton Stanley gesichert; dieser ging daran, in der Region des unteren Kongo eine ganze Reihe von Handelsstationen zu begründen, nicht zuletzt, um damit den territorialen Ansprüchen der Internationalen Kongo-Assoziation eine rechtliche Grundlage zu verschaffen. Der »Scramble for Africa« war in vollem Gange. Am 26. Februar 1884 schloß Großbritannien mit Portugal einen Vertrag ab, in dem letzterem formell aufgrund alter, eigentlich längst erloschener Ansprüche, die bis in das 17. Jahrhundert zurückgingen, die ausschließliche Souveränität über den gesamten Küstenstreifen in Westafrika vom 5. Breitengrad (12 Grad) nordwärts bis zum

Kongo, einschließlich der schiffbaren Teile des Flusses, zugestanden wurde. Dies war ganz offensichtlich ein Versuch, dem Vordringen namentlich der Franzosen, die mit de Brazza einen äußerst ehrgeizigen und energischen Pionier kolonialer Expansion besaßen, zum Kongo, aber auch den Aktivitäten der Internationalen Kongo-Assoziation einen Riegel vorzuschieben. Portugal sollte gleichsam als Strohmann dienen, um einstweilen politisch nicht realisierbare territoriale Ansprüche Großbritanniens an den Küsten Westafrikas zu sichern und eine Festsetzung anderer europäischer Mächte in dieser Region zu verhindern.

Angesichts der berüchtigten, extrem protektionistischen Methoden der portugiesischen Kolonialherrschaft stieß der Vertrag freilich selbst in Großbritannien sogleich auf Widerstand bei den in diesen Gebieten tätigen Handelshäusern. Noch ungleich schärfer war die Reaktion Frankreichs, das in dem Vertragsabschluß einen hinterhältigen Schachzug sah und in London und Lissabon Protest einlegte, sobald ihm dessen Einzelheiten bekannt wurden. Auch die deutschen Handelsinteressen wurden von dem Vertrag berührt, mußten sie doch eine Benachteiligung gegenüber portugiesischen Firmen, vor allem aber hohe Zoll- und Verwaltungsabgaben befürchten. Der britisch-portugiesische Vertrag vom 26. Februar 1883 schien einmal mehr zu bestätigen, daß Großbritannien große Teile Afrikas dem Zugriff anderer Mächte zu entziehen bestrebt war, obschon es in diesen Regionen so gut wie nirgends koloniale Herrschaft ausübte. Dies weckte den Zorn Bismarcks, der, wie er wenig später auch formell erklärte, argwöhnte, daß Großbritannien »nach möglichster Alleinherrschaft in den außereuropäischen Meeren« strebe.[21] Der Kanzler sah darin eine schwerwiegende Mißachtung der Grundsätze des europäischen Völkerrechts, der mit äußerster Härte zu begegnen sei. Nur bei effektiver Herrschaftsausübung, so erklärte er, könnten kolonialen Ansprüchen völkerrechtliche Geltung zugestanden werden, nicht aber bloß »papierenen Protektoraten« nach englischer Manier, hinter denen keinerlei effektive Machtausübung vor Ort stehe.

Bismarck hatte demgemäß gute Gründe, seinerseits gegen den britisch-portugiesischen Vertrag Protest einzulegen, als ihm dies Anfang April 1884 von seiten der französischen Regierung unter Jules Ferry nahegelegt wurde. Er erkannte sofort, daß sich hier eine unwiederbringliche Chance für das Deutsche Reich eröffnete, in den kolonialen Fragen mit Frankreich gemeinsame Sache gegen Großbritannien zu machen. Das Deutsche Reich schloß sich dem französischen Vorgehen an und veranlaßte zugleich seine Bundesgenossen Rußland und Österreich–Ungarn zu analogen diplomatischen Schritten in London und Lissabon. Unter diesen Umständen blieb der britisch-portugiesische Vertrag von Anbeginn ein toter Buchstabe; die britische Regierung zog es schließlich vor, von der erforderlichen Ratifikation durch das Unterhaus Abstand zu nehmen.

In den folgenden Monaten bemühte sich Bismarck, das Zusammengehen Frankreichs und des Deutschen Reiches in der Frage des britisch-portugiesischen

Vertrages zu einer förmlichen Kolonialallianz gegen Großbritannien auszubauen. Er bot der französischen Regierung diplomatische Unterstützung bei der Verfolgung seiner westafrikanischen Interessen an, hinzufügend, daß sich die Aktivitäten der deutschen Kaufleute in Kamerun nicht gegen Frankreich richteten, und versprach, was in französischen Augen ungleich wichtiger war, sich in der »ägyptischen Frage« uneingeschränkt auf seiten Frankreichs einzusetzen. Angesichts der unmittelbar bevorstehenden Londoner Konferenz, in der die Engländer auf Kosten der europäischen Kapitaleigner einen erträglichen Kompromiß hinsichtlich der bedrängten Finanzlage Ägyptens zu erreichen suchten, war dies für die französische Regierung von großem Wert. Denn die Franzosen wollten die ägyptische Schuldenverwaltung als Hebel benutzen, um einen baldigen Rückzug der Engländer vom Nil zu erzwingen; eine Erleichterung der ägyptischen Schuldenlast lag daher nicht in ihrem Interesse. Bismarck verfolgte mit der Kolonialallianz mit Frankreich eine Doppelstrategie: Einerseits wollte er die politischen Energien der französischen Nation von dem »Loch in den Vogesen« auf imperialistische Aktivitäten in Übersee ablenken, ganz in Übereinstimmung mit seinem außenpolitischen Programm jener Jahre, zum anderen gedachte er einen Keil zwischen England und Frankreich zu treiben, der ein Zusammengehen beider Mächte gegen das Deutsche Reich, wie es in der Vergangenheit immer wieder gedroht hatte, für absehbare Zukunft ausschließen würde. Dieser Kurs verhieß zugleich die Möglichkeit, Großbritannien zu zwingen, die deutschen kolonialen Ansprüche in überseeischen Regionen, angefangen von Angra Pequeña bis hin zu Neuguinea und den Fidschi-Inseln, definitiv anzuerkennen und damit die legitimen Schutzbedürfnisse des deutschen Überseehandels sicherzustellen. Machtpolitische Erwägungen, denen es in erster Linie darum zu tun war, die günstige politische Konstellation zur Stabilisierung der informellen Hegemonialstellung des Deutschen Reiches auf dem europäischen Kontinent zu nutzen und die augenscheinlich maßlosen Absichten Großbritanniens gebührend zurückzuweisen, und wirtschaftspolitische Erwägungen gingen dabei Hand in Hand.

In den folgenden Wochen und Monaten tat Bismarck alles, was in seiner Macht stand, um eine großangelegte diplomatische Offensive gegen Großbritannien zustande zu bringen. Sein Ziel war es, eine internationale Konferenz zur Regelung der Zukunft Westafrikas einzuberufen, in der Großbritanniens vorgeblicher Alleinherrschaftsanspruch bezüglich aller noch nicht in europäischer Hand befindlichen Territorien in Übersee ein für allemal als unrechtmäßige Usurpation gebrandmarkt werden sollte.[22] Um Frankreich für diesen weitreichenden Plan zu gewinnen, der auf die Isolierung Großbritanniens im Kreis der Großmächte abzielte, diente Bismarck als Waffe vor allem die »ägyptische Frage«, in der Großbritannien weiterhin verwundbar war, nachdem die Londoner Konferenz im Juli 1884 ohne greifbare Ergebnisse zu Ende gegangen war. Der Kanzler instruierte den deutschen Botschafter in London, Graf zu Münster, dessen anglophile Haltung ihm ohnehin ein Dorn im Auge war, in aller Deutlichkeit über seine diesbezüglichen Absichten: »Ich bitte [...] nicht zu vergessen, daß Ägypten als solches für uns ganz gleichgültig und für uns nur ein Mittel ist, den Widerstand Englands gegen unsere kolonialen Bestrebungen zu überwinden. Der kleinste Zipfel von Neu-Guinea oder Westafrika, wenn derselbe objektiv auch ganz wertlos sein mag, ist gegenwärtig für unsere Politik wichtiger als das gesamte Ägypten und seine Zukunft.«[23] Ganz nebenbei gab Bismarck zu erkennen, daß er die Politik kolonialer Expansion gerade auch aus innenpolitischen Gründen für höchst bedeutsam hielt.

Seine Pläne liefen darauf hinaus, daß auf dieser Konferenz für alle Mächte verbindliche, völkerrechtliche Grundsätze über die Inbesitznahme der noch herrenlosen überseeischen Territorien sowie über deren Verwaltung beschlossen werden sollten; dazu sollte insbesondere das Prinzip der effektiven Herrschaft gehören, ferner das Prinzip des Freihandels, das heißt des freien wirtschaftlichen Zugangs für den Handel aller Nationen, nach dem Vorbild der »offenen Tür« im Fernen Osten. Dies richtete sich in erster Linie gegen die britische Politik, der Bismarck unterstellte, daß sie sämtliche Territorien, die nicht bereits von anderen Nationen okkupiert seien, kraft alten Herkommens als ihren rechtmäßigen Besitz betrachte.[24] Der Kanzler erwartete, daß Großbritannien die Teilnahme an dieser Konferenz, bei der es mit der geschlossenen Gegnerschaft der anderen Großmächte zu rechnen habe, ablehnen werde: »Kann Englands Beitritt herbeigeführt werden, so wäre das erwünscht, für wahrscheinlich halte ich es kaum, glaube vielmehr, daß die exklusiven englischen Bestrebungen nach möglichster Alleinherrschaft in den außereuropäischen Meeren die anderen handeltreibenden Nationen in die Notwendigkeit setzen werden, durch Assoziation untereinander ein Gegengewicht der englischen Kolonialsuprematie herzustellen.«[25] Mit anderen Worten: Bismarck schwebte vor, die Spielregeln des europäischen Mächtesystems nunmehr auch auf die überseeische Welt auszudehnen. Künftig sollten die Grundsätze des europäischen Völkerrechts auch für die kolonialen Besitzungen der Mächte, ja sogar für die überseeischen Regionen des Erdballs, die bisher gleichsam außerhalb des Geltungsbereiches des Völkerrechts gelegen hatten, allgemein Gültigkeit erlangen. Ein Motiv war dabei, den Wettlauf unter den Kolonialmächten um überseeische Besitzungen in geordnete Bahnen zu lenken und rechtlichen Beschränkungen zu unterwerfen, die es entbehrlich machen würden, seitens des Deutschen Reiches formelle Kolonien in Übersee zu gründen. Bismarck verfolgte das Ziel, für ganz Westafrika, zumindest aber für das Kongo-Becken, den Grundsatz der »offenen Tür«, das heißt des unbeschränkten Zugangs und der ungehinderten Handelsmöglichkeiten für Kaufleute aller Nationen auf der Grundlage völliger Gleichberechtigung, durchzusetzen. Damit wäre aus Bismarcks Sicht den legitimen Forderungen der deutschen Wirtschaft in ausreichendem Maße Genüge getan worden.

In Übereinstimmung mit dieser Strategie suchte Bismarck noch im Frühsommer 1884 das direkte Engagement des Deutschen Reiches in Übersee so gering wie möglich zu halten. Er erklärte sich aus Anlaß der öffentlichen Proklamierung des Protektorats über Angra Pequeña, den Kern des späteren Deutsch-Südwestafrika, am 26. Juni 1884 im Reichstag erneut für ein System indirekter Herrschaft, das die Verantwortung für die Verwaltung und Entwicklung der »Schutzgebiete« den betroffenen Interessenten überließ und die Rolle des Staates auf den Schutz gegenüber dritten Mächten beschränkte: »Meine von Sr. Majestät dem Kaiser gebilligte Absicht ist, die Verantwortlichkeit für die materielle Entwickelung der Colonie ebenso wie ihr Entstehen der Thätigkeit und dem Unternehmungsgeiste unserer seefahrenden und handeltreibenden Mitbürger zu überlassen und weniger in der Form der Annectirung von überseeischen Provinzen an das Deutsche Reich vorzugehen, als in der Form von Gewährung von Freibriefen nach Gestalt der englischen Royal charters, im Anschluß an die ruhmreiche Laufbahn, welche die englische Kaufmannschaft bei Gründung der Ostindischen Compagnie zurückgelegt hat, und den Interessenten der Colonie zugleich das Regieren derselben im Wesentlichen zu überlassen und ihnen nur die Möglichkeit europäischer Jurisdiction für Europäer und desjenigen Schutzes zu gewähren, den wir ohne stehende Garnison dort leisten können. [...] Unsere Absicht ist, nicht Provinzen zu gründen, sondern kaufmännische Unternehmungen, aber in der höchsten Entwickelung, auch solche, die sich eine Souveränität, eine schließlich dem Deutschen Reich lehnbar bleibende, unter seiner Protection stehende kaufmännische Souveränität erwerben, zu schützen in ihrer freien Entwicklung sowohl gegen die Angriffe aus der unmittelbaren Nachbarschaft als auch gegen Bedrückung und Schädigung von Seiten anderer europäischer Mächte. Im Uebrigen hoffen wir, daß der Baum durch die Thätigkeit der Gärtner, die ihn pflanzen, auch im Ganzen gedeihen wird, und wenn er es nicht thut, so ist die Pflanze eine verfehlte, und es trifft der Schade weniger das Reich, denn die Kosten sind nicht bedeutend, die wir verlangen, sondern die Unternehmer, die sich in ihren Unternehmungen vergriffen haben [...].«[26]

Allerdings war Bismarck schon im Frühjahr 1884 unter dem Druck der Interessenten in Kamerun über die Linie bloß indirekter Schutzgewährung hinausgedrängt worden. Bereits am 8. April 1884 war der Reichskommissar Nachtigal angewiesen worden, in Kamerun die von den deutschen Gesellschaften vertraglich erworbenen Territorien unter den Schutz des Deutschen Reiches zu stellen und die deutsche Flagge zu hissen. Angesichts der Konflikte der deutschen Firmen Woermann und Jantzen & Thormählen mit den Dualas, die sich ihre profitable Rolle als Mittelsmänner im Handel mit den Stämmen des Hinterlandes nicht aus der Hand nehmen lassen wollten, aber auch der Gefahr, daß von englischer Seite ein Protektorat proklamiert werden könne, stellte der Reichskommissar im Juni 1884 die Küstenregionen Kameruns formell unter die Schutzherrschaft des Deutschen

Reiches. Gleichwohl gibt es keinen Anlaß, an der Aufrichtigkeit der Erklärung Bismarcks vom 13. September 1884 gegenüber dem französischen Botschafter Alphonse de Courcel zu zweifeln: »Die Ausdehnung unserer kolonialen Besitzungen ist nicht Gegenstand unserer Politik; wir haben nur im Auge, dem deutschen Handel den Eingang nach Afrika an Punkten zu sichern, welche bis jetzt von der Herrschaft anderer europäischer Mächte unabhängig sind.«[27] In der Tat ging es ihm einstweilen nur um die Gewährung von Schutz für die deutschen Handelsgesellschaften in Angra Pequeña, Kamerun, Togo, Neuguinea und schließlich in Ostafrika, die freilich die Verwaltung und wirtschaftliche Entwicklung der jeweiligen Territorien auf eigene Rechnung und Gefahr übernehmen sollten. Im übrigen machte er in den diplomatischen Verhandlungen mit Großbritannien schon damals den Vorschlag, ob man nicht für das Angebot künftigen deutschen Entgegenkommens in der »ägyptischen Frage« die Rückgabe Helgolands von Großbritannien betreiben solle, statt den Schwerpunkt der deutschen Anstrengungen auf den Erwerb kolonialer Territorien in Übersee zu legen.

Auch jetzt noch suchte Bismarck nach geeigneten Mitteln und Wegen, um das Ausmaß des deutschen Engagements in Übersee in möglichst engen Grenzen zu halten. Im Oktober 1884 wurde unter persönlicher Beteiligung Bismarcks ein »Syndikat für Westafrika« gegründet. Doch die beteiligten Firmen weigerten sich zu seinem Ärger von vornherein, die Verwaltung der deutschen Besitzungen in Kamerun in eigener Verantwortung zu übernehmen und deren Kosten aus eigener Tasche zu bezahlen. Sie verlangten die unverzügliche Einsetzung eines Gouverneurs auf Kosten des Reiches. Wenig später kam es zu militärischen Auseinandersetzungen mit den Dualas, in die das Reich nolens volens den deutschen Firmen mit militärischen Kräften zu Hilfe kommen mußte, wollte es nicht ganz und gar das Gesicht verlieren. Das Modell indirekter Herrschaft war damit in Westafrika gescheitert, bevor es überhaupt etabliert worden war. Die Verhältnisse hatten sich de facto stärker erwiesen als Bismarcks hartnäckige Bemühungen um eine Begrenzung des staatlichen Engagements. Im Mai 1885 kam es schließlich zur Einsetzung des ersten deutschen Gouverneurs Julius von Soden in Kamerun; ein Jahr später löste sich das »Syndikat für Westafrika« ohne großes Aufsehen wieder auf.

Zuvor, im Sommer und Herbst 1884, war Bismarck noch energisch darum bemüht gewesen, durch eine Internationalisierung des gesamten Kongo-Beckens einschließlich des Niger-Deltas den imperialistischen Gegensätzen ihre Schärfe zu nehmen und zumindest für diese Region eine politische Lösung durchzusetzen, die unabhängig von den zu treffenden territorialen Regelungen alle beteiligten Mächte gleichermaßen zufrieden stellen würde. Zu diesem Zweck sollte insbesondere das Prinzip des unbehinderten Zugangs für die Kaufleute aller Nationen vertraglich festgeschrieben werden. Darüber hinaus sollten unter anderem internationale Kommissionen nach dem Muster der seit 1815 bestehenden Internationalen Donau-Schiffahrtskommission, in der die angrenzenden Mächte Sitz und Stimme hatten, ins Leben gerufen werden, um für alle Nationen freie Schiffahrt auf dem Kongo und seinen Nebenflüssen sowie dem Niger zu gewährleisten. Schließlich sollte das Kongo-Becken im Kriegsfall zu einer neutralen Zone erklärt, also den Wechselfällen der europäischen Mächtepolitik entzogen werden. Bismarck erklärte in diesem Zusammenhang wiederholt unzweideutig, daß es ihm gleichgültig sei, wer die Herrschaft in den betreffenden westafrikanischen Gebieten ausübe, sofern jene Grundsätze respektiert würden. Wesentlich aus Gründen dieser Art war er geneigt, der Internationalen Kongo-Assoziation Leopolds II., die offiziell das Prinzip uneingeschränkten Freihandels für die von ihr beanspruchten Territorien am Kongo in Aussicht gestellt hatte, seine volle Unterstützung zu gewähren. Bismarck wollte der Kongo-Assoziation ein so großes Stück Afrikas zugestehen, wie es die Franzosen tolerieren würden. Hauptsächlich dank der Unterstützung des Deutschen Reiches und in zweiter Linie der Vereinigten Staaten gelang es Leopold II., sein ambitiöses Vorhaben in den wichtigsten Punkten durchzusetzen, zumal er den Argwohn der französischen Regierung, daß bei einem eventuellen finanziellen Zusammenbruch der Internationalen Kongo-Assoziation Großbritannien der lachende Erbe werden könne, durch Gewährung des Vorkaufsrechts bezüglich ihrer gesamten Besitzungen an Frankreich auszuräumen verstand.

Gleichwohl ist es im nachhinein schwer verständlich, wieso die europäischen Staatsmänner diesem Tausendsassa, der sich in anderem Zusammenhang als Anhänger der rücksichtslosen Ausbeutung kolonialer Besitzungen einen äußerst schlechten Ruf verschafft hatte, ihre rückhaltlose Unterstützung gewährten. Was Bismarck anging, so lagen die Vorschläge des belgischen Königs, nämlich den Kongo-Staat gleichsam stellvertretend für alle europäischen Nationen und die Vereinigten Staaten der westlichen Wirtschaft zu erschließen und zugleich den Eingeborenen die Segnungen der westlichen Zivilisation zu bringen, ganz auf der Linie seiner eigenen Interessen. In langwierigen Verhandlungen, die dem Zusammentritt der Afrika-Konferenz in Berlin unter Bismarcks Vorsitz vorausgingen, zeichneten sich bereits die Umrisse einer künftigen Regelung ab: die Etablierung Frankreichs am nördlichen Kongo-Ufer als Kern des späteren Französisch-Äquatorialafrika, die völkerrechtliche Anerkennung des Kongo-Staates der Internationalen Kongo-Assoziation als einer riesigen Privatdomäne Leopolds II., die Respektierung der britischen Position in Nigeria unter Verzicht auf die Errichtung einer Internationalen Schiffahrtskommission für den Niger sowie schließlich die Einrichtung deutscher Schutzgebiete in Kamerun und Togo; dazu kam die stillschweigende Sanktionierung eines deutschen Schutzgebietes in Angra Pequeña durch die beteiligten Großmächte.

Damit waren bereits vor Beginn der Konferenz die Würfel zugunsten der definitiven Aufteilung Afrikas unter die europäischen Großmächte gefallen. Bismarcks Versuche, die Sprengkräfte der imperialistischen Expansion durch internationale Regelungen zu entschärfen, die die wirtschaftlichen Interessen aller beteiligten Nationen, unabhängig von der Frage der Errichtung formeller Kolonialherrschaft, sicherstellen sollten, waren im wesentlichen gescheitert. Dazu hatte freilich die auf ihn zurückgehende Forderung, daß die völkerrechtliche Anerkennung kolonialer Herrschaft künftig an das Prinzip der Effektivität der Herrschaft gebunden sein müsse, ihren Teil beigetragen. Denn dadurch wurde den älteren Formen informeller Herrschaft mit Hilfe indigener Kollaborationsregime und indirekter Einflußnahme von wenigen Küstenpositionen aus, wie sie insbesondere Großbritannien in der Vergangenheit in großem Stil praktiziert hatte, weitgehend die Grundlage entzogen. Die Epoche des informellen Imperialismus war an eine Grenze gestoßen; fortan sahen sich die Großmächte, wenn auch nicht selten wider Willen, dazu gedrängt, selbst die Führungsrolle in dem Prozeß der imperialistischen Expansion der westlichen Industriegesellschaften über den ganzen Erdball zu übernehmen.

All dies war im Grund schon entschieden, als die Afrika-Konferenz am 18. November 1884 in Berlin erstmals zusammentrat. Die Teilnehmer bemühten sich redlich darum, völkerrechtliche Rahmenbedingungen für die Ausübung kolonialer Herrschaft auszuarbeiten und darüber hinaus Garantien für eine humanitäre Behandlung der eingeborenen Bevölkerung festzulegen, die freilich nur als Objekt der Mächteverhandlungen figurierte, aber selbst gar nicht vertreten war – immerhin hatten die Briten anfänglich erwogen, ob man gegebenenfalls den Sultan von Sansibar zur Konferenz hinzuziehen solle. Die beteiligten Mächte verpflichteten sich feierlich zu gemeinsamem Zusammenwirken bei der wirtschaftlichen und zivilisatorischen Entwicklung des Kongo-Beckens, unter Ausschaltung aller nationalen Rivalitäten für die Gegenwart und die Zukunft. Sie verständigten sich auf ein Verbot des Sklavenhandels sowie auf das Prinzip der Gleichberechtigung aller religiösen Konfessionen einschließlich des Islams; dieser hatte auf Drängen der Pforte in letzter Minute ebenfalls Berücksichtigung gefunden, was eine eigentlich gar nicht beabsichtigte Durchbrechung des Monopols der christlichen Konfessionen bedeutete. Darüber hinaus wurde sämtlichen Kolonialmächten die Verpflichtung auferlegt, in angemessener Weise für die Wohlfahrt der Eingeborenen zu sorgen – eine Formel, die jeglicher inhaltlichen Füllung entbehrte; der Vorschlag, die Einfuhr von Branntwein zu unterbinden, dessen katastrophale Auswirkungen auf die Eingeborenen schon damals bekannt waren, war zuvor unter maßgeblicher Beteiligung der Vertreter des Deutschen Reiches zu Fall gebracht worden. Doch diese humanitären Bestimmungen blieben weitgehend auf dem Papier. Die großen territorialen Entscheidungen, die die Aufteilung Zentralafrikas unter die europäischen Mächte besiegelten, fielen ohnehin nicht am Konferenztisch, sondern in parallel geführten bilateralen Verhandlungen zwischen den primär betroffenen Regierungen. Das Prinzip der Effektivität der Herrschaft erwies sich angesichts der Tatsache, daß sich die europäische Kontrolle durchweg nur auf wenige Küstenregionen, nicht auf das Hinterland der betreffenden Territorien erstreckte, weithin als undurchführbar. Ebenso wurde die Zusicherung des freien Zugangs für den Handel aller Nationen im Kongo-Becken von vornherein durchlöchert; den jeweiligen Kolonialmächten wurde das Recht eingeräumt, nach Ablauf einer Frist von zwanzig Jahren Zölle für fiskalische Zwecke zu erheben.

Die am 26. Februar 1885 feierlich beschlossene Kongo-Akte hat die kolonialen Landnahmeprozesse in den folgenden Jahrzehnten nur in äußerst bescheidenem Maße beeinflußt. Vor allem die zaghaften und halbherzigen Bestimmungen zum Schutz der einheimischen Bevölkerung sind von den Kolonialmächten und mehr noch von ihren Repräsentanten vor Ort immer wieder aufs gröblichste umgangen worden. Und ausgerechnet der Kongo-Staat sollte sich ungeachtet aller humanitären Beteuerungen seiner Initiatoren in eines der oppressivsten Kolonialregime verwandeln, welche die Geschichte jemals erlebt hat.[28]

Die großen Erwartungen, die Bismarck in die Afrika-Konferenz gesetzt beziehungsweise mit ihr verbunden hatte, wurden nur zu einem geringen Teil erfüllt. Die deutsch-französische Kolonialallianz gegen Großbritannien erreichte niemals jenen Grad der Intimität, den er angestrebt hatte; vielmehr scheute die französische Regierung von Anfang an davor zurück, sich in ein ausgeprägt anti-britisches Fahrwasser ziehen zu lassen. Aus der angestrebten Allianz aller kontinentaleuropäischen Mächte gegen Großbritannien war unter diesen Umständen ebenfalls nichts geworden; vielmehr stellte sich im Zuge der Verhandlungen auf der Konferenz heraus, daß die Gemeinsamkeiten zwischen England und dem Deutschen Reich auf kolonialpolitischem Gebiet immer noch größer waren als jene mit Frankreich, das hartnäckig auf seinen herkömmlichen hochprotektionistischen Praktiken beharrte. Das Mißtrauen Frankreichs in die Aufrichtigkeit der deutschen Bündnisofferten in imperialistischen Fragen erwies sich in der Folge als nur zu begründet, da Bismarck sehr rasch bereit war, gegen Zugeständnisse Großbritanniens in den kolonialpolitischen Fragen die kompromißlos pro-französische Linie der deutschen Vertreter in den Verhandlungen über die künftige Regelung der ägyptischen Staatsfinanzen zu verlassen und Großbritannien eine Konsolidierung seiner Herrschaft am Nil zu ermöglichen. Überdies ging mit dem Sturz des französischen Ministerpräsidenten Jules Ferry am 30. März 1885, der die Politik seines Landes in ausgeprägt imperialistische Bahnen gesteuert hatte, obschon es dafür an einer ausreichenden Basis im Volk fehlte, die Geschäftsgrundlage für ein Zusammengehen auf kolonialpolitischem Feld verloren. Mit dem Aufstieg George Clemenceaus wandte sich die französische Politik erneut vorrangig den europäischen Fragen zu; die Strategie der Ablenkung Frankreichs von dem »Loch in den Vogesen« auf überseeische Ziele war vorerst mißlungen. Andererseits war auf der Berliner Afrika-Konferenz die Führungsposition im internationalen System, die das Deutsche Reich unter der Kanzlerschaft Bismarcks errungen hatte, einmal mehr unter Beweis gestellt worden; dies gab der Reichsleitung für den Reichtstagswahlkampf im Herbst 1884 eine günstige Ausgangsposition. Hingegen war der außenpolitische Ertrag begrenzt geblieben; von einer dauerhaften Trennung Frankreichs von Großbritannien konnte nicht die Rede sein, und der Prestigeerfolg gegenüber Großbritannien, dem Bismarck die Lehre hatte erteilen wollen, daß eine deutsch-französische Allianz gegen das ländergierige Albion durchaus im Bereich der Möglichkeiten liege, war nicht eben gewaltig. Als positives Ergebnis konnte die deutsche Diplomatie eigentlich nur die Tatsache verbuchen, daß der internationalen Anerkennung der deutschen »Schutzgebiete« nun keine Hindernisse mehr im Wege standen. Aber diese »Schutzgebiete« stellten vorderhand nur wenig mehr als papierene Protektorate dar, deren wirtschaftliche Entwicklung zunächst allein den dort tätigen privaten Gesellschaften überlassen wurde.

Parallel zu den Ereignissen auf der diplomatischen Bühne waren die von Bismarck ermutigten Landnahmeaktionen in Afrika und im Fernen Osten zügig vorangetrieben worden. Die Schutzerklärung des Deutschen Reiches über die Besitzungen der »Deutschen Kolonialgesellschaft in Südwestafrika« hatte am 21. Juni 1884, nach einem anfänglich schweren Konflikt mit der britischen Regierung, die ihrerseits unter dem Druck der Kap-Kolonie stand, welche jegliche deutsche Festsetzung in dieser Region zu verhindern gesucht hatte, die diplomatische Anerkennung Großbritanniens gefunden. Doch es kam in der Folge weiterhin zu irritierenden Auseinandersetzungen mit der Kap-Kolonie, die auf eigene Faust drei kleinere Inseln vor der Walfisch-Bai okkupiert hatte. Am 7. August 1884 wurde dann Angra Pequeña von einer deutschen Flottenschwadron in einem feierlichen Proklamationsakt unter »den Schutz und die Oberherrschaft Seiner Majestät des Kaisers Wilhelm I.« gestellt. Auch die Territorien, die die »Deutsche Gesellschaft für Kolonisation« unter Carl Peters seit September 1884 mittels fragwürdiger Verträge mit zahlreichen Stammeshäuptlingen im Hinterland von Sansibar in Ostafrika »erworben« hatte, wurden nun am 27. Februar 1885 unter den Schutz des Deutschen Reiches gestellt. Die Inbesitznahme Togos und Kameruns wurde aufgrund einer förmlichen Vereinbarung mit der britischen Regierung im März 1885 völkerrechtlich anerkannt. Auf Neuguinea zogen sich die Dinge ein wenig länger hin. Hier war noch im Dezember 1884 eine Besitzerklärung des nordöstlichen Teils der Insel von deutscher Seite erfolgt, ungeachtet der von Australien auf den Besitz der gesamten Insel erhobenen Ansprüche; doch wurde erst im April 1885, nach langwierigen Verhandlungen mit Großbritannien, eine Abgrenzung der beiderseitigen territorialen Ansprüche erreicht. Damit wurden Nordost-Neuguinea unter der Bezeichnung »Kaiser-Wilhelm-Land« und die Inselgruppe von Nova Britannia, die dann am 19. Mai 1885 offiziell die Bezeichnung »Bismarck-Archipel« erhielt, definitiv zu Schutzgebieten des Deutschen Reiches erhoben, ebenso wie die mikronesischen Marshall-Inseln. Nur auf Samoa, wo die deutschen Gesellschaften mit amerikanischen und britischen Unternehmen konkurrierten, wurde das bisherige System der indirekten Herrschaft der drei Mächte zur gesamten Hand bei formeller Aufrechterhaltung der Souveränität der einheimischen Königsdynastie weiterhin beibehalten, obschon dies in der Folge zu immer neuen Konflikten und Mißhelligkeiten führen sollte.

Ungeachtet der definitiven Klärung der politischen Verhältnisse war das neugeschaffene deutsche Kolonialreich mit seinen zahlreichen, über den Erdball zersplitterten Territorien vorerst von einer Konsolidierung weit entfernt. Der Landesausbau im Innern stand noch aus und brachte in der Folge schwerste Enttäuschungen mit sich. Nahezu überall wurden die neuen Herren, nicht zuletzt infolge fehlender Kenntnisse der örtlichen Bedingungen und krassen Fehlverhaltens gegenüber der einheimischen Bevölkerung, in blutige und kostenreiche Kriege verwickelt, die wenig Raum für die erhoffte rasche wirtschaftliche Entfaltung der Schutzgebiete ließen. Nahezu alle Kolonialgesellschaften gerieten binnen weniger Jahre in finanzielle Schwierigkeiten. Sie mußten am Ende sämtlich vom Reich übernommen werden. Die Pazifizierung der kolonialen Territorien zog sich über fast zwei Jahrzehnte hin und verschlang gewaltige öffentliche Mittel, etwas, das Bismarck stets hatte vermeiden wollen.

Der Kanzler selbst war völlig desillusioniert und wollte von weiteren imperialistischen Aktivitäten des Deutschen Reiches nichts mehr hören. Seine Prognose, daß sich Kolonien von preußischen Beamten und Militärs nicht würden verwalten lassen, schien sich nur zu sehr zu bewahrheiten. Als verschärfender Umstand kam hinzu, daß sich mit dem Wiederaufflammen der Orient-Krise die außenpolitische Gesamtsituation des Reiches, die Anfang des Jahrzehnts so günstig ausgesehen hatte, erneut außerordentlich brisant gestaltete. Deshalb kehrte er zu seiner alten Linie kolonialpolitischer Abstinenz zurück. Am 5. Dezember 1888 besuchte der Afrika-Reisende Eugen Wolf den Kanzler auf dessen Gut Friedrichsruh im Sachsenwald und berichtete ihm über seine Absicht, an einer von dem deutschen Afrika-Forscher Hermann Wißmann vorbereiteten Expedition zur Wiederauffindung des in Ostafrika verschollenen Emin Pascha teilzunehmen; diese Expedition, so meinte Wolff, könne darüber hinaus zur Begründung einer deutschen Interessensphäre im Innern Ostafrikas führen. Bismarck, der sich sogleich ausmalte, daß im Falle des Scheiterns der Aktion eine militärische Entsetzung der Expedition mit allen ihren problematischen Folgen notwendig werden könnte, nahm diese Eröffnungen mit kaum verhülltem Unwillen entgegen: »Ihre Karte von Afrika ist ja sehr schön, aber meine Karte von Afrika liegt in Europa. Hier liegt Rußland und hier [...] liegt Frankreich, und wir sind in der Mitte; das ist meine Karte von Afrika.«[29] Damals war Bismarck sogar bereit, für die Rückgewinnung Helgolands gegebenenfalls ganz Deutsch-Ostafrika wieder aufzugeben, das er ebenso wie den übrigen deutschen Kolonialbesitz als eine Erwerbung von höchst zweifelhaftem Wert betrachtete, die im Falle eines europäischen Krieges sogleich verlorengehen und den Gegnern bloß als bequemes Faustpfand dienen würde. Aber die imperialistische Expansion nach Übersee hatte längst ihr eigenes Momentum gewonnen; sie ließ sich weder zurücknehmen noch wirksam abbremsen. Obwohl das Deutsche

Reich nur widerwillig in den Kreis der imperialistischen Mächte eingetreten war, wurde es in der Folge in den Konkurrenzkampf hineingezogen, der am Ende das europäische Staatensystem sprengen sollte.

Das Wiederaufflammen der Orient-Krise und der Umbau des Bismarckschen Bündnissystems (1885–1887)

Noch Anfang 1885 hatte sich die außenpolitische Situation des Deutschen Reiches günstig präsentiert. Auf der Berliner Afrika-Konferenz war die Vorrangstellung Bismarcks unter den Staatsmännern Europas einmal mehr sichtbar hervorgetreten. Der erfolgreiche Verlauf der Konferenz stellte zumindest nach außen hin einen persönlichen Prestigeerfolg des Kanzlers dar, der dann auch in der regierungsnahen Presse entsprechend herausgestellt und politisch ausgewertet wurde. Immerhin hatte Bismarck nicht nur für das Deutsche Reich, sondern gleichsam für die Mittelmächte und ebenso für Rußland agieren können. Dennoch erwiesen sich diese Erfolge als kurzlebig. Insbesondere die Kolonialallianz mit Frankreich hatte, was die Stellung des Deutschen Reiches im internationalen System betraf, nur sehr begrenzt Früchte getragen; auf der Konferenz zeigte sich, daß Großbritannien gegenüber den deutschen kolonialen Interessen eine weit entgegenkommendere Haltung einnahm als Frankreich und demgemäß der Versuch Bismarcks, dieses international zu isolieren, bereits im Ansatz verfehlt gewesen war. Davon abgesehen, sollte sich schon bald herausstellen, daß die internationalen Vereinbarungen, die man in Berlin ausgehandelt hatte, weitgehend auf dem Papier standen und sich außenpolitisch als nur wenig belastbar erwiesen. Es war kein Zufall, daß der Kanzler selbst bereits vor dem Abschluß der Konferenz das Interesse an der Sache verloren hatte. Bismarck betrachtete die Ergebnisse der deutschen Kolonialpolitik durchaus mit gemischten Gefühlen. Er war weit über jene Linie hinausgetragen worden, die er für richtig hielt. Das Deutsche Reich war nun im Besitz einer ganzen Reihe von Schutzgebieten in Afrika und im asiatischen Raum, die zwar politisch befriedigend abgesichert waren, die aber ein weit höheres direktes Engagement des Reiches erforderten, als er es einzugehen beabsichtigt hatte.

In der Folgezeit suchte die Reichsleitung die unmittelbaren Verpflichtungen des Reiches in den Schutzgebieten sowohl in politischer als auch in militärischer und finanzieller Hinsicht so gering wie möglich zu halten. Doch dies ließ sich nur schwer bewerkstelligen. Die politische und militärische Präsenz des Reiches erwies sich nahezu überall als unzureichend, um rasch und ohne große Schwierigkeiten befriedete Verhältnisse zu schaffen; vielfach konnten selbst die gegenüber den einheimischen Fürsten oder Stammeshäuptlingen eingegangenen Schutzverpflichtungen nicht erfüllt werden. Angesichts dieser Lage bestand für die Reichspolitik die Gefahr, auch die bescheidenen innenpolitischen Pluspunkte, welche ihr die Kolonialpolitik der vergangenen Jahre eingebracht hatte, wieder einzubüßen.

Überdies war zunächst aller Anlaß dazu gegeben, den Blick auf die kontinentalen Probleme zu lenken. Denn mit dem Sturz Jules Ferrys im März 1885 und dem Aufstieg Georges Clemenceaus kam in der Dritten Republik jene Richtung zur Macht, die in den vergangenen Jahren deutlich ihr Mißtrauen gegenüber den Motiven zum Ausdruck gebracht hatte, die die deutsche Diplomatie bei ihrer Unterstützung der französischen kolonialen Interessen am Kongo und in Ägypten geleitet hatten. Nunmehr richtete sich die allgemeine Aufmerksamkeit erneut auf das »Loch in den Vogesen«. Es kam zu einem neuen Schub nationalistischen Denkens, durch den die amtliche Politik wieder in stärkerem Maße als bisher auf den Gegensatz zum Deutschen Reiche hingelenkt wurde.

Auch auf dem Balkan setzte seit Mitte der achtziger Jahre eine Intensivierung der nationalistischen Strömungen ein.[1] Dies war verbunden mit dem Eintritt breiterer Schichten der Bevölkerung in die politische Arena; dadurch wurde die politische Vorherrschaft der schmalen Führungseliten, die bisher die Geschicke der Balkanstaaten bestimmt hatten, zunehmend in Frage gestellt. Der neue, insbesondere von den bürgerlichen Schichten getragene Nationalismus entfaltete eine solche Eigendynamik, daß die Prämissen der überkommenen politischen Ordnung auf dem Balkan unstimmig wurden. 1885 brach eine nationale Aufstandsbewegung in Ostrumelien gegen die osmanische Herrschaft aus. Unter Verletzung des Berliner Vertrages von 1878 und offener Mißachtung der Abmahnungen der Großmächte wurde Alexander von Battenberg zum Herrscher Ostrumeliens gewählt und anschließend zum Oberhaupt des vereinigten Bulgarien ausgerufen.

Rußland hatte wiederholt die Vereinigung Ostrumeliens mit Bulgarien gefordert; jedoch war es 1878 von den Großmächten daran gehindert worden, eine solche großbulgarische Lösung durchzusetzen. Darüber hinaus hatten das Deutsche Reich und Österreich–Ungarn der zarischen Regierung im Drei-Kaiser-Bündnis von 1881, das nach einigem Hin und Her 1884 noch einmal für drei Jahre erneuert werden konnte, ausdrücklich zugesichert, daß Rußland auf die Unterstützung beider Mächte zählen könne, sofern es sich zu einem von ihm selbst zu bestimmenden Zeitpunkt dazu entschließen sollte, die Vereinigung Ostrumeliens mit Bulgarien auch gegen den Wunsch der Westmächte zu vollziehen. Aber die russische Diplomatie hatte niemals mit der Möglichkeit gerechnet, daß sich dies unter nationalrevolutionären Vorzeichen ereignen könnte, noch dazu unter Bedingungen, die sich gegen Rußlands informelle Vorrangstellung in Bulgarien richteten. Mit einem Mal erwies sich Alexander von Battenberg nicht mehr als der gefügsame Kollaborateur der russischen Politik, als welcher er wenige Jahre zuvor zum Herrscher Bulgariens erhoben worden war. Vielmehr zeigte er sich nun geneigt, mit den nationalliberalen bürgerlichen Führungseliten Bulgariens gemeinsame Sache zu machen, welche die uneingeschränkte Selbständigkeit Bulgariens auch gegenüber Rußland durchzusetzen entschlossen waren und im übrigen ihre Blicke eher nach Westen richteten. Dementsprechend reagierte die russische Diplomatie in äußerst scharfer Weise auf die Wahl Alexanders zum Fürsten Großbulgariens. Die zarische Regierung veranlaßte die Zurückziehung aller russischen Offiziere, die bisher im bulgarischen Offizierskorps Schlüsselstellungen innegehabt hatten, und drohte mit einem militärischen Eingreifen, um den bisherigen informellen Satellitenstatus Bulgariens wiederherzustellen. Die Lage erfuhr eine weitere Zuspitzung durch den Ausbruch des Krieges zwischen Serbien und Bulgarien am 13. November 1885. Serbien wollte die günstige Gelegenheit nutzen, um sich in dem Augenblick, in dem sich die Pläne der Schaffung eines Großbulgariens zu verwirklichen schienen, seinerseits der schon immer strittigen, nach seiner Ansicht überwiegend von serbo-kroatischer Bevölkerung besiedelten Gebiete Makedoniens mit Gewalt zu bemächtigen. Die russische Diplomatie witterte hinter diesem Vorgehen österreichische Machenschaften. Dies traf freilich nicht zu. Auch Serbien lief seinem Oberherrn unter dem Druck der nationalistischen Strömungen im eigenen Lande gleichsam aus dem Geschirr. Nach anfänglichen militärischen Erfolgen erlitt es eine schwere Niederlage und mußte anschließend von Österreich–Ungarn vor dem Schlimmsten bewahrt werden.

So bestand Anfang 1886 akute Gefahr, daß es zu einem europäischen Kriege kommen könne. Bismarck befand sich insofern in einer besonders schwierigen Lage, als er von der russischen Diplomatie für diese Entwicklungen persönlich verantwortlich gemacht wurde, nahm man doch in St. Petersburg an, daß das Deutsche Reich Österreich–Ungarn den Rücken gestärkt habe.[2] Nur mit großer Mühe konnte schließlich eine Kompromißlösung ausgehandelt werden. Eine Konferenz der Botschafter der Großmächte in Konstantinopel erreichte es, daß Alexander von Battenberg vom Sultan Abdul Hamid II. am 2. Februar 1886 für fünf Jahre zum Generalgouverneur Ostrumeliens bestellt wurde. Damit war auf den ersten Blick sowohl den Interessen der bulgarischen Nationalbewegung Genüge getan als auch dem Verlangen des zarischen Rußland, daß an den bisherigen Rechtsverhältnissen nichts geändert werden möge. In der Folge bemühte sich die russische Politik mit einigermaßen dubiosen Methoden, ein weiteres Abdriften Bulgariens aus der russischen Einflußzone doch noch zu verhindern. In der Nacht vom 20. auf den 21. August 1886 wurde Alexander von Battenberg von einer Gruppe russischer Offiziere gekidnappt und erst nach längerem Hin und Her wieder freigelassen. Bismarck war nicht daran interessiert, wegen der bulgarischen Händel eine weitere Verschlechterung des deutsch-russischen Verhältnisses in Kauf zu nehmen, und versagte deshalb dem Battenberger jegliche Rückendeckung. Da dieser einigermaßen schutzlos dem russischen Druck ausgesetzt war, trat er zurück. Aber auch das reichte nicht aus, um Rußlands Zorn über die Entwicklung der bulgarischen Angelegenheiten und über die Haltung Österreich–Ungarns und in zweiter Linie des Deutschen Reiches in den Orient-Fragen zu besänftigen.

Die politische Entwicklung auf dem Balkan von 1812 bis 1912

Bismarck sah sich wegen seines kompromißlos pro-russischen Kurses in der bulgarischen Frage, der auf die weitgehende Preisgabe der Interessen der bulgarischen Nationalbewegung hinauslief, heftigen Angriffen im Reichstag und in der Öffentlichkeit ausgesetzt. Diese erwartete von der deutschen Regierung eine viel entschiedenere Stützung der nationalen Interessen Bulgariens sowie derjenigen Österreich–Ungarns und war über die Tatsache, daß das Deutsche Reich sogar das Kidnapping Alexanders von Battenberg ohne Proteste hingenommen hatte, einigermaßen verärgert. Bismarcks Hinweise, daß die außenpolitischen Interessen des Deutschen Reiches ein Eintreten für Bulgarien nicht erlaubten, wurden zunehmend mit Mißtrauen aufgenommen. Die »Kölnische Volkszeitung« gab am 28. August 1886 der Mißstimmung, zumal in den katholischen Kreisen, deutlich Ausdruck: »Wenn Deutschland in der Weltpolitik auf diese bescheidene Rolle sich beschränken wollte, dann hätte das deutsche Volk sich die Ströme von Blut und Schweiß sparen können, welche dazu gehörten, das Deutsche Reich zu gründen.«[3]

Auch die diplomatischen Einwirkungen der Großmächte, insbesondere Rußlands und des Deutschen Reiches, konnten nicht verhindern, daß sich die Bulgaren in der Folge über die bestehenden internationalen Regelungen hinwegsetzten. Die Dynamik der bulgarischen Nationalbewegung erwies sich als unkontrollierbar. Schließlich wurde gegen den Protest der Großmächte Ferdinand von Sachsen-Coburg-Koháry zum neuen Monarchen Bulgariens erhoben. Der Krönungsakt symbolisierte, daß man entschlossen war, den bulgarischen Nationalstaat ohne Rücksicht auf die überkommenen internationalen Vereinbarungen und insbesondere unter Negierung der russischen Hegemonialansprüche fest zu etablieren. Durch diese Entwicklungen wurden die Grundlagen des Drei-Kaiser-Abkommens, das Rußland eine Art von informeller Kontrolle über Bulgarien, dafür aber Österreich–Ungarn eine gleichartige Vorrangstellung in Serbien zugestanden hatte, sehr zu Bismarcks Irritation nahezu vollständig untergraben. Der »Draht nach Rußland« war damit so gut wie abgerissen.

Es half nicht viel, daß sich auch Österreich–Ungarn nunmehr mit der Tatsache konfrontiert sah, daß Serbien unter der Herrschaft des Fürsten Milan Obrenovic zunehmend seinem Einfluß entglitt. Noch war Politik in diesen relativ unentwickelten konstitutionellen Staaten eine Angelegenheit von kleinen Fraktionen, während die große Masse der Bevölkerung daran nicht wirklich beteiligt war. Aber im Zuge der wachsenden Partizipation der bürgerlichen Schichten an den politischen Entscheidungsprozessen war es auch in Belgrad der pro-österreichischen Fraktion nicht länger möglich, sich am Ruder zu halten. Serbien entfaltete wie Bulgarien immer stärker ein eigenständiges Nationalbewußtsein. Die unter den Serbo-Kroaten erwachenden irredentistischen Strömungen richteten sich nun zunehmend nicht mehr nur gegen die ehemaligen osmanischen Herren und gegen die rivalisierenden Balkanstaaten, sondern auch gegen Österreich–Ungarn selbst. Damit wurden die Prämissen des österreichischen Kalküls, dem zufolge Serbien die

Rolle eines Stellvertreterregimes für österreichische imperiale Aspirationen auf dem Balkan hatte übernehmen sollen, immer brüchiger. Allerdings zielte die Stoßrichtung der irredentistischen Bestrebungen Serbiens einstweilen immer noch primär auf den Erwerb der überwiegend serbo-kroatisch besiedelten Restbestände des türkischen Herrschaftsbereichs, nämlich Makedoniens sowie Albaniens.

Die Rückwirkungen dieser Entwicklungen auf das internationale System vor 1914 können kaum zu hoch eingeschätzt werden. Bisher war es den Großmächten in aller Regel möglich gewesen, die schmalen Führungsschichten in den Balkanstaaten mit einer Kombination von Patronage und politischem Druck dazu zu bringen, sich ihren Machtinteressen mehr oder minder willig anzupassen; nunmehr wuchs bei ihnen die Neigung, ein Bündnis mit den bürgerlichen Schichten unter nationalistischem Vorzeichen zu schließen. Damit wurden die Voraussetzungen der traditionellen Kabinettsdiplomatie zunehmend untergraben; dies tangierte insbesondere die außenpolitische Strategie Bismarcks, die ja stets mit den Regierungen und deren rationalem Kalkül und nicht mit den Massenkräften rechnete. Aber auch in den europäischen Großstaaten selbst kam es zu einer Zunahme der nationalistischen Strömungen, mit weitreichenden Auswirkungen auf die politischen Systeme. In Rußland sah sich die traditionell deutsch-freundlich orientierte Hofgesellschaft, in der die Hocharistokratie den Ton angab, immer mehr dem Druck des russischen nationalen Bürgertums ausgesetzt, das eine kraftvollere Außenpolitik unter Berücksichtigung der eigenen politischen und ökonomischen Interessen forderte und im Zeichen der panslawistischen Idee zu Teilen auch die Befreiung der anderen slawischen Völker von fremder Herrschaft auf seine Fahnen schrieb. Vergleichsweise bedrohlicher war das Wiedererwachen revanchistischer Tendenzen in Frankreich. Der Exponent einer prononciert anti-deutschen Politik, wenn auch mehr der Phrase als der Tat nach, war General Georges Boulanger, der im Januar 1886 zum Kriegsminister berufen worden war. Boulanger war eine elegante, Faszination ausstrahlende Persönlichkeit; er hoffte, über eine populistische Agitation nationalistischen Zuschnitts gleichsam auf demokratischem Weg zu einem neuen Napoleon III. aufsteigen zu können. Gestützt auf radikale rechte Gruppen, namentlich auf Paul Déroulèdes »Ligue des Patriotes«, entfaltete er eine betont nationalistische Propaganda mit offen anti-deutscher Stoßrichtung. Allerdings wurde Boulanger erst wirklich zu einer nationalen Symbolfigur, als Bismarck 1887 auf diplomatischen Kanälen gegen dessen »kriegerischen Patriotismus« protestierte und gar die Gefahr eines französischen Revanchekrieges beschwor.

In mancher Hinsicht kamen die nationalistischen Tendenzen in Frankreich und die pathetischen Plädoyers Boulangers für eine Politik der Revanche gegenüber Deutschland dem Kanzler gerade recht. Er nutzte sie, um dem Reichstag am 25. November 1886 eine neue große Heeresvorlage zu unterbreiten, die eine Erhöhung der Friedenspräsenzstärke des deutschen Heeres um etwas unter zehn

Prozent vorsah. Mit dieser Vorlage verband er zugleich innenpolitische und außenpolitische Zielsetzungen. Die Gelegenheit erschien günstig, um unter Betonung der von Frankreich drohenden Gefahren eine Verewigung des Septemnats, das heißt die Bewilligung aller Heeresausgaben auf jeweils sieben Jahre, durchzusetzen und damit die endgültige Zertrümmerung des Liberalismus als einer geschlossenen politischen Bewegung zu bewirken. Zugleich aber war die Heeresvorlage Ausdruck einer auch aus seiner Sicht erheblich verschlechterten politischen Gesamtlage, die eine Verstärkung der deutschen Rüstungen angeraten sein ließ. Wie immer, so auch hier, waren Besorgnisse und taktische Motive bei Bismarck schwer zu trennen. Bereits im Dezember 1886 erklärte er gegenüber dem Kriegsminister Paul Bronsart von Schellendorf, daß ein deutscher Sieg im nächsten großen Feldzug gegen Frankreich keinesfalls als gesichert gelten könne. Obwohl der Kanzler anläßlich der Einbringung der Heeresvorlage im Reichstag versicherte, daß keineswegs die »Absicht« bestehe, »demnächst einen Krieg zu führen«, ließ er doch keine Zweifel daran, daß mit der Möglichkeit eines erneuten Krieges mit Frankreich gerechnet werden müsse: »Wir haben ihn zu fürchten durch den Angriff Frankreichs; ob in zehn Tagen oder in zehn Jahren, das ist eine Frage, die ich nicht entscheiden kann. [...] Es ist an jedem Tage möglich, daß eine französische Regierung ans Ruder kommt, deren ganze Politik darauf berechnet ist, von dem feu sacré zu leben, das jetzt so sorgfältig unter der Asche erhalten wird.«[4] General Boulanger könne, falls er ans Ruder käme, »Napoleons III. Spiel vom Jahre 1870 wiederholen«.[5] Diese Worte lösten in Deutschland eine regelrechte Kriegshysterie aus, die durch Äußerungen des Generalstabschefs Helmuth von Moltke, der unter anderem im Reichstag erklärte, daß, sofern die Forderung der Regierung abgelehnt werde, man »den Krieg ganz sicher« haben werde, zusätzliche Nahrung erhielt.[6] Dies führte zu einer erheblichen Zuspitzung der anti-französischen Strömungen in der öffentlichen Meinung. Rudolf von Bennigsen, der Grand Old Man des deutschen Liberalismus, erklärte im Reichstag: »Dieser Zweite Krieg mit Frankreich über Elsaß-Lothringen ist und bleibt eine geschichtliche Notwendigkeit; nur nachdem derselbe siegreich durchgeführt worden ist, wird der deutsche Nationalstaat dauernd gesichert sein.«[7]

Bismarck war nicht daran interessiert, dieser Stimmung öffentlich entgegenzutreten. Im Gegenteil: Er hielt während der Verhandlungen des Reichstages über die Heeresvorlage einen Immediatbericht des deutschen Botschafters in Paris, Graf zu Münster, an, in dem jener geschrieben hatte, daß nach Stimmung und Lage in Frankreich von dieser Seite ein Krieg nicht zu erwarten sei, und zwang ihn, diesen Bericht als ungeschrieben zu betrachten, mit der bemerkenswerten Begründung: »Wenn Seine Majestät und die verbündeten Regierungen die darin [...] entwikkelten Ansichten teilten, so würde die Reichsregierung kaum in der Lage sein, die von ihr gemachte Militärvorlage mit Überzeugung vor dem Reichstag zu vertreten und aufrechtzuerhalten.«[8] Andererseits war Bismarcks Besorgnis, daß es tatsächlich zu einem europäischen Kriege kommen könnte, der für das Deutsche Reich ein Zweifrontenkrieg gegen Rußland und Frankreich sein würde, keineswegs nur das Produkt einer innenpolitischen Krisenstrategie. In gewisser Weise hoffte er, durch das Herausstellen einerseits der angeblich aggressiven Tendenzen der französischen Politik, andererseits der Friedensliebe Rußlands die russische Regierung in seinem Sinne zu beeinflussen. Zugleich erneuerte er am 11. Januar 1887 seine Versicherung, daß das Deutsche Reich keine territorialen Expansionsziele in Europa verfolge: »Wir haben keine kriegerischen Bedürfnisse, wir gehören zu den [...] saturierten Staaten, wir haben keine Bedürfnisse, die wir durch das Schwert erkämpfen könnten.«[9] Er sei nicht dafür zu haben, sich wegen der »bulgarischen Frage« mit Rußland zu überwerfen: »Die ganze orientalische Frage ist für uns keine Kriegsfrage. Wir werden uns wegen dieser Frage von Niemand das Leitseil um den Hals werfen lassen, um uns mit Rußland zu brouilliren.«[10]

Ganz unbegründet waren Bismarcks Befürchtungen freilich nicht. Denn inzwischen waren erste Schritte in Richtung auf eine russisch-französische Wiederannäherung in Gang gekommen, sowohl in Frankreich als auch in Rußland. Die französische Regierung hatte sich bereits seit Ende 1886 intensiv um eine Verbesserung der diplomatischen Beziehungen zu Rußland bemüht, und diese Bestrebungen fanden nun angesichts der Besorgnis, daß das Deutsche Reich womöglich einen Präventivkrieg gegen Frankreich beginnen könne, zwar nicht bei dem russischen Außenminister Nikolai von Giers, der nach wie vor an einem zurückhaltend pro-deutschen Kurs festhielt, wohl aber beim Zaren Resonanz. Alexander III. war geneigt, den Franzosen die erbetene Versicherung zu geben, daß Rußland im Falle eines von Deutschland provozierten Krieges gegen Frankreich freie Hand habe und zumindest moralisch Hilfe leisten werde. Der russische Außenminister Giers hielt solche Erklärungen für einigermaßen gefährlich, denn sie hätten die russische Position gegenüber dem Deutschen Reich kompromittieren können, fand es aber durchaus schwierig, dergleichen ganz und gar aus dem Wege zu gehen, als er Anfang 1887 von dem französischen Botschafter Antoine de Laboulaye direkt gefragt wurde, ob Rußland für den Fall eines deutschen Angriffs auf Frankreich uneingeschränkte Handlungsfreiheit besitze. Er eröffnete diesem: »Wir haben keine formelle Verpflichtung gegenüber den Deutschen, die unsere Handlungsfreiheit für den Fall beschneiden würde, daß diese sie [die Franzosen] angreifen sollten, aber wenn Sie diese angreifen würden, wären wir nicht frei, Ihnen zu Hilfe zu kommen.«[11] Was zunächst nur ein Alleingang des französischen Botschafters in St. Petersburg gewesen war, wurde einen Monat später offizielle Politik.

Unter dem Eindruck eines möglichen erneuten Krieges zwischen Frankreich und dem Deutschen Reich, der durch die aggressiven Stimmen in der deutschen Öffentlichkeit verstärkt wurde, kam es zu Gesprächen über die Haltung des Zarenreiches für den Fall, daß es zu einem unprovozierten Angriff deutscherseits auf Frankreich kommen sollte. Dies war zwar keineswegs bereits als ein Übergang

Rußlands in das französische Lager zu werten, sondern sollte lediglich eine Rückversicherung sein, damit man nicht unvermuteterweise in einen deutsch-französischen Krieg hineingezogen werden könnte. Doch die russische Diplomatie sah sich schon bald erheblichem Druck von seiten der russischen Öffentlichkeit ausgesetzt, welche die einseitig pro-deutsche Orientierung in den vergangenen Jahren mißbilligte. Bereits 1886 hatte der russische Journalist Michail Katkow, einer der Bannerträger des Panslawismus, in der »Moskauer Zeitung« eine Kampagne begonnen, die das Ziel hatte, die deutsch-freundliche Gruppe in der zarischen Regierung und insbesondere Giers selbst zu stürzen sowie den Weg für eine Politik der »freien Hand« frei zu machen. Die Kampagne besaß zugleich eine gesellschaftspolitische Dimension: Katkow trat in gewissem Sinne als Sprecher des aufsteigenden russischen Großbürgertums auf, das die Wahrung der russischen nationalen Interessen in den Händen der überkommenen hocharistokratischen, deutsch-orientierten Führungsschicht des Zarenreiches nicht mehr zuverlässig gewährleistet sah. Hinzu kam, daß die Hochschutzzollpolitik, die Bismarck seit 1879 eingeleitet und 1885 nochmals verschärft hatte, die Exportinteressen der russischen Wirtschaft erheblich schädigte und die ökonomische Entwicklung des Landes nachteilig beeinflußte.[12] Unter diesen Umständen kam es 1887 zu einer lebhaften Diskussion in der russischen wie spiegelbildlich auch in der französischen Presse, die darauf hinauslief, daß sich Rußland für den Fall eines Konflikts in Westeuropa eine freie Hand bewahren möge, statt sich auf die Seite des Deutschen Reiches zu schlagen, zumal ihm bei einem Krieg ohnedies die Hegemonie in Südosteuropa zufallen würde.

All dies spielte sich vor dem Hintergrund der Entwicklung in Bulgarien ab. Obschon Bismarck sich dazu bereit gefunden hatte, den russischen Wünschen in Bulgarien weitgehend zu entsprechen, bis hin zu einer öffentlichen Preisgabe des Battenbergers, machte die zarische Regierung für die Tatsache, daß Bulgarien Anstalten machte, sich dem russischen Einfluß zunehmend zu entziehen, das Deutsche Reich verantwortlich; sie sah dahinter in erster Linie österreichische Intrigen, die von der deutschen Regierung gedeckt würden. Das war für das Bismarcksche Bündnissystem äußerst bedrohlich. Mit dem Verlust der russischen Präponderanz in Bulgarien war die Geschäftsgrundlage des Drei-Kaiser-Bündnisses hinfällig, das Bündnis selbst zu einer leeren Hülse geworden. Der Sache nach war das Deutsche Reich in bündnispolitischer Hinsicht auf den Dreibund zurückgefallen. Gleichwohl war Bismarck im Unterschied zu einer einflußreichen Gruppe in den Führungskreisen des Deutschen Reiches, die von Rußland das Schlimmste befürchtete und sogar mit dem Gedanken eines Präventivkrieges spielte, noch am 21. Dezember 1886 der Meinung, »daß das Drei-Kaiser-Bündnis keineswegs hinter den Ofen geworfen werden dürfe, sondern weiter gesponnen werden müsse«, solange es irgend ginge.[13]

Behutsame russische Avancen, aller dieser Ereignisse ungeachtet, gleichwohl eine Erneuerung des Drei-Kaiser-Bündnisses, die für 1887 anstand, vorzunehmen, führten zunächst zu keinen konkreten Ergebnissen. Dabei spielte eine Rolle, daß die russische Regierung befürchtete, im gegebenen Augenblick durch eine Bekräftigung des Bündnisses mit dem Deutschen Reich die dort bestehenden oder vermuteten Bestrebungen zugunsten eines Präventivkrieges gegen Frankreich zu stärken. Überwältigend aber war in St. Petersburg die Abneigung, mit Österreich–Ungarn, von dessen Unaufrichtigkeit man überzeugt war, erneut in vertragliche Bindungen eintreten zu müssen. Unter diesen Umständen entschloß sich Bismarck zu einer großen dreistufigen Rekonstruktion seines Bündnissystems, um die Sicherheit des Deutschen Reiches in der Mitte Europas auch für den Fall sich weiter verschlechternder deutsch-russischer Beziehungen zu gewährleisten. Doch es erwies sich, daß dies angesichts der zunehmenden imperialistischen Tendenzen in Österreich–Ungarn und vor allem in Italien nur dann erreichbar sein würde, wenn zumindest partiell von dem defensiven Grundcharakter dieses Systems abgegangen wurde.

Der erste Schritt Bismarcks galt der Erneuerung des Dreibundes. Demgemäß kam es zu einem intensiven Werben um Italien, das seinerseits entschlossen war, aus einem solchen Bündnis das Beste für die eigenen imperialistischen Bestrebungen in Nordafrika herauszuholen. Der italienischen Regierung ging es vornehmlich darum, Sicherheiten gegen eine mögliche Ausweitung der französischen Machtstellung in Nordafrika zu erhalten und darüber hinaus Anwartschaften auf eine künftige Festsetzung in Tripolis zu begründen. Zu diesem Zweck hatte die italienische Diplomatie schon zuvor Fühlung mit Spanien, vor allem aber mit Großbritannien aufgenommen und dabei insbesondere die Karte einer Unterstützung der englischen Position in Ägypten gegen Frankreich ins Spiel gebracht. Insofern befand sie sich bei den Verhandlungen über die Erneuerung des Dreibundes im Februar 1887 in einer günstigen Ausgangslage. Aus deutscher Sicht war die Erneuerung des Dreibundvertrages mit Italien und Österreich–Ungarn von vornherein ein schwieriges Unterfangen. Österreich–Ungarn zeigte keine Bereitschaft, die italienischen Aspirationen auf Tripolis zu unterstützen. Noch weniger war es geneigt, die Wünsche Italiens auf eine Mitsprache auf dem Balkan und über die Zukunft des Osmanischen Reiches zu honorieren, schon deshalb nicht, weil sich im Ägäischen Meer und an der Adria österreichische und italienische imperialistische Interessen unmittelbar kreuzten. Nur der Umstand, daß Österreich–Ungarn für den Fall eines Konflikts mit Rußland Sicherheit vor erneuten italienischen irredentistischen Bestrebungen haben wollte, gab der deutschen Politik eine Handhabe, um das Geschäft schließlich doch noch zustande zu bringen.

Der Dreibundvertrag bestand nunmehr aus vier verschiedenen Dokumenten: der unveränderten Erneuerung des Abkommens vom Jahr 1882, einem deutsch-italienischen Zusatzvertrag, einem österreichisch-ungarisch-italienischen Zusatzvertrag und schließlich einem Schlußprotokoll, welches diese Vereinbarungen zusammenfaßte. Im deutsch-italienischen Vertrag wurde Italien für den Fall, daß

Frankreich zu einer Ausweitung seines Protektorats über Tunesien schreiten sollte, in aller Form militärische Unterstützung zugesagt; ja mehr noch, für den Fall, daß es zu einem Kriege mit Frankreich kommen sollte, wurde Italien in zwar indirekter, dennoch eindeutiger Form die Unterstützung des Deutschen Reiches zugesagt, sofern es zur Sicherung seiner Grenzen von Frankreich territoriale Garantien fordern sollte. Dies wäre de facto auf eine Rückgewinnung der 1859 an Frankreich verlorenen Provinzen Savoyen und Sardinien hinausgelaufen. Im Gegenzug versprach Italien dem Deutschen Reich Unterstützung für den Fall eines deutsch-französischen Krieges. Noch bedeutsamer war die Tatsache, daß Italien nunmehr vom Deutschen Reich und von Österreich–Ungarn ein Mitspracherecht in den Balkan-Fragen zugesprochen erhielt. Für den Fall, daß Österreich–Ungarn zur zeitweiligen oder permanenten Okkupation von Territorien auf dem Balkan gezwungen sein würde, sollte Italien seinerseits entsprechende territoriale Kompensationen »außerhalb der Reiche der beiden hohen Kontrahenten« beanspruchen dürfen.

Dies kam einer zwar verklausulierten, aber eindeutigen Unterstützung der imperialistischen Tendenzen Italiens in Nordafrika wie auf dem Balkan gleich. Im Prinzip wurde Italien für den Fall, daß es zu der allgemein erwarteten fortschreitenden Aufsplitterung des Osmanischen Reiches unter die europäischen Mächte kommen sollte, ein Anteil an der Beute eingeräumt. Es ist einigermaßen irritierend zu sehen, wie weit Bismarck sich von dem Wunsch hatte treiben lassen, Frankreich unter allen Umständen diplomatisch zu isolieren und der Donau-Monarchie den Rücken gegen einen möglichen Angriff Italiens freizuhalten, sofern es zu einem Kriege der Mittelmächte mit Rußland oder mit den Westmächten kommen sollte. Von italienischer Warte gesehen, war die Erneuerung des Dreibundvertrages ein großer Erfolg. Italien wurde zu einem gleichwertigen Partner der Mittelmächte sowohl in den Orient-Fragen als auch in den Fragen der allgemeinen europäischen Politik erhoben. Zugleich erlaubte die Rückendeckung seitens der Mittelmächte Italien künftig ein erheblich energischeres Auftreten gegenüber Frankreich, als es ansonsten seinen machtpolitischen beziehungsweise wirtschaftlichen Möglichkeiten entsprochen hätte. Aus der Sicht des Deutschen Reiches war die Isolierung Frankreichs durch ein effektives Bündnis mit Italien, das in der Folge durch eine Militärkonvention ergänzt wurde, die sogar den Einsatz italienischer Truppen nördlich der Alpen vorsah, zumindest für die nächste Zukunft sichergestellt, wenn auch für einen vergleichsweise hohen Preis.

Von großer Bedeutung war, daß dieses komplizierte Bündnis gleichzeitig durch die am 12. Februar 1887 abgeschlossene Mittelmeer-Entente zwischen Italien, Großbritannien und Österreich–Ungarn eine indirekte Abstützung und Überwölbung erhielt. Das entsprach ganz der von Italien stets geäußerten Forderung, daß sich der Dreibundvertrag nicht gegen Großbritannien richten dürfe. Die Mittelmeer-Vereinbarungen, die ohne die direkte Beteiligung, aber mit der flankierenden Unterstützung des Deutschen Reiches zustande kamen, richteten sich einerseits, wenn auch nur indirekt, gegen Frankreich, da Italiens koloniale Aspirationen in Nordafrika von den anderen Bündnispartnern in aller Form sanktioniert wurden. Andererseits richteten sie sich gegen die russischen imperialistischen Expansionsbestrebungen auf dem Balkan und gegenüber dem Osmanischen Reich. So wurde festgelegt, daß »bezüglich der Küsten des Schwarzen Meeres, des Ägäischen Meeres sowie der Nordküste von Afrika der Status quo aufrechterhalten« werden solle und, sofern sich dies als unmöglich herausstelle, verhindert werden müsse, »daß nicht die Herrschaft irgendeiner anderen Großmacht über irgendeinen Teil dieser Küsten ausgedehnt würde«.[14] Diese Bestimmungen richteten sich unmittelbar gegen die russischen Bestrebungen, sich durch diplomatischen Druck oder mit militärischen Mitteln in Bulgarien wieder genehme Verhältnisse zu verschaffen, aber auch gegen die Absichten der zarischen Regierung, die internationalen Vereinbarungen über die Durchfahrt durch den Bosporus zu ihren Gunsten geändert zu sehen oder die Meerengen gar direkt unter die Kontrolle Rußlands zu bringen.

Gemeinhin wird das Zustandekommen dieses Vertragswerkes, das durch eine italienisch-spanische Kolonial-Entente gegen Frankreich ergänzt wurde, wesentlich Bismarcks Wirken zugeschrieben. Das trifft insoweit zu, als Italien und Österreich–Ungarn sich nur mit Zusicherung deutscher Unterstützung zu so weitgehenden Verpflichtungen herbeilassen konnten, die auf eine völlige Blockierung der expansionistischen Bestrebungen des zarischen Rußland im Orient hinausliefen. Italien und vor allem Großbritannien hatten jedoch ein eigenes Interesse daran, gegen Frankreich und Rußland, die imperiale Interessen der beiden Mächte bedrohten, gemeinsame Sache zu machen. Zumal der britischen Politik war damals sehr daran gelegen, sich durch eine endgültige Lösung der »ägyptischen Frage« außenpolitisch den Rücken frei zu machen und in diesem Punkt nicht ständig den Erpressungen anderer Mächte ausgeliefert zu sein. Tatsächlich war der neue britische Premier Salisbury über Bismarcks Strategie, bei jeder Gelegenheit die ägyptische Karte auszuspielen und dann von Großbritannien Wohlverhalten beziehungsweise Entgegenkommen einzufordern, einigermaßen verärgert. Er äußerte gegenüber Sir Henry Drummond Wolff: »Bismarcks Politik könnte man in alltäglicher Sprache Erpressung nennen. Er pflegt uns beständig zu erzählen, daß Frankreich ihm Versöhnung auf der Basis eines Angriffs auf England in Ägypten anbiete, und die Opfer zu betonen, die Deutschland bringe, indem es diese Vorschläge zurückweise, Opfer, für welche Großbritannien wenigstens einige Gegenleistungen erbringen müsse, und er verlangt dann dieses oder jenes. Ich wünsche mir von Herzen, daß wir niemals nach Ägypten gegangen wären. Hätten wir dies nicht getan, so könnten wir überall in der Welt territoriale Erwerbungen machen.«[15] Italien und Großbritannien waren daran interessiert, eine weitere Ausdehnung der Einflußsphäre Frankreichs in Nordafrika zu verhindern und seinen Widerstand gegen eine dauerhafte Regelung der »ägyptischen Frage« im britischen Sinne zu brechen. Gleichermaßen strebten sie eine Stabilisierung des Status quo auf dem

Balkan und im Osmanischen Reich an, mit dem Ziel, die imperialen Tendenzen des zarischen Rußland in diesem Raum abzufangen. Indirekt wurde damit die östliche Achse des Bismarckschen Bündnissystems, das durch die Entwicklung der Dinge in Bulgarien bereits einen entscheidenden Schlag erhalten hatte, auch von Westen her geschwächt.

Desungeachtet wurde die Politik der Mittelmeer-Entente von Bismarck positiv aufgegriffen und tatkräftig unterstützt; sie bot einerseits eine Handhabe, Frankreich weiterhin politisch zu isolieren, andererseits versprach sie eine zusätzliche Absicherung der Position Österreich–Ungarns gegenüber dem zarischen Rußland, wie sie die Reichsleitung im eigenen Interesse für angezeigt hielt. Daher trat Bismarck mit großer Entschiedenheit dafür ein, daß Großbritannien aus seiner »splendid isolation« heraustreten müsse, obschon er früher von einer aktiven britischen Mitwirkung innerhalb des europäischen Bündnissystems nur wenig gehalten hatte. Er argumentierte am 3. Februar 1887, daß »wir, wenn England sich von jeder Beteiligung an der europäischen Politik zurückzöge, keinen Grund mehr haben würden, den französischen Wünschen in Ägypten oder den russischen im Orient, wie weit immer dieselben sich erstrecken möchten, unsere Förderung vorzuenthalten«[16]. Der Kanzler konnte sich also auch jetzt des alten strategischen Rezepts, die anderen Partner innerhalb seines Systems mit einer Mischung aus Lockungen und Drohungen in seinem Sinne zu beeinflussen, nicht enthalten, obwohl diese Karte inzwischen nicht mehr sonderlich stach. Bereits hier deutete sich eine grundlegende Verlagerung der Gewichte im Bündnissystem an: die weitgehende Preisgabe einer der beiden Zentralachsen, nämlich der Verbindung nach St. Petersburg, zugunsten der Heranziehung Italiens und, teilweise durch dessen Vermittlung, Großbritanniens an die Mittelmächte. Bismarcks Ziel war es, sofern es notwendig werden sollte, eine neue überlegene Koalition gegen die potentiellen Zukunftsgegner des Deutschen Reiches Frankreich und Rußland zur Hand zu haben. Denn die Beziehungen zu Rußland hatten sich spürbar verschlechtert, nicht zuletzt unter dem Einfluß wirtschaftlicher Faktoren. Grundlinie dieses alternativen Bündnissystems – vorausgesetzt, es hätte sich konsolidieren lassen – wäre die Schaffung eines mitteleuropäischen Blocks mit einer ausgeprägt anti-russischen Stoßrichtung gewesen, bei fortbestehendem Gegensatz zu Frankreich, unter wohlwollender Unterstützung Großbritanniens. Auch Bismarck war zu diesem Zeitpunkt äußerst skeptisch, wie man die künftige Haltung Rußlands einzuschätzen habe; er befürchtete das Schlimmste. Andererseits wies er jeden Gedanken, es zu einer offenen Herausforderung Rußlands kommen zu lassen oder gar zum Mittel eines Präventivkrieges zu greifen, wie der Generalstabschef Graf Waldersee es damals forderte, nachdrücklich zurück.[17] Statt dessen nahm er die von St. Petersburg ausgehenden Fühler, den demnächst auslaufenden Drei-Kaiser-Vertrag durch ein bilaterales Bündnis zu ersetzen, zum Anlaß, um mit dem Zarenreich den sogenannten Rückversicherungsvertrag vom 18. Juni 1887 abzuschließen.[18]

Auf den ersten Blick beinhaltete der Rückversicherungsvertrag eine Erneuerung des Drei-Kaiser-Bündnisses, jedoch ohne Beteiligung Österreich-Ungarns, obschon dieses dem Deutschen Reich im Zweibund weiterhin verbündet blieb – eine Tatsache, die Bismarck den russischen Staatsmännern durchaus nicht verheimlichte. Für die russische Diplomatie war ausschlaggebend, daß man auf die Unterstützung des Deutschen Reiches in der bulgarischen Frage, in der Rußland nahezu vollständig isoliert war, nicht ohne Not verzichten wollte. Aus deutschem Blickwinkel hingegen erschien es ratsam, die Bindung zu Rußland unter allen Umständen, wenn auch auf noch so schmaler Grundlage, zu erhalten, um ein weiteres Abdriften des Zarenreiches in die Arme Frankreichs zu verhindern. Der eigentliche Vertrag bestand aus einem Defensivbündnis für den Fall eines Konfliktes des zarischen Rußland mit Österreich-Ungarn beziehungsweise des Deutschen Reiches mit Frankreich; dabei war der Bündnisfall, sofern es sich um einen Angriffskrieg handeln würde, ausdrücklich ausgeschlossen. Weiterhin wurden die historischen Rechte Rußlands in Bulgarien und Ostrumelien anerkannt, und ebenso wurde die russische Interpretation des Berliner Vertrages betreffend der Meerengen seitens der deutschen Diplomatie für verbindlich erklärt, obschon sich dies unmittelbar gegen die entgegenstehenden Positionen der Westmächte, aber auch die entsprechenden Bestimmungen der Mittelmeer-Entente richtete. In einem streng geheimen Zusatzprotokoll wurde darüber hinausgehend Rußland die Unterstützung des Deutschen Reiches für den Fall einer Intervention in Bulgarien zwecks Etablierung eines der zarischen Regierung genehmen Stellvertreterregimes garantiert; ja mehr noch, dieser wurde, sofern sie zu einem Vorgehen gegen das Osmanische Reich Anlaß sehen sollte, welche die uneingeschränkte Kontrolle der Meerengen durch das Zarenreich zum Ziel hatte, wohlwollende Neutralität und diplomatische Unterstützung zugesichert. Letzteres stand in krassem Gegensatz zu den Zielsetzungen der unter Bismarcks tätiger Mithilfe zustande gekommenen Mittelmeer-Vereinbarungen zwischen Italien, Österreich-Ungarn und Großbritannien. Wenn die Bestimmungen dieses geheimen Zusatzprotokolls bekannt geworden wären, hätte das die deutsche Politik in den Augen der anderen europäischen Großmächte völlig kompromittiert.

Bismarck hat den Rückversicherungsvertrag dennoch ohne jeden Zweifel als ein geeignetes Instrument angesehen, um in einer ungemein schwierigen Lage trotzdem eine Stabilisierung der Mächtekonstellation in Europa und damit indirekt der Sicherung des Reiches zu bewirken. Sein eigentliches Ziel war, die zarische Regierung zu ermutigen, in der Orient-Frage in eine Sackgasse hineinzulaufen und damit die gemeinsame Gegnerschaft Großbritanniens, Österreich-Ungarns und Italiens heraufzubeschwören; er konnte mit der Entschlossenheit der britischen Regierung, das Osmanische Reich unter allen Umständen erhalten zu wollen, nunmehr zuverlässig rechnen. Es handelte sich um eine ausgesprochen manieristische Steigerung der diplomatischen Strategie Bismarcks, die darauf abzielte, die Spannungen vom Zentrum an die Peripherie Europas zu verlagern. Der Kanzler ging dabei von der Prämisse aus, daß es nicht die Aufgabe des Deutschen Reiches sein könne, den aggressiven Tendenzen Rußlands im Orient entgegenzutreten; dies sei vielmehr in erster Linie eine Angelegenheit der unmittelbar beteiligten Mächte. In diesem Sinne versuchte er auch – zum Beispiel in einem Erlaß an den deutschen Botschafter in Wien vom Januar 1888 –, die österreichische Diplomatie zu beeinflussen: »Die Aufgabe der österreichischen Politik wäre meines Erachtens, die Russen in die türkische Sackgasse zu lassen und erst zu laden, wenn sie englisches Pulver vorher gerochen haben«[19]; das besagte mit anderen Worten: Die Österreicher sollten davon Abstand nehmen, für den Fall eines derartigen russischen Vorstoßes vorzeitig Gegenmaßnahmen zu ergreifen. Vielmehr sollte zunächst sichergestellt werden, daß sich Großbritannien unmittelbar engagieren werde, statt die Gegenwehr zunächst den anderen Großmächten zu überlassen.

Unter diesen Umständen ist es schwerlich angebracht, im Rückversicherungsvertrag in erster Linie eine »strategische Aushilfe« auf Zeit in einer gleichsam ausweglosen Situation zu sehen, wie es die ältere Forschung durchweg getan hat.[20] Vielmehr war Bismarck davon überzeugt, daß damit das bisherige Spiel seiner Mächtediplomatie auf einer veränderten Grundlage weiterbetrieben werden könne. Dies läßt sich auch aus dem Fortgang der Dinge ablesen. Denn in der Folge setzte Bismarck, wie man sagt, auf einen Keil anderthalbe. Unter seiner aktiven Mitwirkung wurde im Dezember 1887, also wenige Monate nach dem Abschluß des Rückversicherungsvertrages, der Mittelmeer-Entente zwischen Großbritannien, Italien und Österreich–Ungarn der Charakter eines formellen Bündnisvertrages mit klar gegen Rußland gerichteter Zielsetzung gegeben. Darin wurde nun in aller Form das Prinzip der territorialen Unverletzlichkeit und Unabhängigkeit des Osmanischen Reiches festgelegt und jegliche präponderante Einflußnahme einer anderen Großmacht – damit war unzweifelhaft Rußland gemeint – auf die Pforte ausgeschlossen. Es wurde außerdem vereinbart, daß das Osmanische Reich als Wächter der Meerengen in Kleinasien weder auf irgendwelche seiner souveränen Rechte zugunsten anderer Staaten verzichten noch seine Herrschaftsrechte an diese delegieren dürfe. Dies richtete sich gegen die expansiven Bestrebungen Rußlands im Orient. Ein massiverer Gegensatz zum Rückversicherungsvertrag, als ihn diese Regelungen darstellten, ist kaum denkbar. Hier wurden vertragliche Vereinbarungen getroffen, die exakt das Eintreten eben jener Eventualitäten auszuschließen bestimmt waren, für die Bismarck kurz zuvor Rußland die Unterstützung des Deutschen Reiches zugesichert hatte.

Selbst Herbert Bismarck, der jetzt in der Funktion eines Staatssekretärs des Auswärtigen als rechte Hand des alternden Kanzlers agierte, sehr zum Ärger der Berufsdiplomaten im Auswärtigen Amt, bezweifelte, ob der Rückversicherungsvertrag große Bedeutung gewinnen könne. Er meinte, daß dieser »uns im Ernstfall die Russen wohl doch 6 bis 8 Wochen länger vom Halse als ohne dem« halten werde, aber nicht mehr.[21] Bismarck selbst jedoch war anderer Meinung. Er sah das Vertragswerk und die Mittelmeer-Entente als Teil ein und derselben Gesamtstrategie, die darauf hinauslief, die aggressiven Tendenzen Rußlands einerseits herauszulocken und sie andererseits ins Abseits laufen zu lassen, zum Vorteil der hegemonialen Position der Mittelmächte innerhalb des europäischen Staatensystems. Er hielt es für angemessen, der russischen Politik nahezulegen, nunmehr ihrerseits in der Meerengen-Frage offensiv zu werden. In einem geheimen, zur sofortigen Vernichtung bestimmten Schreiben an Wilhelm II. erläuterte er die Grundlinien seiner Strategie in folgender Weise: »Ich zweifele nicht an der russischen Absicht, den Vorstoß auf Konstantinopel zu machen und nach Fertigstellung der Schwarzenmeerflotte, also im Anfang der 1890er Jahre, den Zeitpunkt zur Aktion zu wählen, je nachdem die europäische Lage ihn angezeigt erscheinen läßt. Meines alleruntertänigsten Dafürhaltens liegt es nicht in der Aufgabe unserer Politik, Rußland an der Ausführung seiner Pläne auf Konstantinopel zu hindern, sondern dies den anderen Mächten, wenn sie es in ihrem Interesse halten, lediglich zu überlassen; unser Interesse an der Bosporusfrage ist einen so großen Krieg nach zwei Fronten, wie der Bruch mit Rußland nach sich ziehn würde, nicht wert; im Gegenteil, wenn Rußland sich dort einläßt, mindert sich seine Gefährlichkeit für uns durch Abziehung von unsrer Grenze und durch die herausfordernde Spannung, in die es zu den Mittelmeermächten, namentlich zu England und auf die Länge auch zu Frankreich tritt. Daß der russische Vorstoß auf Konstantinopel durch Bulgarien mit Benutzung des letzteren geschehen würde, möchte ich kaum annehmen, glaube vielmehr, daß der Seeweg und der durch Kleinasien vorgezogen werden, und daß man vorher und gleichzeitig versuchen wird, die Pforte zur Annahme eines russischen Vertrages zu bewegen, welcher dem Sultan seine Besitzungen, den Russen aber die Verfügung über Schluß und Öffnung des Bosporus durch Besetzung einer festen Position sichert. Ist letzteres geschehen, so wird Rußland im Schwarzen Meer gesichert und seine Expansivkraft gegen Persien und Indien verwendbar sein. Damit ist dann für England die Unmöglichkeit gegeben, in seiner bisherigen Fiktion einer kühlen Zuschauerrolle zu verharren, und wir können abwarten, wie die Konstellation unter den übrigen Mächten sich gestaltet, da ein russischer Angriff auf Konstantinopel an sich noch keinen casus foederis zwischen Österreich und uns herstellt.«[22]

Das außenpolitische System Bismarcks im Strudel mächtepolitischer Rivalitäten (1887–1890)

Mit dem Abschluß der Mittelmeer-Entente war Großbritannien, jedenfalls so wie sich Bismarck die Dinge darstellten, gleichsam in die erste Linie der Abwehrfront gegen ein eventuelles offensives Vorgehen des zarischen Rußland im Orient, sei es gegen Bulgarien, sei es gegen das Osmanische Reich, eingerückt, ohne daß das Deutsche Reich seinerseits dabei unmittelbar bündnispolitisch engagiert war. Es war nicht leicht gewesen, Salisbury für ein derartiges Engagement zu gewinnen, war er doch voller Argwohn, daß Bismarck dank der Mittelmeer-Entente sein eigenes Süppchen kochen könnte. Der englische Premier befürchtete, daß die deutsche Diplomatie die erstbeste Gelegenheit ergreifen würde, um Österreich–Ungarn zu offensiven Schritten auf dem Balkan zu verleiten und den daraus entstehenden allgemeinen Konflikt zu benutzen, um ihre noch offenstehende Rechnung mit Frankreich zu begleichen. Es hatte großen diplomatischen Geschicks und schließlich sogar der Übermittlung des Wortlauts des strikt defensiv gehaltenen Zweibundvertrages mit Österreich–Ungarn an die Downing Street bedurft, um die englischen Bedenken zu beschwichtigen.[1] Man kann sich leicht vorstellen, wie die britischen Diplomaten reagiert haben würden, wenn sie den Rückversicherungsvertrag mit Rußland gekannt hätten.

Bei Lage der Dinge ging Bismarck davon aus, nun gegenüber Rußland wieder am längeren Hebel zu sitzen, und dies kam in der deutschen Rußlandpolitik der kommenden Jahre auch deutlich zum Ausdruck.[2] Ungeachtet des streng geheimen Rückversicherungsvertrages, von dessen Existenz die breite Öffentlichkeit weder in Rußland noch im Deutschen Reich die geringste Ahnung hatte, war das deutsch-russische Verhältnis im Herbst 1887 und im Frühjahr 1888 weiterhin von dunklen Gewitterwolken überschattet. Die trotz der Proteste der Großmächte erfolgte Wahl des deutschen Prinzen Ferdinand von Sachsen-Coburg-Koháry im Juli 1887 als Nachfolger des unglücklichen Battenbergers zum neuen Monarchen Bulgariens war in St. Petersburg als erneute Herausforderung empfunden worden, und die russische Diplomatie, vor allem aber die russische Presse, die nunmehr eine scharf anti-deutsche Tonart anschlug, gaben in erster Linie dem Deutschen Reich die Schuld an dieser Entwicklung, die dem definitiven Ausscheiden Bulgariens aus dem russischen Einflußbereich gleichkam und in gewissem Sinne die für Rußland ohnehin mageren Ergebnisse des Berliner Kongresses von 1878 vollends zu Makulatur werden ließ.

In Deutschland blieben die entsprechenden Reaktionen nicht aus; auch hier stellte sich die öffentliche Meinung unter Führung der liberalen Presse zunehmend auf die Seite Österreich–Ungarns und Bulgariens, das jetzt bei der Donau-Monarchie politische Anlehnung suchte. Bismarck selbst hatte mit seiner strategischen Linie, die grundsätzlich Ferdinand und seinem einen betont anti-russischen Kurs steuernden Ministerpräsidenten Stefan Stambulow jegliche politische Unterstützung versagte, gegenüber der deutschen öffentlichen Meinung mittlerweile einen schweren Stand. Man machte sich nun auch in Berlin wenig Illusionen über den Stand der deutsch-russischen Beziehungen. Seit Herbst 1887 mußte bei Lage der Dinge mit der Möglichkeit einer kriegerischen Entladung der Spannungen gerechnet werden. Holstein schrieb dem deutschen Botschafter in London, Graf Hatzfeldt, am 23. November 1887, daß »politisch die Dinge jetzt auf einen russisch-österreichischen Krieg« hintrieben, in den dann das Deutsche Reich nolens volens hineingezogen worden wäre.[3] In militärischen Kreisen wurde jetzt ernstlich erwogen, ob man nicht zum Mittel eines Präventivkrieges gegen Rußland greifen solle, da angesichts der schwer überwindbaren französischen Ostgrenze im Kriegsfall eine rasche Entscheidung im Westen, wie sie wegen der Zweifrontensituation im deutschen Interesse lag, nicht erreichbar zu sein schien. Der Generalquartiermeister Graf Waldersee rechnete im Herbst 1887 mit einem baldigen Kriege gegen Rußland.[4] Moltke, obwohl der Sache nach zurückhaltender, verlangte die Aufnahme militärischer Gespräche mit dem österreichischen Generalstab, um für den Kriegsfall die notwendigen militärischen Absprachen zu treffen. Der Aufmarschplan Moltkes vom Frühjahr 1888 sah bei einem Zweifrontenkrieg eine gemeinsame Niederwerfung Rußlands vor, ehe eine Entscheidung im Westen gesucht werden sollte. Ende Dezember 1887 plädierte Waldersee in aller Form dafür, eine baldige Entscheidung zu suchen und einen Präventivkrieg zu führen.[5] Er war der Meinung, daß der Konflikt unabwendbar sei: »Der Kanzler hofft noch immer, um den Krieg mit Rußland herumzukommen. Es wird ihm alles nichts helfen, wir treiben in den Krieg hinein, und zwar zum Frühjahr.«[6]

Bismarck wollte freilich von derartigen offensiven Lösungen der Krise nichts wissen; doch er stand damit in den Führungskreisen des Deutschen Reiches nahezu allein. Friedrich von Holstein berichtete am 14. Januar 1888: »Hier ist eigentlich alle Welt für den Krieg. Mit fast alleiniger Ausnahme von Seiner Durchlaucht, der die äußersten Anstrengungen macht, den Frieden zu erhalten [...].«[7] Ein Präventivkrieg gegen Rußland wäre aus Bismarcks Sicht so ziemlich das letzte gewesen, was die deutsche Regierung hätte tun sollen – war doch seine ganze Strategie darauf angelegt, für den Fall eines Orient-Konflikts in der Hinterhand zu bleiben und die Abwehr eines russischen Vorstoßes zunächst den unmittelbar beteiligten Mächten Österreich–Ungarn und Großbritannien zu überlassen. Er war deshalb nach wie vor bemüht, alles zu tun, um eine weitere Zuspitzung des deutsch-russischen Verhältnisses zu vermeiden. Aber die Chancen dafür standen auch nach seiner eigenen Einschätzung nicht gut; die Massivität der Vorwürfe, die Zar Alexander III. bei einem Zusammentreffen mit Wilhelm I. im November 1887 an die deutsche Adresse gerichtet hatte, hatte auch Bismarck einigermaßen ratlos gemacht. Gleichzeitig war die Regierungskrise in Frankreich auf ihrem Höhepunkt angelangt, und eine Machtübernahme durch General Boulanger im Zeichen eines chauvinistischen Revisionismus schien nicht länger ausgeschlossen zu sein.

Die Lage war so bedrohlich geworden, daß Bismarck nach jedem nur tauglichen Mittel griff, um die Gefahren eines in den Bereich des Möglichen gerückten Zweifrontenkrieges zu verringern. Ein erster Schritt dazu war die Einbringung einer neuen Heeresvorlage bereits unmittelbar nach Annahme des Septemnats im Reichstag. Sie sollte die Voraussetzungen schaffen, im Kriegsfall bereits im Anfangsstadium der militärischen Operationen auf eine große Zahl von Reservisten zurückgreifen zu können. In der Vorlage war vorgesehen, die Gruppe der bisher aus unterschiedlichen Gründen nicht zum Wehrdienst Herangezogenen zu erheblichen Teilen einer Ersatzreserve zuzuweisen, sie also bei einer Mobilmachung zusätzlich verfügbar zu machen. Zweck dieser Maßnahmen war es, im Augenblick des Kriegsausbruchs über ein starkes, schlagfähiges Heer zu verfügen, das, so darf man hinzufügen, für Angriffsoperationen großen Stils tauglich war. Insgesamt sollte die Kriegsstärke des Heeres durch Heranziehung aller wehrfähigen Reservisten um 700 000 Mann erhöht werden. Dementsprechend sah die Vorlage die Wiedereinführung der Landwehr ersten und zweiten Aufgebots vor, an die sich dann der Dienst im Landsturm anschließen sollte. Die Altersgrenze für die Landwehr ersten Aufgebots, die im Kriegsfall sofort eingezogen werden sollte, wurde von 32 auf 39 Jahre, jene des zweiten Aufgebots auf 42 Jahre heraufgesetzt; außerdem wurde die Verpflichtung zum Dienst im Landsturm um weitere drei Jahre, das heißt bis zum 45. Lebensjahr, verlängert. Ferner waren erhebliche Mehrforderungen für militärische Ausrüstungen und organisatorische Zwecke vorgesehen, die durch eine Reichsanleihe von nicht weniger als 278 Millionen Mark finanziert werden sollten.

Dies war ein dramatischer Schritt in Richtung auf die volle Ausschöpfung der deutschen Volkskraft im Kriegsfall. Bismarck selbst sprach von einer »gewaltige[n] Verstärkung« des deutschen Heeres, die dem Beitritt »eine[r] vierte[n] Großmacht mit 700 000 Mann Truppen« zum Dreibund gleichkomme,[8] von einer »gewaltigen Maschine, zu der wir das deutsche Heerwesen ausbilden« wollen.[9] Er sei sich sicher, daß die anderen Mächte mit ihrer viel unvollkommeneren Militärverfassung und einem weit weniger leistungsfähigen Offiziers- und Unteroffizierskorps diesem Schritt ihrerseits nicht würden nachfolgen können. Der Kanzler rechtfertigte diese Maßnahme, welche die deutsche Gesellschaft dem Zustand einer völligen inneren Militarisierung erheblich näherbringen sollte, in einer großen Rede im Reichstag vom 6. Februar 1888, die ganz auf den Nachweis abgestellt war, daß die Heeresvermehrung ausschließlich der Sicherung des europäischen Friedens dienen solle und daß mit ihr in keiner Weise Angriffsabsichten gegen wen auch immer verbunden seien. Er ließ in seiner zweistündigen Rede die gesamte europäische Mächtepolitik seit 1870 Revue passieren, um nachzuweisen, daß das Deutsche Reich stets um die Erhaltung des europäischen Friedens bemüht gewesen sei. Seine Darlegungen galten vor allem der Rechtfertigung der deutschen Außenpolitik gegenüber den Vorwürfen von russischer Seite. Sie gipfelten in der Feststellung, daß die Erhaltung des österreichisch-ungarischen Kaiserstaates ein unabdingbares Lebensinteresse des Deutschen Reiches darstelle: »[...] wenn wir die Isolierung, die gerade in unserer angreifbaren Lage für Deutschland besonders gefährlich ist, verhüten wollen, so müssen wir einen sicheren Freund haben.«[10]

Zwei Tage zuvor hatte Bismarck, offenbar um Rußland die möglichen Folgen eines Krieges gegen die Donau-Monarchie über die »bulgarische Frage« klar vor Augen zu führen, einen spektakulären Schritt unternommen, der eigentlich den Prinzipien seiner außenpolitischen Strategie gänzlich widersprach: die Veröffentlichung des Zweibundvertrages, noch dazu unter Auslassung des letzten Paragraphen, der die Erfordernis einer Erneuerung binnen fünf Jahren vorsah. Die Öffentlichkeit mußte annehmen, daß der Zweibundvertrag eine unbeschränkte Laufzeit habe. Der Zustimmung der großen Mehrheit des Reichstages für diese eindeutige Option zugunsten Österreich–Ungarns konnte sich Bismarck unter den gegebenen Umständen sicher sein.

Freilich war Bismarck bemüht, die noch bestehenden Fäden nach Rußland nicht abreißen zu lassen. Er warnte vor der Annahme, daß die russische Regierung Angriffsabsichten hege; dies sei gänzlich unwahrscheinlich. Im übrigen reichte er von der Tribüne des Reichstages der russischen Diplomatie einen Friedenszweig; er regte an, sie möge den rechtmäßigen Oberherrn Bulgariens, den Sultan von Konstantinopel, dazu veranlassen, Ferdinand von Sachsen-Coburg-Koháry wieder abzusetzen und in Bulgarien rechtliche Verhältnisse herzustellen, die im Einklang mit den Vormachtinteressen Rußlands stünden. Zugleich aber verwahrte er sich in scharfer Form gegenüber den Drohungen an die Adresse des Deutschen Reiches in der russischen Presse, mit Worten, die im Reichstag und in der Öffentlichkeit einen Begeisterungssturm auslösten: »Wir Deutsche fürchten Gott, aber sonst Nichts in der Welt; und die Gottesfurcht ist es schon, die uns den Frieden lieben und pflegen läßt.«[11]

In der Tat waren die deutsch-russischen Beziehungen an einem Tiefpunkt angelangt. Daran trug freilich die aggressive und, wie Bismarck in der regierungsamtlichen Presse verlauten ließ, durch Fehlinformationen irregeleitete zarische Außenpolitik keineswegs allein die Schuld. Vielmehr hatte die deutsche Politik der vergangenen Monate selbst in erheblichem Maße dazu beigetragen, daß es seit dem Sommer 1887 zu einer wachsenden Entfremdung zwischen beiden Reichen und in der Folge zu einer schrittweisen Annäherung Rußlands an Frankreich gekommen war. Die Gründe dafür lagen nicht primär auf diplomatischem, sondern auf wirtschaftspolitischem Gebiet. Hier glaubte Bismarck einen geeigneten Ansatzpunkt gefunden zu haben, um Rußland, außerhalb des sensitiven Bereichs der mächtepolitischen Beziehungen, unter Druck zu setzen und ihm den Wert eines guten Verhältnisses zu Deutschland vor Augen zu führen. Den Anstoß hatte ein

Ukas des Zaren vom 24. Mai 1887 gegeben, in dem Ausländern der Erwerb von Grundbesitz in den Weichsel-Gouvernements untersagt wurde und dessen Vererbung nur dann gestattet sein sollte, wenn die betreffenden Erben bereits vor 1887 Grundbesitz in Rußland besaßen.[12] Das stellte einen Gegenzug zur preußischen Ansiedlungspolitik dar, die seit 1886 damit begonnen hatte, mit Staatsmitteln polnischen und russischen Großgrundbesitz in den polnischen Gebieten Preußens aufzukaufen und dort deutsche Bauern anzusiedeln. Der Ukas des Zaren traf eine Reihe von hochadeligen preußischen Großgrundbesitzern, die Güter in Rußland besaßen, ungewöhnlich hart. Der Hocharistokrat Guido von Donnersmarck führte bei Bismarck Beschwerde und schlug als Gegenzug die Sperrung deutscher Kredite für Rußland vor. Daraufhin verfügte die preußische Staatsregierung am 2. November 1887 ein Lombardverbot sowie zahlreiche begleitende Maßnahmen, beispielsweise die Annullierung der Mündelsicherheit für russische Staatspapiere, in der offenkundigen Absicht, den Handel mit russischen Staatspapieren auf den deutschen Finanzmärkten zu erschweren. Diese Maßnahmen hatten einen dramatischen Kurssturz für russische Werte an den deutschen Börsen zur Folge und veranlaßte das mobile Kapital zu einem weitgehenden Ausstieg aus russischen Kapitalwerten.

Hinter dieser Aktion stand das Kalkül, man könne den Russen den Wert der deutschen Freundschaft auf einem »Nebenkriegsschauplatz« handgreiflich vor Augen führen. Entscheidend aber war die Erwägung, daß man durch eine Erschwerung des russischen Staatskredits auf mögliche Kriegsneigungen des Zarenreiches abkühlend einwirken könne. Dieses Motiv ist ausdrücklich für Herbert Bismarck belegt, der auf dem Höhepunkt der Krise gegenüber dem österreichischen Außenminister Alois Lexa Graf von Aerenthal erklärt haben soll, »von deutscher Seite« werde konsequent »dahingearbeitet, den Kredit Rußlands niedrig zu halten, um kalmierend auf die Kriegslust und wenn möglich retardierend zu wirken«.[13] Erwägungen gleicher Art lassen sich bei dem Ersten Generalquartiermeister Graf Waldersee nachweisen, der sich nur wenig später leidenschaftlich dagegen verwahrte, daß die russische Aufrüstung durch Kreditgewährung von deutscher Seite noch weiter gefördert werde.[14]

Zunächst wurden die von Bismarck verfolgten Ziele in bemerkenswertem Maße erreicht. Die russische Kapitalanleihe von 1887 wäre angesichts der Haltung der deutschen Börsen beinahe gescheitert; sie konnte nur durch großzügigen Rückkauf der nicht plazierten Papiere seitens der zarischen Regierung einigermaßen stabilisiert werden. Aber dies erwies sich schon bald als ein zweischneidiges Schwert, denn nun wurde die zarische Regierung dazu gezwungen, ihr Heil auf dem französischen Kapitalmarkt zu suchen, um den riesigen Kapitalbedarf für ihre in einer ersten großen Anlaufphase befindlichen umfangreichen Industrialisierungsprojekte zu decken. Das war zunächst kein leichtes Unterfangen, weil die Kreditwürdigkeit des Zarenreiches in den Augen der französischen Kapitalanleger einstweilen nicht eben groß war. Angesichts der Zurückhaltung des deutschen Börsenpublikums war auch das französische Bankenpublikum nicht bereit, die erste russische Anleihe in Frankreich vom Jahr 1888 positiv aufzunehmen. Die Emission wurde ein empfindlicher verlustreicher Fehlschlag. Bismarck aber wünschte seinen Triumph vollständig zu machen; er gab Weisung, daß das Scheitern der russischen Anleihe von 1888 in der »Kölnischen Zeitung« negativ kommentiert würde, mit dem Hintergedanken, aus den russischen Finanzproblemen möglichst viel politisches Kapital zu schlagen.

Doch es gelang der russischen Hochfinanz dank der Unterstützung eines französischen Bankenkonsortiums unter Führung der Bankiers Hoskier und Sautter von der Banque de Paris et des Pays-Bas, eine neue große Staatsanleihe auf dem französischen Kapitalmarkt zu plazieren.[15] Dies wurde dadurch erreicht, daß den Gläubigern zugleich die Möglichkeit eröffnet wurde, dafür ältere russische Auslandsanleihen zu günstigen Bedingungen in Zahlung zu geben. Durch diesen Schachzug wurden die noch bestehenden Zweifel an der Sicherheit russischer Staatspapiere wenn nicht ausgeräumt, so doch erfolgreich unterlaufen. Derart wurde die Kreditwürdigkeit des russischen Staates auf den internationalen Finanzmärkten wiederhergestellt und der französische Kapitalmarkt definitiv für russische Anleihen erschlossen. In der Folge wurden diese für den französischen kleinen Anleger sogar zu einer äußerst beliebten Form der Geldanlage. Das Eis war gebrochen und die Strategie Bismarcks ins Gegenteil umgeschlagen. Der Weg war frei für eine lange Periode französisch-russischer Zusammenarbeit, zunächst auf dem Bereich internationaler finanzieller Transaktionen und indirekt auch auf dem Gebiet der militärischen Rüstungen und des Baus der russischen Westbahnen. Es half nichts, daß Bismarck auf den Rat seines Bankiers Bleichröder im Sommer 1888 das Ruder in Fragen der russischen Staatsanleihen wieder herumwarf, übrigens zur größten Empörung Waldersees, der sich brüsk über die Machenschaften der »Juden und Judengenossen« der »Gruppe Bleichröder« äußerte.[16] Die Weichen waren zugunsten von Paris gestellt.

Allerdings zögerte die russische Diplomatie zu diesem Zeitpunkt, ungeachtet der massiv unfreundlichen Haltung der deutschen Reichsleitung in den finanzpolitischen Fragen, eine eindeutig anti-deutsche oder gar pro-französische Bündnispolitik einzuschlagen; denn die Risiken eines solchen Kurses erschienen zu groß. Die zarischen Staatsmänner wußten, daß Frankreich, wo gerade eben die Boulanger-Krise das politische System in seinen Grundfesten erschütterte, kein vollgültiger Bündnispartner für den Fall eines Krieges mit den Mittelmächten darstellte; sie waren zumindest vorerst nicht geneigt, offen für Frankreich zu optieren, zumal in den Kreisen der Hocharistokratie immer noch eine pro-deutsche Einstellung vorherrschte. Aber der Trend wies in die Richtung einer Annäherung an Frankreich. Im Herbst 1889 begrüßte die »Novoje Vremja« in einem Leitartikel zur Pariser Weltausstellung, an der sich diesmal die Deutschen auf Weisung der

Reichsleitung nicht beteiligt hatten, überschwenglich den Wiederaufstieg Frankreichs zu einer allseits respektierten Macht. Frankreich, so hieß es in diesem Artikel, sei der erwünschteste Bundesgenosse Rußlands. Frankreich und Rußland hätten keine Interessen, die miteinander in Konflikt stünden. Sie könnten Hand in Hand die Wege der Zivilisation, des Handels, der Kunst und der Wissenschaft beschreiten und einander beistehen, sofern fremde Machenschaften die Existenz des einen oder anderen bedrohen sollten. »Es ist ein Bündnis ohne Vertrag oder schriftliche Urkunde; doch es gründet sich auf gemeinsame Bedürfnisse; vielleicht ist, unter allen möglichen Formen von Bündnissen, diese Art eines Bündnisses die beständigste.«[17]

Vor diesem politischen Hintergrund sind die diplomatischen Wege zu sehen, die Bismarck seit 1888 einzuschlagen Anlaß sah. Obschon er selbst dem Rückversicherungsvertrag kein allzu großes Gewicht beimaß, sah er darin doch ein Unterpfand dafür, daß eine explizite bündnispolitische Umorientierung Rußlands zugunsten Frankreichs vorerst unterblieb. Es begründete kein Vertrauensverhältnis, sondern stellte nur eine Art Vernunftarrangement auf Zeit dar. Aber bei Lage der Dinge war dies besser als gar nichts. Allerdings bestand aus Bismarcks Sicht nunmehr die Notwendigkeit, für den Fall, daß es doch zu einem Konflikt kommen sollte, die Widerlager so stark wie möglich auszubauen, jedoch ohne Österreich-Ungarn dadurch zu einem offensiven Vorgehen in den Balkan-Fragen zu ermutigen. Die Lösung dieser Aufgabe kam in gewisser Weise der Quadratur des Kreises gleich. Auch wenn Bismarck den alarmistischen Stimmen in Kreisen des Generalstabs und des Auswärtigen Amtes, die mit einem baldigen Krieg rechneten und einen Präventivkrieg bei Lage der Dinge für die beste Lösung hielten – Stimmführer solcher Ansichten war insbesondere die »graue Eminenz« im Auswärtigen Amt, Friedrich von Holstein –[18], weiterhin entgegentrat, war er über die internationale Lage äußerst beunruhigt. Daher suchte er Großbritannien über das Mittelmeer-Abkommen hinaus noch enger an die Mittelmächte heranzuziehen, um auf diese Weise der Gefahr eines allgemeinen europäischen Krieges wenigstens für die allernächste Zeit vorzubeugen. Zu diesem Zweck hatte er schon seit längerem vertrauensbildende Maßnahmen gegenüber der britischen Regierung eingeleitet, in partieller Korrektur der implizit anti-englischen Tendenz seiner Außenpolitik der frühen achtziger Jahre, die Großbritannien bewußt aus dem europäischen Bündnissystem herausgehalten hatte.

Bereits während der Schlußphase der Verhandlungen über den Abschluß der Mittelmeer-Entente im November 1887 hatte Bismarck in einem langen persönlichen Schreiben an Lord Salisbury die in London bestehenden Besorgnisse über die potentiell aggressiven Zielsetzungen der deutschen Außenpolitik zu zerstreuen gesucht und um Verständnis für die Lage des Deutschen Reiches geworben. Er suchte insbesondere der Befürchtung entgegenzuwirken, daß Prinz Wilhelm, mit dessen baldigem Regierungantritt angesichts des Gesundheitszustands des Thronfolgers Friedrich III. gerechnet werden mußte, einen Anschluß der deutschen Politik an Rußland befürworte. Schon aus konstitutionellen Gründen sei es, wie der Kanzler darlegte, ganz und gar ausgeschlossen, daß Prinz Wilhelm – der künftige Wilhelm II. – eine anti-englische Politik betreiben würde; dies liege keinesfalls im objektiven Interesse des Deutschen Reiches. Im übrigen entwarf Bismarck ein umfassendes Bild der deutschen und der europäischen Mächtekonstellation. Während das Deutsche Reich grundsätzlich eine friedenswahrende Politik betreibe, könne dies leider weder von Frankreich noch von Rußland gesagt werden; letzteres sei vielmehr wieder auf seine historische Politik eingeschwenkt, die auf eine beständige Bedrohung seiner Nachbarn hinauslaufe; Frankreich hingegen sei heute zum eigentlichen Unruheherd Europas geworden, wie zur Zeit Ludwigs XIV. Die Rüstungen des Deutschen Reiches seien ausschließlich zur Verteidigung seiner bedrohten Stellung in Mitteleuropa bestimmt, nicht aber zu offensiven Zwecken; das Deutsche Reich habe keinerlei Anlaß dazu, jemals einen anderen als einen Defensivkrieg zu führen. Allerdings betrachte die deutsche Regierung die Erhaltung der Großmachtstellung Österreich–Ungarns als unabdingbar; aber für beide Mächte gelte prinzipiell, daß sie »saturierte« Nationen seien, im Gegensatz zu Rußland und Frankreich.[19]

Bismarck warb hier also mit ungewöhnlicher Offenheit um die politische Unterstützung Großbritanniens gegen die beiden angeblich potentiellen Störer des europäischen Friedens, in Übereinstimmung mit seiner bündnispolitischen Gesamtstrategie, die Großbritannien in erster Linie die Aufgabe zuweisen wollte, Österreich–Ungarn und der Pforte bei möglichen russischen Aktionen zu Hilfe zu kommen. Doch in Bismarcks Schreiben an Salisbury kam eine noch stärkere Verlagerung des Schwerpunkts des deutschen Bündnissystems zum Ausdruck, als dies bislang der Fall gewesen war. An die Stelle des deutsch-russischen Vertrauensverhältnisses, das ursprünglich die Achse seines Bündnissystems gebildet hatte, war jetzt endgültig der Zweibund getreten. Vorderhand stellte Bismarcks Vorstoß nur eine »good-will message« dar, die für ein Zusammengehen der drei angeblich »saturierten« Mächte – Deutschland, Österreich–Ungarn und Großbritannien – zwecks Erhaltung des europäischen Friedens plädierte, gleichsam in Auffüllung des Mittelmeer-Abkommens. Aber daran knüpfte sich die Erwartung, daß Großbritannien endgültig aus seiner splendid isolation heraustreten werde. Von einem förmlichen Bündnis war jedoch weder auf deutscher noch auf englischer Seite die Rede. Salisbury wies die besorgte Nachfrage des englischen Botschafters in St. Petersburg, Robert Morier, ob an den Gerüchten über den Abschluß einer Defensivallianz Großbritanniens mit dem Dreibund etwas Wahres sei, mit dem Bemerken zurück, daß »keine zwei Mächte für ein wechselseitiges Verteidigungsbündnis weniger geeignet« seien als England und Deutschland; er fügte jedoch, Bismarcks entsprechende Stellungnahmen fast wörtlich aufgreifend, hinzu: »Gleichzeitig ist es notwendig hervorzuheben, daß unsere Politik identisch mit der der Zentralmächte ist. England und Deutschland und in großem Maße auch Österreich sind saturierte Mächte, während Frankreich und Rußland ›hungrige‹ Mächte sind.«[20] Bismarcks Argumente waren also nicht ganz ergebnislos geblieben, aber an eine feste Bindung Großbritanniens an die Mittelmächte dachte man in London gewiß nicht.

In den folgenden Monaten kam es zu einer zeitweiligen schweren Verstimmung zwischen beiden Mächten, und zwar als Folge der sogenannten Battenberg-Affäre. Am 9. März 1888 war Wilhelm I. gestorben; ihm folgte der bereits todkranke Friedrich III. auf den Thron, der mit Viktoria von Preußen, einer Tochter der Königin Viktoria, verheiratet war und dessen Neigungen zu einem gemäßigt-liberalen Regime nach englischem Vorbild sowie zu einer pro-englischen Orientierung in der äußeren Politik allgemein bekannt waren. Obschon unter den gegebenen Umständen an eine Ablösung des Kanzlers und die Berufung eines gemäßigt liberalen Politikers, wie dies Friedrich III. und Viktoria seit langem beabsichtigt hatten, nicht zu denken war, entwickelten sich sogleich erhebliche politische Differenzen zwischen Bismarck und dem Monarchen, genauer mit der Kaiserin Viktoria, die faktisch die Geschäfte führte. Der Kanzler widersetzte sich mit äußerster Schärfe dem Plan einer Heirat der Kronprinzessin Viktoria mit Alexander von Battenberg, der soeben dem bulgarischen Thron entsagt hatte, denn er befürchtete Rückwirkungen auf das deutsch-russische Verhältnis. Im März 1888 verhinderte Bismarck sogar einen Besuch des Battenbergers am kaiserlichen Hof mit der schärfsten Waffe, die ihm zur Verfügung stand, einem Rücktrittsgesuch, darüber hinaus aber mit der Drohung, daß er sich für den Fall, daß es dazu kommen sollte, gezwungen sehe, der russischen Politik, die auf eine Absetzung Ferdinands von Sachsen-Coburg-Koháry durch den Sultan Abdul Hamid und die Wiederherstellung des bisherigen Rechtszustandes in Bulgarien drängte, uneingeschränkt entgegenzukommen. Im übrigen machte er keinen Hehl daraus, daß er den pro-englischen Tendenzen bei Hofe mit äußerster Skepsis gegenüberstand. Dennoch hielt er es für ratsam, wieder stärker auf die englische Karte zu setzen. Holstein berichtete dem Grafen Hatzfeldt, der damals deutscher Botschafter in London war, am 20. April 1888 in einem seiner berüchtigten »Privatbriefe« einigermaßen bissig: »Wir nähern uns jetzt wieder England. Seine Durchlaucht will zeigen, daß er trotz der Battenbergsache doch für England wohlgesinnt ist.«[21]

Aber Bismarck bestimmten keineswegs nur Rücksichten auf das neue Herrscherpaar, wenn er weiterhin um eine Annäherung an Großbritannien bemüht war; vielmehr ließ es die weltpolitische Konstellation als ratsam erscheinen, England so eng wie möglich an die Mittelmächte heranzuziehen. Als Ansatzpunkt für eine Intensivierung der deutsch-englischen Beziehungen bot es sich an, die bestehenden Gegensätze über eine Reihe von strittigen kolonialen Fragen in bilateralen Verhandlungen auszuräumen. Bismarck war von den bisherigen Ergebnissen der deutschen Kolonialpolitik ohnehin enttäuscht und wollte von den Aktivitäten der

Kolonialaktivisten vor Ort nichts mehr hören; er klagte gelegentlich lauthals über den »furor consularis«, welcher das Reich allerorten in ungewünschte Konflikte zu verwickeln drohe. Persönlich hätte er am liebsten ganz Deutsch-Ostafrika für den Erwerb Helgolands hergegeben; entsprechende Signale hatte er der britischen Politik schon 1887 zukommen lassen. Den konkreten Ansatzpunkt für beiderseitige Verhandlungen gab dann die Frage einer Verständigung über die beiderseitigen territorialen Ansprüche in Ostafrika ab. Hier trug sich die zwar finanzschwache, aber äußerst ehrgeizige Deutsch-Ostafrikanische Gesellschaft, DOAG, unter Führung von Carl Peters mit der Absicht, die eigene Herrschaft tief ins Landesinnere bis nach Uganda auszuweiten, was sie unvermeidlich in einen Konflikt mit der britischen East Africa Company verwickeln mußte, während sich gleichzeitig die Gebrüder Dehnhardt ein allerdings weitgehend fiktives Protektorat über Witu gesichert hatten, obschon dieses riesige Gebiet unter der Oberherrschaft des unter britischer Tutelage stehenden Sultans von Sansibar stand und insofern indirekt dem britischen Herrschaftsbereich angehörte. Gleichzeitig geriet die DOAG in äußerste Bedrängnis, als sich 1888 die einheimische Bevölkerung des von ihr vom Sultan von Sansibar gepachteten Küstenstreifens gegen ihre Herrschaft auflehnte.

Bismarck gelang es zunächst, um den Aufstand der Küstenbevölkerung zu brechen, eine gemeinsame Seeblockade des Deutschen Reiches und Großbritanniens zuwege zu bringen, die allerdings nur begrenzte Wirkungen zeitigte. Gleichzeitig setzte er den ambitiösen Kolonialprojekten der DOAG und der Brüder Dehnhardt ein entschiedenes Nein entgegen mit dem Bemerken: »Wir haben schon mehr afrikanischen Besitz, als wir zur Zeit verdauen können, und auch Friktion mit England mehr wie nützlich.«[22] Ihm lag ausschließlich daran, Großbritannien an den Dreibund fester heranzuziehen, und dafür war ihm die Preisgabe schattenhafter deutscher Kolonialansprüche in Ostafrika nur zu willkommen. In diese Frage spielte überdies der Gesichtspunkt hinein, daß es ratsam sei, die bedrängte innenpolitische Stellung Lord Salisburys gegenüber der eigenen Kolonialagitation wieder zu stärken, um eine im Falle eines Sturzes der konservativen Regierung zu erwartende Regierung Gladstone, die für ein Zusammengehen mit den Mittelmächten nicht zu haben gewesen wäre, zu verhüten. Herbert Bismarck, dem der Kanzler die Führung der Verhandlungen anvertraut hatte, meinte denn auch bei dieser Gelegenheit: »Seine [Salisburys] Stellung und sein Verbleiben im Amt ist für uns jetzt hundertmal mehr wert als das ganze Ostafrika.«[23] Demgemäß wurden Verhandlungen über eine umfassende Regelung der beiderseitig strittigen kolonialen Fragen eingeleitet. Während das Deutsche Reich auf die äußerst vagen Ansprüche auf Witu, Somaliland und Uganda verzichtete und die britische Vorherrschaft über Sansibar und die ihm unterworfenen Gebiete auf dem Festland anerkannte, erklärte sich Großbritannien zur Abtretung Helgolands an das Reich bereit. Auch in der Frage über die Zukunft Samoas, über der es zu ernstlichen Konflikten insbesondere mit den USA hinsichtlich der Rolle der Schutzmächte und ihres

Verhältnisses zum indigenen Herrscherhaus gekommen war, bemühte sich die deutsche Diplomatie um ein Zusammengehen mit Großbritannien. Die Regelung der strittigen kolonialen Fragen wurde von der deutschen Regierung primär als ein Mittel eingesetzt, um das Verhältnis zu Großbritannien in einer Situation akuter internationaler Spannungen in Europa enger zu gestalten.

Die Regierungsübernahme Wilhelms II. am 15. Juni 1888 dürfte Bismarck darin bestärkt haben, an diesem im Licht der bisherigen Politik einigermaßen ungewöhnlichen Kurs festzuhalten. Denn Wilhelm II., obschon ursprünglich als Anhänger einer Anlehnung des Reiches an Rußland bekannt, geriet schon bald nach seinem Regierungsantritt in das Fahrwasser des extrem anti-russischen Kurses in den Kreisen des Generalstabs und des Auswärtigen Amtes – eine Entwicklung, der der greise Kanzler, der nur noch selten nach Berlin kam und die täglichen Geschäfte längst weitgehend durch seinen Sohn Herbert wahrnehmen ließ, kaum etwas entgegenzusetzen hatte. Die schon bald offen aufbrechende Rivalität zwischen Kaiser und Kanzler kam als erschwerender Faktor hinzu. Unter diesen Umständen hegte Bismarck die Absicht, durch eine weitere Verbesserung der vergleichsweise guten, wenn auch, wie die englischen Akten zeigen, keinesfalls intimen Beziehungen zu Großbritannien ein zusätzliches Gegengewicht gegen die anti-russischen Tendenzen bei Hofe zu schaffen. Vermutlich haben ihn Erwägungen dieser Art dazu bestimmt, am 11. Januar 1889 ein förmliches Bündnisangebot an Großbritannien zu richten.[24] Der Kanzler schlug Salisbury »für einen begrenzten Zeitraum« einen Vertrag zur gemeinschaftlichen Abwehr eines eventuellen französischen Angriffs auf das Deutsche Reich oder auf Großbritannien vor mit dem ausdrücklichen Ziel, für die allernächste Zeit den Frieden in Europa zu retten. Diesem Vertrag müsse allerdings eine öffentliche Form gegeben werden, weil er nur dann eine potentielle Angreifer abschreckende, de facto friedenswahrende Wirkung haben könne. Es sei demnach, so hieß es in dem entsprechenden Erlaß an den deutschen Botschafter in London, von Hatzfeldt, zu prüfen, »ob wir auf dem vorgeschlagenen Wege durch öffentliche und dreiste Anerkennung des Friedensbedürfnisses Europas und durch parlamentarische Vertretung desselben den Krieg hintenanhalten können, wenigstens pro tempore, vielleicht für lange Zeit«. Freilich fehlte es auch hier nicht an einem Pferdefuß. Bismarck deutete an, daß, sofern Großbritannien es grundsätzlich ablehne, aus seiner Isolation herauszutreten, das Deutsche Reich »sein eigenes Heil in solchen internationalen Beziehungen« werde suchen müssen, »die es ohne England erreichen kann«.[25] Ursprünglich war erwogen worden, das Bündnis ausdrücklich auf den Eventualfall eines Krieges mit Rußland auszudehnen. Davon wurde aber dann Abstand genommen. Dem Vertrag wurde vielmehr eine äußerst restriktive Form gegeben, beschränkt auf Frankreich und auf eine Geltungsfrist von wenigen Jahren, um ihn für Salisbury annehmbarer zu machen. Außerdem suchte man der britischen Regierung den Abschluß eines derartigen Bündnisses insofern schmackhafter zu machen, als darauf hingewiesen wurde, daß es für eine gewisse Frist, bis die britische Aufrüstung zur See effektiv geworden sei, einen zusätzlichen Schutz vor einem allgemeinen Krieg bieten würde.

Man hat diesen Vorschlag vielfach als »wesentliche Ergänzung, nicht Neufundamentierung der deutschen Politik«[26] bezeichnet. Doch man wird darin eher eine extreme Form der »Aushilfe« zu sehen haben, geboren aus der Sorge, daß mit einem Einsturz des von Bismarck mühsam gezimmerten Bündnissystems zu rechnen sei, wenn Frankreich, der Unterstützung Rußlands gewiß, den Versuch einer nochmaligen Revision von 1870 wagen und den Stein ins Rollen bringen könnte. Der Vorschlag ging im übrigen von einer weitreichenden Überschätzung des außenpolitischen Wertes eines deutsch-englischen Zusammengehens in der gegebenen Situation aus. Die britische Politik war schon damals geneigt, die Lösung der internationalen Probleme nicht in erster Linie mittels einer zusätzlichen Festigung der bündnispolitischen Fronten gegenüber Rußland, sondern auf dem Weg bilateraler Absprachen zu suchen. Die Idee Friedrich von Holsteins, Salisbury den Bündnisvertrag durch eine Erweiterung auf Rußland oder zumindest durch eine deutsche Garantie des territorialen Bestandes Indiens attraktiver zu machen, wäre der britischen Diplomatie mit einiger Gewißheit als absurd erschienen, hätte Bismarck sie sich zu eigen gemacht. Das Bündnisangebot ist denn auch von Lord Salisbury nicht ernstlich aufgegriffen worden, zumal es angesichts der politischen Gesamtinteressen Großbritanniens und der Einstellung der englischen öffentlichen Meinung überhaupt nicht durchsetzbar gewesen wäre. Immerhin vermied er es, das Angebot rundweg abzulehnen, sondern erklärte, es »on the table« liegen lassen zu wollen. Im Grunde beruhte dieser diplomatische Vorstoß, dessen politische Hintergründe bis heute nicht restlos aufgeklärt werden konnten, auf Fehleinschätzung der Lage Großbritanniens. Dennoch behielt der Kanzler Großbritannien als Widerlager gegenüber dem unberechenbar gewordenen Rußland weiterhin im Auge. Die Verhandlungen über ein Kolonialabkommen, das den weitgehenden Verzicht auf deutsche Kolonialansprüche in Ostafrika im Austausch gegen Helgoland vorsah, wurden konsequent fortgeführt. Nicht zuletzt durch die Tatsache bedingt, daß Großbritannien nunmehr zu einem wichtigen Faktor im außenpolitischen System Bismarcks aufgestiegen war, führten sie zu einer Frontbegradigung in sämtlichen kolonialen Fragen. Obwohl die Verhandlungen erst unter Bismarcks Nachfolger Graf Leo von Caprivi zu einem definitiven Abschluß gebracht worden sind, gehören sie in den Zusammenhang der Bemühungen des alten Kanzlers, eine Neufundamentierung seines politischen Systems herbeizuführen, durch die die Flügelmacht Großbritannien weit direkter gegenüber Rußland ins Spiel gebracht werden sollte, als er dies bislang angestrebt hatte.

Eine Gesamtwürdigung der späten Bündnispolitik Bismarcks muß davon ausgehen, daß sie von dem Ziel geleitet war, einen europäischen Krieg, wie immer dieser aussehen möge, zu vermeiden oder, sofern dies nicht möglich war, diesen an die Peripherie Europas abzulenken und zu lokalisieren. Die ursprüngliche Strategie der Ableitung der Spannungen innerhalb des Mächtesystems vermittels der Ermutigung der anderen Mächte zu imperialistischer Expansion im Nahen Osten oder in Übersee auf Kosten des Osmanischen Reiches und seiner nicht-türkischen Untertanen sowie im weiteren Sinne der afrikanischen und asiatischen Völker war jedoch nicht mehr in herkömmlicher Weise anwendbar. Das System internationaler Verträge, das 1887 zustande gekommen war, bestellte Österreich–Ungarn, Italien und Großbritannien gemeinsam zu Wächtern gegenüber den russischen expansiven Bestrebungen auf dem Balkan und im Nahen Osten, während das Deutsche Reich selbst in der Hinterhand blieb. Gleichzeitig aber war das zarische Rußland behutsam ermuntert worden, in eben dieser Richtung voranzugehen, in der Erwartung, daß es dann auf den gemeinsamen Widerstand Großbritanniens, Österreich–Ungarns und Italiens stoßen und zum Rückzug gezwungen würde. Dieses antagonistische Modell sich gegenseitig in Schach haltender imperialistischer Bestrebungen muß als manieristische Extremform dessen angesehen werden, was Bismarck ursprünglich vorgeschwebt hatte, nämlich die Schaffung »einer politischen Gesamtsituation, in welcher alle Mächte außer Frankreich unser bedürfen, und von Koalitionen gegen uns durch ihre Beziehungen zueinander nach Möglichkeit abgehalten werden«[27]. Mit einem Male bedurfte das Deutsche Reich der anderen Mächte, nicht umgekehrt, um dieses komplizierte Bündnissystem weiterhin auf Kurs zu halten und die aggressiven Tendenzen Rußlands und Frankreichs, aber auch der Mächte zweiten Ranges einzudämmen. Dementsprechend erwog Bismarck jetzt ein förmliches Bündnis der Mittelmächte mit Großbritannien.

Vor allem aber schlugen nun die Spannungen von der Peripherie auf das Zentrum, nämlich das europäische Mächtesystem, zurück, und es half nicht mehr, daß die deutsche Diplomatie weiterhin beteuerte, das Deutsche Reich sei saturiert, nachdem seine Bündnispartner, aber auch die Mächte zweiten Ranges sich längst in ein imperialistisches Fahrwasser begeben hatten. Zudem begannen die anderen Mächte, das hinter diesem System stehende Kalkül zu durchschauen. Sie machten in zunehmendem Maße das Deutsche Reich für die eigenen imperialen Mißerfolge verantwortlich und nicht die jeweiligen unmittelbaren Rivalen. Dies läßt sich insbesondere an der weiteren Entwicklung des Verhältnisses zu Rußland ablesen. Schrittweise gelangte die russische Diplomatie zu der Überzeugung, daß sich die eigenen imperialistischen Ziele auf dem Balkan nur gegen das Deutsche Reich würden durchsetzen lassen. Die antagonistischen Tendenzen innerhalb des Mächtesystems wurden friedensgefährdend allerdings erst in dem Augenblick, als das Deutsche Reich seine Politik der kolonialpolitischen Abstinenz seinerseits aufgab und sich aktiv im Osmanischen Reich engagierte. Hinzu kam, daß die Widersprüchlichkeit des außenpolitischen Systems, wie es sich seit 1887 entwickelt hatte, und die mangelnde Stetigkeit der Aktionen der deutschen Diplomatie zunehmend die Glaubwürdigkeit der deutschen Außenpolitik untergruben. Die von Bismarck selbst ins Werk gesetzte Legende, daß erst die Nichterneuerung des Rückversicherungsvertrages und das damit ausgelöste Abreißen des »Drahts nach St. Petersburg« die entscheidende Wende zum Schlechteren gebracht habe, hat dazu beigetragen, diesen grundlegenden Tatbestand auf lange hinaus zu verschleiern.

Nicht zufällig trug die ungünstige Entwicklung der außenpolitischen Lage auch dazu bei, Bismarcks innenpolitische Machtstellung schrittweise zu untergraben. Dabei spielte das Verhältnis zu Rußland eine besondere Rolle. Unter dem Einfluß namentlich des Grafen Waldersee, der sich selbst Hoffnungen machte, Nachfolger des Kanzlers zu werden, setzte sich am kaiserlichen Hof die Auffassung durch, daß Bismarck die Entwicklung der Dinge in Rußland in viel zu rosigem Lichte sehe. Bismarcks Bemühungen, der Behinderung russischer Staatsanleihen auf dem deutschen Markt, die er 1887 selbst in die Wege geleitet hatte, ein Ende zu machen, um die russische Politik nicht noch mehr zu verunsichern, lösten am kaiserlichen Hofe erhebliche Irritationen aus. Wilhelm II. ließ sich von Waldersee davon überzeugen, daß es »unzulässig« sei, »den Russen ihre Finanzoperationen noch weiter zu erleichtern und ihnen damit das Geld zum Kriege gegen uns zu verschaffen«.[28] Im Kampf gegen den Kanzler war unterdessen jedes Mittel recht, und dazu gehörten selbst antisemitische Parolen und die Verdächtigung purer Gewinnsucht, die sich gegen Bismarcks Bankier Bleichröder richteten, der bei den internationalen Anleihegeschäften seine Hand im Spiel hatte. Bereits im April 1889 gab Graf Waldersee die Marschroute aus: »Wir müssen das große Geschick des Kanzlers und sein Ansehen in der Welt benutzen, um noch einige Zeit den Frieden zu erhalten, sobald aber unsere Rüstung fertig ist, den Kampf, dessen Beginn die Gegner zu bestimmen hoffen, selbst herbeiführen. Bis dahin mit dem Kanzler, wenn es ernst wird, aber ohne ihn; wenn es sein muß, auch gegen ihn.«[29]

In der Tat war das Prestige des Kanzlers auch auf außenpolitischem Feld nicht mehr unanfechtbar. Eine schäbige Affäre, die zur unrechtmäßigen Verhaftung eines Zollbeamten namens Guillaume Schnaebele geführt hatte, veranlaßte die »Germania« zu schreiben, was viele dachten, aber einstweilen noch nicht offen auszusprechen wagten: »Es gelingt nichts mehr.« Nur unter solchen Umständen ist es denkbar, daß bei Bismarcks Sturz am 18. März 1890 das Argument eine ernstliche Rolle spielen konnte, wonach Rußland einen Angriff auf das Deutsche Reich vorbereite, mit dem binnen weniger Tage gerechnet werden müsse, und daß die vom russischen Botschafter in Berlin angebotene Verlängerung des Rückversicherungsvertrages bloß als Camouflage für die russischen Truppenkonzentrationen in den westlichen Regionen des Zarenreiches diene. Solche Argumente entbehrten jeglicher Grundlage, doch sie konnten Glauben finden, weil sich in weiten Kreisen, nicht nur am kaiserlichen Hof und bei den Militärs, sondern auch im Auswärtigen Amt, die Überzeugung ausgebreitet hatte, daß sich das diplomatische Spiel Bismarcks in der bisherigen Form nicht werde weiterführen lassen.

Das Streben nach der Weltmachtstellung 1890–1909

Die Außenpolitik des »Neuen Kurses« im Zeichen zunehmender imperialistischer Rivalitäten (1890–1894)

Bereits in den letzten Jahren vor Bismarcks Sturz hatte sich in den engeren Führungskreisen des Deutschen Reiches, insbesondere im Auswärtigen Amt und beim Generalstab, zunehmend Mißtrauen gegenüber dem Konzept der Außenpolitik Bismarcks aufgestaut. Bismarcks Bemühen, die aggressiven Tendenzen Rußlands und Österreich–Ungarns in einem fortschreitenden Drahtseilakt immer wieder zu balancieren, schien auch denjenigen, die in die Schachzüge der deutschen Außenpolitik näher eingeweiht waren, angesichts der zunehmenden Bedrohung durch das zarische Rußland nicht länger Aussicht auf Erfolg zu versprechen. In Übereinstimmung mit dem Trend der öffentlichen Meinung wuchs in den engeren Führungskreisen des Reiches die Neigung, die Achse Berlin–Wien im Zeichen des Zweibundvertrags nach Rom zu verlängern und künftighin zur Grundlage der deutschen Außenpolitik zu machen, statt immer wieder russischem Druck nachgeben zu müssen. Prinz Wilhelm, der spätere Wilhelm II., hatte schon vor seinem Regierungsantritt gegenüber der Politik Bismarcks, die gegenüber Rußland angeblich zu versöhnlerisch sei, erhebliches Mißtrauen an den Tag gelegt; von ihm wird berichtet: »Ich verstehe die Politik des Kanzlers nicht mehr. Er wird uns noch mit Österreich auseinanderbringen.«[1]

Die militärischen Berater des jungen Kaisers, insbesondere der Erste Generalquartiermeister, Alfred Graf Waldersee, der sich Hoffnungen machte, der Nachfolger des Kanzlers zu werden, taten alles, um dieses Mißtrauen weiter zu schüren. Von Waldersee ist unter dem 15. April 1889 eine bemerkenswerte Tagebucheintragung überliefert, aus der mit aller Deutlichkeit hervorgeht, daß der Generalstab, im Unterschied zu Bismarck, ohnehin früher oder später mit einem militärischen Konflikt mit dem zarischen Rußland rechnete, ja es gegebenenfalls auf einen Präventivkrieg ankommen lassen wollte.[2]

Bereits vor Bismarcks Sturz formierte sich demgemäß in den höchsten Führungskreisen des Reiches, im Auswärtigen Amt ebenso wie im Generalstab, eine Gruppe von Diplomaten und Militärs, die immer entschiedener gegen »die beiden Bismarcks« arbeitete und zugleich von tiefem Mißtrauen gegenüber Rußland erfüllt war. In außenpolitischer Hinsicht war diese Gruppe entschlossen, die mitteleuropäische Basis des Deutschen Reiches auf Kosten und notfalls gegen Rußland weiter auszubauen, unter anderem durch eine Verbesserung der Beziehungen zu Großbritannien. Für den Fall einer erneuten krisenhaften Zuspitzung der internationalen Lage war sie darauf eingestellt, die Machtstellung des Deutschen Reiches durch einen militärischen Präventivschlag gegen Rußland und Frankreich zu sichern.[3] Dem entsprach innenpolitisch eine systematische Unterminierung der Position Bismarcks, unter vorsichtiger Ausspielung des Arguments, daß dessen pro-russische Orientierung auf russischer Seite keineswegs honoriert werde und zunehmend zu einem Gefahrenquell zu werden drohe. Die diesbezüglichen Insinuationen Waldersees gegenüber Wilhelm II. kulminierten in einer Erklärung vom 15. März 1890, auf dem Höhepunkt der Kanzlerkrise: »Der Kanzler hat sehr geschickt sich den Ruf zu erhalten gewußt, auf dem auswärtigen Gebiete ein Meister und unersetzlich zu sein; er hat aber bei all seiner Kunst es nicht zu verhindern verstanden, daß wir jetzt Frankreich und Rußland als Feinde gegen uns haben, die von Jahr zu Jahr stärker und unverschämter werden. Wahrlich eine sehr ernste Lage!«[4]

Mit solchen kriegstreiberischen Argumenten wurde die Machtstellung Bismarcks, dessen innenpolitische Basis angesichts der Auseinandersetzungen über die sozialpolitischen Erlasse und die Erneuerung des Sozialistengesetzes ohnehin weitgehend dahingeschwunden war, vollends erschüttert. Nicht ganz zufällig hat Ende März 1890 die Frage des Verhältnisses zu Rußland gleichsam den letzten Anstoß zu Bismarcks Sturz gegeben. Geheime Nachrichten des Generalstabs, denen zufolge mit einem russischen Angriff binnen Wochen gerechnet werden müsse, wertete Wilhelm II. als einen erneuten Beweis dafür, daß der alte Kanzler nicht mehr imstande sei, die zunehmenden militärischen Vorbereitungen und aggressiven Tendenzen Rußlands richtig einzuschätzen. Aus dieser Perspektive erschien der Vorschlag einer Erneuerung des Rückversicherungsvertrages, mit der die russische Diplomatie im Februar 1890 hervorgetreten war, als bloße Finte, die nur der Verschleierung der russischen Aggressionstendenzen diene. Dies alles wurde nicht einfacher gemacht durch die Tatsache, daß die beiden Bismarcks ihrerseits den Versuch machten, die Erneuerung des Rückversicherungsvertrages mit der Frage der Machterhaltung des Kanzlers zu verknüpfen; Herbert Bismarcks Bemerkung gegenüber Wilhelm II., daß eine Erneuerung des Rückversicherungsvertrages nur mit seinem Vater, nicht aber mit einem neuen Kanzler zu haben sei, ließ dieses schon an sich nicht unproblematische Bündnis in der Umgebung Wilhelms II. noch suspekter erscheinen. Davon abgesehen, herrschte allgemein die Auffassung, daß sich die Außenpolitik Bismarcks in steigendem Maße von den dominierenden Strömungen in der öffentlichen Meinung entfernt habe; diese war in den Orient-Fragen immer eindeutiger auf einen pro-österreichischen und in mancher Hinsicht sogar pseudo-großdeutschen Kurs eingeschwenkt und empfand die offizielle Rücksichtnahme auf die Velleitäten der zarischen Politik vielfach als unangebracht.

Bismarcks Nachfolger, Leo von Caprivi, ebenso wie der neue Staatssekretär des Äußeren, Adolf Freiherr Marschall von Bieberstein, waren allerdings keineswegs

Exponenten eines radikal antirussischen Kurses. Sie waren durchaus nicht völlig unberührt von Bismarcks politischer Strategie, welche davon bestimmt gewesen war, die expansiven Interessen der rivalisierenden Großmächte an der Peripherie Europas gegeneinander zu engagieren, gleichzeitig aber dabei im Hintergrund zu bleiben. Jedoch war Caprivi nicht dazu bereit, das offenbar riskante Spiel, zu welchem das Bündnissystem Bismarcks seit 1887 geworden zu sein schien, in unveränderter Form weiterzuspielen. Grundsätzlich war die Außenpolitik des »Neuen Kurses« vielmehr darauf ausgerichtet, den vielverzweigten Baum des außenpolitischen Systems Bismarcks, welches gutenteils auf der systematischen Ausnutzung, ja der indirekten Förderung der Gegensätze der anderen Großmächte an der Peripherie Europas beruht hatte, auf ein erträgliches Maß zurückzuschneiden und sich dabei insbesondere auf die Beziehungen zu Österreich–Ungarn zu stützen. Caprivi erklärte sich außerstande, auf außenpolitischem Felde weiterhin wie Bismarck mit fünf Kugeln gleichzeitig zu balancieren.[5]

Unter diesen Umständen lag ein Verzicht auf eine Erneuerung des Rückversicherungsvertrages, wie sie allen Widrigkeiten zum Trotz in den letzten Regierungstagen Bismarcks von der russischen Regierung angeboten worden war, nur allzu nahe, ganz abgesehen von dem Mißtrauen in militärischen Kreisen gegenüber der angeblichen Vertrauensseligkeit der Bismarcks hinsichtlich der zarischen Diplomatie. Caprivi erklärte: »Eine so komplizierte Politik, deren Gelingen ohnedies jederzeit fraglich gewesen ist, vermögen wir nicht weiter zu führen nach dem Ausscheiden eines Staatsmannes, der bei seiner Tätigkeit auf dreißigjährige Erfolge und einen geradezu magnetisierenden Einfluß im Auslande sich stützen konnte [...] Wir werden eine ruhige, klare und loyale Politik zu führen haben, um die Errungenschaften der letzten sechsundzwanzig Jahre festzuhalten; auf diesem Wege wird die Erhaltung und Förderung des Deutschen Reiches wohl gelingen, nicht aber durch gefährliche diplomatische Wagnisse.«[6] Bekanntlich stand der Rückversicherungsvertrag zwar nicht formell, aber dem Geiste nach im Widerspruch zu den sonstigen bündnispolitischen Verpflichtungen des Deutschen Reiches, insbesondere der Mittelmeer-Entente vom Herbst 1887, aber in gewissem Sinne auch zum Dreibund, als einem engeren Zusammenschluß Österreich–Ungarns, Italiens und des Deutschen Reiches unter Hinzuziehung Rumäniens, der auf die Erhaltung des Status quo in Europa, gleichzeitig aber auch die indirekte Abstützung der österreichischen und italienischen imperialistischen Aspirationen auf dem Balkan und in Nordafrika ausgerichtet war.

Die Entscheidung, den Rückversicherungsvertrag nicht zu erneuern und demgemäß die außenpolitische Verbindung mit St. Petersburg zu kappen, entsprach zunächst einem in der Umgebung des Kaisers und insbesondere im Generalstab vorhandenen übersteigerten Mißtrauen gegenüber den Absichten der russischen Politik. Hier wurden die angeblichen Truppenkonzentrationen in den westlichen Rayons des zarischen Rußlands mit Sorge betrachtet und ebenso der beginnende

Ausbau der russischen Westbahnen. Der Verzicht auf den »Draht nach St. Petersburg« war aus Caprivis Sicht jedoch zugleich ein notwendiger Bestandteil einer Außenpolitik, die den Dreibund zum Schwerpunkt des deutschen Bündnissystems machen wollte und im übrigen darum bemüht war, Großbritannien an die Mittelmächte heranzuziehen.[7] In den maßgeblichen Ressorts des Auswärtigen Amtes wurde gleichermaßen die Ansicht vertreten, daß eine Erneuerung des Rückversicherungsvertrages um weitere drei Jahre die deutsche Politik in ihrem Verhältnis zu Österreich–Ungarn und insbesondere Großbritannien kompromittieren oder gar erpreßbar machen würde. Es half nichts, daß Peter Graf Schuwalow, der russische Botschafter in Berlin, angesichts dieser Bedenken sich dazu bereit erklärte, für die vorgeschlagene Erneuerung des Vertrages um weitere sechs Jahre auf den geheimen Zusatzvertrag und selbst auf die Substanz der Konzessionen zu verzichten, die in diesem Vertrage gemacht worden waren. Caprivi blieb ein kompromißloser Gegner des Vertragsabschlusses, darin unterstützt von den zuständigen Sachbearbeitern des Auswärtigen Amtes: »Wir würden nicht in der Lage sein, den verschiedenen Faktoren unserer öffentlichen Meinung Verständnis für ein so kompliziertes Vertragssystem beizubringen, wie es durch den bisherigen Vertrag mit Rußland neben unseren sonstigen bekannten Bündnisverträgen geschaffen worden ist.«[8] Er jedenfalls bekannte sich zu einer »einfachen und durchsichtigen« Politik[9] anstelle eines Systems von kurzfristigen, einander tendenziell widersprechenden Geheimbündnissen, mit denen Bismarck die Verschiebungen im Machtpotential der europäischen Mächte immer wieder auszutarieren gesucht hatte.[10]

Die Entscheidung gegen die Erneuerung des Rückversicherungsvertrages war jedoch unter den damaligen Verhältnissen durchaus nicht unproblematisch.[11] Sie führte zu erheblichen Irritationen der russischen Diplomatie, ungeachtet der Versicherungen Caprivis, daß sich dadurch an dem bisherigen Verhältnis des Deutschen Reiches zum zarischen Rußland nichts ändern werde; solche verbalen Erklärungen fruchteten in der gegebenen Situation nicht viel. Vielmehr wurden die bereits bestehenden russischen Befürchtungen weiter geschürt, daß deutscherseits mit Österreich–Ungarn viel weitergehende diplomatische Abmachungen getroffen würden, als bisher angenommen worden war.

Um 1890 befand sich Rußland nicht allein psychologisch, sondern objektiv in einer Situation nahezu vollständiger diplomatischer Isolierung. In der Orient-Frage stand es einer geschlossenen Front der anderen Großmächte gegenüber, die eine Erweiterung des russischen Einflusses, sei es in Bulgarien, sei es im Osmanischen Reich, unter keinen Umständen dulden wollten. Die Spannungen mit Großbritannien, die sich wenige Jahre zuvor mit dem Konflikt wegen Afghanistan auf einem Siedepunkt befanden, hatten zwar inzwischen wieder nachgelassen, bestanden aber der Substanz nach weiter fort. Unter diesen Umständen stand der russischen Diplomatie kaum ein anderer Weg offen, als ungeachtet der fortbestehenden ideologischen Gegensätze die politische Annäherung an Frankreich weiter voranzutreiben.[12] Dies lag um so näher, als sich ja inzwischen schon intensive finanzielle Verbindungen zwischen beiden Mächten ergeben hatten. Ein Besuch der französischen Hochseeflotte in Kronstadt 1891 brach auch in der öffentlichen Meinung das Eis, welches bislang die französisch-russischen Beziehungen auf einem äußerst niedrigen Stand gehalten hatte. Die politische Annäherung wurde abgestützt durch verstärkte wirtschaftliche Zusammenarbeit. Im Jahre 1890 wurde eine neue russische Anleihe in Höhe von 500 Milliarden Goldfrancs zu drei Prozent Zinsen auf dem französischen Kapitalmarkt placiert, diesmal mit aktiver Unterstützung der französischen Regierung, als Unterpfand eines guten russisch-französischen Verhältnisses. Damit begann eine Entwicklung, die im folgenden Jahrzehnt zu einem beachtlichen Engagement der französischen Hochfinanz im Prozeß der Industrialisierung Rußlands führen sollte. Mit dem dramatischen wirtschaftlichen Aufstieg, der sich in Rußland seit Anfang der 1890er Jahre verzeichnen läßt, stieg naturgemäß auf deutscher Seite die Sorge vor der militärischen Gefahr aus dem Osten.

Allerdings geriet die Regierung Caprivi wegen des angeblich verantwortungslosen Abbruchs des »Drahts nach Rußland« in der deutschen Öffentlichkeit nahezu von Anfang an unter Beschuß. Bismarck benutzte die »Hamburger Nachrichten« für eine systematische Kampagne gegen die Regierung Caprivi; er ließ diese insbesondere schwerwiegender Fehlleistungen auf außenpolitischem Gebiete beschuldigen. Ihre Krönung fand diese öffentliche Kampagne dann einige Jahre später, im Jahre 1896, mit der von Bismarck eigenmächtig veranlaßten Veröffentlichung des Rückversicherungsvertrages in den »Hamburger Nachrichten«. Diese Kampagne machte das Geschäft der Außenpolitik für die Regierung Caprivi nicht eben leichter.[13] Gleichwohl ist Caprivis vorsichtige Abwendung von der außenpolitischen Strategie Bismarcks grundsätzlich positiv zu bewerten. Nicht nur ließ diese sich in einer Situation immer schärferer imperialistischer Rivalitäten zunehmend schwieriger handhaben. Mehr noch, die Technik der Ableitung der Spannungen an die europäische Peripherie erfüllte schon längst nicht mehr die Erwartungen, die Bismarck ursprünglich daran geknüpft hatte; diese schlugen vielmehr auf das Zentrum Europas selbst zurück. Davon abgesehen, waren auch die innenpolitischen Voraussetzungen für eine Kabinettsdiplomatie klassischen Zuschnitts, wie sie Bismarck praktiziert hatte, nicht mehr im gleichen Maße gegeben wie noch ein Jahrzehnt zuvor.[14]

Caprivi war demgemäß mit einigem Recht darum bemüht, die Bündnisbeziehungen des Deutschen Reiches stärker mit den Tendenzen in der öffentlichen Meinung in Einklang zu bringen. Allianzen, so meinte er, seien wertlos, wenn sie nicht auf gemeinsamen Interessen beruhten und auf die Unterstützung der öffentlichen Meinung zählen konnten. Caprivi setzte sich überdies das Ziel, die jeweiligen Bündnisbeziehungen im Rahmen des Möglichen durch engere wirtschaftliche Beziehungen zu untermauern, zumal diese dazu beitragen könnten, den internationalen Handel zu beleben und bestehende politische Spannungen zu reduzieren.

Im übrigen war Caprivi durchaus geneigt, an der Bismarckschen Tradition der Saturiertheit des Deutschen Reiches festzuhalten. Das außenpolitische Programm des »Neuen Kurses« war im Prinzip vernünftig und plausibel, seine Verwirklichung wurde freilich von vornherein durch die Komplexität der Entscheidungsstrukturen im Deutschen Reich äußerst belastet. Obwohl mit Marschall von Biberstein ein erfahrener Diplomat Staatssekretär des Auswärtigen wurde, hielt einstweilen Friedrich von Holstein, die »Graue Eminenz« des Auswärtigen Amtes, obschon nur Vortragender Rat, weiterhin die Fäden der auswärtigen Politik des Reiches in der Hand. Vor allem aber hatten die Leiter der deutschen Außenpolitik mit der impulsiven Natur des jungen Kaisers Wilhelm II. zu rechnen, der ungeachtet aller verfassungsrechtlichen Begrenzungen seines Amtes von Fall zu Fall rücksichtslos in die außenpolitischen Entscheidungen einzugreifen geneigt war.[15]

Im Zentrum der Außenpolitik des »Neuen Kurses« stand, wie bereits erwähnt, die Konsolidierung des Bündnisses mit Österreich–Ungarn und, in weiterem Betracht, des Dreibundes, der, wie es schien, »natürlichen« Basis einer jeden deutschen Außenpolitik.[16] Jedoch erschien es dringend geboten, als Kompensation für die verlorengegangene vertragliche Bindung mit Rußland Großbritannien, über das 1892 auslaufende Mittelmeerabkommen hinausgehend, näher an die Mittelmächte heranzuziehen. Die deutsche Diplomatie ging dabei freilich von der allzu naiven Annahme aus, daß auf die Unversöhnlichkeit des »russischen Bären« mit dem »englischen Löwen« auch weiterhin fest zu zählen sei; die Möglichkeit, daß Rußland und Großbritannien die zwischen ihnen bestehenden politischen Spannungen in ihrerseits bilateralen Gesprächen ausräumen könnten, wurde gar nicht in Erwägung gezogen.[17]

In einer seiner ersten Amtshandlungen, am 4. April 1890, richtete Caprivi einen persönlichen Brief an den englischen Premierminister Lord Robert Cecil Salisbury, in dem er diesem formell versicherte, daß er hinsichtlich des Verhältnisses zu England sich weiterhin strikt an die Grundlinien der deutschen Außenpolitik halten werde, wie sie von Fürst Bismarck festgelegt worden seien, unter Bezugnahme auf die Bismarckschen Bemühungen um England seit 1887. Darüber hinausgehend, erbat er die wohlwollende Unterstützung Großbritanniens in den großen außenpolitischen Fragen, nicht zuletzt im Hinblick auf die Tatsache, daß beide Mächte einander durch die Gemeinsamkeit friedlicher Interessen verbunden seien. Diese Erklärung, die unübersehbar um eine Intensivierung deutsch-britischer Beziehungen bemüht war, wurde von Salisbury sehr positiv aufgenommen; allerdings vermied er es in seiner Antwort, die ganz unverbindlich gehalten war, Großbritannien in irgendeiner Weise konkret auf eine Unterstützung der Mittelmächte zu verpflichten.[18]

Ansatzpunkte für eine deutsch-britische Annäherung bestanden zunächst auf kolonialem Gebiet, in Fortsetzung der Verhandlungen über eine koloniale Détente hinsichtlich Ostafrikas, die noch unter Bismarck eingeleitet worden waren. Allerdings gingen diese Verhandlungen weit schleppender voran, als der deutschen Regierung lieb sein konnte, zumal sie sich unversehens erheblicher Pressionen von seiten der kolonialen Interessenten ausgesetzt sah. Wiederholt mahnte Friedrich von Holstein bei dem deutschen Botschafter in London, Paul Graf von Hatzfeldt, die Weiterführung der Verhandlungen insbesondere im Hinblick auf die ins Auge gefaßte Abtretung Helgolands an, ohne die die ganze Sache überhaupt hinfällig sein würde. Er wies dabei, im Stil der Zeit, ausdrücklich darauf hin, daß die »Gereiztheit gegen uns wegen Kolonialfragen bei allen Parteien, auch den Konservativen«, im Steigen begriffen sei.[19] In der Tat wurde das deutsch-englische Abkommen über Helgoland und Sansibar, das am 1. Juli 1890 in Berlin unterzeichnet wurde, noch vor Vertragsabschluß in der Öffentlichkeit aufs schärfste angegriffen. Nach seinem Bekanntwerden kam es dann zu einem Proteststurm in der Öffentlichkeit, der von den Kolonialinteressenten inszeniert war. Der neugegründete Allgemeine Deutsche Verband, der sich wenig später in Alldeutscher Verband umbenannte, machte sich zum vornehmsten Sprecher dieser Politik.[20] In seinem Gründungsaufruf »Deutschland erwache« wurde der Helgoland-Sansibar-Vertrag als ein neues »Olmütz« bezeichnet; er stelle eine schwere Demütigung der deutschen Außenpolitik dar und schädige die kolonialpolitischen Interessen des Deutschen Reiches aufs schwerste. Darin wurde an »Männer aller Parteien, die bei dieser Angelegenheit sich lediglich als Deutsche fühlen«, appelliert, dem Vertrag im Reichstag die Zustimmung zu verweigern und ihn damit zu Fall zu bringen. Hier klang bereits jene Idee der nationalen Sammlung im außerparlamentarischen Felde an, die später große Bedeutung gewinnen sollte. »Wer kann ein Volk von 50 Millionen, das seine beste Kraft dem Kriegsdienst weiht, das jährlich über eine halbe Milliarde für Kriegswesen ausgibt, wer kann ein solches Volk daran hindern, einen Vertrag zu zerreißen, der offenkundig dazu dienen soll, die kommenden Geschlechter um ihr Erbtheil am Planeten zu betrügen?«[21] Es komme darauf an, »[...] einem Herrenvolk anzugehören, das seinen Anteil an der Welt sich selber nimmt und nicht von der Gnade und dem Wohlwollen eines anderen Volkes zu empfangen sucht«[22].

In der Tat waren die territorialen Bestimmungen des Vertrages aus deutscher Sicht nicht eben vorteilhaft; mit der Aufgabe von Witu und den innerafrikanischen Ansprüchen der deutschen Ostafrika-Gesellschaft waren zwar nur imaginäre, keinesfalls reale kolonialpolitische Interessen geopfert worden; jedoch freilich zugleich die Möglichkeit einer künftigen Ausweitung des deutschen kolonialen Besitzes im ostafrikanischen Raum. Immerhin protestierte die Regierung Caprivi im folgenden Jahr erfolgreich gegen den sogenannten Mackinnon-Vertrag zwischen Großbritannien und dem Kongo-Staat, in dem letzterer einen schmalen Landstreifen am Tanganjika-See an Großbritannien abzutreten sich bereit erklärt hatte. Dies hätte eine territoriale Brücke zwischen Uganda und Rhodesien geschaffen und damit die begehrte direkte Verbindung von Kap bis Kairo, wie sie namentlich

Cecil Rhodes für das Britische Empire in Afrika gefordert hatte, hergestellt. Bei Lage der Dinge würde dies dazu geführt haben, Deutsch-Ostafrika vom direkten Zugang zum belgischen Kongo abzuschneiden. Ansonsten war die deutsche Diplomatie jedoch darum bemüht, mit Großbritannien in kolonialpolitischen Fragen ein gutes Einvernehmen herzustellen, um es auf diese Weise näher an die Mittelmächte heranzuziehen und es dazu zu veranlassen, den Verpflichtungen, die es im Rahmen der Mittelmeer-Entente vom Jahre 1887 übernommen hatte, eine konkretere Form zu verleihen. In diesem Zusammenhang spielte die für 1892 anstehende Erneuerung des Dreibundvertrages mit Italien, das ja schon bisher als eine Art Brücke von den Mittelmächten hinüber zu Großbritannien gedient hatte, eine besondere Rolle.

Ursprünglich hatte Caprivi dem Bündnis mit Italien vergleichsweise geringe Bedeutung zugemessen, und dies teilweise auch deshalb, weil es angesichts der bestehenden akuten italienisch-französischen Spannungen eher eine Belastung für die deutsche Diplomatie darzustellen schien als einen Gewinn. Aber er konnte sich dem Drängen Italiens, dem Bündnis einen konkreteren Inhalt zu geben, nicht ohne weiteres entziehen. Bereits 1890 hatte Frankreich seine Absicht erkennen lassen, die Schutzherrschaft über Tunesien nach dem Ableben des Beys von Tunis in ein formelles Protektorat umzuwandeln; dies wurde von Italien als eine unmittelbare Bedrohung seiner kolonialen Interessen in Nordafrika empfunden. Demgemäß drängte die italienische Regierung in Berlin auf flankierende Unterstützung zwecks Abwehr dieser Bestrebungen. Zugleich war die italienische Diplomatie darum bemüht, sowohl vom Deutschen Reich als auch von Großbritannien die Unterstützung für eine eventuelle Okkupation von Tripolis zu erlangen, im Gegenzug zu der zu erwartenden Intensivierung des französischen Zugriffs auf Tunesien. Diese Konstellation war für das Deutsche Reich keineswegs ganz ungefährlich. Für den Fall, daß sich die deutsche Regierung diesen Wünschen verweigern sollte, bestand die Möglichkeit einer italienisch-französischen Verständigung über afrikanische Fragen, mit entsprechenden Auswirkungen auf das Bündnisverhältnis Italiens zu den Mittelmächten. Jedenfalls zeigte die italienische Politik unter dem Ministerpräsidenten Francesco Crispi ein lebhaftes Interesse, den Beziehungen zu den Mittelmächten eine festere Form zu geben, um die sich aus dem Dreibundvertrag ergebende Rückendeckung gegenüber Frankreich für den Fall erneuter Konflikte in Nordafrika politisch nutzen zu können.

Nach einigem Zögern entschloß sich Caprivi im November 1890 zu einem persönlichen Besuch in Italien und zu Gesprächen mit Crispi. Jedoch suchte der Kanzler den italienischen Vorschlag, den Dreibundvertrag vorzeitig zu erneuern und darüber hinaus durch wirtschaftliche Vereinbarungen zu ergänzen, einstweilen auf die lange Bank zu schieben, weil er fürchtete, daß das Deutsche Reich andernfalls unverzüglich in einen Konflikt mit Frankreich hineingezogen werden könnte, dessen Konsequenzen unübersehbar waren. Im folgenden Jahr wurden dann unter Crispis Nachfolger Antonio Rudinì gleichwohl Verhandlungen über eine vorzeitige Erneuerung des Dreibundvertrages aufgenommen. Caprivi hatte sich davon überzeugen lassen, daß Italien als Verbindungsglied zu Großbritannien genutzt werden könne, und aus dieser Perspektive war der Dreibundvertrag ein wichtiges Element der Politik der Westorientierung.

Die Aufwertung Italiens als Bündnispartner fand nun auch in der äußeren Form des Vertrages ihren Ausdruck. Während dieser bisher nur ein Bündel von separaten Verträgen gewesen war, wurde ihm nunmehr auf italienischen Wunsch hin die Form eines gemeinsamen Vertrages des Deutschen Reiches, Österreich–Ungarns und Italiens gegeben; dadurch wurde die Bindungskraft der darin enthaltenen Vereinbarungen um einiges erhöht. Die bisher strikt defensiv gehaltenen Bestimmungen des Vertrages wurden ziemlich unverhohlen in imperialistischem Sinne umgedeutet. Das Deutsche Reich, Österreich–Ungarn und Italien verpflichteten sich nunmehr formell, ihre künftige Politik gegenüber dem Osmanischen Reich und auf dem Balkan im vorhinein miteinander zu koordinieren und Italien für den Fall territorialer Veränderungen auf dem Balkan an der Beute zu beteiligen. Zwar enthielt der Vertrag, wie alle bisherigen, eingangs die salvatorische Klausel, daß man sich um die Erhaltung des *Status quo* an den Küsten des Mittelmeeres und der Adria sowie auf dem Balkan bemühen werde, doch überdeckte diese nur schwach den expansionistischen Tenor des Vertrages, jedenfalls was die italienische Seite anging, auch wenn die italienischen Aspirationen nur in versteckter bzw. in indirekter Form angesprochen wurden. Die deutsche Regierung widersetzte sich zwar nach Kräften einer allzu weitgehenden Ausdehnung des Vertrages in expansivem Sinne, aber auch in der schließlich auf Vorschlag der deutschen Regierung gefundenen Kompromißlösung war die imperialistische Stoßrichtung des Vertragswerkes eindeutig. Sofern sich die Erhaltung des Status quo auf dem Balkan sowie an den Küsten des Osmanischen Reiches, einschließlich der Inseln in der Adria und im Ägäischen Meer, nicht werde aufrechterhalten lassen, sollten sowohl Österreich–Ungarn wie auch Italien das Recht haben, entsprechende Maßnahmen zu ergreifen und eventuell bestimmte Territorien in Besitz zu nehmen; dann würden sie, sofern diese Maßnahmen gemäß einer gemeinsamen vorgängigen Absprache erfolgten, den Bündnisfall geltend machen können. Damit wurde Italiens Anspruch festgeschrieben, für den Fall von territorialen Veränderungen auf dem Balkan, die mit einer Ausweitung des österreichischen Herrschaftsgebiets verbunden sein würden, seinerseits mitzureden und gegebenenfalls Kompensationen zu beanspruchen. Wichtiger war, daß Italiens Aspirationen auf den Erwerb nordafrikanischer Territorien nunmehr auf die diplomatische Unterstützung der Mittelmächte, einschließlich Österreich–Ungarns, zählen konnten. Der deutschen Diplomatie gelang zwar eine geringfügige Abschwächung der entsprechenden Verpflichtungen; so wurde Marokko ausdrücklich aus der Liste jener Territorien herausgenommen, für die diese Verpflichtung gelten sollte; ferner wurde jede italienische Aktion in Nordafrika von einem vorgängigen Einvernehmen mit den Mittelmächten abhängig gemacht. Das änderte freilich nicht viel an dem latent imperialistischen Charakter des Dreibundvertrages in seiner Fassung von 1891. Allerdings wurde dieser zu Teilen wieder abgeschwächt durch die in einem Zusatzprotokoll zum Ausdruck gebrachte Erwartung, daß man sich darum bemühen werde, Großbritannien dafür zu gewinnen, den Vereinbarungen des Dreibundvertrages seinen Segen zu geben, und dieses damit gleichsam zu einem Partner dieses Systems zu machen. Der Beitritt Großbritanniens, so hieß es ausdrücklich in dem Zusatzprotokoll, zu jenen Grundsätzen, die das Osmanische Reich beträfen, liege im Prinzip bereits vor. Um die Zustimmung Großbritanniens auch zu den das Mittelmeer und Nordafrika betreffenden Bestimmungen des Dreibundvertrages solle bei passender Gelegenheit gemeinsam nachgesucht werden. Das lag nun freilich ganz in der Linie der Außenpolitik Caprivis, dem es um die Heranziehung Großbritanniens an die Mittelmächte zu tun war.

In Zusammenhang damit stand die Bereitschaft der Dreibundmächte, Großbritannien bei seinen Bemühungen zu unterstützen, ungeachtet der hinhaltenden Taktik des Osmanischen Reiches und des offenen Widerspruchs Frankreichs endlich zu einer befriedigenden Regelung der ägyptischen Frage zu gelangen. Die britische Politik wollte eine international sanktionierte Regelung erreichen, die einen teilweisen Rückzug aus diesem Lande ermöglichen, gleichzeitig aber die britische Vormachtstellung völkerrechtlich absichern sollte. Allerdings sollte der Drummond-Wolff-Mission angesichts des hartnäckigen Widerspruchs des Sultans von Konstantinopel, dem die französische Diplomatie den Rücken stärkte, dann doch kein Erfolg beschieden sein. Die Unterstützung Großbritanniens in der ägyptischen Frage gehört in den Zusammenhang der Bestrebungen der Politik Caprivis und Marschalls, Großbritannien in peripheren Fragen entgegenzukommen und zugleich eine mögliche Einbruchstelle französischer Einflüsse, sei es auf die britische, sei es auf die italienische Politik, zu schließen. Jedoch erhoffte man sich in Berlin in bester Bismarckscher Manier eine entsprechende »Anerkennung« dieser »Dienstleistungen« durch die britische Regierung, zum Vorteil der deutsch-britischen Beziehungen. Marschall erklärte denn auch: »Wir haben in zahlreichen Tagesfragen der englischen Politik in Kairo und in Konstantinopel unsere Unterstützung offen und wirksam zuteil werden lassen. Den größten moralischen Dienst leisten wir aber den Engländern vor allem durch die Tatsache der Existenz des Dreibunds.«[23] Er ging dabei von der wenig begründeten Ansicht aus, daß die indirekte Absicherung des *Status quo* im Orient und im Nahen Osten durch den Dreibund und die Mittelmeerentente in erster Linie im britischen Interesse liege.

Der Sache nach überschätzte die deutsche Regierung die Bedeutung dieser Dinge für Großbritannien erheblich. Es kam hinzu, daß mit dem Regierungswechsel in Großbritannien im Jahre 1892, der ein liberales Kabinett unter William Ewart Gladstone zur Macht brachte, in dem mit Lord Archibald Primrose, dem 5. Herzog von Rosebery, ein Exponent des Liberalen Imperialismus das Foreign Office übernahm, die innenpolitischen Voraussetzungen der britischen Außenpolitik in erheblichem Maße verändert worden waren. Namentlich in imperialen Fragen schlug die neue Regierung sogleich eine ungleich schärfere Gangart ein, als sie Salisbury für angemessen gehalten hatte. In den folgenden Jahren kam es zu einer zunehmenden Verhärtung der englischen Haltung in allen kolonialpolitischen Fragen, insbesondere auch in jenen Streitfällen territorialer Art, die unmittelbar die Interessen des Deutschen Reiches tangierten. Die neue Welle imperialistischer Strömungen, die sich im Deutschen Reich mit der Gründung des Allgemeinen Deutschen Verbandes im April 1891 angekündigt hatte, erfaßte gleichermaßen auch Großbritannien und drängte die britische Regierung dazu, nunmehr eine konsequente Politik nicht nur der Erhaltung, sondern gegebenenfalls auch der Erweiterung des britischen Empire einzuleiten.

Insbesondere verhärtete sich die britische Position bezüglich Samoas, wo es erneut zu scharfen Auseinandersetzungen zwischen den Vertretern der drei Schutzmächte und dem indigenen Schattenkönigtum gekommen war. Gleichzeitig machten sich in Großbritannien zunehmend Widerstände gegen die Anfänge eines großangelegten finanzimperialistischen Engagements der deutschen Wirtschaft im Osmanischen Reich, unter führender Beteiligung der Deutschen Bank, geltend, insbesondere gegen den Bau der sogenannten Anatolischen Eisenbahn, für die bereits 1888 eine Konzession an Siemens erteilt worden war.[24] Insofern bestanden von vornherein nicht besonders günstige Aussichten für eine Realisierung des großen Wunschtraums des »Neuen Kurses«, nämlich einer grundlegenden Neufundamentierung des deutschen Bündnissystems auf der Basis des Dreibundes sowie eines engen Vertrauensverhältnisses zu Großbritannien, das zugleich die notwendige Absicherung gegen einen Konflikt mit Rußland und Frankreich geboten haben würde.

Zunächst freilich ließ sich Caprivi durch diese Entwicklung der Dinge nicht sonderlich beirren. Vielmehr ging der Kanzler zielbewußt daran, die bündnispolitische Bindung des Deutschen Reiches an Österreich–Ungarn und Italien durch Abschluß eines Systems von Handelsverträgen zusätzlich zu untermauern, eine Politik, die freilich auch unter innenpolitischen und wirtschaftspolitischen Gesichtspunkten dringend geboten schien. Denn nur durch die konsequente Entwicklung des Deutschen Reiches zu einem exportorientierten Industriestaat könne, wie Caprivi richtig urteilte, die wirtschaftliche Zukunft Deutschlands auf Dauer gesichert werden, auch wenn dies eine Abkehr von der Politik des Hochschutzzolls zugunsten der Landwirtschaft zur Voraussetzung hatte, die seit 1879 zu einem Eckpfeiler des Systems der Solidarität der agrarischen und industriellen Interessen geworden war. Demgemäß schloß das Deutsche Reich seit 1891 in rascher Folge Handelsverträge auf weitgehend freihändlerischer Grundlage mit Österreich–Ungarn und Italien und dann auch mit Belgien ab, denen wenig später

Verträge mit Rumänien, Bulgarien und Serbien folgten.[25] Im Verlauf von nur wenigen Monaten entstand damit ein System von Handelsverträgen, das auf eine Intensivierung des zwischenstaatlichen Handels abzielte und der deutschen Wirtschaft den Zugang zu den europäischen Märkten erleichtern sollte. Das Handelsvertragssystem Caprivis umfaßte, mit Ausnahme Belgiens, alle jene Staaten, mit denen das Deutsche Reich direkt oder indirekt in bündnispolitischen Beziehungen stand. Wesentliche Voraussetzung für den Abschluß dieser Verträge war freilich eine Absenkung der Getreidezölle von 5 Mark auf 3,50 Mark pro Doppelzentner Getreide und die weitgehende Liberalisierung der Einfuhr von Agrarprodukten insbesondere aus den ost- und südosteuropäischen Ländern.

Sosehr diese Politik im Interesse der deutschen Industrie und der deutschen Exportwirtschaft lag, die nur für diesen Fall hoffen konnten, sich in Ost- und Südosteuropa größere Exportmärkte erschließen zu können, so sehr erbitterte sie die Agrarinteressenten, insbesondere die ostelbische Großgüterlandwirtschaft, die seit der Jahrhundertwende die ersten Auswirkungen der sprunghaft angestiegenen überseeischen Getreideproduktion auf dem deutschen Binnenmarkt zu spüren bekommen hatte. Die Agrarier sahen durch die Handelsvertragspolitik nicht nur ihre wirtschaftliche Position erheblich beeinträchtigt, sondern darüber hinaus ihre traditionelle Vorrangstellung in Staat und Gesellschaft unmittelbar gefährdet. Anfang 1893 kam es zur Gründung des »Bundes der Landwirte«, einer Interessenorganisation der Landwirtschaft, die sogleich eine massive Propagandakampagne gegen die Politik der Handelsverträge einleitete.[26] Der Bund der Landwirte bediente sich zu Teilen neuartiger populistischer Agitationsmethoden, die eigentlich mit den politischen Vorstellungen seiner konservativen Auftraggeber gar nicht vereinbar waren. Auf diese Weise gelang es, eine breite agrarische Protestbewegung gegen Caprivis Handelsvertragspolitik in Gang zu bringen, die zudem in hochkonservativen Kreisen und in gewissem Maße selbst im preußischen Staatsministerium auf nachhaltige Unterstützung zählen konnte. Dies hat dann in der Folge die innenpolitische Machtbasis Caprivis immer stärker untergraben. Der Kanzler scheiterte schließlich 1894 an der geschlossenen Phalanx seiner konservativen Widersacher, allerdings ohne daß an den Grundzügen des in den Jahren 1891 bis 1893 geschaffenen Systems bilateraler Handelsverträge auf freihändlerischer Basis grundsätzlich etwas geändert worden wäre.

Dazu hat auch der Umstand beigetragen, daß die Außenpolitik Caprivis nicht sogleich die erhoffte Entlastung des Deutschen Reiches innerhalb des europäischen Mächtesystems gebracht hatte. Es war freilich ohnehin nicht zu erwarten gewesen, daß auf dem Wege der Intensivierung der Beziehungen zu Österreich–Ungarn und Italien sowie einer Politik des Entgegenkommens gegenüber Großbritannien in Fragen sekundärer Art binnen kurzer Frist eine durchschlagende Verbesserung der Position des Deutschen Reiches innerhalb des europäischen Mächtesystems hätte erreicht werden können. Davon abgesehen, erwies sich das Kalkül insbesondere Marschalls und Holsteins, daß man künftighin zuverlässig auf eine flankierende Unterstützung der Dreibundmächte gegen Frankreich und Rußland durch Großbritannien werde rechnen können, als viel zu optimistisch. Großbritannien war in seiner Gesamtpolitik in erheblich geringerem Maße auf die Mittelmächte angewiesen, als man sich dies, noch im Banne Bismarckscher Kalküle stehend, in Berlin ausrechnete. Die Regierung Gladstone/Rosebery war noch weniger geneigt, sich einseitig an die Mittelmächte zu binden, als die bisherige konservative Regierung unter Salisbury. Vielmehr verfolgte man in Downing Street die eigenen weltweiten Interessen undogmatisch und ohne primär auf die Verhältnisse in Europa fixiert zu sein. Selbst das zarische Rußland erschien den britischen Staatsmännern weit weniger gefährlich, als man dies in Berlin, befangen in einer gewissen Russophobie, annahm. Nur auf längere Frist hätte sich unter diesen Umständen eine behutsame Neuorientierung der britischen Außenpolitik einstellen können. Im übrigen war auch der Dreibund nicht ganz das wert, was man in Berlin darüber dachte. Ungeachtet der Erneuerung des Dreibundvertrages zu im ganzen befriedigenden Bedingungen im Herbst 1891 konnte auf Italien auch in der Folgezeit nicht mit absoluter Sicherheit gerechnet werden; vielmehr war die italienische Diplomatie geneigt, ungeachtet der vertraglichen Bindung an die Mittelmächte von Fall zu Fall Geschäfte, sei es mit Rußland, sei es mit Frankreich, zu machen, zumal das Verhältnis zu Österreich–Ungarn immer noch höchst ambivalenter Natur war.

Entscheidend für die Gesamtlage des Deutschen Reiches aber war die Verschlechterung des Verhältnisses zu Rußland und dessen fortschreitende Annäherung an Frankreich, eine Entwicklung, die von Caprivi und Holstein freilich als unabwendbar angesehen worden war. Unter den gegebenen Verhältnissen kam es, ungeachtet der weiterhin fortbestehenden ideologischen Gegensätze zwischen dem zarischen Rußland und dem republikanischen Frankreich, zu einem schrittweisen Ausbau der bestehenden politischen, militärischen und ökonomischen Bindungen beider Mächte. Einen ersten spektakulären Höhepunkt bildete der damals vielbeachtete Besuch der französischen Flotte in Kronstadt 1891, der mit großen Feiern begangen wurde und den wenig später dann ein russisches Geschwader in dem französischen Mittelmeerhafen Toulon erwiderte. Es blieb freilich nicht bei Demonstrationen, vielmehr kam es schrittweise auch zu konkreten Gesprächen über ein gemeinsames militärisches Vorgehen Frankreichs und Rußlands für den Fall eines europäischen Krieges. Schon 1892 waren Verhandlungen zwischen den zuständigen militärischen Instanzen Frankreichs und Rußlands über konkretere Vereinbarungen im Kriegsfall aufgenommen worden; diese fanden schließlich einen verbindlichen Niederschlag in der russisch-französischen Militärkonvention von 1893.

Die russisch-französische Entente erhielt eine zusätzliche Abstützung durch die Zusammenarbeit zwischen der französischen Hochfinanz und dem russischen

Staat. Dank der aktiven Unterstützung der französischen Regierung war die russische Anleihe von 1891 zu dem vergleichsweise günstigen Zinssatz von drei Prozent auf den französischen Kapitalmärkten ohne jede Schwierigkeit placiert worden.[27] In den folgenden Jahren beteiligte sich die französische Hochfinanz zunehmend aktiv am Ausbau des russischen industriellen Systems, sei es durch Beteiligung an den entsprechenden Anleihen staatlichen oder privaten Charakters, sei es durch direkte Investitionen von nicht selten beachtlicher Größenordnung in russischen Industrieanlagen oder Eisenbahnbauten. Indirekt wurden durch die französisch-russische Wirtschaftsallianz zugleich die finanziellen Voraussetzungen für den Ausbau und die Modernisierung des Eisenbahnnetzes in den westlichen Rayons des zarischen Rußland gelegt. Aus der Sicht des deutschen Generalstabs war dies eine höchst bedrohliche Entwicklung, wurden doch dadurch die langen Fristen, die bisher für die Mobilisierung der russischen Armeen und deren Einsatz im Westen angesetzt worden waren, im Kriegsfalle erheblich verkürzt, mit entsprechend nachteiligen Auswirkungen für die deutschen strategischen Planungen.

Während sich die französisch-russischen Wirtschaftsbeziehungen vergleichsweise günstig entwickelten, konnte das gleiche von den Handelsbeziehungen zwischen dem Deutschen Reich und Rußland nicht gesagt werden. Nach wie vor war das Deutsche Reich der vergleichsweise wichtigste Handelspartner Rußlands. Jedoch hatte die Hochschutzzollpolitik, zu der das Deutsche Reich seit Mitte der 1880er Jahre übergegangen war, auf russischer Seite große Erbitterung hervorgerufen, zumal diese durch allerlei Schikanen veterinärpolizeilicher Art noch zusätzlich abgestützt wurde. Durch die restriktive Handelspolitik des Deutschen Reiches war die russische Wirtschaft hart getroffen worden. Insbesondere hatten die Schutzzölle zu einer erheblichen Erschwerung der russischen Agrarexporte nach Deutschland geführt und die ohnehin prekäre außenwirtschaftliche Zahlungsbilanz des Zarenreiches weiter geschwächt.

In Anerkennung dieser Sachlage, zugleich aber auch im Interesse der Förderung des Exports deutscher Industriewaren nach Rußland, nahm Caprivi seit 1893 Verhandlungen mit der zarischen Regierung über den Abschluß eines Handelsvertrages auf, um wenigstens auf diesem Gebiet Abhilfe zu schaffen. Die mit großer Zähigkeit geführten Verhandlungen konnten 1894 schließlich erfolgreich abgeschlossen und damit wenigstens die ökonomischen Hürden, die einer Wiederannäherung beider Reiche im Wege standen, in einem gewisse Maße abgebaut werden. Allerdings kam es im Reichstag zu scharfen Angriffen auf Caprivis Politik, konnte doch gerade dieser Handelsvertrag den Agrariern nicht genehm sein.

Dies hat freilich die schrittweise Annäherung Frankreichs und Rußlands, die in den späten 80er Jahren ihren Anfang genommen hatte, nicht aufhalten können; noch im gleichen Jahre kam es zum Abschluß eines förmlichen russisch-französischen Bündnisvertrages, der für den Fall eines europäischen Krieges ein beiderseitiges offensives militärisches Vorgehen gegen die Mittelmächte vorsah. Damit war genau jene Situation eingetreten, die Bismarck zweieinhalb Jahrzehnte zu verhindern verstanden hatte, wenn auch am Ende nicht mehr mit sonderlich wirksamen Mitteln. Dies machte die Regierung Caprivi auf dem Gebiete der äußeren Politik zunehmend angreifbar, zumal Bismarck seinerseits nicht zögerte, die ihm zugänglichen publizistischen Organe, insbesondere die »Hamburger Nachrichten«, zu benutzen, um seinen Nachfolgern das Leben schwerzumachen.

Die nicht eben günstige Position des Deutschen Reiches im internationalen System wurde noch zusätzlich durch den Umstand beeinträchtigt, daß die Erwartung Marschalls und Caprivis, daß das Deutsche Reich auf eine flankierende Abstützung des Systems des Dreibundes durch Großbritannien gegen Frankreich und Rußland zuverlässig rechnen könne, angesichts neuer deutsch-britischer Zerwürfnisse untergraben wurde. Als die eigentlich treibende Kraft der neuen liberalen Regierung Gladstone steuerte Lord Rosebery, als Exponent des Liberalen Imperialismus, die britische Außenpolitik in das Fahrwasser einer ausgesprochen imperialistischen Politik, die nicht mehr nur auf die Absicherung des britischen Empire, sondern auf dessen Konsolidierung und Erweiterung abzielte. Vor allem identifizierte sich Rosebery, wo immer möglich, mit den imperialistischen Bestrebungen der Dominions und Kronkolonien, da er in ihrer Befriedigung eine wesentliche Voraussetzung für die Festigung des Britischen Empire sah, auch dann, wenn Großbritannien dadurch in Konflikte mit dritten Mächten verwickelt wurde. Infolgedessen kam es 1893 erneut zu erheblichen Differenzen mit Großbritannien in der Samoa-Frage. Das 1889 zwischen Großbritannien, den USA und dem Deutschen Reich ausgehandelte Samoa-Abkommen, in dem eine gemeinsame Oberhoheit der drei Schutzmächte über die Insel Samoa und ihre Nebeninseln vereinbart worden war, hatte sich angesichts der permanenten inneren Unruhen im Lande und der Unwilligkeit der Schutzmächte, den indigenen politischen Parteiungen geschlossen gegenüberzutreten, als undurchführbar erwiesen. Eine förmliche Aufteilung Samoas unter die drei primär beteiligten Mächte, wie sie von deutscher Seite vorgeschlagen wurde, stieß hingegen auf den entschiedenen Widerstand namentlich Neuseelands, dessen Ansprüche von der Regierung Lord Roseberys, die das Ziel einer Konsolidierung des britischen Empire offiziell auf ihre Fahnen geschrieben hatte, uneingeschränkt unterstützt wurden. Unter diesen Umständen konnte eine befriedigende Lösung der Samoa-Frage zunächst nicht erreicht werden, obschon dies in Berlin aus innenpolitischen Gründen äußerst erwünscht war. Dringliche Vorstellungen Marschalls in London, die britische Regierung möge berücksichtigen, daß der gute Ruf der Politik des »Neuen Kurses« von einer befriedigenden Lösung der Samoa-Frage abhängig sei, fruchteten wenig. Unter diesen Umständen stellte selbst Hatzfeldt, der ansonsten alles tat, um eine Verständigung zwischen Großbritannien und Deutschland herbeizuführen, konkrete Erwägungen darüber an, ob es nicht die beste Lösung sei, durch eine militärische Okkupation jener Gebiete Samoas, die von Deutschland beansprucht wurden, ein *fait accompli* zu schaffen und die Verhandlungen dann auf dieser Basis erneut aufzunehmen. So weit wollte Caprivi wegen dieses vergleichsweise wenig wertvollen kolonialpolitischen Objekts freilich nicht gehen.

Auch in Ostafrika kam es zu erneuten, schwerwiegenden Differenzen mit der britischen Regierung. Lord Rosebery hatte den bereits 1890 vom Deutschen Reich und Frankreich gemeinsam zu Fall gebrachten Plan erneut aufgegriffen, durch ein Abkommen mit König Leopold II. die Abtretung eines Landzipfels an der Ostgrenze des belgischen Kongos an Großbritannien zu erwirken, um doch noch die Voraussetzungen für die Schaffung einer direkten Landverbindung des Britischen Empire von Ägypten bis nach Südafrika zu schaffen. Dies kam bei Lage der Dinge einer offenen Herausforderung an die deutsche Adresse gleich; Marschall erklärte, daß »wir einen solchen ›englischen Gürtel‹ um unsere ostafrikanischen Besitzungen« schon 1890 »als eine politische und kommerzielle Gefahr« ausdrücklich zurückgewiesen hätten; um so weniger könne man diesem jetzt die Zustimmung geben.[28] Marschall bekräftigte den Protest des Deutschen Reiches gegen diesen Vertrag durch Rückgriff auf eine bewährte Waffe aus dem Arsenal Bismarckscher Diplomatie, nämlich die Drohung, gegebenenfalls in der ägyptischen Frage auf die Seite Frankreichs zu treten, sofern sich Großbritannien in Ostafrika nicht nachgiebig zeigen sollte. Da gleichzeitig auch die französische Regierung gegen das Kolonialabkommen mit Leopold II. protestierte, sah sich das britische Kabinett gezwungen, *nolens volens* wieder auf dieses zu verzichten. Dies war ein bescheidener Teilerfolg der deutschen Diplomatie auf außereuropäischem Gebiet, der freilich angesichts der zunehmend erstarkenden imperialistischen Tendenzen in der öffentlichen Meinung, die große territoriale Erwerbungen in Übersee im Sinne hatte, nur einen Tropfen auf dem heißen Stein darstellte.

Europa stand am Anfang einer neuen Phase der internationalen Beziehungen, die durch zunehmende imperialistische Mächterivalitäten bestimmt war. Auch die deutsche Politik konnte sich unter dem Druck der neu erwachten Bewegung zugunsten einer aktiven überseeischen Politik, die dem Deutschen Reich neue wirtschaftliche Absatzmärkte und koloniale Besitzungen in Übersee verschaffen sollte, auf kolonialpolitischem Felde nicht länger abstinent verhalten. Bei Lage der Dinge warf dies einen langen Schatten insbesondere auf das deutsch-britische Verhältnis, war doch das Britische Empire der stärkste potentielle Gegenspieler eines aktiven deutschen Imperialismus. Eine behutsame Politik der sachlichen Austarierung der beiderseitigen Interessen, wie sie Caprivi und Marschall, trotz der in Kreisen des Auswärtigen Amtes weiterhin bestehenden Überschätzung des politischen Handlungsspielraums des Deutschen Reiches, im Prinzip betrieben, hätte diese Probleme möglicherweise gleichwohl meistern können. Aber Caprivi blieb die Chance, dies unter Beweis zu stellen, versagt; im Oktober 1894 wurde er angesichts der zunehmenden Widerstände in den konservativen Kreisen gegen seine Politik und der von seiten des preußischen Staatsministeriums ausbleibenden Rückendeckung zum Rücktritt gezwungen, zumal die Kamarilla in der Umgebung Wilhelms II. längst nach einem Kanzlerkandidaten Ausschau gehalten hatte, der sich dem »persönlichen Regiment« des Kaisers nicht länger widersetzen würde. Caprivis Rücktritt machte die Bahn frei für eine Außenpolitik der pathetischen Phrasen und imperialer Großmachtsucht, die das außenpolitische Erbe Bismarcks binnen weniger Jahre gänzlich verspielen sollte.

Die Ära des ungebremsten »persönlichen Regiments« Wilhelms II. (1894–1897)

Mit dem Rücktritt des Reichskanzlers Leo von Caprivi im November 1894 trat das Deutsche Reich in eine Periode großer innenpolitischer Konflikte und außenpolitischer Krisen ein, die durch beständige impulsive Eingriffe Wilhelms II. in den Gang der politischen Geschäfte bestimmt wurde. Zwar hatte Caprivi durch die Begründung, die er seinem Abschiedsgesuch gegeben hatte, Wilhelm II. daran gehindert, den preußischen Ministerpräsidenten Botho Graf zu Eulenburg auch zum Reichskanzler zu berufen, und statt dessen seinen gleichzeitigen Rücktritt erzwungen und damit das Schlimmste, nämlich ein rein konservatives Regiment auch im Reich, verhindert. Aber der Kaiser, ermuntert von seiner engeren Umgebung, zu der insbesondere Philipp Graf zu Eulenburg gehörte, war gleichwohl entschlossen, der Reichspolitik eine grundsätzlich neue Richtung zu geben. Philipp Graf zu Eulenburg war ein überzeugter Anhänger der Idee, daß der Kaiser die Leitung der Politik des Reiches selbst in die Hand nehmen solle. Wie weit dabei die Tatsache eine Rolle spielte, daß er eine persönliche Vertrauensstellung bei Wilhelm II. besaß und demgemäß über außerordentlich großen Einfluß auf den jungen Monarchen verfügte, sei hier dahingestellt. Jedenfalls stand Eulenburg in den folgenden Jahren im Mittelpunkt eines Netzwerks von informellen Beziehungen, das einen großen Teil der schmalen preußisch-deutschen Führungselite umfaßte.[1] Als solcher vermochte er in den kommenden Jahren ein ungewöhnliches Maß von politischem Einfluß auf den Gang der Dinge zu nehmen. Dabei spielte natürlich der Umstand eine gewichtige Rolle, daß allgemein bekannt war, daß Eulenburg in besonderem Maße das Ohr des Kaisers habe und in der Lage sei, diesen in dem jeweils gewünschten Sinne zu lenken.

Nach dem Abgang Caprivis stellte sich in den Führungskreisen des Reiches die schwierige Frage, wer denn nun zum Reichskanzler berufen werden solle. Gemäß den ungeschriebenen Gesetzen der preußisch-deutschen Politik kam dafür niemand in Frage, der eine aktive Rolle im parlamentarischen Geschehen gespielt hatte, geschweige denn ein Parteipolitiker, sondern nur eine Persönlichkeit, die der preußisch-deutschen Hocharistokratie wenn nicht angehörte, so doch nahestand und genehm war. Andererseits wäre bei Lage der Dinge ein Kanzler, der als Exponent des preußischen Konservativismus anzusehen war, von den Mehrheitsparteien des Reichstages ebenso wie von der breiteren Öffentlichkeit als Provokation empfunden worden. Unter diesen Umständen suchte man den Tendenzen der öffentlichen Meinung wenigstens ein Stück entgegenzukommen und eine Kompromißlösung zu finden, durch welche die Pläne Wilhelms II. und seiner Umgebung, die auf die Steigerung der persönlichen Einflußnahme des Monarchen auf den Gang der politischen Geschäfte abzielte, nicht blockiert wurden. Da eine rein konservative Persönlichkeit vorderhand politisch nicht durchsetzbar schien, wurde schließlich der bereits im Alter von 75 Jahren stehende katholische Hocharistokrat Fürst Chlodwig zu Hohenlohe-Schillingsfürst zum Nachfolger Caprivis berufen, »als ein Übergang zu einem anderen, den man suchen müsse«[2]. Hohenlohe besaß als ehemaliger Statthalter im Reichland Elsaß-Lothringen ein gewisses Maß an Regierungserfahrung und verfügte als katholischer Whig und Haupt einer angesehenen süddeutschen Adelsfamilie über großes Ansehen. Jedoch bezweifelte er selbst, ob er angesichts seines hohen Alters den Aufgaben eines Reichskanzlers überhaupt noch gewachsen sei; er fand sich schließlich nur dazu herbei, dieses Amt doch zu übernehmen, nachdem der Kaiser ihm aus seinem persönlichen Vermögen eine Apanage zwecks Aufbesserung seines bescheidenen Reichskanzlergehalts zugesagt hatte.

Hohenlohe war bekannt als ein Mann, der für eine Politik des Ausgleichs zwischen den widerstreitenden politischen Gruppierungen im Reich stand. Doch war ihm von vornherein die Rolle einer Galionsfigur zugedacht; er war dafür ausersehen, dank seines großen persönlichen Ansehens die schrittweise Hinwendung zu einer ausgeprägt reaktionären Politik im Innern zu decken. Mit seiner Berufung gedachte man in der Umgebung des Kaisers, schon jetzt die Weichen für einen Wechsel der leitenden Persönlichkeiten insbesondere auf dem Gebiete der äußeren Politik zu stellen. Der Kaiser verlangte nach Ministern, die, im Unterschied zu dem Staatssekretär des Äußeren Adolf Hermann Freiherr Marschall von Bieberstein, dem Kriegsminister Walter Bronsart von Schellendorff und dem Staatssekretär des Reichsmarineamts Admiral Friedrich von Hollmann, bereit sein würden, eine »imperiale« Politik im wörtlichen Sinne zu führen, die dem persönlichen Führungsanspruch Wilhelms II. einen weiten Spielraum einräumte und die integrative Kraft des Kaisergedankens auch innenpolitisch ins Spiel brachte.

Die große Mehrheit der hohen Beamten und Politiker, in deren Händen die effektive Regierungsgewalt im Reich lag, freilich in zunehmender Abhängigkeit von der wachsenden Macht des Reichstages und der großen Parteien, war sich im Grunde darüber einig, daß die impulsive Natur des Kaisers und seine beständigen unberechenbaren Ausbrüche eine Quelle ernster Gefahren für Krone und Reich darstellten. Sie waren der Meinung, daß die ständigen willkürlichen Eingriffe Wilhelms II. in den Gang der Geschäfte nach Möglichkeit unter Kontrolle gebracht werden müßten. Aber unter den gegebenen Umständen überwog in konservativen Kreisen und insbesondere in der höfischen Umgebung Wilhelms II. das Interesse, die Person des Kaisers und das Kaisertum als solches für eine Politik einzusetzen, welche die Eindämmung der steigenden Macht des Reichstages und der Parteien der Linken zum Ziel hatte. Es war freilich jedermann klar, daß dies behutsam geschehen müsse und Alleingänge des Kaisers künftig möglichst unterbleiben müßten. Jedoch sah die hochkonservative Umgebung des Kaisers, in der neben Graf Eulenburg vor allem der Chef des Zivilkabinetts, Friedrich Karl Hermann von Lucanus, und der Chef des Marinekabinetts, Gustav Freiherr von Senden-Bibran, den Ton angaben, keinerlei Anlaß, Wilhelm II. in den Arm zu fallen, wenn er die rückhaltlose Bekämpfung der Parteien der Linken und des Reichstages auf die Tagesordnung setzte und zudem mit äußerster Hartnäckigkeit eine Gestaltung der Militärstrafgesetznovelle forderte, durch die das unmittelbare Vertrauensverhältnis zwischen der Krone und dem Heer uneingeschränkt erhalten bliebe; dies war nach kaiserlicher Ansicht mit der von den Parteien geforderten Öffentlichkeit des Militärstrafgerichtsverfahrens nicht zu vereinbaren.

Wilhelm II. bestand auf seiner königlichen Prärogative, die Minister und Botschafter nach seinem eigenen Belieben zu wählen und gegebenenfalls auch gegen den Willen seiner engsten Berater zu berufen oder zu entlassen. Ende 1896 kam es zu einem offenen Konflikt im preußischen Staatsministerium, weil sich der preußische Innenminister Ernst Matthias von Köller unter Mißachtung eines einstimmigen Kabinettsbeschlusses im Sinne des Kaisers gegen die zur Verhandlung anstehende Vorlage der Militärstrafprozeßordnung ausgesprochen hatte. Angesichts des solidarischen Protests des gesamten Staatsministeriums sah Wilhelm II. keine andere Möglichkeit, als Köller zu entlassen, obschon er zuvor erklärt hatte, »von Koeller trenne er sich nicht, weil das der Mann sei, auf den er bei gefährlichen inneren Lagen rechnen würde«[3]. Für diesmal wurde Wilhelm II. zum Rückzug gezwungen; dies bestärkte ihn freilich nur in seiner Absicht, bei nächstbester Gelegenheit eine gefügigere Ministermannschaft zu berufen; er dachte keineswegs daran, seine »persönliche Politik« grundsätzlich aufzugeben.

Fürst Hohenlohe und seine engsten Berater gingen jedoch zutreffend davon aus, daß ein Konfliktkurs mit dem Reichstag, der hartnäckig auf einer Umgestaltung des Militärstrafgerichtsverfahrens gemäß rechtsstaatlichen Grundsätzen bestand, unter den gegebenen Umständen ins politische Abseits führen und nur zusätzlich Wasser auf die Mühlen der Kritik der Bismarckianer an dem kaiserlichen Regime leiten werde. Aber Wilhelm II. forderte auch nach dem kläglichen Scheitern der sogenannten Zuchthausvorlage, nicht zuletzt infolge einer allzu forschen kaiserlichen Rede in Bad Oeynhausen, Maßnahmen gegen die Sozialdemokratie und die linken Parteien; auch Hohenlohe konnte nicht verhindern, daß sich der Kaiser mit der auf sein Drängen hin erfolgten Einbringung einer preußischen Vereinsvorlage im preußischen Abgeordnetenhaus, die nach einer entsprechenden Entschärfung durch die bürgerlichen Parteien anschließend vom Herrenhaus zu Fall gebracht wurde, erneut eine blutige Nase holte. Der Konflikt über die überfällige Reform des Militärstrafgesetzbuches führte zu schweren Auseinandersetzungen mit dem Reichstag. Der auf die Insinuationen des Kaisers zurückzuführende Rücktritt des allseits geachteten Kriegsministers Bronsart von Schellendorff trug weiter dazu bei, das Ansehen des Kaisers und des bestehenden Regimes in der Öffentlichkeit noch stärker zu beeinträchtigen. Demgemäß war vorderhand guter Rat teuer. Eine Verständigung mit einer Mehrheit der Reichstagsparteien über die von Wilhelm II. gewünschten Gesetzgebungsprojekte war nicht zu erwarten. Andererseits hätte ein Kampfkurs gegen den Reichstag, wie ihn Wilhelm II. befürwortete, gefolgt von einer Reichstagsauflösung und Neuwahlen, die Lage nur noch schlimmer gemacht; eine gefügigere Reichstagsmehrheit war unter den gegebenen Umständen schlechterdings nicht zu erwarten.

Das nur zu offen zur Schau getragene Verlangen des Kaisers, daß der Reichstag mit allen verfügbaren Mitteln zur Räson gebracht werden müsse, tat ein übriges, um die politische Atmosphäre zu vergiften. In der Umgebung des Kaisers und insbesondere in militärischen Kreisen wurden beständig neue Erwägungen angestellt, auf welche Weise man eine gewaltsame Unterdrückung der Sozialdemokratie und eine Revision des Reichstagswahlrechts in konservativem Sinne bewerkstelligen könne; Staatsstreichpläne unterschiedlichster Art lagen in der Luft. Selbst Friedrich von Holstein, die »Graue Eminenz« im Auswärtigen Amt, dem man gewiß keine demokratischen Neigungen unterstellen konnte, sah sich unter solchen Umständen veranlaßt, bei Philipp Eulenburg nachdrücklich vor derartigen Experimenten zu warnen, die für den Kaiser zu einem politischen »Jena« werden könnten. Er plädierte dafür, daß man, »da eine ›Regierung ohne Reichstag‹ [...] zur Zeit in Deutschland nicht möglich« erscheine, dem Reichskanzler Hohenlohe, »solange er nicht glaubt, einen besseren Reichstag zu bekommen, die politische Existenz zwischen diesem Kaiser und diesem Reichstag nicht unmöglich« machen dürfe.[4] Dies hatte jedoch nur zur Folge, daß Eulenburg nunmehr auch Holstein in höfischen Kreisen und insbesondere bei seinem Schützling Bernhard von Bülow als unheilbar liberalen Tendenzen verfallen anschwärzte.

Tatsächlich betrieb Philipp Eulenburg, in engem Zusammenspiel mit der kaiserlichen Umgebung, bereits seit 1894 ein geschicktes Intrigenspiel, das darauf abzielte, den Staatssekretär des Auswärtigen Marschall von Bieberstein beiseite zu schieben und Bernhard von Bülow an dessen Stelle zu setzen. Dies war freilich nur als ein erster Schritt gedacht, dem dann bei passender Gelegenheit die Berufung Bülows zum Reichskanzler folgen sollte. Bülow schien der geeignete Mann zu sein, um einem konservativen Regiment unter kaiserlicher Flagge den nötigen populären Anstrich zu geben. Bülow selbst empfahl sich für diese Politik in den höchsten Tönen: »Ich wäre ein anderer Reichskanzler wie die bisherigen. Bismarck war eine Macht für sich, Pippin, Richelieu, Caprivi und Holstein fühlten und fühlen sich doch als Vertreter des ›Gouvernements‹ und bis zu einem gewissen Maße des Parlaments Seiner Majestät gegenüber. Mit mir würde im guten Sinne, aber tatsächlich ein persönliches Regiment beginnen. Aber gerade deshalb [...] müßte im Interesse Seiner Majestät ich als Reichskanzler vorsichtig und nicht zu früh eingeführt werden. Wenn dieser Versuch wirklichen persönlichen Regiments mißlänge, wäre es schlimm für unseren lieben Kaiser«.[5] Nur die Tatsache, daß Bülow nicht vorzeitig ins Feuer geschickt werden wollte, verhalf Marschall zu einer weiteren Gnadenfrist in seiner Stellung als Staatssekretär des Äußeren, während andere Minister, insbesondere der Kriegsminister Bronsart von Schellendorff, schon jetzt abgehalftert wurden und konservativen Figuren zweiten Ranges Platz machen mußten.

Dieses beispiellose Intrigenspiel, in dem das Werben um die Gunst des Kaisers die ausschlaggebende Rolle spielte und demgegenüber alle Versuche zunichte wurden, die beständigen willkürlichen Eingriffe des Kaisers in den Gang der Geschäfte einzuschränken, überschattete die Führung der deutschen Außenpolitik in zunehmendem Maße. Das äußerst gespannte Verhältnis der Regierung zum Reichstag und den Parteien ließ in Regierungskreisen den Gedanken reifen, durch eine kraftvolle Außenpolitik von der innenpolitischen Misere abzulenken. Holstein brachte dies ganz ungeniert zum Ausdruck. Die Regierung Kaiser Wilhelms brauche, so meinte er, einen Erfolg auf dem Gebiet der auswärtigen Politik, der sich auch auf die innere Politik vorteilhaft auswirken würde. Ein solcher Erfolg könne erwartet werden entweder als Ergebnis eines europäischen Krieges oder einer kühnen außenpolitischen Aktion weltweiten Charakters oder von territorialen Erwerbungen in der außereuropäischen Welt.[6] Von diesen drei Alternativen hielt Holstein die letztgenannte noch für vergleichsweise am wenigsten gefährlich, obschon er selbst kolonialen Besitzungen jeglichen wirklichen Wert absprach.

Vorderhand war freilich von dergleichen noch nicht die Rede. Die Begeisterung im Auswärtigen Amt für eine offensive Kolonialpolitik war einstweilen ziemlich gering, obschon inzwischen klargeworden war, daß man die kolonialpolitischen Fragen nicht länger einfach vernachlässigen dürfe. Marschall von Bieberstein war ein Diplomat, der in der Bismarckschen Tradition groß geworden war. Von Hause aus war er nur wenig geneigt, große kolonialpolitische Pläne zu schmieden. Allerdings hatte er sich in der Samoa-Frage, freilich am Ende nahezu ohne Erfolg, energisch ins Zeug gelegt, um eine für Deutschland akzeptable Lösung zu erreichen. Bieberstein zog aus dem Scheitern der Bemühungen um eine Regelung der Samoa-Frage im deutschen Sinne am Ende die bittere Schlußfolgerung, daß Großbritannien dem Deutschen Reich überall auf dem Erdball in den Weg trete.[7] Besondere Weitsicht legte die deutsche Diplomatie in diesen Dingen freilich nicht an den Tag, und der Gedanke, einen umfassenderen Interessenausgleich mit Großbritannien auf überseeischem Gebiete anzustreben, lag ihr einstweilen gänzlich fern. Britische Anregungen, eine die deutschen Wünsche auf Errichtung eines formellen Kolonialregiments auf Samoa und Tonga befriedigende Lösung gegen die Erklärung des Desinteresses an der Delagoa Bay einzutauschen, stießen in Berlin auf taube Ohren, weil man sich im Fall Samoas auf festem Rechtsboden zu befinden glaubte und daher meinte, keinerlei Gegenleistung erbringen zu müssen.

Mit dem Sturz der liberalen Regierung Rosebery und dem Wiedereinzug Lord Salisburys in die Downing Street hatte sich das deutsch-englische Verhältnis 1895 zwar wieder ein wenig verbessert. Salisbury hatte der Idee einer Annäherung Großbritanniens an die Mittelmächte stets sympathischer gegenübergestanden als Lord Rosebery, für den die Interessen des Empire ganz im Vordergrund seiner Erwägungen standen, aber von den sanguinischen Hoffnungen der Caprivi-Ära, daß Großbritannien sich den Dreibundmächten in konkreter Form anschließen würde, war nur wenig übriggeblieben. Die vorwiegend an kontinentalpolitischen Vorstellungen orientierte Erwartung des Auswärtigen Amts, daß Großbritannien wegen des Gegensatzes zum zarischen Rußland und seiner eigenen mittelmeerischen Interessen stets eine enge Anlehnung an den Dreibund suchen müsse, entsprach keineswegs der Einschätzung der weltpolitischen Situation in No. 10, Downing Street. Davon abgesehen, fehlte in der Wilhelmstraße weitgehend jedes Verständnis für die imperialen Probleme Großbritanniens und seiner Dominions, deren subimperialistische Bestrebungen es der Londoner Zentrale immer schwerer machten, in überseeischen Fragen Entgegenkommen zu zeigen. Ebenso verkannte sie das Bestreben der britischen Politik, nach Mitteln und Wegen Ausschau zu halten, die eine Begradigung der eigenen Einflußsphären und eine Begrenzung der eigenen imperialen Verpflichtungen auf militärischem und finanziellem Gebiet erlaubt haben würden.

Ende Juli 1895, nur wenig nach seinem Regierungsantritt, trat Lord Salisbury mit dem Vorschlag hervor, angesichts der wieder aufgeflammten armenischen Krise und der andauernden Differenzen mit der Pforte über eine annehmbare Regelung der ägyptischen Frage die Besitzungen des Osmanischen Reiches unter die Großmächte aufzuteilen oder zumindest eine Abgrenzung der jeweiligen Interessensphären vorzunehmen. Auf diese Weise hoffte er, den gordischen Knoten der britischen Nahostpolitik einfach zu durchschlagen. Die deutsche Diplomatie wurde von Salisburys Initiative vollständig überrascht. Die Möglichkeit, daß sich die britische Politik aus ihrer Rolle als Schutzmacht des Osmanischen Reiches gleichsam zurückziehen könnte, hatte gänzlich außerhalb ihres Erwartungshorizontes gelegen. Das miteinander konfligierende Engagement Großbritanniens und Rußlands im Nahen Osten galt als eine niemals hinterfragte Prämisse der bisherigen deutschen Außenpolitik, und die Ausbalancierung der rivalisierenden russischen und britischen Interessen im Orient bildete aus deutscher Sicht das Arkanum der Dreibundpolitik. Eine Generalbereinigung der Orient-Frage, wie sie Salisbury im Auge hatte, lief aus deutscher Sicht auf eine Unterminierung der Dreibundpolitik hinaus.

Obschon sich der Vorstoß Salisburys schon bald als unrealisierbar erwies, da bei Lage der Dinge weder Rußland noch Frankreich an einer solchen Lösung, die eine dauernde Etablierung britischer Truppen am Suezkanal einschloß, Interesse zeigten, war die deutsche Regierung von Salisburys Absichten alarmiert. In Berlin wurden sogar Gerüchte kolportiert, in denen davon die Rede war, daß Großbritannien dem Zarenreich den Plan eines russisch-englischen Kondominiums über das Osmanische Reich unterbreitet habe. Der zur gleichen Zeit erfolgte Vorstoß Großbritanniens, man möge den Sultan von Konstantinopel durch eine gemeinsame Aktion der Großmächte dazu veranlassen, seine brutale Unterdrückungspolitik gegenüber der armenischen Bevölkerung einzustellen und statt dessen die nichttürkischen Bevölkerungsgruppen durch weitreichende innere Reformen zu pazifizieren, wurde namentlich von Wilhelm II. nur als ein sinistres Manöver aufgefaßt, um den englischen Einfluß im Orient auf Kosten der anderen Mächte zu steigern.

Der Kaiser nahm die erstbeste Gelegenheit wahr, um seinem Zorn über die Engländer, die sich so beharrlich weigerten, die ihnen zugedachte Rolle eines verläßlichen Partners der Dreibundmächte gegenüber dem zarischen Rußland zu spielen, Luft zu machen. Die Möglichkeit dazu ergab sich in einem Gespräch mit dem englischen Militärattaché Oberst Leopold Swaine am 20. Dezember 1895 im Hause des Prinzen Wilhelm von Hohenzollern. Der Kaiser las diesem zunächst wegen der armenischen Frage die Leviten; die britische Forderung nach inneren Reformen im Osmanischen Reich diene nur dem Zweck, die Herrschaft des Sultans zu destabilisieren. Ob denn, so meinte der Kaiser, nachdem »wohl schon ungefähr 80000« Armenier umgebracht worden seien und vielleicht gar keine mehr da wären, »England immer noch nicht das Gewissen schlage wegen der heillosen Wirtschaft, die es durch sein unqualifizierbares Verhalten in Kleinasien für die Armenier hervorgerufen und über die Unruhe, die es in Europa unter die Mächte gebracht habe«.[8] Nicht nur suchte der Kaiser der englischen Politik seit Gladstone die Verantwortung für die Massaker an der armenischen Bevölkerung zuzuschieben. Mehr noch, England habe die Abmachungen des Mittelmeerabkommens in gröblicher Weise mißachtet und gar Rußland den Vorschlag eines Kondominiums über Konstantinopel gemacht. Dem ob dieser, wie sich sobald herausstellen sollte, völlig aus der Luft gegriffenen Behauptungen äußerst erstaunten Oberst Swaine hielt der Kaiser anschließend eine Standpauke über die möglichen Folgen der Politik Großbritanniens, das versucht habe, die europäischen Mächte gegeneinander auszuspielen. Er drohte schließlich mit der Möglichkeit eines Kontinentalblocks gegen England. Er erklärte, daß »die Zeiten vorüber seien, wo auf dem Kontinent eine Macht sich fände, die für englische Interessen ins Feuer gehe. [...] Wünsche England Verbündete oder Helfer, so müsse es von seiner Politik der freien Hand abgehen und den Betreffenden nach kontinentaler Art Garantien oder Verträge geben, daß es für die Folgen stehe und vor allen Dingen selbst handele.« Er sei, so meinte der Kaiser, »selber ein halber Engländer und wisse ganz genau, daß sie stolz auf ihr Prestige und auf ihre Macht seien und mißmutig über manches bei uns, zumal über unseren wachsenden Handel [...] England habe« zu seinem »tiefen Kummer seit der letzten radikalen Regierung in allen Teilen der Welt so gekniffen, daß man anfange, daran zu zweifeln, ob es überhaupt noch Fähigkeit und kriegerischen Sinn genug besitze, um seinem Worte Geltung zu verschaffen, denn Prestige werde nur durch schneidige Tätigkeit und Handeln aufrechterhalten, nicht aber durch diplomatisches Finassieren und Ausweichen. Wolle es Neuordnungen im Orient anstreben, welche seine hundertjährige Mittelmeerpolitik ein für allemal außer Kurs setzten«, so solle es nicht dabei Verbündete heranziehen, »welche es dabei reinfallen lassen wolle«.[9]

Dies war ein Musterbeispiel kaiserlicher Diplomatie, in der alle Vorurteile, aber auch die geheimen Hoffnungen, die man auf deutscher Seite gegenüber Großbritannien hegte, in kruder Weise zum Ausdruck kamen. Die britische Regierung dementierte sogleich, daß man jemals den Vorschlag eines russisch-englischen Kondominiums in Konstantinopel gemacht habe. Der Schaden war groß und die Bestürzung bei den Berufsdiplomaten nicht gering. Obschon Marschall seine Hoffnung, daß Großbritannien ungeachtet der Entwicklungen der letzten Jahre schrittweise doch noch zu einem festen Partner des Dreibundes gemacht werden könne, durch das ungestüme Vorpreschen des Kaisers durchkreuzt sah, raffte er sich noch nicht einmal zu einem Protest auf; er vertraute seine Sorgen statt dessen seinem Tagebuch an: »Die Dinge mit S[einer] M[ajestät] gehen schlecht. Er greift fortwährend in die äußere Politik ein. Ein Monarch muß das letzte Wort sprechen, S. M. will aber stets das erste haben, dies ist ein Kardinalfehler.«[10] Holstein und Marschall taten alles, was möglich war, um die Bedeutung dieses Interviews, das Wilhelm II. sogleich allen Botschaften hatte mitteilen lassen wollen, nach Kräften herunterzuspielen. Aber in der Sache bewegten sich die Überlegungen des Auswärtigen Amtes in die gleiche Richtung; Holstein und Marschall befürworteten ebenfalls eine Annäherung an Rußland, um England ins Lager der Mittelmächte zurückzuzwingen, und hegten sogar den Gedanken einer möglichen Kontinentalallianz, wenn und soweit Großbritannien in der von Salisbury signalisierten Form den Interessen des Dreibundes zuwiderhandele.

Diese Vorgänge verstärkten das tiefe Mißtrauen gegenüber Großbritannien als einem weltpolitischen Rivalen des Deutschen Reiches, welches sich in den Führungskreisen des Reiches breitgemacht hatte, zumal die britische Regierung gerade eben noch den deutschen Interessen in der Samoa-Frage mit einiger Härte entgegengetreten war. Die vorsichtigen Versuche der britischen Diplomatie, das Deutsche Reich auf andere Weise zufriedenzustellen, liefen demgemäß ins Leere. Dies galt insbesondere für den Vorschlag, daß sich die deutsche Regierung für den Fall kolonialer Kompensationen an anderer Stelle, gegebenenfalls eine Anwartschaft auf Teile der portugiesischen Kolonien, an der Delagoa Bay desinteressiert zeigen möge; dieser stieß zunächst auf keinerlei Gegenliebe. Der sich bereits abzeichnende Konflikt des britischen Empire mit dem Transvaal warf bereits seine Schatten voraus, aber in Berlin war man nicht bereit, sich darauf einzustellen. Ebensowenig wurden die Chancen genutzt, die sich aus dem Umstand ergaben, daß Großbritannien gerade in diesen Jahren in Westafrika und im Sudan in einen erbitterten Konflikt mit seinem weltpolitischen Rivalen Frankreich verwickelt wurde, der seinen Höhepunkt zwei Jahre später in der Faschoda-Krise erreichen sollte. Dies hing damit zusammen, daß man in der Wilhelmstraße trotz allen Redens über koloniale Aspirationen noch gebannt auf die kontinentalpolitischen Probleme blickte und in erster Linie an einer englischen Rückendeckung gegen die Aspirationen Rußlands und Frankreichs interessiert war.

In eben jenen Jahren flammten die imperialistischen Tendenzen nicht bloß in Großbritannien, sondern weltweit auf breiter Front wieder auf. Am bedeutendsten war der Eintritt Japans in die imperialistische Arena; dieses hatte 1894 überraschend einen imperialistischen Krieg gegen China begonnen und binnen weniger Wochen einen vollständigen militärischen Sieg errungen. Im Frieden von Schimonoseki vom 17. April 1895 ließ sich Japan Korea und die Halbinsel Liu-Tung abtreten. Die Großmächte waren ob dieser Entwicklungen aufgeschreckt und, gemäß der Praxis herkömmlicher europäischer Mächtediplomatie, geneigt, zugunsten des Verlierers zu intervenieren, nicht so sehr, um dessen Interessen zu verteidigen, sondern vielmehr, um die eigenen Interessen zur Geltung zu bringen oder doch Anwartschaften für die Zukunft zu begründen. Großbritannien war grundsätzlich an der Erhaltung der territorialen Integrität des Chinesischen Reiches interessiert; umgekehrt sah Rußland seine eigenen imperialistischen Ambitionen im Fernen Osten durch das japanische Vorgehen ernstlich gefährdet. In Berlin war man sich unschlüssig, auf welche Seite man sich schlagen solle. Holstein ebenso wie Marschall waren grundsätzlich dem Gedanken abgeneigt, sich an einer möglichen Aufteilung des Chinesischen Reiches oder auch nur seiner Randzonen zu beteiligen. Aber Holsteins Frage, ob man denn für den Fall, daß sowohl Rußland als auch Frankreich sich chinesische Territorien einverleiben würden, deutscherseits stillhalten könne, wurde von Marschall entschieden verneint mit dem Argument, daß dies angesichts der Haltung des Kaisers und der öffentlichen Meinung unmöglich wäre.[11] Holstein zog daraus die Folgerung, daß dem Deutschen Reich nur zwei Alternativen offenstünden, nämlich entweder die territorialen Gewinne Japans auf ein Mindestmaß zurückzuschneiden, damit niemand einen Vorwand für Annexionen gleich welcher Art daraus ableiten könne, oder aber bei dem zu erwartenden allgemeinen Wettrennen um den Erwerb chinesischer Territorien mitzuhalten.

Am Ende entschied sich die deutsche Diplomatie für den ersten Weg. Allerdings zeigte man dem Anerbieten Großbritanniens, gemeinsam auf die Wahrung der territorialen Integrität des Chinesischen Reiches durch Japan und implizit auch

Rußland hinzuwirken, die kalte Schulter. Hingegen ging die Wilhelmstraße bereitwillig auf die russischen Wünsche ein, daß das Deutsche Reich sein Gewicht gegen den Friedensschluß von Schimonoseki geltend machen möge. Man konnte der Versuchung nicht widerstehen, das Zarenreich durch die Unterstützung der russischen imperialistischen Aspirationen im Fernen Osten von seiner Westgrenze abzulenken; Georg Herbert Graf zu Münster gab einer in deutschen diplomatischen Kreisen weitverbreiteten Meinung Ausdruck, wenn er an Holstein schrieb: »Ich bin ganz mit Ihnen darin einverstanden, daß je mehr die Russen nach dem Fernen Osten hin gravitieren, je [sic!] besser ist es für uns.«[12] Damit verband sich jedoch zugleich ein viel weitergehendes Kalkül, nämlich die Hoffnung, auf diese Weise zu einer Annäherung an Rußland zu kommen, die sich gegenüber Großbritannien politisch werde verwerten und auf längere Sicht vielleicht gar zu einem Bündnis ausweiten lassen. Vor allem unter diesem Gesichtspunkt, von reinen Prestigeerwägungen einmal abgesehen, die eine Mitsprache des Deutschen Reichs an allen internationalen Fragen ohnehin als unabdingbar erscheinen ließen, beteiligte sich die deutsche Diplomatie an dem Protest der Großmächte gegen den Frieden von Schimonoseki, durch den Japan dazu gezwungen wurde, einen Teil seiner Kriegsbeute, insbesondere die Halbinsel Lio-Tung, wieder herauszugeben. Der Rückzug Japans wurde unter wesentlicher Beteiligung der deutschen Diplomatie erzwungen, obwohl dabei überhaupt keine konkreten Vorteile heraussprangen. Sehr zum Ärger der deutschen Banken wurde das Deutsche Reich am Ende nicht einmal an der lukrativen internationalen Anleihe beteiligt, die China dazu instand setzen sollte, die von Japan geforderte Kriegsentschädigung ohne territoriale Einbußen zu zahlen.

Für den weiteren Gang der Dinge war entscheidend, daß auch im Deutschen Reich eine starke Bewegung für eine kraftvolle deutsche Weltpolitik erwacht war, die die Regierung zunehmend unter Zugzwang setzte. Die Speerspitze dieses neudeutschen Imperialismus bildeten die nationalen Agitationsverbände, insbesondere die Deutsche Kolonialgesellschaft und der Alldeutsche Verband. In der Kolonialgesellschaft waren vor allem die unmittelbaren Kolonialinteressenten und Teile des gehobenen Bürgertums vertreten; sie setzte sich zwar energisch für eine kraftvolle deutsche Kolonialpolitik ein, hielt sich jedoch im großen und ganzen eher auf der Linie der Regierung. Ihr Einfluß auf die öffentliche Meinung war seit der Mitte der 80er Jahre eigentlich eher wieder rückläufig geworden. Ganz anders stand es mit dem Alldeutschen Verband, der ursprünglich aus Protest gegen die Kolonialpolitik Caprivis gegründet worden war. Im Alldeutschen Verband waren ursprünglich zwei unterschiedliche Gruppen vertreten, zum einen eine Reihe von fanatischen Kolonialpolitikern aus der Umgebung von Karl Peters, zum anderen eine Gruppe von Männern, die in erster Linie auf die Erhaltung des deutschen Volkstums in Übersee, aber auch im Deutschen Reich selbst hinzuwirken bestrebt waren. Auch hier war nach den ersten Anfangserfolgen im Zuge der Agitation gegen den Helgoland-Sansibar-Vertrag zunächst ein Rückschlag eingetreten, der

1894 zu einer Führungskrise führte. Die Führungsgruppe des Alldeutschen Verbandes hatte sich anfänglich überwiegend aus Politikern zusammengesetzt, die teils aus dem freikonservativen, teils aus dem nationalliberalen Lager gekommen waren. Seit 1894 schob sich dann ein neuer Typus von Persönlichkeiten nach vorn, die bisher politisch so gut wie überhaupt nicht hervorgetreten waren und die den bürgerlichen Parteien mit innerer Distanz gegenüberstanden, Männer wie Alfred Hugenberg aus Hildesheim, Theodor Reismann-Grone aus Essen oder Ernst von Hasse aus Leipzig. Ihnen gelang es, die Führung des Verbandes an sich zu reißen und diesen in ein eindeutig deutsch-völkisches Fahrwasser mit ausgeprägt aggressiver Tendenz zu lenken.

Die Formierung einer neuen politischen Rechten extrem nationalistischen Zuschnitts außerhalb des traditionellen Parteiensystems, man könnte auch sagen, im außerparlamentarischen Raum, die sich hier ankündigte, war von außerordentlicher Tragweite. Der Alldeutsche Verband, zu dem sich dann 1897 der Flottenverein hinzugesellen sollte, betrieb von vornherein eine radikale politische Agitation populistischer Prägung, die insbesondere auf die lautstarke Propagierung einer expansiven überseeischen Politik abzielte. Ungeachtet ihrer begrenzten Mitgliedschaft, die sich zu einem erheblichen Teil aus den Honoratioreneliten in der Provinz rekrutierte, die in den bisher noch nicht tiefgreifend politisierten Gruppen der deutschen Gesellschaft über erhebliches Ansehen verfügten, gewannen die neuen nationalistischen Agitationsverbände schon bald außerordentliche Stoßkraft und wuchsen sich binnen weniger Jahre zu einer potentiellen Gefahr für die etablierten Parteien aus. Insbesondere der Alldeutsche Verband propagierte seit Mitte der 90er Jahre die Ausweitung des deutschen Einflusses in der Welt und insbesondere den Erwerb neuer kolonialer Besitzungen in Übersee.

Für den Augenblick war es freilich viel bedeutsamer, daß die imperialistische Idee nun auch in den Kreisen des gehobenen Bürgertums vor allem protestantischer Ausrichtung zunehmend an Anhang gewann. Heinrich von Treitschkes beständige Hinweise darauf, daß das Deutsche Reich nun auch in Übersee eine Macht werden müsse, wenn man nicht die Entscheidung über die Zukunft der europäischen Kultur dem »englischen Geldbeutel« und der »russischen Knute« allein überlassen wolle, stießen bei seinem akademischen und bürgerlichen Publikum auf begeisterte Zustimmung. Max Weber gab einer weit verbreiteten Stimmung Ausdruck, wenn er 1895 in seiner Akademischen Antrittsrede in Freiburg ausrief: »Wir müssen begreifen, daß die Einigung Deutschlands ein Jugendstreich war, den die Nation auf ihre alten Tage beging und seiner Kostspieligkeit halber besser unterlassen hätte, wenn sie der Abschluß und nicht der Ausgangspunkt einer deutschen Weltmachtpolitik sein sollte.«[13] Namentlich Webers Plädoyer für eine kraftvolle Weltpolitik, durch welche er der liberalen Bewegung wieder neue Vitalität und neuen Elan einzuflößen hoffte und durch die zugleich konservativen Parteien das Wasser abgegraben werden sollte, löste eine Kettenreaktion von zustimmenden Äußerungen aus, so etwa bei Friedrich Naumann oder bei Hans Delbrück, dem einflußreichen Herausgeber der Preußischen Jahrbücher. Das Eintreten für eine entschieden imperialistische Politik war fortan nicht mehr nur eine Angelegenheit marginaler politischer Zirkel, in denen die an kolonialen Unternehmungen primär Interessierten den Ton angaben, sondern gehörte mehr und mehr zum guten Ton. Besonders das akademisch gebildete Bürgertum verschrieb sich nun der imperialistischen Idee mit Begeisterung und Überzeugung, weil der Aufbau eines überseeischen Kolonialreiches die Gewähr dafür zu geben versprach, daß Deutschland auch in dem kommenden Weltalter der imperialen Mächte mitzuhalten imstande sein werde. Davon hing nach ihrem Verständnis nicht zuletzt auch ab, ob die deutsche Kultur auch in Zukunft eine große, eigenständige Entwicklung werde nehmen können oder nicht.

Es kann nicht überraschen, daß Wilhelm II., der ein großes Gespür für die Tendenzen und Stimmungen insbesondere der Schichten des Bildungsbürgertums an den Tag legte und der von dem Bedürfnis angetrieben wurde, gerade bei diesem Segment der deutschen Gesellschaft populär und beliebt zu sein, sich sogleich an die Spitze dieser Strömungen setzte, während die traditionellen Führungseliten des Reiches in Heer, Beamtenschaft und Diplomatie einer Politik überseeischer kolonialer Erwerbungen damals im Grunde noch keinerlei Geschmack abgewinnen konnten. Vor allem aber machte sich Wilhelm II. die Idee des Baus einer großen deutschen Schlachtflotte persönlich zu eigen, mit deren Hilfe Großbritannien dazu gezwungen werden sollte, sich den deutschen Wünschen auf kolonialpolitischem Gebiete, denen die britische Diplomatie bisher mit großer Resistenz gegenübergetreten war, künftig willfährig zu zeigen.

Die hochfliegenden Pläne für den Bau einer deutschen Schlachtflotte, die Wilhelm II. mit Unterstützung des Chefs des kaiserlichen Marinekabinetts, von Senden-Bibran, seit 1895 entwickelte, stießen in Regierungskreisen zunächst auf keinerlei Gegenliebe. Im Auswärtigen Amt dürfte man sich der Tatsache erinnert haben, daß Bismarck noch 1889 die britische Regierung ausdrücklich dazu ermutigt hatte, die eigene Flotte erheblich zu verstärken, um als Flügelmacht des Dreibundes entschiedener als bisher im Mittelmeer und auf den Weltmeeren auftreten zu können. Im Reichsmarineamt war man in erster Linie an der Verstärkung der Auslandskreuzer interessiert und hielt den Bau von Schlachtflottengeschwadern für politisch wie militärisch gleichermaßen verfehlt. Davon abgesehen, hielten weder der Reichskanzler, noch Marschall, noch der Staatssekretär des Reichsfinanzamtes, Max Freiherr von Thielmann, dergleichen weitreichende Pläne für realisierbar, allein schon weil man davon ausging, daß der Reichstag die dafür notwendigen zusätzlichen hohen Mittel niemals bewilligen würde. Auch der Chef des Reichsmarineamtes, Admiral von Hollmann, teilte diese Lagebeurteilung; er hielt die Pläne des Kaisers nicht nur aus politischen, sondern auch aus militärstrategischen Erwägungen heraus für höchst problematisch.

In der Tat bestand bei den Parteien des Reichstages keinerlei Neigung, derartigen Gesetzesvorhaben ihre Unterstützung zu geben. Die Spannungen zwischen der Reichsleitung und dem Reichstag waren groß genug, um die Parlamentarier dazu zu veranlassen, der Exekutive neue Einnahmen großen Umfangs, die womöglich das labile Gebäude der Reichsfinanzen gänzlich zum Einsturz bringen würden, unter allen Umständen zu verweigern, gleichviel, zu welchem Zweck diese bestimmt waren. Seitens der Reichsleitung bestand unter den obwaltenden Umständen überdies die Besorgnis, daß die Einbringung einer großen Flottenvorlage mit einer parlamentarischen Niederlage der Regierung enden und zu einem erneuten Linksrutsch führen werde. Dann wäre möglicherweise eine ausweglose parlamentarische Situation entstanden, die entweder in einen risikoreichen Konfliktkurs hineingeführt oder mit dem Übergang zu einem parlamentarischen Regiment geendet hätte.

Wilhelm II. seinerseits aber war ungeachtet dieser parlamentarischen Konstellation entschlossen, seine Flottenbaupläne, koste es, was es wolle, weiter zu verfolgen, auch wenn er im Augenblick angesichts des geschlossenen Widerstands seiner Minister zurückstecken mußte. Doch fand er in dem damaligen Konteradmiral Alfred von Tirpitz einen Mann, der seine Flottenpläne aller politischen Widerstände ungeachtet zu realisieren bereit war. Bereits am 3. Januar 1896 legte Tirpitz dem Kaiser einen detaillierten Plan für den Bau von zwei neuen Hochseegeschwadern vor, mit der folgenden politischen Begründung: »Selbst der größte Seestaat Europas würde entgegenkommender gegen uns sein, wenn wir zwei bis drei gute hochgeschulte Geschwader in die Waagschale der Politik und dementsprechend nötigenfalls diejenige des Konflikts zu werfen imstande wären. Durch Auslandskreuzer würden wir das nie erreichen.«[14] Zugleich empfahl Tirpitz, unverzüglich eine Flottenpropaganda großen Stils in die Wege zu leiten.[15] Damit war bereits die Grundlinie der deutschen Flottenpolitik der kommenden Jahrzehnte abgesteckt, nämlich der Bau einer großen Schlachtflotte anstelle einer bescheidenen Zahl von Kreuzern, welche bisher den Kern der freilich noch kleinen deutschen Flotte gebildet hatten. Nur Kreuzer hätten den Schutz der deutschen Handelsschiffahrt und der deutschen kolonialen Interessen in Übersee effektiv wahrnehmen können; eine Schlachtflotte hingegen, die nur in der Lage war, in heimischen Gewässern zu operieren, konnte ausschließlich die Funktion eines gegen andere Seemächte, in erster Linie Großbritannien, gerichteten Kampfmittels haben. Die Schlachtflotte sollte, wie Tirpitz insgeheim durchaus einräumte, als militärisches Machtmittel dienen, um Großbritannien künftig, sei es mit diplomatischen, gegebenenfalls aber auch militärischen Mitteln zur Berücksichtigung der deutschen Weltmachtinteressen zu zwingen; und dies hieß, daß sie von vornherein für die Eventualität eines Krieges mit Großbritannien oder gegebenenfalls auch anderer Seemächte ausgelegt war, auch wenn dies der Öffentlichkeit gegenüber sorgfältig verborgen wurde.[16]

Paradoxerweise wurden die ehrgeizigen Flottenpläne des Admiral von Tirpitz, obschon sie sich ihrer Tendenz nach direkt gegen Großbritannien richteten, infolge der internationalen Krise, die durch den sogenannten Jameson Raid 1895 ausgelöst wurde, zunächst einmal abgebremst. Die Gegensätze zwischen dem Britischen Empire und den beiden Burenrepubliken trieben schon seit einiger Zeit einer erneuten Zuspitzung zu. Der britische Kolonialminister Joseph Chamberlain konspirierte insgeheim mit dem Premierminister der Kap-Kolonie, Cecil Rhodes, über Mittel und Wege, die Verschiebung des politischen und wirtschaftlichen Schwergewichts in Südafrika in den Transvaal, die sich infolge der umfangreichen Goldfunde am Rand abzeichnete, wieder rückgängig zu machen. Der Jameson Raid hatte die Initialzündung eines militärischen Schlages Großbritanniens gegen den Transvaal abgeben sollen. Das schmähliche Scheitern des Jameson Raid im Dezember 1895 zwang die britische Politik, ihre weiterreichenden Pläne, die darauf abzielten, die Burenrepubliken wieder unter die Oberherrschaft Großbritanniens zu bringen, aus der sie 1881 entlassen worden waren, einstweilen zurückzustellen.

Gleichwohl sah Wilhelm II. nun die seit längerem erhoffte Gelegenheit gekommen, um Großbritannien mit einer Koalition der Kontinentalmächte gegen seine ehrgeizige, die Interessen seiner europäischen Rivalen angeblich unzureichend respektierende, imperiale Politik zu drohen. Sein Plan, sich uneingeschränkt auf die Seite der Buren zu schlagen und in Zusammenarbeit mit Rußland und den Dreibundmächten, gegebenenfalls auch mit Frankreich, gegen die britische Politik in Südafrika zu intervenieren, konnte von den Berufsdiplomaten nur mit einiger Mühe abgewendet werden. Der Kaiser erwog allen Ernstes, ein deutsches Protektorat über den Transvaal zu proklamieren und unverzüglich einige Einheiten der Marineinfanterie in den Transvaal zu entsenden; er war empört, als er erfuhr, daß für eine solche Aktion nicht einmal die erforderlichen Schiffseinheiten zur Verfügung standen. Dieser Umstand veranlaßte ihn, kurzfristig statt der von Tirpitz in Vorschlag gebrachten Schlachtgeschwader nach dem Bau neuer Kreuzer zu verlangen. Hohenlohe trat den hochfliegenden Plänen des Monarchen mit dem nüchternen Argument entgegen, daß dies Krieg mit Großbritannien bedeuten würde und er, der Kanzler, sich nicht dafür hergeben könne, eine solche riskante Politik vor der Öffentlichkeit und dem Reichstag zu verantworten. Als Kompromiß kam dann, auf Betreiben Senden-Bibrans und unter Mitwirkung Marschalls, jenes ominöse Glückwunschtelegramm an den Präsidenten des Transvaal, Oom Krüger, zustande, das in der britischen öffentlichen Meinung einen Sturm der Entrüstung auslöste, ohne dem Deutschen Reich irgendwelche konkreten politischen Vorteile zu bringen; dadurch wurde die ohnedies hohe Wellen schlagende Anglophobie in der deutschen Öffentlichkeit noch weiter angeheizt.

Der Kaiser nahm die Vorgänge, die eindringlich demonstriert hatten, wie wenig das Deutsche Reich in der Lage war, in überseeischen Regionen eigenständig machtpolitisch aufzutreten, zumal die Unterstützung der übrigen Dreibundmächte bestenfalls lauwarm gewesen war, zum Anlaß, um nun mit größter Entschiedenheit ein großes Flottenbauprogramm zu fordern. Die sentimentalen Sympathien in der deutschen öffentlichen Meinung für die Buren, die zu entsprechend ungünstigen Kommentaren in der gesamten Presse über die rücksichtslose Machtpolitik des »britischen Löwen« geführt hatten, boten sich nur zu sehr an, um vor den Wagen der ehrgeizigen Flottenpolitik des Kaisers gespannt zu werden. »Ein so günstiger Zeitpunkt«, so meinte Wilhelm II., »um dem Lande klarzumachen, daß es so mit der Marine nicht weitergeht, wird sich nie wieder finden, um so mehr als die Bewegung, die durch unser Volk geht, eine tiefe ist, und der Reichstag, selbst wenn er zaudern sollte, nicht anders kann, als der Stimmung Rechnung zu tragen.«[17] Mit bemerkenswertem Gespür für die potentielle Popularität eines gegen Großbritannien gerichteten Flottenbauprogramms wollte Wilhelm II. den Widerstand des Reichstages und der Parteien durch einen populistischen Appell an die breitere Öffentlichkeit gleichsam aushebeln. Davon erhoffte er sich nicht nur einen Durchbruch auf dem Gebiet der Flottenrüstung, sondern mehr noch die Chance, den verhaßten Reichstag nun doch noch politisch auszumanövrieren und dem Trend hin zum Parlamentarismus Einhalt zu gebieten.

Einstweilen aber waren weder der Reichskanzler, Fürst Hohenlohe, noch der Staatssekretär des Auswärtigen, Marschall, und selbst der Chef des Reichsmarineamtes, Admiral von Hollmann, geneigt, wegen der Flottenpläne des Kaisers einen frontalen Konflikt mit der Reichstagsmehrheit und insbesondere mit dem Zentrum, dem Kern einer potentiell regierungsfreundlichen Parteienmehrheit, zu riskieren. Noch am 7. Februar 1896 sah sich Marschall im Reichstag gezwungen, kategorisch in Abrede zu stellen, daß sich die Reichsleitung mit weitreichenden Flottenbauplänen trage, um einen offenen Zusammenstoß mit dem Zentrum, das sich klar gegen größere Finanzvorlagen militärischen Charakters ausgesprochen hatte, abzuwenden. Wilhelm II. bestand jedoch, ungeachtet des Rats seiner verantwortlichen Minister, weiterhin unbeirrt auf seinen Flottenplänen. In einer allerhöchsten Kabinettsordre vom 28. Mai 1896 ordnete er schließlich die Vorbereitung eines umfangreichen Flottenbauprogramms an, das den Vorschlägen von Tirpitz und Senden-Bibran nahezu uneingeschränkt entsprach, und regte zugleich an, eine großangelegte Propagandaaktion in die Wege zu leiten, um die Öffentlichkeit vom Nutzen einer großen deutschen Schlachtflotte zu überzeugen. Die notwendigen Mittel für diese Aktion sollten unter Umgehung der Finanzhoheit des Reichstages notfalls aus der kaiserlichen Privatschatulle genommen werden.

In höchsten Regierungskreisen bestand große Sorge, daß der Kaiser, nachdem die Staatsstreichbestrebungen bei Hofe im Gefolge des Scheiterns der »Umsturzvorlage« und des preußischen Vereinsgesetzes gerade eben einigermaßen hatten abgewehrt werden können, nunmehr die Flottenfrage zum Objekt einer grundsätzlichen Auseinandersetzung mit dem Reichstag machen werde, die zum Verfassungskonflikt und womöglich zu dem riskanten Experiment eines Staatsstreichs führen könne. Letzteres aber sei geeignet, wie unter anderem Holstein Philipp Eulenburg vergebens nahezubringen versuchte, den Bestand des Reiches zu gefährden, zumal für diesen Fall auf die Unterstützung der Bundesfürsten nicht zu zählen sei, hingegen mit der Gegnerschaft der Bismarcks fest gerechnet werden müsse.[18] Dem Chef des Reichsmarineamts Admiral von Hollmann gelang es in der Folge, im Frühjahr 1897 eine freilich relativ bescheidene Flottenvorlage, die insbesondere den Bau einer Reihe von dringend benötigten Kreuzern für den Einsatz in überseeischen Gewässern vorsah, durch den Reichstag zu bringen, obschon dieser der Regierung nach wie vor äußerst kritisch gegenüberstand. Dies ging freilich nicht ohne einige Abstriche an der Regierungsvorlage ab. Dieserhalb geriet Hollmann nunmehr endgültig auf die Abschußliste des Kaisers, der für Nachgiebigkeit gegenüber den Wünschen des Parlaments keinerlei Verständnis zeigte. Für Wilhelm II. stand der Nachfolger bereits fest; er hieß Alfred von Tirpitz.

Im Juni 1897 war es schließlich soweit. Der Rücktritt Admiral von Hollmanns leitete eine grundlegende personelle Umgestaltung der Reichsleitung ein, gemäß den von Philipp Eulenburg hinter den Kulissen seit langem betriebenen Planungen. Zwar gelang es, Fürst Hohenlohe dazu zu bewegen, die Kanzlerschaft, mehr nominell als tatsächlich, einstweilen fortzuführen; doch wurden nun alle entscheidenden Staatsämter im Reich und in Preußen mit Vertrauensmännern Wilhelms II. besetzt. Bernhard von Bülow wurde zum Staatssekretär des Äußeren berufen. Er rückte damit in eine Schlüsselstellung ein, die in nicht allzu ferner Zukunft den Sprung in die Kanzlerposition – Hohenlohe war damals 80 Jahre alt – einbeschloß. Marschall, die bisher wichtigste Stütze Hohenlohes und der konsequenteste Gegenspieler des »persönlichen Regiments« sowie die auf parlamentarischem Felde stärkste Figur des bisherigen Übergangsregiments, wurde als Botschafter nach Konstantinopel versetzt und damit soweit wie irgend möglich von der Berliner politischen Szene entfernt. Holstein, der ja bei Hofe längst als verkappter Parteigänger eines parlamentarischen Regimes angeschwärzt worden war, erhielt seinen Abschied. Hingegen wurde Alfred von Tirpitz zum Staatssekretär des Reichsmarineamtes berufen, mit dem Privileg des Immediatrechts, das heißt des Rechts des unmittelbaren Zugangs zum Monarchen unter Umgehung des Kanzlers, das bisher nur den preußischen Ministern, nicht den Chefs der Reichsämter zugestanden worden war. Damit rückte eine Persönlichkeit von ungewöhnlicher Energie und Zielstrebigkeit in eine der Schlüsselpositionen des wilhelminischen Regierungssystems ein. Tirpitz konnte nun, gestützt auf seine enge persönliche Beziehung zum Monarchen, sein ehrgeiziges Flottenbauprogramm ungehindert in Angriff nehmen. Freilich schätzte der neue Staatssekretär des Reichsmarineamtes die verfassungspolitische Situation, die Kompromisse mit dem Reichstag unvermeidlich machte, ungleich richtiger ein als von Senden-Bibran und vor allem Wilhelm II. selbst. Er verlegte sich auf eine Strategie geschickten Verhandelns mit den Parlamentariern, abgestützt durch eine umfassende, äußerst wirksame Kampagne in der Öffentlichkeit zugunsten des Flottenbaus. Gleichzeitig rückte der bisherige preußische Finanzminister Johannes von Miquel zum Innenminister und Vizepräsidenten des preußischen Staatsministeriums auf. Als Exponent eines nationalkonservativen Kurses, der die Sammlung aller staatstragenden Kräfte gegen die Sozialdemokratie propagiert hatte, sollte Miquel die Agrarier besänftigen und das neue Regime gegenüber möglicher Kritik von hochkonservativer Seite abschirmen.

Damit erschienen die Wünsche Wilhelms II. weitgehend erfüllt. Bei formaler Aufrechterhaltung der Kanzlerschaft Hohenlohes, also unter Vermeidung einer offenen politischen Krise, war es gelungen, Philipp Eulenburgs Konstruktion im wesentlichen durchzusetzen. Fortan bestand tatsächlich eine Art von Selbstregierung des Kaisers mit Männern, die dazu bereit waren, sich in erster Linie als ausführende Organe des kaiserlichen Willens zu betrachten. Allerdings war dabei von vornherein das Kalkül im Spiel, durch den Einsatz der Person des Kaisers und des Ansehens des Kaisertums in der breiteren Öffentlichkeit das bestehende halbkonstitutionelle Verfassungssystem gegenüber den sich zunehmend ihrer Macht bewußten Parteien zu verteidigen. Dies war am besten mit einer ambitiösen auswärtigen Politik zu erreichen, war doch diese Sphäre des Staatshandelns verfassungsrechtlich der Kontrolle des Parlamentes entzogen. Der Übergang zu einer aktiven deutschen Weltpolitik vollzog sich demgemäß unter höchst unglücklichen Umständen und teilweise in geradezu bizarren Formen. Es konnte sogar damals niemanden überraschen, daß sich unter diesen innenpolitischen Verhältnissen die erhofften raschen außenpolitischen Erfolge nicht recht einstellen wollten.

Die Anfänge der deutschen Weltpolitik unter Bülow und Tirpitz (1897–1906)

Die Übernahme der Leitung der auswärtigen Politik durch Bernhard von Bülow, unter der nur noch schattengleichen Kanzlerschaft des greisen Fürsten Chlodwig zu Hohenlohe-Schillingsfürst, leitete eine Periode innenpolitischer Konsolidierung im Reich und in gewissem Sinne auch in Preußen ein, die wieder von dem gefährlichen Weg eines Verfassungskonfliktes mit dem Reichstag wegführte, den Wilhelm II., sei es wegen der angeblich drohenden Gefahr von seiten der Sozialisten, sei es für den Fall einer Ablehnung der von Admiral Alfred von Tirpitz vorbereiteten großen Flottenvorlage, zu beschreiten geneigt war. Im Vordergrund standen dabei für Bülow innenpolitische Erwägungen, insbesondere das Kalkül, daß eine kraftvolle auswärtige Politik eine stabilisierende Wirkung auf das bestehende politische System haben werde. Bülow hat gelegentlich die primär innenpolitische

Zielsetzung seiner auswärtigen Politik ausdrücklich anerkannt: »Ich lege den Hauptakzent auf die auswärtige Politik. [...] Nur eine erfolgreiche äußere Politik kann helfen, versöhnen, beruhigen, sammeln, einigen.«[1]

Der Übergang zu einem »plebiszitären Imperialismus« unter systematischer Heraushebung der Person des Kaisers war nicht nur als Einlösung des Versprechens gedacht, jenes »persönliche Regiment [...] im guten Sinne« zu verwirklichen, als dessen ausführendes Werkzeug sich Bülow gegenüber Philipp von Eulenburg bei dem Monarchen als künftiger Reichskanzler empfohlen hatte. Darin lag vielmehr Methode. Es ging Bülow dabei darum, nicht nur dem Wunsch des Monarchen zu entsprechen, künftighin eine stärkere politische Rolle zu spielen, sondern vor allem das ideologische Potential des Kaisertums zur Stabilisierung des Herrschaftssystems auszunutzen. Der Sache nach war dies eine, wenn auch vergleichsweise dürftige, Nachahmung von Benjamin Disraelis Imperialismus der 70er Jahre, der Königin Victoria den Titel einer Empress of India eingetragen hatte. Wenn Bülow fortan den Kaiser konsequent als Führer der deutschen Nation in eine neue Ära imperialer Größe herausstellte, so verfolgte er damit gleichzeitig zwei ganz unterschiedliche Ziele. Zum einen stärkte er damit das Selbstgefühl Wilhelms II. und somit indirekt seine eigene Machtposition als primär vom Kaisertum abhängiger Reichskanzler, zum anderen aber suchte er das hohe Ansehen des Kaisertums als solchen vor den Wagen der eigenen Politik zu spannen. Als Anknüpfungspunkt dafür bot sich die bekannte Tischrede des Kaisers vom 18. Januar 1896 nur zu sehr an, in der es unter anderem hieß: »Aus dem Deutschen Reiche ist ein Weltreich geworden. Überall in fernen Teilen der Erde wohnen Tausende unserer Landsleute, deutsche Güter, deutsches Wissen, deutsche Betriebsamkeit gehen über den Ozean. Nach Tausenden von Millionen beziffern sich die Werte, die Deutschland auf der See fahren hat. An Sie, meine Herren, tritt die ernste Pflicht heran, mir zu helfen, dieses größere Deutsche Reich auch fest an unser heimisches zu binden.«[2] Die Inaugurierung einer pathetischen Weltpolitik hatte für Bülow zunächst die Funktion, den Kaiser an seine eigene Person zu binden und damit seine, einstweilen keineswegs völlig gesicherte Machtstellung im Inneren zu festigen. Zum anderen zielte diese Politik darauf ab, die Austragung der großen politischen und gesellschaftlichen Konflikte, die während der Ära Caprivi offen hervorgetreten waren, bis auf weiteres zu vertagen und den innenpolitischen Status quo ohne Machteinbuße für die Krone und die ihr verpflichtete Reichsexekutive zu behaupten.

Demgemäß standen, trotz aller pathetischen Bekenntnisse, im Vordergrund der Erwägungen der deutschen Diplomatie jener Jahre nicht konkrete territoriale Erwerbspläne in Übersee, sondern vielmehr das Bedürfnis, die Machtstellung des Deutschen Reiches in allen überseeischen Fragen in einer innenpolitisch optimal verwertbaren Weise zur Geltung zu bringen. Bülow ging es in erster Linie darum, die Mitsprache des Deutschen Reiches in allen weltpolitischen Angelegenheiten durchzusetzen, und erst ganz in zweiter Linie um konkrete imperialistische Erwerbungen. Was koloniale Erwerbungen anging, so gab es im Auswärtigen Amt ohnehin nur nebulöse Vorstellungen darüber, in welchen Regionen man sich künftighin konkret engagieren solle. Insofern läßt sich die deutsche Weltpolitik der Bülow-Ära mit einigem Recht als ein »objektloser Imperialismus« im Sinne Joseph Schumpeters bezeichnen, der primär innenpolitisch motiviert war und mangels klarer Zielsetzungen keine »angebbare Grenze« besaß.[3] Vor allem aus diesem Umstand erklärt sich der vergleichsweise unstete, aggressive und lautstarke Stil der Außenpolitik des Deutschen Reiches seit 1897, der in den anderen Hauptstädten Europas den zutreffenden Eindruck erweckte, daß es ihr an Rationalität fehle. Infolgedessen setzte sich bei den Regierungen der anderen Großmächte schon bald die Vorstellung fest, daß die deutsche Politik grundsätzlich als bedrohlich zu gelten habe. Dies hat auf die Dauer wesentlich zur fortschreitenden Erosion der Machtstellung des Deutschen Reiches in der Mitte Europas beigetragen und schließlich zu einer zunehmenden Auskreisung der Mittelmächte aus dem europäischen Mächtesystem geführt.

Im Grundsatz konnte eine kraftvolle Außenpolitik, wie Wilhelm II. selbst und auch Bülow sehr früh bemerkenswert klar erkannten, auf die Unterstützung breiter Teile der deutschen Öffentlichkeit rechnen, und zwar weit über jene Kreise hinaus, die sich von einem imperialistischen Ausgreifen nach Übersee konkrete wirtschaftliche Vorteile ausrechneten oder doch ausrechnen zu können glaubten. Vor 1890 war die Idee einer aktiven Kolonialpolitik in erster Linie von schmalen bürgerlichen Eliten getragen worden, die in der 1882 gegründeten Kolonialgesellschaft ihre organisatorische Form gefunden hatten. Seit Mitte der 90er Jahre fanden die imperialistischen Bestrebungen zunehmend Anklang nicht nur in den großbürgerlichen Schichten, die traditionell gegenüber kolonialen Aktivitäten wohlgesonnen waren, sondern in den aufsteigenden Schichten des Mittelstandes und nicht zuletzt auch in der Bildungsschicht vornehmlich protestantischer Ausrichtung. In diesen Kreisen wurde eine energische deutsche Weltpolitik zunehmend als die logische Konsequenz der Gründung des Deutschen Reiches, gleichsam als Vollendung des deutschen Nationalstaats angesehen. In der Folge bildete sich im bürgerlichen Lager eine breite Strömung zugunsten einer kraftvollen deutschen Weltpolitik, die die zurückhaltende Einstellung der politischen Parteien im Reichstag gegenüber ehrgeizigen kolonialpolitischen Projekten gleichsam überholte und diese in ihrem Oppositionskurs gegenüber der kaiserlichen Regierung in rüstungspolitischen und außenpolitischen Fragen zunehmend verunsicherte. In noch stärkerem Maße gilt dies für die Flottenpolitik. Angesichts der damit verbundenen unübersehbaren Kosten wurde diese, wie bereits dargelegt wurde, anfänglich im Reichstag mit großer Skepsis betrachtet. Jedoch stieß die Idee des Baus einer starken Flotte zunehmend auf eine starke positive Resonanz im bürgerlichen Lager, war doch der Bau einer deutschen Flotte zunächst eine bürgerliche Idee schon der Revolution von 1848/49 gewesen. Dazu hat die Unterstützung, die die Flottenbewegung anfänglich von interessierter wirtschaftlicher Seite, insbesondere der Schwerindustrie, erhielt, zwar einiges beigetragen, aber entscheidend war diese nicht.

Hinzu kommt ein vielleicht noch maßgeblicherer Faktor, nämlich die Entstehung einer »Neuen Rechten« nationalistischen Zuschnitts, die insbesondere in den sogenannten außerparlamentarischen Agitationsverbänden ihre institutionelle Basis fand, zunächst des Alldeutschen Verbandes, dem sich dann Ende 1894 der Ostmarken-Verein hinzugesellte, der sich vor allem gegen die angebliche Überfremdung der ostelbischen Gebiete Preußens durch polnische und ruthenische Einwanderer wandte, und schließlich des freilich in erster Linie innenpolitisch ausgerichteten Reichsverbandes zur Bekämpfung der Sozialdemokratie. Zu ihnen trat dann 1897 der Flottenverein hinzu, der sich in großem Stil der Propaganda für den Bau einer starken Schlachtflotte verschrieb.[4]

Die große Blüteperiode dieser Agitationsverbände lag in den Jahren 1894 bis 1902. In mancher Hinsicht war ihr Wachstum ein Reflex der krisenhaften wirtschaftlichen und gesellschaftlichen Entwicklungen, die gerade in die soziale Lage der Mittelschichten ein hohes Maß an Instabilität und Unsicherheit hineingetragen hatte. Zugleich aber zeigte sich darin eine Krise des traditionellen Parteiensystems. Die bürgerlichen Mittelparteien, insbesondere die Liberalen, vermochten die aufsteigenden Mittelschichten nicht länger ohne weiteres politisch zu binden. Gleichzeitig war dies auch ein Reflex der Krise des Regierungssystems, das nach dem Sturz Bismarcks zu einer stetigen Politik immer weniger in der Lage war und zu einer effektiven Wahrnehmung der Interessen der Nation nicht länger befähigt zu sein schien. In mancher Hinsicht waren die Agitationsverbände »Kinder des Liberalismus«[5]. Sie wurden in erster Linie getragen von Angehörigen der bürgerlichen Schichten; insbesondere unter der im Staatsdienst oder Kommunaldienst tätigen Beamtenschaft sowie bei den freien Berufen und nicht zuletzt der akademischen Intelligenz fanden sie Zulauf. Die Agitationsverbände beanspruchten, für die deutsche Nation in ihrer Gesamtheit zu sprechen und deren nationale Interessen ohne Rücksicht auf parteitaktische Gesichtspunkte oder Erwägungen außenpolitischer Zweckmäßigkeit zu vertreten. Demgemäß wurde dieser neue populistische Nationalismus bald zu einer ernsthaften Konkurrenz für die etablierten Parteien, insbesondere jener, die traditionell für sich beanspruchten, die nationalen Interessen der Nation in besonderem Maße zu vertreten, wie die Nationalliberale Partei. Der populistische Nationalismus der Neuen Rechten wurde für jene Gruppen des aufsteigenden Bürgertums, die bisher eher am Rande des politischen Geschehens gestanden hatten, zu einer Art Emanzipationsideologie, richtete er sich doch gegen die herkömmliche Honoratiorenstruktur des bürgerlichen Parteiensystems. Aber auch die Konservativen hatten allen Grund, die Neue Rechte zu fürchten, da sich diese, ungeachtet ihrer antiliberalen Grundeinstellung, durchweg im Gegensatz zu den konservativen Führungseliten und insbesondere der Aristokratie stellte, deren Führungsanspruch man nicht länger selbstverständlich hinzunehmen bereit war.

Unter solchen Umständen fand Bülows Politik eines plebiszitären Imperialismus pathetischer Gebärde in der breiteren Öffentlichkeit zunächst ein erhebliches Maß an Zustimmung. Anfänglich gelang es durchaus, die Aufgabe, die sich Bülow gestellt hatte, zu erfüllen, nämlich »die in allen Parteien ruhenden patriotischen Gefühle zu wecken, zu beleben und sie spontan und vorurteilslos festzuhalten, wenn sie stark genug schienen für die praktische Mitarbeit an den nationalen Aufgaben des Reiches«[6]. Auch die Strategie, den Kaiser demonstrativ als Speerspitze des »neudeutschen Imperialismus« ins Spiel zu bringen, fand in bürgerlichen Kreisen anfänglich große Zustimmung. Dies läßt sich nicht zuletzt an dem großen publizistischen Erfolg von Friedrich Naumanns im Jahre 1900 erschienenen Buch »Demokratie und Kaisertum« ablesen, in dem die Anknüpfung an napoleonische Herrschaftstechniken durch Wilhelm II. in aller Form begrüßt wurde: »Als Preußenkönig hat er das Erbe der alten Tradition übernommen, als Kaiser ist er nationaler Imperator, Verkörperung des Gesamtwillens, persönlicher Führer aus einer alten in eine neue Zeit.«[7] Auch aus den Kreisen der nationalen Agitationsverbände konnte Bülows politischer Kurs zunächst Unterstützung erwarten.

Allerdings hat Bülow die von ihm angestrebte Sammlung der bürgerlichen und konservativen Parteien unter der Parole einer kraftvollen Weltpolitik durch eine aktive Pressepolitik zu fördern gesucht. Bereits unmittelbar nach Übernahme des Auswärtigen Amtes hatte er eine gründliche Überholung der amtlichen Pressepropaganda veranlaßt, und er fand in dem Pressechef des Auswärtigen Amtes, Otto Hammann, einen willigen, zugleich aber äußerst gewandten Mitarbeiter. Bülow wurde von der Auffassung geleitet, daß sich die »öffentliche Meinung« durchaus manipulieren lasse: »Was ist ›Volk‹, ›öffentliche Meinung‹? Die Ansicht, welche sich – zuerst meist im Widerspruch zu den Anschauungen der großen Menge – 80 bis 90 intelligente und einflußreiche Köpfe gebildet haben und die sie dann allmählich verbreiten und zur communis opinio machen.«[8]

Die amtliche Propaganda hat nicht unerheblich dazu beigetragen, daß es in der Folge auf breiter Front zu einer Intensivierung der patriotischen Gefühle in den Parteien und der Öffentlichkeit gekommen ist, wie Bülow selbst im Rückblick zufrieden feststellte.[9] Das Auswärtige Amt bediente sich zur Beeinflussung der öffentlichen Meinung nicht nur der offiziösen Presseorgane wie der »Norddeutschen Allgemeinen Zeitung«, des weitgehend vom Reich kontrollierten »Wolffschen Telegraphenbüros« und der zahlreichen regionalen Presseagenturen staatlichen oder halbstaatlichen Charakters. Vielmehr konzentrierten sich die Bemühungen des Auswärtigen Amtes auf die indirekte Beeinflussung einer größeren Zahl von überregionalen bürgerlichen Blättern, die die Vorzugsbehandlung, die sie auf diese Weise in kritischen Situationen erfuhren, zu honorieren bereit waren. Namentlich die »Kölnische Zeitung« und der »Berliner Lokalanzeiger« können während dieser Periode, wenn auch mit Einschränkungen, als vom Auswärtigen Amt inspirierte Zeitungen gelten. Daneben stand freilich auch die vorsichtige indirekte Beeinflussung zahlreicher Persönlichkeiten des öffentlichen Lebens, die, wie man annahm, ihrerseits erheblichen Einfluß auf die öffentliche Meinung besaßen. Weniger erfolgreich erwiesen sich die Versuche der Reichsleitung, die Agitationsverbände, insbesondere den Alldeutschen Verband, von Fall zu Fall für die Regierungspolitik in Dienst zu nehmen; dies stellte sich schon bald als gefährliches Unterfangen heraus.

In der Folge zeigte sich freilich das Reichsmarineamt unter Admiral von Tirpitz als noch ungleich versierter auf dem Gebiete der Beeinflussung der öffentlichen Meinung. Schon unmittelbar nach dem Amtsantritt von Admiral von Tirpitz ging das Reichsmarineamt daran, mit Hilfe einer umfassenden Propagandakampagne Stimmung für eine aktive deutsche Flottenpolitik zu machen. Es bediente sich zu diesem Zweck aller nur erreichbaren Medien. Es versuchte sogar, prominente Wissenschaftler wie Erich Marcks oder Dietrich Schäfer unmittelbar in die Dienste der Flottenpropaganda zu ziehen, sollten diese doch eine große Darstellung der Geschichte der internationalen Politik unter besonderer Berücksichtigung der Seeinteressen verfassen, die dann vom Reichsmarineamt in großen Stückzahlen vertrieben werden sollte. Es war freilich nicht schwer, namentlich in akademischen Kreisen, Unterstützung für den Gedanken eines deutschen Flottenbaus zu finden.[10]

Die erste Aufgabe der umgebildeten Reichsleitung war es, das große Flottenbauprogramm, dessen Ausführung der Kaiser am 28. Mai 1896 angeordnet hatte, ins Werk zu setzen.[11] Dies schien schon deshalb keine leichte Aufgabe zu sein, weil einstweilen im Reichstag keine Mehrheit für ein Flottenbauprogramm des von Tirpitz ins Auge gefaßten Umfangs vorhanden war. Dafür war das Mißtrauen der Parteien des Reichstages bezüglich der Absichten der Krone, der man nicht unbegründeterweise unterstellte, daß sie immer noch mit Staatsstreichgedanken umgehe, noch viel zu groß, ganz abgesehen von der Frage, ob man dem Lande in einem Moment der wirtschaftlichen Rezession neue große Steuerlasten aufbürden solle.

Gegenüber dem Reichstag und der deutschen Öffentlichkeit hat Admiral von Tirpitz das neue Flottenprogramm in erster Linie mit der sogenannten »Risikotheorie« begründet. Es sei notwendig, eine Flotte zu bauen, die stark genug sei, um im Zusammenspiel mit der nächststärksten Flotte Europas Großbritannien von einem Eingreifen in einen kontinentaleuropäischen Konflikt abhalten zu können. Dann würde die britische Regierung sich veranlaßt sehen, gegenüber den deutschen politischen Wünschen ein höheres Maß an Entgegenkommen zu zeigen, als dies in der Vergangenheit der Fall gewesen sei. Es komme darauf an, so meinte Tirpitz, »die Flotte immer so stark« zu machen, daß »ein Krieg auch für den seemächtigsten Gegner mit derartigen Gefahren verbunden« sei, »daß seine eigene Machtstellung in Frage gestellt« sei.[12]

Im übrigen wurde in den amtlichen Erklärungen immer wieder herausgestellt, daß die Flotte zum Schutz des deutschen überseeischen Handels erforderlich sei, eine Aufgabe, die allerdings mit Auslandskreuzern weit besser hätte erfüllt werden können. Demgegenüber hat die neuere Forschung mit großer Eindeutigkeit nachgewiesen, daß der deutsche Flottenbau von Anfang an eine klar gegen England gerichtete offensive Zielsetzung gehabt hat. Zwar hielt auch Tirpitz es nicht für erreichbar, Großbritannien jemals eine zahlenmäßig ebenbürtige Flotte entgegenzustellen, aber er war zuversichtlich, daß man innerhalb einer angemessenen Frist – er ging von vornherein von einem Zeitraum von über zwanzig Jahren aus – eine Schlachtflotte würde bauen können, die es zumindest mit der englischen Nordseeflotte voll werde aufnehmen können. Bereits in einer kurz nach seinem Amtsantritt gefertigten Denkschrift von Anfang Juli 1897 hieß es: »[...] Für Deutschland ist zur Zeit der gefährlichste Gegner zur See England. Es ist auch der Gegner, gegen den wir am dringendsten ein gewisses Maß an Flottenmacht als politischer Machtfaktor haben müssen. [...] Kreuzerkrieg und transozeanischer Krieg gegen England ist wegen Mangels an Stützpunkten unsererseits und des Überflusses Englands an solchen so aussichtslos, daß planmäßig von dieser Kriegsart gegen England bei Feststellung unserer Flottenart abgesehen werden muß. [...] Unsere Flotte muß demnach so eingerichtet werden, daß sie ihre höchste Kriegsleistung zwischen Helgoland und der Themse entfalten kann.«[13]

Tirpitz war sich von vornherein darüber im klaren, daß die Übergangsperiode bis zu dem Zeitpunkt, an dem die deutsche Flotte in der Lage sein würde, sich gegenüber der britischen Flotte zu behaupten, voller Risiken sein werde. Die Gefahr, daß der Übergang zum Bau einer großen Schlachtflotte zu einer Periode verschärfter Spannungen mit Großbritannien führen werde und darüber hinaus ein »Copenhagen« nach dem Vorbild von 1805, das heißt ein überraschender Angriff auf die noch unfertige deutsche Flotte, nicht ausgeschlossen werden könne, stand Tirpitz durchaus vor Augen. Demgemäß hat er intern die Ansicht vertreten, daß »alle England feindliche Politik [...] solange beruhen« müsse, »bis wir eine Flotte hätten, die so stark wäre wie die englische«.[14] Er versprach, dem Kaiser und der Reichsleitung auf lange Sicht ein Instrument zur Verfügung zu stellen, mit dessen Hilfe die britische Politik zu weitreichenden Konzessionen in kolonialpolitischen Fragen gezwungen werden könne. Letzten Endes wurde damit das Ziel verfolgt, Großbritannien aus seiner Hegemonialstellung zu verdrängen und das Deutsche Reich an dessen Platz zu setzen. Doch kam es im Interesse der Durchsetzbarkeit des Programms darauf an, die eigenen, letzten Zielsetzungen sorgfältig vor der Öffentlichkeit verborgen zu halten.

Davon ganz abgesehen, hatte Tirpitz anfänglich große innenpolitische Hürden zu überwinden. Um einen planmäßigen Ausbau der Flotte auf längere Frist sicherzustellen, zugleich aber, um die Kontrollrechte des Reichstages auf ein Minimum zu reduzieren, sah er neben einer Vorlage für den Bau von zunächst zwei Geschwadern die Verabschiedung eines Flottengesetzes vor, in dem, unbeschadet der finanziellen Auswirkungen, ein langfristiges Bauprogramm festgelegt wurde. Angesichts der kritischen Einstellung der Mehrheit der Reichstagsparteien gegenüber der Flottenvorlage bestand von vornherein so gut wie keine Aussicht, das verfassungsrechtlich garantierte Budgetrecht des Reichstages, etwa nach dem Vorbild der Bismarckschen Septemnate, zu unterlaufen; die einzige Chance war, den Reichstag über den konkreten Bewilligungszeitraum von zunächst nur zwei Jahren hinaus auf die Notwendigkeit künftiger regelmäßiger Bewilligungen festzulegen. Diesen Weg schlug Tirpitz dann auch konsequent ein. Auf diese Weise, so meinte der Staatssekretär des Reichsmarineamtes gegenüber Wilhelm II., könne der störende »Einfluß des Reichstages auf Euer Majestät Absichten bezüglich der Entwicklung der Marine« effektiv beseitigt werden.[15] Umgekehrt zeigte sich die Mehrheit des Reichstages von der Bereitschaft des Reichsmarineamtes angenehm berührt, prinzipiell eine jährliche Bewilligung der erforderlichen Mittel zuzugestehen, hatte man doch jahrzehntelang im Bereich des Heerwesens ein gleichartiges Verfahren verlangt, ohne damit durchzudringen. Auf diese Weise gelang es Tirpitz, zwei Fliegen mit einer Klappe zu schlagen, nämlich zum einen die Widerstände bei Hofe gegen jegliche Ausweitung der Kompetenzen des Reichstages auszuräumen und zum anderen die Mehrheitsparteien im Reichstag grundsätzlich kooperationswillig zu stimmen. Im übrigen verstand es Tirpitz, seine Flottenbaupolitik als innenpolitische Krisenstrategie zu verkaufen, durch die dem Anwachsen der Sozialdemokratie Einhalt geboten werden könne, unter anderem deshalb, weil die Erteilung öffentlicher Aufträge großen Umfangs für den Bau der notwendigen Schiffe eine günstige Auswirkung auf die Beschäftigungslage der Schwerindustrie und darüber hinaus auch auf die konjunkturelle Lage insgesamt haben werde. »In der neuen großen nationalen Aufgabe« des Flottenbaus »und dem damit verbundenen Wirtschaftsgewinn« liege »ein starkes Palliativ gegen gebildete und ungebildete Sozialdemokraten«.[16]

Entscheidend war freilich die geschickte Behandlung der Abgeordneten im Reichstag durch den neuen Staatssekretär des Reichsmarineamtes und vor allem die von seiten der Presseabteilung des Reichsmarineamtes eingeleitete Kampagne in der Öffentlichkeit zugunsten des Flottenbaus, mit deren Hilfe es gelang, den Widerstand der Reichstagsparteien gegen die Flottenvorlage gleichsam vom außerparlamentarischen Raum aus auszuhebeln. Allerdings gab sich die bürgerliche Presse mit nur wenigen Ausnahmen bereitwillig dazu her, die Tirpitzschen Flottenpläne ihrerseits zu unterstützen. Eine Ende Dezember 1896, also unmittelbar vor Beginn der parlamentarischen Beratungen der Flottenvorlage, ins Werk gesetzte Flottenumfrage der in München erscheinenden »Allgemeinen Zeitung« fand insbesondere in akademischen Kreisen ein begeistertes Echo; seit Anfang Januar 1897 konnte die »Allgemeine Zeitung« zahlreiche positive Stellungnahmen führender Vertreter der deutschen Wissenschaft veröffentlichen. Max Weber befand es in seiner eigenen Stellungnahme nicht einmal mehr für notwendig, auf die Flottenvorlage als solche näher einzugehen: »Für eine Vorlage, welche durch die unerwartete Geringfügigkeit ihrer Anforderungen fast ebensosehr wie durch die kluge Sachlichkeit ihrer Vertretung die Gegner in offenbare Verlegenheit gesetzt hat, noch besonders einzutreten, scheint mir unnötig.« Weber hielt sie »glücklicherweise« bereits im wesentlichen für gesichert. Wichtiger war es ihm, auf die Bedeutung der Flotte in den imperialistischen Kämpfen der Zukunft hinzuweisen: »Nur völlige politische Verzogenheit und naiver Optimismus können verkennen, daß das unumgängliche handelspolitische Ausdehnungsbestreben aller bürgerlich organisierten Kulturvölker, nach einer Zwischenperiode äußerlich friedlichen Konkurrierens, sich jetzt mit völliger Sicherheit dem Zeitpunkt wieder nähert, wo *nur die Macht* über das Maß des Anteils des Einzelnen an der ökonomischen Beherrschung der Erde und damit über den Erwerbsspielraum ihrer Bevölkerung, speziell auch ihrer Arbeiterschaft, entscheiden wird.«[17]

Einen nicht unwesentlichen Anteil daran, daß es zu einem Umschwung der öffentlichen Meinung zugunsten der Flottenpolitik kam, hatte freilich auch die Aktivität der Agitationsverbände, insbesondere des 1897 unter Beteiligung der Schwerindustrie ins Leben gerufenen Flottenvereins. Dieser vermochte bereits Ende November 1898 240000 Mitglieder vorzuweisen. Allerdings kam es schon bald zu schweren Zerwürfnissen in der Führung des Flottenvereins; ihrem Geschäftsführer, Viktor von Schweinburg, wurde von seiten der Mitglieder vorgeworfen, einseitig im Interesse der konservativen Sammlungspolitik agiert zu haben; dies habe dazu geführt, daß der Flottenverein nicht zu einem »Volksverein« geworden sei und nicht jene Wirksamkeit entfaltet habe, die man von ihm hätte erwarten können.[18] Vielmehr habe er die »Kräfte des praktischen Lebens wie der Bildung« eher abgestoßen. Mit dem Rücktritt Schweinburgs im Jahre 1899 löste sich der Flottenverein von der Bevormundung durch die Regierung und die ökonomischen Interessenten; er wurde rasch zu einer populistischen Massenbewegung, die sich zunehmend der dirigistischen Lenkung durch das Reichsmarineamt entzog und zugleich in ihren Forderungen immer stärker radikalisierte, zur wachsenden Irritation von Tirpitz, der dadurch seine parlamentarische Strategie behutsamen Vorgehens gefährdet sah. Ungeachtet dieser nicht intendierten Nebenwirkungen, die sich noch höchst nachteilig auswirken sollten, hatte Tirpitz das Kunststück fertiggebracht, einem widerwilligen Reichstag ein Flottengesetz aufzuzwingen, das das Deutsche Reich zunächst bis zum Jahr 1908 auf ein zwar einstweilen im Umfang maßvolles, aber in der Zielsetzung gleichwohl auf eine maritime Herausforderung Großbritanniens angelegtes Programm zur Schaffung einer großen Schlachtflotte festlegte.

Obschon Großbritannien diese Politik als direkte Herausforderung seiner Seemachtstellung empfinden mußte, hatte der Übergang zum Flottenbau zunächst keine unmittelbaren Auswirkungen auf die deutsche Außenpolitik und auch auf das Verhältnis zu Großbritannien, nicht zuletzt dank der Tatsache, daß die langfristigen Zielsetzungen des Flottenbaus einstweilen nicht deutlich hervortraten, zumal in den amtlichen Verlautbarungen der Schutz des deutschen Handels in Übersee als entscheidendes Motiv demonstrativ in den Vordergrund gestellt wurde. Erst sehr viel später wurde auch der breiteren Öffentlichkeit deutlich, daß eine effektive deutsche Weltpolitik, die bei Lage der Dinge ohne ein gewisses Entgegenkommen Großbritanniens auf keinerlei konkrete Erfolge hoffen konnte, mit einer offensiven Flottenpolitik im Grunde unvereinbar war.

Für Tirpitz ebenso wie für Wilhelm II. bestand jedoch kein Zweifel darüber, daß die Schlachtflotte von vornherein gegen den »seemächtigsten Gegner«, nämlich England, gebaut wurde.[19] Sie wollten zur Erreichung des Ziels, mit Hilfe einer starken Schlachtflotte dem Deutschen Reich »England gegenüber [...] Seegeltung zu verschaffen, keinerlei Kompromisse eingehen«, auch nicht durch die Kombination des Schlachtflottenbaus mit einem Programm zum vermehrten Bau von Auslandskreuzern, obschon die Zahl der verfügbaren Auslandskreuzer der Sache nach für den Schutz des Handels und der überseeischen Territorien keinesfalls ausreichte. Wie die internen Memoranden jener Jahre zeigen, rechnete Tirpitz mit langen Zeiträumen; er erklärte Wilhelm II. schon damals, daß als Termin für die Fertigstellung der Flotte intern das Jahr 1917 gelten müsse. Wenn einmal eine effektive Macht in Gestalt einer Seekriegsflotte von 45 Linienschiffen nebst Begleitschiffen vorhanden sei, könne gegebenenfalls auch ein offener Konflikt mit Großbritannien gewagt werden. Doch würde Großbritannien, »abgesehen von den für uns durchaus nicht aussichtslosen Kampfverhältnissen«, dann »aus allgemein politischen Gründen und von rein nüchternem Standpunkt des Geschäftsmannes aus, jede Neigung uns anzugreifen, verloren haben und infolgedessen Euer Majestät ein solches Maß von Seegeltung zugestehen und Euer Majestät ermöglichen, eine große überseeische Politik zu führen«.[20] Nach Tirpitz' Meinung werde es binnen kurzem nur noch vier Weltmächte geben, nämlich Rußland, England, Amerika und Deutschland; dann aber werde die Seemachtstellung für die Weltstellung des Deutschen Reiches ausschlaggebend sein.

Mit anderen Worten, die Flotte sollte, nachdem einmal die akute Periode der Schwäche des Deutschen Reiches zur See überwunden sein würde, und dies bedingte ein so zügiges Bautempo wie nur möglich, als Instrument zur Verfügung stehen, um England gegenüber ein großes Kolonialreich zu ertrotzen. Georg Alexander von Müller, der später zum Chef des Kaiserlichen Marinekabinetts aufsteigen sollte, ging noch um einiges weiter; er antizipierte die Entstehung von zwei germanischen Weltreichen der Zukunft, dem britischen und dem künftigen deutschen, und hielt es im übrigen für nicht einmal so sicher, »ob das Britische Weltreich der stärkere von den beiden germanischen Staaten sein« werde. Er jedenfalls plädierte dafür, voll und ganz mit der Politik Caprivis zu brechen, der »an die Möglichkeit einer Weltmachtstellung für Deutschland überhaupt nicht geglaubt«

habe, und forderte eine entschlossene imperialistische Politik, die alles auf eine Karte setzen müsse: »Auch hier heißt es ganz oder gar nicht. Mit der ganzen Kraft der Nation einsetzen, rücksichtslos, auch den großen Krieg nicht scheuend, oder aber Beschränkung auf die Kontinentalmacht. Das Mittelding, das Begnügen mit ein paar übriggebliebenen Stücken Ostafrika und Südsee-Archipel ohne oder doch nur mit äußerst beschränkter Besiedlungsfähigkeit durch Deutsche, das Halten einer Flotte, für die engere Küstenverteidigung unnötig stark, für eine Weltpolitik viel zu schwach, bedeutet nur eine Zersplitterung der Kräfte, eine Vergeudung von personellen und materiellen Mitteln [...].«[21]

Mochte dies im Augenblick auch noch nicht sichtbar sein, der Sache nach bedeutete der Übergang zum Bau einer großen Schlachtflotte die Abkehr von der bisherigen Grundtendenz der deutschen Außenpolitik, nämlich Großbritannien nach Möglichkeit an den Dreibund heranzuziehen und auf diese Weise die labile Hegemonialstellung des Deutschen Reiches auf dem europäischen Kontinent abzustützen sowie eine Ausweitung der überseeischen Besitzungen des Deutschen Reiches primär in Anlehnung an Großbritannien zu suchen. Zu diesem Zeitpunkt war freilich Bernhard von Bülow, ganz zu schweigen von den Beamten des Auswärtigen Amtes, noch keineswegs bereit, so konsequent und so radikal auf die Schaffung eines überseeischen Weltreiches hinzusteuern, wie dies in den sanguinischen Äußerungen des Korvettenkapitäns Müller anklang und wie dies zunehmend auch in der deutschen Öffentlichkeit gefordert wurde. Für Bülow standen Prestigeerwägungen und innenpolitisches Kalkül im Vordergrund, konkrete Pläne für territorialen Erwerb in Übersee hatte die Regierung einstweilen überhaupt nicht. Die neue »Weltpolitik« war für sie, wie dies Eugen Richter einmal im Reichstag bissig, aber treffend formulierte, vor allem eine Politik des »Überall-dabei-sein-Wollens«. Es ging in erster Linie darum, die Mitsprache des Deutschen Reiches als Großmacht unter Großmächten in allen weltpolitischen Fragen zu erreichen, und ganz in zweiter Linie um den Erwerb konkreter imperialistischer Objekte.

Es überrascht demnach nicht, daß der erste konkrete Schritt, mit dem gemeinhin die Weltpolitik der Ära Bülow ihren sichtbaren Anfang nahm, nämlich die Okkupation Tsingtaus am 14. November 1897, auf Betreiben des Reichsmarineamtes erfolgte, das in der Erwerbung dieses fernöstlichen Handelsplatzes ein wertvolles Prestigeobjekt sah. In einer großen Rede vom 6. Dezember 1897 erklärte Bülow im Reichstag: »Die Zeiten, wo der Deutsche dem einen seiner Nachbarn die Erde überließ, dem anderen das Meer und sich selbst den Himmel reservierte, wo die reine Doktrin thront – diese Zeiten sind vorüber. Wir betrachten es als eine unserer vornehmsten Aufgaben, gerade in Ostasien die Interessen unserer Schiffahrt, unseres Handels und unserer Industrie zu fördern und zu pflegen. Wir müssen verlangen, daß der deutsche Missionar und der deutsche Unternehmer, die deutschen Waaren, die deutsche Flagge und das deutsche Schiff in China gerade so geachtet werden wie diejenigen anderer Mächte. Wir sind endlich gern bereit, in Ostasien den Interessen anderer Großmächte Rechnung zu tragen, in der sicheren Voraussicht, daß unsere eigenen Interessen gleichfalls die ihnen gebührende Würdigung finden. Mit einem Worte: Wir wollen niemand in den Schatten stellen, aber wir verlangen auch unseren Platz an der Sonne.«[22] Dies waren neue Töne, doch ließen sie einstweilen offen, ob mit der Okkupation dieses Handelsplatzes unter dem fadenscheinigen Vorwand der Ermordung zweier deutscher Missionare an direkte oder indirekte Formen imperialistischer Expansion auf dem chinesischen Kontinent gedacht sei. In der Folge wurde das schwache chinesische Reich gezwungen, einem Pachtvertrag für Kiautschou auf 99 Jahre zuzustimmen und darüber hinaus den deutschen wirtschaftlichen Unternehmungen in der im Hinterland liegenden Provinz Schantung eine Vorzugsbehandlung vor Unternehmen anderer europäischer Mächte zuzusichern. Im März 1898 wurde die Verwaltung des neuen Schutzgebietes dann nicht etwa einem Generalgouverneur, sondern vielmehr der Marine übertragen, teilweise in der Absicht, den Bestrebungen vor Ort nach einer Ausweitung der territorialen Herrschaft auf dem chinesischen Kontinent ein für allemal vorzubauen. Denn der »Handelsplatz« Tsingtau sollte, abgesehen von seiner Funktion als überseeische Flottenstation, nur als Basis für die informelle wirtschaftliche Durchdringung des chinesischen Kontinents, vor allem der Provinz Schantung, dienen.[23] Durch die Okkupation der Bucht von Kiautschou erfuhr der Prozeß der schleichenden Erosion des chinesischen Kaisertums, der seit längerem im Gang war, freilich eine dramatische Beschleunigung. Nur ein Jahr später sicherten sich Großbritannien mit Weiheiwei und das zarische Reich mit Port Arthur ebenfalls Stützpunkte an den Küsten des chinesischen Reiches; eine formelle Aufteilung weiter Teile Chinas unter die europäischen Mächte schien nur noch eine Frage der Zeit zu sein.

Die Annexion der Bucht von Kiautschou erwies sich für die wirtschaftliche Durchdringung des chinesischen Reiches als zweischneidige Angelegenheit. Deutsche kommerzielle Unternehmen und die deutschen Großbanken waren schon seit geraumer Zeit in China tätig. Sie standen dabei in einem Konkurrenzkampf mit Unternehmen anderer europäischer Staaten um den Erwerb profitabler Konzessionen beziehungsweise die Emission von einträglichen Anleihen an den chinesischen Staat oder die chinesischen Provinzialregierungen. Eine Schlüsselrolle in diesen Bemühungen nahm insbesondere die bereits in den 80er Jahren gegründete Deutsch-Asiatische Bank ein, eine Tochtergründung der Deutschen Bank und der Diskonto-Gesellschaft. Allerdings war der Anteil Deutschlands am chinesischen Außenhandel zum damaligen Zeitpunkt noch verschwindend gering; in den 80er Jahren betrug er kaum mehr als 3,5 Prozent, freilich mit langsam steigender Tendenz. Erst seit Mitte der 90er Jahre kam es zu intensiver Aktivität der Deutschen Banken und des Deutschen Handels in China, allerdings überwiegend in Zusammenarbeit mit britischen Banken, insbesondere der Hongkong- und Schanghai-

Bank. Der Versuch eines deutschen Bankenkonsortiums unter Führung der Diskonto-Gesellschaft, sich an der großen chinesischen Anleihe zu beteiligen, die China dazu instand setzen sollte, die nach dem japanisch-chinesischen Kriege von 1895 geforderte Kriegskontribution an Japan zu zahlen, scheiterte freilich kläglich. Dies veranlaßte die deutschen Banken, insbesondere die Diskonto-Gesellschaft, unter Vermittlung Rothschilds, zur Gründung eines Konsortiums mit einer britischen Bankengruppe unter Aufteilung der beiderseitigen Interessensphären; in einem Vertrag vom 27. Juli 1897 wurde eine deutsch-englische Zusammenarbeit für alle asiatischen Geschäfte vereinbart, gleichzeitig aber der britischen Seite eine wirtschaftliche Vorrangstellung in der Region des Jangtse, den Deutschen hingegen in der Provinz Schantung zugesprochen.[24] Dabei war natürlich die Hoffnung leitend, lukrative Konzessionen insbesondere auf dem Gebiet des Eisenbahnbaus erlangen zu können. Parallel dazu hatte es auch Bestrebungen gegeben, eine deutsche Militärmission in China und speziell eine von deutschen Offizieren geleitete Militärschule zu errichten, doch waren diese im Sande verlaufen.

Es waren keineswegs die vorgenannten Aktivitäten deutscher Wirtschaftskreise in China, die den Anstoß gegeben hatten, sich in Tsingtau festzusetzen, sondern der Wunsch der Marine, einen überseeischen Flottenstützpunkt zu erwerben. Um Tsingtau allerdings politisch zu legitimieren und auf längere Sicht rentabel zu machen, bestand größtes Interesse daran, dieses zum Ausgangspunkt der wirtschaftlichen Durchdringung des chinesischen Festlandes durch deutsche Unternehmungen und deutsches Kapital zu machen. Wesentlich zu diesem Zwecke wurde unter Beteiligung des Reiches das sogenannte Schantung-Syndikat sowie die Schantung-Eisenbahngesellschaft gegründet; doch erwies sich beides schon bald als ein Fehlschlag. Die Konzession für den Bau von Eisenbahnen in der Gesamtlänge von ca. 1000 km sowie der Erwerb von Schürfrechten in der Provinz Schantung stellten sich als wirtschaftlich nicht realisierbar heraus. Die mit großen Erwartungen verknüpfte Politik der ökonomischen Durchdringung des Hinterlandes des neuen Schutzgebietes lief demgemäß von Anfang an in schwere See. Es stellte sich heraus, daß eine aussichtsreiche finanzimperialistische Durchdringung Chinas allenfalls auf internationaler Grundlage, nicht im Alleingang deutscher Banken zu bewerkstelligen war. Die Deutsch-Asiatische Bank zog aus diesen Erfahrungen die Konsequenz, mit ihren englischen Partnern präzise Absprachen über die beiderseitigen Interessensphären beziehungsweise die Zonen beiderseitiger Kooperation zu treffen, statt sich ausschließlich auf die flankierende Unterstützung der Reichspolitik zu verlassen. Im September 1898 kam es zum Abschluß einer formellen Vereinbarung, in der die Deutsch-Asiatische Bank das Recht für den Bau von Eisenbahnen in Schantung und zum Hoang-Ho erhielt, während das Tal des Jangtse den britischen Interessenten als Interessensphäre zugesprochen wurde; nachträglich suchten beide Banken um eine Sanktionierung dieser Vereinbarung bei ihren Außenministerien nach.

Zu diesem Zeitpunkt war das Auswärtige Amt jedoch noch nicht dazu bereit, Großbritannien das Tal des Jangtse als ausschließliche wirtschaftliche Interessensphäre zuzugestehen. Auch die Deutsch-Asiatische Bank und ihre Muttergesellschaft, die Diskonto-Gesellschaft, waren nicht damit einverstanden, sich nur mit Schantung zufriedenzugeben. »Wir streben danach, uns auch andere und reichere Provinzen von China für unsere Eisenbahn-Unternehmungen offen zu halten, und wir würden es als einen schweren Mißgriff beklagen, wenn das in Schantung erreichte für so ausreichend gehalten würde, daß man alles übrige dem Ausland überließe.«[25] Jedoch liefen sich die Bemühungen des Schantung-Syndikats, die ins Auge gefaßten Eisenbahnbauten zu realisieren, schon bald an Widerständen der chinesischen Lokalbehörden fest. Das Reichsmarineamt und das Auswärtige Amt sahen sich am Ende in die unbequeme Lage versetzt, die Forderung nach militärischen Strafaktionen, die seitens der unmittelbaren Interessenten an die Reichsleitung gerichtet wurde, ablehnen zu müssen, da dies zu unübersehbaren politischen Verwicklungen hätte führen können.

Die mit so großen theatralischen Erklärungen begonnene Erwerbung Tsingtaus erwies sich demgemäß schon bald als problematisch; die handfesten ökonomischen Vorteile, die man sich von der Festsetzung auf dem chinesischen Kontinent und der Erlangung von besonderen deutschen Konzessionen in Schantung erhofft hatte, blieben, zumindest vorerst, aus und demgemäß auch die ersehnten günstigen Auswirkungen auf die Haltung der deutschen Öffentlichkeit in der Frage des Schlachtflottenbaus. Im Grunde war der Erwerb von Tsingtau Teil einer tastenden Strategie, die in weltpolitischen Fragen einstweilen jegliche Festlegung vermeiden wollte. Wenn es zum Schwur kam, hielt die Wilhelmstraße die Sicherung der kontinentalpolitischen Position des Reiches immer noch für wesentlich wichtiger als die Realisierung kolonialer Erwerbschancen, sofern dabei politische Verwicklungen mit anderen europäischen Mächten hätten in Kauf genommen werden müssen.

Der erste Fall weltpolitischen Zuschnitts, in dem sich das Neue Regiment gezwungen sah, wirklich Farbe zu bekennen, betraf die Zukunft Südafrikas. Großbritannien hatte zwar nach dem Scheitern des Jameson Raid seine Südafrika-Pläne zunächst zurückgestellt. Dennoch war früher oder später mit einem erneuten Vorgehen des Britischen Empire gegen die Burenrepubliken zu rechnen, deren sprunghafter wirtschaftlicher Aufstieg die Zukunftschancen der Kap-Kolonie ernstlich zu gefährden schien. Namentlich aus der Perspektive der führenden Politiker am Kap, zu denen insbesondere Cecil Rhodes zählte, erschien es früher oder später als unabweisbar, die Burenrepubliken wieder unter das gemeinsame Dach der britischen Krone zurückzuzwingen, statt die Entwicklung eines Wirtschaftszentrums in Südafrika außerhalb des Empires zuzulassen, wie sich dies angesichts der sich mehrenden Goldfunde an der Rand abzeichnete.

Angesichts der Entscheidung für den Bau einer deutschen Schlachtflotte mußte die deutsche Diplomatie zumindest auf absehbare Zeit jeden ernstlichen Konflikt mit Großbritannien zu vermeiden suchen. Demgemäß wurden nun die sanguinischen Pläne Wilhelms II., für den Fall eines britischen militärischen Vorgehens gegen die Burenrepubliken gegebenenfalls einen gemeinsamen diplomatischen Protest aller Kontinentalmächte zu organisieren oder gar die Burenrepubliken unter ein deutsches Protektorat zu stellen, ein für allemal verabschiedet. Statt dessen griff die deutsche Diplomatie die 1898 von Joseph Chamberlain angebotene Möglichkeit auf, für den Preis der Erklärung eines deutschen Desinteresses an der Zukunft Südafrikas, insbesondere an der Delagoa-Bay, mit Großbritannien einen Anwartschaftsvertrag auf den Erwerb eines Teils der portugiesischen Kolonien Mosambik und Angola zu schließen. Im Zuge der Verhandlungen äußerte Joseph Chamberlain die Ansicht, daß die teutonischen Völker Großbritanniens, der Vereinigten Staaten und Deutschlands dazu berufen seien, künftig über die ganze nicht-weiße Welt zu herrschen. Offenbar ohne dazu von seinem Regierungschef Lord Salisbury autorisiert zu sein, warf Joseph Chamberlain überdies die Idee eines allgemeinen deutsch-englischen Bündnisses in die Debatte, etwas, um das sich Bismarck schon 1889 und dann Caprivi intensiv bemüht hatten. Auf diesem Ohr war die Wilhelmstraße jedoch taub; zum einen schien es angesichts des anlaufenden Flottenbaus nicht angeraten zu sein, eine engere bündnispolitische Beziehung zu Großbritannien zu knüpfen, zum anderen glaubte die deutsche Diplomatie gemäß Holsteins Doktrin der »freien Hand«, daß die Chancen des Deutschen Reiches im internationalen System nur besser werden könnten, wenn man es vermied, sich formell an eine der beiden imperialen Flügelmächte des Britischen Empire oder des zarischen Rußland zu binden. Die Zurückweisung des Bündnisangebots Chamberlains, ohne dieses ernstlich auf seine Substanz zu prüfen, sollte später den Anlaß zur Entstehung der »Legende von der verschmähten englischen Freundschaft« geben, die dann die Historiker der 20er Jahre und mit ihnen die deutsche Öffentlichkeit lange intensiv beschäftigt hat.

In Wahrheit waren es Beweggründe gegenseitigen Mißtrauens, die zum Abschluß des deutsch-englischen Angola-Vertrages vom Jahr 1898 führten, und nicht eine auf koloniale Gewinne ausgerichtete Partnerschaft. Joseph Chamberlain war vor allem daran interessiert, freie Hand für ein englisches Eingreifen gegen die Burenrepubliken zu erhalten und die deutsche Regierung für diesen Fall von einer eventuellen diplomatischen Intervention in die südafrikanischen Angelegenheiten abzuhalten. Bülow seinerseits sah eine günstige Gelegenheit gekommen, im Zuge des allgemein erwarteten Konflikts zwischen Großbritannien und den Burenrepubliken einen Ansatzpunkt für den künftigen Erwerb jeweils des nördlichen Teils der beiden portugiesischen Kolonien Angola und Mosambik zu gewinnen, welcher eine substantielle Arrondierung des deutschen mittelafrikanischen Kolonialbesitzes gebracht haben würde. Dies war zwar eine Vereinbarung ausschließlich auf Kosten einer dritten Macht, nämlich Portugals, die Großbritannien wenig kostete. Aber die deutsche Diplomatie ging davon aus, daß die Briten bei Ausbruch des allgemein erwarteten erneuten Konflikts mit den Burenrepubliken in jedem Fall die Delagoa-Bay besetzen würden, um dem Transvaal den Zugang zum Meer abzuschneiden. Wäre es so gekommen, so wäre die Frage einer Aufteilung zumindest Mosambiks unter die meist interessierten Mächte gewiß auf die Tagesordnung gekommen. Hinzu kam, daß sich Portugal seit längerem in äußerst bedrängten finanziellen Verhältnissen befand und nur mit einiger Mühe einem Staatsbankrott zu entgehen vermocht hatte; die Abtretung eines Teils des portugiesischen Kolonialbesitzes gegen entsprechende finanzielle Remunerationen schien demgemäß durchaus im Bereich des Möglichen zu liegen. Dagegen hatte man in Berlin keinerlei Neigung, auf diesem Wege eine langfristige Annäherung an Großbritannien zu betreiben; im Gegenteil, es bestand die Erwartung, daß bei geduldigem Zuwarten die deutsche Position in den weltpolitischen Fragen nur noch stärker werden könne. Davon abgesehen, war die deutsche Diplomatie nicht dazu bereit, den Verzicht auf eine Intervention in Südafrika auch gegenüber der eigenen Öffentlichkeit kundzutun; vielmehr hielt man hier an der Fassade der bisherigen Politik fest, die entschieden auf die Aufrechterhaltung der Selbständigkeit der Burenrepubliken gerichtet gewesen war.

Diese Strategie erwies sich schon bald als äußerst riskant. Die deutsche öffentliche Meinung unterstützte unzweideutig die Sache der beiden Burenrepubliken, auch wenn die in Südafrika selbst engagierten, nicht unerheblichen deutschen Kapitalinteressen eher für eine britische Intervention optiert haben dürften. Noch ärger war, daß durch den Abschluß des sogenannten Windsor-Vertrages von 1899, der formal eine Erneuerung eines aus dem 17. Jahrhundert stammenden britisch-portugiesischen Bündnisvertrages darstellte, die Aussichten dafür, daß es jemals zu einer Anwendung des Teilungsvertrages bezüglich der Kolonien Angola und Mosambik gegen den Willen Portugals kommen werde, nahezu auf Null reduziert wurden. Dies ist der Reichsleitung und der deutschen Öffentlichkeit allerdings zum damaligen Zeitpunkt nicht in vollem Ausmaß bekannt geworden. Aber auch so sollte sich dieses imperialistische Anwartschaftsgeschäft auf einen bevorstehenden Zerfall des portugiesischen Kolonialreiches, dem man freilich gegebenenfalls mit finanziellen und machtpolitischen Methoden nachzuhelfen beabsichtigte, als eine schwere Belastung für die Regierung Bülow erweisen. Nach dem Ausbruch des Burenkrieges im Herbst 1899 schlug sich die deutsche Öffentlichkeit in massiver Weise auf die Seite der Buren, und der offiziöse Neutralitätskurs, den die Reichsleitung gemäß den geheimen Vereinbarungen mit Großbritannien einschlug, geriet unter scharfen Beschuß, insbesondere von seiten der nationalen Agitationsverbände. Ein Versuch Bülows, bei Heinrich Claß, dem neuen Vorsitzenden des Alldeutschen Verbandes, in einer privaten Audienz um Verständnis für die deutsche Haltung zu werben, schlug vollkommen fehl. Das Land wurde von einer Flutwelle anti-englischer Emotionen erfaßt, der gegenüber sich die amtliche Pressebeeinflussung als völlig hilflos erwies.

Tatsächlich sah sich die deutsche Diplomatie angesichts der Notwendigkeit, wegen des anlaufenden Flottenbaus vorerst alle größeren Konflikte mit Großbritannien zu vermeiden, nicht dazu in der Lage, nach Ausbruch des Burenkrieges eine angemessene Gegenleistung für die eigene Neutralität in der Frage der Zukunft Südafrikas einzufordern, zumal die Bedeutung dieser deutschen Konzession in der Wilhelmstraße ohnehin überschätzt worden war. Der Angola-Vertrag blieb unter diesen Umständen ein bloßes Stück Papier, das allenfalls als vage Anwartschaft auf künftige Entwicklungen noch Bedeutung besaß.

Auch in anderen überseeischen Fragen sah sich das Deutsche Reich, ganz entgegen der lautstarken Sprache, die man sich in weltpolitischen Fragen angewöhnt hatte, gezwungen, sich mit bescheidenen Ergebnissen zufriedenzugeben. Der Erwerb der Karolinen-Inseln von Spanien, das nach dem Verlust des spanisch-amerikanischen Krieges vom Jahr 1899 keine Möglichkeit mehr sah, die Reste seines pazifischen Kolonialempires aufrechtzuerhalten, stellte nur eine magere Kompensation für die Flottenbasis auf den Philippinen dar, die man sich in der Umgebung Wilhelms II. anfänglich erhofft hatte, auch wenn Bernhard Bülow nach erfolgreichem Abschluß der Verhandlungen zum Dank für seine Bemühungen um den Erwerb der Karolinen-Inseln der Grafentitel verliehen wurde. Ebensowenig konnte die Regelung der Samoa-Affäre, die nach langen, äußerst schwierigen Verhandlungen 1899 zustande kam, als sonderlich befriedigend gelten. Die deutschen Territorialansprüche auf den nördlichen Teil des Archipels konnten zwar schließlich, vor allem gegen den leidenschaftlichen Widerspruch Australiens, durchgesetzt werden, aber nur um den Preis der Abtretung der Salomon-Inseln.

Vergleichsweise günstiger schienen sich die Verhandlungen mit Großbritannien über ein Abkommen bezüglich eines gemeinsamen Vorgehens beider Mächte in China anzulassen, dessen Konturen durch die Vereinbarung des Bankenkonsortiums unter Führung der Deutsch-Asiatischen Bank und eines britischen Konsortiums unter Führung der Hongkong-Bank bereits vorgezeichnet worden waren. Sie wurden im Frühjahr 1900, noch bevor der Burenkrieg seinen Höhepunkt erreicht hatte, eingeleitet und führten zum Abschluß eines Vertrages über die Abgrenzung beiderseitiger Interessensphären in China. Die britische Regierung betrachtete die Bestrebungen des zarischen Rußland, von der Mandschurei aus schrittweise eine informelle Vorherrschaft auf dem chinesischen Subkontinent zu etablieren, mit einiger Sorge und erhoffte sich die Unterstützung der deutschen Diplomatie bei dem Bemühen, Rußland mit diplomatischen Mitteln von einem weiteren Vordringen abzuhalten. Umgekehrt war die deutsche Reichsleitung äußerst beunruhigt darüber, daß Rußland und Großbritannien den Wettlauf um die Etablierung von Zonen informeller und am Ende gar formeller Kontrolle auf dem chinesischen Subkontinent unter sich ausmachen könnten, ohne daß für das Deutsche Reich dabei etwas Entsprechendes abfallen würde. Aus deutscher Sicht war das am 16. Oktober 1900 abgeschlossene Jangtse-Abkommen in erster Linie darauf ausgerichtet, das Vordringen der anderen Mächte im chinesischen Raum nach Möglichkeit abzubremsen; insbesondere sollte es der befürchteten Okkupation größerer chinesischer Häfen durch Rußland oder andere europäische Großmächte entgegenwirken. Im Abkommen verpflichteten sich beide Mächte, die territoriale Integrität des chinesischen Reiches zu respektieren und diese gegen jede Verletzung von seiten dritter Mächte zu verteidigen; außerdem sollten für China die Grundsätze des Freihandels und der »offenen Tür« gelten.

Faktisch sanktionierte das Abkommen damit die beiderseitigen ökonomischen Interessensphären, wie sie sich seit 1898 herausgebildet hatten. Das Abkommen bot eine gute Chance dafür, in vertrauensvoller Zusammenarbeit mit Großbritannien die informelle finanzimperialistische Durchdringung Chinas weiter voranzutreiben, bei gleichzeitiger Abwehr der entsprechenden Aktionen des zarischen Rußland und Frankreichs, zumal die deutschen ökonomischen Interessen in eben diese Richtung wiesen. Indessen sah die Reichsleitung in dem Abkommen nur mehr eine »holding operation«, die alle Optionen für die Zukunft offenhalten, aber gleichzeitig eine definitive Festsetzung Großbritanniens im Tal des Jangtse verhindern sollte. An einer konkreten Kooperation mit Großbritannien zwecks gemeinsamer wirtschaftlicher Aktivität im Fernen Osten war man nicht eigentlich interessiert; vielmehr war »Zuwarten« die Devise der Wilhelmstraße.

Die deutsche Diplomatie ging bei dieser wie bei anderen Gelegenheiten von der Annahme aus, daß es Großbritannien sei, welches auf die Unterstützung des Deutschen Reiches angewiesen sei, und nicht umgekehrt. Damit überschätzte sie freilich den Wert dieses Abkommens für die britische Politik, und dies um so mehr, als die deutschen wirtschaftlichen Bestrebungen in China vorderhand über bescheidene Ansätze nicht hinausgekommen waren. Als dann Großbritannien im März 1901 unter Berufung auf das Jangtse-Abkommen in Berlin darum nachsuchte, daß das Deutsche Reich auf diplomatischem Wege in St. Petersburg darauf hinwirken möge, daß Rußland von einem weiteren Vordringen in der Mandschurei Abstand nehme, ergriff Bülow die Gelegenheit, sich öffentlich gegen Großbritannien zu erklären und das Abkommen *de facto* aufzukündigen. Die bescheidenen Ansätze für eine gemeinsame deutsch-britische Kolonialallianz im Fernen Osten wurden auf diese Weise bei der erstbesten Gelegenheit für politische Vorleistungen an die russische Adresse vermarktet, die der Wiederanbahnung besserer Beziehungen zu St. Petersburg dienen sollten. Das Deutsche Reich habe, so erklärte Bülow öffentlich, keinerlei Interesse daran, für Großbritannien die Kastanien aus dem Feuer zu holen und dabei die guten Beziehungen zum benachbarten Rußland aufs Spiel zu setzen. Dazu dürfte die Flutwelle anglophober Stimmungen in der deutschen Öffentlichkeit auf dem Höhepunkt des Burenkrieges einiges beigetragen haben. Entscheidend war freilich die Erwägung, daß die deutsche Diplomatie keinen Anlaß habe, den imperialistischen Bestrebungen Rußlands im Fernen Osten entgegenzutreten, sofern nicht eigene wichtige Interessen dadurch verletzt würden, weil auf diese Weise der Druck Rußlands auf den Dreibund und insbesondere auf die Ostgrenzen des Deutschen Reiches verringert würde. Davon abgesehen, rechnete man in der Wilhelmstraße einigermaßen zuversichtlich damit, daß es über China zu einem Krieg zwischen den beiden Flügelmächten Europas kommen werde, bei dem dann das Deutsche Reich der lachende Dritte sein würde. Erwägungen kontinentalpolitischer Art gewannen also im entscheidenden Augenblick das Übergewicht über die weltpolitischen Aspirationen der deutschen Regierung. Verständlicherweise fand die britische Diplomatie das Verhalten der deutschen Regierung in dieser Frage, bei der das opportunistische Bedürfnis mitgespielt hatte, wenigstens einmal in Übereinstimmung mit der anti-englischen Einstellung der öffentlichen Meinung in Deutschland zu handeln, als einigermaßen zynisch und als miserablen Auftakt für eine Verbesserung der britisch-deutschen Beziehungen. Bei den führenden Repräsentanten im britischen Foreign Office, so namentlich bei Sir Eyre Crowe, setzte sich nunmehr die Meinung fest, daß man der deutschen Diplomatie grundsätzlich nicht über den Weg trauen könne und daß demgemäß den deutschen Weltmachtplänen künftig mit diplomatischen und notfalls auch mit militärischen Mitteln Einhalt geboten werden müsse.

Ungeachtet der lautstarken Worte, mit denen die Weltpolitik Bülows in der Öffentlichkeit verkauft wurde, kam es demgemäß in jenen Jahren nirgends zu energischen Vorstößen in Richtung einer effektiven Ausweitung des deutschen Einflusses in der überseeischen Welt, sei es durch den Erwerb formeller Territorien oder die Errichtung von Protektoraten, sei es durch informelle wirtschaftliche Durchdringung und die Absteckung von ökonomischen Interessensphären. Anders gesagt: Den Worten folgten nicht die entsprechenden Taten. Die deutsche Politik machte gar nicht erst Anstalten, für imperialistische Erwerbungen der Zukunft praktische Ausgangspositionen zu begründen, sondern begnügte sich damit, den *status quo* in überseeischen Regionen zu erhalten und die imperialistischen Aspirationen anderer Mächte nach Möglichkeit abzubremsen.

Dies hing nun freilich mit der Erwartung zusammen, daß sich das politische Gewicht und der Handlungsspielraum des Deutschen Reiches in den kommenden Jahren nur verbessern könne. Angesichts des erwarteten säkularen Zusammenstoßes zwischen dem »russischen Bären« und dem »englischen Löwen« über den beiderseitigen kolonialen Interessen im Fernen Osten, in Afghanistan und in Persien glaubte man in der Wilhelmstraße, daß den deutschen Interessen am besten mit einer Politik der »freien Hand« gedient sei, die es vermeide, mit einer der rivalisierenden Flügelmächte Europas zusammenzugehen, selbst auf die Gefahr einer Antagonisierung des jeweiligen Partners. Es kam hinzu, daß Tirpitz allerorten versprach, daß mit dem Bau einer großen deutschen Schlachtflotte bereits mittelfristig mit einer erheblichen Steigerung des machtpolitischen Potentials des Deutschen Reiches innerhalb des internationalen Systems gerechnet werden könne, obschon es einstweilen ratsam zu sein schien, von allen weitreichenderen Aktionen, insbesondere solchen, die sich gegen Großbritannien richteten, Abstand zu nehmen.

Dieser Auffassung entsprach auch die Haltung, die die deutsche Regierung auf der ersten Haager Friedenskonferenz von 1899 einnahm, auf der den europäischen Mächten seitens des Zaren Alexanders III. der Vorschlag einer allgemeinen Rüstungsbeschränkung der Großmächte unterbreitet wurde.[26] Es war ja gerade das Ziel der deutschen Politik, durch eine Steigerung der eigenen Rüstungen zur See und, bis zu einem gewissen Grad, auch zu Lande die Handlungsfähigkeit des Deutschen Reiches auf internationalem Felde langfristig zu erhöhen, während auf kurze Sicht allein schon wegen der maritimen Gefahrenzone ein vorsichtiges Vorgehen am Platze war. Davon abgesehen lag eine Reduzierung der internationalen Spannungen nach Ansicht der Wilhelmstraße überhaupt nicht im deutschen Interesse; ganz im Gegenteil, man wollte die Spannungen zwischen den beiden Flügelmächten Europas zum eigenen Vorteil ausnutzen. Bis zu einem gewissen Grad war es verständlich, wenn das Deutsche Reich, das gleichsam verspätet in die imperialistische Arena eingetreten war, den Vorschlag als inakzeptabel betrachtete, die militärischen Kräftepotentiale der Mächte für eine bestimmte Zeit – gedacht war an einen Zeitraum von zumindest fünf Jahren – auf dem bestehenden Niveau einzufrieren. Ein Abkommen dieser Art hätte zur Folge gehabt, daß die internationalen Machtverhältnisse für die vorhersehbare Zukunft festgeschrieben worden wären. Gerade daran war man in Berlin nicht interessiert. Davon abgesehen bezweifelten die Diplomaten und Militärs gleichermaßen, ob ein solches Rüstungsbeschränkungsabkommen jemals konkret praktiziert werden könne. Auch die Vertreter der anderen Großmächte waren äußerst skeptisch, ob es möglich sein würde, eine internationale Vereinbarung über die Begrenzung der Rüstungen nicht nur zustande zu bringen, sondern auch seine Einhaltung sicherzustellen. Aber das Deutsche Reich unter der Führung Bülows brachte es fertig, sich demonstrativ an die Spitze jener Mächte zu stellen, die ein derartiges Abkommen prinzipiell ablehnten. Nur nach langen internen Beratungen erklärte sich die Reichsleitung überhaupt dazu bereit, an der geplanten Haager Konferenz teilzunehmen. Die Reaktion Wilhelms II. war zunächst äußerst negativ. Er vertrat die Ansicht, daß sich die Pläne der Konferenz mehr oder minder direkt gegen die Fortschritte richteten, die das Deutsche Reich auf militärischem Gebiet gemacht habe beziehungsweise noch zu machen gedenke. Rußland wolle die gegenwärtigen Rüstungsmaßnahmen abstoppen, um das Deutsche Reich auf seiner gegenwärtig vergleichsweise schwächeren Position auf absehbare Zeit festzuhalten. Erst nachdem ihm die diplomatischen Konsequenzen dargelegt worden waren, die eine grundsätzliche Verweigerung allein des Deutschen Reiches, an der Konferenz mitzuwirken, nach sich ziehen würden, war er schließlich bereit, seine Zustimmung zur Entsendung einer Delegation zu geben: »Die Konferenzkomödie mache ich mit, aber den Degen behalte ich zum Walzer an der Seite.«[27]

Die Reichsleitung ging bei ihrer grundsätzlich ablehnenden Einstellung gegenüber dem Gedanken einer Rüstungsbeschränkung insbesondere von den folgenden Erwägungen aus: Zum ersten hätten derartige Vereinbarungen zur Konsequenz gehabt, das gerade eben mit einiger Mühe durchgesetzte langfristige Rüstungsprogramm zur See wieder zu stoppen oder doch ernstlich abzubremsen. Zum zweiten würde die Errichtung eines internationalen Schiedsgerichts auf eine Mediatisierung der Rolle der Großmächte innerhalb des internationalen Systems hinauslaufen. Für das »europäische Konzert« würde man die Ochlokratie einer Vielzahl von kleinen Mächten eintauschen, was für die Erhaltung des Friedens und des europäischen Staatensystems äußerst schädliche Auswirkungen haben müsse. Zum dritten dürfe das Recht einer jeden Großmacht, für eigene vitale nationale Interessen zu den Waffen zu greifen, unter keinen Umständen beschnitten werden. Schließlich würde eine internationale Vereinbarung dieser Art nur Frankreich zugute kommen, welches das größte Interesse an einer Festschreibung der bestehenden Machtverhältnisse in Europa und in der Welt besitze.

Obschon die deutsche Delegation auf der Haager Konferenz von dieser rigiden Position um einiges zurückging und sich ein wenig flexibler verhielt, nicht ohne daß dies heftige innere Widerstände auslöste, geriet die deutsche Politik gleichwohl in ein bemerkenswert ungünstiges Licht, und dies, obschon auch die anderen Großmächte im Prinzip ebenfalls nicht bereit waren, ihre traditionellen Souveränitätsrechte einer, wenn auch nur begrenzten Beschränkung unterwerfen zu lassen. Bülow selbst suchte die deutsche Haltung unmittelbar nach dem Ende der Konferenz mit Argumenten zu rechtfertigen, die dem Arsenal der politischen Theorie Heinrich von Treitschkes entnommen waren. Jeder unabhängige Staat trage, so meinte Bülow, seinen Zweck in sich selbst, und die Verteidigung der eigenen Interessen und seine Behauptung gegenüber Dritten, gegebenenfalls mit kriegerischen Mitteln, bildeten die einzige Rechtfertigung seiner Existenz. Bülows Äußerungen beleuchten schlaglichtartig die Einstellung, die die deutsche Führungsschicht hinsichtlich der Rolle des Deutschen Reiches innerhalb des internationalen Systems hegte. Sie zeigen, daß die führenden Staatsmänner um die Jahrhundertwende noch ganz in traditionalistischen politischen Bahnen dachten. Dies sollte sich dann insbesondere auch in der Behandlung der im engeren Sinne imperialistischen Fragen zeigen. Die Strategie der Außenpolitik Bülows lief darauf hinaus, in Wiederaufnahme Bismarckscher Rezepte, die weltpolitischen Rivalitäten dritter Mächte zur Steigerung der eigenen Machtstellung auszunutzen. Sie spielte dieses Spiel freilich mit vergleichsweise weit kruderen Methoden, vor allem aber ohne die Bereitschaft, sich innerhalb dieses Spiels der imperialistischen Mächterivalitäten selbst zurückzuhalten. Vielmehr betrieb das Deutsche Reich unter der Kanzlerschaft Bülows einerseits eine zielbewußte Politik der Aufrüstung zur See sowie – in geringerem Maße – zu Lande und eine Kontinentalpolitik, die in erster Linie auf die Stabilisierung der Position des Dreibundes ausgerichtet war, und andererseits eine lautstarke, aber in ihren Zielsetzungen ziemlich diffuse überseeische Expansionspolitik. Dominant war dabei das Bestreben, auf lange Sicht die eigene Machtposition gegenüber dem Hauptrivalen Großbritannien zu stärken. Im Zusammenspiel mit anderen Mächten hoffte man eine schrittweise Schwächung der Machtstellung des britischen Empire bewirken zu können.

Im nachhinein ist unschwer erkennbar, daß die deutsche Diplomatie in der Annahme, daß die Zeit für das Deutsche Reich arbeite, die Zeichen der Zeit verkannt hat. Denn tatsächlich war die Diagnose, daß die imperialistischen Rivalitäten zwischen den anderen Mächten stetig zunehmen würden, keineswegs zutreffend. Der Höhepunkt imperialistischer Auseinandersetzung sowohl in Afrika wie im Fernen Osten war bereits Ende der 90er Jahre überschritten. Seitdem bemühten sich die anderen Großmächte zunehmend um eine Konsolidierung der eigenen imperialen Positionen, und zwar vornehmlich mit Hilfe bilateraler Vereinbarungen mit dem jeweiligen Rivalen. Insbesondere Großbritannien schwenkte nach der Beilegung der Faschoda-Krise mit Frankreich 1898 und nach dem Debakel des Burenkrieges von 1899 bis 1903 auf eine Politik ein, die auf die Ausräumung von imperialen Konflikten mit Drittmächten abzielte und darum bemüht war, durch eine Verständigung mit anderen Mächten über strittige Fragen, wo immer machbar, die eigenen imperialen Verpflichtungen nach Möglichkeit zu begrenzen. In einer solchen Konstellation erwies sich die Strategie der deutschen Regierung, auf die Konflikte zwischen den anderen Mächten an der Peripherie Europas zu setzen und im übrigen in weltpolitischen Fragen einstweilen abzuwarten, bis die deutsche Position stärker geworden sei, als verhängnisvolle Fehlrechnung.

Entgegen den lautstarken Worten, mit denen die neue deutsche »Weltpolitik« in der Öffentlichkeit verkauft wurde, kam es demgemäß seit der Jahrhundertwende nirgends zu energischen Vorstößen in Richtung auf eine effektive Ausweitung des deutschen Einflusses in der überseeischen Welt, sei es durch Erwerb formeller Kolonien beziehungsweise die Errichtung von Protektoraten, sei es mit Hilfe wirtschaftlicher Durchdringung von formell souveränen, faktisch aber abhängigen Staaten. Mit anderen Worten: Der imperialistischen Rhetorik entsprach die tatsächlich verfolgte Politik in keiner Weise. Dabei wäre es sowohl im chinesischen Raum wie auch in Marokko um die Jahrhundertwende noch möglich gewesen, deutscherseits Ausgangspositionen für imperialistische Erwerbungen zu begründen.

Man kann natürlich aus heutiger Perspektive bezweifeln, ob es für das Deutsche Reich überhaupt sinnvoll gewesen wäre, eine energische Politik imperialer Expansion zu betreiben. Wenn man dies aber lauthals verkündete, dann hätte man die wenigen konkreten Chancen, die sich für Kolonialerwerb boten, gegebenenfalls energischer wahrnehmen können. Solche bestanden nach der Jahrhundertwende beispielsweise in Marokko. Marokko gehörte zu jenen Territorien, die ungeachtet ihres formal selbständigen Status – nominell war der Sultan von Marokko zwar immer noch ein Vasall des Osmanischen Reiches und zu Tributzahlungen verpflichtet, aber faktisch war dies längst bedeutungslos geworden – der informellen ökonomischen Penetration seitens der Industriestaaten mehr oder minder gewaltsam geöffnet worden waren. Im Vertrag zu Madrid vom Jahr 1880, den außer den europäischen Mächten auch die USA unterzeichnet hatten, war Marokko dazu gezwungen worden, dem Handel des Westens unbeschränkten Zugang zu den marokkanischen Märkten zu gewähren und den Vertretern dieser Mächte und ihren »Protegés« eine besondere Rechtsstellung, die einem exterritorialen Status nahekam, einzuräumen; staatliche Monopole, die die ökonomische Penetration seitens der Industriestaaten hätten behindern können, oder der Erlaß von Außenzöllen ohne Zustimmung der Großmächte wurden Marokko gleichfalls untersagt. Dies war vom Standpunkt der europäischen Mächte eine unter den gegebenen Umständen ideale Lösung; sie garantierte das Prinzip der »offenen Tür« und gewährte dem westlichen Handel freien Zugang zu den Märkten des Landes. Zugleich bestand in Marokko ein schwaches, westlichen Pressionen gegenüber gefügiges einheimisches Regime, das der ökonomischen Ausbeutung durch die europäischen Kaufleute und Bankiers keinerlei nennenswerte Widerstände entgegenzusetzen vermochte. Der graduelle Verfall der Autorität des Sultans von Marokko, als des Exponenten eines ausgesprochenen Kollaborationsregimes, machte Marokko zu einem natürlichen Objekt eines imperialistischen »take over«.

Die vornehmlichen Interessenten für einen solchen »take over« waren naturgemäß Frankreich und Spanien mit ihren jeweils an Marokko angrenzenden kolonialen Territorien. Aber in der Situation von 1901 wäre es durchaus möglich gewesen, hier auch deutscherseits Fuß zu fassen, sofern man das ernstlich gewollt hätte. Allerdings hätte dies eine außenpolitische Option zugunsten Englands erfordert. Vorderhand beschränkte sich die deutsche Politik jedoch darauf, die Bestrebungen der Politik des Quai d'Orsay, Marokko schrittweise immer stärker in den Bannkreis französischen Einflusses zu ziehen, nach Möglichkeit zu konterkarieren. Es fehlte hingegen auf deutscher Seite an allen positiven Planungen. Wie jüngsthin mit einigem Recht dargelegt wurde, entsprach dies der generellen Linie der Weltpolitik Bülows jener Jahre.[28] Die Reichsleitung war damit zufrieden, ihren Rivalen im »scramble for territories overseas« einige wenige Brocken abzuringen, wie Samoa und die Karolinen. Im übrigen verlegte sich die deutsche Diplomatie darauf, »eine Aufteilung der bislang noch ›herrschaftslosen‹ Territorien in Asien, Afrika und Ozeanien« möglichst lange hinauszuschieben.[29] Tirpitz' Devise lautete: »Zeitgewinn und Flottenbau.« De facto wurde es darüber versäumt, soweit das noch möglich war, konkrete Anwartschaften auf koloniale Territorien zu begründen.

Die erste Marokko-Krise und das Gespenst der »Einkreisung« Deutschlands (1904–1906)

Die Widersprüchlichkeit der deutschen »Weltpolitik« der Ära Bülow war schon den Zeitgenossen nur zu offensichtlich. Einerseits trat diese überall lautstark auf, wo in Übersee Verteilungskämpfe um koloniale Territorien oder wirtschaftliche Interessensphären ausbrachen. Andererseits war man nicht bereit, territoriale Erwerbschancen in Übersee auch dann zu verfolgen, wenn dadurch die kontinentalpolitische Stellung des Deutschen Reiches in Europa hätte beeinträchtigt werden können. »Weltpolitik« war für Bülow in erster Linie eine Sache innenpolitisch verwertbaren Prestiges, nicht praktischer territorialer Erwerbungen in Übersee. Das Deutsche Reich war nicht bereit, zwecks Realisierung bestimmter kolonialpolitischer Projekte aus der eigenen Reserve herauszutreten. Friedrich von Holstein, die »Graue Eminenz« des Auswärtigen Amtes, sah dazu auch weiterhin keinerlei Anlaß gegeben. Er meinte am 24. März 1902: »Für uns liegt, soweit sich jetzt erkennen läßt, kein Grund vor, die Politik der freien Hand aufzugeben. Für wen oder für was?«[1]

In eben diesen Jahren bemühten sich die »beati possidentes« um eine Konsolidierung ihrer imperialen Positionen, und obschon sich diese Bestrebungen durchaus nicht direkt gegen das Deutsche Reich richteten, sollte dieses am Ende das Nachsehen haben. Von besonderer Bedeutung war, daß Großbritannien 1902 aus seiner weltpolitischen Isolation heraustrat und ein Bündnis mit dem aufsteigenden Japan abschloß, welches bereits 1895 gezeigt hatte, daß mit ihm im imperialistischen Rivalitätskampf zu rechnen sein würde. Damit kamen die ohnehin schwachen Neigungen der britischen Regierung, für eine Politik der Eindämmung der russischen imperialen Aspirationen im Fernen Osten um die diplomatische Unterstützung Berlins nachzusuchen, zu einem Ende.

Die deutsche Diplomatie, befangen in einer grundsätzlichen Überschätzung der Stärke der eigenen Position, sah bezeichnenderweise in dieser Entwicklung eher einen Vorteil. Denn sie erwartete bereits in naher Zukunft weitere Zusammenstöße Japans mit dem zarischen Rußland im Fernen Osten. In der Tat waren die Japaner nicht geneigt, die Bestrebungen der russischen Regierung hinzunehmen, sich mit stillschweigender Unterstützung Frankreichs in Korea festzusetzen und dieses zu einem kolonialen Satelliten des Zarenreiches zu machen. In Berlin ging man davon aus, daß sich daraus mit einiger Wahrscheinlichkeit ein Krieg zwischen den beiden Flügelmächten Europas, Rußland und England, entwickeln werde; dieser aber würde zum ersten eine Entlastung in Europa für das Deutsche Reich bringen und zum zweiten Möglichkeiten für weltpolitische Erwerbungen größeren Stils eröffnen, ohne das Risiko eines militärischen Konflikts mit Großbritannien zu laufen. Demgemäß tat man, in höchst kruder Fortsetzung Bismarckscher diplomatischer Techniken, alles, um den japanisch-russischen Gegensatz, soweit dies von Berlin aus möglich schien, nach Kräften anzuheizen.[2] Zum einen sah man es im Auswärtigen Amt gern, wenn Rußland seine politischen Energien nach dem Fernen Osten hin verlagerte, zum anderen hoffte man sehnlich, daß es über Korea zu einem Rußland schwächenden Konflikt zwischen beiden Mächten kommen werde. Allerdings galt es, dabei vorsichtig zu Werke zu gehen, denn man durfte den Japanern keinen Anlaß zur Nachgiebigkeit und Zurückhaltung gegenüber der zarischen Regierung geben, indem man den Eindruck erweckte, auf der Seite Rußlands zu stehen. Andererseits galt es, Rußland nach Möglichkeit den Rücken zu stärken, freilich ohne sich dabei zu kompromittieren. Als Fernziel tauchte der Gedanke auf, auf solche Weise den »Draht nach St. Petersburg«, der 1890 abgerissen war, mit einem freilich geschwächten Rußland wieder neu zu knüpfen.

Anläßlich eines Treffens zwischen Kaiser Wilhelm II. und dem Zaren Nikolaus II. in Danzig Anfang September 1901 wurde ersterer von Bülow dahingehend instruiert, unter keinen Umständen gegenüber dem Zaren auch nur das leiseste Wort zu äußern, das man als wohlwollende Unterstützung der fernöstlichen Expansionspolitik des zarischen Rußland verstehen könne, um die ohnehin mißtrauischen Japaner (zu Recht, wie sich nachträglich erweist) nicht glauben zu machen, es bestehe für diesen Fall ein geheimes deutsch-russisches Beistandsabkommen. Andererseits galt es, den Zaren zu einem entschiedenen Vorgehen im Fernen Osten zu ermuntern. Ziel der deutschen Politik war es, wie Bülow 1901 im Anschluß an die Entrevue Wilhelms II. mit dem Zaren formulierte: »Sehr wichtig ist und bleibt, daß eine Verständigung zwischen Japan und Rußland unauffällig verhindert wird.«[3]

Dementsprechend tat die deutsche Diplomatie, unter anderem durch höchst einseitige Instruktionen des deutschen Botschafters in Tokio, Emmerich Graf von Arco-Valley, alles, um die Japaner zu einem festen Auftreten gegenüber Rußland zu ermutigen, andererseits aber einer Verständigung zwischen beiden Mächten nach Möglichkeit entgegenzuwirken. Ausdrücklich angewiesen, sich gegenüber eventuellen japanischen Wünschen, wonach das Deutsche Reich zwischen beiden Mächten eine Mittlerrolle übernehmen möge, zurückhaltend zu zeigen, meinte Arco seinerseits, ohne Kenntnis des von der Wilhelmstraße gespielten Spiels, es müsse alles vermieden werden, »wodurch böswillige und mißtrauische Köpfe auf den Gedanken kommen könnten, es würde von unserer Seite auf den Ausbruch von Konflikten hingearbeitet«.[4] Eben dies aber tat das Auswärtige Amt, freilich zugegebenermaßen im Rahmen beschränkter Möglichkeiten, in der Erwartung, daß ein russisch-japanischer Krieg die Aussichten auf eine Wiederherstellung enger deutsch-russischer Beziehungen verbessern würde. Die Versicherungen an die russische Adresse, das Deutsche Reich verfolge in Asien nur wirtschaftliche Interessen, sei aber an der Mandschurei, dem vornehmlichen Ziel der russischen Expansionspolitik im Fernen Osten, überhaupt nicht interessiert, wurden auch dann noch aufrechterhalten, als energische Proteste der deutschen Wirtschaft gegen die Verletzung des Prinzips der »Offenen Tür« durch Rußland laut wurden. Die beständige Beteuerung des deutschen Desinteresses gegenüber den beiden rivalisierenden Mächten hatte vor allem den Zweck, den Japanern das Risiko eines Konflikts im Fernen Osten als geringfügig erscheinen zu lassen. Insbesondere tat die deutsche Regierung alles, was dazu beitragen konnte, um eine diplomatische Lösung des schwelenden Konflikts zwischen Japan und Rußland über Korea nicht zustande kommen zu lassen. Einstweilen trug diese Strategie, die darauf hinauslief, Japan und Rußland miteinander zu embrouillieren und damit indirekt auch die Gegensätze des »englischen Löwen« und des »russischen Bären« zu schüren, freilich keinerlei Früchte konkreter Art.

Der Sache nach war die Position des Deutschen Reiches innerhalb des europäischen Mächtesystems keineswegs so gesichert, wie man dies in der Wilhelmstraße annahm. Vielmehr zeigten sich deutliche Risse im Gebäude des Dreibundes. Zwar war das Verhältnis des Deutschen Reiches zu Österreich-Ungarn nach wie vor gut. Enge Beziehungen zwischen den beiden Reichen wurden in Berlin als essentielle Grundlage der eigenen kontinentalen Machtstellung angesehen. Bülow prägte damals das Wort von der »Nibelungentreue«, die beide Völker miteinander verbinde. Andererseits wurden die Nationalitätenkonflikte innerhalb des Habsburgerreiches immer stärker; und dadurch wurde die traditionelle Vorrangstellung der deutschen Volksgruppe innerhalb der Cisleithanischen Reichshälfte zunehmend untergraben. Dies wurde mit einiger Sorge verfolgt, und es fehlte nicht an Ermahnungen an die Adresse Wiens, doch für die Wiederherstellung der Hegemonie der Deutschen in der Monarchie zu sorgen. Die Badenischen Sprachverordnungen vom Jahre 1897, die in Böhmen mit dem Monopol des Deutschen als Amtssprache brachen, wurden im Deutschen Reich allgemein als Bedrohung des deutschen Charakters der Monarchie empfunden und vielerseits scharf kritisiert.

Während hinsichtlich der engen Verbundenheit des Deutschen Reiches und Österreich-Ungarns zumindest nach außen hin keinerlei Zweifel bestand, machte Italien Anstalten, aus dem Ruder des Dreibundes zu laufen. Dies war teilweise eine Folge der Verschlechterung der Beziehungen der Mittelmächte zu Großbritannien. Davon abgesehen, wollte die italienische Politik nunmehr die eigenen kolonialpolitischen Interessen in Afrika und im Mittelmeer nicht länger über den Umweg einer Verstrickung in den deutsch-französischen Gegensatz verfolgen. Gemäß dem Trend der Zeit nahmen die italienische und die französische Regierung Gespräche zwecks Abgrenzung der beiderseitigen kolonialen Interessensphären auf. In einem Notenaustausch zwischen dem italienischen Außenminister Emilio Marchese di Visconti-Venosta und dem französischen Botschafter in Rom, Camile Barrère, vom 14./16. Dezember 1900 wurde Tripolis von Frankreich als spezielle italienische Interessensphäre anerkannt und so die Gefahr beseitigt, daß dieses von Tunesien aus auch nach Libyen hinübergreifen werde. Damit war ein wichtiger Bestandteil der Geschäftsgrundlagen des Dreibundvertrages hinfällig geworden, nämlich das Interesse Italiens daran, durch den Anschluß an die Mittelmächte sich die deutsche und die österreichische Unterstützung für die eigenen kolonialen Aspirationen in Nordafrika gegenüber Frankreich zu sichern. Obschon das Abkommen zwischen Visconti-Venosta und Barrère dem Wortlaut des Dreibundvertrages formell nicht widersprach und insofern keinen Bruch desselben darstellte, war es der Sache nach gleichwohl mit dessen Intention nicht vereinbar. Dieses Spiel wurde von dem Nachfolger Visconti-Venostas, Außenminister Giulio Marchese di Prinetti, dann in den folgenden Jahren konsequent weiter betrieben.[5] Insbesondere bemühte sich Prinetti darum, die Unterstützung der italienischen Aspirationen auf den Erwerb Libyens durch Großbritannien zu erlangen. Im Hinblick auf die gespannte internationale Lage wurde diesem Wunsch bereitwillig entsprochen, zumal die italienische Diplomatie sich ihrerseits zur Unterstützung der britischen Position in Ägypten willens erklärte. Am 11. März 1901 gab der britische Botschafter in Rom, Sir Philip Currie, Prinetti die formelle Zusicherung, daß nach Ansicht der britischen Regierung jede Änderung des Status quo in Nordafrika nur im Einklang mit den italienischen Wünschen erfolgen solle.

Mit derartigen Zusagen in der Tasche trat die italienische Regierung dann in Verhandlungen über die Erneuerung des Dreibundes mit dem Deutschen Reich und Österreich-Ungarn ein. Dem Dreibundvertrag sollte nunmehr, wie man nach dem Vorgehenden verstehen kann, eben jene anti-französische Spitze genommen werden, die seinerzeit den Vertrag aus Bismarcks Sicht allein wertvoll gemacht hatte. Zugleich wurde gegenüber Österreich-Ungarn geltend gemacht, daß der Anspruch Italiens, bei allen Balkan-Fragen als gleichberechtigter Partner mitreden zu dürfen, nunmehr formell im Vertrag verankert werden müsse. Schließlich verlangte Prinetti, daß Östrreich-Ungarn jetzt auch formell die Unterstützung der italienischen Aspirationen auf Libyen zusagen möge. Dies war starker Tobak, standen dem doch auf seiten der Zentralmächte keinerlei zusätzliche Vorteile gegenüber. Am Ende wurde der Dreibundvertrag angesichts des Widerstandes in Berlin und Wien gegen eine derartige einseitige Erweiterung seiner Bestimmungen zugunsten Italiens ohne jegliche Änderung erneuert. Aus deutscher Sicht hatte der Dreibundvertrag allerdings nunmehr weitgehend seinen Wert verloren. Er war ursprünglich geschlossen worden, um für den Fall eines drohenden europäischen Konflikts zusätzlichen Druck auf Frankreich ausüben zu können. Damit konnte nun nicht mehr gerechnet werden.

Die italienische Diplomatie ging sogar noch einen großen Schritt weiter. Nur wenig nach dem Abschluß der Verhandlungen erklärte sich die italienische Regierung gegenüber dem französischen Botschafter in Rom eindeutig in dem Sinn, daß der Dreibundvertrag keinerlei Stoßrichtung gegen Frankreich besitze; dies wurde dann sogar in Form eines offiziellen Briefaustauschs von Juni/November 1901 formalisiert, in dem es hieß: »Im Falle, daß Frankreich Gegenstand einer direkten oder indirekten Aggression von seiten einer oder mehrerer Mächte wird, verpflichtet sich Italien zu strikter Neutralität. Dies soll auch der Fall sein, wenn Frankreich infolge einer direkten Provokation sich gezwungen sieht, zum Schutze seiner Ehre oder seiner Sicherheit die Initiative zu einer Kriegserklärung zu ergreifen.«[6] War dies nur die Entschärfung der anti-französischen Stoßrichtung des Dreibundvertrages in seiner ursprünglichen Form, ohne diesen formell zu verletzen, oder war dies Verrat? Italien hatte bei Lage der Dinge durchaus Anlaß dazu, gleichsam auf beiden Schultern zu tragen; *de facto* kamen diese Vereinbarungen einer Aushöhlung des Dreibundvertrages gleich. Diese Sachlage wurde noch durch den Umstand verschärft, daß Italien seine Interessen an der Adria intensivierte. Aus italienischer Sicht war der Dreibundvertrag überhaupt nur noch insoweit wertvoll, als dadurch die Interessen Italiens an der Adria, insbesondere in Albanien, eine indirekte diplomatische Absicherung erhielten. Obschon Italien der Form nach an seiner Bindung zu den Mittelmächten festhielt, zeichnete sich ab, daß vor allem hinsichtlich der italienischen kolonialen Aspirationen konkretere Ergebnisse viel eher in Absprachen mit Frankreich und England zu erzielen waren.

Der Sache nach waren der italienisch-französische Kolonialausgleich vom Dezember 1900 und die ihm folgende italienisch-englische Vereinbarung hinsichtlich der beiderseitigen Interessen am Mittelmeer nur Teil eines umfassenderen Systems bilateraler Vereinbarungen, die darauf abzielten, die bestehenden Konfliktzonen kolonialpolitischer Art zwischen den Großmächten nach Möglichkeit zu bereinigen. Dies gilt insbesondere für das Verhältnis zwischen Frankreich und Großbritannien. Nach dem Debakel des südafrikanischen Krieges, der ein ungewöhnliches Maß an militärischen und materiellen Ressourcen verschlungen hatte, war die Empire-Begeisterung in Großbritannien auf einen Tiefpunkt gesunken. Dies gab Anstoß zu Bemühungen der britischen Regierung, im Zuge einer Art von imperialer »Flurbereinigung« strittige koloniale Probleme durch bilaterale Vereinbarungen zu lösen oder doch zu entschärfen und auf diese Weise das eigene Engagement in Übersee gleichsam zu begradigen. 1904 trat Großbritannien mit Frankreich in Verhandlungen über eine Generalbereinigung ihrer kolonialen Differenzen ein, die beide Mächte während der letzten Jahre mehrfach bis hart an den Rand eines Krieges herangeführt hatten. Mit der Entente Cordiale vom 8. April 1904 kam es zu einem den ganzen Globus umspannenden Ausgleich zwischen beiden Mächten in kolonialen Fragen. Die seit 1882 bestehende informelle Vorherrschaft Großbritanniens in Ägypten wurde nunmehr von seiten Frankreichs uneingeschränkt anerkannt, statt diese, wie bisher, mit allen zur Verfügung stehenden Mitteln zu bekämpfen; die dominante Rolle der französischen Hochfinanz in der »Caisse de la Dette Egyptienne«, die die Staatseinnahmen verwaltete, die den europäischen Gläubigern Ägyptens als Pfänder für die zahlreichen ägyptischen Staatsanleihen überschrieben worden waren, und indirekt zwei Drittel des ägyptischen Steueraufkommens kontrollierte, hatte dafür bisher eine gute Handhabe abgegeben.

Umgekehrt gab Großbritannien nunmehr Frankreich freie Hand zur Verfolgung seiner Interessen in Marokko und damit die Möglichkeit, es bei passender Gelegenheit auch formell in die französische Machtsphäre einzubeziehen. Dieses Abkommen wurde noch ergänzt durch eine französisch-spanische Vereinbarung über die Abgrenzung der beiderseitigen Interessensphären in Marokko. Damit waren die politischen Voraussetzungen für eine Ausdehnung des französischen Einflusses in Marokko gegeben, wie die deutsche Diplomatie zu ihrer Irritation alsbald feststellen mußte.

Obschon sich die Entente Cordiale in keiner Weise direkt gegen deutsche Interessen richtete und keinesfalls als ein Bündnis auch nur indirekter Art angesehen werden darf, war deren Zustandekommen gleichwohl für die deutsche Diplomatie ein schwerer Schlag, denn damit war ihr mit einem Mal die Möglichkeit genommen worden, die ägyptische Frage als Hebel zu benutzen, um Großbritannien auf anderen politischen Gebieten, insbesondere in überseeischen Fragen, zu Konzessionen zu zwingen. Schlimmer noch, damit war die Chance äußerst gering geworden, gegen den Widerstand Frankreichs und Großbritanniens koloniale Erwerbungen größeren Stils machen zu können. Holstein gestand sich diesen Sachverhalt, wenn auch nur widerwillig, durchaus ein: »Jetzt haben wir die Bescherung. England und Frankreich werden uns schwerlich angreifen [...] aber wir sind außerstande, irgendwelche überseeischen Erwerbungen zu machen. Ich verlange solche Erwerbungen nicht, aber eine Masse Leute schreien danach und wundern sich, daß für Deutschland nichts abfällt. [...] Gegen England und Frankreich ist keine überseeische Politik möglich.«[7] Die Entente Cordiale war in gewissem Sinne ein Bündnis der »beati possidentes«, das sich gegen die Neukömmlinge auf dem Gebiete der Weltpolitik richtete; allerdings war Italien durch die Zusage der Tolerierung seiner nordafrikanischen Annexionspläne indirekt abgefunden worden. In Berlin wurde der Vertrag sogleich als ein erster, entscheidender Schritt zur »Einkreisung« durch die Westmächte verstanden oder, besser: mißverstanden. Denn eine solche Folgerung konnte man eigentlich nur aus einer Perspektive ziehen, die das Nichtzueinanderfinden der Westmächte wegen kolonialer Differenzen für mehr als zwei Jahrzehnte als »arcanum imperii« der deutschen Außenpolitik betrachtet hatte.

Einstweilen wurden freilich die ungünstigen Auswirkungen des Abschlusses der Entente Cordiale auf die Lage des Deutschen Reiches im internationalen System überdeckt von dem russisch-japanischen Krieg, der am 27. Januar 1904 mit einem überraschenden Angriff japanischer Streitkräfte auf den russischen Stützpunkt Port Arthur begonnen hatte. Die deutsche Regierung hatte auf diese Entwicklung, wie bereits dargelegt, die größten Hoffnungen gesetzt und alles getan, um eine diplomatische Lösung der bestehenden Differenzen nicht zum Zuge kommen zu lassen. Ungeachtet der hektischen Aktivität, die die deutsche Diplomatie in den vergangenen Monaten in Tokio und Petersburg an den Tag gelegt hatte, stellte die

Reichsleitung die Dinge gegenüber der Öffentlichkeit so dar, als sei der Krieg für die deutsche Regierung völlig überraschend gekommen; dies geschah in der Absicht, sich nach außen hin mit einer reinen Weste zu präsentieren, selbst auf das Risiko hin, öffentliche Kritik auf sich zu ziehen, daß man den Gang der Ereignisse nicht hinreichend vorhergesehen habe. Die regierungsnahe Presse wurde angewiesen, hervorzuheben, daß das Deutsche Reich in diesem Konflikt strikt neutral bleiben werde, zugleich aber sollte sie einfließen lassen, »daß wir im Rahmen der für uns indizierten Unparteilichkeit und Reserve das für uns Mögliche getan hätten, um den Ausbruch eines Krieges zu verhindern [...]«[8].

Der japanisch-russische Krieg wurde in Berlin als willkommene Entlastung des Deutschen Reiches vom Druck eines möglichen Zweifrontenkrieges begrüßt. Man fühlte sich in der Wilhelmstraße bereits als »arbiter mundi«. Es wurden sogleich Erwägungen angestellt, ob man nicht die günstige Gelegenheit dazu benutzen solle, um gegebenenfalls gemeinsam mit Rußland die Zugänge zur Ostsee zu kontrollieren; Dänemark hoffte man mit mehr oder minder sanfter Gewalt dazu bringen zu können, sich einem solchen Plan nicht zu widersetzen. Wilhelm II. sprach gegenüber dem russischen Botschafter einigermaßen unvorsichtig davon, daß nunmehr die Zeit dafür reif sei, ein russisch-deutsch-nordisches Kontinentalbündnis zu schließen, dem sich dann auch Frankreich *nolens volens* werde anschließen müssen. Im Generalstab und im Auswärtigen Amt tauchte gleichzeitig der Gedanke auf, Frankreich gegebenenfalls durch einen Präventivkrieg zu einem gefügigen Partner der ins Auge gefaßten Kontinentalallianz gegen Großbritannien und Japan zu machen. In diesem Zusammenhang ist im Juni 1904 die erste Fassung des berühmten Schlieffen-Plans entstanden, der eine Niederwerfung Frankreichs binnen weniger Wochen durch eine großangelegte Umfassungsoperation durch Luxemburg und Belgien vorsah. Diese erste Fassung trug die unmißverständliche Überschrift »Angriffskrieg gegen Frankreich«. Es scheint, daß zumindest Holstein damals der Meinung war, daß man die Gelegenheit für einen militärischen Schlag gegen Frankreich nicht vorübergehen lassen solle. Für die Auslösung dieses Krieges sollte eine Flottendemonstration vor Tanger, vorgeblich als Protestaktion gegen Verfehlungen marokkanischer Behörden gegenüber den marokkanischen Agenten einer deutschen Firma, den Vorwand abgeben. Die Stellungnahme des Generalstabschefs gegenüber dem Reichskanzler über die militärische Situation für den Fall, daß es zu einem solchen Konflikt kommen werde, war jedenfalls ermutigend: »Wenn die Notwendigkeit eines Krieges mit Frankreich sich also für uns ergeben sollte, so wäre der gegenwärtige Augenblick wohl zweifellos hierzu günstig.«[9]

Am Ende wurde der Plan, die Marokko-Frage als Hebel zu benutzen, um »den Feindbund zu sprengen«, wie der Biograph Holsteins, Trotha, berichtet, dann doch nicht weiter verfolgt.[10] Dafür war ausschlaggebend, daß der in der Anlaufphase befindliche deutsche Flottenbau nicht vorzeitig aufs Spiel gesetzt werden sollte, rechnete doch die Marineleitung für den Fall eines deutsch-englischen Konfliktes mit »einem Copenhagen of the German fleet«. Für den Augenblick zumindest obsiegte Tirpitz' Maxime: »In der Auswärtigen Politik käme es darauf an, Verwicklungen zu vermeiden, bis die Flotte in der ihr vom Kaiser zugedachten Stärke vorhanden sei.«[11] In den führenden Kreisen des Reiches war die Furcht vor einem plötzlichen britischen Überfall auf die einstweilen noch kleine deutsche Hochseeflotte weit verbreitet. Dies muß bis zu einem gewissen Grade als Reflex der eigenen, offensiven Flottenstrategie angesehen werden.

Hingegen konnte die deutsche Regierung der Versuchung, in der gegebenen Situation eine Trumpfkarte gegen Frankreich auszuspielen, dennoch nicht ganz widerstehen. Anstelle des Gedankens, über der Marokko-Frage einen deutsch-französischen Krieg zu provozieren, tauchte nunmehr die Idee auf, dem französischen Vordringen in Marokko, das augenscheinlich in Widerspruch zu den Bestimmungen des Madrider Vertrags von 1880 und damit des Völkerrechts stand, durch eine demonstrative Aktion von deutscher Seite Einhalt zu gebieten. Das war der politische Hintergrund für die spektakuläre Landung Wilhelms II. in dem marokkanischen Hafen Tanger am 31. März 1905. Sie bildete den Höhepunkt einer Serie von Vorstößen, die bezweckten, den Sultan von Marokko dazu zu veranlassen, sich den Forderungen Frankreichs auf Gewährung von Vorrechten zu widersetzen, die der stillen Ausweitung der informellen französischen Vorherrschaft in Marokko als Unterpfand dienen sollten.[12] Nur mit Mühe war es Bülow überhaupt gelungen, den Kaiser zu einem demonstrativen Besuch Tangers zu überreden, um auf diese Weise die Souveränität des Sultans von Marokko in aller Form zu bekräftigen und zugleich Frankreich zu demonstrieren, »daß es ohne uns nicht geht«[13]. Am Ende betonte Wilhelm II. anläßlich eines Empfangs in der deutschen Gesandtschaft noch ein wenig lautstärker, als geplant gewesen war, daß Marokko ein unabhängiges Land sei und es bleiben werde.[14] Es blieb dem den Kaiser begleitenden Diplomaten Richard von Kühlmann vorbehalten, auf einer Pressekonferenz die kaiserlichen Worte ein wenig beschwichtigend zu interpretieren.[15]

Formal befand sich die deutsche Diplomatie, wenn sie auf die Souveränität Marokkos als unabhängiger Staat pochte, im Einklang mit dem internationalen Recht; faktisch suchte sie damit der französischen informellen imperialistischen Penetration Marokkos Einhalt zu gebieten. Mit dem Besuch des deutschen Kaisers in Tanger war eine internationale Aufwertung des Regimes des Sultans von Marokko verbunden, die den französischen imperialistischen Bestrebungen bei Lage der Dinge nichts weniger als angenehm sein konnte. Das Hauptziel der Aktion war es zu demonstrieren, daß Frankreich seine Politik in Marokko allein mit Unterstützung Londons nicht werde durchsetzen können, und es auf diese Weise aus der engen Verbindung mit Großbritannien wieder herauszulösen, die es 1904 eingegangen war. Ein Nebenziel war die Sicherstellung der deutschen wirtschaftlichen Unternehmungen in Marokko gegenüber dem präponderanten französischen Einfluß. Entscheidend aber war ein gewagtes außenpolitisches Kalkül; durch diese Aktion sollte der Quai d'Orsay für die Hinnahme eines deutsch-russischen Kontinentalbündnisses, das Frankreich in die Rolle eines Juniorpartners der Kontinentalmächte gedrängt haben würde, reif gemacht werden. Dabei hatte die deutsche Diplomatie freilich von Anbeginn mit einer schwierigen Prämisse zu rechnen, nämlich der Tatsache, daß Wilhelm II. es von vornherein abgelehnt hatte, gegebenenfalls zum Mittel eines Krieges gegen Frankreich zu greifen, übrigens zur Irritation Schlieffens, der die Gelegenheit für einen Präventivkrieg gegen Frankreich für gekommen sah. Gleichwohl führte die deutsche Aktion zu einer schweren Demütigung Frankreichs. Die französische Regierung wurde gezwungen, ihre Marokko-Politik dem Votum einer internationalen Konferenz zu unterwerfen, die im folgenden Jahre in Algeciras zusammentreten sollte. Gleichzeitig wurde der französische Außenminister Théophile Delcassé, dessen forsche anti-deutsche Strategie Frankreich an den Rand eines Krieges geführt zu haben schien, zum Rücktritt gezwungen. Nunmehr schien die Gelegenheit gekommen, auf die Karte eines Kontinentalbündnisses mit Rußland zu setzen und mit diesem gemeinsam Front gegen die Westmächte zu beziehen.

Diese abenteuerlichen Pläne, die schließlich ihren Kulminationspunkt im Abschluß des Vertrages von Björkö erreichen sollten, sind lange als ein Produkt der hochfliegenden Phantasie allein des Kaisers gedeutet worden. Jedoch hat die neuere Forschung gezeigt, daß davon nicht die Rede sein kann. Die Idee eines deutsch-russischen Bündnisses als Kern eines Kontinentalbundes, der ein dauerhaftes Gegengewicht gegen Großbritannien abgegeben haben dürfte, wurde damals von der Reichsleitung ernstlich verfolgt. Allerdings riet Bülow zu einem vorsichtigen Vorgehen, um nicht einen »vorzeitigen« Konflikt mit Großbritannien zu riskieren, der nach dem Doggerbank-Zwischenfall angesichts der deutschen Kohlenlieferungen für die russische Ostseeflotte ohnehin im Rahmen des Möglichen zu liegen schien.

Bülow hoffte, durch die Schaffung einer umfassenden deutsch-russischen Verbindung, die die »Keimzelle für ein vereinigtes Kontinentaleuropa« abgegeben haben würde, Bismarck noch zu übertrumpfen.[16] Dafür waren, so schien es, angesichts der Schwächung Rußlands im russisch-japanischen Krieg, die Voraussetzungen nunmehr günstig. Um eine entsprechende Bündnisvereinbarung mit Rußland anzubahnen, verfiel der Reichskanzler auf den Gedanken, die beiderseitigen dynastischen Beziehungen einzusetzen. Wilhelm II. sollte dank seiner engen familiären Beziehungen zu Alexander III. in einem persönlichen Zusammentreffen mit dem Zaren den ersten Schritt tun. Der Weg über den Zaren erschien aus guten Gründen aussichtsreicher als die normalen diplomatischen Kontakte zwischen den beiden Außenministerien. Auf deutscher Seite wurde von vornherein die Herbeiführung eines Kontinentalbündnisses zwischen beiden Reichen ins Auge gefaßt, das zugleich das Britische Empire an einer seiner vermeintlich empfindlichsten Stellen treffen sollte, nämlich der britischen Herrschaft über Indien. In einem von Holstein und Bülow entworfenen Schreiben Wilhelms II. an Alexander III. hieß es demgemäß unter anderem: »Die indische Grenze und Afghanistan sind die einzigen Teile der Erdkugel, wo die gesamte britische Flotte für England unwirksam ist [...] Indiens Verlust ist der Todesstoß für Großbritannien.«[17] Der Zar begegnete diesen einigermaßen hochfahrenden und sanguinischen Plänen anfänglich mit einer gewissen Zurückhaltung, aber doch mit unverhohlener Sympathie. Aber es zeigte sich sogleich ein zweifaches Dilemma der deutschen Politik. Zum ersten war der Zar nicht ohne weiteres bereit, das russisch-französische Bündnis gegen ein russisch-deutsches Bündnis einzutauschen. Er verlangte vielmehr, daß Frankreich in dieses Bündnis einbezogen werden müsse, nicht zuletzt unter dem Einfluß der energischen Gegenvorstellungen der französischen Diplomatie, war doch einiges über die deutsch-russische Annäherung nach Paris durchgesickert. Im Auswärtigen Amt war man zunächst einigermaßen optimistisch, daß Frankreich gleichsam durch die Schwerkraft der Dinge am Ende zum Mitgehen gebracht werden könne, doch bereitete das Abdriften Frankreichs ins englische Lager seit dem Abschluß der Entente Cordiale zunehmend Sorge. Zum anderen stellte sich aus deutscher Sicht die Frage, wie man einen vorzeitigen deutsch-englischen Konflikt, noch vor der Fertigstellung der deutschen Schlachtflotte, aus dem Wege gehen könne, wie er für den Fall drohe, daß man sich zu eindeutig auf die Seite Rußlands schlagen würde. Demnach war eine behutsamere Gangart in Sachen des Zusammengehens mit Rußland angezeigt.

Gleichwohl wurden die Verhandlungen mit Rußland konsequent fortgeführt. Sie erreichten ihren Höhepunkt anläßlich des Treffens des Zaren und des Kaisers in Björkö am 4. Juli 1905. Bei dieser Gelegenheit gelang es Wilhelm II., dem Zaren entgegen dem Rat seiner Minister ein Defensivbündnis mit dem Deutschen Reich abzuhandeln, das für den Fall eines unprovozierten Angriffs einer dritten europäischen Macht auf eine der beiden Mächte Geltung haben sollte. Anschließend sollte Frankreich von der russischen Diplomatie eingeweiht und zum Beitritt zu diesem Bündnis bewogen werden. Allerdings ergaben sich in Berlin sofort Streitigkeiten über die von Wilhelm II. eigenhändig eingefügte Formulierung »en Europe«, welche die Reichweite eines solchen Bündnisses behutsam einschränken sollte. Bülow sah darin oder, besser, er wollte darin eine folgenreiche Abschwächung der russischen Bündnisverpflichtungen für den Fall eines Krieges mit Großbritannien sehen, weil infolge dieser Änderung die erhoffte potentielle Bedrohung der britischen Herrschaft in Indien, die ursprünglich Teil des deutschen Plans gewesen war, durch das Bündnis nicht mehr abgedeckt sei; es sei, wie er erklärte, damit wertlos geworden.

Dieses Argument war, soweit wir sehen, nur vorgeschoben. Vielmehr hatte Bülow im entscheidenden Augenblick Angst vor der eigenen Courage bekommen und schreckte vor derart weitreichenden vertraglichen Vereinbarungen zurück, ohne vorgängige Abklärung der Konsequenzen für den Dreibund. Er griff dieserhalb am Ende gar gegenüber Wilhelm II., der nicht einsehen konnte, weshalb er von dem von ihm errungenen, augenscheinlich großen diplomatischen Triumph wieder Abstand nehmen solle, nach Bismarckscher Manier zur Waffe eines Rücktrittgesuchs. Die große Idee einer gegen England gerichteten Kontinentalliga erwies sich freilich ohnehin als eine Chimäre, da die russische Regierung über den Vertrag zur Tagesordnung überging; sie dachte nicht daran, an den Grundfesten des russisch-französischen Bündnisses zu rütteln, denn an eine Einbeziehung Frankreichs in diesen Vertrag war unter den gegebenen Umständen ernstlich nicht zu denken.

Diese Entwicklung hatte für die internationale Stellung des Deutschen Reiches höchst unangenehme Folgen. Von einer dauerhaften Verbesserung der deutsch-russischen Beziehungen und demgemäß einem Wiederanknüpfen an die Bismarckschen Traditionen konnte hinfort nicht mehr die Rede sein. Der diplomatische Triumph über Frankreich in der Marokko-Frage erwies sich gleichfalls als Pyrrhussieg. Ebensowenig hatte die Marokko-Aktion das erhoffte Ergebnis gebracht, Frankreich aus seiner engen Bindung an Großbritannien herauszulösen. Vielmehr wurde das genaue Gegenteil erreicht, nämlich eine Intensivierung der französisch-englischen politischen Bindungen, nun unter dem Gesichtspunkt, daß im Fall eines deutsch-französischen Krieges die dann drohende deutsche Hegemonie auf dem europäischen Festland verhindert werden müsse.

Lord Henry Charles Keith Petty-Fitzmaurice, 5th Marquis of Lansdowne, hatte der französischen Regierung auf dem Höhepunkt der Marokko-Krise von 1905 die Unterstützung Großbritanniens für den Fall zugesichert, daß das Deutsche Reich in Marokko exzessive Forderungen, beispielsweise die Annexion eines eigenen Hafens, erheben werde.[18] Diese politische Linie wurde dann auch von dem neuen liberalen Kabinett Sir Henry Campell-Bannerman übernommen. Sir Edward Grey erklärte im Kabinett am 21. Oktober 1905, er wünsche durchaus eine Verbesserung der Beziehungen zu Deutschland, aber diese dürfe nicht auf Kosten der bestehenden guten Beziehungen zu Frankreich gehen. In Übereinstimmung mit der Grundlinie der britischen Außenpolitik, Frankreichs Machtstellung auf dem europäischen Kontinent als Gegengewicht gegenüber den Mittelmächten zu erhalten, kam es im Nachklang der Marokko-Krise von 1905 vom 15. Dezember 1905 bis 31. Januar 1906 zu Verhandlungen französischer und englischer Militärs über die Modalitäten eines militärischen Zusammengehens beider Mächte im Kriegsfalle; erstmals wurde die Aufstellung eines britischen Expeditionskorps, das auf dem Kontinent eingesetzt werden sollte, in einer Größenordnung von 100 000 bis 120 000 Mann ins Auge gefaßt.[19] Allerdings war allen Beteiligten klar, daß die britische Regierung sich, jedenfalls zu diesem Zeitpunkt, nicht in der Lage sah, eine formelle Bindung an Frankreich einzugehen; vorerst fehlte den militärischen Vereinbarungen demnach ein entsprechendes politisches Pendant. Dem französischen Botschafter Paul Cambon, der dieserhalb in Foreign Office vorsprach, erklärte man unzweideutig, daß mit einer formellen Bündniszusage keinesfalls gerechnet werden könne. Doch gab Sir Edward Grey den Gesprächen der militärischen Experten seine formelle Absegnung; er sei damit einverstanden, daß »inofficial communications between Admirality and War Office and the French Naval and Military Attachés should take place as to what action might advantageously be taken in case the two countries found themselves in alliance in such a war«[20]. Schließlich wurde auch der Premierminister selbst, Sir Henry Campbell-Bannerman, ins Vertrauen gezogen und damit den Verhandlungen der militärischen Experten nachträglich ein offizieller Status verliehen. Lord Richard Haldane of Cloan, der britische Kriegsminister, nahm darüber hinaus eine große Heeresreform in Angriff, die die britische Landarmee, die zahlenmäßig schwach war und sich in Ausbildung und Ausrüstung nicht auf neuestem Stand befand, auf das erforderliche Niveau heben sollte, um gegebenenfalls ein Expeditionskorps der vereinbarten Größenordnung auf den Kontinent entsenden zu können. Der massive diplomatische Druck des Deutschen Reiches auf Frankreich während der Ersten Marokko-Krise, verbunden mit der unverhohlenen Drohung, gegebenenfalls auch zu kriegerischen Mitteln zu greifen, hatte also dazu geführt, daß die Entente Cordiale nun tatsächlich das wurde, was sie anfänglich nur in deutschen Augen, nicht aber der Sache nach gewesen war, nämlich eine gegen die Mittelmächte gerichtete politische Verabredung, die zwar beiden Regierungen im Kriegsfall formal freie Hand beließ, aber doch ihren Aktionsspielraum in erheblichem Maße einengte.

Angesichts einer solchen Ausgangslage endete die Konferenz von Algeciras, in die die deutsche Diplomatie mit so großen Hoffnungen hineingegangen war, mit einer Serie von Enttäuschungen. Zwar konnte sich die deutsche Delegation, welche die Aufrechterhaltung der Selbständigkeit des Sultans von Marokko und demgemäß eine Beschränkung der französischen politischen Penetration des Landes verlangte, auf das geltende internationale Recht berufen, jedoch in der Sache war diese Forderung gänzlich ungeeignet, um einer weiteren informellen Durchdringung des Landes von seiten der Anrainerstaaten Frankreich und Spanien wirklich Einhalt zu gebieten. Bei Lage der Dinge wurde die deutsche Strategie, die eine »Tunifizierung« Marokkos verhindern wollte, von nahezu allen anderen Mächten, auch jenen im Lager der Mittelmächte, als unkonstruktiv angesehen. Angesichts des immer noch extrem hohen kulturellen und wirtschaftlichen Gefälles zwischen den Industriestaaten und den Ländern an der Peripherie wurde die Forderung, daß Marokko uneingeschränkt vor jedweder wirtschaftlichen oder politischen Unterwanderung seitens fortgeschrittener Industrieländer abgeschirmt werden müsse, als undurchführbar und unaufrichtig empfunden.

Das Pochen der deutschen Diplomatie auf die uneingeschränkte Erhaltung der Souveränität des Sultans von Marokko wurde in einem Land, in dem die tatsächliche Macht ohnehin weitgehend in der Hand von lokalen Potentaten oder Stammesfürsten lag, ohnehin weitgehend fiktiv. Es schien unabweisbar, daß sowohl die

Schaffung von effektiven Polizeikräften als auch die Errichtung einer marokkanischen Staatsbank ohne die Unterstützung einzelner europäischer Mächte beziehungsweise der europäischen Banken gar nicht möglich sei. Die Kleinlichkeit und Kurzsichtigkeit der deutschen Delegation auf der Konferenz von Algeciras, die sich zu Kompromissen auch nachrangiger Art nicht herbeilassen wollte, erhöhte ebenfalls nicht gerade die Glaubwürdigkeit der deutschen Position, schienen doch die anti-imperialistischen Begründungen, die die deutsche Delegation für ihre Haltung anführte, fadenscheinig zu sein. Im entscheidenden Moment wurden die Vertreter des Deutschen Reiches dann von den Delegationen Rußlands und Italiens im Stich gelassen und sahen sich allein auf die Unterstützung ihrer österreichisch-ungarischen Kollegen zurückgeworfen. In der Akte von Algeciras wurde zwar schließlich in aller Form für Marokko das Prinzip der »offenen Tür« festgelegt und die wirtschaftliche Gleichberechtigung aller europäischen Nationen im Land völkerrechtlich garantiert. Aber ansonsten blieb das Deutsche Reich mit seinen Forderungen im wesentlichen auf der Strecke. Zwar wurde die Souveränität Marokkos in den Beschlüssen der Konferenz formell erneut bestätigt, aber der Sache nach wurde die französische Vorrangstellung in diesem Land (und im nördlichen Teil des Landes jene Spaniens) völkerrechtlich sanktioniert und die Bahn für eine fortschreitende, wenn auch informelle, imperialistische Durchdringung des Landes frei gemacht.

Gegenüber der deutschen Öffentlichkeit wurden die Ergebnisse der Konferenz von Algeciras entsprechend »frisiert« und in einem günstigen Licht dargestellt. Intern gab man sich in der Wilhelmstraße jedoch keinerlei Illusionen darüber hin, daß das Deutsche Reich in eine Position weitgehender Isolierung geraten war und hinfort eine offensive »Weltpolitik« unmöglich schien. Die Außenpolitik des Fürsten Bülow stand vor einem Scherbenhaufen. Die »Einkreisung«, oder sollte man besser sagen: die »Auskreisung«, der Mittelmächte war zur Tatsache geworden, und das über einer diplomatischen Aktion, die bestenfalls als eine noch dazu unaufrichtige imperialistische »holding operation« angesehen werden muß, die zwar Anwartschaften für die Zukunft hatte offenhalten, nicht aber konkrete Ziele hatte realisieren sollen. Es war das Debakel eines halbherzigen, dafür aber lautstarken Imperialismus, der von Politikern, die innerlich von dem Wert kolonialer Besitzungen überhaupt nicht überzeugt waren, in erster Linie für die Galerie betrieben worden war.

Die Öffentlichkeit ließ sich über die regierungsamtlichen Bekundungen, daß die Ergebnisse der Konferenz von Algeciras vollauf befriedigend gewesen seien, nicht täuschen. Erstmals kam es nun auch in der Presse, die über die Hintergründe der deutschen Marokko-Aktion von 1905 nichts wissen konnte, zu massiver Kritik am »persönlichen Regiment« des Kaisers und dessen beständigen direkten Eingriffen in die auswärtige Politik. Der Unmut über die Mißerfolge der deutschen Außenpolitik erfaßte weite Kreise. Die nationalen Agitationsverbände, allen voran der Flottenverein, sahen nunmehr die Gelegenheit gekommen, um für eine noch entschiedenere, noch radikalere Aufrüstungspolitik zu plädieren, als sie ohnehin schon betrieben wurde. Der Flottenverein verlangte, über die gerade eben im Mai 1906 vom Reichstag angenommene dritte Flottenvorlage hinausgehend, den Ausbau der Seekriegsflotte von einer Defensiv- zu einer Offensivflotte. Überraschend sah sich Tirpitz, der Architekt der deutschen Schlachtflotte, von rechts überholt und in einer Form angegriffen, die die Gefahr mit sich brachte, womöglich die langfristigen Zielsetzungen des Flottenbaus aufdecken zu müssen, über die im Hinblick auf mögliche Reaktionen Großbritanniens bislang strengstes Stillschweigen gewahrt worden war. Um solchen Entwicklungen vorzubeugen, verteidigte Tirpitz in einer großen Denkschrift für den Reichskanzler das Festhalten am Flottengesetz und damit der Politik eines kontinuierlichen und stetigen Flottenbaus in einer Größenordnung, die Großbritannien nicht zu einer unmittelbaren kriegerischen Aktion Anlaß geben würde.[21] Er meinte, kurzfristig werde sich die Gefahr kriegerischer Verwicklungen steigern, langfristig erhalte das Deutsche Reich die Oberhand: »Die Möglichkeit kriegerischer Verwicklungen in den nächsten 4 Jahren, ehe auch nur eins der neuen Linienschiffe fertig ist, wird damit außerordentlich gesteigert.«[22] Desungeachtet wurde nun in der Öffentlichkeit und dann auch im Reichstag von seiten der Linksparteien mit zunehmender Lautstärke der Vorwurf erhoben, daß die Reichsleitung eine Flotte zu bauen beabsichtige, die auf Parität mit Großbritannien abziele. Dies habe dazu beigetragen, Großbritannien ins Lager Frankreichs zu treiben.

Angesichts der gedrückten Stimmung in der Öffentlichkeit sah sich die Reichsleitung in die Defensive gedrängt. Der Reichskanzler Fürst Bülow suchte am 14. November 1906 in einer großen Reichstagsrede, insbesondere von August Bebel effektvoll angegriffen, die Gemüter wieder zu beruhigen. Es bestehe keineswegs die Gefahr eines Krieges mit England. Der deutsche Flottenbau sei in keiner Weise offensiv gegen Großbritannien gerichtet. »Wir denken nicht daran, eine Flotte zu schaffen, welche so stark wie die englische wäre, aber wir haben das Recht und die Pflicht, uns eine Flotte zu halten, welche der Größe unserer Handelsinteressen entspricht, der Notwendigkeit, unsere überseeischen Interessen zu schützen und unsere Küsten zu verteidigen.« Wiederum wurde ostentativ die ausschließlich defensive Zielsetzung des Flottenbaus betont, und dies über Gebühr, in Verschleierung der tatsächlichen langfristig angelegten Planungen des Reichsmarineamtes. Gleichzeitig sah der Reichskanzler sich dazu veranlaßt, den Kaiser gegenüber den Angriffen auf das »persönliche Regiment« zu verteidigen. Er tat dies in höchst gewundener Weise, insofern als er zunächst in indirekter Form versicherte, daß er prinzipiell dazu bereit sei, die moralische Verantwortung für die Rückwirkung kaiserlicher Kundgebungen auf den Gang der großen Politik zu übernehmen, auch wenn sich seine verfassungsmäßige Verantwortlichkeit, strenggenommen, nicht auf diese erstrecke; eine Äußerung, die gewiß nicht geeignet war, die bestehende

Beunruhigung über die monarchischen Auftritte namentlich auch auf auswärtigem Felde zu besänftigen.[23] Zugleich aber suchte er einen Ausweg aus dem bestehenden Dilemma, indem er zur Offensive überging: »[...] die Auffassung, als ob der Monarch in Deutschland keine eigenen Gedanken über Staat und Regierung haben dürfe, als ob er nur mit dem Kopfe seiner Regierung denken, als ob er nur sagen dürfe, was diese ihm aufgesetzt hätten, [...] widerspricht dem deutschen Staatsrecht, sie widerspricht auch den Wünschen des deutschen Volkes. Das deutsche Volk will keinen Schattenkaiser, es will einen Kaiser von Fleisch und Blut.«[24]

Auf nahezu allen Gebieten der auswärtigen Politik klafften Anspruch und Realität weit auseinander. Die von Bülow eingeschlagene Strategie, die Person des Kaisers als Speerspitze eines »neudeutschen«, mit lautstarker Gebärde auftretenden Imperialismus einzusetzen, begann sich nun gegen das Ansehen Wilhelms II. selbst zu richten. Die Reichstagswahlen vom Dezember 1906, die Fürst Bülow herbeigeführt hatte, um das Zentrum, das die Kolonialpolitik der Reichsregierung scharf kritisiert hatte, ebenso wie die Sozialdemokratie in einem mit nationalen Parolen geführten Wahlkampf entscheidend zu schwächen, brachten am Ende ebenfalls nicht die gewünschten Ergebnisse, mit Ausnahme einer immerhin empfindlichen Schwächung der Stimmenzahlen und mehr noch der parlamentarischen Repräsentation der Sozialdemokratie. Max Weber gab damals Friedrich Naumann für die Fortschrittliche Volkspartei den Rat, ihren Wahlkampf zwar durchaus gegen das Zentrum als die Partei des »Scheinkonstitutionalismus«, die einem Anteil an der Ämterpatronage in der Verwaltung der Kolonien vor einer effektiven parlamentarischen Kontrolle der Kolonialpolitik durch den Reichstag den Vorzug gebe, zu Felde zu ziehen. »Aber um Gottes Willen dürfe dies nicht mit einem Vertrauensvotum für den Kaiser und seine Art, Politik zu machen«, verbunden werden. »Das Maß von Verachtung, welches uns, als Nation, im Ausland (Italien, Amerika, überall!) nachgerade – mit Recht! das ist das entscheidende – entgegengebracht wird, weil wir uns dieses Regime dieses Mannes ›gefallen lassen‹, ist nachgerade ein Faktor von erstklassiger ›weltpolitischer‹ Bedeutung für uns geworden [...] Wir werden ›isoliert‹, weil dieser Mann uns in dieser Weise regiert und wir es dulden und beschönigen.«[25] In der Tat mehrten sich seit 1906 die Irritationen über die sowohl unstete wie aggressive deutsche Außenpolitik in den anderen europäischen Hauptstädten in einem bedrohlichen Maße. Sir Eyre Crowe kam am 1. Januar 1907 in einer Denkschrift für den britischen Außenminister, Sir Edward Grey, zu der Schlußfolgerung, daß die deutsche Politik von einer aggressiven Grundhaltung bestimmt werde und konsequent nach Hegemonie zunächst auf dem europäischen Kontinent, dann aber mittels des systematischen Ausbaus der deutschen Seekriegsflotte auch in Übersee dränge und daß demgemäß eine Politik der konsequenten Eindämmung der von den Mittelmächten ausgehenden Gefahren zwecks Erhaltung des europäischen Friedens angebracht sei.

Seitens der deutschen Diplomatie wurde die Verschlechterung der Gesamtlage des Deutschen Reiches damals noch keineswegs in ihrem wahren Ausmaß erkannt. Fürst Bülow ging einstweilen weiterhin davon aus, daß sich die deutsche Position mittelfristig nur verbessern könne; und ebenso rechnete Tirpitz nach der Annahme der dritten Flottennovelle von 1906, die den Bau eines zweiten Doppelgeschwaders binnen der nächsten vier Jahre vorsah, verbunden mit einer erheblichen Steigerung des Bautempos, zuversichtlich damit, daß die Flottenpolitik demnächst aus der »Gefahrenzone« herauskommen werde, während der die maritime Überlegenheit Großbritanniens noch so groß sei, daß unmittelbar mit der Möglichkeit eines kriegerischen Konflikts gerechnet werden müsse.

Gerade in diesem Bereich aber kam es zu einem folgenschweren Rückschlag für die deutschen militärischen Planungen. Die Flottennovelle von 1906 und die hitzige Agitation in der Öffentlichkeit für eine weitere dramatische Beschleunigung des Flottenbaus, die die Planungen der Regierung weit hinter sich ließ, lösten auf britischer Seite eine entsprechende Reaktion aus. Die britische Regierung entschied sich dafür, den eigenen Vorsprung auf maritimem Gebiete unter allen Umständen zu behaupten und demgemäß mit einer Forcierung des eigenen Flottenbaus zu antworten. Spätestens seit 1903 waren sich die zuständigen Instanzen in London darüber klargeworden, daß sich der deutsche Flottenbau, aller abwiegelnden Darstellungen in der Öffentlichkeit ungeachtet, in erster Linie gegen Großbritannien richtete und nach Abschluß des Bauprogramms die englische Vormachtstellung auf den Weltmeeren ernstlich zu gefährden geeignet war.

Überdies zeichneten sich, teilweise aufgrund der Erfahrungen des russisch-japanischen Seekrieges, teilweise infolge der technologischen Entwicklung, dramatische Veränderungen im Seekriegsschiffbau ab. Weltweit kam es zum Übergang zu erheblich größeren Detachements und zugleich zum Bau schnellerer und weit stärker armierter Kriegsschiffe. Großbritannien ging seit 1905 dazu über, die eigenen Kreuzer mit größerer Tonnage und weit stärkerer Bewaffnung auszulegen als bisher. Vor allem aber begann es mit dem Bau von Großkampfschiffen eines neuen Typs, mit einer Wasserverdrängung von 20000 Tonnen, die dem bisher konventionell üblichen Typ des Linienschiffes sowohl hinsichtlich der Panzerung, wie der Feuerkraft, wie auch der Geschwindigkeit weit überlegen waren. Dieser sogenannte Dreadnought-Sprung – genannt nach dem ersten Schiff dieses Typs, das am 10. Februar 1906 vom Stapel lief – bedeutete eine qualitative Veränderung, durch die mit einem Schlag große Teile der bisherigen Großkampfschiffe der Seekriegsflotte der Großmächte mehr oder minder entwertet wurden. Davon abgesehen, schlug Großbritannien, entschlossen, den eigenen Vorrang zur See gegenüber dem möglichen Rivalen Deutschland definitiv sicherzustellen, eine raschere Gangart im Flottenbau ein mit dem erklärten Ziel, für die absehbare Zukunft den sogenannten »three power standard« zu gewährleisten, mit anderen Worten, weiterhin eine Flotte zu unterhalten, die so groß sei wie die Flotten der drei nächststärksten Seemächte zusammen.

Durch diese Entwicklungen wurde die Strategie des deutschen Flottenbaus unter Tirpitz, wie sie aufgrund des Flottengesetzes von 1898 und seiner Erneuerung von 1902 langfristig festgelegt und parlamentarisch abgesegnet war, im Kern erschüttert. Es war Tirpitz' großer Plan gewesen, durch ein langfristiges Flottenbauprogramm, das freilich so proportioniert war, daß die Briten nicht unmittelbar zu politischen oder militärischen Gegenreaktionen provoziert würden, eine deutsche Flotte zu bauen, die binnen zwei Jahrzehnten stark genug sein würde, um als machtpolitischer Faktor gegen Großbritannien eingesetzt werden zu können. Dann werde, so hatte Tirpitz gemeint, sich Großbritannien zu einer dem Deutschen Reich gegenüber entgegenkommenden Gesamtpolitik veranlaßt sehen und im eigenen Interesse davon Abstand nehmen, dieses anzugreifen. Das militärisch-strategische Kalkül des Reichsmarineamts beruhte auf der Annahme, daß die deutsche Flotte schon bei einem Stärkeverhältnis von zwei zu drei eine gute Siegeschance besitze, zumal man zusätzlich darauf rechnete, durch eine vergleichsweise hohe Indiensthaltung, welche einen unverzüglichen Einsatz der Flotte nach Kriegsausbruch gewährleisten würde, durch bessere Ausbildung von Offizieren und Mannschaften und durch einen technologisch höheren Entwicklungsstand die bestehende zahlenmäßige Unterlegenheit werde ausgleichen können.[26] Mit Sicherheit würde die Flotte dann als machtpolitisches »Druckinstrument«[27] für eine kraftvolle deutsche Weltpolitik zu Verfügung stehen und selbst für den Fall, daß sich der »kalte Krieg« – die Zeitgenossen sprechen vom »trockenen Krieg« – wider Erwarten in einen heißen Krieg verwandeln würde, gute militärische Chancen gegen die britischen Streitkräfte in der Nordsee besitzen.

Die Planungen des Reichsmarineamts sahen vor, bis zum Jahr 1918/20 insgesamt 60 große Schiffe – Schlachtschiffe, Linienschiffe und große Kreuzer – zu bauen, in einem einigermaßen gleichmäßigen Rhythmus, der in Form des Flottengesetzes rechtlich abgesichert und damit auf Dauer gestellt schien. Die Bemühungen von Tirpitz und seinen Mitarbeitern, diese Strategie, die mit bemerkenswert langen Fristen kalkulierte, politisch durchzusetzen, waren bislang im großen und ganzen sehr erfolgreich gewesen. Nunmehr aber trat eine in mehrerer Hinsicht kritische Situation ein, über die sich Tirpitz selbst übrigens vollauf im klaren gewesen ist. Zum einen veränderten sich die politischen Rahmenbedingungen des Flottenbaus rapide; in Großbritannien wurde die Öffentlichkeit zunehmend von äußerster Unruhe über die langfristigen Konsequenzen des deutschen Flottenbaues erfaßt, und auch die liberale Regierung Campbell-Bannerman sah gar keinen anderen Weg, als der allgemeinen Hysterie in der Öffentlichkeit mit der Bekundung entgegenzutreten, daß man entschlossen sei, so viele Schiffe zu bauen wie immer notwendig, um die englische Seeherrschaft auch in Zukunft sicherzustellen. Eine jede weitere, nach außen hin provokativ erscheinende Steigerung des Tempos des deutschen Flottenbaus barg unter diesen Umständen die Gefahr in sich, daß Großbritannien seine eigene Flottenrüstung noch weiter beschleunigen werde und damit den relativen Vorsprung, den Großbritannien einstweilen weiterhin besaß, auf Dauer stellen würde. Dies aber hieß, mit anderen Worten, daß die Prämissen, die der planmäßigen Fortsetzung des deutschen Flottenbaus gemäß den internen Überlegungen im Reichsmarineamt zugrunde lagen, über den Haufen geworfen wurden. Denn die Chancen, gegenüber England im Flottenbau aufzuholen, wurden dadurch dramatisch reduziert. Davon abgesehen, bestand die Gefahr, Großbritannien durch eine allzu forcierte Flottenrüstung endgültig ins Lager der Gegner der Mittelmächte zu treiben.

Diese Besorgnisse wurden nicht nur von seiten der politischen Leitung, nicht zuletzt von Fürst Bülow selbst geteilt, sondern auch ausgiebig in der Öffentlichkeit erörtert mit der Konsequenz, daß in Teilen der öffentlichen Meinung, aber auch bei den verantwortlichen Instanzen die Begeisterung für den Flottenbau merklich abkühlte. Ein weiteres kam hinzu, nämlich die Tatsache, daß durch die rapide Vergrößerung der Detachements und die verstärkte Armierung, zu der Großbritannien seit 1905 überging, die finanziellen Berechnungen des Reichsmarineamts und damit indirekt die Finanzklauseln des 1900 erneuerten Flottengesetzes, das ja den Bau der Schlachtflotte finanziell auf Dauer hatte stellen sollen, unabhängig von künftigen parlamentarischen Mehrheiten, zunehmend erschüttert wurden. Die Novelle von 1905/6 hatte diesen beiden Faktoren insofern Rechnung getragen, als sie auf eine ostentative, auf den ersten Blick sichtbare Beschleunigung des Baus von Großkampfschiffen verzichtete und den Schwerpunkt auf den Bau von sechs großen Kreuzern und acht neuen Torpedobootdivisionen legte; nur indirekt schlug die neue Situation sich nieder in dem Vorschlag, die Indiensthaltung der großen Schiffe von 25 auf 20 Jahre herabzusetzen; eine Steigerung des Bautempos für Schlachtschiffe hofften Tirpitz und Eduard von Capelle außerhalb der Novelle durch geeignete Reorganisationsmaßnahmen zu bewerkstelligen. Im ganzen zögerten Tirpitz und das Reichsmarineamt vorläufig noch, sich den neuen technologischen Entwicklungen in Großbritannien in vollem Umfang anzuschließen, da diese zu einer dramatischen Verteuerung des Baus neuer Einheiten führen mußten; jedoch sahen sie sich gezwungen, schon für 1905/6 zusätzliche Mittel für eine Vergrößerung der Detachements der in der Bauplanung befindlichen Schiffe sowie für eine Verbreiterung des Kaiser-Wilhelm-Kanals für die Großkampfschiffe der Zukunft in den Haushalt des Reichsmarineamts einzustellen. Angesichts der schwierigen Finanzlage, in der sich das Reich seit einigen Jahren befand, wesentlich wegen der unüberbrückbaren Differenzen zwischen den konservativen und den liberalen Parteien über der Frage, ob und in welchem Umfang das Reich zu direkten Besitzsteuern übergehen solle, erwies es sich jedoch als zunehmend schwieriger, die Riesensummen, die in den kommenden Jahren für den Flottenbau erforderlich werden würden, bereitzustellen, obschon die Parteien der bürgerlichen Mitte im Grundsatz die Flottenbaupolitik weiterhin unterstützten. Auch unter diesem Aspekt standen Tirpitz' Flottenpolitik schwere Zeiten bevor.

Mit dem durch die Umstände erzwungenen, vergleichsweise maßvollen Programm, wie es in der Flottenvorlage von 1906 seinen Niederschlag gefunden hatte, geriet Tirpitz von vornherein in die Schußlinie der nationalistischen Rechten, die angesichts des Dreadnought-Sprungs nichts weniger als eine Verdoppelung der deutschen Anstrengungen zum Bau von großen Kampfschiffen verlangten und darüber hinaus auch den Bau von zusätzlichen Auslandskreuzern und Küstenpanzerschiffen. Auch Wilhelm II. selbst wollte die günstige Stimmung für eine weitere dramatische Ausweitung des deutschen Flottenbaus nutzen; er vertrat darüber hinaus insbesondere die Forderung, daß man umgehend zum Bau besonders schneller Linienschiffe übergehen solle. Selbst mit dem Kaiser gerieten Tirpitz und seine Mitarbeiter, die eine dramatische Beschleunigung des Flottenbaus in der gegebenen Situation für politisch wie sachlich inopportun hielten, über diese Fragen in erhebliche Meinungsverschiedenheiten. Die von Tirpitz seit 1897 konsequent geforderte Konzentration auf den Bau einer Schlachtflotte, unter Vernachlässigung anderer Sektoren, wie etwa der Auslandskreuzer, ließ sich in der Öffentlichkeit immer schwerer durchsetzen. Die Versuche der politischen und militärischen Instanzen, das Ausmaß der für 1907/8 ins Auge gefaßten neuen Flottennovelle in Grenzen zu halten, die für die nächsten vier Jahre, von 1908 bis 1912, den Übergang zum sogenannten Vierertempo, das heißt zum Bau von vier großen Schlachtschiffen jährlich, vorsah, konnten nicht verhindern, daß das Deutsche Reich und Großbritannien nunmehr in ein offenes Wettrüsten zur See eintraten, das in beiden Ländern von heftiger Agitation von seiten radikaler Gruppierungen in der Öffentlichkeit zugunsten des Flottenbaus begleitet wurde.[28]

Insbesondere der Flottenverein entfaltete unter der Führung des Generals August von Keim 1907/8 eine massive Kampagne zugunsten einer radikalen Beschleunigung des deutschen Flottenbaus, ohne jede Rücksicht auf die außenpolitischen Konsequenzen. Dabei zögerte Keim nicht, die Person Wilhelms II., dessen Auffassung, daß man kräftig weiterbauen müsse, in die Öffentlichkeit durchgesickert war, gegen die amtlichen Instanzen, insbesondere das Reichsmarineamt, ins Spiel zu bringen. Dies führte so weit, daß durch entsprechende Einwirkungen der Reichsbehörden schließlich der Rücktritt des Generalmajors a. D. Keim von seiner Position als geschäftsführender Vorsitzender des Flottenvereins erzwungen und eine zeitweilige Mäßigung der Agitation des Flottenvereins, vor allem aber deren Abstimmung mit den strategischen Zielen des Reichsmarineamts, erreicht wurde.

Die deutsche Flottenpolitik war 1907 an einem kritischen Punkt angelangt. Jetzt hätte man das Anerbieten des britischen Außenministers Sir Edward Grey, sich auf eine beiderseitige Beschränkung der Flottenrüstungen zu einigen, annehmen und damit eine Entspannung der Lage erreichen können. Die deutsche Regierung entschloß sich, nicht zuletzt unter persönlichem Einfluß Wilhelms II., einen anderen Weg zu gehen, nämlich den Flottenbau, koste es, was es wolle, auch unter den neuen, erheblich erschwerten Umständen konsequent weiterzuführen, obschon eigentlich hätte klar sein müssen, daß ein Wettkampf im Flottenbau mit Großbritannien von der Art, wie er nunmehr entbrannte, vom Deutschen Reich unter den gegebenen Umständen niemals zu gewinnen sein würde. Lord Grey erklärte damals: »Unser Schiffbauprogramm hängt jetzt hauptsächlich von Deutschland ab. Wir haben nicht die Absicht, unsere maritime Stellung zu verlieren, und wenn kein Wandel stattfindet, werden wir in ein paar Jahren 10 Millionen mehr für die Flotte ausgeben als bisher, und so wird der Wettbewerb zwischen Deutschland und uns weitergehen, bis einer von uns bankrott ist. Ich glaube nicht, daß *wir* zuerst zusammenbrechen.«[29] Obschon die Reichsleitung, und nicht zuletzt Fürst Bülow selbst, zunehmend von Zweifeln befallen wurden, ob man mit dem Flottenbau weiterhin auf dem richtigen Wege sei, wurde daran im Kern unbeirrt festgehalten.

Es verwundert demnach nicht, daß sich die deutsche Diplomatie auf der Zweiten Haager Friedenskonferenz von 1907, obschon sie diesmal diplomatischer zu Werke ging und es vermied, sich den anderen Großmächten erneut frontal entgegenzustellen, wiederum konsequent allen internationalen Abrüstungsvereinbarungen widersetzte.[30] Denn die deutsche Strategie, auf mittlere Frist die Ziele der deutschen Weltpolitik durch eine Politik vermehrten Rüstungsdrucks durchzusetzen, war mit dem Gedanken eines Einfrierens der Rüstungen der Großmächte auf dem Stand von 1907 naturgemäß nicht vereinbar. Demgemäß ging Wilhelm II. ursprünglich kompromißlos davon aus, daß das Deutsche Reich nur dann an der Haager Konferenz teilnehmen werde, wenn »Abrüstungsfragen total ausgeschaltet« würden.[31]

Formeller und informeller Imperialismus in der Ära Bülow

Ungeachtet des pathetischen Bekenntnisses zu einer energischen Politik in Übersee waren die kolonialen Zugewinne der Ära der »Weltpolitik« mehr als bescheiden geblieben. Neben dem Erwerb Tsingtaus und der Karolinen, deren Wert sich schon bald als äußerst bescheiden erwiesen hatte, konnte die Reichsleitung einstweilen keine konkreten Erfolge vorzeigen. Auch die Entwicklung der deutschen Schutzgebiete nahm sich, nachdem die dort tätigen Kolonialgesellschaften in den Besitz des Reiches übergegangen waren, alles andere als glänzend aus. Anfang der 90er Jahre beschränkte sich die deutsche Kolonialherrschaft in den afrikanischen Kolonien nach wie vor auf die Kontrolle der küstennahen Regionen, während das Hinterland noch weitgehend unerschlossen war; bislang war die Machtstellung der zahlreichen indigenen Fürsten und Stammesherrscher in diesen Regionen ungebrochen. Zwar hatten diese, wie die Hereros unter Mahahero in Deutsch-Südwestafrika (dem heutigen Namibia), vielfach die Vormachtstellung des Deutschen

Reiches anerkannt, aber zumeist nur, weil sie sich davon Hilfe in ihren beständigen Auseinandersetzungen mit rivalisierenden Herrschern versprachen. Doch war die Rolle des Deutschen Reiches als Schutzmacht vorläufig weitgehend fiktiv, da die äußerst bescheidenen militärischen Kontingente, die den Gouverneuren in den einzelnen Kolonien zur Verfügung standen, für eine durchgängige Kontrolle der riesigen Territorien in keiner Weise ausreichten. Selbst die genaue territoriale Abgrenzung des Hinterlandes von den angrenzenden Kolonien anderer europäischer Mächte konnte erst in den neunziger Jahren zustande gebracht werden, in einer Serie von bilateralen Abkommen mit den anderen Kolonialmächten. Für die indigenen Stämme blieben diese Grenzziehungen anfänglich bedeutungslos, ja, von Fall zu Fall ergaben sich für sie Möglichkeiten, sich dem Zugriff der deutschen Kolonialverwaltung durch Überwechseln in britisches oder französisches Territorium zu entziehen. Ende der 1880er Jahre wurden die kolonialen Territorien von den Kolonialgesellschaften, die sich sämtlich als leistungsunwillig und finanziell viel zu schwach erwiesen hatten, um die Aufgaben der wirtschaftlichen Entwicklung ihrer riesigen Besitzungen aus eigener Kraft zu leisten, vom Reich übernommen. Für die nächsten anderthalb Jahrzehnte konzentrierte sich die deutsche Kolonialpolitik auf die effektive Durchsetzung des deutschen Herrschaftsanspruches bei den Völkerschaften und Stämmen im Innern der jeweiligen Territorien.[1] Anfänglich hatten sich auch die deutschen Kolonialherren nach englischem Vorbild »nolens volens« in weitem Umfang der Herrschaftstechnik des »indirect rule« bedient, die sich mit der bloßen Anerkennung der Vorherrschaft seitens der indigenen Herrscher und der Sicherstellung der Bewegungsfreiheit für weiße Siedler und Kaufleute zufriedengab. Aber im Zuge der Entwicklung drängten die Kolonialverwaltungen, zum großen Teil unter dem Druck der Siedler und Konzessionsgesellschaften vor Ort, fast überall auf die Durchsetzung nicht nur des Prinzips des »Landfriedens«, also des Monopols der Anwendung von militärischer oder juridischer Gewalt durch die Kolonialverwaltung, sondern auch des Prinzips der direkten Herrschaft, verbunden mit dem Aufbau eines flächendeckenden kolonialen Verwaltungssystems.

Eine Ausnahme machte in dieser Hinsicht nur das Kolonialregiment in Deutsch-Samoa unter dem Gouverneur Wilhelm von Solf, der sich, da ihm militärische Machtmittel so gut wie überhaupt nicht zur Verfügung standen und sich das Drohmittel der Kanonenbootdiplomatie einigermaßen abgenutzt hatte, von vornherein auf eine Politik der indirekten Herrschaft unter geschickter Ausspielung der Rivalitäten unter den indigenen Mächtegruppierungen verlegte. Die Anerkennung des angestammten indigenen Herrschers Mata'afa als »Ali'i Sili« unter der Oberherrschaft des Kaisers war ein kluger Schachzug, der die friedliche Kollaboration der samoanischen Führungselite mit der deutschen Kolonialmacht wesentlich erleichterte. Andererseits aber kollidierte diese vorsichtige Politik indirekter Herrschaft, die den samoanischen Honoratioren einen Teil der Verwaltungspositionen zugänglich machte, mit den Wünschen der deutschen Siedler, die ihre Vorrechte und ihren privilegierten Sozialstatus beeinträchtigt sahen. Hingegen waren die deutschen Handelsunternehmungen, insbesondere die D. H. P. G., die mit ihren großen Kakao- und Kopraplantagen nahezu ein wirtschaftliches Monopol auf dem Inselarchipel besaß, mit dem Gang der Dinge zufrieden. Seit der Jahrhundertwende verbesserten sich die wirtschaftlichen Verhältnisse erheblich, und langsam kam die Kolonie aus den roten Zahlen heraus; im Unterschied zu allen anderen deutschen kolonialen Territorien, mit Ausnahme Togos, bedurfte Deutsch-Samoa seit 1909 nicht länger finanzieller Zuschüsse aus dem Reichshaushalt für die eigene Verwaltung und den Ausbau einer Infrastruktur.

In den afrikanischen Kolonien vollzog sich die Entwicklung der Dinge nicht so reibungslos. Hier führten die Bemühungen der Kolonialverwaltungen, ihre anfänglich weithin bloß auf dem Papier stehende Autorität unter der Parole der »Befriedung« mit administrativen und militärischen Mitteln schrittweise auf das ganze Land auszudehnen, immer wieder zu Aufständen der indigenen Bevölkerung. Diese wuchsen sich zunächst nur deshalb nicht zu einer Bedrohung der Kolonialherrschaft als solcher aus, weil die betroffenen Stämme und Völkerschaften, die in der Regel traditionell untereinander verfeindet waren, zumeist isoliert und unkoordiniert gegen die Kolonialherren losschlugen. Es handelte sich dabei in aller Regel um ohnmächtige Einzelaktionen, die überwiegend durch aktuelle Verletzungen ihrer überkommenen Rechtsvorstellungen und kulturellen Normen durch die Kolonisten ausgelöst wurden. Angesichts der technologischen Überlegenheit der freilich zahlenmäßig geringen Kräfte der Schutztruppen konnten diese zumeist niedergeworfen werden, ohne daß größere militärische Verstärkungen seitens des Mutterlandes erforderlich wurden.

Diese vielfach mit massiven Gewaltmethoden betriebenen Pazifizierungsaktionen führten schließlich weithin zu einer äußeren Hinnahme der deutschen Kolonialherrschaft. Aber der Aufbau einer funktionsfähigen Kolonialverwaltung vor Ort war mit den beschränkten Mitteln, die den Gouverneuren zur Verfügung standen, nicht eigentlich zu leisten. Das Kolonialsystem stützte sich in den afrikanischen Kolonien weiterhin im wesentlichen auf die erzwungene Kollaboration der indigenen Eliten und Stammeshäupter; es beruhte weithin auf »latenter Gewalt« und nicht auf dem freiwilligen Einverständnis der Beherrschten, auch wenn insbesondere in den Missionen allmählich eine große Zahl von Eingeborenen heranwuchs, die in stärkerem Maße zur Kollaboration mit der Kolonialmacht bereit waren. Das mangelnde Verständnis der deutschen Führungselite vor Ort für die Situation der indigenen Bevölkerung, einschließlich der Gouverneure selbst, die sich aus der hohen preußischen Beamtenschaft beziehungsweise dem Offizierskorps rekrutierten, trug dazu bei, daß die Konflikte mit der einheimischen Bevölkerung eskalierten; die einseitige Betonung des Herrenstandpunkts, rassisches Überlegenheitsgefühl und traditionelle Vorstellungen von militärischem Gehorsam und geschuldeter Fügsamkeit der Eingeborenen taten ein übriges, um die ohnehin explosive Situation noch zu verschärfen. Allerdings waren die weißen Siedler und Händler vielfach die eigentlichen Scharfmacher im Verhältnis zur indigenen Bevölkerung; sie drängten durchweg auf eine strenge Behandlung der Eingeborenen. Von den Eingeborenen erwarteten sie, daß sie sich den Bedingungen und Erfordernissen, die sie für den Erfolg ihrer wirtschaftlichen Unternehmungen für notwendig hielten, uneingeschränkt unterwürfen, ohne Rücksicht auf ihre herkömmlichen Lebensformen und kulturellen Traditionen.

Die erste Generation der Gouverneure sah ihre Aufgabe vor allem darin, den Interessen der Siedler und insbesondere der Unternehmen zum Durchbruch zu verhelfen. Sie verstanden sich primär als Erfüllungsgehilfen der wirtschaftlichen Interessen der Kolonisten und nicht als Treuhänder der Interessen der einheimischen Bevölkerung. Die vielfach willkürliche Behandlung der Eingeborenen wurde begünstigt durch die Tatsache, daß die Gouverneure, die nach dem Schutzgebietsgesetz vom Jahre 1886 direkt dem Reichskanzler unterstanden, nahezu unumschränkte rechtliche Befugnisse, insbesondere auch das Recht zur Gesetzgebung, besaßen; sie konnten, fernab der Zentrale in Berlin, wie kleine Könige regieren und taten dies zumeist auch. Erst allmählich kam es zu einem größeren Maß der Kontrolle der Kolonialverwaltungen vor Ort, zunächst durch die Kolonialabteilung des Auswärtigen Amtes, späterhin durch das Reichskolonialamt, das sich zunehmend der Kritik durch Reichstag und Öffentlichkeit ausgesetzt und daher zum Handeln gezwungen sah.

Um die Jahrhundertwende schien die Phase der militärischen Pazifizierung in den deutschen Kolonien abgeschlossen zu sein. Doch der Zustand des »allgemeinen Landfriedens«, den die Kolonialverwaltungen überwiegend mit militärischen Mitteln durchgesetzt hatten, war trügerisch. In zweierlei Hinsicht hatte die Kolonialherrschaft tief in die Traditionen der afrikanischen Gesellschaften eingegriffen und diese zunehmend destabilisiert, zum ersten durch die Oktroyierung von Kopfsteuern, die die indigene Bevölkerung dazu zwingen sollten und tatsächlich zwangen, auf den deutschen Plantagen und in den deutschen Unternehmungen um Arbeit nachzusuchen, zum anderen durch weitreichende Eingriffe in das traditionelle Recht des Landbesitzes. Die indigene Bevölkerung wurde eines großen Teils der Ländereien, die diese nach altem Herkommen zumeist extensiv zu nutzen pflegte, beraubt und vielfach in Reservaten zusammengedrängt. Dies war insbesondere für jene afrikanischen Völker, die wie die Hehe in Deutsch-Ostafrika oder die Hereros in Deutsch-Südwestafrika in erster Linie von Viehzucht in beständig wechselnden Weidegründen lebten, verhängnisvoll. Im Fall Kameruns kam die zunehmende Ausschaltung des Zwischenhandels der Dualas mit den Stämmen im Hinterland als weiterer Konfliktfaktor hinzu.

In den Jahren 1904 bis 1907 kamen diese Konfliktpotentiale fast gleichzeitig in Deutsch-Südwestafrika und in Deutsch-Ostafrika zu einer gewaltsamen Entladung, in Aufstandsbewegungen von einer bisher für unmöglich gehaltenen Größenordnung, die nur mit umfänglichen militärischen Operationen unter Einsatz beträchtlicher Truppenkontingente niedergeworfen werden konnten. Auch in Kamerun erreichte die Erbitterung der indigenen Eliten, die unter anderem in einer Petition an den Kaiser Klage über die brutalen Methoden der Kolonialadministration führten, nahezu den Siedepunkt. Doch konnte im Frühjahr 1906 durch die gerade eben noch rechtzeitige Abberufung des Gouverneurs Jesko von Puttkamer, der als ein rücksichtsloser Anhänger der Politik der Konzessionsgesellschaften bekannt war, eine gewaltsame Entladung der Gegensätze im letzten Moment abgefangen werden. Einzig in Togo herrschten, nicht zuletzt dank des Umstands, daß in den nördllichen Regionen weiterhin die älteren Methoden der »indirect rule« praktiziert wurden, nach stürmischen Jahren gewaltsamer Befriedung relativ stabile Verhältnisse.

In Deutsch-Südwestafrika stellte der Ausbruch der Rinderpest im Jahre 1897, durch die die riesigen Rinderherden der Hereros nahezu vollständig vernichtet wurden, eine entscheidende Zäsur in der Entwicklung der Dinge dar. Bis zu diesem Zeitpunkt hatten die deutschen Siedler kaum eine Chance gehabt, auf dem Gebiet der Viehzucht mit den reichen Hereros effektiv zu konkurrieren. Die Verarmung der Hereros, verbunden mit der Erschütterung der traditionellen Herrschaftsstruktur ihres Stammes, beschleunigte den Prozeß der schleichenden Dekomposition der afrikanischen Gesellschaften in Deutsch-Südwestafrika in bedrohlichem Maße und weckte bei den Einheimischen das Gefühl zunehmender Bedrohung der eigenen sozialen und ökonomischen Position durch die weißen Kolonisten. Große Landverkäufe einzelner Häuptlinge an weiße Siedler unter rechtlich fragwürdigen Umständen – durften diese doch nach afrikanischem Recht gar nicht über das Land des eigenen Stammes frei verfügen – schürten die Erbitterung der Stämme noch mehr. Hinzu kamen die sich häufenden Übergriffe weißer Siedler gegenüber den Afrikanern, die unter den gegebenen Verhältnissen nur selten eine angemessene Sühnung fanden.

Dennoch hatte eigentlich zu diesem Zeitpunkt niemand mit einem Aufstand der Hereros gegen die deutsche Kolonialherrschaft gerechnet. Denn in Deutsch-Südwestafrika war es bereits mit der Berufung Theodor Leutweins im Jahre 1894 zu einer Änderung der kolonialen Herrschaftsstrategie gekommen. Leutwein setzte auf eine Kombination von direkter und indirekter Herrschaft. Er suchte die Durchsetzung der Bedürfnisse der Kolonialverwaltung und der wirtschaftlichen Interessen der deutschen Siedler und Unternehmen durch eine Verständigung mit den Stammeshäuptlingen und indigenen Eliten zu erreichen, freilich in Kombination mit dem beständigen, allerdings wohldosierten Einsatz militärischer Machtmittel. Leutweins Problem war eigentlich nicht mehr die Gewinnung der Hereros, die bereits einige Jahre zuvor die deutschen Schutzverträge angenommen hatten, sondern vor allem der Namas unter ihrem Großhäuptling Hendrik Witbooi, der sich bislang beharrlich geweigert hatte, die Oberherrschaft des Deutschen Reiches anzuerkennen. Doch bereits ein Jahr später gelang es dem Gouverneur Theodor Leutwein – nicht zuletzt dank seines diplomatischen Geschicks –, den Namahäuptling zur »Heeresfolge« zu verpflichten. Dies sollte sich dann in den ersten neun Monaten des Herero-Aufstandes als äußerst nützlich erweisen. Die Pazifizierung der beiden großen Stämme, der Hereros und der Namas, erschien um die Jahrhundertwende endgültig gelungen.

Der Ausbruch des Herero-Aufstands im Januar 1904 kam nach allem für die deutsche Kolonialverwaltung und ebenso für die deutsche Öffentlichkeit völlig unerwartet. Die beträchtlichen Anfangserfolge und die Ausdehnung der Aufstandsbewegung lösten einen regelrechten Schock aus. Anfänglich sah es so aus, als seien die Tage der deutschen Kolonialherrschaft in Deutsch-Südwestafrika gezählt. Erst nach zweieinhalb Jahren erbitterter Kämpfe sollte es schließlich gelingen, den Aufstand niederzuschlagen. Dazu bedurfte es der Entsendung eines umfänglichen Truppenkontingents von schließlich 20 000 Mann aus dem Reich. Es war dies ein regelrechter Kolonialkrieg, der die Ressourcen des Mutterlandes in einem bis dahin für unmöglich gehaltenen Umfang in Anspruch nahm und der zur Irritation der Reichsleitung und des Kaisers 1906 die Bewilligung zusätzlicher Kredite durch den Reichstag erforderlich machte.

Äußerst indigniert über den anfänglich wenig glücklichen Verlauf der militärischen Operationen in Deutsch-Südwestafrika zog Wilhelm II. als Inhaber der Kommandogewalt unter Umgehung und schließlich Ausschaltung des amtierenden Gouverneurs Theodor Leutwein die Führung der militärischen Operationen persönlich an sich und übertrug diese, in einer problematischen Interpretation des geltenden Verfassungsrechts, dem Großen Generalstab. Auch dies war ein Zeichen dafür, daß sich der Aufstand zu einem regelrechten Krieg ausgeweitet hatte, der mit den begrenzten Mitteln, die dem Gouverneur vor Ort zur Verfügung standen, nicht gewonnen werden konnte. Die Abkehr von Leutweins Strategie, der stets militärische Aktionen und Diplomatie miteinander zu kombinieren gesucht hatte, sollte weitreichende Folgen haben. Der vom Chef des Generalstabs, Alfred General von Schlieffen, zum Oberkommandeur eingesetzte Generalleutnant Lothar von Trotha führte die Operationen gegen die Hereros mit äußerster Härte und Brutalität als einen regelrechten Vernichtungskrieg, der nicht den militärischen Sieg über die Hereros, sondern deren physische Ausrottung zum Ziel hatte. Die Hereros wurden am Ende samt Frauen und Kinder in die wasserarme Omaheke getrieben und gingen zum größten Teil zugrunde; nur wenige von ihnen konnten sich auf englisches Gebiet retten. Kaum besser erging es den Namas, die sich in einer späteren Phase der Aufstandsbewegung angeschlossen hatten. Insgesamt sind nach vorsichtigen Schätzungen über 60 000 Hereros und etwa 10 000 Namas umgekommen, zwischen 75 und 80 Prozent der gesamten Stammesbevölkerung im ersteren und 50 Prozent im letzteren Fall.

In Deutsch-Ostafrika waren es die dramatische Erhöhung der Kopf- und Hüttensteuer im März 1905, durch die die Eingeborenen gezwungen werden sollten, sich auf den Plantagen oder Stationen als Arbeiter zur Verfügung zu stellen, sowie der weitgehende Übergang zur zwangsweisen Rekrutierung von Arbeitskräften für »öffentliche Arbeiten«, also eine Art von Corvée nach ägyptischem Vorbild, ferner die Verpflichtung der Dorfgemeinschaften zum Anbau von Baumwolle in sogenannten Dorfschamben gegen äußerst geringe Entlohnung, die am 30. Juni 1905 zum Ausbruch des Maji-Maji-Aufstandes führten. Auch hier bedurfte es erheblicher militärischer Anstrengungen, um die deutsche Kolonialherrschaft wieder zu stabilisieren.

Im Frühjahr 1907 war die Ruhe in Deutsch-Ostafrika und vor allem in Deutsch-Südwestafrika wiederhergestellt – aber um welchen Preis! Es war dies ein Friede der Grabesruhe, der mit an Völkermord grenzenden militärischen Operationen gegen die Eingeborenen erreicht und noch dazu mit der weitgehenden Zerstörung der indigenen Stammeskulturen erkauft worden war. Die deutsche Kolonialpolitik stand vor einem Scherbenhaufen. Die Politik der gewaltsamen Rekrutierung von afrikanischen Arbeitskräften für die Zwecke der Konzessionsgesellschaften hatte sich als katastrophal erwiesen. Die militärische Strategie der »verbrannten Erde« und der systematischen Ausrottung ganzer Völkerschaften hatte zur massenhaften Vernichtung eben dessen wesentlich beigetragen, was die kolonialen Plantagenwirtschaften und Wirtschaftsunternehmungen am dringlichsten benötigten, nämlich einheimischer Arbeitskräfte. Die finanzielle Bilanz war ebenso ernüchternd; die Nachtragshaushalte, die für die Kriegführung in Südwest- und dann auch in Ostafrika benötigt wurden, gingen in viele Millionen und ließen die Rentabilität der Kolonien, die ohnehin vom Steuerzahler laufend subventioniert werden mußten, in den Augen vieler Parlamentarier und eines wachsenden Teils der Öffentlichkeit als fragwürdig erscheinen. Nur mit Mühe fand sich der Reichstag dazu herbei, die Mittel für vom Reich geforderte Investitionsvorhaben, etwa für Bahnbauten in Deutsch-Südwestafrika oder in Kamerun, die künftig ein größeres Maß von Beweglichkeit der Schutztruppe und damit mehr Sicherheit gewährleisten sollten, zu bewilligen. Nur Togo und Deutsch-Samoa waren annähernd dazu in der Lage, die Kosten für die Verwaltung und den militärischen Schutz selbst zu tragen; alle anderen Kolonien waren Kostgänger des Deutschen Reiches.

Auch unter dem Gesichtspunkt einer volkswirtschaftlichen Gesamtrechnung war das deutsche Kolonialreich bislang ein Mißerfolg. Die Kolonien waren nur zu einem verschwindend geringen Teil am deutschen Außenhandel beteiligt; im Jahr 1906 betrugen die Exporte nach den deutschen Kolonien 0,25 Prozent und die Importe 0,7 Prozent der gesamten deutschen Exporte beziehungsweise Importe.[2] Die privaten Investitionen in den deutschen Kolonien waren ebenfalls bescheiden, sie beliefen sich 1906 auf etwa 226 Millionen Mark,[3] eine im Vergleich mit der Gesamtsumme der deutschen Auslandsinvestitionen von etwa 20 Milliarden

Mark äußerst bescheidene Summe. Wenn man bedenkt, daß allein der Nachtragshaushalt für den Krieg in Deutsch-Südwestafrika sich auf 60 Millionen Mark belief, dann lag auch für Anhänger des kolonialen Gedankens der Schluß nahe, daß die Kolonie einen derartigen finanziellen Aufwand nicht lohne. Wenn aber diese nicht ganz oder zu Teilen aufgegeben werde, wie von verschiedenen Parlamentariern in Erwägung gezogen wurde, dann müsse zumindest eine grundlegende Reform der Kolonialadministration stattfinden. Es war an der Zeit, das kolonialpolitische Steuer herumzureißen. Vor allem der Zentrumsabgeordnete Matthias Erzberger setzte sich, dank seiner Kontakte zu den katholischen Missionen über die Verhältnisse vor Ort ungewöhnlich gut informiert, im Reichstag für eine grundlegende Reform des deutschen Kolonialsystems ein. Seinen kritischen Analysen, denen vor allem von seiten der Sozialdemokratie und dem Linksliberalismus sekundiert wurde, war in der Sache nur wenig entgegenzusetzen; die Vertreter der Regierung nahmen demgemäß ihre Zuflucht in nationalistischer Rhetorik.

Mit einiger Verzögerung entschloß sich die Reichsleitung denn auch, dergleichen zu tun. Fürst Bülow berief im Herbst 1906 mit Bernhard Dernburg, einem bisherigen Mitglied des Direktoriums der Darmstädter Bank, einen Wirtschaftsfachmann an die Spitze der Kolonialabteilung in der erklärten Absicht, daß dieser eine grundlegende Reform der deutschen Kolonialpolitik in die Wege leiten solle. Dernburg versprach, die bestehenden Mißstände zu beseitigen und der ungehemmten Ausbeutung der afrikanischen Bevölkerung durch die Konzessionsgesellschaften einen Riegel vorzuschieben. Gleichzeitig wurde die Errichtung eines Reichskolonialamts in die Wege geleitet, das an die Stelle der bislang im Auswärtigen Amt ressortierenden Kolonialabteilung treten und der bisher bestehenden Rechtsunsicherheit hinsichtlich der Verantwortlichkeit der Gouverneure und Kolonialbeamten vor Ort ein Ende machen sollte. In der Tat hat sich Dernburg, der dann wenig später zum Staatssekretär des neu geschaffenen Reichskolonialamts berufen wurde, in den folgenden Jahren darum bemüht, das unheilvolle Bündnis der Kolonialverwaltungen mit den wirtschaftlichen Interessenten vor Ort zu lösen und eine Politik einzuleiten, die um ein behutsameres Vorgehen gegenüber der indigenen Bevölkerung bemüht war und sich unter anderem den Schutz der einheimischen Arbeitskraft zum Ziel setzte. Damit verband sich vor allem das Ziel, auf diese Weise eine leistungsfähigere Kolonialwirtschaft zu schaffen, die nicht ausschließlich auf kurzfristige Beutegewinne und Methoden des Beutekapitalismus aufgebaut war. Ebenso bemühte sich Dernburg, unter Ausnutzung seiner guten Kontakte zu Bankenkreisen, die Hochfinanz in stärkerem Maße für die wirtschaftlichen Möglichkeiten in den Kolonien zu interessieren.

Jedoch hat sich diese Neuorientierung der deutschen Kolonialpolitik, die in Solfs umsichtiger Verwaltung Deutsch-Samoas auf ein positives Vorbild verweisen konnte, in den wenigen Jahren bis zum Ausbruch des Ersten Weltkrieges nicht mehr nennenswert auswirken können. Für den Augenblick jedenfalls war die Bilanz des deutschen formellen Imperialismus mehr als ungünstig, in politischer wie in wirtschaftlicher Hinsicht.

In der Tat war es im Hinblick auf diese finanziell wie politisch gleichermaßen negative Bilanz einigermaßen fraglich, ob das vergleichsweise hohe Engagement in den deutschen Kolonien, gemessen an den realen wirtschaftlichen Interessen des Deutschen Reiches in Übersee, überhaupt der Mühe wert sei. Denn diese erstreckten sich auf den gesamten Erdball, und die neu erschlossenen kolonialen Regionen waren dabei nur in einem geringen Maße beteiligt. Die deutschen kolonialen Besitzungen als solche, in denen gerade etwas mehr als ein Prozent der gesamten Auslandsinvestitionen angelegt war, spielten dabei eine absolut marginale Rolle. Allein die deutschen Investitionen in Südafrika und in Ägypten, zwei von Großbritannien kontrollierten Territorien, dürften ein Vielfaches der Investitionen in den deutschen Kolonien betragen haben, obschon wir darüber genaue Zahlen nicht besitzen. Insgesamt dürfte es für das private Kapital rentabler gewesen sein, in den kolonialen Territorien dritter Mächte, insbesondere innerhalb des Britischen Empire, zu operieren als in den verhältnismäßig unentwickelten deutschen Kolonien. Im übrigen scherte sich der internationale Finanzimperialismus, an dem auch deutsches Kapital, häufig vermittelt durch zahlreiche Privatbanken, einen nicht unerheblichen Anteil hatte, überhaupt nicht um nationale Grenzen. Davon abgesehen, lagen die Schwerpunkte der deutschen Auslandsinvestitionen in vergleichsweise wirtschaftlich fortgeschrittenen Regionen, vor allem den USA und Kanada, und in zweiter Linie in Lateinamerika.[4] Gerade hier operierten das deutsche Finanzkapital und die deutschen Unternehmungen erfolgreich als Juniorpartner zunächst des britischen informellen Imperialismus und seit der Jahrhundertwende des amerikanischen »Dollarimperialismus«. Zum größten Teil dienten diese Investitionen der Förderung des deutschen Exports in Übersee oder der Gründung beziehungsweise dem Ausbau von Tochtergesellschaften deutscher Großunternehmen. Nur ein relativ geringer Teil war spekulatives Kapital, das in spezifisch finanzimperialistischen Projekten engagiert war. Insgesamt ließen die Struktur der deutschen Auslandsinvestitionen und des deutschen Außenhandels den Erwerb und die aufwendige wirtschaftliche Erschließung eigener deutscher Kolonien als nicht eben vordringlich erscheinen.

Dernburg waren diese Sachverhalte als ehemaligem Direktor der Darmstädter Bank, die vor allem mit der Förderung des deutschen Exports und der Finanzierung der wirtschaftlichen Expansion der deutschen Industrie in überseeische Märkte befaßt war, vollauf bekannt. Er sah einigen Anlaß gegeben, die deutsche Kolonialpolitik gegenüber der deutschen Wirtschaft zu verteidigen und deren Interesse an dieser zu aktivieren. In einer bemerkenswerten Rede vor dem Deutschen Handelstag am 1. November 1907 wies Dernburg auf die steigende Abhängigkeit der deutschen Industrie vom Weltmarkt und nicht zuletzt auf die Notwendigkeit des beständigen Imports von Rohstoffen aus außerdeutschen Gebieten hin. Er beschrieb treffend die Strategie des Auslandsengagements der deutschen Industrie, die darauf abzielte, möglichst alle Stufen der Produktion von der Gewinnung der Rohmaterialien bis hin zur Fertigung der Endprodukte in einem Produktionsprozeß zusammenzufassen, die unter anderem zu ungewöhnlich hohen Kapitalinvestitionen der Schwerindustrie in belgischen und nordfranzösischen Bergwerken und Hafenanlagen geführt hatte. Daran knüpfte er geschickt die Erwägung, daß auch die deutschen Kolonien in diesem Zusammenhang künftighin eine bedeutsame Rolle würden spielen können. Auf mittlere Sicht würden die deutschen Kolonien einen größeren Anteil an der Lieferung von Rohstoffen für die Industrie leisten können. Freilich mußte er einräumen, daß es vorderhand damit nicht besonders gut stehe: »Das Stadium der Entwicklung ist naturgemäß ein langes. Länder mit hoher geistiger und wirtschaftlicher Kultur fallen einem als Kolonien nicht zu. Dieses Entwicklungsstadium kostet erhebliche Mittel. Aber es liegt durchaus nicht an dem, was von jener Seite behauptet wird, die noch kürzlich verlangt hat, daß im Interesse der nationalen Arbeit die Kolonien aufgegeben werden müssen, daß die Heimat von diesem Entwicklungsstadium nichts habe.«[5] Demgegenüber suchte Dernburg mit großem rhetorischen Aufwand nachzuweisen, daß Investitionen in den deutschen Kolonien, statt in den Vereinigten Staaten, in Argentinien oder in den Kolonien des Britischen Empire oder Frankreichs, zumindest mittelfristig für die Entwicklung der deutschen Wirtschaft weit vorteilhafter seien, und sei es auch nur die Chance, auf der Grundlage eigener wirtschaftlich florierender Kolonialbesitzungen handelspolitische Vorteile für die deutsche Industrie und den deutschen Außenhandel auch in den kolonialen Territorien anderer Mächte zu erwirken. Im übrigen appellierte er an die nationale Gesinnung der Kreise der Wirtschaft; diese hätten die Pflicht, bei der gewiß langwierigen und auf kurze Frist gewiß nicht vielversprechenden wirtschaftlichen Entwicklung der deutschen Kolonien mitzuhelfen. Die Tatsache, daß die Ziele der amtlichen Kolonialpolitik und die primär an informellen Formen wirtschaftlicher Expansion in überseeischen Gebieten orientierten Interessen der deutschen Wirtschaft keinesfalls deckungsgleich waren, ließ sich damit freilich nicht aus der Welt schaffen.

Nur im Nahen Osten zeichnete sich in diesen Jahren ein größeres Maß der Kongruenz der amtlichen imperialistischen Politik mit dem von Teilen der deutschen Wirtschaft in dieser Region betriebenen informellen Finanzimperialismus ab. Dies betraf den Bau der sogenannten Bagdadbahn durch die Deutsche Bank und ihre türkische Tochtergesellschaft, die Anatolische Bahngesellschaft. Das Osmanische Reich war schon seit den 70er Jahren des 19. Jahrhunderts zu einem bevorzugten Objekt eines spekulativen Finanzimperialismus geworden.[6] Die angesichts des Zusammenbruchs der türkischen Staatsfinanzen nicht zuletzt unter dem Druck der europäischen Großmächte nach dem Berliner Kongreß von 1878 errichtete Administration de la Dette Publique Ottomane verwaltete gut zwei Fünftel des Steueraufkommens des Osmanischen Reiches in eigener Regie zugunsten der Gläubiger des bis zur Halskrause verschuldeten Staates; davon abgesehen bedurfte jedwede Änderung der Zollsätze des Osmanischen Reiches, der bei Lage der Dinge der türkischen Regierung einzig verbliebenen größeren Einnahmequelle, der Zustimmung der Vertreter der Großmächte. Auch der private Finanzsektor wurde weitgehend von ausländischem Bankkapital kontrolliert, in erster Linie von der Banque Impériale Ottomane, in der die französischen Großbanken dominierten. Der deutsche informelle Imperialismus begab sich damit in eine politisch höchst instabile Region, in der sich die Interessen der Großmächte und jene des internationalen Finanzkapitals kreuzten. Die Souveränität des Sultans von Konstantinopel stand unter diesen Umständen weitgehend auf dem Papier; das Osmanische Reich war bis zu einem gewissen Grad ein Spielball der Mächtepolitik.

Unter Bismarck war das Interesse der deutschen Politik an einem unmittelbaren Engagement der deutschen Wirtschaft im Osmanischen Reich gering, da dies seiner politischen Strategie, nämlich der Ableitung der Spannungen im europäischen Mächtesystem an die Peripherie und der Erhaltung des europäischen Friedens notfalls auf Kosten des territorialen Bestandes des Osmanischen Reiches, zuwidergelaufen wäre.[7] Umgekehrt war der Sultan Abdul Hamid daran interessiert, deutsches Kapital ins Land zu ziehen, weil ihm dies die Möglichkeit bot, die rigiden Bedingungen der Banque Impériale Ottomane, die faktisch die türkischen Staatsfinanzen weitgehend kontrollierte, zu unterlaufen und ein wenig mehr Bewegungsfreiheit zu erlangen. Aus den gleichen Gründen war er geneigt, aussichtsreiche Konzessionen eher an deutsche als an englische oder französische Unternehmungen zu vergeben. Dies eröffnete der deutschen Wirtschaft die Chance, sich auf dem Gebiet des allgemein als höchst lukrativ eingeschätzten Eisenbahnbaus in der Türkei zu engagieren. Als die Deutsche Bank im August 1888 an der Spitze eines deutschen Bankenkonsortiums offiziell um die Unterstützung der Konzession für den Bau der Anatolischen Bahn, die von Konstantinopel bis Konia führen sollte, nachsuchte, war die Reaktion Bismarcks äußerst zurückhaltend. Zwar versprach er, die Gewährung der Konzession an die deutsche Bankengruppe bei der Pforte mit diplomatischen Mitteln zu unterstützen, aber er betonte zugleich, daß damit keinerlei Ansprüche auf eine künftige Unterstützung dieses Unternehmens seitens des Deutschen Reiches begründet würden: »Die darin für deutsches Kapital liegenden Gefahren werden ausschließlich den Unternehmern zur Last fallen und werden die Letzteren nicht darauf rechnen können, daß das Deutsche Reich sie gegen die mit gewagten Unternehmungen im Auslande verbundenen Wechselfälle sicherstellen werde.«[8] Im Orient wollte Bismarck Wirtschaft und Politik streng auseinandergehalten sehen; er wünschte nicht, sich durch ein deutsches politisches Engagement im Osmanischen Reich dem Druck der beiden Flügelmächte Großbritannien und Rußland auszusetzen. Auch unter seinen Nachfolgern Caprivi und Hohenlohe blieb Bismarcks Maxime, daß »der Orient nicht die Knochen eines einzigen Pommerschen Grenadiers wert« sei, zunächst weiterhin

Leitlinie der amtlichen Politik. Es war ja der Grundgedanke des Orientdreibundes gewesen, die Abwehr möglicher russischer Aspirationen im Nahen Osten in erster Linie Großbritannien zu überlassen, selbst aber in der Hinterhand zu bleiben. Andererseits begann sich die deutsche Diplomatie, in Anfängen schon seit dem ersten Besuch Wilhelms II. in Konstantinopel vom Jahr 1889, stärker für die Erhaltung des Osmanischen Reiches einzusetzen, als Bismarck dies je getan haben würde. Demgemäß zeigte die deutsche Regierung auch den wiederholten Vorstößen der anderen Mächte, vornehmlich Großbritanniens, man möge den Sultan durch diplomatischen Druck zu den überfälligen Reformen in den Gebieten der »europäischen« Türkei, insbesondere in Mazedonien, veranlassen, die kalte Schulter, obschon diese anläßlich der andauernden Unruhe unter der nichtmuslimischen Bevölkerung unabdingbar erschienen. Gleiches gilt auch in der Frage der Massenmorde an der armenischen Bevölkerung im Jahre 1895, bei der die deutsche Regierung, übrigens in Übereinstimmung mit Teilen der deutschen öffentlichen Meinung, es ebenfalls vorzog, gute Miene zum bösen Spiel zu machen.

Ansonsten aber wurde auch in der Ära Bülow zunächst nicht von der Linie relativer politischer Zurückhaltung in den Orient-Fragen abgewichen. Doch wurde diese Grundtendenz der deutschen Orient-Politik durch die Entwicklung der wirtschaftlichen Beziehungen zum Osmanischen Reich zunehmend in Frage gestellt. Die deutsche Industrie entdeckte das Osmanische Reich als vielversprechenden Markt. Die Anatolische Eisenbahn wurde gebaut, einschließlich einer Zweiglinie von Eskishehir-Konia, und konnte bereits 1896 erhebliche Gewinne ausweisen. Dadurch wurden der deutschen Wirtschaft zahlreiche profitable Folgeinvestitionen erschlossen. 1899 wurde die Deutsche Levante Schiffahrtsgesellschaft gegründet; im gleichen Jahr entstand die Deutsche Palästinabank, die sich auf die Finanzierung von Exportgeschäften mit dem Osmanischen Reich spezialisierte, die im Zuge des rasch wachsenden deutschen Außenhandels mit dem Osmanischen Reich anfielen. Das Bankgeschäft im engeren Sinne blieb freilich bis 1908 ausschließlich in den Händen der englischen und französischen Banken, nicht zuletzt, weil die Deutsche Bank wegen des Projekts der Bagdadbahn erhebliches Interesse an einer engen Zusammenarbeit mit dem französischen und englischen Bankkapital hatte und ihnen daher die Vorrangstellung im türkischen Binnenmarkt zunächst nicht streitig machen wollte.[9]

Die deutschen Ausfuhren in die Türkei stiegen sprunghaft von 11,7 Millionen Mark im Jahre 1888 auf 71,0 Millionen Mark im Jahre 1905, die Einfuhren aus der Türkei von einer sehr geringen Ausgangsbasis von 2,3 Millionen Mark im Jahr 1888 noch ein wenig steiler auf 51,6 Millionen Mark im Jahre 1905. Allerdings war die Euphorie, die die deutsche Öffentlichkeit angesichts der so rosigen Zukunftsaussichten im Osmanischen Reich erfaßte, nur teilweise begründet; das Gesamtvolumen der Exporte und Importe in die Türkei war, gemessen am Umfang des deutschen Außenhandels, noch immer äußerst gering; noch 1914 beliefen sich die Ausfuhren in das Osmanische Reich auf etwa 0,7 Prozent und die Einfuhren auf knapp ein Prozent des deutschen Außenhandels. Aber insgesamt standen die Auspizien gut, zumal seitens des Sultans bereits 1893 die Frage einer Verlängerung der Anatolischen Bahn bis nach Bagdad aufgeworfen wurde und sich damit die Aussichten für eine weitere erfolgreiche wirtschaftliche Erschließung der Türkei verbesserten, zum Vorteil insbesondere des deutschen Außenhandels und deutscher Kapitalinvestitionen.

Als Adolf Hermann Freiherr Marschall von Bieberstein 1897 der Botschafterposten in Konstantinopel übertragen wurde, ursprünglich in erster Linie, um ihn politisch kaltzustellen, war er noch ein Anhänger der traditionellen Linie der deutschen Orient-Politik, die jedes unmittelbare politische Engagement des Reiches im Osmanischen Reich oder in den angrenzenden Gebieten eher zu vermeiden trachtete. Jedoch wurde er angesichts der großen Möglichkeiten, die sich der deutschen Wirtschaft dort zu bieten schienen, schon bald eines Besseren belehrt. Im Hinblick auf die bestehenden Verhältnisse vor Ort hielt er es für unmöglich, weiterhin an der offiziellen Linie der deutschen Orient-Politik festzuhalten, die auf eine strikte Trennung der wirtschaftlichen und politischen Interessen hinauslief; Konzessionen würden deutschen Firmen dann und nur dann vorzugsweise gewährt, wenn dahinter die Bereitschaft der deutschen Regierung stehe, das Osmanische Reich notwendigenfalls auch in politischen Fragen zu unterstützen. In der Folge wurde Marschall zu einem ungewöhnlich aktiven Promotor deutscher Wirtschaftsinteressen in der Türkei, und es gelang ihm, seinen französischen, englischen und russischen Kollegen am Hofe des Sultans den Rang abzulaufen.

Der Direktor der Württembergischen Vereinsbank, Alfred Kaulla, der geistige Vater des Projekts der Anatolischen Eisenbahn, und Georg von Siemens, die dominante Persönlichkeit im Direktorium der Deutschen Bank, die von Anfang an die Führung des Bankenkonsortiums übernahm, hatten sich darum bemüht, dieses Projekt in enger Zusammenarbeit mit dem internationalen Finanzkapital und insbesondere mit der Banque Impériale Ottomane sowie der Administration de la Dette Publique Ottomane voranzutreiben. Hingegen trat Marschall von Anbeginn entschieden dafür ein, daß die Bahnbauten, die als Fortsetzung der Anatolischen Bahn geplant waren, insbesondere die ins Auge gefaßte Anschlußstrecke nach Bagdad, allein unter deutscher Ägide durchgeführt werden sollten. Mit anderen Worten, er wollte diesen finanzimperialistischen Unternehmungen, obschon sie ohne die Unterstützung der internationalen Finanzinstitutionen im Osmanischen Reich und ohne Hinzuziehung ausländischen Kapitals schwerlich hätten durchgeführt werden können, einen deutsch-nationalen Charakter verleihen. Demgemäß schrieb er 1899 an die Deutsche Bank: »Soll die Bahn Angora-Bagdad [dies bezieht sich auf die ursprünglich geplante Streckenführung, die späterhin nicht ausgeführt worden ist] das werden, was die Anatolische Bahn heute ist, nämlich ein deutsch-nationales Unternehmen, [...], oder soll sie ein internationales Unternehmen sein, dessen Geist, solange das Aktienmaterial flottiert, durch die wechselnden Mehrheiten der Generalversammlungen bestimmt wird, bis eine fremde Regierung, wie einst beim Suezkanal, die Mehrheit der Aktien an sich bringt und damit dem eigenen Lande die Früchte sichert, zu denen deutsche Arbeit die Saat gelegt hat?«[10] Damit suchte Marschall die Weichen für die künftige Entwicklung des deutschen informellen Imperialismus im Osmanischen Reich im Sinne der Interessen der Reichsleitung zu stellen; mit anderen Worten, die Ausnutzung der deutschen wirtschaftlichen Projekte im Osmanischen Reich für politische Zwecke. Ihm schwebte als Zukunftsbild die informelle Herrschaft des Deutschen Reiches über den ganzen Orient vor: »Wenn ich ein Zukunftsbild ausmale, wie die Dinge sich einst gestalten werden, wenn Deutschland fortfährt, sich im Orient wirtschaftlich auszustrecken, – der Hafen von Haidar-Pascha, dem zu erheblichen Teil auf deutschen Schiffen deutsche Waren zugeführt werden, die Bahnlinie von dort bis Bagdad ein deutsches Unternehmen, das nur deutsches Material verwendet und zugleich für Güter und Personen die kürzeste Linie bildet aus dem Herzen Deutschlands nach seinen ostasiatischen Besitzungen – so tritt dem vor[aus]schauenden Auge der Moment entgegen, in dem der berühmte Ausspruch, daß der ganze Orient nicht die Knochen eines pommerschen Grenadiers wert sei, eine interessante historische Reminiszenz, aber keine aktuelle Wirklichkeit mehr bildet.«[11] Diese Zukunftsvision entsprach weitgehend den Vorstellungen jener nationalistischen Strömungen in der deutschen Öffentlichkeit, die das Osmanische Reich schon länger als das natürliche Ziel der deutschen Expansionsbestrebungen ausgemacht hatten und bereits von blühenden deutschen Siedlungskolonien auf türkischem Boden träumten.

Diese neue Stoßrichtung des deutschen Imperialismus wurde im Spätherbst 1898 anläßlich einer mit großem Pomp arrangierten Orient-Reise Wilhelms II. gegenüber der Weltöffentlichkeit symbolisch dokumentiert. Wilhelm II. proklamierte sich bei dieser Gelegenheit zum Schutzherrn der gesamten mohammedanischen Welt. Er erklärte am 8. November 1898 in Damaskus: »Möge Seine Majestät der Sultan und mögen die 300 Millionen Mohammedaner, welche auf der Erde zerstreut lebend in ihm ihren Khalifen verehren, dessen versichert sein, daß zu allen Zeiten der deutsche Kaiser ihr Freund sein wird.«[12] Diese Erklärung des Kaisers bedeutete eine Identifikation mit der Legitimität nicht nur der weltlichen, sondern auch der religiösen Herrschaft des Sultans von Konstantinopel nicht allein über seine muslimischen Untertanen innerhalb der Grenzen des Osmanischen Reiches, sondern weit darüber hinaus. Dies war politisch höchst unklug und forderte unmittelbar den Unwillen und den Widerspruch anderer Mächte, die ebenfalls Moslems zu ihren Untertanen zählten, namentlich den British Raj in Indien, heraus.

Die amtliche Diplomatie machte einige vorsichtige Anstrengungen, die öffentliche Erklärung des Kaisers etwas herunterzuspielen, aber in der Substanz identifizierte sie sich damit, ebenso wie mit den Äußerungen des Kaisers, wonach das Osmanische Reich ein ungeheures Potential für die deutsche Industrie darstelle. Es war Bülow höchstpersönlich, der gegenüber der Presse herausstellen ließ, welche großen positiven Ergebnisse der Besuch des Kaisers für Wirtschaft und Handel in Form wichtiger Konzessionen erbracht habe![13] Entscheidender war, daß das Deutsche Reich mit der Rede Wilhelm II. in Damaskus aus der traditionell solidarischen Haltung der europäischen Mächte gegenüber dem Osmanischen Reich ausscherte und sich in aller Form mit dem Regime des Sultans Abdul Hamid identifizierte, ungeachtet seiner repressiven Politik nicht nur gegenüber den nichtmuslimischen Bevölkerungsgruppen auf dem Balkan, sondern auch der physischen Vernichtungspolitik gegenüber den Armeniern. Nicht zufällig wollte der Kaiser denn auch von »allgemeinen Reformen« überhaupt nichts wissen; dadurch würde man das Osmanische Reich nicht »reformieren, sondern ruinieren«.[14] War der Kurs der deutschen Regierung bisher schon auf die Erhaltung des Osmanischen Reiches gerichtet gewesen, so verhärtete sich dieser nun zu einer Politik, die das autoritäre politische System Abdul Hamids in aller Form zu unterstützen entschlossen war. Dies sollte dann nach 1901, als es erneut zu Unruhen in Mazedonien wegen gewaltsamer Übergriffe der muslimischen Herrenschicht gekommen war, zu Schwierigkeiten führen. Das Deutsche Reich geriet in der Reformfrage in eine vollständige Isolierung und sah sich am Ende gezwungen, das in Mürzsteg vereinbarte Reformprogramm gegenüber der Pforte mitzutragen, ohne sich doch damit bei irgend jemandem Freunde zu machen.

In wirtschaftlicher Hinsicht sollte sich freilich das entschiedene Eintreten der deutschen Politik und des Kaisers persönlich für das bestehende, in höchstem Maße korrupte Regime Abdul Hamids voll auszahlen. Abdul Hamid wurde gleichsam im Gegenzug zu einem bereitwilligen Kollaborateur des deutschen Finanzimperialismus, ungeachtet der Widerstände, die er von seiten der anderen Mächte zu erwarten hatte. Der Sultan hatte schon seit geraumer Zeit darauf gedrängt, daß die Anatolische Eisenbahn eine Fortsetzung bis nach Bagdad erhalten möge; nunmehr bot sich die Gelegenheit, das Projekt definitiv für eine deutsche Bankengruppe unter Führung der Deutschen Bank an Land zu ziehen. Am 26. November 1899 wurde zwischen Georg von Siemens im Namen der Deutschen Bank und dem türkischen Minister für öffentliche Arbeiten, Zihni Pascha, ein Vertrag über eine Vorkonzession abgeschlossen, die den Bau einer Bahn von Konia bis nach Bagdad und Basra am Persischen Golf vorsah.

Damit war freilich noch überhaupt nicht klar, in welcher Weise und unter welchen finanziellen Bedingungen die Bagdadbahn wirklich gebaut werden würde. Denn ohne handfeste Sicherheiten und die vertragliche Zusicherung der Zahlung von hohen Kilometergarantien von türkischer Seite war nach Ansicht der Deutschen Bank an einen Baubeginn überhaupt nicht zu denken; diese aber konnte die Pforte allenfalls dann aufbringen, wenn seitens der Großmächte eine Erhöhung der Außenzölle gestattet wurde. Davon abgesehen, war noch ganz offen, auf welche Weise die beträchtlichen Kapitalanleihen in den europäischen Finanzmärkten untergebracht werden könnten, die für die Durchführung dieses langfristigen Unternehmens, das den Bau von zweieinhalbtausend Kilometern Eisenbahnstrecke in teilweise unerschlossenem Terrain sowie mehrerer Stichbahnen und Häfen einschloß, erforderlich waren. Siemens war demgemäß hinsichtlich der Chancen einer Realisierung des großen Plans zunächst äußerst skeptisch und zurückhaltend. Er hätte es unzweifelhaft vorgezogen, das Projekt durch ein internationales Konsortium zu finanzieren, an dem französisches und englisches Kapital zu gleichen Teilen beteiligt sein sollte; doch drängte die deutsche Regierung immer wieder mit großem Nachdruck darauf, daß der deutsche Charakter dieses Unternehmens nicht in Frage gestellt werden dürfe. Andererseits weigerte sich die Preußische Seehandlung unter dem Einfluß des preußischen Finanzministers Johannes von Miquel, ungeachtet einer persönlichen Intervention des Kaisers, sich an der Emittierung der äußerst risikoreichen Bagdadbahnanleihe, wenn auch nur mit einem symbolischen Betrag, zu beteiligen, wie dies die Deutsche Bank verlangte, um der Bagdadbahnanleihe in den Augen des deutschen Bankenpublikums zusätzliche Kreditwürdigkeit zu sichern.

Der Umstand, daß die deutsche Regierung und mehr noch die deutsche Öffentlichkeit das Bagdadbahnprojekt von Anfang an als eine nationaldeutsche Unternehmung, als die Krönung einer erfolgreichen deutschen Weltpolitik feierten und der angesehene und als regierungsnah geltende Publizist Paul Rohrbach von deutschen Siedlungskolonien entlang der projektierten Bagdadbahnlinie schwärmte, machte der Deutschen Bank das schwierige Geschäft, die rechtlichen und finanziellen Voraussetzungen für das kühne Projekt zu schaffen, nicht eben leichter. Denn angesichts der Lage des tief verschuldeten und kaum noch einigermaßen kreditwürdigen Landes war an eine Realisierung des Bagdadbahnprojekts ohne die Mitwirkung der Administration de la Dette Publique Ottomane und der Banque Impériale Ottomane überhaupt nicht zu denken. In beiden Institutionen hatten die deutschen Kapitalvertreter – im ersten Fall war dies anfänglich noch ein Beauftragter Gerson von Bleichröders – vergleichsweise wenig zu sagen, obwohl sich die Zahl der deutschen und österreichischen Inhaber von türkischen Staatspapieren und damit deren Repräsentation in der Dette Publique in den letzten Jahren etwas gehoben hatte. Davon abgesehen, war schlechterdings nicht zu erwarten, daß die erforderlichen Riesensummen allein auf dem ohnehin überstrapazierten deutschen Kapitalmarkt würden aufgebracht werden können. Die Absicht, französisches und englisches Kapital in größerem Umfang für das Projekt zu gewinnen, war aber nicht zuletzt von der Haltung der beiden Regierungen abhängig; in dieser Hinsicht aber hatte die deutsche Diplomatie beinahe alles getan, um das ohnehin schwierige Terrain nahezu unwegsam zu machen.

Von entscheidender Bedeutung war, daß die britische Regierung wesentlich aus politischen Gründen gegen das Projekt grundsätzlich Einspruch erhob. Die Aussicht, daß durch den Bau der Bagdadbahn der Landweg nach Indien in deutsche Hände geraten könne und gar mit einer Festsetzung der Deutschen am Persischen Golf zu rechnen sei, bewog die britische Indienregierung unter Führung des Vizekönigs Lord Curzon zu leidenschaftlichen Protesten in London. Außerdem konnte die britische Regierung über eine im Zuge der Dinge zu erwartende Erhöhung der Außenzölle, die vor allem den britischen Handel getroffen haben würde, nicht glücklich sein. Auch von russischer Seite wurden Bedenken laut. Der Bau der Bagdadbahn unter ausschließlich deutscher Ägide könne am Ende zu einem virtuellen Protektorat Deutschlands über das Osmanische Reich führen, etwas, was mit den Zielsetzungen der russischen Politik ganz und gar unvereinbar war. Allerdings bemühte sich die Deutsche Bank, durch eine geschickte Trassenführung, die die Bahnlinie durch das südliche Anatolien führen sollte, eine Region, in der keine nennenswerten russischen wirtschaftlichen Interessen bestanden, den russischen Bedenken entgegenzuwirken. Angesichts des sich verstärkenden Widerstandes der anderen Großmächte erwog der Sultan 1902, ob man, um diese Bedenken zu mildern, zugleich aber, um eine weitere Beschneidung der türkischen Souveränität und der Finanzhoheit des türkischen Staates zugunsten der europäischen Gläubiger zu vermeiden, die Bagdadbahn nicht ebenso wie zuvor die Anatolische Eisenbahn von einer der Form nach türkischen Gesellschaft bauen lassen solle; doch wurde dieser Plan unter dem massiven Druck der deutschen Diplomatie, aber auch der Bedenken der Deutschen Bank, die unter diesen Bedingungen eine erfolgreiche Emission der notwendigen Anleihen nicht für durchführbar hielt, wieder fallengelassen.

Unter diesen Umständen kam die Bagdadbahnkonvention vom 5. März 1903 nur unter größten Schwierigkeiten zustande. Die wenig später gegründete Société Impériale Ottomane du Chemin de fer de Bagdad war eine internationale, keineswegs eine rein deutsche Finanzgesellschaft, ein Tatbestand, den die deutsche Öffentlichkeit freilich nie wirklich zur Kenntnis genommen hat. Die Bagdadbahngesellschaft stand unter der gemeinsamen Führung der Deutschen Bank und der Banque Impériale Ottomane, in der die deutsche Gruppe durch die Sonderrolle der formell als türkische Gesellschaft geltenden, aber faktisch vom deutschen Kapital kontrollierten Anatolischen Eisenbahngesellschaft eine Mehrheit besaß; insoweit war den Forderungen der deutschen Diplomatie, daß die deutschen Banken die Führung des Unternehmens haben müßten, Rechnung getragen worden. Die Enttäuschungen aber blieben nicht aus; das englische Kapital versagte sich angesichts der abwartenden, wenn nicht gar offen feindlichen Haltung der britischen Regierung, die französische Regierung verweigerte die Zulassung der Bagdadbahnaktien zum Handel an der Pariser Börse und blockierte damit den direkten Zugang zum französischen Kapitalmarkt, auch wenn die Banque Impériale Ottomane selbst sich von diesen Manövern nicht beeindruckt zeigte. Unter diesen

Umständen war die Bagdadbahngesellschaft angesichts chronischen Kapitalmangels gezwungen, den Bau der Bagdadbahn mit knappen Finanzmitteln in kleinen Streckenabschnitten voranzutreiben; dies aber bedeutete, daß beständig das Damoklesschwert politischer Verwicklungen über dem Unternehmen schwebte.

Wenn Abdul Hamid sich von der Vergabe dieses großen finanzimperialistischen Projekts an eine vorwiegend deutsche und nicht an eine internationale Bankengruppe erhofft hatte, daß die finanzielle und politische Bewegungsfreiheit des Osmanischen Reiches dadurch in geringerem Maße eingeschränkt würde als durch andere Lösungen, so sah er bald, daß dies eine Utopie gewesen war. Die Verpflichtungen, die die türkische Regierung zwecks Realisierung des Projekts auf sich genommen hatte, erwiesen sich als äußerst drückend; davon abgesehen aber steigerte sich der Druck der anderen Mächte auf die Pforte in vielerlei Hinsicht noch mehr. Mehr denn je wurde die Pforte zu einem weitgehend ohnmächtigen Objekt teils mächtepolitischer, teils finanzimperialistischer Interessen. Die deutsche Politik aber fand, daß sie sich mit diesem Projekt schwere politische Probleme, insbesondere in ihrem Verhältnis zu Großbritannien, eingehandelt hatte. Die anfängliche Zufriedenheit in Berlin über das Zustandekommen der Bagdadbahnkonvention konnte nicht darüber hinwegtäuschen, daß das Projekt nach wie vor auf höchst unsicheren finanziellen und politischen Grundlagen ruhte und keinesfalls als wirklich gesichert gelten konnte. Alles hing davon ab, ob sich die Pforte auch weiterhin gegenüber dem Druck der anderen Mächte würde behaupten können.

Der Niedergang des außenpolitischen Systems Bülow (1907–1909)

Während die deutsche Regierung angesichts der Verschlechterung der Gesamtlage in erster Linie auf eine Politik verstärkter Rüstungen setzte, führten die anderen Mächte ihre Bemühungen, die eigenen imperialen Positionen zu begradigen und durch bilaterale Abkommen bestehende Spannungen zu reduzieren, konsequent fort. Am bedeutsamsten in diesem Zusammenhang war der Abschluß des britisch-russischen Abkommens über Persien im Jahre 1907, das seit den 80er Jahren ein Zankapfel zwischen beiden Mächten gewesen war. Rußland und Großbritannien verständigten sich in diesem Abkommen darauf, Persien in eine russische und eine englische Einflußsphäre aufzuteilen. Die weiter fortbestehende Schattenregierung des Schahs wurde gezwungen, den Staatsangehörigen beider Mächte in ihrer jeweiligen Interessensphäre weitgehende Vorrechte einzuräumen und erhebliche Beschränkungen der eigenen Handlungsfreiheit hinzunehmen. Im übrigen mußte sich die persische Regierung verpflichten, dritten Mächten keinerlei Einflußnahme auf seine inneren oder äußeren Angelegenheiten zu gewähren. Unter anderem wurde ihr untersagt, ohne die ausdrückliche Zustimmung Großbritanniens Staatsanleihen in den europäischen Finanzmärkten aufzunehmen. Dem informellen Imperialismus Großbritanniens und Rußlands wurde demgemäß weitgehend freie Hand für die ökonomische Ausbeutung und die kulturelle Penetration Persiens gegeben.

Dieses Abkommen richtete sich in keiner Weise direkt gegen die Mittelmächte, deren wirtschaftliches Engagement in Persien ohnehin sehr gering war. Es zielte im wesentlichen auf die Festschreibung des bisher schon bestehenden Zustandes und die Bereinigung der zahlreichen Konflikte ab, die sich in dieser Region immer wieder ergeben hatten. Jedoch wurden dadurch die Möglichkeiten für deutsche wirtschaftliche Unternehmungen in Persien, dessen Rohstoff- und insbesondere Ölvorkommen bedeutende wirtschaftliche Möglichkeiten versprachen, erheblich beschnitten. Schwerwiegender war, daß das Abkommen signalisierte, daß eine globale Verständigung zwischen den beiden Flügelmächten Europas, entgegen den Erwartungen der deutschen Diplomatie, durchaus im Bereich des Möglichen lag. In Berlin wurde der Abschluß des russisch-britischen Vertrages über Persien denn auch mit erheblicher Irritation aufgenommen. Er gab der weitverbreiteten Auffassung, daß die anderen Großmächte unter Führung Großbritanniens zielbewußt auf die »Einkreisung« Deutschlands hinarbeiteten, neue Nahrung. Dies war freilich nur möglich, weil man sich in der Wilhelmstraße im Laufe der letzten zwei Jahrzehnte an die Vorstellung gewöhnt hatte, daß es stets möglich sein werde, den »britischen Löwen« und den »russischen Bären« gegeneinander auszuspielen.

Die lange gehegte Annahme, daß die sich verschärfenden Gegensätze zwischen Großbritannien und dem zarischen Rußland dem Deutschen Reich in Zukunft die ersehnte größere Bewegungsfreiheit in weltpolitischen Fragen verschaffen würden, erhielt einen noch stärkeren Stoß, als bekannt wurde, daß Eduard VII. im Sommer 1908 einen Staatsbesuch in Rußland durchführen werde. Das Zusammentreffen Eduards VII. mit dem Zaren in Reval im Juni 1908, das in harmonischen Formen verlief, löste in Berlin verständlicherweise einige Beunruhigung aus. Wilhelm II. soll dazu bemerkt haben, es sähe so aus, als ob beide Mächte das Deutsche Reich einzukreisen und zu provozieren suchten; man werde dies ertragen können. Der Staatsbesuch Eduards VII. war als solcher keineswegs so bedeutsam, wie man in Berlin, aus dem Blickwinkel einer dynastisch orientierten Außenpolitik, annahm. Die britisch-russische Détente in Persien – viel weiter reichte das Abkommen in der Sache nicht – war keineswegs sonderlich stabil und jedenfalls einstweilen keine Basis für weitreichende politische Vereinbarungen. Außerdem bestanden auch weiterhin Differenzen zwischen beiden Mächten über Afghanistan und über die Zukunft des Osmanischen Reiches. Aber eine Ausnutzung der englisch-russischen Gegensätze auf imperialem Gebiet war hinfort ersichtlich ausgeschlossen. Im Gegenteil, angesichts seines starken Engagements im Osmanischen Reich war das Deutsche Reich in die Rolle des wichtigsten Antagonisten der russischen imperialistischen Bestrebungen im Nahen Osten eingerückt, die bislang Großbritannien gespielt hatte.

Die Lage des Deutschen Reiches innerhalb des Mächtesystems war nach allem im Jahre 1907 nichts weniger als günstig. Zwar war eine gewisse atmosphärische Annäherung zwischen dem Deutschen Reich und dem Zarenreich eingetreten, die Verhandlungen über ein politisches Abkommen waren jedoch ohne greifbare Ergebnisse geblieben; vielmehr bestand der potentiell mit der Gefahr eines Zweifrontenkrieges verbundene russisch-französische Bündnisvertrag von 1894 weiter fort. Darüber hinaus war es nicht gelungen, Frankreich und Großbritannien über der Marokko-Frage auseinanderzusprengen; im Gegenteil, die Entente Cordiale hatte nunmehr eine anti-deutsche Stoßrichtung erhalten. Der Rüstungswettlauf zur See, in den das Deutsche Reich und Großbritannien eingetreten waren, belastete das deutsch-britische Verhältnis in zunehmendem Maße. Auf Italien war als Bündnispartner, sofern es zu einem großen europäischen Kriege kommen sollte, angesichts der Verschlechterung der britisch-deutschen Beziehungen nicht mehr zu rechnen, obschon es weiterhin Mitglied des Dreibundes blieb. Unter diesen Umständen sah sich das Deutsche Reich in zunehmendem Maße auf das Bündnis mit Österreich-Ungarn zurückgeworfen. Obgleich der Vielvölkerstaat zunehmend von inneren Auseinandersetzungen, vor allem aber sich ständig verschärfenden Nationalitätenkonflikten heimgesucht wurde, schien sein Status als der einer europäischen Großmacht einstweilen unerschüttert. Vor allem war Österreich–Ungarn in zunehmendem Maße mit nationalrevolutionären Bestrebungen in seinen slawischen Territorien konfrontiert, insbesondere in Bosnien und der Herzegowina, die es seit 1878 okkupiert hatte, die völkerrechtlich aber weiterhin zum Herrschaftsbereich des Osmanischen Reiches gehörten.

Besonders kritisch entwickelten sich die Dinge im Osmanischen Reich. Das Projekt des Baus der Bagdadbahn, das Fürst Bülow zu einem formellen Ziel der deutschen Weltpolitik erhoben hatte, stieß nach wie vor auf den zähen Widerstand Großbritanniens, Frankreichs und in zweiter Linie Rußlands. Sie legten der Bagdadbahn immer neue Schwierigkeiten in den Weg. Demgemäß war die deutsche Diplomatie zunehmend darauf angewiesen, sich allein auf den Sultan Abdul Hamid zu stützen und eine Politik der Erhaltung des politischen Status quo im Osmanischen Reich zu betreiben. Infolgedessen suchte die Deutsche Regierung, wo immer möglich, dem Drängen insbesondere der britischen Regierung auf Reformen in den von der Pforte immer noch direkt oder indirekt beherrschten nichtmuslimischen Territorien auf dem Balkan, der »europäischen Türkei«, entgegenzutreten. Sultan Abdul Hamid II. seinerseits setzte auf die Deutschen in der Hoffnung, auf diese Weise seine äußerst fragile Machtposition im Lande und innerhalb des europäischen Mächtesystems noch am ehesten über die Runden bringen zu können.

Im Jahre 1908 brach die deutsche Vorrangstellung im Osmanischen Reich zeitweilig zusammen. Die jungtürkische Revolution führte zur Abdankung des Sultans Abdul Hamid und zur Einsetzung eines konstitutionellen Systems nach westlichem Vorbild. Das neue Regime suchte auch außenpolitisch zunächst in erster Linie Anlehnung an Großbritannien und Frankreich und nicht, wie bisher, an das vergleichsweise konservativ regierte Deutsche Reich. Mit dem Ende der patriarchalischen Herrschaft Abdul Hamids schien die Grundlage für die deutsche Politik der wirtschaftlichen Durchdringung der Kernregionen des Osmanischen Reiches akut gefährdet. Es war ein wesentlicher Zug der politischen Strategie der deutschen Diplomatie gewesen, mit den traditionellen Eliten und dem Sultan zusammenzuarbeiten, nicht aber mit den fortschrittlichen Kräften in der Türkei. Jetzt schienen die Früchte dieser Politik mit einem Schlage dahin zu sein. Karl Helfferich – damals einer der Direktoren der Deutschen Bank – erklärte: »Der Traum von einer deutschen Bagdadbahn ist ausgeträumt.«[1]

Freilich entdeckten auch die Jungtürken in der Folge, daß es für sie vorteilhafter sein würde, mit den Deutschen statt mit den Engländern oder Franzosen zusammenzuarbeiten, um der Türkei wieder zu ihrer früheren Größe und ihrer Machtstellung zu verhelfen. Die deutsche Diplomatie war ihrerseits nur zu bereitwillig dafür zu haben, die Rolle einer informellen Schutzmacht der Türkei zu übernehmen, allein schon deshalb, um die eigenen, gefährdeten ökonomischen Zielsetzungen und Kapitalinvestitionen zu sichern, obschon dies auf die Dauer zu einer schwerwiegenden Belastung für die bündnispolitische Stellung des Reiches innerhalb des europäischen Mächtesystems werden mußte. Im übrigen blieb die Krise des Osmanischen Herrschaftssystems nicht ohne erhebliche Auswirkungen auf die europäische Staatenordnung. Das neue, ausgeprägt nationalistische Regime der Jungtürken arbeitete tendenziell auf die Errichtung eines modernen homogenen Nationalstaates nach westlichem Muster hin, in dem das türkische Staatsvolk eine eindeutige Vorrangstellung gegenüber den anderen Nationalitäten haben sollte. Dieses Ziel war mit dem Charakter des Osmanischen Reiches als eines übernationalen, zugleich aber weitgehend dezentralisierten Staatswesens, das unter der Oberherrschaft des Sultans die unterschiedlichsten Nationalitäten und religiösen Gruppen vereinigte, im Grunde nicht vereinbar. Dies bestärkte die nichttürkischen Nationalitäten auf dem Balkan in ihrem Bestreben, sich bei erstbester Gelegenheit von der türkischen Oberhoheit loszusagen; eine unmittelbare Verschärfung der Nationalitätenkämpfe auf dem Balkan war die Folge. Bulgarien, das seit 1879 einen halbautonomen Status innerhalb des Osmanischen Reiches innegehabt hatte, erklärte sogleich seine staatliche Unabhängigkeit. Gleichzeitig kam es zu einer Intensivierung der irredentistischen Bewegungen in Mazedonien und ebenso in den slawischen Regionen der Donaumonarchie.

Die Entwicklungen im Osmanischen Reich trugen demgemäß indirekt zu einer Destabilisierung der Verhältnisse auf dem Balkan bei. Österreich-Ungarn hielt es daher für notwendig, seine alten, ihm im Berliner Vertrag zugesprochenen und dann im Dreikaiserverhältnis verbrieften imperialistischen Anwartschaften auf osmanische Territorien zu realisieren, bevor es dafür zu spät sein würde. In einem Abkommen in Buchlau vom 16. September 1908, welches beide Partner nur wenig später in radikal unterschiedlichem Sinne interpretieren sollten, suchte sich Österreich–Ungarn die – vertraglich erforderliche – vorgängige Zustimmung Rußlands zur Annexion von Bosnien und der Herzegowina zu verschaffen; als Gegenleistung sollte den Russen die Öffnung der Meerengen für eigene Kriegsschiffe zugestanden werden. Österreich–Ungarn proklamierte am 7. Oktober 1908 öffentlich die Annexion der fraglichen Territorien bei gleichzeitigem Verzicht auf den sogenannten Sandschak von Novibazar. Da von einem quid pro quo für Rußland in Gestalt der Öffnung der Meerengen mangels einer entsprechenden Vereinbarung der Großmächte jedoch nicht die Rede sein konnte, kam es zu einer schweren europäischen Krise, die in mancher Hinsicht die mächtepolitische Konstellation vorwegnahm, die im Juli 1914 zum Ausbruch des Ersten Weltkrieges führen sollte.

Die zarische Regierung sah sich von Österreich–Ungarn düpiert und verlangte, daß die Entscheidung hinsichtlich der politischen Zukunft Bosniens und der Herzegowina einer internationalen Mächtekonferenz vorbehalten bleiben müsse; im übrigen müsse man den Forderungen Serbiens entgegenkommen und dessen territoriale Integrität formell garantieren. Dies richtete sich direkt gegen die Fernziele der österreichischen Balkanpolitik, die von dem Gesichtspunkt geleitet war, den irredentistischen Bestrebungen in Bosnien und der Herzegowina einen Riegel vorzuschieben und eine Vergrößerung Serbiens unter Einbeziehung der überwiegend serbo-kroatischen Gebiete zu verhindern. Wenn möglich, hoffte man, Serbien auf den Status eines österreichisch-ungarischen Satellitenstaates zu reduzieren. Schon im Frühjahr 1908 hatte der österreichische Außenminister Alois Lexa Graf von Aehrenthal die möglichst vollständige Ausrottung des serbischen revolutionären Pestherdes verlangt, welcher die staatliche Existenz Österreich–Ungarns als Vielvölkerstaat unmittelbar zu gefährden schien; und der österreichische Generalstabschef Conrad von Hötzendorf trat schon seit längerem dafür ein, die serbische Frage kurzerhand durch einen Präventivkrieg zu lösen. Umgekehrt stand für Rußland nicht nur seine Position auf dem Balkan als Schutzmacht der kleineren slawischen Nationen auf dem Spiel, sondern auch sein Prestige als europäische Großmacht. Demgemäß drohte die russische Regierung mit militärischen Schritten, sofern Österreich–Ungarn die Annexion nicht umgehend zurücknehme.

Das Deutsche Reich befand sich in dieser Situation in einer außerordentlich schwierigen Lage. Obschon der Streitpunkt die deutschen Interessen nur mittelbar tangierte und das Deutsche Reich aus wirtschaftlichen Gründen eher die Erhaltung eines unabhängigen Serbien begrüßen mußte, sah die deutsche Diplomatie keine andere Möglichkeit, als den letzten verbliebenen Bundesgenossen in der ausbrechenden internationalen Krise rückhaltlos zu unterstützen. Wesentlich unter dem Einfluß des deutschen Botschafters in Bukarest, Alfred von Kiderlen-

Wächter, entschied sich die Wilhelmstraße, der verbündeten Donau-Monarchie auch auf die Gefahr eines großen europäischen Krieges hin uneingeschränkt die Unterstützung des Deutschen Reiches zuzusagen, da Österreich-Ungarn, wie man meinte, sonst in den Status einer Macht zweiten Ranges zurückfallen würde, was im Interesse der Erhaltung der kontinentalen Hegemonialstellung des Deutschen Reiches unbedingt verhindert werden müsse.

Angesichts des entschiedenen Auftretens der Mittelmächte, das übrigens bei den bürgerlichen Parteien des Reichstages einhellige Zustimmung fand, sah sich die russische Regierung gezwungen, den Rückzug anzutreten und in der Annexionsfrage nachzugeben. Der Friede Europas war noch einmal gerettet, jedoch auf Kosten einer schweren diplomatischen Demütigung Rußlands. Auf den ersten Blick bot sich die internationale Lage im Spätherbst 1908 aus deutscher Sicht sehr rosig dar. Tatsächlich aber hatte das harte Auftreten des Deutschen Reiches, obschon dies durch keinerlei unmittelbare politische oder wirtschaftliche Interessen gerechtfertigt war, bei den Westmächten, insbesondere in London, tiefes Mißtrauen in die Zielsetzungen und den Stil der deutschen Diplomatie geweckt, während in Rußland jene Kräfte die Oberhand gewannen, die der Ansicht waren, daß die imperialen Interessen des Zarenreiches nur durch eine forcierte Aufrüstungspolitik, die es ermöglichen würde, dem Deutschen Reich und seinen Verbündeten hinfort energisch entgegenzutreten, auf Dauer gesichert werden könnten.

Die Bedrohlichkeit der mächtepolitischen Konstellation konnte auch der deutschen Regierung nicht länger verborgen bleiben. Wesentlich unter dem Eindruck der verschlechterten Gesamtlage erwog Fürst Bülow nunmehr den Abschluß eines Flottenabkommens mit Großbritannien, um die Gefahr eines Konflikts zumindest fürs erste zu vermindern. Dem Kanzler waren ohnehin Zweifel darüber gekommen, ob der Bau einer großen Schlachtflotte den Bedürfnissen des Reiches tatsächlich entspreche. Er meinte: »Wenn wir bei unseren Flottenrüstungen den Akzent mehr auf die defensiven Küstenbefestigungen, Unterseeboote, Minen etc. legen, so fällt der Hauptgrund für die Spannung mit England weg, und vielleicht ist es auch für unsere eigene militärische Sicherheit (wie für unsere Finanzen) besser.«[2] Dabei spielte zusätzlich eine Rolle, daß die Vernachlässigung der Rüstungen zu Land über den Flottenbau als nicht länger angängig erschien.

Der Staatssekretär des Reichsmarineamts, Admiral Alfred von Tirpitz, war anfänglich durchaus nicht gänzlich abgeneigt, mit Großbritannien eine Vereinbarung über Umfang und Tempo der beiderseitigen Flottenrüstungen abzuschließen. Aber es stellte sich schon bald heraus, daß er an einer wirklichen, dauerhaften Verständigung mit Großbritannien keinesfalls interessiert war; hingegen war er mit einem Abkommen, durch welches angesichts der schwierigen Lage der Reichsfinanzen Zeit gewonnen werden könne, sehr einverstanden, zumal dadurch die Gefahr eines britischen Präventivschlages gegen die noch unfertige deutsche Flotte verringert worden wäre. Tirpitz war jedoch keinesfalls bereit, das Fernziel seiner

Flottenpolitik auf dem Altar der deutsch-britischen Verständigung zu opfern: »Die Frage, ob Deutschland zu den großen oder kleinen Staaten auf- oder niedersteigen wird, muß in diesem Jahrhundert ausgetragen werden. Wenn man aber an die Zukunft von Deutschland glaubt, dann ist auch ein solches Maß an Seemacht notwendig, daß wir ›fair play‹ von England zu erlangen haben.«[3] Allein, langsam wurde deutlich, daß infolge der Politik der Flottenrüstung die Bewegungsfreiheit des Deutschen Reiches auf außenpolitischem Gebiet nicht etwa größer, wie Tirpitz versprochen hatte, sondern eher kleiner geworden war. Im Juni 1909, also nur wenige Wochen vor Bülows Sturz, gelangte die Reichsleitung entgegen Tirpitz' Votum zu der Schlußfolgerung, daß ein Flottenabkommen mit Großbritannien notwendig sei, um wenigstens von dieser Seite her Entlastung für ihre Gesamtpolitik zu erlangen. Allerdings war einstweilen keinerlei Formel für ein Abkommen erkennbar, welche für die britische Seite attraktiv oder auch nur akzeptabel gewesen wäre.

Auch auf einem anderen Gebiet sah sich Fürst Bülow zu einer Frontbegradigung veranlaßt, um die bedrängte außenpolitische Lage des Reiches zu verbessern. Dies betraf die Aufgabe der bislang unverändert hochgehaltenen Ansprüche auf Marokko sowie die formelle Anerkennung des besonderen Status, den Frankreich als informelle Vormacht in diesem Lande genoß. Besonders Wilhelm II. drängte auf eine Lösung dieser leidigen Frage. »Angesichts dieser Verhältnisse«, so erklärte der Kaiser am 6. Oktober 1908, »muß nun die elende Marokkoaffaire zum Abschluß gebracht werden. Schnell und endgültig [...] Es ist nichts zu machen, französisch wird es doch [...] also mit Anstand aus der Affaire heraus.«[4]

Dies steht freilich in Zusammenhang damit, daß sich nach der Konferenz von Algeciras die Mehrheit der in Marokko engagierten deutschen Firmen für ein Zusammengehen mit ihren französischen Konkurrenten entschieden hatten. Sie sahen im Grunde keine gravierenden Nachteile darin, die sich in Marokko bietenden Möglichkeiten für eine wirtschaftliche Betätigung unter exklusiven monopolistischen Bedingungen, wie sie damals für finanzimperialistische Unternehmungen typisch waren, unter der Flagge des französischen und nicht des deutschen informellen Imperialismus zu betreiben. Friedrich Krupp, die Gesellschaft Deutscher Kaiser (eine Tochtergesellschaft des Thyssenkonzerns) und die Gelsenkirchener Bergwerksgesellschaft Emil Kirdorfs beteiligten sich an der im Oktober 1907 gegründeten Union des Mines Marocaines, einer internationalen Gesellschaft, in der die Franzosen mit 62 Prozent der Anteile freilich eindeutig die Führung besaßen.

Die deutsche Regierung glaubte sich dieser Entwicklung um so weniger verschließen zu sollen, als ein weiteres Festhalten an den Buchstaben der Beschlüsse der Konferenz von Algeciras keinerlei konkrete Vorteile versprach. Dabei mag, obschon dies nicht nachzuweisen ist, zusätzlich eine Rolle gespielt haben, daß Wilhelm II. enge persönliche Beziehungen zu Friedrich Krupp unterhielt, der sich ja auf die Zusammenarbeit im Rahmen der Union des Mines Marocaines festgelegt hatte. Demgemäß schlossen das Deutsche Reich und Frankreich am 9. Februar 1909 ein Abkommen über Marokko, das die Differenzen der Vergangenheit auszuräumen bestimmt war. Darin wurde Frankreich ausdrücklich eine politische und wirtschaftliche Prädominanz in Marokko zugestanden, gegen die Zusicherung der Gleichberechtigung für die deutschen Wirtschaftsinteressen im Lande; allerdings wurde daran festgehalten, daß die vertragschließenden Parteien dazu verpflichtet seien, den Status Marokkos als eines unabhängigen Staates, in Übereinstimmung mit dem Madrider Vertrag von 1880 und der Akte von Algeciras, weiterhin zu respektieren.

Insgesamt war die Bilanz der Regierungszeit Bülows auf außenpolitischem Felde nichts weniger als positiv. Die Position des Deutschen Reiches in der Mitte Europas war merklich kritischer geworden, und eine forcierte Rüstungspolitik zur See und zu Lande hatte dies nicht wettmachen können. Das Ansehen der deutschen Diplomatie war ernstlich heruntergewirtschaftet, ohne daß das damit verbundene innenpolitische Kalkül, nämlich die Stabilisierung des kaiserlichen Regiments gegenüber einer immer kritischeren Öffentlichkeit und den zunehmend auf eine Partizipation an den politischen Entscheidungen pochenden Parteien, aufgegangen wäre.

Die Außenpolitik Bethmann Hollwegs unter dem Druck zunehmender imperialistischer Strömungen in der deutschen Gesellschaft (1909–1914)

Die deutsche Außenpolitik zwischen Disengagement und Aggression (1909–1911)

Der im Juni 1909 überraschend zum Kanzler berufene bisherige Staatssekretär des Innern, Theobald von Bethmann Hollweg, Abkömmling einer vor mehreren Generationen nobilitierten Frankfurter Bankiersfamilie, fand insbesondere auf dem Gebiet der auswärtigen Politik ein schwieriges Erbe vor. Er selbst besaß keinerlei Erfahrung in diesem Geschäft, und Wilhelm II. verweigerte ihm zunächst die Berufung des wohl fähigsten Diplomaten, der damals im Auswärtigen Dienst des Reiches stand, Alfred von Kiderlen-Wächter, zum Staatssekretär des Äußeren, weil dieser sich durch ungebührlich scharfe Bemerkungen über den Kaiser und andere hochgestellte Persönlichkeiten bei Hofe unbeliebt gemacht hatte; so wurde einstweilen Wilhelm Freiherr von Schoen, der bisher Botschafter in Rom gewesen war, zum Leiter der auswärtigen Geschäfte bestellt.

Nach Bethmann Hollwegs Ansicht gebot allein schon die gespannte innere Situation für den Augenblick eine Außenpolitik der kleinen Schritte und eines relativen Disengagements. Zwar hatte das Deutsche Reich die bosnische Krise einigermaßen glücklich überstanden, und ebenso war eine gewisse Entspannung im Verhältnis zu Frankreich erreicht worden, aber das Wissen darum, wie nahe das Deutsche Reich mit seiner unfertigen Flotte und seinen inneren Problemen einem allgemeinen europäischen Krieg gekommen war, steckte der Führungselite noch in den Knochen. Hinter der martialischen Rhetorik, der sich die engere Führungselite, und insbesondere Wilhelm II. selbst, damals zu bedienen pflegte, steckte im Grunde ein guter Teil Unsicherheit und nicht selten sogar Furcht. Wilhelms II. bekannte Äußerung gegenüber Fürst Bülow am 31. Dezember 1905, in dem er den Kanzler ersuchte, die auswärtige Politik so zu führen, daß dem Reich »so weit als irgend möglich und jedenfalls für jetzt« eine Kriegsentscheidung erspart würde,[1] galt auch für seinen Nachfolger. Bethmann Hollweg war demgemäß am Anfang seiner Regierung darum bemüht, eine Entspannung namentlich in den Beziehungen zu Großbritannien und in zweiter Linie zu Frankreich und Rußland herbeizuführen, statt es über weltpolitischen Fragen vergleichsweise nachrangigen Charakters immer wieder zu Konflikten mit dritten Mächten kommen zu lassen, ohne daß dabei etwas Nennenswertes heraussprang. Das Nahziel der Politik Bethmann Hollwegs war es, das Deutsche Reich wieder aus der vergleichsweise bedrängten bündnispolitischen Lage herauszuführen, in die es während der Ära Bülow geraten war. Es ging ihm darum, die Machtstellung des Deutschen Reiches auf dem europäischen Kontinent zu konsolidieren, um dann von einer gesicherten bündnispolitischen Basis aus weltpolitische Erwerbungen, konzentriert auf bestimmte Ziele, anstreben zu können. Die Thronrede anläßlich der Eröffnung des Reichstages am 30. November 1909 brachte dies deutlich zum Ausdruck: »Um dem deutschen Volke eine ruhige und kraftvolle Entwicklung zu sichern, ist Meine Regierung andauernd bemüht, friedliche und freundliche Beziehungen zu den anderen Mächten zu pflegen und zu festigen.«[2]

Nach Bethmann Hollwegs Ansicht eignete sich Außenpolitik nicht dazu, innenpolitische Effekte zu erzielen; im Gegenteil, er suchte auf die überhitzte nationalistische Tonart in der Behandlung der außenpolitischen Fragen durch die Parteien und die Presse mäßigend einzuwirken. Darin war er freilich nicht sonderlich erfolgreich. Bereits in der sich an die Thronrede anschließenden Reichstagsdebatte forderten die Parteien der Rechten, insbesondere die Nationalliberalen unter der Führung Ernst Bassermanns, sogleich von der neuen Regierung eine energischere auswärtige Politik, die überall in der Welt kraftvoll die deutschen Interessen wahre.[3] Die nationalen Agitationsverbände, allen voran der Alldeutsche Verband und der Flottenverein, hatten bereits seit längerem eine massive Propaganda zugunsten einer entschieden expansiven deutschen Außenpolitik entfaltet, die gerade in solchen Kreisen, die bisher der Tagespolitik eher mit Distanz gegenübergestanden hatten, auf ein erhebliches Maß von Resonanz stieß.

Der Spielraum für eine Politik der Détente gegenüber den anderen Großmächten war unter solchen Umständen von vornherein eng bemessen. Dennoch war Bethmann Hollweg entschlossen, die bereits unter Bülow angeknüpften Gespräche mit Großbritannien über ein Flottenabkommen wiederaufzunehmen und dabei, im Gegensatz zu der Meinung der Fachleute im Auswärtigen Amt, gegenüber der britischen Regierung seinerseits die Initiative zu ergreifen. Am 13. August 1909 setzte er sich bei Wilhelm II. energisch für eine Verständigung mit Großbritannien ein, obwohl er sich darüber klarwar, daß dies nichts weniger als populär sein würde. »Damit, daß Alldeutsche, Flottenverein usw. ein gewaltiges Geschrei erheben, muß gerechnet werden. Das kann indessen nicht abhalten, das an sich Richtige zu tun [...].«[4] Dabei ging der Kanzler allerdings davon aus, daß ein Flottenabkommen, welches eine substantielle Reduzierung oder doch zumindest eine erhebliche Verlangsamung des deutschen Flottenbaus zum Gegenstand haben würde, eine außenpolitische Neuorientierung der britischen Politik zugunsten der Mittelmächte zur Folge haben müsse. Der Gedanke, als Gegenleistung für Konzessionen auf dem Gebiete des Flottenbaus gegebenenfalls britische Konzessionen auf kolonialem Gebiet oder hinsichtlich der Fortführung der Bagdadbahn anzustreben, wie dies damals unter anderem von Bernhard Dernburg vorgeschlagen wurde, trat dahinter ganz zurück. Es ging dem Kanzler in erster Linie um eine durchgreifende Verbesserung der bündnispolitischen Lage des Deutschen Reiches und nur in zweiter Linie um koloniale Erwerbungen in Übersee. Ideales Ziel war ein Neutralitätsabkommen mit Großbritannien für den Fall, daß das Deutsche Reich in einen Krieg mit Frankreich und Rußland verwickelt werden sollte, wie er gerade eben 1908 drohend am Horizont gestanden hatte. Die deutsche Regierung erwartete von einem politischen Abkommen, als einem Äquivalent für eine Beschränkung des deutschen Flottenbaus, die Garantie, daß Großbritannien, sofern es zu einem europäischen Konflikt kommen sollte, einer Koalition Rußlands und Frankreichs gegen die Mittelmächte nicht beitreten werde; dies war nach der Meinung des Kanzlers nur durch eine förmliche Zusicherung der Neutralität Großbritanniens für den Fall eines Krieges mit Frankreich und Rußland gewährleistet. Bethmann Hollweg und seine Berater standen dabei im Banne des utopischen Kalküls des Staatssekretärs des Reichsmarineamts, Alfred von Tirpitz, demzufolge die deutsche Schlachtflotte gleichsam schon »in statu nascendi« als machtpolitisches Argument von großem Gewicht in die Waagschale der internationalen Mächtebeziehungen geworfen werden könne. Bei konsequenter Durchführung des Flottenbaus auf der Basis des Flottengesetzes, so hatte Tirpitz sein großes Projekt immer wieder begründet, werde sich Großbritannien am Ende zur Kooperation mit dem Deutschen Reich auf außenpolitischem Feld gezwungen sehen! Eine ernstliche Reduzierung des Flottenbaus wurde demgemäß in dem engeren Führungskreis des Reiches nur dann für möglich erachtet, wenn Großbritannien gleichsam im vorhinein eine Annäherung an die Mittelmächte vollziehen würde. Angesichts des bescheidenen Preises, den Bethmann Hollweg für ein solches Abkommen zu zahlen bereit war, nämlich eine bloße Verlangsamung des deutschen Flottenbaus unter grundsätzlicher Beibehaltung des Flottengesetzes, war freilich ein Abkommen von derartiger Reichweite nicht zu erlangen; denn dadurch wäre Großbritannien ohne wirkliche Gegenleistung von deutscher Seite aus seiner Entente mit Frankreich herausgesprengt worden und hätte auch die soeben mühsam erlangte Détente mit Rußland wieder aufs Spiel gesetzt. Ein Neutralitätsabkommen auf dieser Grundlage war in London schlechterdings nicht zu haben. Die Verhandlungen, die sich vom Oktober 1909 bis zum Mai 1910 hinzogen, blieben unter diesen Umständen ohne jedes konkrete Ergebnis.

Die Hartnäckigkeit der deutschen Diplomatie in diesem Punkte erklärt sich in erster Linie aus dem Umstand, daß die Reichsleitung diesbezüglich unter dem Druck nicht nur der Marine und des Kaisers, sondern vor allem der öffentlichen Meinung stand, die gegenüber Großbritannien nach wie vor von erheblichem Mißtrauen erfüllt war; sinistre Pläne, sich auf diese Weise die britische Neutralität für einen bei erstbester Gelegenheit vom Zaun zu brechenden Krieg gegen Frankreich und Rußland zu verschaffen, spielten dabei keine Rolle.[5] Bethmann Hollweg ging bei den Verhandlungen davon aus, daß er nur dann, wenn Großbritannien ein »aufrichtiges, sicheres Freundschaftsverhältnis« mit dem Deutschen Reich in Aussicht stelle, mit einigem Erfolg eine Beschränkung des deutschen Flottenbaus vor der deutschen Öffentlichkeit ebenso wie gegenüber dem Kaiser und Tirpitz vertreten könne.[6] Im übrigen drang er, weil er sonst scharfe Angriffe der nationalistischen Rechten befürchtete, darauf, die Verhandlungen streng geheim zu führen. Tirpitz selbst stand dem Gedanken eines Flottenabkommens mit Großbritannien übrigens gar nicht einmal so ablehnend gegenüber; aber er verband damit eine ganz andere Zielsetzung, nämlich die Absicht, für die beiderseitigen Neubauten ein Verhältnis von 2 zu 3 vertraglich zu fixieren und damit die britische Position des »two keels to one« zu untergraben. Von einer Abkehr von den langfristigen Zielen des Flottenbaus konnte demgemäß, was Tirpitz anging, keine Rede sein. Tatsächlich überschätzte die deutsche Regierung den Wert, den eine Verlangsamung des Flottenbaus für Großbritannien allenfalls gehabt haben würde; davon abgesehen waren die deutschen Vorschläge schon deshalb in englischen Augen wenig attraktiv, weil diese, wie konziliant sie auch immer formuliert sein mochten, einen harten Kern enthielten, nämlich die implizite Drohung, für den Fall, daß eine Verständigung nicht zustande kommen werde, den letzten Endes direkt gegen Großbritannien gerichteten Flottenbau mit vermehrter Kraft weiterzuführen. So blieben die Verhandlungen ohne konkretes Ergebnis. Immerhin führte allein schon die Tatsache, daß über die Flottenrüstung und die beiderseitigen Beziehungen intensive Gespräche geführt wurden, zu einer gewissen Verbesserung des politischen Klimas in den deutsch-britischen Beziehungen.

Daneben bemühte sich die Regierung Bethmann Hollweg, die schwere Verstimmung, die nach dem Abschluß der Bosnischen Krise in St. Petersburg über die deutsche Haltung zurückgeblieben war, im Rahmen des Möglichen zu beschwichtigen. Wesentlich diesem Zweck diente die Entrevue Wilhelms II. und des Zaren in Potsdam am 3. und 4. November 1910. Die diplomatischen Gespräche mit dem russischen Außenminister Sergej D. Sasonov zeitigten denn auch ein relativ positives Ergebnis. Es kam zu einer Annäherung der beiderseitigen Standpunkte insbesondere hinsichtlich des Nahen Ostens. Sasonov versprach, dem Fortgang des Baus der Bagdadbahn keine Hindernisse in den Weg zu legen. Im Gegenzug anerkannte man auf deutscher Seite die besonderen Interessen Rußlands in Persien. Allerdings lehnten die russischen Staatsmänner eine formelle Festlegung der Vereinbarungen in einem alsbald zu publizierenden Abkommen rundweg ab, in erster Linie, weil sie davon negative Auswirkungen auf das Bündnis mit Frankreich befürchteten. Gleichwohl war Bethmann Hollweg mit den Ergebnissen der Entrevue in Potsdam durchaus zufrieden. Er erklärte am 10. Dezember 1910 im Reichstag, daß in den Verhandlungen Übereinstimmung darüber erzielt worden sei, »daß sich beide Regierungen in keinerlei Kombination einlassen« würden, »die eine aggressive Spitze gegen den anderen Teil haben könnte«. Deutschland und Rußland hätten »ein gleichmäßiges Interesse an [der] Aufrechterhaltung des Status quo am Balkan und überhaupt im nahen Orient« und würden daher keinerlei Politik unterstützen, »welche auf [die] Störung jenes Status quo gerichtet wäre.«[7] Es schien, als ob zumindest für den Augenblick die mächtepolitische Konstellation wieder entspannt und damit der Weg für eine Politik weltpolitischer Erwerbungen mit friedlichen Mitteln wieder gangbarer geworden sei.

Das zentrale Problem blieb für Bethmann Hollweg freilich weiterhin die Verständigung mit Großbritannien; allein auf diese Weise konnte er sich eine dauerhafte Sicherung der Machtstellung des Reiches gegenüber der russisch-französischen Bedrohung vorstellen. Die Pflege des deutsch-russischen Verhältnisses betrachtete er in mancher Hinsicht nur als ein Mittel zu diesem Zweck: »In der Besserung unserer russischen Beziehungen sehe ich vor allem ein Sprungbrett für eine Verständigung mit England. Ich arbeite an ihr seit anderthalb Jahren und glaube deshalb an sie«, schrieb der Kanzler am 27. Dezember 1910 an den württembergischen Gesandten in Berlin Carl von Eisendecher.[8] Bereits im Oktober 1910 hatte der Kanzler einen neuen Vorstoß zur Verständigung in London unternommen, der unter anderem mit dem Vorschlag eines gegenseitigen Nachrichtenaustauschs über den beiderseitigen Stand des Flottenbaus verbunden war. Nunmehr war man in Berlin, offensichtlich auf Anregung Kiderlen-Wächters, auch bereit, dem ersehnten Ziel eines politischen Abkommens durch Vereinbarungen über Einzelfragen weltpolitischer Art näher zu kommen. Bethmann Hollweg war auch jetzt noch überzeugt, daß Großbritannien grundsätzlich dazu in der Lage sei, ein Neutralitätsabkommen mit dem Deutschen Reich abzuschließen, ohne damit in seine bestehenden Beziehungen zu Frankreich und Rußland einzugreifen. Ein deutsch-englisches Neutralitätsabkommen blieb weiterhin das ideale Fernziel seiner Politik.

Freilich erwies es sich als schwer, sich mit einer solchen Marschroute innerhalb der Führungsschichten des Deutschen Reiches durchzusetzen. Bei diesen hatten sich, bei einer vergleichsweise übereinstimmenden Beurteilung der bedrängten Lage des Deutschen Reiches in Europa, höchst unterschiedliche Meinungen herausgebildet, auf welche Weise man auf diese Situation zu reagieren habe. Im Umkreis des Kanzlers und des Auswärtigen Amtes plädierte man für eine Politik der schrittweisen Annäherung an Großbritannien, unter mehr oder minder weitgehender Preisgabe des Flottenbaus, dem wenigstens sein Offensivcharakter zu nehmen sei, in der Erwartung, daß beide Mächte gleichermaßen ein Interesse an der Erhaltung des Status quo in Europa besaßen. Im Schutz einer solchen, sofern erreichbar, möglichst bündnispolitisch abzusichernden Konstellation hoffte man den nötigen Freiraum für eine aktive Politik überseeischer Expansion zu erlangen. Dies verband sich freilich mit der Vorstellung, daß das Deutsche Reich seine vitalen außenpolitischen Interessen gegebenenfalls mit Entschiedenheit und Energie zur Geltung bringen müsse.

Demgegenüber vertraten breite Kreise vor allem in den bürgerlichen Schichten die Auffassung, daß von Großbritannien auf dem Verhandlungsweg allein ohnehin nichts zu erreichen sein werde. Nur vermittelst einer Politik gesteigerter Rüstungen zu Lande und insbesondere zur See, durch die der deutschen Weltpolitik der nötige Rückhalt gegeben werden könne, könnten die anderen Großmächte dazu veranlaßt werden, den deutschen Interessen – gleichviel ob in Europa oder in Übersee – Rechnung zu tragen. Hans Delbrück prägte damals für diese Strategie, die auf eine planmäßige Verstärkung des deutschen militärischen Potentials setzte, ohne deswegen schon einer kriegerischen Politik das Wort zu reden, den Begriff des »trockenen Krieges«. Im Reichstag machten sich die Nationalliberalen, die hofften, auf diese Weise das Wählerpotential der durch die nationalen Agitationsverbände mobilisierten Bevölkerungsschichten für sich zu erschließen, zum Sprecher einer solchen Strategie, und sie fanden dabei in konservativen Kreisen, sowohl innerhalb wie außerhalb des Parlaments, zunehmend Unterstützung.

Daneben gab es eine zahlenmäßig kleine, aber einflußreiche Gruppe, die insbesondere im militärischen Establishment Anhang besaß und aus dem Lager der Neuen Rechten Unterstützung erhielt, die davon ausging, daß sich das Deutsche Reich auf einen großen europäischen Krieg einstellen und diesen gegebenenfalls in einem geeigneten Augenblick selbst auslösen müsse, statt der Vollendung der »Einkreisung« durch die westlichen Mächte und durch das zarische Rußland tatenlos zuzusehen. Die bei Lage der Dinge wichtigste Bremse gegenüber solchen Tendenzen bildete die Tatsache, daß der Zustand der deutschen Seerüstungen einen Krieg vorderhand als nicht opportun erscheinen ließ.

Auch Bethmann Hollweg war, obschon er persönlich für eine eher behutsame Gangart in der auswärtigen Politik eintrat, grundsätzlich der Auffassung, daß das Deutsche Reich auch in außenpolitischer Hinsicht in erster Linie auf seine militärische Stärke bauen müsse. Mit dem Gedanken einer allgemeinen Abrüstung oder dem Übergang zu einem System von internationalen Schiedsverträgen konnte auch er nichts anfangen: »Man kann aus dem Leben der Nationen die ultima ratio nicht ganz wegstreichen. [...] Zur Friedfertigkeit [...] gehört Stärke. Es gilt noch immer der alte Satz, daß der Schwache eine Beute des Stärkeren wird. Will oder kann ein Volk für seine Rüstung nicht mehr so viel ausgeben, daß es sich in der Welt durchsetzen kann, dann rückt es eben in das zweite Glied. Dann sinkt es in die Rolle des Statisten zurück. Es wird immer ein anderer, ein Stärkerer da sein, der bereit ist, seinen Platz in der Welt einzunehmen. Wir Deutschen in unserer exponierten Lage sind vor allem darauf angewiesen, dieser rauhen Wirklichkeit unerschrocken ins Gesicht zu sehen.«[9] Im Grundsatz trat er demgemäß durchaus für eine entschiedene Machtpolitik imperialen Zuschnitts ein; jedoch wollte er diese elastischer und mit größerer Rücksichtnahme auf die realen Gegebenheiten des internationalen Systems betrieben sehen.

Mit der Berufung Alfred von Kiderlen-Wächters zum Staatssekretär des Äußeren im Juni 1910 kam dann freilich ein härterer Zug, zugleich aber auch eine klarere Linie in die deutsche Außenpolitik. Kiderlen-Wächter war bestrebt, durch eine energische Außenpolitik, die sich auf ein klares, fest umrissenes Programm konzentrieren sollte, statt, wie bisher, wesentlich reaktiv hinter den weltpolitischen Ereignissen hinterherzulaufen, das Ansehen der Reichspolitik im Innern wie bei den anderen Mächten wieder zu heben. Auch er war dafür, deutsche Weltpolitik nach Möglichkeit in Anlehnung an und nicht, wie bislang, im Gegensatz zu Großbritannien zu betreiben und sich darin durch die zunehmend anglophoben Strömungen in der deutschen Öffentlichkeit nicht irremachen zu lassen. Nicht zuletzt unter diesem Gesichtspunkt suchte Kiderlen-Wächter nach geeigneten Ansatzpunkten, um die Entente Cordiale zwischen Großbritannien und Frankreich, die einer Annäherung des ersteren an die Mittelmächte vor allem im Wege zu stehen schien, aufzubrechen, um dann auf einer neuen Grundlage ein engeres Verhältnis zu Großbritannien begründen zu können. Dazu schien sich aus seiner Sicht die Frage der Zukunft Marokkos, die 1909 eigentlich schon erledigt worden war, zu eignen.

Die Entwicklung der Dinge hatte sich nach dem Abschluß des deutsch-französischen Vertrages vom 9. Februar 1909 zunächst relativ günstig angelassen. Die im Vertrag vorgesehene enge wirtschaftliche Zusammenarbeit deutscher und französischer Firmen zur Ausbeutung der sich hier bietenden finanzimperialistischen Projekte schien sich zunächst günstig zu entwickeln. Eine ganze Reihe deutscher Firmen, unter ihnen die Deutsche Bank und die Deutsche Orientbank sowie die Baufirma Philip Holtzmann, beteiligte sich mit 30 Prozent des Grundkapitals an der Société Marocaine des Travaux Publiques, die begründete Hoffnung hatte, zahlreiche öffentliche Aufträge für infrastrukturelle Investitionen, insbesondere umfängliche Eisenbahnbauten, zu erlangen. Ebenso wurde die marokkanische Anleihe von 1910 im Einvernehmen zwischen französischen und deutschen Banken, und einem wesentlichen Anteil deutschen Kapitals, zu beiderseitiger Zufriedenheit abgewickelt. Auch an der neu begründeten marokkanischen Tabakregie beteiligten sich deutsche Unternehmen mit 17 Prozent des Aktienkapitals. Nur hinsichtlich der Union des Mines Marocaines hatten sich sogleich Schwierigkeiten eingestellt. Die Gebrüder Mannesmann, die sich vom Sultan Abd-al-Asis und dann seit 1908 von seinem Nachfolger Mulay Hafid die Schürfrechte für zahlreiche potentielle Erzvorkommen in Marokko, vornehmlich im Sus-Gebiet, hatten zusichern lassen, waren nicht bereit, sich mit den Franzosen zu arrangieren und diese Rechte in die Union des Mines Marocaines einzubringen. Sie pochten stattdessen auf die ihnen seitens des Khedifen gewährten Rechte, offensichtlich mit der Absicht, sich damit dem übermächtigen französischen Einfluß zu entziehen, und gründeten ihrerseits das Marokkanische Minen-Syndikat, das finanziell freilich auf einigermaßen schwachen Füßen stand, dafür aber ein reiches Portfolio von freilich vorderhand bloß auf dem Papier stehenden Schürfrechten vorzuweisen hatte. Die offiziellen Bemühungen, die Gebrüder Mannesmann zum Einlenken zu bestimmen und zur Zusammenarbeit mit der Union des Mines Marocaines zu gewinnen, erwiesen sich als ergebnislos. Selbst die Einschaltung Walther Rathenaus als Vermittler konnte diese nicht umstimmen. Andererseits weigerte sich die deutsche Regierung, das mühsam ausgehandelte Vertragswerk wegen der Sonderinteressen der Gebrüder Mannesmann wieder aufs Spiel zu setzen.

Die Gebrüder Mannesmann suchten daraufhin für ihre Interessen Unterstützung in der deutschen Öffentlichkeit und fanden diese insbesondere seitens des Alldeutschen Verbandes, aber auch vom »Centralverband deutscher Industrieller«. Es kam zu einer hitzigen Pressekampagne gegen die Regierung, die angeblich die legitimen deutschen Ansprüche in Marokko im Marokkovertrag vom Februar 1909 in unverantwortlicher Weise den Bach herunter verkauft habe. Die Nationalliberalen witterten eine Chance, sich als die wahren Verteidiger der deutschen Interessen in Übersee gegenüber der Regierung zu profilieren. In den Beratungen der Budgetkommission des Reichstages vom 9. bis 11. März 1910 geriet die Regierung über die Mannesmann-Affäre in arge Bedrängnis; die Budgetkommission gab einstimmig der Erwartung Ausdruck, »daß das Auswärtige Amt die großen in Frage stehenden wirtschaftlichen Interessen des Reichs nachdrücklich vertreten wird«.[10] Nur wenige Tage später äußerte der nationalliberale Angeordnete Gustav Stresemann, der »junge Mann« des Parteiführers Bassermann, im Reichstag seinen Unmut über die angeblich schwächliche und unzulängliche Vertretung der außenpolitischen Interessen des Deutschen Reiches. Das deutsche Auftreten in der Orient-Frage habe gezeigt, »daß gerade eine Politik der Stärke, daß gerade eine Politik tatkräftiger Entschlossenheit demjenigen Staate, der sie treibt, allerorten in der Welt Sympathie und Achtung verschafft«. Hingegen habe sich jüngsthin sowohl »innerhalb der Presse wie innerhalb der öffentlichen Meinung« die Auffassung verbreitet, daß »die deutschen Interessen im Ausland nicht mit der Festigkeit und Energie wahrgenommen werden, die sie verdienen«.[11] Bethmann Hollweg sah sich gezwungen, diese Angriffe, die der Regierung eine schwächliche Vertretung der deutschen Interessen vorwarfen, förmlich zurückzuweisen; die Mannesmann-Konzession, so meinte er, sei keine »Lebensfrage Deutschlands«.[12] All dies brachte die Regierung nicht aus dem Schußfeld der Interessenten in der Marokko-Frage heraus. Der Centralverband deutscher Industrieller erklärte Ende April in unmißverständlicher Weise: »Es ist vor allem das deutsche Unternehmertum, das die marokkanische Frage in einer Weise gelöst zu sehen wünscht, wie es der wirtschaftlichen Machtstellung Deutschlands, unserem Anteil am Welthandel und den Aufgaben entspricht, die das Deutsche Reich als politische Großmacht zu erfüllen hat.«[13] Der Alldeutsche Verband aber setzte seine Agitation in der Marokko-Frage unverändert fort; die Sicherstellung der deutschen Wirtschaftsinteressen erforderte nach Ansicht der Neuen Rechten nichts weniger als die Annexion Südmarokkos durch das Deutsche Reich.

Es kam erschwerend hinzu, daß sich auf französischer Seite zunehmend Widerstände gegen eine wirklich gleichberechtigte Behandlung der deutschen Wirtschaftsinteressen in Marokko und an anderen Orten formierten. Am wichtigsten war in dieser Hinsicht der französische Plan, eine Eisenbahnlinie von Marnia nach

Taza und Fes mit einem Anschluß nach Casablanca, der Basis der französischen militärischen Penetration, nicht durch die internationale Société Marocaine des Travaux Publiques, an der deutsche Firmen mit 30 Prozent beteiligt waren, sondern unmittelbar durch die französische Armee bauen zu lassen.[14] Gleichermaßen irritierend war, daß Frankreich mit dem Vertrag vom 21. März 1910 seinen Einfluß auf die marokkanische Staatsschuldenkontrolle so verstärkte, daß der internationale Charakter der Schuldenverwaltung dadurch ausgehöhlt wurde.[15] Auch das Scheitern des sogenannten Ngoko-Sangha Projekts, das den Bau einer Eisenbahnlinie vom französischen Kongo nach Kamerun und die wirtschaftliche Erschließung des bislang noch nahezu unberührten Landesinneren Kameruns und des Französischen Kongos zum Ziel hatte, verwies darauf, daß es mit der deutsch-französischen Zusammenarbeit auf wirtschaftlichem Gebiet in Übersee nicht zum besten stand. Entscheidend war jedoch, daß die französische Armee, wesentlich dank der gutenteils eigenmächtigen, von dem französischen Außenminister Stéphan Pichon nur halbherzig unterstützten Politik der Militärs vor Ort, insbesondere des Generals Henri-Francois Gaillard, einem der großen Prokonsuln des französischen Imperialismus, unter dem Vorwand, Aufstandsbewegungen in Marokko gegen die Autorität des Sultans Mulay Hafid zu unterdrücken, im Westen von dem Brückenkopf Casablanca und im Osten von algerischem Territorium aus,[16] immer weitere Regionen des Landes unter die militärische und damit zugleich auch politische Kontrolle Frankreichs brachte.[17] Er wurde dabei unterstützt von der französischen Militärmission unter Major E. J. Mangin in Fes, der die Reorganisation der Armee des Sultans nach französischem Muster betrieb. Gleichzeitig nutzte die französische Politik die in der Staatsanleihe von 1910 vorgesehene Kontrolle der marokkanischen Staatsfinanzen durch Repräsentanten der europäischen Gläubiger dazu aus, um eine große Zahl von Franzosen in die marokkanische Staatsverwaltung einzuschleusen und dergestalt die Schlüsselpositionen im Land zu besetzen. Sie setzte damit unbekümmert eine Politik der »Tunifizierung« Marokkos fort, die schon seit der Jahrhundertwende im Gange war und die unter dem Vorwand, die Autorität des Cherifischen Systems zu sichern, die Grenzen der Gebiete, die schon bisher der direkten Kontrolle der französischen Kolonialarmee und indirekt dem französischen Einfluß unterworfen gewesen waren, immer weiter vorgeschoben hatte. Insbesondere das Hinterland von Casablanca bis kurz vor Rabat und im Osten die Confins waren faktisch fest in französischer Hand und die Oberhoheit des Sultans hier nur noch eine Fiktion. Es war abzusehen, daß dieser Prozeß der schleichenden »Tunifizierung« des Landes immer weiter voranschreiten würde. Nicht unzutreffend stellte Gustav Freiherr von Seckendorff, der deutsche Generalkonsul in Casablanca, am 17. Februar 1911 fest, man könne sich dem Eindruck nicht mehr verschließen, daß man in einer rein französischen Kolonie lebe.[18]

Zu diesem Zeitpunkt war die deutsche Regierung allerdings noch entschlossen, an dem Vertrag vom 9. Februar 1909 festzuhalten und die französische Politik auf dieser Basis dazu anzuhalten, die deutschen Wirtschaftsinteressen im Zuge der schleichenden Okkupation Marokkos angemessen zu berücksichtigen. Doch ließ die weitere Entwicklung der Dinge diese Linie bald als überholt erscheinen. Ein Überfall auf eine französische Patrouille im Januar 1911 in der Provinz Chaouia gab dann den gewünschten Vorwand für die französischen Militärs ab, um die eigene Vorherrschaft auf die Stämme in der Chaouia auszudehnen und insbesondere den Stamm der Zaer zu unterwerfen, die angeblich an dem Überfall auf die französische Patrouille im Januar 1911 verantwortlich gewesen waren, nachdem der Sultan sich geweigert hatte, seinerseits gegen die Urheber dieses Zwischenfalls vorzugehen. Die französischen Truppen legitimierten ihr Vorgehen mit dem Argument, daß es darum gehe, die rechtmäßige Herrschaft des Machsen bei den Stämmen zur Anerkennung zu bringen, obschon diese herkömmlicherweise nur höchst extensiv gewesen war und den lokalen Stammesverbänden weitgehend ihre Eigenständigkeit belassen hatte. Diese auf die Herstellung moderner zentralistischer Herrschaftsformen gerichtete Politik löste eine Aufstandsbewegung unter den Stämmen nicht so sehr gegen das Cherifische System, als gegen die französische militärische Präsenz aus. Der Sultan Mulay Hafid geriet vorwiegend deshalb in die Schußlinie, weil er dem Vordringen der Franzosen nicht entschiedener Widerstand geleistet hatte. Infolgedessen weiteten sich diese zunächst nur lokalen Konflikte zu einer Krise des Kollaborationssystems als solchem aus, wie es seit 1880 bestand. An der formalen Aufrechterhaltung des Cherifischen Regimes, wie fiktiv dies auch immer sein mochte, hing das ganze Bündel von Privilegien, Vorrechten und Konzessionen, die Marokko in den letzten Jahren abgezwungen worden waren und die die Grundlage der informellen politischen und wirtschaftlichen Vorrangstellung Frankreichs bildeten.

Die Aufstandsbewegung unter den Stämmen, die sich nun gegen das Regime Mulay Hafids selbst zu richten begann, gab der französischen Regierung im April 1911 auf das Drängen der Militärs vor Ort hin den gewünschten Anlaß, unter dem Vorwand, daß die Sicherheit der europäischen Bevölkerung in Fes gefährdet sei, einer Militäreinheit unter Führung von Moinier von der Chaouia aus den Auftrag, auf die von den Stämmen teilweise vom Hinterland abgeschnittene Hauptstadt Fes zu marschieren, um »den Sultan zu retten«[19]. Um diese Aktion zu rechtfertigen, die unbezweifelbar die Bestimmungen der Algeciras-Akte ebenso wie des deutsch-französischen Abkommens vom 9. Februar 1909 verletzte, besorgte sich die französische Diplomatie ein Hilfsersuchen des Sultans, welches teils erpreßt, teils verfälscht war und noch dazu rückdatiert werden mußte, um als Legitimation des französischen Vorgehens brauchbar zu sein.

Die fortschreitende Okkupation immer weiterer Regionen Marokkos durch französische Militäreinheiten wurde in den Hauptstädten Europas schon seit geraumer Zeit mit zunehmender Besorgnis verfolgt, ließ sich doch nicht übersehen, daß dadurch die internationalen Vereinbarungen hinsichtlich Marokkos zunehmend hinfällig wurden. Selbst Sir Edward Grey räumte damals ein: »[...] we are already scating on very thin ice in maintaining that the Act of Algeciras is not affected by all that has happened.«[20] In Berlin beschloß man, die völkerrechtlich überaus günstige Situation dazu zu benutzen, um die Marokko-Frage grundsätzlich neu aufzurollen. Es war beabsichtigt, eine diplomatische Offensive mit Einmischung kriegerischer Mittel gegen Frankreich ins Werk zu setzen, durch die die Scharten der bisherigen deutschen Marokko-Politik ein für allemal ausgewetzt und Frankreich in aller Form gezeigt werden sollte, daß es seine Marokko-Politik ohne deutsche Unterstützung nicht werde durchsetzen können. Frankreich sollte dazu gezwungen werden, für die definitive Anerkennung seiner politischen Vorherrschaft in Marokko, unter Verletzung der ihm durch den Vertrag von Madrid und die Akte von Algeciras gesetzten Grenzen, einen stattlichen Preis zu zahlen. Ins Auge gefaßt wurde dabei die Abtretung von kolonialem Territorium an anderer Stelle, ohne daß schon genau festlag, was dafür in Frage käme; gedacht war insbesondere an den französischen Kongo, nicht zuletzt im Hinblick auf die jüngsthin wieder aufgenommenen Verhandlungen über eine Bahnlinie von Kamerun zum französischen Kongo. Offensichtlich erst ganz in zweiter Linie war eine Festsetzung des Deutschen Reiches in Südmarokko, dem sogenannten Sus, erwogen worden, in dem eine Reihe deutscher Firmen wirtschaftliche Konzessionen erworben hatte. Doch wurde diese Alternative schon in einem sehr frühen Stadium der Planungen wieder verworfen, vermutlich nicht zuletzt auch deshalb, weil der Kaiser nach wie vor von territorialen Erwerbungen des Deutschen Reiches in Marokko nicht das geringste wissen wollte. Der Plan, für die endgültige Aufgabe der deutschen Ansprüche auf Marokko, die sich angesichts der starken französischen und spanischen Präsenz vermutlich ohnehin nicht mit einiger Aussicht auf Erfolg würden realisieren und wirtschaftlich erfolgbringend entwickeln lassen, territoriale Kompensationen an anderer Stelle zu erzwingen, stand in Zusammenhang mit wesentlich weiterreichenden Planungen, nämlich der Konzeption eines künftigen deutschen Mittelafrika, in dem die bestehenden deutschen Kolonien durch Hinzugewinn von Teilen Angolas, Mosambiks, des französischen und gegebenenfalls auch des belgischen Kongo zu einem geschlossenen kolonialen Territorium von beachtlicher Ausdehnung zusammengefügt werden sollten. Im Vordergrund standen für Kiderlen-Wächter jedoch sehr handfeste Erwägungen mächtepolitischer Art. Er wollte Frankreich durch eine diplomatische Offensive in der Marokko-Frage handgreiflich demonstrieren, daß die Entente Cordiale im Ernstfall nicht das wert sei, was man sich davon versprochen habe, und daß man am Ende für die Preisgabe der französischen Position in Ägypten doch keine angemessene Gegenleistung erhalten habe. Dies werde, so hoffte Kiderlen-Wächter, ungemein abkühlend auf das französisch-englische Verhältnis wirken. Demgemäß werde Großbritannien in der Folge geneigter sein, sich den Mittelmächten anzunähern, statt, wie bisher, auf die Interessen Frankreichs Rücksicht zu nehmen. Auch reine Prestigeerwägungen spielten dabei eine Rolle; es sollte aller Welt vor Augen geführt werden, daß wesentliche Entscheidungen auf weltpolitischem Felde nicht ohne Mitwirkung des Deutschen Reiches getroffen werden könnten. Dies alles könnte, wie Kiderlen-Wächter zuversichtlich annahm, zugleich die angeschlagene Reputation der deutschen Außenpolitik in der deutschen Öffentlichkeit wiederherstellen und günstige Auswirkungen auf die im Frühjahr 1912 bevorstehenden Reichstagswahlen haben.

Die deutsche Regierung wartete jedoch, ebenso wie jene der anderen Mächte, zunächst einmal ab. Die anfänglichen Stellungnahmen der französischen Diplomatie waren freilich wenig ermutigend; offenbar war man in Paris der Meinung, das Deutsche Reich mit wirtschaftlichen Konzessionen in Marokko selbst abfinden zu können. Kiderlen-Wächter ging es hingegen in erster Linie um einen öffentlich vorzeigbaren außenpolitischen Erfolg, durch den Frankreich in aller Form deutlich gemacht würde, daß es nicht ohne weiteres über verbriefte Rechte anderer Nationen, insbesondere des Deutschen Reiches, würde hinweggehen können. Die deutsche Regierung hatte sich von langer Hand auf die Entwicklung der Dinge vorbereitet. Bereits seit Mitte April, drei Wochen vor der Besetzung von Fes durch französische Truppen, lag Kiderlen-Wächters strategischer Plan in allen wesentlichen Punkten fest. Unter dem Vorwand, daß es notwendig sei, den Schutz deutscher Landsleute angesichts der bestehenden Unruhen zu gewährleisten, sollten deutsche Kriegsschiffe nach Mogadir und Agadir entsandt werden, um sich dergestalt Südmarokko als Faustpfand zu sichern, das Frankreich dann durch die Abtretung von kolonialen Besitzungen an anderer Stelle auslösen sollte. Dafür, daß sich die französische Diplomatie zu einer solchen Lösung bereit finden werde, hatten die geheimen Gespräche von Oskar Freiherr von der Lancken-Wakenitz mit Joseph Caillaux, der zu diesem Zeitpunkt in Opposition zu der amtierenden französischen Regierung stand, einige Anhaltspunkte geliefert.[21] Nur für den Fall unzureichender französischer Kompensationsangebote war die Möglichkeit ins Auge gefaßt, dem Deutschen Reich »wenigstens vorerst in Süd-Marokko einen Gebietsstrich [zu] sichern, dessen natürlicher Reichtum und anscheinende Mineralschätze uns für die französische Herrschaft im übrigen Marokko in annehmbarer Weise entschädigen«[22]. Um die diplomatische Ausgangsposition des Deutschen Reiches so stark wie möglich zu machen, besorgte sich Kiderlen-Wächter von einer Reihe von Banken und Wirtschaftsunternehmen, die dem Auswärtigen Amt nahestanden, durch Vermittlung des Geschäftsleiters der Hamburg-Marokko-Gesellschaft, Dr. Wilhelm Karl Regendanz, eine Eingabe, in der diese um den Schutz des Deutschen Reiches für ihre wirtschaftlichen Interessen in Marokko nachsuchten; elf deutsche Firmen, die schwerlich für die deutsche Wirtschaft als repräsentativ gelten konnten, hatten sich dazu bereit gefunden, diese Eingabe zu unterstützen, ohne daß ihnen der Wortlaut zur Kenntnis gebracht worden wäre.[23]

Die einzige Firma, die wirklich größere wirtschaftliche Interessen in Südmarokko besaß, wenn auch von umstrittener Natur, die Gebrüder Mannesmann, war dabei wohlweislich übergangen worden, nicht nur wegen der gespannten Beziehungen, die seit dem Sommer 1910 zwischen ihnen und der Reichsleitung bestanden, sondern vor allem, weil dies angesichts der Tatsache, daß eine Festsetzung in Marokko gar nicht beabsichtigt war, nur zu unerwünschten Komplikationen geführt haben würde. Außerdem informierte Kiderlen-Wächter bereits im April 1911 die regierungsnahe Presse und selbst den Vorsitzenden des Alldeutschen Verbands in Umrissen über die Absicht der Regierung, »den bevorstehenden militärischen Vorstoß der Franzosen nach Fes zum Anlaß zu nehmen, um die Algeciras-Akte für verletzt zu erklären und die Frage der Zukunft Marokkos aufs Neue aufzuwerfen«[24]. Dabei bestand freilich die Schwierigkeit, daß man der Erwartung, daß die deutsche Regierung auf den Erwerb eines Teils von Marokko hinarbeite, nicht direkt widersprechen konnte. Kiderlen-Wächter war über die von Heinrich Claß vorbereitete Broschüre »Westmarokko deutsch« demgemäß einigermaßen irritiert, aber er hat diesen nicht, wie ursprünglich erwogen, an deren Veröffentlichung gehindert, auch wenn er immerhin erreichte, daß Claß einige seiner extremsten Ziele für den Fall eines deutsch-französischen Krieges wieder aus dem Manuskript herausnahm.[25] Insgesamt konnte es der deutschen Regierung nur recht sein, wenn die deutsche Aktion von seiten der Presse und der öffentlichen Meinung auf entschiedene Unterstützung würde rechnen können.

Unmittelbar nach Erhalt der offiziellen Notifikation seitens der französischen Regierung am 28. April 1911, die den französischen Marsch auf Fes als mit den Bestimmungen der Algeciras-Akte und des deutsch-französischen Vertrages vom Jahr 1909 als voll vereinbar bezeichnete, erklärte Kiderlen-Wächter unmißverständlich, daß eine Besetzung von Fes mit der Akte von Algeciras unvereinbar sei und die deutsche Regierung demnach für diesen Fall ihre Handlungsfreiheit zurückgewonnen habe. Nur wenig später ließ Kiderlen-Wächter seine französischen Kollegen durch verschiedene informelle Kanäle wissen, daß er für die Anerkennung der französischen Vorrangstellung in Marokko koloniale Kompensationsangebote an anderer Stelle erwarte. Doch blieben von französischer Seite alle Reaktionen aus, die über eine bloße Information über die Entwicklungen in Marokko hinausgingen. Am 8. Juni 1911 besetzte Spanien überraschend Laraiche und El Kasr, um sich beizeiten einen eigenen Anteil an dem marokkanischen Kuchen zu sichern, der offenbar jetzt zum größeren Teil oder gar ausschließlich an Frankreich zu gehen drohte. Damit hatte sich die Lage noch mehr zugespitzt, und die bisherige Politik des Wartens auf französische Angebote schien problematisch geworden zu sein. Demgemäß wuchs in Berlin die Neigung, die Dinge nunmehr durch einen »Faustschlag auf den Tisch« in Bewegung zu bringen. Schon vor einem ersten Gespräch Kiderlen-Wächters mit dem französischen Botschafter Jules Cambon am 20./21. Juni 1911 waren in Berlin die Weichen auf die Entsendung eines Kriegsschiffes in den geschlossenen Hafen von Agadir gestellt; es fehlte nur noch die Zustimmung des Kaisers, die Kiderlen-Wächter am 26. Juni 1911 anläßlich des Aufenthalts des Kaisers bei der traditionellen Segelregatta in Kiel erhielt. Am 1. Juli ankerte das deutsche Kanonenboot »Panther« in Agadir; erst vier Tage später traf, als einziger schutzwürdiger deutscher Staatsangehöriger, ein Vertreter von Max Warburgs Hamburg-Marokko-Gesellschaft, der Bergassessor Wilberg, von Mogadir kommend, in Agadir ein und wurde sogleich an Bord des Kleinen Kreuzers »Berlin« genommen, der das Kanonenboot »Panther« abgelöst hatte.

Der »Panthersprung« nach Agadir wurde von der deutschen Öffentlichkeit mit großer Zustimmung aufgenommen, als ein energischer Schritt zur Wahrung der durch das französische Vorgehen bedrohten deutschen Interessen in Marokko. Die Einwirkungen der Presseabteilung des Auswärtigen Amtes auf die ihr zugängliche Presse, man möge sich nicht zu eindeutig auf eine Annexion von Teilen Marokkos festlegen, fruchtete bei Lage der Dinge wenig. Mit alleiniger Ausnahme des sozialdemokratischen »Vorwärts« stellte sich die deutsche Presse, unter Führung der offiziösen Blätter, hinter die Forderungen der Reichsleitung, die vorgab, in Marokko wichtige deutsche Wirtschaftsinteressen schützen zu müssen, und plädierte insbesondere für den Erwerb des sogenannten Sus-Gebietes, in welchem man große Eisenerzvorkommen vermutete und in dem insbesondere die Mannesmanns schon Schürfrechte erworben hatten. Die der Schwerindustrie nahestehende »Rheinisch-Westphälische Zeitung« schrieb sogar: »Vor Agadir liegt nun ein deutsches Kriegsschiff. Die Verständigung mit uns über die Aufteilung Marokkos steht den Franzosen noch frei, wollen sie nicht, dann mag der ›Panther‹ die Wirkung der Emser Depesche haben.«[26]

Dieser spektakuläre Akt imperialistischer Kanonenbootdiplomatie sollte Frankreich an den Verhandlungstisch zwingen und dieses zugleich von der Ernsthaftigkeit der deutschen Forderung nach Kompensationen an anderer Stelle überzeugen. Die Notwendigkeit, das deutsche Faustpfand in Gestalt der Präsenz eines Kriegsschiffs in Agadir nicht von vornherein als bloß symbolische Geste erscheinen zu lassen, brachte freilich eine bedenkliche Duplizität in die deutsche diplomatische Position hinein, die ihre Glaubwürdigkeit bei den anderen europäischen Mächten von Anfang an ins Zwielicht rückte. Kiderlen-Wächter ging davon aus, daß die französische Regierung unverzüglich mit Kompensationsangeboten an das Deutsche Reich herantreten werde und sich die Angelegenheit binnen weniger Wochen in bilateralen Verhandlungen zu einer befriedigenden Lösung bringen lassen würde. Eine eingehende Konsultation dritter Mächte, gleichviel, ob des eigenen oder des anderen Lagers, schien deshalb nicht erforderlich zu sein. Insbesondere unterließ Kiderlen-Wächter zunächst jegliche Unterrichtung Großbritanniens, weil angesichts der engen Beziehungen zwischen London und Paris durch die Mitteilung, daß man es von vornherein nur auf Kompensationen an anderer Stelle abgesehen habe, das deutsche Faustpfand im vorhinein entwertet worden wäre. Dies sollte sich im nachhinein als verhängnisvoll erweisen, zumal in London anfänglich durchaus die Bereitschaft bestand, den deutschen Interessen in Marokko in einem gewissen Umfang Genugtuung zu verschaffen.

Jedoch tat die französische Diplomatie Kiderlen-Wächter nicht den Gefallen, unverzüglich mit entsprechenden Vorschlägen hervorzutreten. Vielmehr sah er sich am 15. Juli 1911 dazu gezwungen, selbst die Karten auf den Tisch zu legen und die Abtretung des ganzen französischen Kongo zu fordern, gegen bescheidene Grenzregulierungen in Kamerun zugunsten Frankreichs sowie gegebenenfalls der Abtretung Togos. Die deutsche Regierung überschätzte dabei, im Hinblick auf die vermutete diplomatische Isolierung Frankreichs in der marokkanischen Angelegenheit, von vornherein die Stärke der eigenen Position; vor allem aber geriet diese angesichts ihrer machiavellistisch angelegten Duplizität zunehmend in ein bedenkliches Zwielicht. Angesichts des fortgesetzten Prokrastinierens der französischen Diplomatie, die nicht bereit war, Kompensationen dieser Größenordnung überhaupt zu erwägen, wurde Kiderlen-Wächter zu seiner Irritation dazu gezwungen, immer höher zu reizen und schließlich Frankreich, wenn auch notdürftig verhüllt, mit dem Kriege zu drohen.

Kiderlen-Wächter wollte zwar keineswegs einen deutsch-französischen Krieg, und mehr noch, weder Bethmann Hollweg noch der Kaiser waren zu diesem Zeitpunkt auch nur im geringsten für einen Krieg wegen Marokko zu haben. Aber der Staatssekretär des Äußeren ging gleichwohl, im Sinne von Delbrücks Wort vom »trockenen Krieg«, davon aus, daß man in der Kompensationsfrage nur dann etwas erreichen könne, wenn man gegebenenfalls bereit sei, zur ultima ratio des Krieges zu greifen und dies auch seine französischen Partner unmißverständlich wissen zu lassen. »Wenn wir das nicht dokumentieren«, so schrieb Kiderlen-Wächter in seinem ersten Abschiedsgesuch an den Kanzler, »erhalten wir für unseren Rückzug aus Marokko kein Äquivalent, das ein Staatsmann vor dem deutschen Volke verteidigen könnte. [...] Wir müssen den ganzen französischen Kongo haben – es ist die letzte Gelegenheit, ohne zu fechten – etwas Brauchbares in Afrika zu erhalten.«[27] Die Erwartungen Kiderlen-Wächters, daß die Franzosen von ihrer anfänglich rigoros ablehnenden Haltung abgehen und am Ende die deutschen Forderungen im wesentlichen akzeptieren würden, wurden durch den Regierungswechsel in Frankreich und die Übernahme der Ministerpräsidentschaft durch Joseph Caillaux, der schon zuvor für eine Politik der Verständigung und Zusammenarbeit mit dem Deutschen Reich in wirtschaftlichen Fragen eingetreten war, zunächst verbessert. Caillaux war in der Tat an einem friedlichen Ausgleich mit dem Deutschen Reich interessiert, er suchte diesen aber in erster Linie in Richtung auf eine Befriedigung der deutschen wirtschaftlichen Interessen in Marokko, während ihm der Gedanke an umfangreiche territoriale Kompensationen in Mittelafrika fernlag. Die französische Diplomatie konsultierte, nachdem die deutschen Forderungen auf dem Tisch lagen, unverzüglich die britische Regierung und versicherte sich unter Berufung auf die Entente Cordiale ihrer Unterstützung. In London wurden die deutschen Vorschläge, die freilich den eventuellen Verzicht deutscherseits auf Togo nicht erwähnten, als unangemessen und völlig überzogen betrachtet; davon abgesehen aber mißbilligte man es, daß Großbritannien bei der Regelung dieser Fragen außen vor gelassen werden sollte. In seiner vorher mit dem britischen Kabinett abgesprochenen Mansion House Rede vom 21. Juni 1911 machte der britische Schatzkanzler David Lloyd George unmißverständlich klar, daß in der Marokko-Frage vitale britische Interessen berührt würden und es zudem einer Lösung, die nach dem Grundsatz Frieden um jeden Preis ausgehandelt würde, nicht werde zustimmen können. Es rächte sich nun, daß die deutsche Diplomatie Großbritannien über die eigenen Absichten bewußt im dunkeln gelassen hatte und man auch hier den Eindruck sich hatte einfressen lassen, daß das Deutsche Reich womöglich einen befestigten Hafen in Südmarokko anstrebe, eine Eventualität, die die britische Admiralität mit den britischen seestrategischen Interessen für schlechterdings unvereinbar hielt.

Damit war ein wesentliches Element der Strategie Kiderlen-Wächters zusammengebrochen, nämlich das Bemühen, eine Internationalisierung der Marokko-Frage möglichst zu vermeiden. In der Folge versteifte sich die französische Haltung, und Kiderlen-Wächter blieb nun nichts anderes übrig, als es nun doch auf einen Krieg ankommen zu lassen, wolle man nicht mit einer schweren diplomatischen Niederlage aus der Marokko-Affäre herauskommen: »Unser Ansehen ist heruntergewirtschaftet, im äußersten Falle müssen wir fechten.«[28] Wilhelm II. war allerdings nach wie vor dafür nicht zu haben. Kiderlen-Wächter kam dabei zustatten, daß die »Post« und Hardens »Zukunft« Anfang August 1911 die Gerüchte vom unbedingten Friedenswillen des Kaisers aufgriffen und ihm feiges Zurückweichen vor den anderen Mächten vorwarfen,[29] eine Auffassung, die auch im innersten Führungszirkel des Reiches weithin verbreitet war.[30] Dies stimmte Wilhelm II. schlagartig kriegswilliger, was auch in einem offiziösen Artikel in der »Kölnischen Zeitung« vom 7. August 1911 seinen Niederschlag fand.[31] Zweimal, in der ersten Augusthälfte und noch einmal Mitte September, bestand die akute Gefahr eines Krieges, und dies, obschon die deutsche Regierung ostentativ von jeglichen militärischen Maßnahmen Abstand genommen hatte, die in Frankreich oder Großbritannien als provozierend hätten angesehen werden können. Mitte August kam es demgemäß zu geheimen Besprechungen französischer und britischer Militärexperten über die Modalitäten der Entsendung eines britischen Expeditionskorps auf den Kontinent für den Fall eines Krieges. Die britisch-französische Entente, der Kiderlen-Wächter durch die Regelung der Marokko-Frage die materielle Grundlage hatte entziehen wollen, erfuhr dadurch eine weitere Verfestigung. Das deutsche Börsenpublikum reagierte auf die Kriegsgefahr im September 1911 mit einer Börsenpanik, die Kiderlen-Wächter das ohnehin schwierige Geschäft noch weiter erschwerte.

Vielleicht noch folgenschwerer war, daß die deutsche öffentliche Meinung auf die Rede Lloyd Georges mit äußerster Schärfe reagierte. Großbritannien, und nicht Frankreich, gab man die Schuld daran, daß die Verhandlungen in der Marokko-Frage nicht vom Fleck kamen und das Deutsche Reich am Ende leer ausgehen könnte. Die aufgestauten anti-englischen Stimmungen in der deutschen Öffentlichkeit entluden sich nun in einer wilden Polemik gegen die englische Politik, welche sich den legitimen weltpolitischen Bestrebungen des Deutschen Reiches überall in den Weg stellte. Gleichzeitig mehrten sich die Stimmen derer, die einen Ausweg aus der verfahrenen Lage durch einen Präventivkrieg für das einzig Richtige hielten. Selbst im Generalstab griff die Auffassung um sich, daß man es auf einen Krieg hätte ankommen lassen sollen. Helmuth von Moltke, der Chef des Großen Generalstabs, schrieb damals an seine Frau: »Die unglückselige Marokko-Geschichte fängt an, mir zum Halse herauszuhängen. Es ist gewiß ein Zeichen lobenswerter Ausdauer, unentwegt auf Kohlen zu sitzen, aber angenehm ist es nicht. Wenn wir aus dieser Affaire wieder mit eingezogenem Schwanz herausschleichen, wenn wir uns nicht zu einer energischen Forderung aufraffen können, die wir bereit sind, mit dem Schwert zu erzwingen, dann verzweifle ich an der Zukunft des Deutschen Reiches.«[32]

Am Ende mußte sich die deutsche Diplomatie demgemäß mit einem höchst mageren Kompromiß begnügen und sich gar der Form halber auf das Prinzip eines Gebietsaustausches in Afrika einlassen, um der französischen Regierung die Durchsetzung der Vereinbarung gegenüber der französischen Kammer zu erleichtern. In äußerst langwierigen Verhandlungen gelang es schließlich, eine Regelung zu finden, mit der beide Regierungen glaubten, ihr Gesicht gegenüber der Öffentlichkeit wahren zu können. In den Marokko-Verträgen, die am 4. November 1911 unterzeichnet wurden, verzichtete das Deutsche Reich definitiv auf jeglichen politischen Einfluß in Marokko; hingegen wurde der deutschen Wirtschaft und dem deutschen Handel weiterhin die unbehinderte Betätigung im Lande zugesichert und zugleich das Prinzip der Meistbegünstigung vereinbart. Dafür trat Frankreich einen Teil des französischen Kongo, der allerdings dem Deutschen Reich den begehrten direkten territorialen Zugang zum belgischen Kongo eröffnete, ab im Tausch gegen einen nicht unerheblichen Landstreifen Togos und Arrondierungen zugunsten Frankreichs auch in Kamerun. Die beabsichtigte Abtretung der togolesischen Territorien stieß allerdings auf den entschiedenen Widerstand des Sekretärs des Reichskolonialamts Friedrich von Lindequist, der schließlich gar seinen Rücktritt anbot und damit den Wert des erreichten Kompromisses von vornherein in Frage stellte. Nur mit einiger Mühe gelang es, den Rücktritt Lindequists wenigstens für den Augenblick zu verhindern, um gegenüber dem Parlament und der Öffentlichkeit das Gesicht zu wahren.

Bereits im August, als die ersten Informationen darüber durchsickerten, daß die Regierung die Absicht habe, Frankreich gegen die Abtretung eines Teils des französischen Kongo Marokko ganz und gar zu überlassen, bahnte sich eine Protestwelle in der deutschen Öffentlichkeit gegen die amtliche Politik an. Es erwies sich, daß die öffentliche Meinung den taktischen Wendungen der Außenpolitik Kiderlen-Wächters nicht zu folgen vermochte. Seine bewußt ambivalente, und noch dazu inkonsequente Informationspolitik gegenüber der Presse und den Parteien, die er ganz und gar den außenpolitischen Notwendigkeiten oder besser, dem, was er dafür hielt, untergeordnet hatte, rächte sich nun bitter. Die Alldeutschen und mit ihnen die schwerindustrielle und die gesamte konservative und nationalliberale Presse verlangten jetzt nur noch nachdrücklicher den Erwerb eines Teils von Marokko oder doch wenigstens die Verhinderung eines französischen Protektorats. Die Nationalliberalen forderten, sehr zum Mißfallen Bethmann Hollwegs, die Einberufung des Reichstages, damit dieser zu den strittigen Fragen Stellung nehmen könne. Als dieser dann im Oktober 1911 zusammentrat, forderten die Parteien unverzüglich eine Debatte über die Marokko-Frage. Die Wogen der Erregung in der Öffentlichkeit gingen hoch und waren durch beschwichtigende Erklärungen des Auswärtigen Amtes, das die noch schwebenden Verhandlungen nicht durch vorzeitige Mitteilung von Einzelheiten an die Öffentlichkeit beeinträchtigen wollte, nicht zu glätten. Angesichts der allzu hoch gespannten Erwartungen, die zum Teil auf die unverantwortliche Informationspolitik des Auswärtigen Amtes während der frühen Stadien der Krise zurückzuführen waren, kam es zu einem Sturm der Entrüstung, der den Bestand der Regierung Bethmann Hollweg ernstlich gefährdete.

Am 9. November 1911 stellte sich der Kanzler dann den Parteien des Reichstages. Bethmann Hollweg suchte in einer großen, unzweifelhaft eindrucksvollen Rede die Politik der Regierung in der Marokko-Frage zu verteidigen, und insbesondere dem Vorwurf entgegenzutreten, diese habe die Interessen des deutschen Reiches unzureichend vertreten: »die Vorwürfe der Schwäche [...], das Gerede von einem ›neuen Olmütz‹ [...]« seien »gegenstandslos gegenüber den Tatsachen«. Im Mittelpunkt der Ausführungen des Kanzlers stand die Zurückweisung der in der Öffentlichkeit weitverbreiteten Annahme, daß die Entsendung des »Panther« nach Agadir Landerwerb in Marokko bezweckt habe; demgemäß sei das Gerede von einem Zurückweichen der Kaiserlichen Regierung und einer Demütigung des Landes in keiner Weise berechtigt. Demgegenüber strich er die Vorteile des Abkommens für eine an langfristigen Perspektiven orientierte deutsche Weltpolitik heraus, insbesondere den Erwerb des »Zugang[s] zum Kongo und zum Ubangi«, deren Wert sich freilich erst in Zukunft realisieren lassen werde. »Alle Erfolge, welche große Kolonialvölker erzielt haben, sind nur dadurch erzielt worden, daß diese Völker nicht mit kurzen, sondern mit sehr langen Zeiträumen gerechnet haben, und daß sie den Mut gehabt haben, Schwierigkeiten der Gegenwart um der vielleicht erst in ferner Zukunft zu erwartenden Vorteile willen gering zu achten.«[33] Diese freilich reichlich vagen Anspielungen auf das Zukunftsprogramm eines deutschen Mittelafrikas konnten allerdings die grenzenlose Enttäuschung der Parlamentarier über die mageren Ergebnisse des »Panthersprungs« keineswegs ausräumen und ebensowenig die allgemeine Entrüstung über die Informationspolitik des Auswärtigen Amtes, das die Öffentlichkeit über Monate hinaus über die wahren Absichten der Regierung getäuscht oder doch zumindest im unklaren gelassen hatte, dämpfen. Wirkungsvoller waren die Darlegungen des Kanzlers, daß und weshalb es ungerechtfertigt gewesen sei, für Südmarokko einen europäischen Krieg zu führen. »[...] eine starke Politik kann Deutschland gerade im Sinne einer Weltpolitik nur führen, wenn es sich auf dem Kontinent stark erhält. Nur das Gewicht, das wir als Kontinentalmacht einsetzen, ermöglicht Welthandel und Kolonialpolitik, – beide fallen in sich zusammen, wenn wir uns zu Hause nicht stark halten. Erwerben wir Außenpositionen, zu deren Sicherung wir unsere kontinentalen Kräfte verzetteln und schwächen müssen, dann sägen wir an dem Ast, auf dem wir sitzen.« Und seine Ausführungen steigerten sich zu einer leidenschaftlichen Zurückweisung des Gedankens eines Präventivkrieges, wie er im Sommer in manchen Kreisen vertreten worden sei: »Niemand kann wissen, ob Deutschland dereinst ein Krieg mit seinen Nachbarn beschieden sein wird. Für mich aber, der ich heute die Verantwortung zu tragen habe, ist es Pflicht, die Geschäfte so zu führen, daß ein Krieg, der vermieden werden kann, der nicht von der Ehre Deutschlands gefordert wird, auch vermieden wird.«[34]

Mit diesen Argumenten traf der Kanzler freilich nicht die Stimmung des Reichstages. Im Gegenteil, selbst der Zentrumsführer Georg Graf von Hertling meinte, »daß es unter Umständen nicht schaden würde, wenn einmal von autoritativer Seite gesagt würde, daß allerdings die Aufrechterhaltung des Friedens ein hohes Gut sei, daß es aber zu teuer erkauft sei, wenn es nur auf Kosten unserer Weltstellung geschehen kann«[35]. Der Führer der Deutschkonservativen Partei, Ernst von Heydebrand und der Lasa, erklärte das Marokko-Abkommen für schlechthin ungenügend und knüpfte daran die Bemerkung, daß die Deutschen »auf eine Regierung zu sehen« hofften, die gewillt sei, »unser gutes deutsches Schwert zu gegebener Zeit nicht rosten zu lassen«.[36] Vor allem aber gab er seinen Ausführungen eine schroff anti-englische Wendung; das deutsche Volk wisse jetzt, »wo sein Feind sitzt«. Heydebrand bot die Unterstützung der Konservativen an, wenn die Kaiserliche Regierung die Stunde für einen Krieg zur Wahrung der deutschen Ehre gegen England – das allerdings nicht direkt genannt wurde – für gekommen erachte. Der nationalliberale Parteiführer Bassermann hingegen wertete den Ausgang der Marokko-Affäre als schwere politische Niederlage und knüpfte daran eine scharfe Kritik an der Führung der außenpolitischen Geschäfte in der Marokko-Angelegenheit und, mehr noch, an der Informationspolitik des Auswärtigen Amtes. Im übrigen ließ er durchblicken, daß er eine weitere Verstärkung sowohl des Heeres als auch der Flotte als unabweisbare Konsequenz der Ereignisse erachte. August Bebel aber sagte richtig voraus, daß die beständige Steigerung des Wettrüstens um imperialistischer Ziele willen eines Tages zur Katastrophe eines europäischen Krieges führen müsse: »Alsdann wird in Europa der große Generalmarsch geschlagen, auf den hin 16–18 Millionen Männer, die Männerblüte der verschiedenen Nationen, ausgerüstet mit den besten Mordwerkzeugen, gegeneinander als Feinde ins Feld rücken.« Aber »hinter dem großen Generalmarsch« stehe der »Kladderadatsch... Die Götterdämmerung der bürgerlichen Welt ist im Anzuge.«[37] Damals nahmen die bürgerlichen Parteien diese Worte nicht recht ernst. Sie gingen davon aus, daß, sofern die Regierung von dem großen wirtschaftlichen und militärischen Potential des Deutschen Reiches nur den rechten Gebrauch mache, sich die großen Ziele der deutschen Weltpolitik auch ohne Krieg würden durchsetzen lassen, vorausgesetzt allerdings, daß man es gegebenenfalls auf diesen werde ankommen lassen, statt im entscheidenden Augenblick zurückzuweichen, wie es ihrer Meinung nach in der Zweiten Marokko-Krise der Fall gewesen war.

Sowohl Hertling wie Bassermann verbanden ihre Mißbilligung der Art der Handhabung der Marokko-Affäre durch die Regierung mit der Forderung, daß dem Reichstag künftig in den Fragen der auswärtigen Politik ein Mitspracherecht eingeräumt werde. Bethmann Hollweg sah sich in der anschließenden Debatte gezwungen, diese nach seiner Ansicht undurchführbaren Vorschläge abzulehnen, die auf eine weitreichende Verschiebung im Verfassungsgebäude des Reichs abzielten. Vor allem aber wies er Heydebrands Äußerungen mit ungewöhnlicher Schärfe zurück. Direkt auf dessen Rede gemünzt, erklärte er: »Um utopischer Eroberungspläne und um Parteizwecke willen [...] die nationalen Leidenschaften bis zur Siedehitze zu bringen, das heißt den Patriotismus kompromittieren und ein wertvolles Gut vergeuden.«[38] Privatim bekannte Bethmann Hollweg wenige Tage später gegenüber dem württembergischen Gesandten in Berlin, Carl von Eisendecher: »Der Reichstag war würdelos, und Heydebrand führt die Konservativen auf demagogische Wege. Findet der Reichskanzler bei unserem nichtparlamentarischen System in ernsten auswärtigen Fragen nicht einmal mehr bei den Konservativen und den Gemäßigten Halt, dann wird sich schließlich niemand mehr für das Geschäft finden [...] Krieg für den Sultan von Marokko, für ein Stück Sus oder für die Gebrüder Mannesmann wäre ein Verbrechen gewesen. Aber das deutsche Volk hat diesen Sommer so leichtfertig mit dem Kriege gespielt. Das stimmt mich ernst, dem mußte ich entgegentreten. Auch auf die Gefahr, den Unwillen des Volkes auf mich zu laden.«[39] Bemerkenswert ist daran vor allem, daß der Reichskanzler es überhaupt für notwendig fand, sich für seine Zurückweisung einer Kriegspolitik zu rechtfertigen.

Es gereichte dem Kanzler zur Ehre, daß er sich in diesem Augenblick in so kompromißloser Weise den nationalistischen Strömungen in der deutschen Gesellschaft entgegengestellt hatte. Aber den Makel eines schwachen Politikers, dem im gegebenen Augenblick die Entschlossenheit und Härte zur Führung einer erfolgreichen Außenpolitik fehle, wurde er fortan nicht mehr los. Überdies kam es noch in der Budgetkommission des Reichstages und anschließend auch im Reichstag selbst zu einer äußert scharfen Auseinandersetzung über die verfehlte Pressepolitik der Regierung, bei der auch Kiderlen-Wächter nicht ungeschoren davonkam. Zwar nahm man in der Kommission von der Forderung Abstand, daß der Reichstag künftig bei allen außenpolitischen Fragen gehört werden müsse, jedoch nur deshalb, weil die Regierung zusicherte, daß in Zukunft das »Mitbestimmungsrecht des Reichstags« in allen die Kolonien betreffenden Angelegenheiten »gewahrt« sein werde.[40]

Fortan stand die Regierung Bethmann Hollweg in weltpolitischen Fragen unter dem beständigen Druck der Parteien der Mitte und der Rechten, vor allem aber der Öffentlichkeit und nicht zuletzt der nationalen Agitationsverbände. Erfolge in der äußeren Politik waren zu einer Lebensfrage für die Behauptung des bestehenden halbkonstitutionellen Systems geworden, und die Auffassungen des Reichstages konnten nicht länger einfach als quantité negligéable behandelt werden, wie dies bisher der Fall gewesen war. In der Reichstagssitzung vom 5. Dezember 1911 gab Bassermann der Regierung gute Ratschläge mit auf den Weg, wie die deutsche Weltpolitik künftighin geführt werden möge: »Was wir wünschen, [...] ist, daß die deutsche auswärtige Politik eine wohlvorbereitete, von Improvisationen sich fernhaltende und zielbewußte sein möge, eine Politik, die sich jeden Augenblick bewußt ist der gewaltigen Machtmittel, die wir besitzen [...]. Wir müssen bei dieser ganzen Politik davon erfüllt sein, daß jeder Versuch, unsere weltwirtschaftliche Entwicklung zu hindern oder zu unterbinden, auf das entschiedenste zurückgewiesen werden muß, und daß wir nicht dulden können, daß von irgend einer Nation eine internationale Vorherrschaft erstrebt und verlangt wird, die sich zum arbiter mundi aufwirft.«[41] Diese Worte richteten sich unverhohlen gegen Großbritannien, dem man unterstellte, daß es den Aufstieg des Deutschen Reiches zu einer gleichberechtigten Weltmacht bislang in ungerechtfertigter Weise behindert habe. In Zukunft dürfe dergleichen nicht mehr hingenommen werden. Es war dies die Botschaft eines imperialistischen Denkens, das im Vollgefühl des eigenen wirtschaftlichen und militärischen Machtpotentials in Zukunft ein entsprechend kraftvolles Auftreten des Deutschen Reiches in weltpolitischen Fragen verlangte und dafür gegebenenfalls selbst das Risiko eines Krieges einzugehen bereit war. Der Druck der nationalistischen Strömungen in der Öffentlichkeit auf die Führung der auswärtigen Geschäfte, der sich anläßlich der Zweiten Marokko-Krise so massiv artikuliert hatte, wurde fortan zu einem Faktor, den die Leiter der auswärtigen Politik nicht länger vernachlässigen konnten, obschon sie auch künftig immer wieder bei den überkommenen Methoden der klassischen Geheimdiplomatie Zuflucht suchten.

Die deutsche Außenpolitik am Scheideweg: Die Haldane Mission vom Frühjahr 1912

Nach dem Fiasko der allzu machiavellistisch eingefädelten Marokko-Politik Alfred von Kiderlen-Wächters war die Regierung Bethmann Hollweg gegenüber einer breiten nationalen Bewegung im Lande politisch in die Defensive geraten. Die Speerspitze derselben bildeten die nationalen Agitationsverbände, insbesondere der Alldeutsche Verband und der Flottenverein, zu denen sich Ende 1911 der neu gegründete Wehrverein unter der Führung des Generals außer Diensten August von Keim gesellte. Aber auch die bürgerlichen und die konservativen Parteien, insbesondere die Nationalliberalen und die Deutschkonservativen, wetteiferten nunmehr miteinander darum, wer von ihnen die entschiedenste Vorkämpferin einer kraftvollen nationalen Politik sei. Dieser Trend wurde nach dem Linksruck bei den Reichstagswahlen im Frühjahr 1912 eher noch verschärft. Die ihrem eigenen Anspruch nach über den Parteien stehende Kaiserliche Regierung verlor angesichts der Tatsache, daß es im Reichstag weder für die Parteien der Linken noch für jene der Rechten eine klare Mehrheit gab, innenpolitisch weitgehend ihre Bewegungsfreiheit und geriet außenpolitisch mehr denn je unter Erfolgszwang, ohne daß greifbare Erfolge auf diesem Gebiet in Sicht waren.[1]

Namentlich im bürgerlichen Lager nahm die Neigung zu, Weltpolitik mit Hilfe gesteigerten Rüstungsdrucks zu betreiben, notfalls auch in offener Frontstellung gegen Großbritannien, dem weithin die Hauptschuld für das Scheitern der deutschen Expansionsbestrebungen der letzten Jahre zugeschrieben wurde. Nicht nur in der Öffentlichkeit, sondern auch innerhalb der Führungseliten begann man zunehmend mit dem Gedanken eines Präventivkriegs zu liebäugeln, durch den der gordische Knoten der »Einkreisung« durchbrochen und der Durchbruch zu einer weltpolitischen Zukunft erreicht werden könne. Am wirksamsten wurden diese Ideen in einem Anfang 1912 erschienenen Buch des Generals a.D. Friedrich von Bernhardi mit dem bezeichnenden Titel »Deutschland und der nächste Krieg« vertreten; dieses war deshalb so einflußreich, weil es angebliche Unvermeidlichkeit eines großen europäischen Krieges, welcher allein die gefährdete Weltmachtstellung des Deutschen Reiches auf Dauer sicherstellen könne, unter Berufung auf die geistigen Traditionen der deutschen Nationalkultur seit Goethe und Schiller beschwor.

Dies entsprach keineswegs der Grundlinie der Politik der Regierung Bethmann Hollwegs. Sie war vielmehr mit großer Zähigkeit darum bemüht, den Scherbenhaufen, den die Marokko-Politik hinterlassen hatte, zu kitten und eine realistische Weltpolitik des Augenmaßes in Anlehnung an Großbritannien einzuleiten. Die amtliche Strategie richtete sich eher auf eine vorsichtige, aber konsequente Weltpolitik, die sich auf bestimmte Zielsetzungen konzentrierte und um eine politische Anlehnung an Großbritannien bemüht war. Dafür gab es Anhaltspunkte auch in der britischen Politik. Insbesondere der damalige britische Kolonialminister Sir William Harcourt vertrat die Meinung, daß man dem Expansionsdrang des Deutschen Reiches begrenzte Möglichkeiten in Übersee öffnen solle, statt es zu einer immer stärkeren Akkumulation der aggressiven Energien in Deutschland kommen zu lassen. Namentlich im Auswärtigen Amt ging man davon aus, daß die Außenpolitik des Deutschen Reiches gut daran tue, diese Tendenzen zugunsten einer Politik des Appeasements gegenüber dem Deutschen Reich ihrerseits positiv aufzugreifen. Friedrich von Kühlmann, damals Botschaftsrat an der deutschen Botschaft in London, war einer der entschiedensten Anhänger einer Politik der Anlehnung an und Zusammenarbeit mit Großbritannien. Nach seiner Ansicht sollte das Deutsche Reich gleichsam die Rolle eines Juniorpartners des britischen Empire übernehmen, statt seine weltpolitischen Ziele in Entgegensetzung zu diesem zu verfolgen. Kühlmann entwarf ein weitgespanntes Programm einer künftigen deutschen Weltpolitik in Zusammenarbeit mit Großbritannien, das in der grandiosen Vision eines künftigen deutschen Mittelafrikas gipfelte. Die bestehenden deutschen Kolonien in Afrika sollten durch den Erwerb weiterer Territorien – gedacht war zunächst an Angola und Mosambik, in fernerer Zukunft an Teile des französischen und schließlich des belgischen Kongo – zu einem zusammenhängenden mittelafrikanischen Kolonialreich erweitert werden. Dies setzte allerdings eine Annäherung der deutschen Politik an Großbritannien und, als seine wesentlichste Voraussetzung, die Beendigung des deutsch-englischen Rüstungswettlaufs zur See voraus. Im Grundsatz vertraten auch Kiderlen-Wächter und Bethmann Hollweg die Auffassung, daß weltpolitische Erfolge nur in Anlehnung an, nicht im Gegensatz zu Großbritannien zu erzielen sein würden; aber namentlich bei Bethmann Hollweg stand die Erwägung im Vordergrund, daß die gefährlichen Zuspitzungen im deutsch-englischen Verhältnis vor allem deshalb überwunden werden müßten, um die gefährdete Position des Reiches auf dem Kontinent zu stabilisieren.

Dieser außenpolitischen Konzeption stand jedoch die von dem Staatssekretär des Reichsmarineamts Admiral Alfred von Tirpitz vertretene Position diametral entgegen, die davon ausging, daß eine durchgreifende Verbesserung des deutsch-britischen Verhältnisses und eine angemessene Berücksichtigung der weltpolitischen Interessen des Deutschen Reiches nur erreichbar sein würden, wenn das Deutsche Reich unbeirrt an seiner Politik des Baus einer Schlachtflotte festhalte, die nach ihrer Fertigstellung der britischen Home Fleet werde Paroli bieten können. Insgesamt hatte in den Führungskreisen des Deutschen Reiches und ebenso auch in der breiten Öffentlichkeit die Begeisterung für die Flotte nachgelassen; man war es leid, ständig hören zu müssen, daß man es auf ernsthafte Konflikte mit anderen Mächten so lange nicht ankommen lassen dürfe, bis die Flotte fertig und der Nordostseekanal für große Schlachtschiffe befahrbar gemacht worden sei. Angesichts der anti-englischen Stimmungen in der deutschen Öffentlichkeit auf dem Höhepunkt der zweiten Marokko-Krise entdeckte Tirpitz eine einmalige Gelegenheit, um das eigentlich schon auf Sand oder doch in äußerst flaches Wasser geratene Schiff der Flottenrüstung mit ihrer direkt gegen Großbritannien gerichteten strategischen Zielsetzung wieder flottzumachen. Schon im August 1911 erklärte er gegenüber dem Chef der Admiralität, Admiral Eduard von Capelle, daß man die gegenwärtige Lage unbedingt für die Durchsetzung einer neuen Flottenvorlage bereits zum Jahre 1912 ausnutzen müsse: »Der Strom der öffentlichen Meinung kann sehr stark werden, und wir können in Gefahr kommen, den Moment zu verpassen, wenn wir bis 1913 warten.«[2] Tirpitz zögerte nicht, sich zum Zweck der Durchsetzung einer neuen Flottennovelle sogar die in Regierungskreisen verbreiteten Präventivkriegsstimmungen zunutze zu machen, obschon er eigentlich zum damaligen Zeitpunkt keinesfalls für einen Krieg zu haben war. Die Frage der Herrschaft des Sultans von Marokko gebe, so meinte er, keinen »für die Masse« schlagenden »Kriegsgrund« ab; überdies sei in diesem Falle der casus foederis für den Dreibund nicht gewährleistet. Wohl aber gelte dies für eine neue Flottennovelle, die die deutsche Entschlossenheit zum Ausdruck bringen würde, »sich auf die Dauer diese Art der Zurückdrängung nicht bieten zu lassen [...] Wollen uns die Engländer [...] die Novelle verbieten, dann haben wir den Kriegsgrund, der jedermann in Deutschland verständlich wäre, und alsdann müssen wir dem Schicksal seinen Lauf lassen.«[3] Tirpitz trat demgemäß schon Ende August an den Reichskanzler mit dem Vorschlag heran, eine neue Flottenvorlage einzubringen, die eine weitere Beschleunigung des Schlachtflottenbaus bringen sollte. Eine Flottennovelle sei die einzig richtige Antwort auf die Herausforderung der Mansion House Rede Lloyd Georges. Nur auf diese Weise könne die Stimmung im Innern, die durch den Fehlschlag der Marokko-Politik auf einen Tiefpunkt gesunken sei, wieder gehoben werden. Davon abgesehen, sei eine »stärkere Marine unbedingt erforderlich, um Weltpolitik treiben zu können«[4]. Tirpitz konnte auf die Unterstützung Wilhelms II. zählen, der am 27. August bei einem Essen des Hamburger Senats in einem Trinkspruch die Begeisterung der Hamburger Bevölkerung dahingehend gedeutet hatte, daß es ihre Ansicht sei, »unsere Flotte auch fürderhin zu verstärken, so daß wir sicher sein könnten, daß uns niemand den uns zustehenden Platz an der Sonne streitig machen werde«[5]. Nur mit großer Mühe gelang es Bethmann Hollweg zu erreichen, daß die Entscheidung über eine neue Flottenvorlage, die auf Großbritannien als direkte Herausforderung wirken mußte, wenigstens während der Endphase der Verhandlungen über die Marokko-Frage zurückgestellt wurde.

Im Spätherbst 1911 kam es zu einem dramatischen Ringen zwischen Tirpitz, der nun mit größter Entschiedenheit die Einbringung einer neuen Flottennovelle sowie deren sofortige öffentliche Ankündigung forderte, um den Rückenwind der anti-britischen öffentlichen Meinung auszunutzen, und dem Reichskanzler, der durch einen derartigen Schritt seine gesamte politische Konzeption gefährdet sah, wäre dann doch an eine Annäherung an, geschweige denn einen Ausgleich mit

Großbritannien nicht mehr zu denken gewesen. Für den Staatssekretär des Reichsmarineamts stand in der Tat viel auf dem Spiel. Sofern es ihm nicht gelingen würde, die gemäß dem bisherigen Flottengesetz für 1912 vorgesehene Rückkehr auf das sogenannte Zweiertempo, das heißt den Bau von nur je zwei großen Schiffen jährlich, zu verhindern, wäre die Aussicht, Großbritannien jemals einzuholen, endgültig zerronnen; darauf aber beruhten bekanntlich die Prämissen der deutschen Flottenbaupolitik. Tirpitz ging allerdings ergänzend davon aus, daß die Briten weder finanziell noch hinsichtlich ihrer Mannschaftsreserven in der Lage sein würden, das von ihm angestrebte »Dreiertempo« ihrerseits mit einer erneuten Verstärkung des eigenen Flottenbaus im Verhältnis »two keels to one« zu beantworten. Nach seiner Ansicht stand mit der Novelle die Zukunft des deutschen Flottenbaus schlechthin auf dem Spiel. In den Notizen für einen dann in dieser Form nicht gehaltenen Immediatvortrag bei Wilhelm II. vom 26. September 1911 heißt es vielsagend: »Jetzt bleibt nur noch die Möglichkeit u[nd] einzige Chance für uns: [die] Flotte verstärken u[nd] an England heranzukommen [...] Wird dies nicht erreicht, wird Deutschland herabsinken« und die Geschichte »über Wilhelms II. Flottenbestrebungen den Stab brechen«.[6] Im Frühjahr 1912 schien der geeignete, zugleich aber der unwiederbringlich letzte Zeitpunkt gekommen zu sein, um im maritimen Wettrüsten mit Großbritannien den entscheidenden Sprung nach vorn zu tun. Die von Tirpitz ins Auge gefaßte Vorlage sah demgemäß ursprünglich den Bau von zusätzlich sechs neuen Großkampfschiffen im Zeitraum von 1912 bis 1917 sowie Mannschaftsvermehrungen in einem Umfang vor, der es ermöglichen sollte, ein drittes Geschwader zu bilden sowie künftig ständig zwei Geschwader in aktivem Dienst zu halten.

Umgekehrt war Bethmann Hollweg mehr denn je davon überzeugt, daß eine neue Flottenvorlage unter allen Umständen unterbleiben müsse, um eine weitere Verschlechterung der Beziehungen zu Großbritannien zu vermeiden. Denn dann würde sich die ohnehin kritische Situation des Deutschen Reiches innerhalb des Mächtesystems noch schwieriger gestalten. Davon abgesehen, fürchtete der Kanzler die innenpolitischen Auswirkungen einer neuen, kostenträchtigen Flottenvorlage, hatten die Konservativen doch gerade eben wieder erkennen lassen, daß sie die Erbschaftssteuer, welche unter den gegebenen Umständen unvermeidlicherweise Teil eines neuen Steuerpakets hätte werden müssen, unnachgiebig bekämpfen würden. Ruhe an der Steuerfront aber war aus der Sicht der Reichsleitung ganz unabdingbar erforderlich, sollte eine allmähliche Beruhigung im Innern und eine Stabilisierung des Kurses der Regierung »oberhalb der Parteien«, das heißt unabhängig von einer die Konservativen nicht einschließenden Parteienmehrheit, erreicht werden.

Tirpitz hingegen konterte die von dem deutschen Botschafter in London, Paul Graf von Wolff-Metternich zur Gracht, geteilten Bedenken des Kanzlers, daß eine neue Flottenvorlage womöglich zum Kriege mit Großbritannien führen werde, indem er den alten Vorschlag aus der Tasche zog, ein deutsch-englisches Flottenabkommen abzuschließen, in dem die beiderseitigen Flottenstärken im Verhältnis von zwei zu drei festgeschrieben werden sollten. Damit war dem Augenschein nach dem Wunsche des Kanzlers genüge getan, zu einer Vereinbarung mit Großbritannien zu gelangen, wie sie aus Gründen der Gesamtpolitik des Deutschen Reiches dringend erforderlich schien. Der Kaiser stimmte diesem Vorschlag, den ihm Tirpitz am 26. September 1911 vortrug, denn auch enthusiastisch zu und verlangte vom Reichskanzler die sofortige öffentliche Ankündigung der Novelle und der damit verbundenen neuen Zielsetzungen der deutschen Flottenpolitik, sei es in einer Erklärung im Reichstag, sei es in der Thronrede, mit der Anfang 1912 der neugewählte Reichstag eröffnet werden sollte: »Wir stehen unleugbar an einem entscheidenden Wendepunkt in der Geschichte unseres Vaterlandes. Wir haben den Gegner erkannt, sein fast demütigendes Wirken gespürt und knirschend ertragen müssen. An unserer Freundschaft scheint ihm nichts zu liegen. Also sind wir noch nicht stark genug. Ihm imponieren nur Gewalt und Kraft.«[7]

Bei Lage der Dinge wagte es Bethmann Hollweg nicht, dem Argument, daß das Deutsche Reich nach Agadir, dessen kläglicher Ausgang wesentlich eine Folge des britischen Eintreten für Frankreich gewesen sei, mehr denn je eine große Schlachtflotte benötige, frontal entgegenzutreten, zumal er sich von Wilhelm II. und Tirpitz einerseits, der anti-englischen Stimmung in der deutschen Öffentlichkeit, die eine Flottennovelle als Zeichen kraftvollen Auftretens gegenüber England unzweifelhaft begrüßt haben würde, andererseits in die Zange genommen sah. Er verlegte sich auf eine Strategie des Finassierens und des Zeitgewinns, in der Hoffnung, die Flottenvorlage doch noch verhindern zu können.

In der Folge kam es zu einem heftigen internen Ringen der Reichsressorts über die Flottennovelle. Bethmann Hollweg und Kiderlen-Wächter stemmten sich zunächst gegen das Verlangen einer öffentlichen Ankündigung der Flottennovelle in gleich welcher Form, in der berechtigten Annahme, daß sie sonst von der anti-englischen Stimmung in den Parteien und in der Öffentlichkeit einfach überrollt würden, während Tirpitz umgekehrt dazu bereit war, diese Frage gegebenenfalls zu einem Gegenstand des bevorstehenden Reichstagswahlkampfes zu machen. Jedoch gelang es dem Kanzler, unter Hinweis auf die sonst zu erwartende Verschärfung der anglophoben Agitation in der Öffentlichkeit, sich gegenüber dem Reichsmarineamt durchzusetzen. Auch in dem verschleierten Konkurrenzkampf der Nachrichtenabteilung des Reichsmarineamts und der Presseabteilung des Auswärtigen Amtes um die Beeinflussung der öffentlichen Meinung für oder gegen die Vorlage errang der Kanzler einen taktischen Sieg. Tirpitz wurde gezwungen, die Nachrichtenabteilung, die der Presse »vertrauliche« Informationen über die Vorlage hatte zukommen lassen, wieder zurückzupfeifen.[8] Ansonsten ließ der Kanzler den technischen Beratungen über die Gestaltung der Novelle zunächst freie Bahn, jedoch ohne sich seinerseits festzulegen. Im übrigen verlegte er sich, um damit

Tirpitz' Flottenplänen finanziell das Wasser abzugraben, auf die Strategie, die allenfalls verfügbaren Finanzmittel weitgehend für eine neue Heeresvermehrung einzusetzen, obschon die Militärs dieser wegen ihrer Auswirkungen auf die politische und soziale Homogenität des Offizierskorps eher ablehnend gegenüberstanden. In einem intrigenreichen Kampf hinter den Kulissen setzte der Kanzler, im Zusammenspiel mit dem Reichsschatzsekretär Adolf von Wermuth, den Primat der Heeresrüstung durch, ohne doch auf diese Weise eine neue Flottenvorlage ganz verhindern zu können.[9] Außerdem handelte er Tirpitz einen Teil der ursprünglichen Vorlage ab, dergestalt, daß nur noch drei, nicht, wie bisher vorgesehen, sechs Großkampfschiffe in den Jahren 1912 bis 1917 auf Kiel gelegt werden sollten. In der Thronrede vom 7. Februar wurden diese Vorlagen schließlich in einer möglichst unauffälligen Weise als reguläre Gesetzesvorlagen angekündigt, die die »Wehrkraft [...] zu Lande und zu Wasser« erhalten und stärken sollten, um die zu erwartenden außenpolitischen Rückwirkungen möglichst gering zu halten.[10]

Jedoch suchte der Kanzler gleichzeitig, die bevorstehende Flottennovelle durch die Herbeiführung eines politischen Abkommens mit Großbritannien doch noch obsolet zu machen. Über private Kanäle – den deutschen Reeder Albert Ballin und den englischen Bankier Sir Ernest Cassel – gelang es dann rasch, deutsch-britische Gespräche über eine politische Vereinbarung, gekoppelt mit einer Reduzierung des deutschen Flottenbauprogramms, in Gang zu bringen. Nachdem Sir Ernest Cassel signalisiert hatte, daß die britische Regierung dazu bereit sei, in Verhandlungen über ein Abkommen einzutreten, und daß Sir Edward Grey bereit sei, zur Führung der Verhandlungen gegebenenfalls persönlich nach Berlin zu kommen, breitete sich in Berlin eine Stimmung der Euphorie aus. Besonders Wilhelm II. wähnte mit einem Abkommen mit England bereits sicher rechnen zu können. Diese Euphorie dürfte allerdings insgeheim vom Kanzler geschürt worden sein, in der Erwartung, daß dadurch die Chancen für eine weitgehende Zurücknahme der Flottennovelle erhöht würden. Gleichwohl sah sich Bethmann Hollweg gezwungen, die eben erst in ihrem Inhalt festgestellte, jedoch noch nicht veröffentlichte Novelle noch rasch in das Verhandlungspaket einzubeziehen, offensichtlich unter dem Druck des Reichsmarineamts. Dies war nicht eben ein gutes Omen für die bevorstehenden Verhandlungen. Der deutsche Botschafter in London, Graf Metternich, wies sogleich darauf hin, daß die von Cassel avisierte politische Vereinbarung allenfalls bei einem gänzlichen Verzicht auf die Flottennovelle erreichbar sein werde.[11] Seine dringenden Warnungen wurden freilich von dem Marineattaché an der deutschen Botschaft, von Widenmann, eilfertig und unter Überschreitung seiner Dienstbefugnisse konterkariert, ohne daß sich das Auswärtige Amt dagegen zur Wehr zu setzen vermochte. Der Kaiser ging unter diesen Umständen weiterhin von der optimistischen Annahme aus, daß aufgrund des von Cassel übermittelten Memorandums ein Abkommen mit Großbritannien ohne ernstliche

Abstriche an der Novelle erreichbar sei; die grundsätzliche Gegensätzlichkeit der Strategien des Kanzlers und des Staatssekretärs des Reichsmarineamts drang demgemäß zunächst nicht an die Oberfläche.

Jedoch entbrannte nun, noch bevor klar war, wen die britische Regierung als Unterhändler nach Berlin entsenden werde, ein zähes Ringen um die richtige Linie in den Verhandlungen mit Großbritannien. Der Kanzler, sekundiert von Kiderlen-Wächter und Graf Metternich, war entschlossen, unter allen Umständen zu ernstlichen Verhandlungen mit Großbritannien über ein politisches Abkommen sowie ein Abkommen über künftige koloniale Erwerbungen zu kommen, auch wenn dies eine drastische Beschneidung der Novelle oder gar deren völlige Aufgabe erforderlich machen würde. Tirpitz hingegen wollte die Flottennovelle unter allen Umständen durchsetzen und war noch nicht einmal zu ernstlichen Abstrichen bereit. Aus seiner Sicht kam alles darauf an zu verhindern, daß die deutsche Flottenpolitik auf das »Zweiertempo« zurückfallen würde.[12] Allenfalls sei eine gewisse zeitliche Streckung des Flottenbaus möglich, bei gleichzeitiger Festschreibung des Stärkeverhältnisses der beiderseitigen Flotten auf eine Relation von zwei zu drei, und auch dies nur, sofern dafür ein uneingeschränktes Neutralitätsabkommen angeboten würde. Der Kaiser stand zwischen beiden Lagern; nur zu gern hätte er es gesehen, wenn unter seiner Ägide ein Bündnisabkommen zwischen beiden Ländern zustande gekommen wäre. Deswegen optierte er zunächst, wenn auch mit deutlich schlechtem Gewissen, für Bethmann Hollweg und gegen Tirpitz, aber in der illusionären Erwartung, daß eine mäßige Verlangsamung des Bautempos genügen werde, um die Engländer zufriedenzustellen; Bethmann Hollweg hielt es für taktisch richtig, ihm in diesem Punkt vorläufig keinen reinen Wein einzuschenken, zumal er selbst über das Maß dessen, was die Briten allenfalls hinzunehmen bereit waren, durchaus illusionäre Vorstellungen hegte. Beide Seiten, sowohl die »zivile« Reichsleitung als auch das Reichsmarineamt und die Admiralität, pokerten dabei hoch; sie hofften, am Ende, wenn die präzise Rechnung präsentiert werden würde, den Kaiser doch noch auf ihre Seite ziehen zu können. Wilhelm II. aber erwies sich seiner konstitutionellen Aufgabe, zwischen den verschiedenen Verfassungsfaktoren zu vermitteln, um so weniger gewachsen, als er ein entschiedener Anhänger einer starken Schlachtflotte war.

Unter diesen Umständen fand der englische Kriegsminister Lord Haldane, als er am 8. Februar 1912 in Berlin eintraf, ziemlich verfestigte Fronten vor. Haldane sah seine Aufgabe in erster Linie darin, die Gegebenheiten zu erkunden, und war deshalb wenig geneigt, die englische Position mit der Schärfe zu vertreten, die notwendig gewesen wäre, um Wilhelm II. davon zu überzeugen, daß ohne weitreichende Konzessionen in der Frage des Flottenbaus eine Einigung niemals erreichbar sein würde. Die erste Besprechung Haldanes mit Bethmann Hollweg verlief in durchaus harmonischen Formen, obschon weder über der Frage der Reichweite eines politischen Abkommens noch über der Flottenbaufrage eine Einigung erreicht werden konnte. Bethmann Hollweg selbst meinte, daß es in erster Linie auf den Geist ankommen werde, mit dem ein solches Abkommen praktiziert werde, nicht auf die Einzelheiten. Immerhin sah es dennoch so aus, als ob eine Verständigung erreichbar sein würde, auch wenn Bethmann Hollweg aus taktischen Gründen so tat, als ob ein politisches Abkommen bereits in Reichweite sei. Tirpitz hingegen war nicht bereit, auch nur ein Gran nachzugeben. In der Besprechung des Kaisers mit Haldane am 9. Februar 1912, bei dem ansonsten nur Tirpitz zugegen war, zeigte sich der Staatssekretär des Reichsmarineamts so unnachgiebig wie nur möglich und präsentierte Haldane ein ganzes Register von Gründen, weshalb auf die Flottennovelle unter keinen Umständen verzichtet werden könne. Am Ende erklärte er sich nur dazu bereit, die Bauzeiten über einen geringfügig längeren Zeitraum zu verteilen und mit dem Bau des ersten zusätzlichen Schiffes erst 1913, nicht schon 1912 zu beginnen. Selbst diese Konzession sollte aber nicht zu einem Bestandteil des zu treffenden politischen Abkommens gemacht werden, vielmehr sollte der Kaiser, nachdem dieses unter Dach und Fach gebracht sei, dann freiwillig einen Verzicht auf Teile der Vorlage erklären. Haldane, der in erster Linie die Rolle des Zuhörers spielte, beging den schweren taktischen Fehler, den Eindruck zu erwecken, als ob dieses höchst magere Angebot genüge, um gleichwohl zu einem politischen Abkommen zu kommen. So glaubte Wilhelm II. bereits, daß der Durchbruch erreicht und eine grundsätzliche Einigung zustandegebracht worden sei, ohne wesentliche Abstriche am deutschen Flottenbauprogramm machen zu müssen. Davon konnte freilich keine Rede sein; zwar ließen sich die Gespräche Haldanes mit Bethmann Hollweg und Kiderlen-Wächter über Vereinbarungen auf kolonialpolitischem Gebiet, einschließlich der Bagdadbahn, gut an, aber die Formel, die Haldane für ein politisches Abkommen in Vorschlag brachte, daß sich nämlich beide Mächte verpflichten sollten, keinerlei unprovozierten Angriff gegeneinander zu unternehmen und keinerlei Kombinationen beizutreten, die eine aggressive Spitze gegen die andere habe, wurde von Bethmann Hollweg als unzureichend betrachtet. Dennoch sah das Auswärtige Amt (wenn auch mit einem gehörigen Schuß von Zweckoptimismus) weiterhin gute Chancen dafür gegeben, doch noch zu einem befriedigenden Abkommen zu gelangen.

Die Reaktion der britischen Regierung auf die Resultate der Haldane-Mission war jedoch verständlicherweise äußerst negativ. Man erkannte hier sofort, daß die von deutscher Seite angebotene Streckung der in der Novelle vorgesehenen Neubauten, die man auf deutscher Seite als Gegenleistung für ein politisches Abkommen angeboten hatte, höchst geringfügig war; eine ernstliche Entlastung für den britischen Steuerzahler war keinesfalls gewährleistet, eher war das Gegenteil der Fall. Noch entscheidender war, daß die von Tirpitz beabsichtigte Errichtung eines dritten Geschwaders nebst umfangreichen Mannschaftsvermehrungen Großbritannien zwingen würde, auch auf diesem Gebiet nachzuziehen, um ebenfalls stets zwei Geschwader in der Nordsee einsatzbereit zu haben. Dies aber erforderte eine erneute erhebliche Steigerung des britischen Rüstungsbudgets. Unter diesen Umständen betrachtete die britische Regierung die bescheidene Verlangsamung im deutschen Flottenbau, wie sie Tirpitz und Wilhelm II. in Aussicht gestellt hatten, als nahezu wertlos. Man vermochte diese in der Downing Street keinesfalls als Äquivalent für eine politische Vereinbarung gleich welchen Inhalts anzusehen, da ja beide Mächte nach deren Abschluß, wenn auch ein wenig verhaltener, unvermindert mit ihren maritimen Rüstungen fortfahren würden. Sir Edward Grey machte denn auch gegenüber Metternich den englischen Standpunkt unzweideutig klar, daß auf der Grundlage dieser Vorschläge keinerlei Abkommen, gleichviel, ob über koloniale Fragen oder über die beiderseitigen Beziehungen in Europa, möglich sei. Wilhelm II. aber wollte sich seinen diplomatischen Triumph nicht nehmen und seine Beute nicht wieder entreißen lassen; er bestand darauf, daß die englische Regierung zu dem ursprünglichen »Angebot« Haldanes zurückkehre, und wies Metternich in London an, in diesem Sinne bei der britischen Regierung vorstellig zu werden. Einen Bericht Metternichs über ein weiteres Gespräch mit Sir Edward Grey nahm der Kaiser zum Anlaß zu verlangen, man möge der britischen Regierung gegenüber erklären, daß die beabsichtigte Verlagerung eines Teils der britischen Mittelmeerflotte in die Nordsee mit der Mobilmachung beantwortet und als Kriegsfall angesehen werden würde. Dieser Ausbruch allerhöchsten kaiserlichen Unwillens war Bethmann Hollweg denn doch zuviel, und er beantwortete ihn mit einem Rücktrittsgesuch, in dem er sich gegen die verfassungswidrigen Eingriffe des Kaisers in den Gang der auswärtigen Geschäfte verwahrte und insbesondere die Kriegsdrohungen Wilhelms II. als unangemessen zurückwies: »Wird uns ein Krieg aufgenötigt, so werden wir ihn schlagen und mit Gottes Hilfe dabei nicht untergehen. Unsererseits aber einen Krieg heraufbeschwören, ohne daß unsere Ehre oder unsere Lebensinteressen tangiert sind, würde ich für eine Versündigung an dem Geschicke Deutschlands halten [...].«[13]

Dieser Befreiungsschlag verschaffte Bethmann Hollweg fürs erste wieder etwas Luft für die Fortführung der Gespräche mit Großbritannien. In den kommenden Wochen entspann sich zwischen Bethmann Hollweg, Kiderlen-Wächter und Metternich auf der einen Seite und Grey, Harcourt, Winston Churchill und Haldane auf der anderen Seite ein zähes Ringen darüber, ob nicht doch noch eine Formel für einen deutsch-englischen Vertrag gefunden werden könne, die einerseits Großbritannien nicht aus seinen bestehenden Ententen herauslösen, andererseits aber die deutsche Forderung befriedigen würde, daß Großbritannien im Falle von Verwicklungen auf dem europäischen Kontinent nicht im Lager Frankreichs und Rußlands zu finden sein werde. Diese Verhandlungen wurden überschattet von dem beständigen Drängen auf seiten von Tirpitz und Wilhelm II., die Flottennovelle nunmehr öffentlich anzukündigen; nach damaligen Vorstellungen hätte es dann kein Zurück mehr gegeben. Der Marineattaché an der deutschen Botschaft in London, Wilhelm von Widenmann, argumentierte in Berichten an Wilhelm II., die in krassem Gegensatz zu den Auffassungen des Botschafters standen, daß die Engländer nur blufften und daß es ihnen ausschließlich um die Verhinderung der Novelle gehe, nicht um eine Annäherung an das Deutsche Reich! Das britische Kabinett war nach sorgfältiger Prüfung der Lage nicht bereit, über die Zusicherung hinauszugehen, daß Großbritannien keinen unprovozierten Angriff auf das Deutsche Reich unternehmen und diesem gegenüber keine aggressive Politik betreiben sowie ferner keinen Kombinationen beitreten werde, die aggressive Ziele gegen das Deutsche Reich verfolgten.[14] Dies war nicht weit entfernt von einer bedingten und eingeschränkten Neutralitätserklärung für den Fall, daß Deutschland von dritter Seite ein Krieg aufgezwungen werde, wie sie Grey von seiten Metternichs nahegelegt worden war. Aber darüber hinauszugehen, hielt Grey für unmöglich, ohne die guten Beziehungen zu Frankreich, dessen Londoner Botschafter übrigens über den Gang der Verhandlungen ständig auf dem laufenden gehalten wurde, zu gefährden. Bethmann Hollweg erklärte sich schließlich gar mit der ursprünglichen Formulierung Haldanes zufrieden, mit dem Zusatz, daß für den Fall drohender Verwicklungen ein rechtzeitiges »Insbenehmentreten mit dem Partner« stattfinden solle.[15] Aber es gelang ihm nicht, die engere Führungselite des Deutschen Reiches auf eine derartige Kompromißformel einzuschwören, zumal offen war, ob sie von dem englischen Partner akzeptiert würde. Tatsache ist, daß beide Seiten viel zu weit voneinander entfernt waren, als daß eine Lösung hätte erreicht werden können. Denn auch Bethmann Hollweg und Kiderlen-Wächter verkannten, daß ein Neutralitätsabkommen von Großbritannien selbst um den Preis einer substantiellen Zurückschneidung des Flottenbauprogramms nicht zu erlangen war, weil die britischen Staatsmänner bei Lage der Dinge begründetes Mißtrauen in die aggressiven Zielsetzungen der deutschen Politik hegten und sich demgemäß nicht dazu in der Lage sahen, der kaiserlichen Regierung einen Freibrief für eine offensive Politik gegenüber seinen kontinentalen Rivalen zu geben, selbst wenn sie diesen nicht zu benutzen beabsichtigte, was man in London Bethmann Hollweg auch keineswegs unterstellte. Nur eine Politik der »kleinen Schritte«, wie man heute sagen würde, hätte hier helfen und das Mißtrauen auf beiden Seiten des Kanals nach und nach abbauen können. Aber alles, was hinter einem Neutralitätsabkommen zurückblieb, war für die Vertreter der harten Linie in der deutschen Führungselite nicht ausreichend, um dafür von einer Fortführung des Schlachtflottenbaus abzusehen, der auf mittlere Frist dem Deutschen Reich eine Waffe zu verschaffen versprach, mit der man Englands Wohlverhalten werde erzwingen können. Unter den gegebenen Umständen siegten demgemäß am Ende Tirpitz und Wilhelm II. über Bethmann Hollweg und das Auswärtige Amt. Am 18. März 1912 ließ der Kanzler, der damit hinter sein eigenes letztes Verhandlungsergebnis zurückging, nach London drahten, daß nur »ein die Neutralität Englands verbürgendes, einem [...] Schutzbündnis nahekommendes Abkommen«

die Voraussetzung darstelle, unter welcher er »bei Seiner Majestät einen Verzicht auf wesentliche Bestandteile der Flottennovelle befürworten und der öffentlichen Meinung in Deutschland gegenüber diesen Verzicht würde rechtfertigen können«.[16] Die Verhandlungen zogen sich dann noch mehr als zwei Monate hin, vor allem, weil keine der beiden Seiten das Odium ihres Abbruchs auf sich nehmen wollte. Aber die Aussicht auf ein weitreichendes, den Flottenbau ebenso wie die kolonialen Fragen einschließendes Abkommen mit Großbritannien war, nachdem die Flottennovelle nicht mehr rückgängig zu machen war, vorerst dahingeschwunden.

Der Ausgang der Dinge war von schwerwiegender Bedeutung; die Vertreter des harten Kurses, der ausschließlich auf eine weitere Steigerung der deutschen Rüstungen zur See und zu Lande setzte, hatten gesiegt, und die Repräsentanten des gemäßigten, auf internationalen Ausgleich gerichteten Kurses hatten dafür die Verantwortung übernommen. Die deutsche Politik war in ein verhängnisvolles Zwielicht geraten. Hatte sie das Neutralitätsabkommen nur gewollt, um die Flotte in Ruhe fertigzustellen und im übrigen bei geeigneter Gelegenheit über ihre kontinentalen Rivalen herzufallen, ohne eine englische Intervention fürchten zu müssen? Oder betrachtete sie ein solches Abkommen tatsächlich als einen Weg, um das Deutsche Reich wieder aus seiner bündnispolitisch bedrängten Lage herauszuführen und auf diese Weise die Voraussetzungen für eine aktivere Weltpolitik in Afrika und im Nahen Osten zu legen, ohne einen europäischen Krieg fürchten zu müssen? Bethmann Hollweg und Kiderlen-Wächter standen fraglos auf dem letzteren Standpunkt, aber sie hatten sich als nicht stark genug erwiesen, um sich innerhalb der engeren Führungselite des Deutschen Reiches damit durchzusetzen. Zum Teil lag dies darin begründet, daß die Regierung Bethmann Hollweg nicht über einen festen Rückhalt bei einer Parteienmehrheit im Reichstag verfügte und auch gegenüber den nationalistischen Strömungen der Öffentlichkeit weitgehend hilflos war. Noch war freilich nicht entschieden, ob der Kurs der Verständigung mit Großbritannien nicht doch noch realisierbar sein werde oder ob am Ende die Scharfmacher das Sagen haben würden.

Immerhin hatte die britische Diplomatie, ungeachtet des Scheiterns der Haldane-Mission und der sich daran anschließenden Verhandlungen, die Tür für ein künftiges Abkommen über territoriale Fragen in Übersee nicht gänzlich zugeschlagen. Das war ein Ansatzpunkt für die Politik Bethmann Hollwegs, die auch weiterhin eine Verständigung mit Großbritannien zu erreichen suchte. Andererseits beantwortete Sir Winston Churchill als Erster Seelord die Ankündigung der Flottennovelle, mit ihren im Kern offensiven Zielsetzungen, mit der Erklärung, daß die britische Regierung ihr Bauprogramm hinfort stets in dem gleichen Rhythmus steigern werde, wie dies in Deutschland der Fall sei; die bestehende sechzigprozentige Überlegenheit der britischen Flotte werde, koste es, was es wolle, aufrechterhalten. In diesem Zusammenhang fiel auch das Wort von der deutschen »Luxusflotte«, die, im Unterschied zur englischen Flotte, keinerlei wirklichen nationalen Bedürfnissen, sondern nur der Prestigesucht der Deutschen diene.[17] Die Erregung in den Kreisen der Regierung und in der deutschen Öffentlichkeit über diese angebliche »Impertinenz« war groß. In Wahrheit bedeutete diese Entscheidung, daß Tirpitz' großer Plan endgültig in das Reich der Chimäre gerückt war; es war nicht zu erwarten, daß man den britischen Vorsprung auf maritimem Gebiet jemals werde einholen können. Die Umgruppierungen der britischen Flotte, insbesondere die, allerdings späterhin wieder revidierte, Entscheidung, einen großen Teil der Einheiten der britischen Mittelmeerflotte abzuziehen und, in Erwartung einer möglichen deutschen Aggression, der Home Fleet zuzuschlagen, verwies Großbritannien auf den Weg einer engeren militärischen Kooperation mit Frankreich nicht nur zu Lande, sondern auch auf seestrategischem Gebiet.[18] Dadurch wurde die französisch-britische Entente gestärkt und zumindest indirekt die Handlungsfreiheit Großbritanniens im Kriegsfall weiter eingeschränkt. Einmal mehr hatte sich die Flottenpolitik als schwere Hypothek für eine konstruktive deutsche Außenpolitik erwiesen.

Die Balkan-Kriege von 1912/13 und die fortschreitende Einengung des politischen Handlungsspielraums des Deutschen Reiches

Der Reichskanzler von Bethmann Hollweg hatte sich bis zum Frühsommer 1912 mit aller Energie darum bemüht, gegen das Quid pro quo einer Beschränkung des Umfangs und der Geschwindigkeit des deutschen Schlachtflottenbaus ein umfassendes politisches Arrangement mit Großbritannien auszuhandeln, um das Deutsche Reich aus der bedrängten internationalen Lage herauszubringen, in der es sich seit der zweiten Marokko-Krise befand. Das Scheitern dieser Bemühungen hatte zur Folge, daß vorderhand die *hardliners,* die eine Lösung der weltpolitischen Probleme durch eine Forcierung der deutschen Rüstungen zu Lande und zur See anstrebten, Oberwasser erhielten. Allerdings bemühte sich die Reichsleitung, die Flottennovelle ebenso wie die Heeresvorlage, die nunmehr unabweisbar geworden waren, möglichst geräuschlos über die Bühne zu bringen, um den Argwohn der anderen Mächte hinsichtlich der Absichten der deutschen Politik nicht noch zu vermehren. Bei der Einbringung der Vorlage im Reichstag betonte der Reichskanzler, daß die Militärvorlagen nicht »im Hinblick auf eine unmittelbar drohende Gefahr« eingebracht worden seien. Vielmehr liege »in der augenblicklichen europäischen Situation [...] kein Grund [...] zur Beunruhigung vor«.[1] In dem Bedürfnis, auf die öffentliche Meinung im In- wie im Ausland beruhigend zu wirken, führte er unter anderem aus: »[...] gerade diejenigen, die den Frieden wünschen, die für den Frieden arbeiten, und auch die, die für den Frieden reden, können sich der Einsicht nicht verschließen, daß für Deutschland mit seiner kontinentalen Lage im Herzen Europas, mit seinen nach allen Seiten hin offenen Grenzen, in einer starken Wehrmacht in besonderem Maße die sicherste Friedensbürgschaft beschlossen liegt.«[2] Damit suchte Bethmann Hollweg freilich zugleich den Parteien der politischen Linken, die aus den Reichstagswahlen vom Januar 1912 erheblich gestärkt hervorgegangen waren, Brücken zu bauen. Denn nunmehr verfügte die Regierung im Reichstag nicht mehr über eine solide Mehrheit der bürgerlichen und konservativen Parteien selbst in »der nationalen Frage unserer Wehrkraft«, die, wie der Kanzler meinte, außerhalb des Parteienstreits stehen sollte.

In der Öffentlichkeit wurde diese gemäßigte Sprache der Regierung vielfach eher mit Mißbilligung aufgenommen. Die nationalen Agitationsverbände, insbesondere der neu begründete Wehrverein, verstärkten ihre Propagandaaktionen zugunsten einer durchgreifenden Aufrüstung noch mehr. In den Kreisen der Neuen Rechten geriet Bethmann Hollweg endgültig in den Ruf eines schwachen, unentschlossenen Mannes, dem es an der Bereitschaft fehle, die nationalen Interessen Deutschlands gegebenenfalls auch mit machtpolitischen Mitteln durchzusetzen. Der Alldeutsche Verband propagierte die These, daß sich das Deutsche Reich seinen Weg in der Welt notfalls mit Waffengewalt bahnen müsse. Auch in gemäßigteren Kreisen war die Auffassung weit verbreitet, daß das Deutsche Reich in den letzten Jahren auf internationalem Felde viel zuwenig energisch aufgetreten sei, mit der Folge, daß es überall das Nachsehen gehabt habe. Ernst Bassermann, der Führer der Nationalliberalen Partei, machte sich im Reichstag unverblümt zum Sprachrohr solcher Auffassungen. »Wir haben [in den letzten vierzig Jahren, d. Verf.] nicht nur eine friedliche Politik getrieben, wir haben eine Politik getrieben, die oft da und dort viel zu entgegenkommend war und vom Ausland dafür nicht belohnt wurde.«[3]

In der Tat vermochte die Regierung Bethmann Hollweg auf dem Gebiet der auswärtigen Politik vorderhand keinerlei positive Perspektiven konkreten Charakters vorzuweisen. Die Verhandlungen mit Großbritannien über eine Verständigung über kolonialpolitische Fragen, welche Bethmann Hollweg ungeachtet des Scheiterns der Haldane-Mission mit London angeknüpft hatte, waren in einer ziemlich frostigen Atmosphäre verlaufen und hatten zunächst zu keinem konkreten Ergebnis geführt. Immerhin zeichnete sich ab, daß eine Verständigung über zukünftige kolonialpolitische Erwerbungen durchaus im Bereich des Erreichbaren lag. Aber vorderhand war dies ein Wechsel auf eine noch ungewisse Zukunft, und jegliche öffentliche Anspielung auf diese Verhandlungen hätte die Verwirklichung dieser Pläne gefährdet. Insofern stand die Regierung gegenüber der breiteren Öffentlichkeit und insbesondere gegenüber den nationalistischen Kreisen einstweilen mit leeren Händen da.

Unter solchen Umständen fand das Buch Friedrich von Bernhardis »Deutschland und der nächste Krieg«, das im Frühjahr 1912 erschien, insbesondere in den Kreisen des deutschen Bildungsbürgertums allgemein große Beachtung. Bernhardi forderte eine rückhaltlose Steigerung der deutschen Rüstungen, solle das Deutsche Reich nicht zu einer Macht zweiten Ranges herabsinken: »Haben wir in den letzten großen Kriegen um unsere nationale Einigung und damit zugleich um unsere europäische Machtstellung gekämpft und gerungen, so stehen wir heute vor der größeren Entscheidung, ob wir uns auch zu einer Weltmacht entwickeln, als solche behaupten und deutschem Geist und deutscher Lebensauffassung die ihnen gebührende Beachtung auf der weiten Erde verschaffen wollen, die ihm heute noch versagt sind.«[4] Bernhardis Darlegungen gipfelten in der Forderung, daß der kontinentale Hauptrivale Frankreich bei nächstbester Gelegenheit durch einen Präventivkrieg niedergeworfen und machtpolitisch ausgeschaltet werden müsse, um den Rücken für eine entschlossene deutsche Weltpolitik frei zu bekommen. Bernhardis Buch wurde ein großer Publikumserfolg; es entfaltete eine große Anziehungskraft gerade auf das gebildete Bürgertum; es spielte direkt auf die ideellen Interessen der Bildungsschicht an, wenn eine weit ausgreifende Weltpolitik, die schon in naher Zukunft mit einem großen europäischen Kriege rechnen müsse, für notwendig erklärt wurde, um die Stellung der deutschen Kultur in der Welt auch künftig zu behaupten. Der aggressive Imperialismus militaristischer Gebärde, wie wir ihn auf der extremen Rechten immer stärker vertreten finden, wurde hier zusätzlich mit kulturimperialistischen Argumenten legitimiert, die dem Bildungsbürgertum überaus plausibel erschienen. Obschon Bernhardis Ideen in der deutschen öffentlichen Meinung nicht unwidersprochen blieben, übten sie doch eine gefährliche Anziehungskraft aus. Allerdings räumte Bernhardi in einer noch im gleichen Jahr erschienenen kleinen Broschüre »Unsere Zukunft« ein, daß sich die weltpolitischen Ziele des Deutschen Reiches bei einer konsequenten Steigerung seines militärischen Machtpotentials gegebenenfalls auch ohne Krieg würden erreichen lassen. Dennoch müsse man sich auf die Eventualität eines großen europäischen Krieges einstellen. Von einer Verständigung mit Großbritannien insbesondere auf kolonialpolitischem Gebiet, als Unterpfand einer Annäherung Großbritanniens an das Deutsche Reich, wie sie damals seitens der Regierung Bethmann Hollweg als Zukunftsperspektive vertreten und von Hans von Plehn in seinem Buch »Deutsche Weltpolitik und kein Krieg« konkret vorgestellt worden war, sei hingegen nichts zu erwarten; Großbritannien werde nur ein schwaches, nicht ein starkes Deutschland als Partner akzeptieren.

Der Regierung Bethmann Hollweg kam diese neuerliche Agitation für eine Außenpolitik, die sich der beständigen Androhung von Gewalt zur Durchsetzung ihrer Ziele bedienen solle, bei Lage der Dinge nichts weniger als gelegen. Dadurch wurden die ohnehin bescheidenen Chancen, durch eine Politik des Ausgleichs mit den Großmächten und insbesondere eine behutsame Annäherung an Großbritannien das Deutsche Reich schrittweise aus seiner höchst ungünstigen Lage herauszuführen, noch weiter beeinträchtigt. Allerdings war vorderhand an eine neue Initiative zur Verbesserung des deutsch-britischen Verhältnisses ohnehin nicht zu denken. Vielmehr entschloß sich die deutsche Diplomatie, angesichts der abwartenden Haltung Großbritanniens erneut die russische Karte zu spielen. Anläßlich der Begegnung Wilhelms II. mit dem Zaren Anfang Juli 1912 in Baltisch-Port bemühte sich Bethmann Hollweg, einen umfassenden Interessenausgleich mit Rußland zustande zu bringen, vor allem, weil dies auch günstige Auswirkungen auf das Verhalten Großbritanniens zu haben versprach. Er war darin freilich nur sehr begrenzt erfolgreich. Zwar gelang es, hinsichtlich der beiderseitigen Interessen in Kleinasien zu einer Verständigung zu kommen und die auf russischer Seite noch bestehenden Hindernisse für die Durchführung des Projekts der Bagdadbahn aus dem Weg zu räumen. Aber die russische Regierung war keinesfalls bereit, für ein begrenztes Entgegenkommen deutscherseits in den Orient-Fragen eine Lockerung des russisch-französischen Bündnisses einzutauschen. Im Gegenteil, nur wenige Wochen später erhielt dieses Bündnis durch den Abschluß einer französisch-russischen Marinekonvention eine erneute Ausweitung. Ungeachtet dieses Rückschlags war Bethmann Hollweg grundsätzlich entschlossen, weiterhin an seinem gemäßigten außenpolitischen Kurs festzuhalten. »Wir müssen eben an allen Orten mit Geduld und Ruhe weiterarbeiten und allmählich das Kapital an Vertrauen zurückgewinnen, ohne welches wir uns weder politisch noch wirtschaftlich konsolidieren können. Das paßt zwar der Hurrahstimmung unserer unverantwortlichen Politiker nicht, ist aber [...] der einzige für uns mögliche Weg. Dann werden wir auch größere koloniale und Weltmachtbestrebungen verwirklichen können, ohne dafür unsere Existenz aufs Spiel zu setzen«.[5] Jedoch war sehr die Frage, ob sich eine maßvolle Weltpolitik gegen den Widerstand der nationalistisch aufgeheizten öffentlichen Meinung überhaupt werde durchsetzen lassen, ganz abgesehen davon, daß auch Bethmann Hollweg gänzlich illusionäre Vorstellungen über das allenfalls Erreichbare hegte.

Im Februar 1912 zogen in Südosteuropa neue Kriegswolken herauf, die die bündnispolitische Stellung des Deutschen Reiches unmittelbar tangierten und darüber hinaus seine finanzimperialistischen Ziele im Nahen Osten ernsthaft zu gefährden drohten. Im Windschatten der mächtepolitischen Auseinandersetzungen über die Marokko-Frage hatte Italien Anfang 1912 seine langgehegten Pläne wahrgemacht, sich Libyens zu bemächtigen; das Osmanische Reich erwies sich außerstande, dieser flagranten imperialistischen Aggression mit militärischen Mitteln zu begegnen, auch wenn die italienischen Truppen sich mit einem erfolgreichen Guerillakrieg konfrontiert sahen. Der endgültige Zerfall des Osmanischen Reiches erschien nunmehr nur noch eine Frage der Zeit zu sein. Dies war vom Standpunkt der deutschen Politik, deren finanzimperialistische Strategie im Nahen Osten nach wie vor auf die Erhaltung des Osmanischen Reiches setzte, eine äußerst unangenehme Perspektive. Davon abgesehen, hatte sich einmal mehr die

Unzuverlässigkeit Italiens als Dreibundpartner herausgestellt. Die diplomatische Absicherung eines italienischen Ausgreifens nach Nordafrika war aus italienischer Sicht der Hauptzweck des Dreibundes gewesen; dieser hatte demgemäß nun erheblich an Wert verloren. Der augenscheinlich mühelose Triumph Italiens aber weckte die Begehrlichkeit der Balkan-Staaten; diese sahen nunmehr die Gelegenheit gekommen, um sich endgültig von den Resten der türkischen Oberherrschaft zu befreien.

Unter russischer Patronage schlossen Serbien und Bulgarien am 23. März 1912 den sogenannten Balkan-Bund, dem dann in den folgenden Monaten auch Montenegro und Griechenland beitraten. Das Ziel dieser Kombination war die Befreiung der noch unter türkischer Herrschaft stehenden Gebiete auf dem Balkan. Dort war es in den letzten Jahren immer wieder zu Unruhen und gewaltsamen Aktionen gegen die türkischen Herren gekommen; die einheimischen nichttürkischen Bevölkerungsgruppen suchten vielmehr ihr Heil bei den nationalrevolutionären Bewegungen, die auf den Anschluß an die bestehenden Staaten auf dem Balkan drängten. Religiöser Widerstand gegen den privilegierten Status des Islam spielte dabei ebenso eine Rolle wie nationale Emanzipationsbestrebungen; beide zusammen gaben eine Mischung von großer Explosivkraft ab. Auf seiten der beteiligten Balkan-Staaten, insbesondere Serbiens, Bulgariens und Griechenlands, gingen die nationalemanzipatorischen Bestrebungen, die auf die »Erlösung« ihrer jeweiligen Konnationalen in den Gebieten der europäischen Türkei abzielten, freilich nahezu bruchlos über in eine Politik imperialistischen Charakters, die, koste es, was es wolle, eine Ausweitung des eigenen Territoriums und der eigenen Machtstellung auf dem Balkan anstrebte, gegebenenfalls unter Mißachtung oder doch manipulativer Auslegung der ethnischen Siedlungsgrenzen, die sich in dieser Region, in der traditionell eine Gemengelage von Nationalitäten, Religionsgruppen und kulturellen Traditionen unterschiedlichster Art vorherrschte, ohnehin nicht klar ziehen ließen.

Die Politik der Balkan-Staaten richtete sich bei Lage der Dinge zunächst ausschließlich gegen das Osmanische Reich. Aber zumindest mittelbar war davon auch Österreich-Ungarn betroffen, dessen eigene imperialistische Politik, die sich allerdings ganz vorwiegend informeller Methoden bediente, sich bisher in diesem Raum die chronische Schwäche des Osmanischen Reiches zunutze zu machen verstanden hatte. Die endgültige Emanzipation der Völker auf dem Balkan von türkischer Oberherrschaft und die Entstehung wirklich selbständiger, selbstbewußter Nationalstaaten auf dem Balkan war Österreich-Ungarn, und aus gleichartigen Gründen auch dem zarischen Rußland, ein Dorn im Auge; beide sahen dadurch langfristig ihre Möglichkeiten, auf indirektem Weg Einfluß auf die Balkan-Staaten zu nehmen, beschnitten; beide wünschten sich auf dem Balkan ein Bündel gefügiger Satellitenstaaten, die des Schutzes gegenüber dem Osmanischen Reich bedürftig blieben.

Sehr früh schon wurden die Gefahren erkannt, die sich hier zusammenbrauten. Der Balkan-Bund enthielt eine direkte Spitze gegen die Donau-Monarchie, da Serbien für den immerhin im Bereich des Möglichen liegenden Fall, daß diese den 1908 aufgegebenen, formell immer noch unter türkischer Oberhoheit stehenden Sandschak von Novibazar wiederbesetzen würde, die militärische Waffenhilfe seiner Bündnispartner zugesagt worden war. Es war nicht von der Hand zu weisen, daß durch einen Krieg der Balkan-Staaten gegen das Osmanische Reich das bestehende prekäre Gleichgewicht auf dem Balkan gestört und die informelle Hegemonialstellung sei es Rußlands, sei es Österreich-Ungarns in dieser Region beeinträchtigt werden würde. Dies aber konnte der deutschen Regierung nicht gleichgültig sein, denn angesichts der notorischen Unzuverlässigkeit des Dreibundpartners Italien war bei Lage der Dinge Österreich-Ungarn der einzige wirklich verläßliche Bündnispartner des Deutschen Reiches. Schwerer noch wog, daß ein erfolgreicher Balkan-Krieg den Anstoß zu einem völligen Zusammenbruch des Osmanischen Reiches geben konnte; dies aber hätte den finanzimperialistischen Aktivitäten des Deutschen Reiches in Kleinasien, die ja auf der Kooperationswilligkeit des bestehenden politischen Systems beruhten, gleichsam den Boden unter den Füßen weggezogen.

Demgemäß stand die deutsche Diplomatie im Herbst 1912 vor schwierigen Entscheidungen. Die einzige Möglichkeit, die Balkan-Staaten von einem Losschlagen gegen die Türkei abzuhalten, hätte erfordert, die Pforte unverzüglich zu einem Programm umfassender Reformen in ihren europäischen Territorien zu veranlassen, wie es die zarische Regierung unter dem Außenminister Sergej D. Sasonov sogleich ins Auge faßte; dies aber stand im Widerspruch zu der bisherigen Linie der deutschen Orientpolitik, die es stets abgelehnt hatte, die Pforte durch gemeinsame Demarchen der Großmächte zu Reformen zu zwingen, weil dies zu einer Destabilisierung des türkischen Herrschaftssystems führen müsse. Außerdem wäre dies, wie sich Alfred von Kiderlen-Wächter gelegentlich ausdrückte, »Wasser auf die Mühlen« Rußlands gewesen, das ja gerade darum bemüht war, durch eine wenn auch behutsame Förderung der nationalen Aspirationen der Balkan-Staaten seinen Einfluß auf dem Balkan zu stärken.

Zumindest Bethmann Hollweg neigte anfangs gleichwohl der Ansicht zu, daß man versuchen müsse, ein Losschlagen der Balkan-Staaten gegen das Osmanische Reich durch eine gemeinsame diplomatische Aktion der Großmächte zu verhindern, weil ein völliger Verlust der europäischen Territorien vermutlich zum Zusammenbruch der Türkei führen werde. Aber schon bald setzte sich die gegenteilige Ansicht durch, daß derartige Bemühungen wenig aussichtsreich seien und das Deutsche Reich von einer aktiven Beteiligung an diesen nur Nachteile zu erwarten haben würde. Insbesondere Wilhelm II. vertrat mit großer Impulsivität den Standpunkt, daß man ganz im Gegenteil den Krieg ruhig hochkommen lassen solle: »Die ewige Betonung des Friedens bei allen Gelegenheiten – passenden und unpassenden – hat in den 43 Friedensjahren eine geradezu eunuchenhafte Anschauung unter den leitenden Staatsmännern und Diplomaten Europas gezeitigt.« Die Großmächte seien ohnehin nicht imstande, diesen Konflikt zu verhindern, und demgemäß solle man den Dingen lieber ihren Lauf lassen. Davon abgesehen, sei es besser, wenn die Auseinandersetzung der Balkan-Staaten mit der Türkei jetzt, zu einem Zeitpunkt, an dem Rußland und Frankreich »noch nicht fertig« seien, als später erfolge.[6] Der Kaiser wurde in dieser seiner Haltung freilich beeinflußt von dynastischen Sympathien insbesondere für Griechenland und Rumänien, deren nationaler Entwicklung er nicht entgegentreten wollte, während er über die Türkei eine bemerkenswert niedrige Meinung hegte. Er wähnte sich schon in der Rolle des Protektors der »Vereinigten Staaten des Balkans«, die sich als siebte Großmacht in das europäische Mächtesystem einfügen würden. Andererseits erwarteten weder er noch Bethmann Hollweg und Kiderlen-Wächter einen vollständigen militärischen Triumph der Balkan-Staaten. Am Ende kam es dann doch zu der von Wilhelm II. so mißbilligten gemeinsamen Demarche der Großmächte in Konstantinopel und bei den Regierungen der Balkan-Staaten, durch die der drohende Krieg in letzter Minute abgewendet werden sollte, freilich ohne daß sich die deutsche Diplomatie dabei mit sonderlicher Verve engagiert hätte, übrigens zur Irritation von Leopold Graf von Berchtold, des Leiters der österreichischen Auswärtigen Politik, der schon zuvor über die höchst laue Unterstützung des Deutschen Reiches in diesen für Österreich-Ungarn vitalen Fragen Klage geführt hatte.[7]

Der Ausbruch des 1. Balkan-Krieges am 18. Oktober 1912 konnte dadurch erwartungsgemäß nicht mehr abgewendet werden. Die deutsche Regierung widersetzte sich von Anbeginn dem Gedanken einer Intervention der Großmächte und konnte mit einiger Mühe auch die österreichische Diplomatie für eine Politik des Zuwartens gewinnen, obschon die militärischen Instanzen in der Monarchie energisch darauf drängten, die Gelegenheit wahrzunehmen, um durch eine militärische Intervention, die sich bei Lage der Dinge in erster Linie gegen Serbien gerichtet haben würde, die Initiative zurückzugewinnen und die eigene Vorrangstellung auf dem Balkan auf Dauer zu sichern. Für die deutsche Regierung eröffnete sich zudem die Möglichkeit, mit Großbritannien zusammenzuwirken, um den Balkan-Krieg zu isolieren und dessen politische Auswirkungen zu begrenzen; damit verband sich die Erwartung, daß sich eine enge deutsch-englische Zusammenarbeit in den Balkan-Fragen auch auf anderen Gebieten günstig auswirken werde, ein Gesichtspunkt, den Kiderlen-Wächter gegenüber London freilich mit ungewöhnlicher Schärfe geltend machen ließ.[8] Im übrigen hatte Bethmann Hollweg dem österreichischen Außenminister Graf Berchtold auf Veranlassung Kiderlen-Wächters schon im vorhinein ziemlich deutlich zu verstehen gegeben, daß man in Berlin nicht bereit sei, einseitige Aktionen der Donau-Monarchie auf dem Balkan zu decken, gerade auch im Hinblick auf die sich bessernden Beziehungen zu Großbritannien.[9]

Im Grunde wäre ein militärischer Erfolg der Türkei den Kanzleien der europäischen Mächte durchaus gelegen gekommen. Die rasch aufeinanderfolgenden schweren militärischen Niederlagen des Osmanischen Reiches ließen jedoch schon bald keinen Zweifel bestehen, daß die Herrschaft der Pforte über die »europäische« Türkei sich nicht mehr werde aufrechterhalten lassen. Sowohl in Wien wie in St. Petersburg stieg die Beunruhigung über diese Entwicklung von Tag zu Tag. Die Aussicht, daß Bulgarien nicht nur Adrianopel, sondern gar Konstantinopel erobern und sich dort am Ende sogar dauernd festsetzen könne, erweckte in Rußland äußerstes Unbehagen. So weitgehend hatte man sich ein Ausgreifen der Balkan-Staaten auf Kosten der Türkei denn doch nicht gewünscht. Umgekehrt verfolgte die österreichisch-ungarische Regierung das Vordringen serbischer Truppen nach Albanien und an die Adria im Zuge der militärischen Operationen gegen das Osmanische Reich mit stetig steigender Irritation; die Aussicht, daß vor den Toren Österreich-Ungarns ein neues großserbisches Staatsgebilde entstehen könne, wurde hier nicht nur als schwerer Rückschlag für die eigenen informellen imperialistischen Bestrebungen in dieser Region, sondern als unmittelbare Gefahr für den Bestand des Vielvölkerstaates angesehen. Nur mit einiger Mühe gelang es daher dem Deutschen Reich im Zusammenwirken mit Großbritannien, sowohl Österreich-Ungarn wie Rußland von einem aktiven Eingreifen in die Kampfhandlungen zurückzuhalten und deren Ausgang zunächst einmal abzuwarten. Beide Mächte machten allerdings Anstalten, ihre Armeen auf einen möglichen Waffengang vorzubereiten; jedoch wagten sie über eine Teilmobilmachung ihrer Armeen, wegen der damit verbundenen Gefahren eines allgemeinen europäischen Krieges, nicht hinauszugehen. Kiderlen-Wächter erhoffte sich von einer Strategie, die eine Lösung der Balkan-Fragen in enger Zusammenarbeit mit Großbritannien herbeizuführen bestrebt war, günstige Auswirkungen auch in anderer Hinsicht: »Sicher ist, daß ein *praktisches* Zusammengehen mit England in einer wichtigen Frage der allgemeinen Politik heilsamer als alle Verbrüderungsfeste und papierenen Abreden auf unsere Beziehungen zu den Vettern jenseits des Kanals einwirken würde.«[10] Entgegen der gemeinsamen Erklärung der Großmächte bei Ausbruch des 1. Balkan-Krieges, daß sie jegliche Veränderungen des territorialen *Status quo* durch den Balkan-Krieg nicht hinnehmen würden, war bereits Wochen, bevor die Pforte am 4. November 1912 ihrerseits um die Vermittlung der Großmächte zur Beendigung der militärischen Operationen und der Herbeiführung eines Friedensschlusses nachsuchte, klargeworden, daß sich die Verhältnisse auf dem Balkan nicht mehr auf den Stand vor Ausbruch der Kampfhandlungen würden zurückschrauben lassen.

Unter den gegebenen Umständen war der Hauptbetroffene unter den Großmächten, von dem altersschwachen Osmanischen Reich einmal abgesehen, Österreich-Ungarn. Insbesondere die beträchtliche Machterweiterung Serbiens unmittelbar an seinen südöstlichen Grenzen, die sich als Folge des Balkan-Krieges ergab,

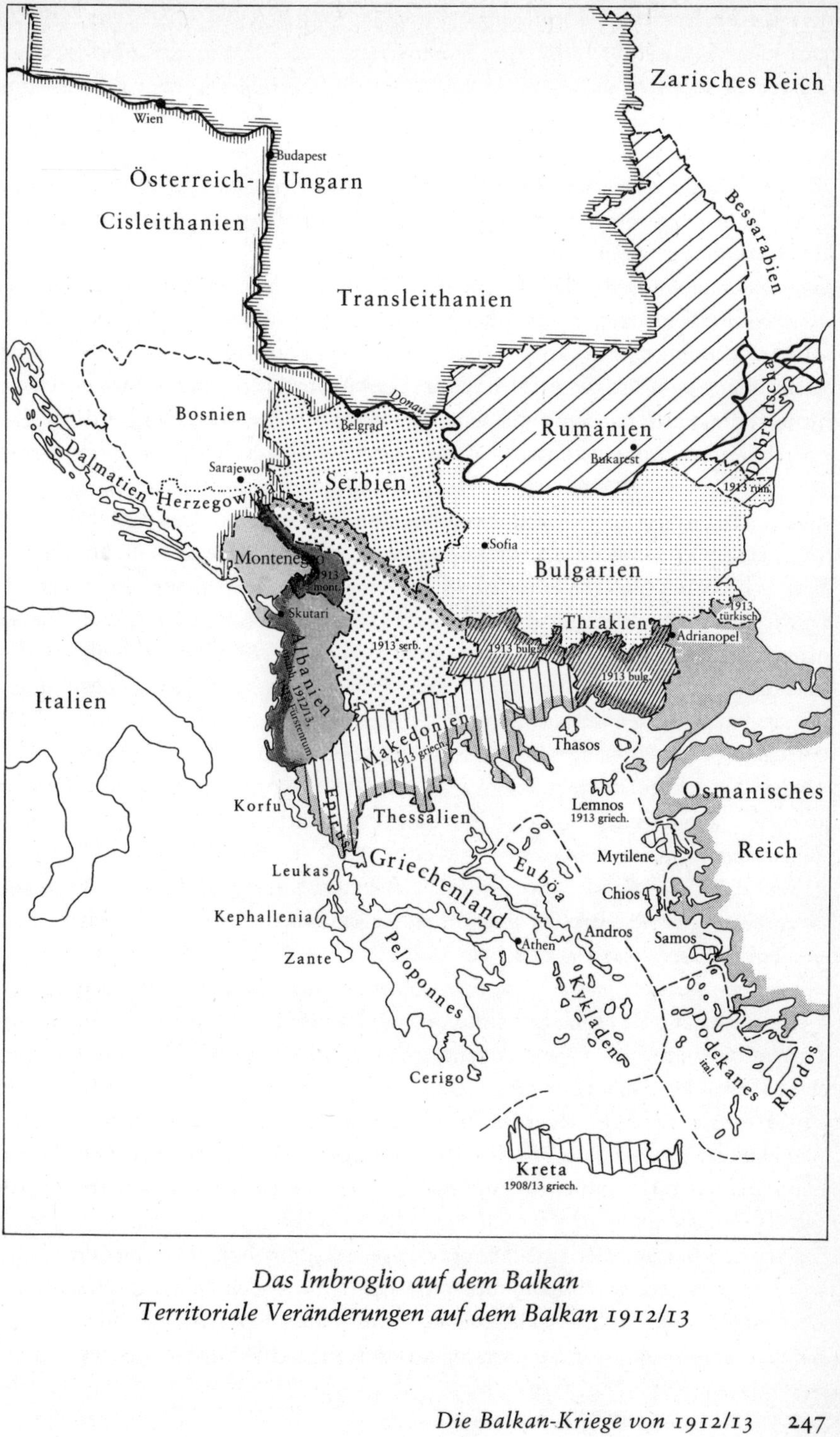

Das Imbroglio auf dem Balkan
Territoriale Veränderungen auf dem Balkan 1912/13

war der österreichischen Diplomatie und mehr noch den österreichischen Militärs ein Dorn im Auge. Österreich-Ungarn setzte nun alles daran, zumindest ein Vordringen Serbiens bis zur Adria, durch das die eigenen slawischen Provinzen Bosnien und die Herzegowina gleichsam in die Zange genommen worden wären, mit allen Mitteln zu verhindern. Selbst der Erwerb eines eigenen Hafens an der Adria, wie er von der serbischen Regierung, darin von Rußland und anfänglich auch Frankreich nachdrücklich unterstützt, gefordert wurde, galt am Ballhausplatz als schlechterdings unannehmbar, weil dies einen Korridor serbischen Territoriums erfordert haben würde, der den gleichen Effekt wie der Erwerb der sogenannten altserbischen Gebiete gehabt haben würde. Statt dessen forderte Österreich-Ungarn die Errichtung eines formell selbständigen, faktisch aber von Österreich-Ungarn abhängigen Albaniens an den Küsten der Adria. Das betrachtete man in Wien als unabdingbare Voraussetzung einer dauerhaften Friedensregelung auf dem Balkan. In letzterem Punkt fand die österreichische Diplomatie übrigens die Unterstützung Italiens, wenn auch aus durchaus entgegengesetzten Gründen; Italien zog die Schaffung eines formell selbständigen albanischen Staates der Aussicht, daß es als Ergebnis eines österreichisch-serbischen Krieges, wie er damals unmittelbar bevorzustehen schien, zu einer Ausdehnung des Herrschaftsbereichs Österreich-Ungarns kommen könne, bei weitem vor. Dabei spielten eigene territoriale Aspirationen auf Trient und dessen Hinterland, das teilweise italienisch besiedelt war, eine zusätzliche Rolle. Hinter der Forderung Österreichs nach einem selbständigen Pufferstaat Albanien verbarg sich die Absicht, die Machtstellung und damit die Anziehungskraft des serbischen Nationalstaates auf die Südslawen innerhalb der Monarchie, insbesondere in Bosnien und der Herzegowina, so gering wie möglich zu halten. Zugleich aber ging es dem Ballhausplatz darum, Serbien in wirtschaftlicher Hinsicht auch weiterhin vom Wohlwollen Österreich-Ungarns abhängig zu halten. Auf diese Weise sollte dieses gleichsam indirekt als Satellit in das eigene politische System einbezogen und verhindert werden, daß es unter der Schirmherrschaft eines von panslawistischen Tendenzen beeinflußten Rußland zu einem »Piemont« der südslawischen nationalrevolutionären Bewegung werden könnte.

Das Deutsche Reich hatte kein unmittelbares Interesse daran, den nationalen Aspirationen der Balkan-Staaten entgegenzutreten. Besonders Wilhelm II. machte sich, allerdings in der Hoffnung auf »moralische Eroberungen« bei den Balkan-Völkern, zum Sprecher einer Politik des Entgegenkommens gegenüber den Balkan-Staaten. Er vermöge, so erklärte der Kaiser am 7. November 1912 höchst temperamentvoll, in einem serbischen Hafen an der Adria »absolut keine Gefahr für Österreichs Existenz oder gar Prestige« zu sehen und wolle einen »Vernichtungskrieg« der fünf Großmächte über dieser Frage unbedingt vermieden sehen.[11] Es gelang Bethmann Hollweg nur mit einiger Mühe, den Monarchen davon zu überzeugen, daß das Deutsche Reich die verbündete Donau-Monarchie in der Balkan-Frage nicht plötzlich unter dem Druck russischer Drohungen allein lassen dürfe. Sowenig Bethmann Hollweg und Kiderlen-Wächter bereit waren, einseitig österreichische Balkan-Interessen zu unterstützen, so unabdingbar erschien es ihnen, in der gegebenen Situation, soweit dies irgend möglich erschien, die vitalen Interessen des einzigen zuverlässigen Bündnispartners zu respektieren; allerdings innerhalb der Grenzen, die durch die Notwendigkeit gezogen wurden, die Zustimmung Großbritanniens für diese politische Linie zu erlangen.

Demgemäß stellte sich die deutsche Regierung, die die österreichisch-ungarische Diplomatie bisher immer wieder hingehalten hatte, Anfang November 1912 hinter die Forderungen des Grafen Berchtold; zugleich suchte sie auch die Unterstützung Sir Edward Greys für diese zu gewinnen. Österreich-Ungarn verlangte, daß, wenn schon ein erheblicher territorialer Zugewinn Serbiens in Mazedonien nicht verhindert werden könne, diesem zumindest der Weg an die Adria verlegt werden müsse; darüber hinaus müßten Serbien ebenso wie Montenegro vorwiegend durch indirekte, insbesondere wirtschaftliche Methoden dazu gebracht werden, sich künftig eng an die Donau-Monarchie anzuschließen. Unter diesen Umständen dürfe Serbien keinesfalls ein Hafen an der Adria konzediert werden, wie der serbische Ministerpräsident Nikola Pasič dies, darin von der russischen Diplomatie nachdrücklich unterstützt, als ein gleichsam natürliches Bedürfnis des zur Vollendung seiner nationalen Selbständigkeit gelangten serbischen Volkes nunmehr mit großem Nachdruck bei den europäischen Kabinetten einforderte. Allenfalls wollte man am Ballhausplatz dem serbischen Handel besondere Vergünstigungen, insbesondere zollfreien Zugang zu den Häfen an der Adria, garantieren; diese aber wären der indirekten Kontrolle Österreichs unterworfen gewesen. Die Zielsetzung Berchtolds lief darauf hinaus, Serbien dem Einfluß Rußlands zu entziehen und von Österreich-Ungarn abhängig zu machen. Dies aber erschien in St. Petersburg gänzlich inakzeptabel. In der Tat wären damit die Erwartungen, die die russische Diplomatie mit der Förderung des Balkan-Bundes verknüpft hatte, restlos zunichte gemacht und das Ansehen Rußlands als Protektor der slawischen Nationen bei den slawischen Balkan-Staaten stark beeinträchtigt worden. Es machte die Dinge nicht besser, daß Österreich-Ungarn, im Gegensatz zu Rußland, wenig Neigung an den Tag legte, den Expansionsbestrebungen Bulgariens, gleichviel ob in Thrazien oder in Mazedonien, in den Arm zu fallen, zumal es sogleich mit Serbien in Auseinandersetzungen über die beiderseitige territoriale Kriegsbeute geriet, eine Entwicklung, die aus Wiener Perspektive die begrüßenswerte Folge haben würde, die territorialen Gewinne Serbiens geringzuhalten.

In dieser Konstellation kam es im November 1912 zu einer schweren internationalen Krise. Weder die Regierung des Zaren, die in diesen Fragen zumindest teilweise auf die Unterstützung Frankreichs rechnen konnte, noch die österreichisch-ungarische Diplomatie waren bereit, in der Sache auch nur ein Jota nachzugeben; lautes Säbelrasseln auf beiden Seiten sollte die beiderseitigen Positionen nach Kräften untermauern. Ein russisch-österreichischer Krieg, in den dann unvermeidlich die anderen europäischen Großmächte hereingezogen worden wären, schien unmittelbar bevorzustehen. Wilhelm II. wurde von größter Panik ergriffen und erklärte, er wolle es nicht zulassen, daß »Deutschland in einen Existenzkampf mit 3 Großmächten« verwickelt würde, »alles weil Österreich die Serben nicht in Albanien oder Durazzo haben« wolle.[12] Kiderlen-Wächter setzte sich freilich mit seiner Ansicht durch, daß die österreichisch-ungarischen Forderungen notwendigenfalls auch auf das Risiko eines europäischen Krieges hin unterstützt werden müßten, weil nur dann Rußland dazu gebracht werden könne, zurückzustecken und auch Serbien zum Einlenken zu veranlassen. »Cum grano salis« wünschte er die Strategie vom Jahre 1908 zu wiederholen. Nicht die albanische Frage und auch nicht die Verhinderung eines serbischen Hafens an der Adria bedinge es, in der Sache eine feste Haltung an den Tag zu legen, sondern das vitale Interesse des Deutschen Reiches an der Erhaltung der Großmachtstellung der verbündeten Donau-Monarchie.[13] Dies war ein gefährliches Spiel, das geeignet war, dem Deutschen Reich die dauernde Feindschaft Rußlands zuzuziehen. Allerdings war Kiderlen-Wächter überzeugt, daß sich in Zusammenarbeit mit Großbritannien schließlich eine friedliche Lösung der Dinge werde erreichen lassen.

Hingegen war es nun Wilhelm II., der in der dritten Oktoberwoche anfing, die Nerven zu verlieren, und auf die Nachricht von österreichischen Mobilmachungsmaßnahmen hin schon so gut wie sicher mit einem europäischen Krieg rechnete. Dem österreichisch-ungarischen Generalstabschef Schemua Blasius, der am 22. November 1912 zu militärischen Geheimbesprechungen nach Berlin gekommen war, sicherte der Kaiser einigermaßen voreilig zu, daß Österreich-Ungarn »in jeder Lage auf Deutschlands vollste Unterstützung rechnen« könne.[14] Dies war Wasser auf die Mühlen der österreichischen Kriegspartei, die sehnlichst wünschte, die günstige Gelegenheit zu nutzen, um das südslawische Problem ein für allemal durch einen militärischen Schlag gegen Serbien zu lösen und dieses in ein enges Abhängigkeitsverhältnis zu Österreich-Ungarn zu bringen. Kiderlen-Wächter hingegen wollte ein militärisches Vorgehen Österreich-Ungarns gegen Serbien unter allen Umständen verhindern; in einem Artikel in der offiziösen »Norddeutschen Allgemeinen Zeitung« suchte er auf die steigenden Tendenzen in Wien, die südslawische Frage mit Gewalt zu lösen, abkühlend zu wirken, um so mehr, als die britische Regierung ihre Besorgnis kundtat, daß Rußland im Fall eines österreichisch-serbischen Krieges schwerlich darin gehindert werden könne, seinerseits in den Konflikt einzugreifen. Die Unterstützung der österreichischen Forderungen durch England dürfe nicht als Garantie der englischen Neutralität im Kriegsfall mißverstanden werden![15] Die Erklärung in der »Norddeutschen Allgemeinen Zeitung«, in der ausgeführt wurde, daß kaum Anlaß bestehe, in den Differenzen in der Balkan-Frage einen auslösenden Faktor für einen europäischen Krieg zu sehen, vielmehr eine friedliche Lösung der Differenzen durch Verhandlungen der nächstbeteiligten Großmächte angezeigt sei, löste in Wien größte Erregung aus. Diesen

Artikel empfand man hier als »Ohrfeige« und Dolchstoß in den Rücken, der die eigenen Bemühungen, Serbien im Zaum zu halten, schwer zu beeinträchtigen geeignet sei. Demgemäß fiel die Reichstagsrede Bethmann Hollwegs am 2. Dezember 1912 um einiges kriegerischer aus, als dies sonst wohl der Fall gewesen wäre. Der Kanzler verband damit die Absicht, den Ballhausplatz zufriedenzustellen und zugleich der zarischen Regierung eine vorsichtige Warnung zu erteilen, daß ein russisch-österreichischer Konflikt nicht isoliert bleiben werde.

Der Kanzler betonte zwar, daß das Deutsche Reich darum bemüht sei, in den Verhandlungen mit den anderen Mächten, die bisher »in entgegenkommendem Geiste stattgefunden« hätten, auf eine friedliche Regelung der Balkan-Krise hinzuwirken. Doch werde es gegebenenfalls sein Wort zugunsten »unserer Verbündeten in die Waagschale zu legen haben«. Es sei Sache der verbündeten Mächte [das heißt Österreich-Ungarns und Italiens, d. Verf.], nicht des Deutschen Reiches, ihre Ansprüche zur Geltung zu bringen. »Wenn sie aber bei der Geltungmachung ihrer Interessen wider alles Erwarten von dritter Seite angegriffen und damit in ihrer Existenz bedroht werden sollten, dann würden wir, unserer Bündnispflicht getreu, fest und entschlossen an ihre Seite zu treten haben, dann würden wir an der Seite unserer Verbündeten zur Wahrung unserer Stellung in Europa, zur Verteidigung der Sicherheit und Zukunft unseres eigenen Landes fechten.«[16] Dies waren starke Worte, die sich in erster Linie an die russische Adresse richteten, wurde doch der Bündnisfall unbesehen auf die Bestrebungen der Donau-Monarchie ausgedehnt, Serbien in einen Zustand der Botmäßigkeit zu bringen, ein bei Lage der Dinge äußerst riskanter Schritt, durch den Rußland dazu bewogen werden sollte, seinerseits zurückzuweichen. Die Rede des Kanzlers wurde auch bei den Parteien des Reichstags als Zeichen ernster Kriegsgefahr aufgefaßt und demnach je nach Parteienstandpunkt höchst unterschiedlich bewertet. Den sozialdemokratischen Parteivorstand hatte der Kanzler schon am 29. November vertraulich darum ersucht, die Bündnisverpflichtung des Deutschen Reiches gegenüber Österreich-Ungarn nicht in Zweifel zu ziehen, um die außenpolitische Lage nicht noch mehr zu erschweren.[17] Gleichwohl bemängelten die Sozialdemokraten, daß die deutsche Regierung der Donau-Monarchie einen Blankoscheck für die Durchführung ihrer Balkan-Politik gegeben habe, so wie sie diese für richtig halte, und bezweifelten, daß ein österreichischer Angriff auf Serbien, der Rußland zum Eingreifen veranlassen würde, eine Verpflichtung zum Eingreifen begründe, räumten aber ein, daß durchaus die Gefahr einer »Anzettelung« eines Krieges durch Rußland bestehe.[18] Auf der rechten Seite des Hauses machte sich hingegen Kriegsstimmung breit. Der bekannte konservative Agrarpolitiker Hans Graf von Kanitz beispielsweise erklärte: »Wir sind überzeugt, daß das deutsche Volk zu jedem Opfer bereit ist. Kann aber ein Krieg vermieden und ein Friede erhalten werden, so darf es nur ein Friede in Ehren sein, ein Friede, in welchem auch die Machtstellung unserer Verbündeten intakt erhalten wird.«[19] Kiderlen-Wächters Mitteilungen über die enge Zusammenarbeit der deutschen und der britischen Diplomatie in den letzten Wochen und Monaten, die eine friedenserhaltende Wirkung gehabt haben, vermochten die Wogen der Erregung ebensowenig zu glätten wie die Hinweise des Kanzlers auf das, was eigentlich allein unmittelbar die deutschen Interessen tangierte, also die Bemühungen, »die Türkei [...] als wichtigen ökonomischen und politischen Faktor lebenskräftig zu erhalten«[20]. Die von Bethmann Hollweg vertretene politische Linie, nämlich ein entschiedenes Eintreten zugunsten Österreich-Ungarns selbst auf die Gefahr eines europäischen Krieges hin, war bei den bürgerlichen Parteien unzweifelhaft populär. Mehr noch als die Regierung selbst waren sie dafür zu haben, »große Politik« hart am Rande des Krieges, unter voller Ausspielung des deutschen militärischen Potentials, zu betreiben. In der Debatte zitierte der Sozialdemokrat Hugo Haase einen Artikel der rechtskonservativen »Täglichen Rundschau«, in der es am 14. November 1912 geheißen hatte: »Eine fressende Wut hat sie alle gepackt, weil Deutschland mit einem starken Heer und einer mächtigen Flotte nichts anzufangen weiß, ein geradezu rasender Zorn gegen die Verpasser aller Gelegenheiten.«[21] Dies entsprach der Grundstimmung weiter Teile der deutschen öffentlichen Meinung nur zu sehr. Andererseits war unübersehbar, daß auch die Rechte der Meinung war, daß, wenn schon ein Krieg bevorstehe, dieser wenn irgend möglich nicht über Albanien und Durazzo (dem von Serbien ins Auge gefaßten Adriahafen), sondern wegen eines der Öffentlichkeit verständlichen Grundes geführt werden möge. Ansonsten aber fand die forsche Gangart, die die deutsche Diplomatie unter Kiderlen-Wächters Ägide in der Balkan-Krise eingeschlagen hatte, durchaus die Zustimmung der bürgerlichen und konservativen Parteien, einschließlich des pro-österreichisch gesinnten Zentrums.

In London freilich löste die Rede des Kanzlers große Beunruhigung aus. Sir Edward Grey befürchtete mit einigem Recht, daß dadurch Österreich-Ungarn so sehr der Rücken gestärkt worden sei, daß dieses sich nunmehr zu militärischen Schritten gegen Serbien veranlaßt sehen könne; dann aber würde nach Lage der Dinge ein Eingreifen Rußlands nicht mehr zu verhindern und ein europäischer Krieg das Ende vom Liede sein. Demgemäß entschloß sich die britische Regierung, eine deutliche Demarche an die Adresse Berlins zu richten. Lord Haldane erklärte dem deutschen Botschafter in London, Karl Fürst von Lichnowsky, am 3. Dezember 1912 in aller Form, daß für den Fall, daß Österreich-Ungarn durch ein militärisches Vorgehen gegen Serbien einen europäischen Krieg auslösen sollte, Großbritannien schwerlich ein stiller Zuschauer werde bleiben können, da es aus Gründen der Erhaltung des europäischen Gleichgewichts »unter keinen Umständen eine Niederwerfung der Franzosen« hinzunehmen in der Lage sei.[22] In der Tat war Großbritannien nach der Formalisierung der Entente Cordiale durch den Briefwechsel zwischen Sir Edward Grey und Paul Cambon vom Oktober 1912 moralisch gebunden, in einem derartigen Fall Frankreich zu Hilfe zu kommen, wenn auch eine formelle Bündnisverpflichtung nicht bestand. Am folgenden Tage brachte Sir Edward Grey dem deutschen Botschafter in allgemeinerer Form seine Mißbilligung über den Tenor der Rede des Kanzlers zum Ausdruck; diese erwecke den Eindruck, als ob der Kanzler der österreichischen Diplomatie »einen Blankowechsel« haben ausstellen wollen.[23]

Weder Kiderlen-Wächter noch Bethmann Hollweg waren über die Mitteilungen Haldanes sonderlich beunruhigt, da Sir Edward Grey ja gleichzeitig seine weiterhin bestehende Bereitschaft zu einer friedlichen Lösung des Balkan-Konflikts in Zusammenarbeit mit dem Deutschen Reich zum Ausdruck gebracht hatte. Wilhelm II. hingegen geriet, als er mit einigen Tagen Verspätung von den Mitteilungen Haldanes Kenntnis erhielt, in geradezu hysterische Erregung. Er war nun endgültig davon überzeugt, daß Rußland in aller Form auf einen Krieg dränge und daß es dabei nicht nur in Frankreich, sondern auch in England Unterstützung fände. »Der eventuelle Existenzkampf, den die Germanen in Europa (Österreich, Deutschland) gegen die von den Romanen (Gallien) unterstützten Slawen (Rußland) zu fechten haben werden, findet die Angelsachsen auf Seiten der Slawen. Grund: Neidhammelei. Angst unseres zu groß werdens.«[24] Es kam zu einer regelrechten Kriegspanik bei Hofe. Hinter dem Rücken des Kanzlers und des Staatssekretärs des Äußeren, deren anglophile Politik sich als Chimäre erwiesen zu haben schien, berief Wilhelm II. am 8. Dezember 1912, einem Sonntag, seine engsten militärischen Berater zu einer »Krisenkonferenz«,[25] in der Annahme, daß ein europäischer Krieg unmittelbar bevorstehe. In dieser Besprechung, an der der Generalstabschef Helmuth von Moltke, der Staatssekretär des Reichsmarineamts Alfred von Tirpitz sowie der Chef des Kaiserlichen Marinekabinetts Admiral Georg Alexander von Müller, nicht aber der Kriegsminister Josias von Heeringen, teilnahmen, erklärte der Kaiser, offenbar in höchster Erregung, die Erklärung Haldanes habe zu einer wünschenswerten Klärung der Lage geführt: daß nämlich im Falle eines europäischen Konflikts England auf seiten der Gegner des Deutschen Reiches stehen werde und demnach von diesem eine friedenserhaltende Politik nicht erwartet werden könne. Die exaltierte Geistesverfassung des Kaisers muß teilweise als ein Reflex seiner persönlichen Enttäuschung über das Scheitern der Verhandlungen bezüglich eines deutsch-englischen Neutralitätsbündnisses anläßlich der Haldane-Mission gesehen werden, an denen er persönlich beteiligt gewesen war. Jedenfalls erging sich der Kaiser in wütenden Tiraden über die Unverschämtheit Großbritanniens, das für sich beanspruche, die »balance of power« einseitig gegen das Deutsche Reich auszulegen. Daran schloß sich eine eingehende Erörterung der militärischen Planungen für den Fall eines großen europäischen Krieges unter Beteiligung Großbritanniens an, wie ihn Wilhelm II. nunmehr für unabwendbar hielt, da »Österreich [...] den auswärtigen Slawen [...] gegenüber kraftvoll auftreten« müsse, weil es sonst »die Macht über die Slawen der österr[eichisch]-ung[arischen] Monarchie« verlieren werde. Während die Armee, sofern sich die gegenwärtigen Aussichten auf ein gegen Rußland gerichtetes Bündnis

Bulgariens mit der Türkei verwirklichen sollten, »den Krieg mit ganzer Wucht gegen Frankreich« würde führen können, müsse sich die Flotte auf einen Krieg mit Großbritannien einstellen. In diesem Zusammenhang wurde dann offenbar eingehend über die Wünschbarkeit eines großen europäischen Krieges gesprochen. Während Moltke erklärte: »Ich halte den Krieg für unvermeidbar u[nd] je eher, je besser«, plädierte Tirpitz für ein »Hinausschieben des großen Kampfes um 1 1/2 Jahre.« Es war ersichtlich, daß die Marine auf einen großen europäischen Krieg unter Beteiligung Großbritanniens nicht vorbereitet und bemüht war, Zeit zu gewinnen, zumindest bis der Nordostseekanal für große Schiffe passierbar gemacht worden sei, was im Juli 1914 der Fall sein würde. Gleichwohl befahl der Kaiser, daß die Marine einen Invasionsplan gegen England vorbereiten und im übrigen ein großes Programm für den Bau von U-Booten auflegen solle, etwas, was Tirpitz gewiß nicht gerne gehört haben dürfte. Weiterhin wurde auf Anregung Moltkes beschlossen, »durch die Presse besser die Volkstümlichkeit eines Krieges gegen Rußland« wegen der Balkan-Krise vorzubereiten.[26] In der Tat war ja der Gedanke, wegen zweitrangiger territorialer Probleme auf dem Balkan, die allein für Österreich-Ungarn bedeutsam waren, in einen großen europäischen Krieg verwickelt zu werden, im Deutschen Reich äußerst unpopulär, wie nicht zuletzt auch der Verlauf der Reichstagsdebatte vom 2. und 3. Dezember 1912 über die Balkan-Krise gezeigt hatte. Andererseits schien ein populärer Kriegsgrund unentbehrlich, um im Kriegsfall auf die innere Geschlossenheit der Nation zählen zu können. Demgemäß schrieb Admiral von Müller im Anschluß an die »Krisenkonferenz«, die er freilich beiläufig als »eine Besprechung der militärpolitischen Lage« bezeichnete, ohne auf deren Brisanz oder Bedeutung näher einzugehen, an den Reichskanzler, dieser möge dafür sorgen, daß durch die Presse das Volk darüber aufgeklärt würde, »welche großen nationalen Interessen auch für Deutschland bei einem durch den Österreichisch-Serbischen Konflikt entstehenden Krieg auf dem Spiele ständen«.[27] Der Kanzler, der über den Tenor der Besprechungen des Kaisers mit den Spitzen von Armee und Marine einstweilen überhaupt keine Kenntnis erlangte, konterte diese indirekte Kritik an der Führung seiner Politik, indem er dem Kaiser einen von Kiderlen-Wächter persönlich verfaßten Artikel »Um Durazzo« zuleitete, in dem, in übrigens recht hölzerner Form, dargelegt wurde, weshalb und unter welchen Umständen das Deutsche Reich gegebenenfalls an der Seite Österreich-Ungarns in einen Krieg wegen der Balkan-Probleme eintreten müsse.[28] Damit schien aus seiner Sicht die Frage der Vorbereitung der Öffentlichkeit auf einen europäischen Krieg wegen der Balkan-Probleme erledigt.

Die Vorgänge um den »Kriegsrat« vom 8. Dezember 1912 zeigen mit bemerkenswerter Deutlichkeit die chaotischen Verhältnisse in der Führungsspitze des Deutschen Reiches selbst auf dem Höhepunkt einer schweren internationalen Krise. In dieser Besprechung der Militärs mit dem Kaiser war seitens des Generalstabs erstmals deutlich die Erwartung zum Ausdruck gebracht worden, daß es über kurz oder lang allemal zu einem großen europäischen Krieg kommen werde und daß man gegebenenfalls zum Mittel eines Präventivkrieges greifen müsse, da sich das militärische Kräfteverhältnis zwischen dem Dreibund und der Entente noch mehr verschlechtern würde. Dennoch wurden der Reichskanzler und der Staatssekretär des Äußeren über diesen hochbrisanten Sachverhalt zunächst überhaupt nicht in Kenntnis gesetzt. Allerdings wurde Kiderlen-Wächter von Wilhelm II. angewiesen, sich unverzüglich darum zu bemühen, mit Bulgarien und der Türkei sowie mit Rumänien Militärabkommen abzuschließen, als ob dies von heute auf morgen hätte bewerkstelligt werden können. »Jede Macht, die zu haben ist, ist gut genug, uns zu helfen.«[29] Erst am 17. Dezember 1912 erfuhr der Kanzler auf Umwegen, was sich wirklich auf der »Krisenkonferenz« abgespielt hatte. Das war allerdings insofern verständlich, als das konkrete Ergebnis des »Kriegsrats«, wie Admiral von Müller in seinem Tagebuch notierte, »so ziemlich null« gewesen war.[30] Jedoch hatte sich der Kaiser bei dieser Gelegenheit nicht nur erneut für die Einbringung einer großen Heeresvorlage, über deren Notwendigkeit allerdings bereits seit dem 4. Dezember 1912 Einverständnis zwischen den zuständigen Ressorts bestand,[31] sondern auch einer neuen Flottenvorlage ausgesprochen und, wie dem Kanzler zugetragen wurde, Tirpitz und Moltke nahegelegt, dafür Stimmung in der Öffentlichkeit zu machen: »Nun gehen Sie ordentlich in die Presse.«[32]

Schon Fritz Fischer hat die These vertreten, daß auf dem »Kriegsrat« vom 8. Dezember 1912 die Auslösung eines Weltkrieges zum Juli 1914 ins Auge gefaßt und darüber hinaus beschlossen worden sei, dafür unverzüglich alle militärischen, bündnispolitischen und sonstigen Vorbereitungen zu treffen, vor allem aber das deutsche Volk psychologisch auf diesen Krieg vorzubereiten. Davon kann freilich nicht die Rede sein. Aber es war schon schlimm genug, daß bei dieser Gelegenheit erstmals der Gedanke eines Präventivkrieges zur Lösung der politischen und militärischen Probleme des Deutschen Reiches ernstlich in Erwägung gezogen worden war. Außerdem hatte sich auch in den Köpfen Wilhelms II. und seiner höchsten Militärs der Gedanke festgesetzt, daß früher oder später ein Entscheidungskampf zwischen dem »Germanentum und dem Slawentum« unter Führung des Zarismus unausweichlich sein werde, eine Ansicht, die in der rechtsnationalen Presse, so zum Beispiel in den »Hamburger Nachrichten« vom 3. Dezember 1912, seit längerem vertreten wurde. Im übrigen erhielt der Plan einer neuen großen Heeresvermehrung, der dem Reichstag im April 1913 vorgelegt werden sollte, einen zusätzlichen Schub; der Kriegsminister von Heeringen, der bislang gegenüber einer Heeresvermehrung größeren Umfangs wegen der Auswirkungen auf die innere Struktur des Offizierskorps hinhaltenden Widerstand geleistet hatte, fand sich aufgrund einer persönlichen Einwirkung des Kaisers nunmehr damit ab, daß eine weitreichende Vergrößerung des Heeres und damit auch des Offizierskorps erfolgen müsse, obschon dies bedingte, daß der Offiziersnachwuchs nun nicht mehr überwiegend aus konservativen Kreisen rekrutiert werden konnte.[33] Von unmittelbaren Kriegsvorbereitungen war allerdings nicht die Rede, zumal sich auch die Lage in Österreich-Ungarn wieder etwas beruhigt hatte.

Am 17. Dezember 1912 hatte die Londoner Botschafterkonferenz mit ihrer schwierigen Aufgabe begonnen, eine für alle Mächte gleichermaßen akzeptable Lösung der Balkan-Probleme zu finden. In einer solchen Situation verbot es sich, mit kriegsvorbereitenden Schritten hervorzutreten. Demgemäß kam Bethmann Hollweg und Kiderlen-Wächter der kaiserliche Vorschlag einer unverzüglichen Propagierung der neuen Rüstungsvorlagen in der Presse mit dem Ziel, die Parteien des Reichstags dafür zu gewinnen, äußerst ungelegen, von dem Vorschlag ganz abgesehen, eine Pressekampagne zur psychologischen Vorbereitung des deutschen Volkes auf einen europäischen Krieg zu beginnen. Die Ankündigung einer neuen Flottennovelle hätte vermutlich das mühsam begründete vertrauensvolle Verhältnis zur britischen Diplomatie mit einem Schlag zerstört. Bethmann Hollweg gelang es dann, wenn auch mit einiger Mühe, Wilhelm II. den Gedanken an eine neue Flottennovelle, die in London »mit Leichtigkeit [...] als Provokation ausgelegt werden« könnte, wieder auszureden und auch Tirpitz zur Räson zu bringen.[34] Im übrigen wurden der Staatssekretär des Reichsmarineamts und der Kriegsminister von Heeringen in einer Besprechung am 20. Dezember darauf verpflichtet, über die allenfalls geplanten Wehrvorlagen keinerlei Informationen an die Öffentlichkeit dringen zu lassen und sich auch gegenüber dem Kaiser nicht ohne sein Wissen auf konkrete Planungen festzulegen; »irgendwelche Pressetreiberei«, so erklärte der Kanzler, werde er keinesfalls dulden.[35]

Die unmittelbaren Auswirkungen des »Kriegsrats« hielten sich demgemäß in engen Grenzen. Vielmehr gelang es der Reichsleitung, im Hinblick auf die weiterhin andauernde Balkan-Krise, die durch nationalistische Agitation keine zusätzliche Verschärfung erfahren sollte, Öl auf die Wogen der öffentlichen Meinung zu gießen, soweit dies mit den beschränkten Mitteln der Presseabteilung des Auswärtigen Amtes möglich war. Versuche, wenigstens für die Dauer der Londoner Konferenz die hemmungslose Agitation des Wehrvereins zugunsten einer weitreichenden Heeresvorlage zu dämpfen, scheiterten freilich an der Intransigenz des Generals August von Keim.[36]

Die Verhandlungen der Londoner Botschafterkonferenz zogen sich angesichts der Schwierigkeit der Materie und der großen Differenzen zwischen den unmittelbar Betroffenen über Monate hin; während der ganzen Zeit bestand die akute Gefahr eines österreichisch-serbischen Konfliktes, der bei Lage der Dinge ein unmittelbares Eingreifen Rußlands nach sich gezogen haben würde. Europa stand wiederholt am Rande eines großen Krieges. Ungeachtet wiederholter Proteste der nächstbeteiligten Mächte, verlagerten die Serben und Montenegriner weiterhin Truppen aus Mazedonien nach Albanien. In Österreich-Ungarn sah man darin einen Versuch, die Entscheidungen der Londoner Konferenz durch die militärische Inbesitznahme von Teilen des umstrittenen Territoriums zu präjudizieren, dies aber müsse notfalls mit Gewalt verhindert werden. An sich tangierten die Einzelheiten der Grenzziehung des albanischen Pufferstaates, der vorläufig ohnehin nur auf dem Papier bestand, die Interessen des Deutschen Reiches ebensowenig wie die heißumstrittene Frage eines serbischen Korridors zur Adria. Aber in Berlin ging man davon aus, daß es notwendig sei, die Interessen der Verbündeten zu wahren, allein schon, um eine weitere Schwächung der eigenen Mächtegruppe gegenüber Rußland und Frankreich nach Möglichkeit zu verhindern.

Gerade eben war mit einiger Mühe eine Erneuerung des Dreibundvertrages unter Dach und Fach gebracht worden, jedoch nur um den Preis einer noch weitergehenden Umdeutung seines ursprünglich rein defensiven Charakters im imperialistischen Sinne; Italien war nunmehr die Unterstützung seiner Aspirationen auf dem Balkan und insbesondere an der Adria ausdrücklich zugesagt worden. Um so weniger konnte von den Österreichern erwartet werden, sich mit einer rein defensiven Auslegung des Zweibundvertrages zufriedenzugeben. Aus ihrer Sicht war die territoriale Arrondierung beziehungsweise die Schaffung eines Satellitengürtels von Pufferstaaten auf dem Balkan eine reine Defensivmaßnahme, die die Abschirmung des eigenen Staatsverbandes gegenüber den südslawischen nationalrevolutionären Bestrebungen zum Ziel hatte, keineswegs eine offensive Politik. Selbst die in militärischen Kreisen nach wie vor befürwortete gewaltsame Disziplinierung Serbiens erschien aus österreichischer Sicht als durch den Dreibundvertrag gedeckt. Insofern erwartete die österreichische Diplomatie eine entschiedene Unterstützung der durchaus als maßvoll angesehenen Ziele ihrer Balkan-Politik durch Berlin.

Allerdings wußte niemand zu sagen, wie die Garantien künftigen Wohlverhaltens Serbiens gegenüber der Donau-Monarchie konkret aussehen sollten, die Teil der ursprünglichen Forderungen des Ballhausplatzes waren, um die österreichischen Sicherheitsinteressen zu befriedigen, und wie diese ohne einen Krieg gegen Serbien jemals würden durchgesetzt werden können. Vergeblich suchte die deutsche Diplomatie, hier einmal im Einverständnis mit Wilhelm II., Österreich-Ungarn auf den Weg einer friedlichen Verständigung mit Serbien zu verweisen, in der Erwägung, daß eine fortgesetzte Repressionspolitik, wie sie in Wien favorisiert wurde, auf die Dauer zu nichts führen könne. »Die vier Millionen Serben bilden einen Volkskörper, der sich nicht wegzaubern und auch nicht erdrücken läßt. In die Opposition gedrängt, werden sie die Irredenta nur fördern, während ein politisches Einvernehmen mit der Nachbarmonarchie diese Gefahr schwächen müßte.«[37] Diese eher pro-serbische Grundhaltung wurde bestärkt durch das bedeutende wirtschaftliche Engagement der deutschen Banken und einiger deutscher Großunternehmungen in Serbien. Unter diesem Gesichtspunkt bestand kein Interesse daran, daß Serbien zu einem Satelliten Österreich-Ungarns gemacht würde. Doch stieß Gottlieb von Jagow, der Nachfolger des Ende 1912 überraschend verstorbenen Kiderlen-Wächter als Staatssekretär des Äußeren, mit dergleichen Argumenten in Wien auf keinerlei Gegenliebe; vielmehr betonte Berchtold, daß der »Antagonismus der serbischen Staatsauffassung zur Staatsidee des Habsburgerreiches« zu tiefgehend sei, um eine Politik der Verständigung mit den Serben als gangbar erscheinen zu lassen. Einzig eine Politik der konsequenten Einhegung des »serbischen Piemont« vermöge dieses dazu veranlassen, »den großserbischen Träumen zu entsagen«.[38]

Es war demnach keine leichte Aufgabe für die deutsche Diplomatie, in Zusammenarbeit mit Großbritannien eine Lösung der Balkan-Probleme zu erreichen, die gleichzeitig den österreichischen Bundesgenossen zufriedenstellte. Am Ende gelang es gleichwohl, in den Londoner Verhandlungen einen guten Teil der österreichisch-ungarischen Ziele durchzusetzen. Die Großmächte verständigten sich auf die Errichtung eines selbständigen albanischen Staates und fügten damit der großserbischen Bewegung eine entscheidende Niederlage zu; allerdings blieb die Grenzziehung des neuen albanischen Staates einstweilen heiß umstritten. Auch von einem serbischen Hafen an der Adria, der so lange der Stein des Anstoßes zwischen den Großmächten gewesen war, war nicht mehr die Rede. Überdies erwies es sich als ungemein schwierig, diese Beschlüsse der Großmächte in die Praxis umzusetzen. Die Serben legten keine Eile an den Tag, das albanische Territorium, das sie im Zuge der Operationen gegen die Türkei besetzt hatten, zu räumen; im Gegenteil, sie verstärkten die serbische militärische Präsenz in Albanien immer mehr. Ebenso setzten montenegrinische und serbische Truppeneinheiten unbeirrt die Belagerung der Festung Scutari fort, obschon diese nach den Beschlüssen der Londoner Botschafterkonferenz dem neuen albanischen Staat zugeschlagen worden war.

Während dieser Wochen nahm in Österreich-Ungarn die Neigung immer stärker zu, durch einen militärischen Schlag gegen das von Truppen gutenteils entblößte serbische Mutterland die Respektierung der Beschlüsse der Londoner Botschafterkonferenz zu erzwingen und das eigene angeschlagene Prestige wiederherzustellen. Nur mit großer Mühe konnte die deutsche Regierung, die durchgängig darum bemüht war, auch die Scutarifrage »im Kompromißwege im Verein mit England, aber ohne daß die Festigkeit unseres Bündnisses mit Österreich-Ungarn untergraben wird«, zu lösen, Österreich-Ungarn weiterhin vor einseitigen militärischen Schritten zurückhalten. Im April 1913 fiel Scutari in die Hände der Montenegriner, und selbst eine Flottendemonstration der Großmächte konnte Serbien und Montenegro zunächst nicht dazu bewegen, sich den Beschlüssen der Großmächte zu fügen und das künftige albanische Territorium, dessen genaue Grenzziehung freilich Gegenstand zäher Verhandlungen in London war, zu räumen.

Angesichts der offensichtlichen Mißachtung der Beschlüsse der Großmächte durch Serbien und Montenegro war Bethmann Hollweg jetzt doch bereit, dem Bündnispartner nunmehr freie Hand für einen militärischen Schlag gegen Serbien zu geben. Dabei spielte die Erwägung eine Rolle, daß ansonsten das Prestige Österreich-Ungarns bei den Balkan-Völkern, aber auch die Vorrangstellung der Deutschen in der Monarchie dauerhaft Schaden nehmen könnten. »Es ist wirklich höchste Zeit, daß die [österreichisch-ungarische] Monarchie Europa und besonders ihren eigenen Völkern vor Augen führt, daß sie kein Kadaver ist, über die andere disponieren können, wie es ihnen beliebt [...]. Wenn die Monarchie jetzt nicht ihren Willen durchsetzt, so bedeutet das eine Niederlage des jetzt noch führenden deutschen Volksstammes, der damit seine Impotenz eingestehen würde, der Monarchie den Charakter als Großmacht zu erhalten. Die slawische Welle innerhalb der Monarchie wäre nicht mehr einzudämmen und das Bundesverhältnis kaum noch aufrechtzuerhalten.«[39] Am Ende gelang es dann schließlich doch noch, Serbien und Montenegro auf diplomatischem Wege zum Nachgeben zu veranlassen. Mit dem Abschluß des Präliminarfriedens von London am 13. Mai 1913 wurde ein vorläufiger Schlußstrich unter die Auseinandersetzungen auf dem Balkan gezogen. Die deutsche Regierung betrachtete diesen Ausgang der Dinge mit unverhohlener Befriedigung, war dieser doch wesentlich der engen Zusammenarbeit mit London während der Krise zu verdanken. Dies hatte zu einer durchgreifenden Verbesserung des deutsch-britischen Verhältnisses geführt, die begründete Aussichten auf eine Verständigung mit Großbritannien auch auf anderen Gebieten, insbesondere in Kleinasien und in Afrika, eröffnete. Im übrigen war es gelungen, eine ernstliche Beeinträchtigung des Großmachtstatus Österreich-Ungarns abzuwenden und trotz der untergründig gegensätzlichen Tendenzen der Politik Italiens und der Donau-Monarchie den Bestand des Dreibundes erneut zu sichern.

Auch in der Folge blieb es ein vorrangiges Ziel der Balkan-Politik der Mittelmächte, »dem Vordringen der slawischen Flut und des russischen Einflusses entgegenzuarbeiten«[40]. Jedoch erschien es aus deutscher Perspektive weit wichtiger, einen völligen Zusammenbruch des Osmanischen Reiches zu verhindern. »Die möglichste Erhaltung einer lebensfähigen Türkei« war allein schon wegen der großen wirtschaftlichen Interessen des Deutschen Reiches von größter Bedeutung. Dies aber veranlaßte die deutsche Diplomatie dazu, von der bedingungslosen Unterstützung der österreichisch-ungarischen Balkan-Politik, wie sie Kiderlen-Wächter aus mächtepolitischen Erwägungen für richtig gehalten hatte, schrittweise abzurücken, insbesondere seitdem sich abzeichnete, daß im Lager der Balkan-Staaten selbst zunehmende Uneinigkeit über die Verteilung der territorialen Kriegsbeute aus dem Balkan-Krieg bestand. Bulgarien hatte mit Abstand die größten militärischen Anstrengungen gemacht, um die europäische Machtstellung des Osmanischen Reiches zu brechen. Trotz des Mißerfolgs an der Tatschaldaschalinie 1913 stand Bulgarien auf den ersten Blick als weitaus stärkste Macht auf dem Balkan dar. Doch entwickelten sich sogleich Streitigkeiten mit Serbien und Griechenland über die Grenzziehungen in Mazedonien und insbesondere über den künftigen Besitz der Hafenstadt Saloniki, die sowohl Bulgarien wie Griechenland beanspruchten.

Anfänglich hatte sich die deutsche Regierung weitgehend der Strategie Österreich-Ungarns angeschlossen, die auf eine indirekte Unterstützung Bulgariens abzielte, um auf diese Weise die Machtstellung Serbiens auf dem Balkan zu schwächen. Doch kam es dann unter dem Gesichtspunkt, daß die Erhaltung zumindest der asiatischen Türkei das vordringlichste Ziel der deutschen Außenpolitik sein müsse, zu einer Kursänderung. Statt der in Berlin, und nicht zuletzt auch von Wilhelm II. selbst, ursprünglich favorisierten Bündniskonstellation, die Bulgarien, Rumänien und die Türkei dank der ihnen gemeinsamen antirussischen Zielsetzung unter Führung der Mittelmächte zusammenführen sollte, zeichnete sich nun die Chance ab, Griechenland an den Dreibund heranzuziehen. Dies wurde durch die ausgesprochene Deutschfreundlichkeit König Konstantins, eines Angehörigen des Hohenzollernhauses, begünstigt, der autoritäre Regierungsmethoden nach deutschem Vorbild präferierte, beruhte aber vor allem auf den ersichtlich unüberbrückbaren Gegensätzen zwischen Griechenland und Bulgarien. Die Neigung der Griechen, mit dem Osmanischen Reich, das sie gerade hatten besiegen helfen, gegen den ehemaligen Bundesgenossen Bulgarien gemeinsame Sache zu machen, eröffnete für die deutsche Diplomatie ganz neue Perspektiven. Eine Kombination der konservativen Monarchien Griechenland und Rumänien mit der Türkei zeichnete sich als alternative Möglichkeit ab, die den Vorteil zu haben schien, daß es sich dabei sämtlich um nichtslawische Völker handelte. Dieses Fernziel der deutschen Diplomatie, auf dem Balkan eine anti-russische Koalition der nichtslawischen Mächte Griechenland, Rumänien und der Türkei unter deutscher Führung zu schmieden, wurde dann durch den Ausbruch des Zweiten Balkan-Krieges am 29. Juni 1913 überraschend in den Bereich des Erreichbaren gerückt.

Eine militärische Auseinandersetzung zwischen Bulgarien einerseits, Serbien und Griechenland andererseits über die unter den Balkan-Staaten strittigen territorialen Fragen hatte sich schon seit geraumer Zeit angekündigt. Die deutsche Regierung hatte schon im vorhinein deutlich gemacht, daß man nicht die Absicht habe, in einen derartigen Konflikt einzugreifen oder diesen durch eine schiedsgerichtliche Lösung der Streitfragen abzuwenden, wie sie die Bulgaren am 26. Juni 1913 in St. Petersburg angeregt hatten; vielmehr sollten die Balkan-Staaten ihre Streitigkeiten untereinander austragen. Dabei spielte auch eine Rolle, daß man der zarischen Diplomatie aus dem Dilemma, in das sie durch Förderung des Balkan-Bundes hineingeraten war, nicht heraushelfen wollte. Die deutsche Diplomatie suchte diese Situation vielmehr dazu zu nutzen, um die von ihr angestrebte politische Kombination der nichtslawischen Balkan-Staaten und der Türkei weiter zu fördern.

Am Ballhausplatz löste der überraschende Angriff Bulgariens auf Serbien und Griechenland einiges Unbehagen aus. Dennoch suchte Österreich-Ungarn sein Möglichstes zu tun, um seinen Schützling Bulgarien mit diplomatischen Mitteln zu unterstützen. Ein Ersuchen in Berlin, es möge auf Rumänien einwirken, damit dieses sich der gegen Bulgarien gerichteten Kombination nicht anschließe, stieß freilich in Berlin auf taube Ohren. Hier hielt man es für wichtiger, Rumänien nicht zu verprellen, indem man es von der Verfolgung seiner nationalen Interessen abhielt. Darüber hinaus wurden in Wien sogleich neue Hoffnungen geweckt, doch noch den ersehnten Straffeldzug gegen Serbien führen zu können. Diese verdichteten sich im Verlauf der Kampfhandlungen, die binnen weniger Wochen zu einer vernichtenden Niederlage Bulgariens führten, zu dem Plan, Bulgarien, das für diesen Fall den Beitritt zum Dreibund in Aussicht gestellt hatte, zu Hilfe zu eilen und die sonst zu erwartende Gebietserweiterung des verhaßten Serbien doch noch zu verhindern. Jedoch widersetzten sich die deutsche und die italienische Regierung, zur äußersten Erbitterung des Ballhausplatzes, jeglicher Intervention; Österreich-Ungarn konnte aber ohne deren Unterstützung eine militärische Intervention nicht riskieren, da diese die Gefahr in sich barg, daß es dann zu einem Krieg mit Rußland kommen könne. Das Eingreifen der Türkei in die Kampfhandlungen am 20. Juli 1913 und die Rückeroberung Adrianopels, das nach den Beschlüssen der Londoner Botschafterkonferenz Bulgarien zugesprochen worden war, gestaltete die Lage Bulgariens vollends verzweifelt. Auf der anderen Seite rief das Eingreifen der Türkei sowohl Rußland wie Großbritannien auf den Plan, die beide, wenn auch aus unterschiedlichen Gründen, über den Bruch des Londoner Präliminarfriedens durch die Türkei aufgebracht waren. Die Rückkehr der Türkei nach Europa, wenn auch nur in bescheidenem Umfang, war in den Beschlüssen der Großmächte nicht vorgesehen gewesen.

Die deutsche Regierung legte in dieser Phase der Entwicklung nach außen hin äußerste Zurückhaltung an den Tag; der Sache nach unterstützte sie jedoch Griechenland und Rumänien in ihrer Weigerung, unter russischem Druck die Kampfhandlungen gegen Bulgarien unverzüglich einzustellen; vielmehr waren erstere bestrebt, ihre militärischen Ausgangspositionen bis zum Beginn der Friedensverhandlungen möglichst weit auszubauen. Eine Stärkung insbesondere Griechenlands, aber auch des Dreibundpartners Rumänien, dessen Monarch ebenfalls mit den Hohenzollern eng verwandt war, lag durchaus im deutschen Interesse. Das würde die deutsche Politik ihrem Ziel näherbringen, ein griechisch-türkisches Bündnis unter Einbeziehung Rumäniens zustande zu bringen, das zugleich das Unterpfand für eine für die Türkei erträgliche Lösung der sogenannten Inselfrage abgeben sollte.

Es versteht sich, daß diese Bestrebungen der Grundtendenz der österreichisch-ungarischen Politik frontal zuwiderliefen, Bulgarien soweit wie möglich vor den Folgen seines eigenen Übermuts zu retten und Serbiens Zugewinne so gering wie möglich zu halten. Anfang August 1913 unternahm die österreichisch-ungarische Regierung einen letzten Versuch, die deutsche Diplomatie durch einen diplomatischen Vorstoß, der in mancher Hinsicht als Vorbote der Vorgänge im Juli 1914 gelten darf, doch noch zum Einschwenken auf ihre konsequent antiserbische Politik zu bewegen, doch verlor sie charakteristischerweise auf halbem Wege den Mut dazu. Graf Berchtold wagte es am Ende nicht, ein dem österreichischen Botschafter in Berlin, Ladislaus Graf von Szögyényi-Marich, bereits zugestelltes Memorandum im Wortlaut zur Kenntnis zu bringen, in dem es unter anderem hieß: »Es kann daher schon heute vorausgesehen werden, daß die serbische Frage in nicht zu ferner Zeit einer gewaltsamen Entscheidung zudrängen wird.«[41] Statt dessen wurde der deutschen Regierung nur in allgemeiner Form mitgeteilt, daß sich Österreich-Ungarn unter Umständen zu einem militärischen Eingreifen gegen Serbien gezwungen sehen könne, das aus dem Zweiten Balkan-Krieg mit einem nahezu verdoppelten Territorialbesitz hervorgegangen war. Man verfolge gegenüber Serbien keine aggressiven Pläne und strebe auch nicht den Erwerb serbischen Territoriums an. Aber die Sicherung Österreich-Ungarns gegenüber den von Serbien ausgehenden irredentistischen Bestrebungen könne ein gewaltsames Vorgehen gegebenenfalls unvermeidlich machen. »Wenn ihm [das heißt Österreich-Ungarn, d. Verf.] durch die großserbischen Treibereien ein Konflikt aufgedrängt werden sollte, würde es sich, gleichgültig, von welcher Seite der letzte Schritt zur kriegerischen Entscheidung ausginge, in der Rolle des Angegriffenen befinden.«[42] Doch verfehlten diese starken Worte in Berlin durchaus ihre Wirkung. Weder gelang es, die deutsche Regierung noch in letzter Minute zu einer Unterstützung der bulgarischen Position zu bewegen, noch fand sich diese dazu bereit, einem aggressiven Kurs der Donau-Monarchie gegenüber Serbien in irgendeiner Form die deutsche Rückendeckung zuzusagen.

Bei den Friedensverhandlungen von Bukarest, die Anfang August 1913 begannen, vertrat die deutsche Diplomatie demgemäß eine von Österreich-Ungarn stark abweichende politische Linie. Während dieses Bulgarien vor dem Schlimmsten zu bewahren suchte, unterstützte die deutsche Diplomatie primär die territorialen Ansprüche Griechenlands und Rumäniens, insbesondere die Abtretung Kavallas an Griechenland, als »quid pro quo« für eine entgegenkommende Haltung des letzteren in der Inselfrage, der seitens der Türkei verständlicherweise große Bedeutung zugemessen wurde; weiterhin suchte Berlin die griechische Regierung dazu zu bewegen, als Geste guten Willens zumindest die türkische Oberhoheit über die von Griechenland weiterhin besetzt zu haltenden Inseln Chios und Mytilene anzuerkennen.

Der Bukarester Frieden brachte eine weitreichende Verschiebung des regionalen Mächtegleichgewichts zugunsten Serbiens und Griechenlands und zuungunsten Bulgariens, das, nunmehr über die ausgebliebene russische Hilfestellung erbittert, mehr denn je Anschluß an Österreich-Ungarn suchte. Österreich-Ungarn sah sich mit seiner Forderung, die Mächte sollten nachträglich gegen dessen Bulgarien stark benachteiligenden Bestimmungen intervenieren, von seinen Verbündeten allein gelassen; ja mehr noch, Wilhelm II. sandte König Carol I. von Rumänien ostentativ ein Glückwunschtelegramm zum Abschluß des Friedens, das, um das

Maß voll zu machen, obendrein noch sogleich veröffentlicht wurde. Österreich-Ungarn mußte sich fürs erste mit einer für seine Balkan-Pläne äußerst ungünstigen Gesamtlage abfinden und sah sich von deutscher Seite gar noch mit dem Ansinnen konfrontiert, man halte es bei Lage der Dinge für geboten, einen Ausgleich der Spannungen mit Serbien zu suchen.[43]

Für die deutsche Regierung stand freilich der Gesichtspunkt im Vordergrund, die Türkei vor den möglichen negativen Auswirkungen einer erneuten Intervention der Großmächte, insbesondere Rußlands, zu bewahren, hätte diese doch nach der Einschätzung der deutschen Diplomaten durchaus zu einer Aufteilung des Osmanischen Reiches unter die Mächte führen können, wie dies 1895 schon einmal vorgeschlagen worden war. Eine derartige Wende der Dinge aber war aus deutscher Sicht keinesfalls erwünscht. Der Staatssekretär des Auswärtigen Amtes von Jagow brachte diese Ansicht unmißverständlich auf die Formel: »Bei Zusammenbruch asiatischer Türkei können wir keinesfalls leer ausgehen. Es ist aber in unserem Interesse, [den] Moment der Aufteilung hinauszuschieben, bis unsere Interessen konsolidierter, Bahnbauten etc. weiter vorgeschritten und wir mit England über diese Frage völlig einig sind.«[44] Demgemäß schloß sich die deutsche Diplomatie dem Verlangen der anderen Großmächte an, die Türkei möge Adrianopel wieder aufgeben, weil sonst eine Intervention namentlich Rußlands im Bereich des Möglichen gelegen hätte. Im übrigen wurde der griechischen Regierung nahegelegt, sich mit der Türkei möglichst rasch über alle strittigen Fragen zu verständigen.

In den gleichen Zusammenhang gehören die Bemühungen der deutschen Regierung, die Dreibundpartner Österreich-Ungarn und Italien für eine entgegenkommendere Haltung hinsichtlich der griechischen territorialen Ansprüche in Südalbanien zu gewinnen, deren Berücksichtigung König Konstantin als eine wesentliche Voraussetzung für einen Beitritt Griechenlands zum Dreibund betrachtete. Diese liefen freilich ebenso ins Leere wie die Bestrebungen, in der Frage der ägäischen Inseln eine Verständigung zwischen Griechenland und der Türkei herbeizuführen.[45] Gleichwohl arbeitete die deutsche Diplomatie auch weiterhin an der Herbeiführung einer politischen Kombination der beiden konservativen Monarchien auf dem Balkan, Griechenland und Rumänien, mit der Türkei, in scharfer Entgegensetzung zur Grundlinie der österreichisch-ungarischen Balkan-Politik. Das Fernziel dieser Politik war es, im Gegensatz zu den miteinander konkurrierenden Bestrebungen Österreich-Ungarns und Rußlands, »eine griechisch-rumänisch-türkische Allianz als Bollwerk gegen das Slawentum ins Leben zu rufen«[46]. Diese unter deutscher Ägide stehende Bündniskombination sollte zugleich eine Brücke nach Kleinasien hinüber abgeben, dem vornehmlichen Operationsfeld des deutschen informellen Imperialismus.

Bei dieser Lage der Dinge setzte eine politische Kombination mit Griechenland und Rumänien, deren Politik sich weiterhin in einem konträren Verhältnis zu

Bulgarien bewegte, eine indirekte Einbeziehung Serbiens voraus, zu dem beide Staaten weiterhin gute Beziehungen unterhielten. Infolgedessen bemühte sich die deutsche Diplomatie in der Folgezeit immer wieder, direkt oder auf dem Umweg über Rumänien, auf Berchtold einzuwirken, dieser möge sich, statt weiterhin einen Konfliktkurs gegenüber Serbien zu steuern, um eine Verständigung mit diesem bemühen.[47] Auch wirtschaftliche Gesichtspunkte sprachen dafür, Serbien an den Dreibund heranzuziehen, statt es politisch zu isolieren und in einem Zustand beständiger Bedrohung zu halten. Die deutsche Wirtschaft hatte, anfänglich in Zusammenarbeit mit französischem Bankkapital, sich in beträchtlichem Umfang in Serbien engagiert; Carl Fürstenberg, der Chef der Berliner Handelsgesellschaft, konnte sich sogar zeitweise als »Bankier der serbischen Regierung« bezeichnen.[48] Überhaupt zeichnete sich auch auf wirtschaftlichem Gebiet eine zunehmende Divergenz der Strategien der beiden Kaiserreiche auf dem Balkan ab. In der Wirtschaft und in der Öffentlichkeit nahm die Bereitschaft ab, der verbündeten Donau-Monarchie in dieser Region auch in wirtschaftlichen Dingen die Vorhand zu überlassen. Vielmehr erkannte man bereits auf dem Höhepunkt des Ersten Balkan-Krieges die großen Chancen, die der Triumph der Balkan-Staaten über die Türkei für die deutsche Industrie und die deutsche Hochfinanz in dieser Region eröffnete.[49] Es wurde vielfach als günstiger angesehen, über Serbien einen unmittelbaren Zugang zu den Balkan-Staaten zu haben, statt wie bisher den Umweg über die Donau-Monarchie zu gehen. Die deutsche Industrie, insbesondere große Tiefbau- und Eisenbahnbaufirmen, zeigten in den letzten beiden Jahren vor 1914 erhebliches Interesse an einem Engagement insbesondere in Serbien, während die Elektroindustrie großräumiger im gesamten Balkanraum nach Konzessionen für den Bau von elektrischen Anlagen, Telegraphenlinien und dergleichen Ausschau hielt.[50]

Vergleichsweise zurückhaltender verhielten sich die Banken, mit Ausnahme der bereits erwähnten Berliner Handelsbank. Zum einen nahmen die Bagdadbahnanleihe und die damit verbundenen Projekte einen erheblichen Teil der im Markt verfügbaren Kapitalressourcen in Anspruch; zum anderen konzentrierten sich die Banken auf Rumänien, dessen Erdölvorkommen langfristig ertragreiche Investitionsmöglichkeiten verhießen. Es kam hinzu, daß im Herbst 1913 ein Bankenkonsortium unter Führung des Bankhauses Warburg und der Berliner Diskonto-Gesellschaft die Emission einer neuen großen Staatsanleihe an Bulgarien übernahm, das nach den beiden Balkan-Kriegen äußerst kapitalbedürftig war. Hier spielten politische Gesichtspunkte eine wesentliche Rolle, galt es doch, wenn irgend möglich, das französische Bankenkapital nach Möglichkeit an der Begebung dieser Anleihe zu hindern, nicht allein wegen der daran geknüpften Folgeaufträge, sondern auch wegen der politischen Rückwirkungen, die dies haben würde. Die Reichsleitung sah darin zudem einen Ersatz für das von Bulgarien gewünschte Bündnis, an dem man in Berlin kein Interesse hatte, weil ein solches in Serbien äußerst negativ aufgenommen worden wäre. Unter den gleichen Gesichtspunkten begrüßte die Wilhelmstraße die Zunahme des Außenhandels mit Serbien, betrachtete man dies doch als zusätzliche Stützung der eigenen Bemühungen, Serbien in das Lager der Mittelmächte zu ziehen.[51] Den Bemühungen, Serbien auch politisch als Partner zu gewinnen, standen jedoch die nationalrevolutionären Bestrebungen in Bosnien und die dadurch auf österreichischer Seite geweckten Ängste im Wege.

Es steht mit dieser Grundlinie der deutschen Politik nicht im Widerspruch, daß die deutsche Regierung bereit war, Österreich-Ungarn »plein pouvoir« für eine militärische Aktion gegen Serbien zu gewähren, als Serbien im Oktober 1913 versuchte, in offenkundiger Verletzung der Beschlüsse der Londoner Botschafterkonferenz anläßlich eines Aufstands in Albanien zugunsten der Aufständischen militärisch zu intervenieren. Wilhelm II. selbst verstieg sich bei dieser Gelegenheit gar zu den Worten: »Jetzt oder nie. Es muß mal da unten Ordnung geschaffen werden.«[52] Der Kaiser ging dabei allerdings von der Annahme aus, daß es angesichts der Rechtslage, die eindeutig zugunsten Österreich-Ungarns sprach, nicht zu einem allgemeinen Kriege kommen werde. Er malte sich zudem die Chance aus, daß die Serben auf diese Weise gleichsam in das von der deutschen Diplomatie angestrebte Bündnissystem der Mittelmächte mit Rumänien, Griechenland und der Türkei hineingezwungen werden könnten. Nicht zuletzt aus diesem Umstand erklärt sich auch die zeitweilig höchst aggressive Sprache Wilhelms II. Anläßlich eines Staatsbesuches in Wien am 26. Oktober 1913 erklärte der Kaiser: »Die Slawen sind nicht zum Herrschen geboren, sondern zum Dienen« und legte Berchtold in wortreichen Ausführungen seine Ansicht dar, daß Serbien der Donau-Monarchie völlig untergeordnet werden und dieser seine Armee aufgrund einer Militärkonvention zur Verfügung stellen müsse.[53] Das entsprach freilich durchaus nicht der Linie der offiziellen deutschen Balkan-Politik. Diese hielt vielmehr bis in die Anfänge der Julikrise 1914 hinein an der Ansicht fest, daß Österreich-Ungarn in der serbischen Frage auf den Weg der Verständigung verwiesen werden müsse und eine gewaltsame Lösung des südslawischen Problems keinesfalls zugelassen werden dürfe. Diese Haltung war freilich nicht zuletzt durch die eigenen bündnispolitischen Bemühungen um Griechenland und Rumänien bedingt, deren Realisierung durch eine Antagonisierung Serbiens beeinträchtigt worden wäre.

Für den Augenblick war die Balkan-Krise mit den Beschlüssen der Londoner Botschafterkonferenz und dem Frieden von Bukarest entschärft worden. Aber die Grundprobleme bestanden fort. Weder das Deutsche Reich noch Österreich-Ungarn verfügten über eine befriedigende Strategie, auf welche Weise man die revolutionäre Sprengkraft der nationalistischen Bewegungen auf dem Balkan, insbesondere des serbo-kroatischen Irredentismus, wirklich eindämmen könnte. Die Donau-Monarchie setzte auf Gewalt, während die deutsche Politik hoffte, durch die Stärkung der konservativen nichtslawischen Monarchien und die Eindämmung des russischen Einflusses die Lage auf dem Balkan stabilisieren zu können.

Letzteres sollte sich bald als Fehlrechnung erweisen. Vor allem konnte die Hinwendung Rumäniens und Griechenlands zu einer prowestlichen Politik nicht wirklich hintangehalten werden, zumal auch angesichts des übermächtigen Einflusses des französischen Finanzkapitals in beiden Ländern, dem das Deutsche Reich nichts Entsprechendes entgegenzusetzen vermochte. Und der Gegensatz zwischen Griechenland und der Türkei in der Inselfrage bestand weiterhin fort, obschon die Großmächte ersterem definitiv die ägäischen Inseln, mit Ausnahme von Tendos, Imbros und Kaseloriso, zugesprochen hatten. Die deutsche Balkan-Politik der letzten Vorkriegszeit jagte Luftschlössern hinterher, vornehmlich aus dem Wunsch heraus, eine feste Barriere gegen den Panslawismus und die Einflüsse des zarischen Rußland zu errichten, daneben aber in der Hoffnung, solcherart die eigenen imperialistischen Bestrebungen im Osmanischen Reich bündnispolitisch abschirmen zu können. Der Balkan blieb auch fernerhin ein Imbroglio unterschiedlichster politischer Strömungen und Tendenzen. Die Hoffnung, daß es möglich sein werde, die Sprengkraft der nationalistischen Bewegungen in Südosteuropa mit den Mitteln traditioneller Staatskunst zu entschärfen, sollte sich schon bald als illusorisch erweisen.

Deutsche Weltpolitik und noch kein Krieg

Die militärischen Auseinandersetzungen auf dem Balkan und deren Auswirkungen hatten Europa mehrfach an den Rand eines europäischen Krieges geführt. Die Anstrengungen der Regierung Bethmann Hollweg, eine Koalition der nichtslawischen Balkan-Staaten Griechenland, Rumänien und der Türkei mit einer potentiellen Spitze gegen das zarische Rußland herbeizuführen, waren einstweilen ohne konkretes Ergebnis geblieben. Insgesamt war die politische und strategische Lage der Mittelmächte durch die Erstarkung der Balkan-Staaten eher ungünstiger geworden, während Rußland umgekehrt moralische Eroberungen hatte machen können. Österreich-Ungarn hatte zwar mit seinen Bestrebungen teilweise Erfolg gehabt, durch die Gründung eines Pufferstaates Albanien eine Barriere gegen die südslawischen nationalrevolutionären Bestrebungen zu errichten, aber die Anziehungskraft Serbiens auf die serbo-kroatischen Besitzungen der Monarchie war dadurch nur teilweise gemildert worden.

Der einzige Lichtpunkt war, daß die Beziehungen des Deutschen Reichs zu Großbritannien wesentlich besser geworden waren. In London war man bereit, die vermittelnde Rolle des Deutschen Reiches während der Balkan-Krise politisch zu honorieren. Bereits im Oktober 1912 hatte der britische Unterstaatssekretär Tyrell den deutschen Geschäftsträger in London, von Kühlmann, wissen lassen, daß für den Fall einer intimen Kooperation beider Mächte in den Balkan-Fragen gute Aussicht bestehe, einen umfassenden Interessenausgleich zu erreichen. »Er sei zum allergrößten Entgegenkommen bereit und halte ein Zusammengehen in China, Persien, Türkei und Afrika für aussichtsreich.«[1] In der Tat hatte es sich ausgezahlt, daß die deutsche Regierung die verbündete Donau-Monarchie während der Balkan-Kriege mehrfach von militärischen Alleingängen abgehalten hatte, obschon im Dezember 1912, auf dem Höhepunkt der internationalen Spannungen, bei Hofe und in militärischen Kreisen zeitweilig ernstlich mit dem Gedanken eines Präventivkrieges gespielt worden war.

Jedoch bestanden die Meinungsverschiedenheiten über die Frage, ob man die gegenwärtige Krisenperiode mit vorsichtigem Manövrieren werde durchstehen können oder ob nunmehr nur noch eine Politik forcierter Aufrüstung übrigbleibe, innerhalb der Führungsschichten des Deutschen Reiches unverändert fort. Die *hardliners* gingen davon aus, daß man sich den Weg in eine weltpolitische Zukunft mit machtpolitischen Mitteln ertrotzen müsse und dabei gegebenenfalls auch nicht vor einem großen europäischen Krieg zurückschrecken dürfe. In militärischen Kreisen gewann seit Dezember 1912 die Auffassung immer mehr an Boden, daß ein europäischer Krieg über kurz oder lang unvermeidbar sein werde. Der Generalstab und mit ihm viele hohe Militärs neigten der Ansicht zu, daß man diesen Krieg eher früher als später führen sollte, da die Zeit gegen das Deutsche Reich arbeite; das Gegenargument des Staatssekretärs des Reichsmarineamts von Tirpitz, daß kriegerische Verwicklungen nicht erwünscht seien, solange die Schlachtflotte noch nicht fertiggestellt sei, fand in der Armee keinerlei Gegenliebe. General von Falkenhayn beispielsweise hatte schon nach der Agadir-Krise gemeint: »Wann der große Kladderadatsch kommen wird, ist freilich eine offene Frage. Nach Olmütz hat es 15 Jahre bis zum Losschlagen gedauert: so lange werden wir nach dem heutigen Tempo der Weltentwicklung nicht warten dürfen, solange werden wir aber auch nicht warten brauchen, da bis 1914 auch die Marine [...] fertig sein will.«[2] Wilhelm II., dessen Gemütslage freilich beständigen Schwankungen ausgesetzt war, war der Meinung, daß eine große welthistorische Abrechnung zwischen den »Germanen und Slawen« unabwendbar sei; er machte sich damit eine Ansicht zu eigen, die in der rechtsextremen Presse, z. B. den »Hamburger Nachrichten«, schon seit einiger Zeit kolportiert wurde. Auch in der breiteren Öffentlichkeit mehrten sich die Stimmen, die einen großen europäischen Krieg für wahrscheinlich, ja für wünschenswert hielten. Die konservative »Post« beispielsweise wünschte sich in einem Leitartikel zur Jahreswende vom 1. Januar 1913 einen Krieg, der »die Befreiung von schwerem, dumpfen Druck« bringen würde, förmlich herbei: »Noch hat das deutsche Volk seine Mission nicht erfüllt, noch steht die Lösung des letzten und größten Teils seiner weltgeschichtlichen Aufgabe bevor [...].«

Hingegen war man im Auswärtigen Amt einigermaßen zuversichtlich, daß es möglich sein werde, auf dem bisher Erreichten aufbauend, eine politische Annäherung an Großbritannien herbeizuführen und auf diese Weise die bedrohliche

Situation, in die sich die Mittelmächte seit der Jahrhundertwende hineinmanövriert hatten, schrittweise wieder zu entschärfen. Für eine Verständigung mit Großbritannien boten sich in erster Linie Vereinbarungen über periphere Fragen an, wie sie die britische Regierung in Aussicht gestellt hatte. Zugleich eröffnete sich auf diese Weise die Chance, in Zusammenarbeit mit Großbritannien weltpolitische Erwerbungen großen Stils anzubahnen und damit zumindest auf mittlere Frist die nationalistische Opposition im Innern zufriedenzustellen.

Der leidenschaftlichste Verfechter des letzteren Kurses war der Geschäftsträger der deutschen Botschaft in London, Richard von Kühlmann. Dieser war fest davon überzeugt, daß sich mit Großbritannien eine Verständigung weitreichender Art über kolonialpolitische Fragen werde erreichen lassen, mit positiven Auswirkungen auch auf das deutsch-britische Verhältnis.[3] Kühlmann fand für seine politische Linie die volle Unterstützung des Botschafters Graf Metternich. Kühlmann überschüttete nicht nur das Auswärtige Amt mit konkreten Vorschlägen für ein deutsch-englisches Kolonialabkommen, sondern suchte mit Hilfe seiner Kontakte zu zahlreichen Journalisten auch in der deutschen Öffentlichkeit für diese Idee Stimmung zu machen. Er veranlaßte den Journalisten Hans Plehn, eine anonyme Broschüre »Deutsche Weltpolitik und kein Krieg!«[4] zu veröffentlichen, in der das Programm einer deutschen Weltpolitik in Anlehnung an Großbritannien eindrucksvoll vorgestellt wurde. Obschon keinesfalls offiziöser Natur, darf diese Schrift gleichsam als das Pronunciamento der Politik des gemäßigten Flügels der Führungsschichten des Reiches angesehen werden. Darin wurde einigermaßen optimistisch ein weitreichendes Programm kolonialer Erwerbungen vorgestellt, das sich in engem Zusammenwirken mit Großbritannien ohne Krieg werde verwirklichen lassen.

Diese Vorschläge kamen einer in der öffentlichen Meinung weit verbreiteten Auffassung entgegen, daß das Deutsche Reich bei den künftigen Verteilungskämpfen über überseeische Territorien keinesfalls erneut leer ausgehen dürfe, wie dies in den letzten Jahren der Fall gewesen war. Gustav Stresemann, der junge Adlatus des nationalliberalen Parteiführers Bassermann, meinte am 9. Februar 1913 auf einer Sitzung des Zentralvorstandes der Nationalliberalen Partei, daß es angesichts der Stimmung im Lande nicht mehr genüge, in den überseeischen Regionen bloß die »offene Tür« für den deutschen Handel sicherzustellen, wie dies bisher der Fall gewesen sei; vielmehr handele es sich um »wirkliche Lebensinteressen der deutschen Nation, daß wir bei dieser Verteilung der Welt nicht ausgeschlossen bleiben, sondern mehr noch als innerlich saturierte Völker wie Frankreich unseren Anteil daran verlangen müssen«.[5] Auf diese Weise suchte sich die Nationalliberale Partei an die Spitze einer breiten Bewegung in der Öffentlichkeit zugunsten einer kraftvollen imperialistischen Politik zu setzen. Dies geschah nicht zuletzt in der Absicht, der Partei angesichts der eigenen schwindenden Basis in der Wählerschaft neue Wählerschichten zu erschließen und insbesondere die Anhänger der nationalistischen Agitationsverbände, namentlich des Alldeutschen Verbandes, für sich zu gewinnen. Zugleich sollte der Deutschkonservativen Partei, die aus vergleichbaren Motiven heraus ebenfalls in das Lager des Imperialismus übergegangen war, das Wasser abgegraben werden. Am 1. März 1913 erklärte der nationalliberale Abgeordnete Hermann Paasche anläßlich der Beratung des Marineetats im Reichstag: »Deutschland ist heute keine einfache Landmacht mehr, Deutschland ist kein Land mehr, das sich als Kontinentalmacht nur mit seinem Nachbarn zur Linken und zur Rechten zu beschäftigen hat, sondern Deutschland ist dank seiner wachsenden Volkskraft, dank der wachsenden Intelligenz und Arbeitskraft seiner Bevölkerung dahin gekommen, immer mehr Weltmacht zu werden, und Deutschland muß Weltpolitik treiben, ob es will oder nicht.«[6]

Bethmann Hollweg hielt die Sicherung der Machtstellung des Deutschen Reiches auf dem europäischen Kontinent persönlich für wichtiger als koloniale Erwerbungen. Aber bei Lage der Dinge mußte der Kanzler den imperialistischen Strömungen der Öffentlichkeit und in den bürgerlichen und konservativen Parteien Rechnung tragen. Unter diesen Umständen wählte die Regierung Bethmann Hollweg einen mittleren Kurs, der einerseits den Befürchtungen der Militärs entgegenzukommen suchte, andererseits aber auf eine Annäherung an Großbritannien abzielte, in der Hoffnung, dadurch die bedrängte bündnispolitische Lage des Deutschen Reiches behutsam wieder verbessern zu können. Zunächst stand dabei die Frage einer Stärkung des militärischen Potentials des Reiches, wie sie vom Generalstab seit längerem gefordert wurde, beherrschend im Vordergrund. Schon im November 1912 hatte der Generalstabschef Helmuth von Moltke mit einer großen Denkschrift, die weitgehend der Feder Oberst Ludendorffs entstammte, eine weit stärkere Ausschöpfung der wehrfähigen Jahrgänge verlangt, da das Deutsche Reich in einem europäischen Kriege nunmehr mit der Gegnerschaft nicht nur Rußlands und Frankreichs, sondern auch Großbritanniens rechnen müsse. Am 21. Dezember 1912 war der Generalstab mit einer weiteren großen Denkschrift hervorgetreten, die, im Hinblick auf die Erfordernisse des Schlieffen-Plans, die Aufstellung von drei neuen Armeekorps für notwendig erklärte. Eine derartig gewaltige Heeresvermehrung erschien dem Kriegsminister von Heeringen allerdings ganz und gar unannehmbar, allein schon weil dies eine durchaus unerwünschte verstärkte Verbürgerlichung des Offizierskorps zur Folge haben würde, von den Schwierigkeiten der Finanzierung einer solchen Vorlage ganz abgesehen.[7] Angesichts der krisenhaften Zuspitzung der internationalen Lage im Dezember 1912 erschien die Einbringung einer neuen großen Heeresvorlage jedoch als unabweisbar. Der Kanzler machte gar nicht erst den Versuch, in die Auseinandersetzungen zwischen dem Generalstab und dem Kriegsministerium über den Umfang der Vorlage einzugreifen; im Gegenteil, er zeigte sich in der Folge von den Darlegungen des Generalstabs über die Stärkeverhältnisse der deutschen und der gegnerischen Armeen persönlich beeindruckt. »Am meisten«, so schrieb Bethmann

Hollweg im März 1913 an den württembergischen Gesandten von Eisendecher, der in mancher Hinsicht als Verbindungsmann des Kanzlers zu den süddeutschen Höfen diente, »hat mich der Einblick belastet, den mich die Militärs in unsere Stärkeverhältnisse für den Fall eines Krieges haben tun lassen. Man muß schon ein gut Teil Gottvertrauen haben und auf die russische Revolution als Bundesgenossen rechnen, wenn man einigermaßen ruhig schlafen will. Ob der Flotte haben wir die Armee vernachlässigt und uns ringsum Feinde geschaffen. [...] Die Armeevorlage ist unbedingt nötig. Wir können keinen Rekruten missen, der den Kuhfuß tragen kann.«[8] Allerdings trat Bethmann Hollweg auch deshalb für die Einbringung einer neuen großen Heeresvorlage ein, weil auf diese Weise eine erneute Flottenvorlage, die bei Lage der Dinge eine kalte Dusche für das sich langsam bessernde deutsch-englische Verhältnis dargestellt hätte, von vornherein abgeblockt werden sollte, reichten doch die allenfalls verfügbaren Finanzmittel für beides keinesfalls aus.[9]

Mit der Einbringung einer großen Heeresvorlage von einer Größenordnung, wie sie bisher nie dagewesen war, kam die Reichsleitung den Vorstellungen jener Kreise in der Öffentlichkeit und in den bürgerlichen Parteien entgegen, die durch das offene Ausspielen des deutschen militärischen Potentials weltpolitische Erwerbungen in Übersee erzwingen wollten. Eben diese Strategie des »trockenen Krieges« aber war schwerlich mit dem eigentlichen Ziel der Außenpolitik Bethmann Hollwegs vereinbar, eine allmähliche Verbesserung der Beziehungen zu den anderen europäischen Mächten herbeizuführen; im Gegenteil, sie war geeignet, das Mißtrauen der anderen Regierungen Europas in die wahren Absichten der deutschen Politik noch mehr zu steigern und einen neuen Rüstungswettlauf auszulösen.

Ungeachtet dieses Dilemmas setzte Bethmann Hollweg von Anfang an darauf, die Verhandlungen mit Großbritannien über kolonialpolitische Fragen, die wegen des plötzlichen Todes Marschall von Biebersteins im September 1912 unterbrochen worden waren, erneut in Gang zu bringen. Damit verband er die Absicht, nun mit Großbritannien zu einem politischen Ausgleich zu kommen. Die Regierung bemühte sich im übrigen nach Kräften, dafür auch im Innern Stimmung zu machen und den Anhängern eines Konfrontationskurses, die eine Politik überseeischer Expansion mit Hilfe militärischen Drucks und gegebenenfalls eines Krieges präferierten, auf diese Weise einen Kontrapunkt entgegenzusetzen. Wesentlich zu diesem Zweck gab Kiderlen-Wächter in den ersten Januartagen 1913 den Mitgliedern der Haushaltskommission des Reichstags einen, wie es scheint, äußerst optimistischen Zwischenbericht über die Ergebnisse des »intime[n] Gedankenaustausch[s]«, in dem man während der Balkan-Krise »andauernd mit der englischen Regierung« gestanden habe und weiterhin stehe; dieser habe erwiesen, »daß wir nicht nur Berührungspunkte sentimentaler Art mit England haben, sondern daß auch gleiche Interessen vorhanden sind«.[10] Kiderlen-Wächter ließ dabei durchblicken, daß die Reichsleitung für den Fall erneuter internationaler Krisen, wie sie insbesondere angesichts der chronischen Instabilität der Verhältnisse auf dem Balkan jederzeit möglich schienen, auf ein entschiedenes Eintreten Großbritanniens für die Erhaltung des europäischen Friedens rechne.

Unter den gegebenen Verhältnissen bemühte sich die Regierung Bethmann Hollweg redlich darum, die neue Heeresvorlage, die am 28. März 1913 im Reichstag eingebracht wurde, möglichst geräuschlos über die Bühne zu bringen und ihr wenigstens nach außen hin jeden provokatorischen Anstrich zu nehmen. Bei Lage der Dinge war dies angesichts des Umfangs der Mehrforderungen, die sich auf 119000 Mann und 19000 Offiziere sowie die Einrichtung einer Reihe von neuartigen, durch die technologische Entwicklung notwendig gewordenen Spezialeinheiten beliefen, ein schwieriges Unterfangen. Um eine möglichst reibungslose Annahme der Vorlage zu gewährleisten, suchte der Kanzler in einem bisher gänzlich unüblichen Umfang vor Eintritt in die parlamentarischen Verhandlungen vertraulich auf die Parteiführer einzuwirken. Ebenso wurden die Detailverhandlungen weitgehend in die vertraulich tagende Haushaltskommission des Reichstags verlagert, um die Öffentlichkeit des Auslands nicht unnötig kopfscheu zu machen. Desgleichen vermied der Kanzler in seiner öffentlichen Begründung der Vorlage alle aggressiven Töne. Gegenwärtig, so führte er im Reichstag aus, seien die Beziehungen zu den anderen Großmächten durchweg gut, aber es könnte in Zukunft gleichwohl zu einer europäischen Konflagration kommen, »die Slawen und Germanen einander gegenüberstellt«. Die Heeresvermehrung trage ausschließlich der Veränderung der militärpolitischen Situation auf dem europäischen Kontinent Rechnung, die sich daraus ergeben habe, »daß an die Stelle der europäischen Türkei« nunmehr die südslawischen Staaten getreten seien. Im übrigen gab sich der Kanzler betont friedensfreundlich: »Im Vergleich zu der Zeit vor 25 Jahren sind [...] die Chancen dafür, daß die Kabinette der Großmächte den Mittelpunkt kriegerischer Aspirationen bilden, nicht gestiegen, sondern gesunken. Von den Dimensionen eines Weltbrandes, von dem Elend und der Zerstörung, die er über die Völker bringen würde, kann sich kein Mensch eine Vorstellung machen. Alle Kriege der Vergangenheit werden wahrscheinlich ein Kinderspiel dagegen sein. Kein verantwortlicher Staatsmann wird gesonnen sein, leichtfertig die Lunte an das Pulver zu legen.«[11] Freilich hatte der Kanzler mit dem Stichwort vom Gegensatz der Slawen und der Germanen selbst ein Argument in die Debatte eingebracht, das von der politischen Rechten als Beweis für die Unvermeidlichkeit eines kommenden Krieges verwendet wurde. Im übrigen widerstand der Kanzler nicht der Versuchung, als Begründung anzuführen, daß die Militärvorlage auch das Gewicht des Reiches im internationalen System erhöhen werde. Verhandlungen zwischen den Mächtegruppen und insbesondere die Begründung von politischen Freundschaften – in indirekter Anspielung auf die vergleichsweise guten Beziehungen zu Großbritannien – könnten nur von einer Position der Stärke aus erfolgreich sein.[12] In versteckter Form brachte er damit zum Ausdruck, daß die Regierung dazu bereit war, das militärische Machtpotential des Deutschen Reiches in den mächtepolitischen Auseinandersetzungen als Drohfaktor auszuspielen.

Im Reichstag wurde die Heeresvorlage keineswegs als eine rein defensive Maßnahme, sondern, ganz im Gegenteil, als Ausdruck des Willens zur Weltmacht verstanden und, mit Ausnahme der Sozialdemokratie, wesentlich aus diesen Gründen akzeptiert. Bassermann begrüßte die Vorlage ausdrücklich als Schritt, der die notwendige militärische Rückendeckung für eine kraftvolle deutsche Weltpolitik bereitstelle: »[...] mit der Jahrhundertwende«, so meint er, sei »eine neue Zeit angebrochen. Über die kontinentale Politik [...] ist die Zeit des Imperialismus, der Weltwirtschaft gekommen, und in sie ist auch Deutschland hineingewachsen. Weltpolitik und Völkerkriege, Kampf um die Stätten der Rohprodukte, die Märkte und Absatzgebiete, um Kolonien, Protektorat[e] und Einflußsphären, das erfüllt unsere neue Zeit. Unsere Volkskraft, unsere Tüchtigkeit, unser Fleiß, unsere Energie und Zähigkeit, sie haben uns längst mit unserem Handel und unserer Industrie hinausgeführt über die deutschen Grenzen und uns zu Konkurrenten gemacht für die anderen Völker, die diese Konkurrenz unliebsam empfinden. [...] Wir sind in dieser glänzenden Aufwärtsentwicklung Deutschlands ein friedliches Volk geblieben. Aber diese neue Zeit stellt neue Aufgaben, und größer ist die Zahl der Menschen und Güter geworden, die wir zu verteidigen haben. Was wir errungen haben mit dem Blut unserer Väter, das wollen wir nicht verlieren. Die Zahl unserer Feinde ist größer geworden, und jeder Gefahr wollen wir gewachsen sein.«[13] Kaum weniger eindeutig gab auch der Zentrumsabgeordnete Erzberger zu verstehen, daß die Weltpolitik der eigentliche Grund für die Heeresvermehrung sei, nicht etwa eine augenblickliche Zuspitzung der militärstrategischen Lage. Auch die bürgerliche Linke sah keinen Grund, sich von dem allgemeinen Konsensus auszuschließen, daß eine Erhöhung der Militärkraft des Reiches notwendig sei, um einer erfolgreichen Weltpolitik die nötige Stoßkraft zu verleihen, zugleich aber der Gefahr eines europäischen Krieges gegen drei Großmächte vorzubauen. Die Meinung des gebildeten Bürgertums brachte der Historiker Friedrich Meinecke anläßlich der Beratungen der großen Heeresvorlage im Frühjahr 1913 in gültiger Weise zum Ausdruck, übrigens in einem Artikel, der vom Auswärtigen Amt angeregt worden war. Darin hieß es: »Wir wollen den Frieden, aber wenn uns der Krieg durch unabweisbare Notwendigkeit aufgedrängt wird, dann wollen und müssen wir siegen, um jeden Preis und unbedingt und mit dem äußersten Aufgebot der Volkskraft.« Freilich verwahrte sich Meinecke ausdrücklich gegen diejenigen Stimmen in der öffentlichen Meinung, die den Durchbruch zur Weltmacht nur mit gewaltsamen Mitteln für erreichbar hielten: »Wir sind nicht der Meinung, daß wir nur und ausschließlich durch einen großen Krieg unsere weltpolitische Zukunft und unseren Anteil an der Welterschließung sichern können.«[14]

Insgesamt wurde die Wehrvorlage von den Parteien und der Öffentlichkeit überaus positiv aufgenommen. Das deutsche Volk war »wehrfreudig«, und auch die erheblichen steuerlichen Mehrbelastungen stellten keine wirkliche Schrecknis dar. Dennoch mußte die Regierung im Haushaltsausschuß des Reichstages hinsichtlich der strategischen Gesamtlage Farbe bekennen und ihre Karten in einem bisher noch nie dagewesenen Maße auf den Tisch legen. Seitens der Regierungsvertreter wurde die nachhaltige Verbesserung der Heeresorganisation in Rußland als einer der Gründe genannt, die die Heeresvermehrung erforderlich gemacht hätten. In diesem Zusammenhang wurden den Parlamentariern die Grundzüge des deutschen Kriegsplans offengelegt – nämlich Angriff und Niederwerfung Frankreichs, bevor Rußland effektiv werde eingreifen können – und sogar darauf hingewiesen, daß man mit Belgien als Gegner zu rechnen haben werde.[15] Im übrigen könne man nicht davon ausgehen, daß England im Falle eines europäischen Krieges neutral bleiben werde. »Wie England sich verhalten wird, weiß kein Mensch«, meinte der Kanzler; »das wissen die jetzigen englischen Staatsmänner selbst nicht. Nur *eines* ist sicher: England würde kaum wie 1870 ruhig zusehen.«[16] Unter diesen Umständen stieß die Vorlage, auch wenn sie in ihren Details noch Anlaß zu erbitterten Auseinandersetzungen zwischen den Regierungsvertretern und dem Reichstag geben sollte, nirgends auf entschiedenen Widerstand, nicht einmal bei den Sozialdemokraten.

Wie die Erklärungen Bethmann Hollwegs in den Geheimsitzungen des Hauptausschusses zeigen, schätzte die Reichsleitung die Gesamtlage des Deutschen Reiches im Frühjahr 1913 als überaus bedrohlich ein und erwartete vorderhand, daß sich auch Großbritannien dem russisch-französischen Zweibund anschließen werde, sofern es zu einem europäischen Kriege kommen sollte. Jedoch war Bethmann Hollweg entschlossen, alles zu tun, um in dieser Beziehung Remedur eintreten zu lassen. Großbritannien sollte zumindest so weit in das Lager der Mittelmächte hinübergezogen werden, daß auf seine Unterstützung bei der Verhinderung eines Konflikts der Großmächte zuverlässig gerechnet werden könne. Als Weg dazu sah Bethmann Hollweg unter den gegebenen Verhältnissen eine Verständigung über die beiderseitigen Streitfragen peripherer Natur an, insbesondere auf kolonialem Gebiet und über die künftige Entwicklung des Osmanischen Reiches sowie, damit eng verknüpft, über das von der britischen Politik nach wie vor als potentiell bedrohlich eingeschätzte Projekt der Bagdadbahn.

Auf britischer Seite bestand namentlich seitens des britischen Kolonialministers Sir William Harcourt Bereitschaft, dem Deutschen Reich in kolonialpolitischen Fragen entgegenzukommen, um auf diese Weise eine Détente zwischen beiden Mächten anzubahnen.[17] Es handelte sich auf britischer Seite um eine frühe Form von Appeasementpolitik: durch die Gewährung von vertretbaren Konzessionen auf kolonialpolitischem Gebiete sollte dem gleichsam unter Überdruck stehenden Dampfkessel der deutschen Weltpolitik ein Ventil geöffnet werden; dies wurde im Foreign Office durchaus als eine notwendige Voraussetzung für die Erhaltung des europäischen Friedens anerkannt. Davon abgesehen hatte Großbritannien ein großes Interesse daran, durch bilaterale Abkommen mit dem Deutschen Reich strittige Fragen an der Peripherie Europas auszuräumen, in Fortführung seiner bilateralen Kolonialdétenten mit Frankreich und Rußland. Drei Problemkreise standen dabei im Vordergrund, die deutschen kolonialen Ansprüche in Afrika, der Ausbau der Bagdadbahn und, damit in engem Zusammenhang stehend, die Zukunft des Osmanischen Reiches und schließlich die Abgrenzung der deutschen und der britischen wirtschaftlichen Interessen in China und eine eventuelle Zusammenarbeit der dort engagierten Finanzgruppen gegenüber jenen dritter Mächte.

Schon im Frühjahr 1912 hatte Sir Edward Grey die Devise ausgegeben, man möge »die Karte Afrikas in einer pro-Deutschen Gesinnung« studieren.[18] Doch war der Gedanke einer Abtretung britischer kolonialer Territorien sogleich auf den erbitterten Widerstand sei es des Colonial Office, sei es der zunächst betroffenen Dominions oder Kronkolonien gestoßen. Demnach bestanden nur wenige Möglichkeiten, durch den Austausch kolonialer Territorien in einem für die deutsche Seite vorteilhaften Sinne den deutschen Wünschen auf eine Erweiterung des eigenen Kolonialbesitzes zu entsprechen; die Verhandlungen über einen Austausch Sansibars gegen Ruanda waren ebenso festgelaufen wie jene über einen Erwerb der Deutsch-Südwestafrika vorgelagerten Inseln.

Da eine Befriedigung der deutschen Kolonialbestrebungen durch Abtretung britischen Territoriums demnach nicht erreichbar erschien, konzentrierten sich die deutsch-britischen Verhandlungen auf eine Reaktivierung des Angola-Vertrages vom Jahre 1898, der durch den Abschluß des Windsor-Vertrages sogleich konterkariert und dadurch praktisch annulliert worden war. Auf den Vorarbeiten aufbauend, die in den bereits im Frühjahr und dann erneut im Herbst 1912 intensiv geführten Verhandlungen erbracht worden waren, gelang es relativ rasch, in dieser Frage Übereinstimmung zu erzielen. Bereits am 13. August 1913 konnte der vorläufige Text eines deutsch-englischen Kolonialabkommens paraphiert werden, das die afrikanischen Kolonien Portugals in eine englische und eine deutsche Interessensphäre aufteilte und eine Inbesitznahme derselben durch die beiden Mächte in nicht zu ferner Zukunft ins Auge faßte; allerdings blieben die Modalitäten, unter denen dieses geschehen solle, mit Absicht in einiges Dunkel gehüllt. In dem Abkommen wurde festgelegt, daß für den Fall, daß Großbritannien oder das Deutsche Reich ihre Absicht einer Festsetzung oder einer Inbesitznahme dieser Territorien in die Tat umsetzen sollte, beide Mächte allen eventuellen Ansprüchen dritter Staaten gemeinsam entgegentreten würden. Hinsichtlich der territorialen Regelungen war der Vertrag für das Deutsche Reich erheblich günstiger als sein Vorgänger, der Angola-Vertrag aus dem Jahre 1898; nunmehr wurde dem Reiche die Anwartschaft auf den größten Teil Angolas zugesprochen, nur eine vergleichsweise kleine, an Rhodesien angrenzende, Region sollte dem Britischen Empire zugeschlagen werden. In Mosambik blieb es hingegen bei der alten Regelung, die

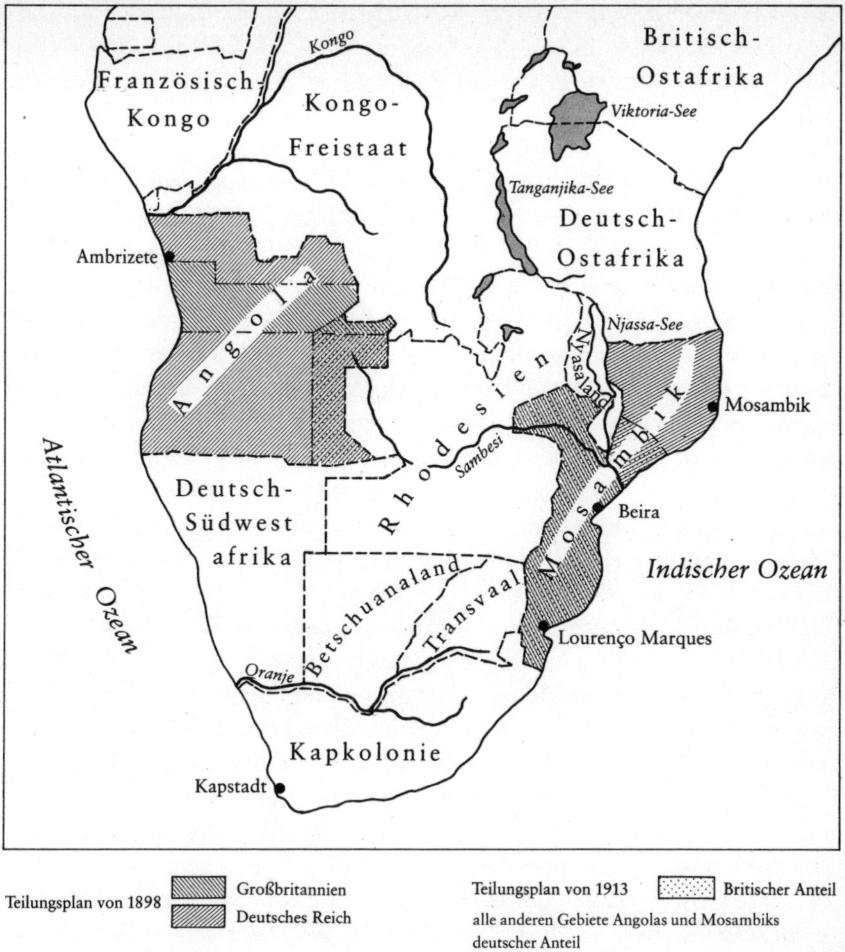

Die Pläne zur Aufteilung Mosambiks und Angolas zwischen Großbritannien und dem Deutschen Reich 1898 und 1913

vorsah, daß der nördliche, an Deutsch-Ostafrika angrenzende Teil des Landes an das Deutsche Reich fallen solle, der südliche hingegen an Großbritannien.[19]

Auf den ersten Blick sah dies alles, aus deutscher Sicht gesehen, höchst befriedigend aus. Der Pferdefuß war freilich, daß ganz unsicher war, wann und unter welchen Umständen eine Einlösung dieses Schecks auf eine ungewisse Zukunft, der noch dazu auf Rechnung einer dritten Macht ausgestellt war, erfolgen würde. Der Vertragstext sah neben dem ostentativ ins Auge gefaßten Fall, daß Portugal seine heruntergekommenen afrikanischen Kolonien aus finanziellen Gründen freiwillig an dritte Mächte verpfänden würde, auch die Möglichkeit vor, daß ein

Eingreifen einer der beiden Mächte nach vorausgegangener Verständigung dann stattfinden dürfe, wenn Leben und Eigentum deutscher beziehungsweise englischer Staatsangehöriger in den jeweiligen Interessenzonen bedroht oder, was wesentlich wichtiger war, »Lebensinteressen der angrenzenden deutschen oder britischen Besitzungen [...] gefährdet« würden.[20] Diese typisch imperialistische Formel hätte es, nach damaligen Usancen, dem Deutschen Reich erlaubt, irgendeinen beliebigen und gegebenenfalls gar von ihm selbst inszenierten Zwischenfall als Vorwand für eine militärische Intervention und Inbesitznahme Angolas oder Mosambiks zu benutzen. Auf britischer Seite war man an und für sich der Meinung, daß es »moralisch unvertretbar sei, die skandalösen Zustände in den portugiesischen Kolonien auf Dauer zu schützen«,[21] aber andererseits bestanden hier erhebliche Skrupel, sich wegen dieses Vertrages des Vorwurfs der Duplizität und einer verschwörerischen Hintergehung des Verbündeten Portugal auszusetzen.

Demgemäß forderte Sir Edward Grey, den neuen Vertrag gleichzeitig mit dem Angola-Vertrag von 1898 zu veröffentlichen. Dagegen erhoben sich auf deutscher Seite schwerste Bedenken, die noch verstärkt wurden, nachdem in Berlin Details über den Windsor-Vertrag von 1899 bekannt geworden waren, der de facto eine Realisierung der deutschen Ansprüche aus dem Angola-Vertrag blockiert hatte. Die Regierung Bethmann Hollweg befürchtete einen erneuten Ausbruch anglophober Agitation in der deutschen Öffentlichkeit, könne man doch darin einen neuen Beweis für die hinterhältige Strategie des perfiden Albion sehen, das dem Deutschen Reich zum Schein entgegenkomme, diesem aber in Wahrheit keinerlei nennenswerte koloniale Zugewinne konzedieren wolle. Vor allem aber sah die deutsche Regierung eine Realisierung des deutsch-englischen Kolonialvertrags ernstlich gefährdet, wenn die Portugiesen schon jetzt über die Absichten des Deutschen Reiches in Kenntnis gesetzt worden wären, von den zu erwartenden Protesten von seiten Frankreichs ganz zu schweigen. Außerdem würden bei einem Bekanntwerden des Vertrags die Bemühungen von deutscher Seite, in den ins Auge gefaßten Regionen industrielle oder kommerzielle Konzessionen zu erwerben und solcherart dort ökonomisch Fuß zu fassen, von vornherein außerordentlich erschwert und deutschen Gesellschaften der Erwerb von Konzessionen aller Art nahezu unmöglich gemacht.

Daher zog die Reichsleitung es einstweilen vor, sich mit der bloßen Paraphierung des Vertrags zu begnügen und dessen Veröffentlichung ungeachtet erheblichen Drucks von britischer Seite aufzuschieben, zumal der politische Ertrag dieses Vertrages davon nicht berührt wurde. Erst auf dem Höhepunkt der Julikrise 1914 hat dann Bethmann Hollweg, nunmehr unzweifelhaft unter dem Eindruck der allgemeinen Lage, die ein Entgegenkommen gegenüber Großbritannien angezeigt erscheinen ließ, schließlich einer Veröffentlichung der Verträge zugestimmt.

Ungeachtet dieser Schwierigkeiten, die zeitweilig das Vertragswerk gänzlich zum Scheitern zu bringen drohten, war die deutsche Politik damit ihrem großen

deutscher Kolonialbesitz in Afrika 1911 bis 1913

Grenzen des künftigen deutschen »Mittelafrika«

territoriale Arrondierungen und Gebietsabtretungen in Kamerun 1911

Das deutsche Mittelafrika
Die deutschen Planungen für eine Arrondierung des deutschen Kolonialbesitzes in Afrika 1912 bis 1914

Ziel ein gutes Stück nähergekommen, nämlich der Verwirklichung des großen Plans eines deutschen Mittelafrika, dem schon Kiderlen-Wächters Marokko-Politik des Jahres 1911 gegolten hatte, das heißt des Erwerbs eines geschlossenen Landgürtels in Mittelafrika. In der Folge hat die Regierung Bethmann Hollweg, in enger Zusammenarbeit mit Teilen der deutschen Hochfinanz, insbesondere dem Bankhaus Warburg, alles darangesetzt, um in den beiden portugiesischen Kolonien wirtschaftlich Fuß zu fassen und damit konkrete Ansatzpunkte für eine spätere Übernahme dieser Territorien zu schaffen. Mit aktiver Beteiligung des

Reichs wurde zu diesem Zwecke Anfang 1914 ein »Überseestudiensyndikat« gegründet, dem unter anderem das Bankhaus Warburg und die Berliner Diskontogesellschaft angehörten. Es gelang, eine ganze Reihe von Unternehmen in den portugiesischen Kolonien zu erwerben, deren wirtschaftlicher Wert als solcher gering war, die aber Konzessionen besaßen, die mit Hoheitsrechten in den betreffenden Regionen verbunden waren. Deren Übernahme versprach demgemäß Ansatzpunkte für einen weiteren Ausbau des deutschen wirtschaftlichen Engagements und schließlich der Begründung kolonialer Herrschaft in Angola und Mosambik. Von besonderer Bedeutung waren in diesem Zusammenhang die Bemühungen, die Nyassa Company in Mosambik zu erwerben, eine Gesellschaft, der aufgrund einer Charter vom Jahre 1881 die nördliche Zone von Mosambik, also ein großer Teil der in dem deutsch-britischen Kolonialvertrag vorgesehenen deutschen Einflußsphäre, zu alleiniger Nutzung zugesprochen worden war. Die Rechte der Nyassa Company schlossen hoheitliche Funktionen und die Befugnis zur Erhebung von Steuern ein und blieben nur wenig hinter der vollen Souveränität zurück. Allerdings standen diese Rechte weitgehend auf dem Papier, da die Gesellschaft in Mosambik bislang überhaupt nicht tätig geworden war und dort keinerlei wirtschaftliche Aktiva vorzuweisen hatte. Es handelte sich um eine der zahllosen in spekulativer Absicht begründeten Kolonialgesellschaften der imperialistischen Epoche, die im Grunde nur von den enthusiastischen Erwartungen eines uninformierten Publikums hinsichtlich künftiger Gewinne lebten. Vom rein kommerziellen Standpunkt war der Erwerb der Nyassa Company oder, genauer, der Nyassa Consolidated Ltd., welche die Mehrheit der Anteile an der ersteren Gesellschaft hielt, ziemlich uninteressant. Aber sie bot die Möglichkeit, indirekt exklusive wirtschaftliche Ansprüche in einem großen Teil des nördlichen Mosambik geltend machen zu können. Der Erwerb der Nyassa Consolidated im April 1914 durch ein deutsches Bankenkonsortium unter Federführung des Bankhauses Warburg, dem die Übernahme des an sich beträchtlichen finanziellen Risikos durch eine Reichsgarantie wesentlich erleichtert wurde, so daß finanzielle Verluste der Banken praktisch ausgeschlossen waren, bildete einen durchaus günstigen Ansatzpunkt für eine stattliche Ausweitung des deutschen Kolonialbesitzes in Ostafrika. Dies wurde Wilhelm II. im Juni 1914 als eine gelungene politische Aktion dargestellt.

Nicht ganz so glücklich verliefen entsprechende deutsche Bemühungen um den Erwerb von Konzessionen und sonstigen wirtschaftlichen Aktiva in Angola; hier zeichneten sich in höherem Maße Widerstände gegen eine wirtschaftliche Durchdringung durch das deutsche Finanzkapital ab. Die Reichsregierung legte insbesondere Wert auf den Erwerb einer Aktienmehrheit an der in britischem Besitz befindlichen Benguela-Bahngesellschaft, die eine Konzession für den Bau einer Eisenbahnlinie von Benguela nach Katanga im belgischen Kongo besaß; auf diese Weise hoffte sie, nicht nur die bislang höchst magere wirtschaftliche Position

Deutschlands in Angola zu stärken, sondern darüber hinaus einen Ansatzpunkt für eine zukünftige Verbindung Angolas mit dem belgischen Kongo zu schaffen. Als Weg dazu wurde die Gründung eines deutsch-belgischen Konsortiums unter der Führung der Deutschen Bank und der belgischen Société Générale ins Auge gefaßt. Nachdem die Seehandlung ebenso wie die Reichsbank die Gewährung von Zinsgarantien für fünf Jahre für das erforderliche Kapital von 30 Millionen Mark – die anderen 30 Millionen sollten von der Société Générale aufgebracht werden – abgelehnt hatte, wählte Bethmann Hollweg den ungewöhnlichen Weg, die erforderlichen Mittel durch einen vertraulichen Appell an die führenden Parteienvertreter im Haushaltsausschuß des Reichstags herbeizuschaffen. Jedoch weigerten sich am Ende die belgischen und die britischen Anteilseigner der Benguela-Gesellschaft, den Deutschen die erwünschte Aktienmajorität einzuräumen, die die Voraussetzung für eine politische Ausnutzung dieses Projekts bildete.

Dennoch standen die Chancen dafür, in den genannten Regionen Faustpfänder wirtschaftlicher Natur zu schaffen, die einer künftigen Inbesitznahme bei passender Gelegenheit als Ansatzpunkt hätten dienen können, insgesamt nicht schlecht, ungeachtet einsetzender Gegenmaßnahmen von portugiesischer und französischer Seite. Im Juni 1914 wurden darüber hinaus Verhandlungen über die Gewährung einer Staatsanleihe an Portugal aufgenommen, für welche die Erträge der Eisenbahnen sowie der Zölle Angolas verpfändet werden sollten. Noch am 7. Juli 1914 konnte die Anleihe, deren Emittierung das Bankhaus Warburg und die Deutsche Bank übernommen hatten, erfolgreich abgeschlossen werden. Bei Kriegsausbruch durften die Ansprüche in Mosambik und Angola aufgrund des deutsch-englischen Kolonialvertrages als relativ abgesichert gelten.[22]

Darüber hinaus ging die deutsche Regierung bereits im Sommer 1914 noch einen Schritt weiter, nämlich die politischen und die wirtschaftlichen Voraussetzungen für einen eventuellen Erwerb des belgischen Kongos zu schaffen, ein Ziel, das nach dem Scheitern der deutschen Marokko-Politik des Jahres 1911, welche den Erwerb des gesamten französischen Kongos im Austausch gegen die deutschen Ansprüche in Marokko zum Ziel gehabt hatte, zwar ferner gerückt, aber niemals aufgegeben worden war. Es war bekannt, daß der belgische Staat das marode Erbe des Kongo-Freistaats Léopolds II. nur gegen den Willen der belgischen Bevölkerung übernommen hatte; demnach lag es durchaus im Bereich des Möglichen, daß sich Belgien früher oder später gegen eine angemessene Entschädigung zur Aufgabe des belgischen Kongo verstehen könne. Das Haupthindernis war, daß Frankreich seit 1883 ein Vorkaufsrecht auf den belgischen Kongo besaß. Doch hoffte die deutsche Diplomatie, daß man mit britischer Unterstützung am Ende auch diese Klippe werde umschiffen können.

Im April 1914 wurden erneut Verhandlungen mit der britischen Regierung über diese Frage aufgenommen; diese führten allerdings zu keinerlei konkreten Ergebnissen, da die britische Diplomatie nicht bereit war, französischen Interessen unmittelbar zuwiderzuhandeln, um so mehr, als die französische Diplomatie eine lebhafte Aktivität entfaltete, um dieser aus ihrer Sicht bedrohlichen Entwicklung beizeiten entgegenzuwirken. Ebenso kamen die deutschen Versuche, sich in den südlichen Regionen des belgischen Kongo wirtschaftliche Ansprüche zu sichern, kaum vom Fleck; zwar stieg die Gesamtsumme des im belgischen Kongo investierten Kapitals 1913 auf 20,6 Millionen Goldfranken, doch war dies nur ein winziger Bruchteil des gesamten dort investierten Kapitals, das sich nach allerdings stark variierenden zeitgenössischen Schätzungen auf 400 bis 500 Millionen Goldfranken belief.[23] Das deutsche Finanzkapital war also von einer dominierenden Position im belgischen Kongo meilenweit entfernt. Andererseits bemühte sich das Reichskolonialamt um einen zügigen Ausbau des Eisenbahnsystems in Kamerun mit dem Ziel, von Süden her zum belgischen Kongo vorzustoßen und von dort aus dessen Hinterland zu erschließen. Immerhin waren die Anfänge für eine Politik gelegt, die, wie sich der Reichskolonialsekretär Solf im Rückblick äußerte, den Erwerb eines großen, nach Möglichkeit geschlossenen Kolonialreichs in Mittelafrika mit den Mitteln friedlicher Verständigung versprach; allerdings kann man füglich davon ausgehen, daß die Reichsleitung nicht abgeneigt gewesen sein dürfte, sofern sich die Gelegenheit dazu ergeben hätte, gedeckt durch die britische Garantie, diesem Prozeß auch gewaltsam nachzuhelfen. Andererseits standen alle diese Aktivitäten unter dem Vorbehalt einer Zustimmung von britischer Seite, war doch die Anbahnung eines besseren Verhältnisses zwischen Großbritannien und den Mittelmächten ein in Berlin hoch eingeschätzter Nebeneffekt dieser Vereinbarungen.

Auch in einer anderen überseeischen Region hoffte die deutsche Regierung, durchaus nicht ohne Grund, zu einer engeren Zusammenarbeit mit Großbritannien zu gelangen, nämlich in China. Im Gebiet des Jangtsetals war es bereits seit einigen Jahren zu einer vergleichsweise harmonischen Kooperation britischer und deutscher Finanzgruppen gekommen.[24] Allerdings war diese, wie alle Operationen des internationalen Finanzimperialismus, durch die chinesische Revolution von 1911 zeitweilig unterbrochen worden. Das Deutsche Reich hatte sich an der großen Reorganisationsanleihe vom 8. April 1913 beteiligt, die die chinesischen Staatsfinanzen wiederherstellen und zugleich die Vorherrschaft des westlichen Kapitals in China sicherstellen sollte. Der Konkurrenzkampf der westlichen Mächte um den Erwerb von Monopolen und lukrativen Konzessionen aller Art ging fortan munter weiter und mit ihm die Versuche der Mächte, sich vorzugsweise eigene Einflußsphären zu sichern. Großbritannien, das sich in China mit ca. 37 Prozent aller Auslandsinvestitionen eine Vorrangstellung hatte verschaffen können, gefolgt von Rußland mit 16,7 Prozent und dem Deutschen Reich mit 16,4 Prozent, sah sich vor allem im Yangtsetal nicht nur von den Operationen russischer und französischer, sondern zunehmend auch japanischer Finanzgruppen, die auf die diplomatische Unterstützung ihrer Regierungen rechnen konnten, bedrängt.[25] Es bestanden demgemäß einige Aussichten, die unter Bülow verschenkten Chancen erneut aufzugreifen, zu einer Vereinbarung über die beiderseitigen Interessensphären in China mit Großbritannien zu kommen, die die Unterstützung der deutschen beziehungsweise britischen wirtschaftlichen Unternehmungen gegenüber dritten Mächten einbeschloß. Der Staatssekretär des Auswärtigen, von Jagow, rechnete zuversichtlich damit, daß ein solches Abkommen günstige Auswirkungen auch auf die Beziehungen beider Mächte in Europa haben werde, ganz abgesehen davon, daß es das deutsche wirtschaftliche und politische Engagement in China nur günstig beeinflussen konnte. Allerdings kam es vor 1914 nicht mehr zu konkreten Schritten in dieser Richtung, die für die Gesamtpolitik beider Mächte einige Bedeutung hätten gewinnen können.

Die »Weltpolitik« der Ära Bethmann Hollweg setzte auf die Schwerkraft von auf lange Sicht berechneten Entwicklungen und zog es vor, ihre Projekte, wo immer angängig, mit einer Mauer von Stillschweigen zu umgeben. Die Waffe der wirtschaftlichen Infiltration war für diese Weltpolitik ebensosehr Selbstzweck wie Wegbereiter künftiger territorialer Erwerbungen. Bethmann Hollweg setzte dabei auf die überlegene Wirtschaftskraft des Deutschen Reiches, die auf mittlere Frist auch in Übersee ein so großes Übergewicht über die kleineren Kolonialmächte erlangen werde, daß diese mehr oder minder freiwillig zu Konzessionen gebracht werden könnten. Dies entsprach der Beurteilung der internationalen Lage innerhalb des engsten Beraterkreises des Kanzlers. Kurt Riezler hatte in seinem unter dem Pseudonym Ruedörffer erschienenen Buch »Grundzüge der Weltpolitik« aus dem Jahre 1913 die Ansicht vertreten, daß man in einer welthistorischen Phase der »parallelen Expansion« der großen Nationalstaaten stehe; diese seien freilich zugleich um einen »Aufschub« der großen Konflikte bemüht, da das Risiko von Kriegen so sehr gestiegen sei, daß diese zunehmend aus den praktischen Überlegungen der Kabinette ausschieden. »In einer solchen Zeit gehört der Sieg der stetigen, zähen, langsamen Arbeit, die einen kleinen Erfolg nach dem anderen in Stille zu erringen weiß, den äußeren Erfolg nicht zu früh ernten will, ihre Bewegungen mit Kraft, aber ohne Heftigkeit ausführt.«[26]

Das eigentliche Problem bestand darin, daß sich diese Politik der kleinen Schritte, die bestenfalls auf längere Frist konkrete Erfolge zu bringen versprach, gegenüber der öffentlichen Meinung, die von einem überhitzten Nationalismus erfaßt war, nur schwer verwerten ließ. Die bürgerlichen Schichten, aufgestachelt durch die radikale Agitation der nationalen Agitationsverbände, forderten greifbare Erfolge, definitiven Landerwerb; sie waren nicht länger bereit, sich mit der Anwartschaft auf unsichere koloniale Erbschaften in einer mehr oder minder fernen Zukunft zufriedenzugeben. Schon im Dezember 1912 hatte Bassermann im Hinblick auf die Entwicklungen auf weltpolitischem Gebiet erklärt: »Andere Länder erhalten territorialen Machtzuwachs – die hinter uns liegenden Jahre bezeugen es –; für Deutschland geht die Sache gewöhnlich mit einer Militärvorlage aus.«[27] Unter diesen Umständen erwiesen sich die britisch-deutschen Kolonialvereinbarungen, über die der Kanzler, um Vertrauen zu begründen, den Parteiführern und einzelnen Persönlichkeiten des öffentlichen Lebens vertraulich Einzelheiten mitteilte, ohne damit sonderlich erfolgreich zu sein, als ungeeignet, um den Druck der öffentlichen Meinung auf die Reichsleitung in weltpolitischen Fragen abzumildern. Paul Rohrbach brachte im Juni 1913 in den »Preußischen Jahrbüchern« eine weitverbreitete Stimmung zum Ausdruck, wenn er schrieb, daß die Zeit, in der die Reichsgründung als Erfüllung des nationalistischen Ziels des deutschen Volkes galt, drei Jahrzehnte zurückliege: »Seitdem aber ist deutlich geworden, daß der Entscheid über unsere nationale Zukunft in Wahrheit noch aussteht und daß der Frankfurter Frieden nur die materielle Grundlage geschaffen hat, von der wir das Ringen um die Zukunft als Weltvolk erst aufzunehmen haben.«[28]

Davon abgesehen, bestanden vielerorts erhebliche Zweifel, ob die Mittelafrika-Pläne mit den realen wirtschaftlichen Interessen des Deutschen Reiches harmonierten. Für die deutsche Wirtschaft, die längst im Rahmen eines weltweiten Marktes operierte, waren die kolonialen Besitzungen in Afrika nicht sonderlich interessant, und der Gedanke, daß die deutschen Kolonien eine Lösung des Rohstoffproblems für die deutsche Industrie bringen könnten, wurde in den Wirtschaftskreisen nicht wirklich ernst genommen. Die Schwerindustrie hatte durch den Erwerb von Mehrheitsbeteiligungen an zahlreichen Bergbauunternehmen in Belgien und Nordfrankreich längst eine grenzüberschreitende Infrastruktur aufgebaut, und für die Investitionsgüter- und die Konsumgüterindustrien waren die industriellen Regionen des Erdballs bei weitem wichtiger als die noch unentwikkelten kolonialen Territorien. Darüber hinaus war es noch nicht einmal ausgemacht, ob es nicht vorteilhafter sei, in den Kolonien dritter Staaten Handel zu treiben oder sich an internationalen Konzessionsgesellschaften zu beteiligen, statt kostspielige infrastrukturelle Investitionen in den eigenen Kolonien vorzunehmen. Unter solchen Umständen fand die Weltpolitik Bethmann Hollwegs selbst in industriellen Kreisen nur begrenzt Anklang. Die »Deutsche Arbeitgeber-Zeitung« schrieb im März 1913, »die Devise ›Weltpolitik ohne Krieg‹ [...] bringe nur ›Kolonialreiche, die im Monde liegen, aber keine Realitäten‹«.[29] Auch der nationalliberale Parteiführer Ernst Bassermann warnte davor, Mittelafrika zu sehr in den Mittelpunkt der weltpolitischen Bestrebungen des Deutschen Reiches zu stellen; Kleinasien sei erheblich wichtiger.[30]

Walther Rathenau bezweifelte 1913, ob das Deutsche Reich, als eine bei der Aufteilung der überseeischen Welt zu spät gekommene Macht, überhaupt noch Aussicht habe, in größerem Umfang koloniale Territorien zu erwerben und sich auf diese Weise die für einen Industriestaat unentbehrlichen Rohstoffquellen zu sichern. Obschon es bei allen »künftigen Aufteilungen« darauf bestehen müsse, daß ihm »das Nötige« zufalle, bleibe nur »eine letzte Möglichkeit«, nämlich die Begründung eines mitteleuropäischen Zollvereins, »dem sich wohl oder übel, über lang oder kurz, die westlichen Staaten anschließen würden«. Dies würde »eine wirtschaftliche Einheit schaffen, die der amerikanischen ebenbürtig, vielleicht überlegen wäre«.[31] Die Wiederaufnahme der bereits Mitte des 19. Jahrhunderts diskutierten Pläne der Schaffung eines mitteleuropäischen Zollverbandes, dessen Kern das Deutsche Reich und Österreich-Ungarn bildeten, signalisierte eine tendentielle Verlagerung des Schwerpunkts der deutschen imperialistischen Bestrebungen von der Peripherie zurück auf den europäischen Kontinent. Zudem wurden die Mitteleuropa-Pläne sogleich in einen engen Zusammenhang mit den Bestrebungen des deutschen Finanzimperialismus im Osmanischen Reich gebracht. Eine Ausdehnung des mitteleuropäischen Wirtschaftsverbands auf den Balkan und insbesondere den Nahen Orient erschien als das Natürlichste der Welt und beflügelte alle jene, die den weiteren Ausbau der informellen imperialen Herrschaft des Deutschen Reiches in Kleinasien als die große Zukunftsaufgabe der deutschen Weltpolitik ansahen.

Den wirtschaftlichen Zukunftschancen, die die ökonomische Durchdringung des Osmanischen Reiches vermittels des Baus der Bagdadbahn zu eröffnen versprach, wurde in der deutschen Gesellschaft vor 1914 allergrößte Bedeutung zugemessen, nicht nur im Parlament und in der öffentlichen Meinung, sondern auch in den Kreisen der Wirtschaft und der Hochfinanz. Allerdings bestand auch hier eine gewaltige Kluft zwischen den rosaroten Erwartungen, die namentlich reichlich oberflächlich orientierte Publizisten wie Ernst Jäckh und Paul Rohrbach in der breiteren Öffentlichkeit weckten, und den wirtschaftlichen Realitäten. Zwar war der Bau der ersten Teilstrecken der Anatolischen Eisenbahn und der Bagdadbahn seit 1893 erfolgreich vorangetrieben worden, und diese hatten sich bereits jetzt als durchaus profitabel erwiesen; aber das Gesamtprojekt stand angesichts der chronischen Finanzschwäche des Osmanischen Reiches und seiner Abhängigkeit von den Großmächten weiterhin auf tönernen Füßen, zumal nach dem für die Türkei so ungünstigen Ausgang der Balkan-Kriege. Der deutsche Kapitalmarkt war für sich allein außerstande, die gewaltigen Kapitalsummen für den Weiterbau der Bahn bis zum Persischen Golf aufzubringen; ausländisches Kapital aber war in größerem Umfang für eine Beteiligung nur dann zu gewinnen, wenn die politischen Widerstände gegen das Projekt seitens der anderen Großmächte, insbesondere Großbritanniens, ausgeräumt und damit die Reserven des internationalen Börsenpublikums beseitigt würden. Dies war auch insofern unabdingbar, als die Pforte die vereinbarten hohen Kilometergarantiezahlungen, die sich die Deutsche Bank vertraglich ausbedungen hatte, nach dem Verlust des Steueraufkommens aus den ehemaligen Territorien der »europäischen Türkei« nur mittels einer Erhöhung der Außenzölle von 11 auf 15 Prozent ad valorem aufbringen konnte. Dazu aber war bei Lage der Dinge die Zustimmung der Großmächte erforderlich. Vor allem Großbritannien stand dem Bagdadbahnprojekt nach wie vor ablehnend gegenüber; eine wenn auch nur indirekte Festsetzung des Deutschen Reiches am Persischen Golf betrachtete man in London und insbesondere in Neu-Delhi als eine untragbare Verletzung der Sicherheitsinteressen des Britischen Empire, daneben aber als eine Beeinträchtigung der eigenen Handels- und Schiffahrtsinteressen im Orient. Auch Frankreich suchte dem Bagdadbahnprojekt Knüppel in den Weg zu werfen, unter anderem, indem die Regierung die Aktien der Bagdadbahngesellschaft nicht zum Handel an den französischen Börsen zuließ, um das französische Bankenpublikum von einer Beteiligung an dieser abzuschrecken.

Es gab also konkrete wirtschaftliche Gründe, die die Regierung Bethmann Hollweg im Frühsommer 1913 dazu bestimmten, erneut in Verhandlungen mit Großbritannien einzutreten, um auf vertraglichem Wege eine wirtschaftliche Konsolidierung des Bagdadbahnprojekts, des wichtigsten Objekts des deutschen Finanz-Imperialismus vor 1914, zu erreichen. Die Fortführung der bisherigen Politik der »pénétration pacifique« im Nahen Osten betrachtete die Reichsleitung als das wohl wichtigste Ziel der deutschen Weltpolitik. Zugleich aber hoffte sie, daß durch ein umfassendes Abkommen über die Bagdadbahn, in dem die bisher bestehenden Differenzen mit Großbritannien im Nahen Osten ausgeräumt würden, die ersehnte Annäherung beider Mächte definitiv erreicht werden könne. Es bestand begründete Hoffnung, daß Großbritannien und das Deutsche Reich in Zukunft in der Orientalischen Frage, dem wichtigsten Krisenherd der europäischen Mächtepolitik seit Beginn des 19. Jahrhunderts, gemeinsam operieren würden.

Bei diesen Erwägungen spielte freilich auch die Sorge eine Rolle, daß es früher oder später zu einem Zusammenbruch des Osmanischen Reiches und zu einer Aufteilung seiner Territorien unter die Großmächte kommen könne. Dieses Problem beschäftigte die Reichsleitung in zunehmendem Maße.[32] Sie suchte alles in ihrer Macht Stehende zu tun, um einer solchen Entwicklung vorzubeugen. Demgemäß setzte sie sich seit Ausbruch des ersten Balkan-Krieges dafür ein, das Osmanische Reich wenigstens im Bereich seiner asiatischen Territorien zu erhalten. Dabei rechnete das Auswärtige Amt insbesondere auf die Unterstützung Großbritanniens, während von Rußland, das seine imperialistischen Ansprüche auf Kontrolle der Meerengen nur auf Kosten des Bestandes des Osmanischen Reiches hätte verwirklichen können, das Schlimmste befürchtet wurde.[33]

Am 23. Januar 1913 ließ das Auswärtige Amt Sir Edward Grey durch den deutschen Botschafter in London, Lichnowsky, wissen, daß das Deutsche Reich entschieden für die Erhaltung der Herrschaft des Osmanischen Reiches über seine asiatischen Territorien eintrete und daß, sofern dessen Integrität beeinträchtigt werden sollte, die deutschen wirtschaftlichen Interessen in Kleinasien unter allen Umständen respektiert werden müßten: »Wir verfolgen dort ausschließlich wirtschaftliche Interessen, sind aber zu deren Verteidigung unter allen Umständen entschlossen. Asiatische Türkei ist uns noli me tangere.«[34] Zu diesem Zeitpunkt befürchteten Bethmann Hollweg und Jagow, daß die anderen Großmächte den Zusammenbruch der türkischen Herrschaft auf dem Balkan zum Anlaß nehmen könnten, eine Aufteilung des Osmanischen Reiches vorzunehmen. Dem galt es vorzubauen. Denn zumindest zum damaligen Zeitpunkt hielt die Reichsleitung es für ganz und gar verfrüht, für diesen Fall Anatolien zu einem deutschen Protektorat zu erklären, geschweige denn dieses zu annektieren; dafür war die Zeit noch nicht reif und die deutsche wirtschaftliche Position im Lande noch nicht ausreichend ausgebaut. Jedoch erachtete es Bethmann Hollweg für notwendig, in den Kanzleien der anderen Großmächte bereits jetzt entschieden darauf hinzuweisen, daß Berlin einer Aufteilung des Osmanischen Reiches, die den legitimen Ansprüchen des Deutschen Reiches nicht Rechnung trage, keinesfalls passiv zusehen werde. Für die Sicherung der deutschen wirtschaftlichen Interessen in der Türkei war die Reichsleitung schon damals bereit, notfalls auch einen großen europäischen Krieg zu führen.

In der Tat war das Osmanische Reich im letzten Jahrzehnt vor 1914 zum wichtigsten Objekt des deutschen Finanzimperialismus geworden. Waren die deutschen Kapitalinvestitionen im Osmanischen Reich Anfang der 90er Jahre noch vergleichsweise gering gewesen, so hatte sich dies inzwischen grundlegend gewandelt. Bis 1914 stieg der ursprünglich insignifikante Anteil deutschen Kapitals an der Caisse de la Dette Publique Ottomane, der »Drehscheibe aller osmanisch-europäischen Finanz- und Investitionsgeschäfte«,[35] auf 32 Prozent; dies erlaubte es dem deutschen Vertreter in der Caisse, in erheblich größerem Maße auf die finanzpolitischen und wirtschaftlichen Entscheidungen im Osmanischen Reich Einfluß zu nehmen als zuvor. Im Zuge der zunehmenden Politisierung der Caisse de la Dette gelang es der deutschen Seite, als Gegengewicht zu einem neu hinzugetretenen russischen Vertreter einen zweiten Vertreter zu erlangen sowie einen österreichischen und einen italienischen Vertreter in der Caisse durchzusetzen und damit das Übergewicht des französischen Kapitals zu reduzieren. 1914 betrug der deutsche Anteil an osmanischen Staatspapieren 17,9 Prozent und hatte damit jenen Großbritanniens überholt, der bei 13 Prozent lag.[36] Andererseits befand sich noch immer die große Mehrheit aller türkischen Staatsobligationen in französischem Besitz, nicht zuletzt dank der Schlüsselstellung, die die vom französischen Finanzkapital kontrollierte Banque Impériale Ottomane in allen das Osmanische Reich betreffenden Finanztransaktionen innehatte.[37]

Gleichwohl bestanden gute Chancen für einen weiteren Ausbau der deutschen Position in der Türkei, sofern nur die bestehenden politischen Hindernisse gegen eine zügige Weiterführung der Bagdadbahn ausgeräumt werden konnten. Zwar war die Bagdadbahngesellschaft auch in Zukunft auf eine aktive Beteiligung des internationalen, und speziell des französischen, Finanzkapitals angewiesen, weil die benötigten riesigen Kapitalien in Deutschland selbst nicht ohne weiteres aufgebracht werden konnten. Überdies ließen sich die Bagdadbahnanleihen auf dem deutschen Markt nur auf Kosten anderer finanzimperialistischer Transaktionen im Nahen Osten sowie auf dem Balkan plazieren.[38] Dies führte wiederholt zu

Konflikten zwischen den hauptinteressierten Gruppen, namentlich der Deutschen Bank und Friedrich Krupp.

Andererseits aber verfügte die Bagdadbahngesellschaft nun einmal über die Konzession für den Bau der Bagdadbahn bis zum Persischen Golf, verbunden mit einem Bündel weiterer höchst wertvoller Konzessionen; diese gab ihr einen wichtigen Vorsprung gegenüber ihren Rivalen. Allerdings waren die Aussichten, daß es gelingen könne, diese wirklich vollständig zu realisieren, unter den gegebenen Umständen höchst unsicher. Denn die Pforte, die diese ihren Steuersäckel schwer belastenden Konzessionen gewährt hatte, stand zu Teilen unter dem Kuratel ihrer europäischen Gläubiger, die durch die Caisse de la Dette Publique Ottomane drei Fünftel des türkischen Steueraufkommens direkt verwalteten. Sie befand sich weiterhin in einer chronischen Finanzkrise; außerdem war sie auch in finanzpolitischen Angelegenheiten faktisch der Kontrolle der Großmächte unterworfen und außerstande, ohne deren Zustimmung irgendwelche Maßnahmen zu treffen, die deren Interessen unmittelbar tangierten.

Insofern sprach alles dafür, ein politisches Arrangement über das Bagdadbahnprojekt mit Großbritannien und gegebenenfalls auch mit Frankreich herbeizuführen, sowohl aus wirtschaftlichen wie aus politischen Gründen. Die Deutsche Bank hatte schon seit einiger Zeit versucht, das politische Dynamit zu entschärfen, das mit dem Bau der Bagdadbahn verbunden war. Einerseits hatte sie Verhandlungen mit der Banque Impériale Ottomane und mit einer Reihe von ebenfalls im Osmanischen Reich engagierten französischen Gruppen aufgenommen mit dem Ziel, die bestehenden Differenzen vermittels einer reinlichen Trennung der beiderseitigen Finanzoperationen bei gleichzeitiger Arbeitsteilung hinsichtlich der Gewährung von Anleihen an das Osmanische Reich beizulegen; auf diese Weise schien es möglich, die politischen Einwände der französischen Regierung zu unterlaufen. Andererseits hatte sie die britischen Bedenken gegen eine Fortführung der Bagdadbahn bis zum Persischen Golf auszuräumen gesucht, indem sie den Bau des letzten Teilstücks von Bagdad nach Basra einer türkischen Gesellschaft anheimstellte, in der englisches Kapital freilich nicht die Mehrheit der Anteilseigner haben dürfe, wie dies von britischer Seite gefordert wurde. Dies alles aber hatte nicht genügt, um die tiefe Abneigung auszuräumen, die die britische Regierung und die britischen Wirtschaftskreise dem Bagdadunternehmen aus politisch-strategischen wie aus kommerziellen Gründen entgegenbrachten.

Im März 1913 bestand, ungeachtet des insgesamt wenig befriedigenden Verlaufs der bisherigen Verhandlungen, auf seiten der Deutschen Bank die Bereitschaft zu einer umfassenden Verständigung mit Großbritannien, um das Unternehmen über die bestehenden finanziellen und politischen Hürden zu bringen, selbst auf Kosten erheblicher Zugeständnisse.[39] Ebenso drängte die Reichsleitung aus Gründen ihrer allgemeinen Politik auf eine Vereinbarung. Ihre politische Gesamtstrategie zielte darauf ab, Großbritannien durch Vereinbarungen über Fragen peripherer Art näher an die Mittelmächte heranzuziehen und damit die gefährdete Lage des Deutschen Reiches auf dem europäischen Kontinent zu stabilisieren. Sie war bereit, gegebenenfalls auch erhebliche wirtschaftliche Konzessionen in Kauf zu nehmen, wenn auf diese Weise das Ziel erreicht werden könne, »die einzige akute Frage, die zwischen Deutschland und England schwebt, zur beiderseitigen Befriedigung aus der Welt« zu schaffen.[40]

In der Folge kam es zu äußerst zähen Verhandlungen zwischen beiden Partnern, bei denen die Regierungen durchweg das Heft in der Hand hatten, obschon es vornehmlich um Fragen finanzpolitischer Natur ging, die in erster Linie die Interessen der rivalisierenden Finanzgruppen und insbesondere der Bagdadbahngesellschaft tangierten. Erst im Frühjahr 1914 konnte eine definitive Lösung der Streitfragen erreicht werden. Die Bagdadbahngesellschaft verzichtete nunmehr endgültig auf den Bau der Teilstrecke von Bagdad bis zum Persischen Golf. Die Bagdadbahn sollte in Basra enden; eine eventuelle Weiterführung bis zum Persischen Golf sollte nur mit britischem Einverständnis erfolgen können. Darüber hinaus nahm die Bagdadbahngesellschaft von dem Bau von Häfen in Bagdad und Basra Abstand; dieser sollte nunmehr von Gesellschaften türkischen Rechts vorgenommen werden, an denen die Bagdadbahngesellschaft mit nicht mehr als 20 Prozent, ihre englischen Partner bis zu 40 Prozent beteiligt sein sollten. Schließlich wurden die Schiffahrtsrechte auf dem Euphrat und Tigris und dem Schatt-al-Arab einer von britischem Kapital kontrollierten Gesellschaft übertragen, eine Regelung, die vom rein kommerziellen Standpunkt wenig befriedigend war, da die Schiffahrt auf dem Euphrat und Tigris eine direkte Konkurrenz zur Bagdadbahn darstellte. Immerhin konnte ein englisches Schiffahrtsmonopol in Mesopotamien, wie es die britische Seite ursprünglich verlangt hatte, abgewendet werden. Ferner wurde der britischen Forderung Rechnung getragen, daß auf den Linien der Bagdadbahngesellschaft, wie auch auf allen anderen Bahnlinien im Orient, keinerlei Diskriminierung gegen Personen oder Güter anderer Staaten vorgenommen werden dürfe. Dafür verpflichtete sich die britische Regierung, dem Bagdadbahnunternehmen hinfort keinerlei Hindernisse mehr in den Weg zu legen und insbesondere einer Erhöhung der türkischen Außenzölle ihre Zustimmung nicht länger zu versagen. Andererseits ließ sich die britische Regierung diese Konzessionen von türkischer Seite vergolden, indem sie der Pforte die definitive Zusicherung abpreßte, daß die Scheichtümer Kuweit und Bharain künftig unter britischem Protektorat stehen sollten. Dies stellte eine zusätzliche Absicherung der britischen Hegemonie am Persischen Golf dar; erst später sollte sich herausstellen, daß damit zugleich zwei der ölreichsten Regionen des Nahen Ostens unter britische Oberherrschaft gelangt waren.

Damit war der Sache nach sowohl den Besorgnissen Großbritanniens und mehr noch der indischen Regierung, des Raj, daß sich das Deutsche Reich mit Hilfe der Bagdadbahn am Persischen Golf festsetzen und damit den Weg nach Indien bedrohen könne, Rechnung getragen, ebenso aber auch den Interessen des britischen Außenhandels und des britischen Finanzkapitals. Nunmehr schien die Bahn frei für eine enge Zusammenarbeit beider Länder bei der weiteren wirtschaftlichen Erschließung des Osmanischen Reiches auch auf anderen Gebieten. Parallel zu den Verhandlungen über eine einvernehmliche Lösung hinsichtlich der Fortführung der Bagdadbahn kam es zu einer Verständigung über eine gemeinsame Nutzung der mesopotamischen Ölfelder. Bereits seit 1904 besaß die Anatolische Bahngesellschaft aufgrund eines Vertrags mit der Vermögensverwaltung des Sultans eine Option für die Ausbeutung der Erdölvorkommen in den Wilajets Mosul und Bagdad, dem heutigen Iran.[41] 1911 gründete die Deutsche Bank, zunächst unter Zwischenschaltung der Bagdadbahngesellschaft, gemeinsam mit der Anglo-Saxon Oil Company, einer Tochtergesellschaft der holländischen Shell-Gruppe, sowie der Turkish National Bank unter Leitung von Sir Ernest Cassell, eine gemeinsame Gesellschaft, die Turkish Petroleum Company. Diese sollte die Ausbeutung der Ölvorkommen in der Türkei vorantreiben; die britische und die deutsche Regierung verwandten sich bei der Pforte gemeinsam für die definitive Gewährung der entsprechenden Konzessionen an diese Gesellschaft, was diese freilich nach Kräften zu verzögern suchte; diese sind denn auch unmittelbar vor Kriegsausbruch gewährt, aber nicht mehr wirksam geworden. An die Stelle Cassells trat dann wenig später die eng mit der britischen Regierung liierte Anglo-Persian Oil Company d'Arcy, die ursprünglich gehofft hatte, die Holländer ganz aus der Turkish Petroleum Company herausdrängen und das Geschäft allein mit der Deutschen Bank machen zu können. Jedoch zogen sich die Verhandlungen, an denen die deutsche und die britische Regierung, welch letztere allerdings 51 Prozent der Aktien der Anglo-Persian Oil Company erworben hatte, bis zum Frühjahr 1914 hin. Am 19. März 1914 kam dann der endgültige Vertrag zwischen den beteiligten Gruppen zustande. In dieser neugeschaffenen Multinational Company hielt die Deutsche Bank, obschon sie rein rechtlich eine 50prozentige Beteiligung hätte verlangen können, einen Anteil von 25 Prozent, ebenso wie die holländische Gruppe, während d'Arcy 50 Prozent einbrachte. Diese, im Rückblick gesehen, wenig günstige Regelung entsprach freilich durchaus den Interessen der Deutschen Bank, weil auf diese Weise die großen Kapitalien, die für die Erschließung der Ölvorkommen erforderlich waren, überwiegend von britischer und holländischer Seite aufgebracht werden würden und damit der deutsche Kapitalmarkt, dessen chronische Überlastung den Direktoren der Deutschen Bank beständig Sorge bereitete, nur begrenzt in Anspruch genommen werden mußte. Diese betrachteten jedenfalls das Ergebnis durchaus mit Befriedigung.[42] Im übrigen versprach die Erschließung der Ölvorkommen, das Verkehrsaufkommen der Bagdadbahn indirekt zu steigern. Allerdings gelang es selbst dem vereinten Druck der britischen und der deutschen Diplomatie auch jetzt noch nicht, die türkische Regierung zur Erteilung einer Konzession an die Turkish Petroleum Company zu bewegen.

Insgesamt war die umfassende Regelung der Bagdadbahnfrage und der damit zusammenhängenden wirtschaftlichen und strategischen Probleme keineswegs so ungünstig für das Deutsche Reich, wie dies im nachhinein erscheinen mag, obschon die Bagdadbahngesellschaft in erheblichem Umfang auf die Rechte bzw. Rechtsansprüche hatte verzichten müssen, die ihr seitens der Pforte verbrieft worden waren. Dabei muß berücksichtigt werden, daß diese Rechte weitgehend auf dem Papier standen und ohnehin nur unter erheblicher Beteiligung des internationalen Finanzkapitals jemals hätten realisiert werden können.[43] Ungünstig war nur, daß entgegen den Erwartungen beider Partner englisches Kapital nur in unbedeutendem Umfang für eine Beteiligung an den Bagdadbahnunternehmen gewonnen werden konnte und demgemäß die erhoffte Entlastung des deutschen Kapitalmarkts nicht eintrat.

Darüber hinaus gelang es der Deutschen Bank und ihren deutschen Finanzpartnern nun auch, mit den französischen Finanzgruppen eine umfassende Regelung auszuhandeln, die auf eine säuberliche Trennung der beiderseitigen finanzimperialistischen Unternehmungen im Osmanischen Reich hinauslief. Am 15. Februar 1914 schlossen beide Finanzgruppen, in enger Fühlungnahme mit ihren Regierungen, einen Vertrag, in dem die territorialen Regionen, in denen die beiden Gruppen tätig werden sollten, genau umrissen wurden. Darüber hinaus wurde vereinbart, daß die jeweils angestrebten Investitionsprojekte – es handelte sich in erster Linie um Eisenbahnbauten – nicht durch Konkurrenzprojekte des anderen Partners beeinträchtigt werden dürften. Die französische Gruppe erhielt das nördliche Anatolien sowie Syrien als Operationsgebiete zugesprochen, während die deutsche Gruppe Mittel- und Südanatolien sowie Mesopotamien beanspruchte. Beide Seiten verpflichteten sich, für eine angemessene Verbesserung der türkischen Staatsfinanzen einzutreten. Dies hieß der Sache nach, daß man die Erhöhung der türkischen Außenzölle – dem Haupthindernis für die weitere Finanzierung der Bagdadbahn – nicht länger blockieren werde.

Damit war endgültig grünes Licht für eine zügige Fortführung des Baus der Bagdadbahn gegeben, und der wirtschaftlichen Nutzung der zahlreichen Konzessionen, die damit indirekt in Verbindung standen, stand nichts mehr im Wege. Andererseits wurde mit diesen Vereinbarungen der Weg einer Fragmentierung der Operationen des internationalen Finanzimperialismus unter nationalpolitischen Gesichtspunkten beschritten. Das Osmanische Reich wurde in eine Vielzahl von Interessensphären der Großmächte aufgeteilt, ohne sich um die Wünsche der indigenen Bevölkerung oder die Einwendungen der machtlosen türkischen Regierung zu kümmern; in Umrissen antizipierten die Verträge von 1914 bereits die spätere Aufteilung des Osmanischen Reiches im Sykes-Picot-Abkommen vom Jahre 1916 und die Errichtung von Völkerbundsmandaten in den Pariser Vorortverträgen, mit der einzigen Abweichung, daß das Deutsche Reich dabei leer ausgehen sollte.

Einstweilen rechnete man auch im Auswärtigen Amt bereits damals mehr oder

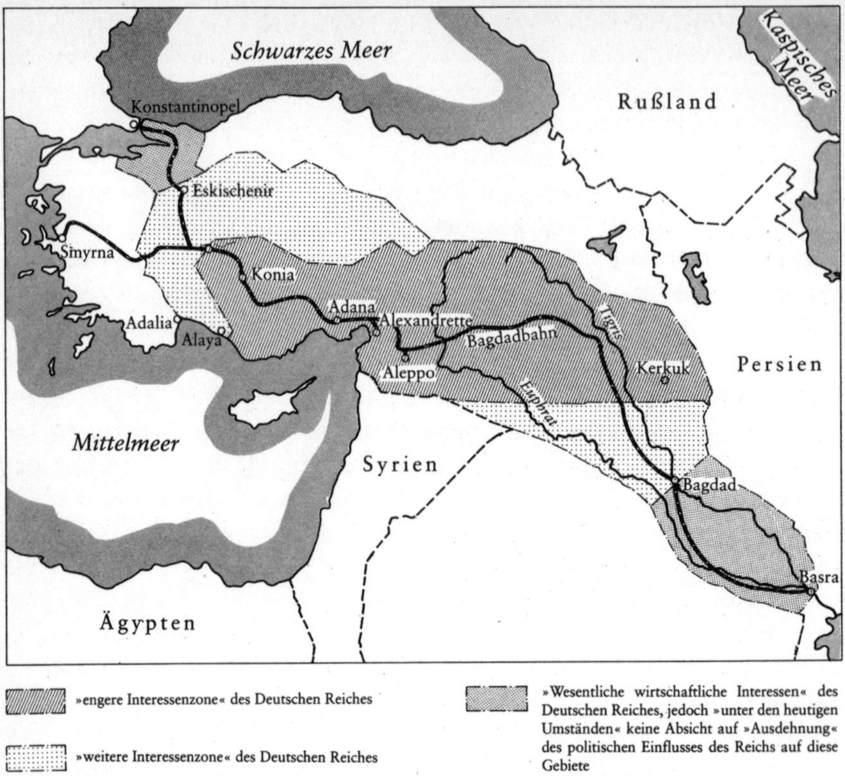

Deutsche »Arbeitszonen« im Osmanischen Reich

weniger mit einem endgültigen Zerfall des Osmanischen Reiches. Es gelte allerdings, so meinte der Staatssekretär des Äußeren, von Jagow, im Juli 1913, diesen so weit wie möglich hinauszuschieben, bis sich die Deutschen in ihren »dortigen Arbeitszonen weiter konsolidierten und für die Annexion fertig werden«[44]. Aber gleichwohl beschäftigte man sich in der Wilhelmstraße schon länger mit der Frage, welche Gebiete im grundsätzlich nicht erwünschten, aber möglicherweise bald eintretenden Eventualfall einer Aufteilung des Osmanischen Reiches von der deutschen Politik beansprucht werden sollten. Schon im März 1913 hatte der deutsche Botschafter in Konstantinopel, Hans Freiherr von Wangenheim, dem Auswärtigen Amt einen detailliert ausgearbeiteten Vorschlag nebst einer Karte übersandt, der in der Folge für die deutsche Strategie in den nahöstlichen Fragen als maßgebliche Richtlinie diente.[45]

Es überrascht demgemäß auch nicht, daß das Auswärtige Amt mit den Dreibundpartnern Italien und Österreich-Ungarn in den folgenden Monaten vertrauliche Gespräche über die Abgrenzung und gegebenenfalls die gegenseitige Anerkennung von Interessenzonen im Osmanischen Reich aufnahm, um für den Fall des Falles so gut wie möglich gewappnet zu sein. Vorderhand setzte die deutsche Politik allerdings entschieden auf die Erhaltung des Osmanischen Reiches. Dies erwies sich freilich leichter gesagt als getan. Die Abkommen mit den anderen Großmächten über die jeweiligen ökonomischen Interessensphären milderten zwar in mancher Hinsicht den Druck, der seitens der Großmächte auf den »kranken Mann am Bosporus« ausgeübt wurde, aber unter ökonomischen Gesichtspunkten wurde die Krise des Osmanischen Reiches durch die Koordinierung der finanzimperialistischen Operationen der Großmächte eher noch verschärft. Es erwies sich als unabweisbar, dem jungtürkischen Regime nicht nur immer wieder mit neuen Staatsanleihen unter die Arme zu greifen, sondern es auch politisch und militärisch zu stützen. Demgemäß sah die deutsche Regierung allen Anlaß dazu gegeben, dem Ersuchen der Pforte auf Entsendung von militärischen Fachleuten zum Zwecke einer durchgreifenden Reorganisation des türkischen Heeres zu entsprechen. Dies war aus deutscher Perspektive nur zu logisch. Denn was hätte das Osmanische Reich besser vor dem endgültigen Zerfall bewahren können als eine reorganisierte türkische Armee! Davon abgesehen, war eine deutsche Militärmission geeignet, den Einfluß des Deutschen Reiches vor Ort entscheidend zu stärken: »Die Macht, welche die Armee kontrolliert, wird in der Türkei immer die stärkste sein«, meinte der deutsche Botschafter in Konstantinopel, von Wangenheim, im April 1913.[46]

Die Entsendung einer deutschen Militärmission unter General Liman von Sanders nach Konstantinopel löste in Petersburg äußerste Irritation aus, um so mehr, als dem russischen Außenminister Sasonov bei einem kürzlichen Besuch in Berlin kein Wort von diesen Plänen mitgeteilt worden war. In der Ernennung von Liman von Sanders zum Generalinspekteur der türkischen Armee mit den Befugnissen eines Kommandierenden Generals und zugleich zum Befehlshaber des ersten türkischen Armeekorps in Konstantinopel, die nach langen Verhandlungen und Verzögerungen Anfang Dezember 1913 erfolgte, sah die russische Regierung eine unmittelbare Bedrohung ihrer Interessen im Osmanischen Reich. Der russische Außenminister Sasonov richtete unverzüglich einen scharfen Protest an sämtliche Großmächte, da man in Petersburg argwöhnte, daß mit der Ernennung eines deutschen Generals zum Obersten Befehlshaber des Militärdistrikts Konstantinopel dem Deutschen Reich faktisch die militärische Kontrolle des Bosporus zufallen würde. Dadurch würden, so schien es, nicht nur die historischen Aspirationen Rußlands auf den Erwerb oder doch zumindest die Kontrolle der Meerengen durchkreuzt, sondern darüber hinaus würde das Deutsche Reich im Falle einer Aufteilung des Osmanischen Reiches eine strategische und politische Schlüsselposition gewinnen, die für die russischen Aspirationen auf Erwerb von Teilen der osmanischen Erbschaft äußerst nachteilig sein würde. Die zarische Regierung sah, mit anderen Worten, die langfristigen imperialistischen Bestrebungen Rußlands an einem neuralgischen Punkt blockiert und reagierte demgemäß mit äußerster Schärfe. Nur mit einiger Mühe konnte die schwere internationale Krise, die Europa zeitweilig hart an den Rand eines allgemeinen Krieges heranführte, wieder beigelegt werden, zumal die russische Regierung fürchtete, daß die Westmächte ein Nachgeben in dieser Frage als Signal mißverstehen könnten, daß Rußland um der Erhaltung des Friedens willen zu beliebigen Zugeständnissen in der Orientalischen Frage bereit sei.[47] Durch die Beförderung Liman von Sanders' zum türkischen Marschall, der ihn automatisch von dem Oberbefehl über das erste türkische Armeekorps entband, konnte am Ende eine Lösung gefunden werden, die den russischen Bedenken zumindest äußerlich Rechnung trug, andererseits aber das Prestige des Deutschen Reiches nicht beeinträchtigte.

Freilich zeigte sich bei dieser Gelegenheit mit großer Deutlichkeit, daß das deutsche politische und wirtschaftliche Engagement im Osmanischen Reich eine schwerwiegende Veränderung des internationalen Systems nach sich gezogen hatte. Bisher war Großbritannien der wichtigste Gegenspieler der russischen imperialistischen Bestrebungen im Nahen Osten gewesen; diese Rolle fiel nunmehr dem Deutschen Reich zu, mit allen Risiken, die damit verbunden waren. Es war dies eine Konstellation, die Bismarck zeit seiner Kanzlerschaft mit allen Mitteln zu verhüten getrachtet hatte. Die zarische Regierung zog aus dieser neuen Lage weitreichende Folgerungen; auf einer Sonderkonferenz in St. Petersburg vom 8. bis 21. Februar 1914 beschloß sie eine Beschleunigung der russischen Aufrüstung und der für eine Kriegführung gegen den nunmehrigen potentiellen Hauptgegner Deutschland notwendigen infrastrukturellen Reformen. Gleichzeitig wurde der russischen Diplomatie anheimgestellt, alles zu tun, um für den Fall des nunmehr früher oder später erwarteten allgemeinen europäischen Krieges Bundesgenossen zu gewinnen. Angestrebt wurde eine Heraussprengung Rumäniens aus dem Dreibund, die Vereinigung Serbiens und Montenegros, durch die den hegemonialen Bestrebungen Österreich-Ungarns auf dem Balkan gleichsam der Weg verlegt worden wäre, und, mit der Unterstützung der französischen Diplomatie, die Herbeiführung einer Allianz oder doch einer Entente mit Großbritannien.

Aus Bethmann Hollwegs Sicht war es ein wesentliches Ziel der Vereinbarungen über die Bagdadbahn gewesen, Großbritannien näher an die Mittelmächte heranzuziehen. Dieses Kalkül rechnete mit dem Fortbestand des historischen Gegensatzes zwischen Großbritannien und Rußland im Nahen Osten. Erwägungen solcher Art aber verloren in der sich nunmehr abzeichnenden neuen Konstellation für die britische Diplomatie zunehmend an Bedeutung. Im Gegenteil, die Versuchung war größer geworden, durch ein Arrangement mit Rußland die eigene Position im Nahen Osten, die in erster Linie von dem ungestümen Vordringen des deutschen Finanzimperialismus bedroht schien, zu stärken. Insofern war Bethmann Hollwegs Erwartung nur zu Teilen begründet, daß, nachdem einmal ein Ausgleich in den beide Mächte trennenden Fragen peripherer Natur erreicht sei, Großbritannien hinfort sein Gewicht in den internationalen Fragen zugunsten der Mittelmächte in die Waagschale werfen werde und man demgemäß einen Krieg von seiten Rußlands und Frankreichs nicht länger zu fürchten habe. Vielmehr war die politische und strategische Lage des Deutschen Reiches angesichts seines weit ausgreifenden Programms einer »pénétration pacifique« in Afrika und im Osmanischen Reich eher noch prekärer geworden.

Der »Sprung ins Dunkle«

Der Reichskanzler Theobald von Bethmann Hollweg und seine engere Umgebung gingen noch im Frühjahr 1914 zuversichtlich davon aus, daß sie mit der Strategie einer »Weltpolitik ohne Krieg«, die sich insbesondere um ein Zusammengehen mit Großbritannien bemühte, ungeachtet der sich verschärfenden internationalen Lage, auf dem richtigen Wege seien. Bethmann Hollweg erklärte am 23. April 1914 gegenüber dem deutschen Botschafter in Konstantinopel, Hans Freiherr von Wangenheim, »unser Nationalvermögen nähme so zu, daß wir in zehn bis fünfzehn Jahren alle Nationen überholt hätten. Dann würden wir in der Weltpolitik, die letzten Endes Wirtschaftspolitik wäre, an gesicherter Stelle stehen. Unsere Aufgabe wäre es, uns ohne große Konflikte durch diese Zeit durchzuwinden.«[1] Der Kanzler stand mit dieser Auffassung damals keineswegs allein. Namentlich die Kreise der Wirtschaft und insbesondere der Hochfinanz waren an einem europäischen Krieg in keiner Weise interessiert. Der Stahlindustrielle Hugo Stinnes hatte 1911 gegenüber Heinrich Claß, dem Vorsitzenden des Alldeutschen Verbandes, der für einen Präventivkrieg plädierte, gemeint: »[...] lassen Sie noch 3–4 Jahre ruhiger Entwicklung, und Deutschland ist der unbestrittene wirtschaftliche Herr in Europa.«[2] Auch im bürgerlichen Lager bestand einige Zuversicht, daß durchaus Aussichten bestünden, durch eine behutsame und konsequente Politik den Durchbruch zur Weltmacht zu erzielen, ohne daß es darüber zu einem großen europäischen Krieg kommen werde. Allerdings dürfe das Deutsche Reich an seiner Bereitschaft, es notfalls auf einen Krieg ankommen zu lassen, keinerlei Zweifel aufkommen lassen. Denn nur dann würden seine weltpolitischen Rivalen sich dazu bereit finden, dem Deutschen Reich größere Erwerbungen in Übersee zu erlauben. Der Reichsleitung wurde demgemäß auch von seiten der bürgerlichen Linken nahegelegt, gleichsam auf der Schwelle eines großen europäischen Krieges zu operieren, ohne es doch tatsächlich dazu kommen zu lassen.[3]

Seit dem Frühjahr 1914 mehrten sich allerdings die Stimmen, die einen europäischen Krieg ohnehin für unvermeidlich ansahen, in bedenklichem Maße, sowohl innerhalb der Führungseliten wie in der breiteren Öffentlichkeit. Dabei stand die Besorgnis vor der wachsenden Macht des zarischen Rußland im Vordergrund.

Im Deutschen Reich hatte man sich seit der russischen Revolution von 1905 daran gewöhnt, es mit einem innerlich geschwächten und wenig leistungsfähigen Rußland zu tun zu haben. Das mit Hilfe französischer Kredite angekurbelte russische Aufrüstungsprogramm, das nach der Heeresvorlage von 1913 eine weitere Beschleunigung erfahren hatte, sowie der zügige Ausbau des russischen Eisenbahnnetzes in den westlichen Departements erweckte beim deutschen Generalstab zunehmende Besorgnis, wurde doch damit eine wesentliche Prämisse für ein Gelingen des Schlieffen-Plans in Frage gestellt, nämlich eine langsame russische Mobilmachung, die es den deutschen Heeren ermöglichen würde, den entscheidenden Schlag gegen Frankreich zu führen, noch bevor die russische Armee einsatzbereit sein würde. In der Öffentlichkeit wog schwerer, daß sich die Stimmung in Rußland selbst deutlich zuungunsten der Mittelmächte verändert hatte.

Die gesellschaftlichen Umschichtungen der letzten Jahrzehnte im zarischen Rußland hatten den Einfluß der traditionell deutschfreundlichen Hocharistokratie zunehmend geschwächt; in der russischen »Gesellschaft« gab das aufsteigende Großbürgertum mehr und mehr den Ton an. Auch die russische Presse wurde immer stärker zu einem Sprachrohr des Wirtschaftsbürgertums und der großbürgerlichen Intelligenz. Die bürgerlichen Schichten aber standen der Außenpolitik der zarischen Regierung schon seit geraumer Zeit sehr kritisch gegenüber. Sie gingen davon aus, daß diese in den vergangenen Jahren sowohl die nationalen wie die wirtschaftlichen Interessen Rußlands ganz ungenügend gewahrt habe; beide aber schienen in erster Linie von seiten des Deutschen Reiches bedroht. Die Handelspolitik des Deutschen Reiches verletzte nach ihrer Ansicht vitale Interessen der aufstrebenden russischen Industrie ebenso wie der Landwirtschaft, der im Zeichen eines erneuerten Protektionismus der Export von Agrarprodukten nach Deutschland immer mehr erschwert worden war. Der Ende 1914 anstehenden Erneuerung des deutsch-russischen Handelsvertrages sahen die russischen Wirtschaftskreise mit einigem Unbehagen entgegen. Vor allem aber verlegte die deutsche Politik Rußland den Weg zur Kontrolle der türkischen Meerengen ebenso wie eine Konsolidierung ihres Einflusses auf dem Balkan. Demgemäß sah sich die zarische Regierung von einer zunehmend nationalistisch gesinnten »Öffentlichkeit« politisch unter Druck gesetzt und zu außenpolitischen Erfolgen verdammt.

In Deutschland hingegen wurde schon seit einiger Zeit die steigende Flut des Panslawismus mit großer Besorgnis betrachtet; dafür wurde allgemein das zarische Rußland verantwortlich gemacht. Bei der deutschen Rechten ging man ohnedies davon aus, daß die erwartete welthistorische Auseinandersetzung zwischen den slawischen und den germanischen Völkern über kurz oder lang unabweisbar sei. Darüber hinaus hatte insbesondere die Liman von Sanders-Krise eine gereizte Stimmung hinterlassen. Insbesondere jene Kreise, die in der ökonomischen Durchdringung des Osmanischen Reiches und womöglich der Ansiedlung deutscher Kolonisten in Anatolien das große Zukunftsziel des deutschen Imperialismus sahen, wandten sich zunehmend gegen Rußland, dem sie die Planung eines großen europäischen Krieges mit dem Ziel unterstellten, entweder eine beherrschende Stellung im türkischen Orient oder die »Herstellung der russischen Führerschaft unter die Südslawen auf Kosten Österreichs« erzwingen zu wollen.[4] Paul Rohrbach hatte schon im Juni 1913 Rußland als »die eigentliche große Gefahr für den europäischen Frieden« bezeichnet.[5] Im Großen Generalstab wurde die Situation noch ungleich bedrohlicher angesehen. Hier unterstellte man der russischen Politik die systematische Vorbereitung eines Angriffskrieges auf die Mittelmächte; mit einem solchen sei nach Abschluß der im Gange befindlichen Rüstungsmaßnahmen, also etwa für 1916 oder 1917, zu rechnen.[6]

Vor diesem Hintergrund ist die deutsch-russische Pressekampagne vom März und April 1914 zu sehen, die durch einen Artikel des Rußlandkorrespondenten der als offiziös informiert bekannten »Kölnischen Zeitung«, eines Oberleutnants Ulrich, vom 2. März 1914 ausgelöst wurde. Darin wurde ziemlich unverblümt die Behauptung aufgestellt, daß Rußland nach Abschluß der gegenwärtig im Gange befindlichen umfangreichen Rüstungsmaßnahmen einen Krieg gegen Deutschland beabsichtige. Diese Pressekampagne weist eine fatale Ähnlichkeit mit der Krieg-in-Sicht-Krise von 1875 auf, und es steht zu vermuten, daß die Reichsleitung damals nach Bismarckschem Vorbild versucht hat, durch die Lancierung dieses Artikels den angeblichen aggressiven Bestrebungen der russischen Politik »eine Schelle umzuhängen«, um dergestalt Klarheit über die Zielsetzungen der zarischen Regierung zu erhalten; doch detonierte die »Bombe« dann zu früh und vor allem zu laut. Allein, sowohl der Kanzler als auch das Auswärtige Amt bestritten damals auf das Nachdrücklichste, mit der Urheberschaft dieses Artikels auch nur das Geringste zu tun gehabt zu haben. Gleichwohl fällt es angesichts der bemerkenswerten Übereinstimmung des Tenors dieses Artikels mit den Auffassungen in militärischen Kreisen schwer, nicht an einen amtlichen Ursprung desselben zu glauben, sei es von militärischer, sei es von politischer Seite. Die Reaktion auf seiten der russischen Regierung war hart und eindeutig; der russische Kriegsminister Wladimir Alexandrowitsch Suchomlinov ließ in der französischen Presse erklären, daß Rußland zwar den Frieden wolle, jedoch, sofern dies notwendig werden sollte, zum Krieg und zur Erfüllung seiner Bündnisverpflichtungen gegenüber Frankreich »bereit« sei. Dies war nicht geeignet, die Befürchtungen der Militärs hinsichtlich der angeblich aggressiven Tendenzen der russischen Politik zu besänftigen; in militärischen Kreisen verfestigte sich vielmehr die Auffassung, daß in den kommenden Jahren mit einem Krieg mit Rußland gerechnet werden müsse.

Auch in der Öffentlichkeit gewann die Auffassung zunehmend an Boden, daß die Gefahr eines Krieges mit Rußland, dem dann Frankreich und vermutlich auch England beispringen würden, in den Bereich des Wahrscheinlichen gerückt sei, und dies ganz ohne Zutun der amtlichen Politik, die eher geneigt war, behutsam dämpfend auf die öffentliche Meinung einzuwirken. Paul Rohrbach begründete im Frühsommer 1914 zusammen mit Ernst Jäckh eine neue politische Wochenschrift »Das größere Deutschland«, um, wie er späterhin schrieb, das deutsche Volk auf den bevorstehenden Krieg vorzubereiten. In ihrer dritten Nummer vom 19. April 1914 wurde der russischen Regierung unterstellt, daß sie einen »siegreichen Krieg als erwünschten Ausweg aus den [eigenen] inneren Schwierigkeiten« anstrebe und demgemäß in allernächster Zeit gegen die Mittelmächte losschlagen würde.[7] Die Öffentlichkeit wurde zunehmend von einer teils fatalistischen, teils freudigen Erwartungshaltung hinsichtlich eines kommenden großen Krieges erfaßt; und diese nahm zunehmend die Form einer »self-fulfilling prophecy« an, die objektiv eben das befördert, was sie subjektiv vorhersagt.[8]

Unter diesen Umständen geriet Bethmann Hollwegs außenpolitischer Kurs, der auf die Vermittlung zwischen den Großmächten abzielte und in erster Linie auf eine Annäherung an Großbritannien setzte, zunehmend unter Druck. In den Führungskreisen des Reiches gewann der Gedanke, daß das Deutsche Reich nur durch einen Krieg einen Ausweg aus seiner sich verschlechternden militärstrategischen Lage finden könne, mehr und mehr Anhänger. In militärischen Kreisen war man immer weniger bereit, dem Argument Bethmann Hollwegs zu folgen, daß man angesichts der sich stetig verbessernden Beziehungen zu Großbritannien zuversichtlich sein könne, daß ein großer europäischer Krieg, wie er wegen der labilen Verhältnisse auf dem Balkan jederzeit im Bereich des Möglichen lag, mit der Unterstützung Großbritanniens verhindert werden könne, weil dieses im Zweifelsfall Rußland und Frankreich von extremen Schritten, die Krieg bedeuten würden, abhalten würde. Vor allem der Chef des Großen Generalstabs, Helmuth von Moltke, machte in den Gesprächen mit seinem österreichischen Amtskollegen Conrad von Hötzendorf keinen Hehl daraus, daß er von der anglophilen Politik Bethmann Hollwegs nicht das geringste hielt. »Bei uns erwartet man unglückseligerweise von England immer eine Deklaration, daß es nicht mittun werde. Diese Deklaration wird England nie geben.«[9] »Unglückseligerweise«, weil sich Moltke angesichts der gegenwärtig noch günstigen, aber sich rapide verschlechternden strategischen Situation der Mittelmächte den Krieg, den er über kurz oder lang für unvermeidlich hielt, möglichst bald zu führen wünschte. Bei Lage der Dinge, so meinte Moltke am 12. Mai 1914 gegenüber Conrad von Hötzendorf, bedeute »jedes Zuwarten eine Verminderung unserer Chancen«[10]. Dieser hingegen hoffte sobald wie möglich Serbien, das Zentrum der nationalrevolutionären Strömungen, die sich gegen die österreichisch-ungarische Herrschaft über Bosnien und die Herzegowina richteten, mit militärischer Gewalt zu zerschlagen und zu einem Satelliten der Habsburger Monarchie herabzudrücken.[11]

Unzweifelhaft war die politische Lage im Frühsommer 1914 nichts weniger als erfreulich. Es zeichnete sich ab, daß die Bemühungen, ein gegen das zarische

Rußland gerichtetes Bündnis der nichtslawischen Völker auf dem Balkan herbeizuführen, einstweilen festgelaufen waren. Rumänien machte im Gegenteil Anstalten, in das anti-österreichische Lager überzugehen; jedenfalls konnte im Kriegsfall auf Rumänien nicht mehr zuverlässig gerechnet werden. Demgemäß drängte die österreichische Diplomatie, daß das Deutsche Reich der eigenen Strategie, die auf die Heranziehung Bulgariens an den Dreibund und die Ausschaltung Serbiens als Vormacht auf dem Balkan abzielte, nunmehr uneingeschränkt seine Unterstützung geben solle. Es war nicht zu bestreiten, daß die nationalrevolutionäre Bewegung in Bosnien, die die Befreiung Bosniens und der Herzegowina von österreichischer Herrschaft mit terroristischen Methoden zu erreichen suchte, moralischen Rückhalt und logistische Unterstützung von serbischem Boden erhielt, obschon die Beziehungen des Geheimbundes »Vereinigung oder Tod« zur serbischen Regierung eher gespannt waren. Es war nicht zu leugnen, daß diese nationalrevolutionären Aktionen eine potentiell ernste Bedrohung des Vielvölkerstaates darstellten, zumal dadurch, wie in den Führungskreisen des Reiches angenommen wurde, indirekt die ohnehin angeschlagene Vormachtstellung des deutschen Elements innerhalb der Monarchie noch weiter geschwächt werden mußte; nach deutscher Ansicht hing von deren Erhaltung letzten Endes die Bündnisfähigkeit der Monarchie ab.

In der ohnehin überhitzten Atmosphäre jener Monate war man sowohl in der Wilhelmstraße wie am Ballhausplatz fest davon überzeugt, daß die anti-österreichischen Tendenzen in den Balkan-Staaten von Rußland und Frankreich systematisch geschürt würden. Insofern verdichteten sich die Besorgnisse, daß es über den Balkan-Fragen schon bald zu einem neuen Konflikt der Großmächte kommen könnte. Dies gab der These, daß Rußland zielbewußt auf einen großen Krieg hinarbeite, indirekt neue Nahrung.

Im Generalstab bestand Zuversicht, daß man auch angesichts der Stärkeverhältnisse der Armeen der europäischen Großstaaten, die ungeachtet der Heeresvermehrung von 1913 eine erhebliche numerische Überlegenheit Rußlands und Frankreichs gegenüber den Mittelmächten auswiesen, im Augenblick noch einen großen Krieg siegreich werde bestehen können. Unter den gegebenen Umständen glaubte man, auf der Grundlage des Schlieffen-Plans eine rasche Entscheidung gegen Frankreich herbeiführen zu können, gleichviel ob Großbritannien letzterem zu Hilfe kommen werde oder nicht. Der Generalstab setzte dabei den Umstand zusätzlich in sein Kalkül ein, daß das Deutsche Reich, im Unterschied zu seinen Hauptgegnern, schon bei Beginn der Kriegshandlungen in erheblichem Umfang auch Reservisten einzusetzen vermöge und demgemäß jedenfalls in den ersten entscheidenden Wochen eine überlegene Streitmacht werde ins Feld führen können. Der Generalstabschef von Moltke war überzeugt, daß alles zum Besten stehe. Anfang Juni 1914 erklärte er gegenüber Hermann Freiherr von Eckardstein: »Wir sind bereit, und je eher, desto besser für uns«, unter Verwendung von Formulierungen, die fast gleichlautend bereits in dem berühmten »Kriegsrat« vom 8. Dezember 1912 gefallen waren.[12]

Es ist demnach davon auszugehen, daß in militärischen Kreisen die Auffassung immer stärker an Boden gewann, daß man angesichts der langsamen Zuspitzung der strategischen Lage des Deutschen Reiches den erwarteten großen europäischen Krieg führen müsse, solange die russischen Westbahnen noch nicht fertig und die gegenwärtig in Rußland laufenden Rüstungsmaßnahmen noch nicht abgeschlossen seien. Demgemäß spielte man im Generalstab schon seit einiger Zeit mit dem Gedanken, den gordischen Knoten der bedrängten strategischen Lage des Deutschen Reiches mit Hilfe eines Präventivkrieges zu durchschlagen, zumal nach Ansicht der Militärs, wie wir einem Bericht Hugo Graf von und zu Lerchenfeld-Koeferings entnehmen können, »der Zeitpunkt militärisch so günstig sei, wie er in absehbarer Zeit nicht wiederkehren kann«[13]. Ende Mai oder Anfang Juni 1914 – eine genaue Datierung dieser Unterredung ist nicht möglich – legte Moltke dem Staatssekretär des Äußeren, Gottlieb von Jagow, in aller Form nahe, die deutsche Politik »auf die baldige Herbeiführung eines Krieges einzustellen«. »In 2–3 Jahren würde Rußland seine Rüstungen beendet haben. Die militärische Übermacht unserer Feinde wäre dann so groß, daß er (Moltke) nicht wüßte, wie wir ihrer Herr werden könnten. Jetzt wären wir ihnen noch einigermaßen gewachsen. Es bliebe seiner Ansicht nach nichts übrig, als einen Präventivkrieg zu führen, um den Gegner zu schlagen, solange wir den Kampf noch einigermaßen bestehen könnten.«[14] Wie aus einem Gespräch Bethmann Hollwegs mit dem württembergischen Gesandten Graf Lerchenfeld vom 4. Juni 1914, also nur wenige Tage nach Moltkes Vorstoß bei Jagow, hervorgeht, lehnte der Kanzler einen Präventivkrieg, wie er »von vielen Militärs gefordert« werde, zu diesem Zeitpunkt noch kategorisch ab; 1905 hätten dafür große Chancen bestanden, jetzt aber sei der rechte Augenblick dafür versäumt: »[...] der Kaiser habe keinen Präventivkrieg geführt und werde keinen [Präventivkrieg] führen. Es gebe aber Kreise im Reich, die von einem Krieg eine Gesundung der inneren Verhältnisse in Deutschland erwarten, und zwar im konservativen Sinne. Er – der Reichskanzler – denke aber, daß ganz im Gegenteil ein Weltkrieg mit seinen gar nicht zu übersehenden Folgen die Macht der Sozialdemokratie, weil sie den Frieden predigt, gewaltig steigern und manche Throne stürzen könnte.«[15] In der deutschen Öffentlichkeit überwogen zwar immer noch die Stimmen, die eine erfolgreiche deutsche Weltpolitik auch ohne Krieg für erreichbar hielten, aber schon längst hatte sich eine fatalistische Kriegserwartung ausgebreitet, die davon ausging, daß ein europäischer Krieg früher oder später unabwendbar sein werde.[16] Auch innenpolitisch wurde die Basis für die Politik Bethmann Hollwegs, die bislang grundsätzlich eine Weltpolitik ohne Krieg zu führen gewillt gewesen war, schmäler.

Bisher hatte Bethmann Hollweg den Präventivkriegstendenzen in militärischen Kreisen entgegenhalten können, daß England zwar nicht von heute auf morgen aus seinen Ententen herausgelöst werden könne, daß aber eine schrittweise Verbesserung der Beziehungen zu England zu erwarten sei; dieses werde sich an einer aggressiven Kombination Frankreichs und Rußlands nicht beteiligen, sondern beide Mächte im Krisenfall von militärischen Schritten, die zu einem allgemeinen Krieg führen könnten, abhalten. Dieses Argument war inzwischen durch geheime Nachrichten über englisch-russische Verhandlungen bezüglich eines Flottenabkommens weitgehend entwertet worden. Entsprechende Dokumente waren der Wilhelmstraße durch einen deutsch-baltischen Gewährsmann in der englischen Botschaft in St. Petersburg zugespielt worden; sie besagten mit großer Eindeutigkeit, daß Großbritannien und Rußland auf der Ebene der beiderseitigen Marineattachés Gespräche über gemeinsame Flottenoperationen für den Fall eines Krieges gegen das Deutsche Reich aufgenommen hatten. Der Schock im Auswärtigen Amt war groß und nachhaltig. Im Gegensatz zu den Erwartungen der deutschen Regierung schien sich nun der Ring der Alliierten um die Mittelmächte endgültig zu schließen. Mit einem kalmierenden Einwirken der britischen Diplomatie auf die zarische Regierung, wie sie Bethmann Hollweg bislang für den Fall einer neuen Balkan-Krise fest in sein Kalkül einbezogen hatte, konnte nun nicht mehr mit Sicherheit gerechnet werden, und schon gar nicht mit einer neutralen Haltung Englands, sofern es zu einem Krieg der Mittelmächte mit Rußland und Frankreich kommen sollte. Zwar standen die britisch-russischen Flottenverhandlungen noch ganz am Anfang, aber die Einzelheiten, die nach Berlin durchgesickert waren, ließen nichts Gutes erwarten; darin wurde von russischer Seite im Kriegsfall nicht nur eine Koordinierung der beiderseitigen Flottenoperationen in der Ostsee, sondern sogar eine Landungsoperation in Pommern vorgeschlagen, die mit Hilfe der britischen Flotte durchgeführt werden sollte, wenn auch nur als eine Art von »coup de grace« in der Schlußphase eines Krieges.[17] Einigermaßen fatalistisch erklärte der Kanzler in eben diesen Tagen gegenüber dem nationalliberalen Reichtstagsabgeordneten Eugen Schiffer: »Wenn es Krieg mit Frankreich gibt, marschiert der letzte Engländer gegen uns.«[18]

Die Aufnahme von geheimen Verhandlungen über ein englisch-russisches Flottenabkommen hatte aus der Sicht Sir Edward Greys das Ziel, Frankreich und Rußland ein größeres Maß an Sicherheit zu geben, daß sie für den Fall eines von den Mittelmächten einseitig vom Zaun gebrochenen Krieges auf die Unterstützung Großbritanniens würden zählen können, ohne jedoch die britische Regierung in ihrer Entschlußfreiheit einzuengen. Dies blieb weit hinter den Wünschen der französischen Diplomatie zurück, die verlangte, daß sich Großbritannien eindeutig auf die Seite der Entente stellen möge, weil nur auf solche Weise die Mittelmächte von aggressiven Akten abgehalten werden könnten. Es stellte einen Bestandteil der indirekten Bindungen Großbritanniens an Frankreich und Rußland dar, auf die sich Grey allenfalls einzulassen für vertretbar hielt. Darüber hinaus stellte die zarische Regierung als Gegenleistung ein weitgehendes Entgegenkommen im Nahen Osten, insbesondere in Persien, in Aussicht; das war für die liberale Regierung Grey, die an der Bereinigung von Konfliktherden an der imperialen Peripherie lebhaft interessiert war, von einigem Wert. Auch wenn, formal gesehen, ein solches Abkommen für Großbritannien im Kriegsfall nicht bindend war und insofern mit Greys Politik der »freien Hand« nicht im Widerspruch stand, waren doch die indirekten Auswirkungen auf das Mächtesystem erheblich.

Bethmann Hollweg und Jagow waren aufs äußerste konsterniert. Sie brachten die geheimen Nachrichten über das englisch-russische Flottenabkommen nur einem engen Kreise von Beamten des Auswärtigen Amts zur Kenntnis, um die eigene Quelle nicht zu verraten, suchten aber die britische Regierung auf indirektem Weg dazu zu veranlassen, diese Verhandlungen wieder abzubrechen und auf die bisherige Linie einer einvernehmlichen Zusammenarbeit mit den Mittelmächten zurückzukehren. Das Auswärtige Amt spielte Theodor Wolff vom »Berliner Tageblatt« und Otto Hoetzsch von der »Kreuzzeitung« entsprechende Informationen zu. Aufgrund dieser Presseberichte, die zu Anfragen im britischen Unterhaus führten, sah sich Sir Edward Grey am 11. Juni 1914 zu einem förmlichen Dementi gezwungen, was die Glaubwürdigkeit der britischen Diplomatie in Berlin, wo man über handfeste Beweise verfügte, nicht gerade erhöhte. Auch gegenüber dem deutschen Botschafter in London, von Lichnowsky, bestritt Grey rundweg, daß derartige Gespräche geführt würden, zur größten Irritation der Wilhelmstraße. Wenig später entsandte Jagow den hamburgischen Reeder Albert Ballin, der über gute Kontakte in englischen politischen Kreisen verfügte, nach London, um in informeller Form nachdrücklich vor den Folgen einer Fortsetzung der britisch-russischen Flottengespräche zu warnen. Sir Edward Grey blieb nichts anderes übrig, als das Projekt auf Eis zu legen, obgleich die Verstimmung in Paris und St. Petersburg darob nicht gering war.

Trotz dieses diplomatischen Teilerfolgs, der sich freilich noch nicht einmal innerhalb der Führungselite des Reiches, geschweige denn öffentlich verwerten ließ, waren die Folgen für die innenpolitische Machtstellung Bethmann Hollwegs schwerwiegend. Sein großes Ziel, die politischen und strategischen Probleme des Deutschen Reiches durch eine behutsame Annäherung an Großbritannien zu lösen, war ernstlich gefährdet. Damit wurde zugleich die Glaubwürdigkeit seiner äußeren Politik erschüttert. Obschon es nicht sofort fühlbar wurde, führte sie zu einer wesentlichen Stärkung der Position der »hardliners« innerhalb der Führungselite des Deutschen Reiches. Das war um so bedeutsamer, als gerade in diesen Wochen erneut schwere Gewitterwolken auf dem Balkan aufzogen. In eben diesen Tagen erreichten das Auswärtige Amt höchst beunruhigende Nachrichten über eine erneute Zuspitzung der Gegensätze zwischen Griechenland und der Türkei in der Inselfrage, durch die die Prämissen der bisherigen deutschen Balkan-Politik in Frage gestellt wurden. Wilhelm II., der stets zu Überreaktionen neigte, wurde von der Besorgnis erfaßt, daß es dieserhalb schon in allernächster Zeit zu einer Intervention der Großmächte im Orient kommen könnte, die in einen allgemeinen Krieg einmünden würde: »Es kommt bald das III. Kapitel des Balkan-Krieges, an dem wir alle beteiligt sein werden, daher die emsigen und kolossalen Russ[isch-]Französ[ischen] Kriegsvorbereitungen!« Demgemäß verlangte der Kaiser dringlich, daß der Kanzler nunmehr unverzüglich »Klarheit im Verhältniß zu England schaffen« möge.[19] Dies war leichter gesagt als getan. Immerhin war noch nicht alles verloren. Bethmann Hollweg richtete am 16. Juni 1914 einen bemerkenswert offenherzigen Appell an die britische Regierung, der offen auf die schwierige innenpolitische Lage seiner Regierung anspielte, die angesichts der jüngsten Ereignisse entstanden war: »Waren es bisher nur die extremsten Kreise unter den Alldeutschen und Militaristen, welche Rußland die planvolle Vorbereitung eines baldigen Angriffskrieges auf uns zuschoben, so beginnen sich jetzt auch ruhigere Politiker dieser Ansicht zuzuneigen.« Man könne zwar davon ausgehen, daß Rußland »noch am ehesten von allen europäischen Großmächten geneigt« sein würde, »das Risiko eines kriegerischen Abenteuers zu laufen«, doch glaube er nicht, daß dieses einen baldigen Krieg gegen das Deutsche Reich plane. »Wohl aber wünscht es [...] bei einem Wiederausbruch der Balkan-Krisis, gedeckt durch seine umfangreichen militärischen Rüstungen, kräftiger als bei den letzten Balkan-Wirren auftreten zu können. Ob es alsdann zu einer europäischen Konflagration kommt, wird ausschließlich von der Haltung Deutschlands und Englands abhängen. Treten wir beide alsdann geschlossen als Garanten des europäischen Friedens auf, [...] so wird sich der Krieg vermeiden lassen. Andernfalls kann ein beliebiger, auch ganz untergeordneter Interessengegensatz zwischen Rußland und Österreich-Ungarn die Kriegsfackel entzünden.«[20] Es fehlte auch nicht ein Hinweis darauf, daß angesichts der jüngst aufgetretenen Unsicherheiten über die Haltung Englands im Fall einer europäischen Krise die zum Krieg drängenden Kreise im Deutschen Reich die Überhand gewinnen könnten. Es war dies ein eindringliches Plädoyer an die Adresse Sir Edward Greys, dieser möge in Anbetracht dieser Lage nicht von dem bisherigen außenpolitischen Kurs einer Sicherung des europäischen Friedens in Zusammenarbeit mit dem Deutschen Reich abgehen, weil ansonsten schwerwiegende Entwicklungen unabweisbar seien.

Jedoch blieb trotz dieser verdeckten Warnung, daß ansonsten die Kriegspartei im Deutschen Reich die Oberhand gewinnen könnte, eine wirklich befriedigende Reaktion von seiten der britischen Diplomatie aus. Es blieb demgemäß unsicher, ob man im Falle eines erneuten Wiederaufflammens des Balkan-Konflikts weiterhin auf Großbritannien rechnen könne oder ob dieses tatsächlich im Begriff sei, definitiv in das Lager der Entente überzuwechseln. Für diesen Fall würde die deutsche Regierung nicht mehr auf die Unterstützung Großbritanniens bei dem Bemühen zählen können, Rußland im Fall erneuter internationaler Verwicklungen vor einem Krieg gegen die Mittelmächte zurückzuhalten, wie ihn der Generalstab für wahrscheinlich hielt.

Angesichts dieser Lage gewann Moltkes Plädoyer für einen Präventivkrieg eine neue Qualität. Wilhelm II. war zwar auch jetzt noch grundsätzlich friedensgeneigt, aber die Argumente der Militärs hatten ihn unsicher gemacht. Am 21. Juni 1914 legte der Kaiser dem ihm befreundeten Reeder Albert Ballin die Frage vor, ob es, im Hinblick auf die russischen Kriegsvorbereitungen, die auf einen russischen Angriffskrieg für das Jahr 1916 hindeuteten, nicht »besser wäre loszuschlagen anstatt zu warten«[21]. Nur eine Woche später, am 28. Juni 1914, fielen der österreichische Thronfolger Erzherzog Franz Ferdinand und seine Frau in Sarajewo den Kugeln bosnischer Nationalisten zum Opfer. Die Reichsleitung stand nun vor einer neuen Situation. In Berlin ging man mit ziemlicher Gewißheit davon aus, daß Österreich-Ungarn das Attentat zum Anlaß nehmen würde, um seine schon lange gehegten, aber bisher vom Deutschen Reich immer wieder abgeblockten Pläne für eine radikale Bekämpfung der großserbischen nationalen Bewegung zur Ausführung zu bringen. Es stellte sich die Frage, ob diese Gelegenheit dazu benutzt werden sollte, um es gemäß den Wünschen des Militärs zu einem europäischen Krieg kommen zu lassen.

Wilhelm II. war über das Attentat von Sarajewo tief entrüstet und der Ansicht, daß Österreich-Ungarn dieses Mal durchgreifende Gegenmaßregeln ergreifen müsse, um sein Ansehen als europäische Großmacht zu wahren. Auch wenn man am Kaiserhof, in monarchischen Traditionen befangen, das Ausmaß des Schocks einigermaßen überschätzte, den der Fürstenmord von Sarajewo an den europäischen Höfen ausgelöst hatte, so konnte doch davon ausgegangen werden, daß die anderen Mächte einer Strafaktion Österreich-Ungarns gegen Serbien keinen entschiedenen Widerstand entgegensetzen würden, obschon es an Beweisen für eine Verwicklung der serbischen Regierung in die nationalrevolutionären Umtriebe einstweilen fehlte. Die amtliche Politik war hingegen vorsichtiger; Bethmann Hollweg war sich durchaus im klaren darüber, daß eine Aktion gegen Serbien zum Weltkrieg führen könne.[22]

Ganz in Übereinstimmung mit der bisherigen Linie der deutschen Außenpolitik warnte der deutsche Botschafter in Wien, Heinrich von Tschirschky, noch am 30. Juni 1914 in Wien »sehr nachdrücklich und ernst vor übereilten Schritten«[23]. Tschirschkys entsprechenden Bericht an Bethmann Hollweg versah der Kaiser am 3. oder 4. Juli 1914 mit äußerst abfälligen Randbemerkungen: »Tschirschky soll den Unsinn gefälligst lassen! Mit den Serben muß aufgeräumt werden, und zwar bald.«[24] Am 2. Juli änderte der Botschafter – ob auf unmittelbare Veranlassung Wilhelms II. oder auf Weisung des Auswärtigen Amtes, muß dahingestellt bleiben – seine Sprache und erklärte in einer Audienz bei Kaiser Franz Joseph, daß die österreichisch-ungarische Monarchie Deutschland bei der »Verteidigung eines ihrer Lebensinteressen« geschlossen hinter sich finden werde.[25] Gegenüber dem österreichisch-ungarischen Außenminister Graf Berchtold machte Tschirschky aus seiner Ansicht keinen Hehl, daß »nur ein tatkräftiges Vorgehen gegen Serbien zum Ziele führen könne.«[26] Diese Erklärungen lassen darauf schließen, daß die Entscheidung, Österreich-Ungarn für ein militärisches Vorgehen gegen Serbien freie Hand zu geben, im Grundsatz bereits gefallen war, noch bevor Alexander Graf Hoyos am 5. Juli in einer Sonderbotschaft nach Berlin kam, in der um die Rückendeckung des Deutschen Reiches für militärische Maßnahmen ersucht wurde, welche die Ausschaltung »Serbien[s] [...] als politischer Machtfaktor am Balkan« zum Ziel haben sollten.[27]

Die Gründe für die deutsche Haltung waren vielfältiger Art. Zunächst hielt es die deutsche Diplomatie für bedenklich, der verbündeten Donau-Monarchie auch in dieser Situation, die für ein Vorgehen gegen Serbien so günstig wie nie zuvor zu sein schien, wiederum in den Arm zu fallen. Zwar war sich die deutsche Diplomatie keineswegs sicher, ob es sich überhaupt noch lohne, sich weiterhin an dieses morsche und offenbar nicht mehr zu entschiedenen Aktionen fähige Staatsgebilde zu ketten. Aber bei Lage der Dinge war Österreich-Ungarn der einzige noch verläßliche Bundesgenosse des Deutschen Reiches, und demgemäß verbot es sich, es einfach fallenzulassen. Jedoch könne die Donau-Monarchie, so meinte man, nur durch ein entschiedenes Auftreten ihr tief gesunkenes Ansehen wiederherstellen. Überdies versprach man sich in Berlin von einem energischen Vorgehen gegen die großserbische nationalrevolutionäre Bewegung indirekt eine Stärkung oder doch eine Stabilisierung des deutschen Elements in Österreich-Ungarn.

Aber auch innenpolitische Gesichtspunkte sprachen für eine uneingeschränkte Unterstützung Österreich-Ungarns. Es war unschwer vorauszusehen, daß die Parteien des Reichstages, obwohl dieser zum damaligen Zeitpunkt nicht tagte, mit großer Mehrheit, wenn auch aus unterschiedlichen Motiven heraus, für eine energische Unterstützung der verbündeten Donau-Monarchie eintreten würden, ebenso wie schon im Jahre 1908. Die Nationalliberalen vertraten ohnehin eine Außenpolitik der Stärke, die das Risiko eines Krieges gegebenenfalls nicht scheuen dürfe, und die Konservativen hatten sich bereits seit längerem auf den Kanzler eingeschossen, dem man eine schwächliche und unzulängliche Vertretung der nationalen Interessen vorwarf. Die Zentrumspartei aber war aus konfessionellen Gründen seit langem der Ansicht, daß die Reichspolitik unter allen Umständen für die verbündete Donau-Monarchie eintreten müsse. Demgemäß verbot es sich schon im Hinblick auf das angeschlagene politische Ansehen der Regierung Bethmann Hollweg, welches dringend einer Aufbesserung bedurfte, nach Sarajewo einfach stillzusitzen und den Dingen ihren Lauf zu lassen. Ein solcher Kurs wäre aller Wahrscheinlichkeit nach bei den Parteien und in der deutschen öffentlichen Meinung auf massive Proteste gestoßen. Die Regierung Bethmann Hollweg stand außenpolitisch schon seit geraumer Zeit unter Erfolgszwang, und allein schon dieser Umstand legte es nahe, die Krise im Interesse der Stärkung der kontinentalen Machtstellung des Deutschen Reiches auszunutzen.

Demgemäß hatten die Entscheidungen der Reichsleitung Anfang Juli 1914 mit Nibelungentreue so gut wie nichts zu tun. Entscheidend waren vielmehr Überlegungen grundsätzlicher Natur und zugleich das Drängen der Militärs, »es zum Kriege jetzt, wo Russland noch nicht fertig [ist], kommen« zu lassen.[28] Bethmann Hollweg entschied sich nach anfänglichem Zögern[29] für einen mittleren Kurs, der gleichsam einem Kompromiß zwischen den verschiedenen Positionen innerhalb der engeren Führungsschicht des Deutschen Reiches gleichkam. Die zu erwartende österreichisch-ungarische Aktion gegen Serbien sollte zu einem Prüfstein des Kriegswillens Rußlands gemacht werden, mit anderen Worten, man wollte es wegen Serbien zwar auf den großen Krieg ankommen lassen, ohne es jedoch von vornherein auf einen solchen anzulegen.[30] Auf diese Weise hoffte Bethmann Hollweg den Forderungen der Militärs Genüge zu tun, die spätestens für 1916 oder 1917 mit einem Krieg mit Rußland rechneten,[31] ohne doch seinerseits die Auslösung des Krieges direkt zu betreiben. Denn wenn Rußland, wie Bethmann Hollweg hoffte, in dieser für die Ententemächte vergleichsweise ungünstigen Konstellation dazu gebracht werden könnte, angesichts des geschlossenen Auftretens der Mittelmächte vor einem Krieg zurückzuschrecken, so würde dies die Besorgnisse der Militärs hinsichtlich der Kriegsabsichten des Zarenreiches als grundlos erweisen. Sollte sich aber das zarische Rußland auch unter den obwaltenden Bedingungen zum Krieg entschließen – und der Kanzler rechnete für diesen Fall mit einem russischen Kriegsentschluß »ab irato«, noch vor dem Beginn ernsthafter diplomatischer Verhandlungen –, dann war es in der Tat richtiger, angesichts der »wachsende[n] Ansprüche und ungeheure[n] Sprengkraft« Rußlands, die »in wenigen Jahren nicht mehr abzuwehren« sei, den Krieg zum jetzigen Zeitpunkt zu führen.[32] Bethmann Hollweg persönlich betrachtete diese Entscheidung als einen »Sprung ins Dunkle«, der für ihn »schwerste Pflicht« sei.[33] In der Tat war die Gefahr, daß eine militärische Aktion Österreich-Ungarns gegen Serbien einen allgemeinen Krieg auslösen würde, von vornherein außerordentlich groß.

Bethmann Hollweg und seine Berater, zu denen neben Kurt Riezler vor allem Unterstaatssekretär Arthur Zimmermann gezählt werden muß, rechneten sich jedoch gleichwohl eine gute Chance dafür aus, daß Rußland, wie schon 1908, erneut zu einem diplomatischen Rückzug gebracht werden könne, da keine der anderen Mächte sonderliche Neigung verspüre, diesem wegen der serbischen Frage beizuspringen. Eine wesentliche Voraussetzung dafür war allerdings, daß Österreich-Ungarn sofort handelte, noch bevor die Entrüstung über die Ermordung des Erzherzogs Franz Ferdinand und seiner Gattin an den europäischen Höfen abgeklungen sei. »Ein schnelles fait accompli, und dann freundlich gegen die Entente, dann kann der Choc ausgehalten werden.«[34] Sollte Rußland ein militärisches Vorgehen der Donau-Monarchie gegen Serbien, wenn auch mit einigem Gepolter, schließlich doch hinnehmen, dann würde nicht nur eine Stabilisierung der Machtstellung des verbündeten Kaiserstaates erreicht sein, sondern darüber hinaus wäre auch die russische Kriegspartei gedemütigt und demoralisiert. Ja mehr noch, für diesen Fall rechneten sich der Kanzler und seine Umgebung die Chance aus, das gegnerische Bündnissystem zu sprengen und Rußland womöglich gar dazu zu bringen, anstelle der gescheiterten Entente mit Frankreich und England ein dauerhaftes Bündnis mit dem Deutschen Reich einzugehen, die Erfüllung der geheimen Träume aller in der Nachfolge Bismarcks stehenden deutschen Staatsmänner. Im übrigen stellte das deutsche Kalkül von vornherein den Friedenswillen insbesondere Frankreichs, aber auch Großbritanniens, als Aktivposten in die eigene Rechnung ein. Es kam freilich alles darauf an, Rußland nach außen hin die Entscheidung über Krieg und Frieden zuzuschieben. Dafür aber erschien ein »kleiner Krieg« Österreich-Ungarns gegen das Königsmörder tolerierende Serbien, der sich gegenüber der Weltöffentlichkeit völkerrechtlich wie moralisch gleichermaßen als gerechtfertigt darstellen ließ, in besonderem Maße geeignet.

Diese Erwägungen standen unter dem Einfluß der Theorie des »kalkulierten Risikos«, wie sie Kurt Riezler, der damals als persönlicher Referent Bethmann Hollwegs tätig war, wenig zuvor in einem Buche »Grundzüge der Weltpolitik der Gegenwart« entwickelt hatte.[35] Keine der Großmächte, so hatte Riezler argumentiert, sei heutzutage von sich aus dazu bereit, in Ansehung der unabsehbaren Konsequenzen einen großen europäischen Krieg auszulösen; eben dieser Umstand aber gewähre jener Macht, die am zähesten, geschmeidigsten und entschlossensten auftrete, einen potentiellen, wenn auch nur begrenzten, aber doch realen Spielraum, um ihre eigenen Zielsetzungen ohne Krieg durchzusetzen. Riezler gab damit jener Strategie hart an der Schwelle eines großen Krieges, wie sie auch von den Parteien der bürgerlichen Mitte und der Rechten vertreten wurde, eine theoretische Begründung. Diese im Grundsatz machiavellistischen Erwägungen dürften es dem engeren Führungskreis in der Umgebung Bethmann Hollwegs ermöglicht haben, die anfänglich bestehenden Bedenken gegen eine diplomatische Offensive, die bewußt das Risiko der Auslösung eines großen europäischen Krieges einging, beiseite zu schieben. Freilich wurde dabei verkannt, daß insbesondere die russischen Staatsmänner, die die Tendenz der deutschen Außenpolitik, politische Geschäfte an der Schwelle zum Krieg zu machen, schon 1908 und erneut 1912 zu ihrem Nachteil erfahren hatten, seit 1913 entschlossen waren, dergleichen nicht noch einmal mit sich machen zu lassen, weil dies zu einer allmählichen Unterminierung des Prestiges des zarischen Rußland im Kreis der Großmächte führen müsse.[36]

Im Grundsatz waren die Würfel in Berlin bereits gefallen, noch bevor Graf Hoyos am 5. Juli 1914 in Berlin eintraf. Der deutsche Botschafter Fürst Lichnowsky, der am gleichen Tage nach London zurückreiste, wurde noch vor den entscheidenden Audienzen des Grafen Szögyény-Marich mit Wilhelm II. und Bethmann Hollweg, von Unterstaatssekretär Zimmermann, der den in Urlaub befindlichen Staatssekretär des Äußeren von Jagow vertrat, in Umrissen über die deutsche Strategie in Kenntnis gesetzt. Zimmermann berichtete, daß man »in Wien den unerträglichen Zuständen an der serbischen Grenze nunmehr durch ein energisches Vorgehen ein Ende bereiten wolle«, und fügte ein wenig sibyllinisch hinzu, daß, »wenn der Krieg für uns nun doch unabwendbar sei, infolge der unfreundlichen Haltung Rußlands es vielleicht besser sei, ihn jetzt zu führen als später«.[37] Demgemäß war Lichnowsky in der Lage, Sir Edward Grey bereits am 6. Juli mittags, also noch bevor ihn irgendwelche Nachrichten über die Ergebnisse der Mission Hoyos' erreichen konnten, privatim mitzuteilen, daß man in Berlin das Gefühl habe, daß sicher Verwicklungen eintreten würden, und daß es deshalb besser sei, Österreich nicht zurückzuhalten und das Übel lieber jetzt als später herankommen zu lassen.[38] Dies stellte allerdings eine Überschreitung der Vollmachten des Botschafters dar, die das deutsche Kalkül von vornherein zu demaskieren geeignet war.

Es überrascht demnach nicht, daß Wilhelm II., als ihm der österreichisch-ungarische Botschafter Graf Szögyény die von Graf Hoyos überbrachte Denkschrift der österreichisch-ungarischen Regierung überreichte, diesem auf der Stelle die uneingeschränkte Unterstützung des Deutschen Reiches für eine militärische Aktion gegen Serbien zusagte, obschon dies, wie er selbst hinzufügte, zu »einer ernsten europäischen Komplikation« führen könne.[39] Bethmann Hollweg stimmte dem in seiner Unterredung mit Graf Szögyény am Nachmittag des gleichen Tages uneingeschränkt zu. Ganz im Sinne des deutschen Kalküls legte er ergänzend dar, daß die deutsche Regierung der verbündeten Monarchie nicht die Form vorschreiben wolle, in der diese für das Attentat von Sarajewo Genugtuung erlangen wolle, ließ aber zugleich durchblicken, daß er ein »sofortiges Einschreiten gegen Serbien als radikalste und beste Lösung« ansehe. Nach einer späteren Aufzeichnung von Hoyos soll der Kanzler weiterhin »hinsichtlich der Opportunität des Zeitpunktes« gesagt haben: »[...] wenn der Krieg unvermeidlich wäre, sei der jetzige Zeitpunkt günstiger als ein späterer.«[40] Die anschließende Konsultation der Spitzen der Armee und der Marine war nur noch eine Formsache. Graf Hoyos konnte einen Blankoscheck nach Wien mitnehmen, der Österreich-Ungarn freie Hand dafür gab, in einer von ihm gewünschten Weise gegen Serbien vorzugehen, auch wenn dies zu einem allgemeinen Kriege führen sollte; die Reichsleitung hatte bewußt darauf verzichtet, irgendwelche Bedingungen an die Einlösung des Blankoschecks zu knüpfen, um sich in den kommenden Wochen die Hand frei zu halten, vor allem aber, um in den zu erwartenden diplomatischen Auseinandersetzungen gegenüber dritten Mächten als völlig unbeteiligte Macht auftreten zu können.

Nun galt es, nach außen hin die Fassade zu wahren, wonach das Deutsche Reich mit dem österreichisch-serbischen Konflikt nicht das geringste zu tun habe. Demgemäß wurde alles getan, um den Eindruck zu erwecken, daß man wegen Sarajewo keinesfalls mit kriegerischen Verwicklungen rechne. Der Generalstabschef von Moltke wurde nicht, wie man meinen sollte, aus dem Urlaub zurückgeholt, sondern auch sein Stellvertreter Alfred Graf von Waldersee auf ausdrückliche Weisung des Reichskanzlers in den Urlaub geschickt; ebenso trat der Kaiser, als sei nichts geschehen, seine übliche Nordlandreise an. Bei der Seekriegsleitung entstand teilweise der seitens der politischen Leitung offenbar durchaus erwünschte Eindruck, als ob »die ganze Angelegenheit allmählich versumpfen werde«, da in Österreich »die Kraft zu einem schnellen Entschlusse fehlt«[41]. Nur unterderhand wurden Maßnahmen zur Stärkung der Kriegsbereitschaft getroffen. Im übrigen hatte Bethmann Hollweg schon am 2. Juli erste Schritte unternommen, um sicherzustellen, daß die im Kriegsfall gegen die Führer der Sozialdemokratie vorgesehenen Maßnahmen in Fortfall kamen; der Kanzler war zuversichtlich, daß die Sozialdemokratie der Reichspolitik ihre Unterstützung nicht versagen werde, sofern es, wie beabsichtigt, gelingen würde, gegenüber der öffentlichen Meinung Rußland die Schuld an einem Kriegsausbruch zuzuschieben.

Jedoch machten die Österreicher, sehr zur Irritation des offiziellen Berlin, keine Anstalten, von dem Blankoscheck, den man ihnen ausgestellt hatte, sogleich den erwünschten Gebrauch zu machen. Infolgedessen geriet die deutsche Diplomatie in die unangenehme Lage, in Wien auf eine baldige Entscheidung und zugleich auf energische Schritte gegen Serbien drängen zu müssen, obwohl dies ursprünglich peinlichst hatte vermieden werden sollen. Denn es brachen innerhalb der österreichisch-ungarischen Führungsschicht ernste Differenzen über den von Graf Berchtold angestrebten Kurs auf; der ungarische Ministerpräsident Stefan Graf von Tisza wollte anfänglich von einem Krieg gegen Serbien nichts wissen, und schon gar nicht von einer auch nur teilweisen Einverleibung serbischer Territorien in den Gesamtstaat, weil das slawische Element dann dort das Übergewicht erhalten würde. Nur mit einiger Mühe ließ Tisza sich schließlich, mit dem Argument, daß andernfalls auf eine Unterstützung des Deutschen Reiches überhaupt nicht mehr gerechnet werden könne, doch noch umstimmen. Erst am 14. Juli fiel die Entscheidung in Wien zugunsten eines Krieges gegen Serbien. Mit einiger Hast wurde eine scharfe Begehrnote an die serbische Regierung zusammengestellt, die den diplomatischen Vorwand für Kriegshandlungen gegen Serbien abgeben sollte. Sie war von vornherein in einer Weise abgefaßt, die sie als unannehmbar erscheinen ließ. Darin wurden unter anderem umfängliche Garantien gegen die Aktivitäten nationalrevolutionärer Elemente verlangt und im übrigen die Mitwirkung österreichischer Beamter bei der Verfolgung der an dem Attentat beteiligten Personen gefordert. Sofern nicht binnen 48 Stunden eine vollständige Annahme erfolgen würde, war der Abbruch der österreichisch-serbischen Beziehungen – und dies hieß nach damaligen völkerrechtlichen Usancen zugleich Beginn der Kriegshandlungen – explizit vorgesehen. Jedoch wurde die ursprünglich für den 15. Juli vorgesehene Übergabe der Note an Serbien im Hinblick auf den Staatsbesuch des französischen Präsidenten Raymond Poincaré in St. Petersburg bis nach dessen Abreise, also auf den 23. Juli, verschoben, um der russischen Regierung nicht die Gelegenheit zu geben, sich in der serbischen Frage sogleich der Unterstützung ihres Bündnispartners zu versichern.

Es kam aber noch schlimmer. Denn es stellte sich heraus, daß die k. u. k. Armee ganze 17 Tage für die Mobilisierung ihrer Streitkräfte gegen Serbien benötigte und mit einer Eröffnung der Operationen gegen Serbien nicht vor dem 4. August zu rechnen war. Unter diesen Umständen wurde es immer schwieriger, den offiziellen Kurs der deutschen Regierung weiterhin aufrechtzuerhalten, wonach die Nachwehen von Sarajewo unbedeutend seien und keinerlei Grund dafür bestehe, daß diese zu ernstlichen internationalen Verwicklungen Anlaß geben könnten. Ebenso wurde es immer problematischer, wenn die deutsche Diplomatie gegenüber dritten Mächten, insbesondere Großbritannien, vorgab, gänzlich unbeteiligt und über die Absichten Österreich-Ungarns uninformiert zu sein. Gleiches galt hinsichtlich der Behandlung der offiziösen Presse, die anfänglich vorsichtig dahingehend instruiert worden war, die durch das Attentat von Sarajewo ausgelöste Krise möglichst herunterzuspielen und kriegerische Töne gegen andere Mächte, insbesondere Rußland, tunlichst zu vermeiden. Ebenso ließ es sich nicht verhindern, daß sich die Gerüchte über eine unmittelbar bevorstehende diplomatische Aktion Österreich-Ungarns, die gegebenenfalls zu einem allgemeinen Kriege führen könne, in der öffentlichen Meinung mehr und mehr verdichteten. Allerdings lüftete Jagow in der Erwägung, daß ein weiteres Zuwarten nur Mißtrauen wecken würde, am 18. Juli ein Stück weit den Schleier, der bislang über die Pläne der Mittelmächte gebreitet worden war, in einer von ihm selbst verfaßten Notiz in der »Norddeutschen Allgemeinen Zeitung«; in dieser wurde die Lokalisierung eines zwischen Österreich-Ungarn und Serbien eventuell zu erwartenden militärischen Konfliktes als »im solidarischen Interesse Europas« geboten bezeichnet.[42]

Eigentlich wäre es spätestens jetzt an der Zeit gewesen, die ursprünglich beschlossene strategische Konzeption in der serbischen Frage zu revidieren. Allein, die Reichsleitung sah sich in ihren eigenen Netzen gefangen und suchte ihr Heil in einem starren Festhalten an der bisherigen Linie. Am 21. Juni suchte das Auswärtige Amt in einer Note an die Regierungen in St. Petersburg, Paris und London das Terrain für das bevorstehende österreichisch-ungarische Ultimatum an Serbien vorzubereiten; darin wurde mitgeteilt, daß das Deutsche Reich die österreichischen Maßnahmen gegen »die serbischen Treibereien« vorbehaltlos unterstützen werde, und die Devise einer »Lokalisierung des Konflikts« ausgegeben. Möglicherweise war das Motiv für diesen ungewöhnlichen Schritt, daß auf diese Weise die anderen Mächte daran gehindert werden sollten, sich vorzeitig auf eine Zurückweisung des österreichisch-ungarischen Schritts festzulegen; dabei war die Annahme leitend, daß ein festes Auftreten der Mittelmächte die Ententemächte noch am ehesten zu einem Zurückweichen bestimmen würde. Allerdings beeinträchtigte die deutsche Diplomatie damit von vornherein ihre eigene Glaubwürdigkeit, erschien es doch als schlechterdings unglaubhaft, daß sie ohne Kenntnis des Ultimatums in dieser Weise im vorhinein für die Donau-Monarchie Partei genommen habe. Die anderen Mächte witterten demgemäß hinter der offiziell zur Schau getragenen Unschuldsmiene der deutschen Diplomatie weiterreichende Motive sinistrer Natur, wie man einräumen wird, durchaus zu Recht.

Immerhin reagierten die anderen Mächte auf die Übergabe des Ultimatums zunächst eher verhalten. Die russische Regierung riet der bestürzten serbischen Regierung Pasič, angesichts der bedrohlichen Lage die österreichisch-ungarischen Forderungen soweit wie möglich anzunehmen; die serbische Antwortnote vom 25. Juli, ein Meisterstück ihrer Art, nahm denn auch die österreichischen Forderungen fast vollständig an und machte nur in einem einzigen Punkt, der Mitwirkung österreichischer Beamter an der gerichtlichen Verfolgung der Attentäter von Sarajewo, Vorbehalte, was freilich die österreichisch-ungarische Regierung nicht davon abhielt, unverzüglich die diplomatischen Beziehungen abzubrechen. Eine Kriegserklärung an Serbien wurde für den 28. Juli in Aussicht genommen, obschon die militärischen Operationen erst am 12. August würden beginnen können.

Damit waren mit einem Male die Karten in diesem gefährlichen Spiel vertauscht; nicht das angeblich Königsmörder schützende Serbien, sondern das rücksichtslos vorgehende Österreich-Ungarn stand nun plötzlich am Pranger. Demgemäß verlangten die anderen Großmächte sogleich, daß sich das Deutsche Reich in Wien dafür verwenden solle, daß Österreich-Ungarn sich mit der serbischen Antwortnote zufriedengeben möge. Aber dies entsprach ja keinesfalls dem deutschen Kalkül, welches den lokalen österreichisch-serbischen Krieg als auslösenden Stein des Anstoßes brauchte, wollte man die Krise politisch fruktifizieren. Es wäre im übrigen sehr merkwürdig gewesen, wenn die deutsche Regierung nun plötzlich Österreich-Ungarn vor einer Kriegserklärung gegen Serbien abzuhalten gesucht hätte, auf die sie zuvor selbst gedrängt hatte. Zwar war die unter russischem Druck entstandene nachgiebige Haltung Serbiens eigentlich bereits ein Beweis dafür, daß Rußland jedenfalls zu diesem Zeitpunkt durchaus nicht kriegswillig war. Aber der Reichsleitung war dies nicht genug, sie wollte darüber hinaus eine Sprengung der Entente erreichen, und dies war nicht ohne einen effektiven österreichisch-ungarisch-serbischen Waffengang zu erreichen. Daher lehnte es die Deutsche Regierung rundweg ab, in den österreichisch-serbischen Konflikt als solchen einzugreifen oder Wien gar dazu zu bringen, nunmehr von einem Waffengang abzusehen. Vielmehr suchte Bethmann Hollweg nun Rußland in aller Form die Entscheidung darüber zuzuschieben, ob »aus dem österreichisch-serbischen Handel, den alle übrigen Grossmächte zu lokalisieren wünschen, ein europäischer Krieg entsteht«[43]. Dabei kam dem Kanzler unvermutet zugute, daß Österreich-Ungarn aus innenpolitischen Gründen die Absicht einer Annektion serbischen Territoriums von sich gewiesen hatte. Demgemäß plante er zeitweise mit bemerkenswerter Selbstgerechtigkeit und einem erheblichen Schuß Scheinheiligkeit, in Paris, London und St. Petersburg erklären zu lassen: »Nur gezwungen werden wir zum Schwert greifen, dann aber in dem ruhigen Bewusstsein, dass wir an dem namenlosen Unheil keine Schuld tragen, das ein Krieg über Europas Völker bringen müsste.«[44]

Anfänglich schienen die Dinge denn auch ganz nach Wunsch zu verlaufen. Es erwies sich jedoch in der Folge als ein schweres Stück Arbeit, die von den anderen Mächten kommenden Vermittlungsvorschläge abzuwehren, ohne die eigene Position restlos zu kompromittieren. Bereits am 24. Juli war die deutsche Regierung von britischer Seite mit dem dringenden Ersuchen konfrontiert worden, daß die vier nicht unmittelbar beteiligten Mächte Deutschland, Italien, Frankreich und England gemeinsam in der serbischen Frage zwischen Österreich-Ungarn und Rußland vermitteln sollten; dieser Vorschlag wurde mit einiger Mühe mit dem formalen Argument zurückgewiesen, daß man eine Großmacht wie Österreich-Ungarn in einer für diese vitalen Frage nicht vor den Areopag der Großmächte ziehen könne. Jetzt freilich vermochte sich Bethmann Hollweg dem Vorschlag, an einer Vermittlung zwischen den zunächst beteiligten Mächten mitzuwirken, wie ihm von London nun erneut mit großer Dringlichkeit nahegelegt wurde, nicht länger gänzlich zu entziehen. Zwar hatte Bethmann Hollweg in gewissem Sinne die Brücken bereits hinter sich abgebrochen, da er Graf Szögyény in Voraussicht des Kommenden am 27. Juni vertraulich mitgeteilt hatte, daß die österreichische Regierung vermutlich in nächster Zeit englische Vermittlungsvorschläge mit der Zustimmung Berlins erhalten würde, diese aber nicht beachten möge.[45] Demgemäß geriet die deutsche Regierung nun in eine äußerst schwierige Situation, hatte sie doch zuvor Wien beständig zu einem energischen Vorgehen gegen Serbien geraten und die Vernachlässigung eventueller englischer Vermittlungsvorschläge nahegelegt. Dies fand Ausdruck in einem Erlaß an Tschirschky, der späterhin, ganz zu Unrecht, als ein die deutsche Politik entlastendes Dokument immer wieder zitiert werden sollte. »Durch eine Ablehnung jeder Vermittlungsaktion«, so hieß es darin, »würden wir vor der ganzen Welt für die Konflagration verantwortlich gemacht und als die eigentlichen Treiber zum Kriege hingestellt werden. Das würde auch unsere eigene Stellung im Lande unmöglich machen, wo wir als die zum Kriege Gezwungenen dastehen müssen.«[46] Bethmann Hollweg fand einen Ausweg aus der Klemme, indem er, in einer ziemlich spitzfindigen Auslegung der entsprechenden Vorschläge Sir Edward Greys, zwar eine Intervention der Großmächte in den österreichisch-serbischen Konflikt als solchen weiterhin ablehnte, hingegen

Wien nunmehr ersuchte, in direkte Verhandlungen mit der russischen Regierung über die Modalitäten und die Reichweite der beabsichtigten »Strafaktion« gegen Serbien einzutreten. Es war jedoch von vornherein zweifelhaft, ob dies genügen würde, um Rußland vor einem Eingreifen zugunsten seines Schützlings Serbiens zurückzuhalten, mußte es doch anderenfalls eine schwerwiegende Beeinträchtigung seines Einflusses auf dem ganzen Balkan befürchten. Davon ganz abgesehen, dachte die österreichische Diplomatie gar nicht daran, sich mit Rußland auf ernsthafte Verhandlungen über das beabsichtigte militärische Vorgehen gegen Serbien einzulassen, geschweige denn sich dieses wieder abhandeln zu lassen. Am nächsten Morgen erklärte die Donau-Monarchie Serbien den Krieg; damit war der erste irreversible Schritt erfolgt. Die Dinge standen von nun an auf des Messers Schneide.

Die einzige Chance, den Ausbruch eines europäischen Krieges jetzt noch abzuwenden, bestand darin, im Zusammenwirken mit den anderen Großmächten Österreich-Ungarn dazu zu veranlassen, im vorhinein in eine Beschränkung der Reichweite und der politischen Zielsetzungen der bevorstehenden militärischen Aktion gegen Serbien einzuwilligen und dies der zarischen Regierung formell zur Kenntnis zu bringen, um diese doch noch zum Stillhalten zu bewegen. Auf dieser Linie lag auch Wilhelms II. Vorschlag eines »Halt in Belgrad«. Der Kaiser, der allerdings vermutlich gar nicht in die Einzelheiten des deutschen Kalküls eingeweiht worden war, meinte, als er nach seiner Rückkehr von der Nordlandreise am 28. Juli morgens die serbische Antwortnote zur Kenntnis erhielt: »Eine brilliante Leistung für eine Frist von bloss 48 Stunden. Das ist mehr als man erwarten konnte! Ein grosser moralischer Erfolg für Wien; aber damit fällt jeder Kriegsgrund fort [...].«[47] Durch die vorübergehende Besetzung eines Teils von Serbien, insbesondere Belgrads, sollte Österreich-Ungarn eine »sichtbare Satisfaktion d'honneur« und zugleich eine Garantie für die uneingeschränkte Durchführung der Forderung nach strafrechtlicher Verfolgung der Attentäter erhalten. Freilich hätte sich ein derartiges »Halt in Belgrad«, das einer bloß demonstrativen Aktion gleichgekommen wäre, nach allem, was vorangegangen war, in Wien schwerlich durchsetzen lassen. Statt dessen suchte Bethmann Hollweg die österreichisch-ungarische Regierung nunmehr mit großem Nachdruck dazu zu bewegen, mit Rußland in Verhandlungen über eine Begrenzung des bevorstehenden serbischen Feldzuges einzutreten. Doch mußte er feststellen, daß man am Ballhausplatz keinerlei Eile an den Tag legte, dergleichen zu tun. Ganz im Gegenteil, man wollte sich nun die ersehnte Strafaktion gegen den verhaßten Vorort der südslawischen nationalrevolutionären Bewegung nicht mehr nehmen lassen.

Es darf wohl als gesichert gelten, daß Bethmann Hollwegs diplomatische Aktionen anfänglich ganz überwiegend darauf abzielten, den Ausbruch eines großen europäischen Krieges nach Möglichkeit zu verhindern und sich mit einem diplomatischen Triumph zu begnügen, auch wenn er peinlich darum bemüht war, nicht in die Rolle eines Flaumachers zu geraten. Seit dem 28. Juli trat mehr und mehr das Bemühen in den Vordergrund, den großen Krieg, wenn er denn schon nicht zu vermeiden sei, unter günstigen innen- und außenpolitischen Bedingungen zu führen. Dazu aber gehörte, daß die Mittelmächte bis zum letzten Augenblick nach außen hin Konzilianz an den Tag legten. Auf keinen Fall dürfe die deutsche Regierung »das Odium, einen Weltkrieg verschuldet zu haben«, auf ihre Schulter laden. Vielmehr sei es »eine gebieterische Notwendigkeit, dass die Verantwortung für das eventuelle Übergreifen des Konflikts [...] unter allen Umständen Russland trifft.«[48]

Auch die Öffentlichkeitsarbeit der Reichsleitung hatte von vornherein diese doppelte Zielsetzung verfolgt. Zunächst hatte das Auswärtige Amt durch die gezielte Beeinflussung der offiziösen Presse sich darum bemüht, alle vorzeitigen nationalistischen Ausbrüche zu vermeiden, um nicht eine Lokalisierung des österreichisch-serbischen Konflikts zu erschweren; allerdings unter entschiedener Parteinahme für die angeblich gerechte Sache der Österreicher. Dies hatte den angenehmen Nebeneffekt, daß die Regierung in den Augen der deutschen Öffentlichkeit als friedenswillig erschien. Auch nach dem österreichischen Ultimatum an Serbien wurde dieser Kurs beibehalten. Gleichzeitig bemühte sich die Reichsleitung mit einigem Erfolg, im gleichen Sinne auf die Sozialdemokraten und auf deren Presse einzuwirken mit dem Argument, daß sonst die Bemühungen um eine friedliche Lösung der Krise gefährdet würden. Dabei stand stets der Gedanke im Hintergrund, daß das zarische Rußland in den Augen der Öffentlichkeit als Angreifer dastehen müsse, um im Kriegsfall die Geschlossenheit der Nation sicherzustellen.

Man kann darüber streiten, ob die deutsche Politik des hinhaltenden Finassierens hinsichtlich der britischen und russischen Vermittlungsvorschläge zum damaligen Zeitpunkt überhaupt noch eine realistische Chance gehabt hat, die Ententemächte zum Zurückweichen zu veranlassen und auf diese Weise am Ende doch noch mit einem diplomatischen Triumph aus der Krise herauszukommen. Das deutsche Kalkül beruhte, wie sich jetzt immer deutlicher herausstellte, auf einer ganzen Reihe von schwerwiegenden Fehleinschätzungen. Zwar war die Annahme richtig, daß Großbritannien einen österreichisch-serbischen Krieg als solchen mit relativem Gleichmut hingenommen haben würde, wenn dieser ohne einen großen Krieg hätte abgehen können. Letzteres aber hielt man in London von Anfang an für unwahrscheinlich. Die britische Regierung war durchaus nicht dazu bereit, umstandslos mit Frankreich und Rußland gemeinsame Sache zu machen; Sasonovs Argument, daß nur dann, wenn sich Großbritannien »entschlossen an die Seite Frankreichs und Russlands« stellen würde, ein Krieg vermieden werden könne,[49] fand bei Sir Edward Grey keinerlei Gegenliebe; in der Tat hätte eine vorzeitige Option für Frankreich und Rußland nur den auf die Auslösung eines großen Krieges drängenden Militärs in die Hände gespielt. Umgekehrt war die britische Diplomatie aber auch nicht willens, die zarische Regierung wirklich entschieden vor kriegerischen Maßnahmen zurückzuhalten, aus der Besorgnis heraus, daß dies langfristig ungünstige Auswirkungen auf das eigene Bündnisverhältnis haben müsse. Demgemäß hielt Grey bis zur letzten Minute seine Trümpfe fest in der Hand, freilich auch, weil er für eine Politik der Bindung an Frankreich und Rußland über keine Mehrheit in seiner eigenen Partei verfügte. Die französische Regierung René Viviani war zwar im Prinzip friedenswillig, aber angesichts der innenpolitischen Krise handlungsunfähig; die professionellen Diplomaten, insbesondere der französische Botschafter in St. Petersburg, Maurice Paléologue, die unter den gegebenen Umständen einen weit über ihre verfassungsgemäßen Rechte hinausgehenden Einfluß auf die diplomatischen Entscheidungen ausübten, wollten den Bestand des französisch-russischen Bündnisses keinesfalls aufs Spiel setzen, wie dies für den Fall zu erwarten war, daß Frankreich Rußland eine nachgiebige Politik nahegelegt haben würde. Deshalb ging von Frankreich keinerlei ernst zu nehmende Dämpfung auf den eigenen Bündnispartner aus. Die zarische Regierung hingegen stand unter dem Druck ihrer eigenen öffentlichen Meinung, die der Regierung schon seit längerem übergroße Nachgiebigkeit vorwarf. Sie war entschlossen, nicht noch einmal, wie 1908 und 1912, angesichts der Gefahr, daß es ansonsten zu einem europäischen Kriege kommen werde, zurückzuweichen; man fürchtete, daß dies nicht nur dem eigenen Prestige als Großmacht unwiederbringlichen Schaden zufügen würde, sondern daß auch die Stellung der zarischen Regierung im Lande gegenüber den herrschenden Schichten unhaltbar würde, obschon man sich darüber im klaren war, daß auch ein Kriegsentschluß revolutionäre Gefährdungen einbeschloß.

Unter diesen Umständen fehlte es auf allen Seiten an der Bereitschaft, auf die so kompliziert eingefädelte diplomatische Offensive der Mittelmächte elastisch zu reagieren; im Vordergrund stand vielmehr bei allen Ententepartnern die Tendenz, in derart gefährlichen Zeiten an den bestehenden Allianzen, koste es, was es wolle, festzuhalten, selbst auf das Risiko eines allgemeinen Krieges hin. Nur dann, wenn die Ententemächte dem Kalkül der deutschen Regierung durch zähes und geduldiges Verhandeln schrittweise den Boden entzogen und die Doppelbödigkeit ihrer Diplomatie vor der Weltöffentlichkeit bloßgestellt hätten, hätte eine Chance bestanden, den Krieg zu verhindern. Dazu aber fehlte auch im Lager der Entente die Weitsicht, zugleich aber die notwendige Flexibilität.

Dies wurde noch weiter verschärft durch die militärstrategischen Bedingtheiten. Die europäischen Mächte standen einander mit hochgerüsteten Massenarmeen gegenüber, die unter Führung einer militärischen Führungselite standen, welche sich angewöhnt hatte, nach ihren eigenen militärtechnischen Maßstäben zu planen und gegebenenfalls entsprechend zu handeln. Die strategischen Planungen setzten sowohl im Lager der Mittelmächte wie in jenem der Entente auf eine offensive Kriegführung zum frühestmöglichen Zeitpunkt; die französisch-russische Militärkonvention legte sogar genau fest, daß die Angriffshandlungen beider

Mächte zum gleichen Zeitpunkt einsetzen müßten, um dem Gegner von Anbeginn mit einer größtmöglichen Streitkraft entgegenzutreten. Die Aufmarschpläne der Armeen standen unter dem Diktat höchst komplizierter, auf die Minute genau ausgetüftelter Eisenbahnfahrpläne; größte Schnelligkeit der Truppenbewegungen erschien unabdingbar, um sicherzustellen, daß man mit den eigenen Armeen an den entscheidenden Angriffszentren dem Gegner zahlenmäßig überlegen sein würde. Unter solchen Umständen waren die Militärs darauf festgelegt, sofern es zum Krieg kommen sollte, ihre Armeen gemäß den langfristig vorbereiteten strategischen Planungen in Marsch zu setzen. Politische Erwägungen, insbesondere solche kurzfristiger Natur, waren dabei aus der Sicht der Militärs eher hinderlich. Carl von Clausewitz wurde zwar in den Militärakademien aller europäischen Staaten eifrig studiert, aber seine Lehre vom »Krieg als der Fortführung der Politik mit anderen Mitteln« wurde in einseitig technokratischer Weise interpretiert, nämlich als Abdikation der Politik zugunsten der Kriegführung für die Dauer eines Krieges. Die Militärs pochten vor allem im Deutschen Reich, aber durchaus auch in Rußland und Frankreich, auf ihre Eigenständigkeit innerhalb des politischen Systems. Je dunkler sich die Kriegswolken am Horizont zusammenballten, desto stärker suchten sie der politischen Führung das Gesetz des Handelns vorzuschreiben. In den letzten Julitagen wurden die Generalstäbe in allen beteiligten Mächten von der Sorge erfaßt, daß sie wegen der politischen Winkelzüge der Diplomaten am Ende wertvolle Zeit verlieren könnten, die mit viel zusätzlichem Blut würde bezahlt werden müssen. Und schließlich waren sie professionell geneigt, dem Krieg den Vorzug vor einem, wie man es nannte, »faulen Frieden« zu geben.

Letzteres war insbesondere im Deutschen Reich der Fall. Am Morgen des 29. Juli lag Bethmann Hollweg eine Denkschrift des Generalstabschefs von Moltke auf dem Tisch, in welcher dieser seine Ungeduld über den schleppenden Gang der diplomatischen Verhandlungen deutlich zum Ausdruck brachte. Moltke wünschte nunmehr »möglichst bald Klarheit darüber zu erhalten, ob Russland und Frankreich gewillt sind, es auf einen Krieg mit Deutschland ankommen zu lassen«[50]. Er forderte eine radikale Abkürzung des verwirrenden diplomatischen Spiels; die Probe aufs Exempel, nämlich ob Rußland kriegswillig sei, die ja der Kern des politischen Kalküls der Reichsleitung war, sollte nun nicht mehr länger hinausgeschoben werden. Auch der Kriegsminister von Falkenhayn forderte in Übereinstimmung mit dem Generalstab die sofortige Einleitung militärischer Vorbereitungen, um gegebenenfalls den wertvollen und in den Augen der Militärs alles entscheidenden zeitlichen Vorsprung der Mobilmachung gegenüber Rußland nicht zu verlieren. Diese Forderungen erhielten zusätzliches Gewicht, als um die Mittagszeit des 29. Juli bekannt wurde, daß Rußland in vier Gouvernements eine Teilmobilmachung gegen Österreich-Ungarn angeordnet habe. Die russische Regierung wollte mit diesem Schritt in erster Linie eine deutliche Warnung an die Wiener Adresse geben, daß man im Fall der Aufnahme von Kriegshandlungen gegen Serbien keinesfalls still sitzen bleiben werde. Aber die Militärs sahen darin einen Beweis dafür, daß der Krieg ohnehin nicht mehr aufgehalten werden könne, und forderten demgemäß jetzt eine unverzügliche Entscheidung über Krieg und Frieden.

Bethmann Hollweg geriet unter diesen Umständen zunehmend unter den Druck der Militärs. Sein Argument, daß österreichisch-russische Verhandlungen über eine Begrenzung der österreichischen militärischen Operationen gegen Serbien im Gange seien, deren Ergebnis abgewartet werden müsse, erwies sich als wenig tragfähig, da die Österreicher weiterhin keine Bereitschaft zeigten, in ernsthafte Verhandlungen dieser Art einzutreten. Und sein Hinweis, daß mit einer mäßigenden Einwirkung Großbritanniens auf die zarische Regierung zu rechnen sei, führte bei den Militärs und bei Wilhelm II. zu der kruden Gegenforderung, daß der Kanzler unverzüglich »Klarheit im Verhältniß zu England« schaffen solle. Daher suchte der Kanzler am späten Abend des 29. Juli unmittelbar im Anschluß an den kaiserlichen Kronrat persönlich den britischen Botschafter in Berlin, Sir William E. Goschen, auf, um einen letzten großen Versuch zu machen, seine politische Strategie angesichts des Drängens der Militärs auf sofortiges Losschlagen noch zu retten. Er unterbreitete Goschen völlig überraschend den Vorschlag eines Neutralitätsabkommens zwischen beiden Mächten; dafür sei das Deutsche Reich bereit, die Neutralität und territoriale Integrität Hollands sowie die territoriale Integrität Frankreichs zu respektieren, während von Belgien nicht die Rede war; eine Rückfrage Goschens, ob das Angebot der Respektierung der territorialen Integrität auch für die französischen Kolonien gelte, beantwortete der offenbar darauf unvorbereitete Kanzler negativ.[51] Das war ein geradezu panikartiger Schritt, mit dem der Kanzler nun in einer Art von Akt der Überrumpelung das zu erreichen suchte, was bestenfalls am Ende einer erfolgreich durchgestandenen Krise hätte stehen können, nämlich eine Sprengung der Entente. Dieser Vorstoß lief verständlicherweise völlig ins Leere, er diskreditierte vielmehr die deutsche Regierung in den Augen der britischen Diplomaten vollends.

Dennoch hat Bethmann Hollweg in einem zähen Ringen mit den eigenen Militärs das Spiel immer noch nicht verloren gegeben und auch angesichts der russischen Teilmobilmachung, die am Nachmittag des 29. Juli bekannt wurde, alles versucht, um seine Strategie doch noch zu einem erfolgreichen Ende zu bringen. Er suchte einen »accord préalable« zwischen Österreich-Ungarn und Rußland herbeizuführen und auf diese Weise Großbritannien doch noch dazu zu veranlassen, die zarische Regierung von einem aktiven Eingreifen zurückzuhalten und, sofern dies nicht gelingen sollte, möglicherweise seinerseits neutral zu bleiben. Aber fraglos verfolgten der hektische Notenwechsel zwischen Berlin und Wien am 30. und 31. Juli, der schließlich eine gereizte Tonart annahm, ebenso wie die persönlichen Appelle Wilhelms II. an den Zaren Alexander III. primär nur noch das Ziel, die Bedingungen, unter denen der Krieg geführt werden würde, gegenüber der Weltöffentlichkeit und der eigenen Nation zu verbessern, mit anderen Worten, Rußland die Schuld am Ausbruch des Krieges zuzuschieben. Gleichwohl hat der Kanzler bis zum Morgen des 31. Juli sehnlichst auf ein schließliches Einschwenken Österreich-Ungarns auf die von ihm vorgezeichnete Linie gewartet. Die Signale, die er für den Fall, daß dies erfolgen werde, aus London erhielt, gaben immerhin zu einigen Hoffnungen Anlaß. Dem Kanzler war freilich nicht bekannt, daß inzwischen der Generalstabschef von Moltke in seinen Telegrammen an seinen österreichischen Kollegen der amtlichen Politik direkt entgegenarbeitete, indem er den Österreichern empfahl, ungeachtet des russischen Drucks an ihrem Kriegskurs festzuhalten.

Die äußerst bescheidenen Chancen, doch noch mit der eigenen politischen Strategie durchzudringen, lösten sich in ein Nichts auf, als am Morgen des 31. Juli erste Nachrichten über die russische Generalmobilmachung in Berlin eintrafen. Es ist charakteristisch, daß der Kanzler zunächst nicht an deren Wahrheitsgehalt hat glauben wollen. In der Tat hatte Sasonov diesen Schritt zunächst abgelehnt, da er sich über dessen Tragweite durchaus im klaren war, aber sich dann von den Militärs überzeugen lassen, daß eine Teilmobilisierung notwendig in die Gesamtmobilmachung überführt werden müsse, weil sonst ein geordneter Aufmarsch der russischen Armee für den Fall des allgemeinen Krieges nicht gewährleistet werden könne. Militärstrategische Gesichtspunkte trieben auch in Rußland die Entwicklung über die kritische Schwelle hinaus, hinter jener der Automatismus der Mobilmachungen die Politiker beiseite schob und die Diplomatie paralysierte.

Zwar hatte die russische Regierung erklärt, sie werde einstweilen keinerlei Kriegshandlungen vornehmen und sei bereit, gemäß dem Prinzip der »bewaffneten Diplomatie« die Verhandlungen über eine diplomatische Lösung der Krise weiterzuführen. Jedoch wurde dies in Berlin brüsk zurückgewiesen. Für die Militärs war die Mobilmachung gleichbedeutend mit Krieg; sie wollten Rußland auf keinen Fall eine zusätzliche Vorbereitungszeit für die Mobilmachung einräumen und dergestalt den taktischen Vorteil einer raschen Mobilmachung deutscherseits aufs Spiel setzen. In Berlin wurde, nachdem an der Tatsache der russischen Generalmobilmachung kein Zweifel mehr möglich war, sogleich der »Zustand drohender Kriegsgefahr«, die unmittelbare Vorstufe der Mobilmachung, verkündet und der Beginn der Mobilmachung auf den 1. August 1914 festgesetzt. Damit waren die Würfel gefallen, die deutsche Kriegsmaschinerie setzte sich mit zäher, aber unaufhaltsamer Kraft in Bewegung.

Gleichzeitig richtete Bethmann Hollweg ultimative Noten an Rußland und Frankreich, erstere auf zwölf, letztere auf achtzehn Stunden befristet, in denen Rußland zur sofortigen Zurücknahme der Mobilmachung seiner Streitkräfte gegen die Mittelmächte und Frankreich zur Erklärung seiner strikten Neutralität, unter Einräumung zusätzlicher Garantien militärischen Charakters, aufgefordert wurden. Man rechnete in Berlin von vornherein mit einer Ablehnung; die Sommationen dienten nur der notdürftigen diplomatischen Vorbereitung der Kriegseröffnung durch Deutschland, die nun nicht länger aufgeschoben werden sollte.

Ursprünglich hatte Bethmann Hollweg mit der definitiven Anordnung der Generalmobilmachung zuwarten wollen, bis die russische Antwort vorliege; doch weigerten sich die Militärs, jetzt auch nur den geringsten zeitlichen Aufschub zu konzedieren. Statt dessen wurde die Übergabe der deutschen Kriegserklärung an Rußland auf den 31. Juli, fünf Uhr nachmittags, zum gleichen Zeitpunkt wie die Mobilmachung, terminiert, gleichviel, wie die russische Antwort ausfallen werde. Infolge von Mängeln der telegraphischen Kommunikation blieb jedoch zunächst eine Bestätigung der Übergabe der Kriegserklärung aus St. Petersburg aus, so daß am Abend des 31. Juli noch unklar war, ob denn nun tatsächlich der Kriegszustand mit Rußland eingetreten sei oder nicht. Andererseits betrachtete die deutsche Regierung die Tatsache des Kriegszustandes mit Rußland als notwendige Voraussetzung, um die bereits vorbereitete Sommation an Belgien glaubhaft vertreten zu können; darin wurde, unter Berufung auf die Notwehrsituation, in der sich das angeblich von zwei Fronten her angegriffene Deutsche Reich befinde, verlangt, daß Belgien den freien Durchmarsch der deutschen Armeen gestatten möge. Am Ende machte die Reichsleitung auf Vorschlag Falkenhayns aus der Not eine Tugend; da man vermutete, daß die russische Regierung die telegraphische Kommunikation mit der deutschen Botschaft unterbunden habe, wurde Rußland nunmehr aufgrund von fingierten Nachrichten über einen russischen Überfall auf deutsches Territorium kurzerhand zum Angreifer erklärt. Die Übermittlung der bereits vorbereiteten Kriegserklärung an Frankreich wurde hingegen zunächst noch einmal wieder aufgeschoben.

Der Mechanismus der Kriegserklärungen wurde dann noch einmal kurzfristig unterbrochen durch eine telegraphische Nachricht des deutschen Botschafters Lichnowsky, in der dieser neue englische Vorschläge ankündigte, »welche geeignet wären, die grosse Katastrophe zu verhindern«. Sofern das Deutsche Reich von einem Angriff auf Frankreich Abstand nehmen werde, würde England gegebenenfalls neutral bleiben.[52] Diese vorläufige Mitteilung wurde von Lichnowsky wenig später noch dahingehend ergänzt, daß dieses Angebot auch dann Gültigkeit behalten solle, wenn sich das Deutsche Reich bereits mit Rußland und Frankreich im Kriegszustand befinde.[53] Diese Mitteilungen wurden von Bethmann Hollweg und Jagow mit Erleichterung, zugleich aber mit großer Genugtuung aufgenommen und bereits für bare Münze gehalten; sie glaubten, daß ihre politische Strategie, nämlich die Isolierung Rußlands in dem Augenblick, in dem die anderen Mächte mit der nackten Wirklichkeit eines bevorstehenden großen Krieges konfrontiert würden, nun doch noch obsiegt habe. Auf Vorschlag des Kanzlers befahl der Kaiser dem Generalstabschef von Moltke, den bereits im Gang befindlichen Westaufmarsch der deutschen Armeen zu stoppen, was von diesem jedoch als völlig undurchführbar erklärt wurde; nur die bereits angeordnete Besetzung Luxemburgs, die der vorsorglichen Sicherung dieses strategisch wichtigen Verkehrsknotenpunktes galt, wurde einstweilen abgestoppt. Moltke, angesichts dieser Entwicklung tief erschüttert und seelisch gebrochen, entfuhren in der Erregung des Augenblicks die aufschlußreichen Worte: »Jetzt fehlte nur noch, daß auch Rußland abschnappt« – mit anderen Worten, daß es nun überhaupt nicht mehr zum Kriege kommen werde.[54]

Wenig später löste sich diese Freudennachricht aus London jedoch in ein Nichts auf. Denn Lichnowsky teilte mit, daß eine englische Offerte der angekündigten Art nicht zu erwarten sei. Schließlich kam eine definitive Absage von Georg V. persönlich, an den der Kaiser in der Begeisterung des Augenblicks ebenfalls telegraphiert hatte. Diese vage britische Offerte beruhte keineswegs, wie man lange gemeint hat, auf einem Mißverständnis; sie war geboren aus der Tatsache, daß Sir Edward Grey zu diesem Zeitpunkt Schwierigkeiten hatte, für seine außenpolitische Linie die Gefolgschaft des britischen Kabinetts zu erlangen. Jedoch hatte sich schon bald herausgestellt, daß der Status bewaffneter Neutralität unter britischer Garantie, wie es Grey vorgeschwebt hatte, für Frankreich keinesfalls akzeptabel war, da er mit dem französisch-russischen Bündnis und der dieses ergänzenden Militärkonvention unvereinbar war. Es wurde in London immer deutlicher, daß Großbritannien es sich nicht würde leisten können, seine Partner angesichts des nunmehr unabwendbar gewordenen Krieges im Stich zu lassen.

Der weitere Ablauf der Dinge wurde dann vor allem durch die militärischen Notwendigkeiten diktiert. Am 2. August abends wurde Belgien die deutsche Sommation präsentiert und von diesem prompt zurückgewiesen, gefolgt von einem Appell an die Signatarmächte des Garantievertrages vom Jahre 1831, ihm bei der Verteidigung seiner Souveränität beizustehen. Am folgenden Tag erklärte das Deutsche Reich dann auch Frankreich den Krieg, unter dem fadenscheinigen Vorwand zahlreicher französischer Grenzverletzungen, obwohl die deutsche Sommation an Belgien eigentlich den Kriegszustand mit Frankreich zur Voraussetzung gehabt hatte. Diese Ungereimtheiten diskreditierten die deutsche Politik vollends und ließen erkennen, wo wirklich die zum Kriege treibenden Kräfte zu finden waren. Der deutsche Einmarsch in Belgien, der am 3. August begann, war bei Lage der Dinge für Sir Edward Grey der willkommene Vorwand, um die britische Nation in den ungewollten europäischen Krieg einzubringen. Ein auf 24 Stunden befristetes Ultimatum an das Deutsche Reich, dieses möge die Neutralität Belgiens respektieren, blieb unbeachtet. Das zog am folgenden Tage auch die britische Kriegserklärung nach sich.

Österreich-Ungarn hingegen, dessen militärische Aktion gegen Serbien der Stein des Anstoßes gewesen war beziehungsweise hatte sein sollen, geriet gleichsam in den Hintergrund; erst am 6. August, fast eine Woche später als das Deutsche Reich, erklärte es den Ententemächten schließlich seinerseits den Krieg. Dieser Umstand zeigt einmal mehr, daß die eigentliche Verantwortung für den Ablauf der Dinge während der Julikrise in Berlin und nicht in Wien gelegen hatte, auch wenn der Ballhausplatz in der Spätphase der diplomatischen Auseinandersetzungen eigensinnig auf dem Krieg mit Serbien bestanden und damit die ohnehin geringen Aussichten auf eine friedliche Lösung vollends zunichte gemacht hatte.

Die ursprüngliche deutsche Strategie war vollkommen gescheitert. Zwar hatte sich herausgestellt, daß Rußland, entgegen den Voraussagen des deutschen Generalstabs, jedenfalls im Jahre 1914 keinesfalls einen großen europäischen Krieg hatte führen wollen; jedoch hatte die russische Regierung sich, nicht zuletzt aus innenpolitischen Gründen, außerstande gesehen, für die Erhaltung des Friedens jenen Preis zu zahlen, den man sich Anfang Juli in Berlin und Wien ausgerechnet hatte. Frankreich hingegen hatte sich von den Ereignissen im wesentlichen mitreißen lassen, teilweise unter dem Einfluß der Propaganda der französischen Generalität, die zuversichtlich war, eine von deutscher Seite im Kriegsfall erwartete »attaque brusquée« mit einer tödlichen Gegenoffensive beantworten zu können, vor allem aber, weil Poincaré und die französische Diplomatie besorgt waren, daß das Bündnis mit Rußland angesichts der innenpolitischen Entwicklung nur dann aufrechterhalten werden könne, wenn man in der Krise fest auf der Seite Rußlands stehe und im übrigen dem Deutschen Reich das Odium des Angreifers aufgebürdet werde.[55] Das deutsche Kalkül, daß die französische Regierung im Ernstfall Rußland die Gefolgschaft aufsagen werde, war nicht aufgegangen.

Nur wenig günstiger war die Bilanz hinsichtlich Großbritanniens ausgefallen. Zwar hatte sich die Erwartung Bethmann Hollwegs, daß Großbritannien im Interesse der Erhaltung des europäischen Friedens das zarische Rußland ebenso wie Frankreich von einem Eingreifen in einen österreichisch-serbischen Konflikt abhalten werde, als nicht gänzlich unbegründet erwiesen. Aber die Annahme, daß sich dieser Umstand politisch zugunsten einer Stärkung der kontinentalen Machtstellung der Mittelmächte oder gar zu einem Revirement der Bündnissysteme werde ausnutzen lassen, hatte sich als unzutreffend herausgestellt. Die deutsche Diplomatie hatte die Interessenlage Großbritanniens von vornherein falsch eingeschätzt; ein radikaler Bruch mit Rußland, geschweige denn eine völlige Preisgabe Frankreichs, lag außerhalb des Horizonts der britischen Außenpolitik.

Spätestens seit dem 29. Juli war die deutsche Regierung zum Gefangenen ihrer eigenen, mit einem kräftigen Einschlag machiavellistischen Kalküls ausgearbeiteten Strategie geworden. Bethmann Hollwegs bekanntes Wort in der Sitzung des preußischen Staatsministeriums vom 30. Juli 1914, wonach »alle Regierungen – einschließlich Rußlands – und die große Mehrheit der Völker an sich friedfertig seien, aber [...] die Direktion verloren und der Stein ins Rollen geraten« sei,[56] enthüllte eigentlich nur das Debakel einer Politik, die unter dem Einfluß der strukturellen Führungskrise des Reichs einen Ausweg gesucht hatte, der sich zwar anfänglich als besonders ausgeklügelt dargestellt hatte, aber im Grunde bereits mit dem Blankoscheck an Österreich-Ungarn die Entscheidung über Krieg und Frieden weitgehend aus der Hand gegeben hatte. Wiederholt hatte die Möglichkeit bestanden, das Ruder radikal herumzuwerfen, insbesondere am 28. Juli, unter Rückgriff auf Wilhelms II. Vorschlag eines »Halt in Belgrad«. Aber der Druck seitens der Militärs und die Furcht, hinfort im eigenen Lande als »Flaumacher« zu gelten, bestimmten die politische Führungselite, ihr Heil darin zu suchen, unbeirrt an dem einmal gewählten Kurs festzuhalten, obschon die Zögerlichkeit der österreichisch-ungarischen Politik die Prämissen des eigenen Kalküls längst untergraben hatten. Hier wird man an das Wort Max Webers erinnert: »Was fehlte, war: die *Leitung* des Staatswesens durch einen *Politiker* – nicht etwa: durch ein politisches Genie, was man nur alle Jahrhunderte einmal erwarten kann, nicht einmal durch eine bedeutende politische Begabung, sondern: durch einen Politiker *überhaupt*.«[57]

In großer Hektik suchten die Diplomaten zu retten, was noch zu retten war. Die Versuche, Rumänien im Dreibund zu halten, erwiesen sich sogleich als aussichtslos; in der Wilhelmstraße und am Ballhausplatz war man froh, daß es sich wenigstens nicht den Alliierten Mächten anschloß, sondern neutral blieb. Noch unerfreulicher entwickelten sich die Dinge hinsichtlich Italiens. Österreich-Ungarn hatte sich angesichts der unsicheren Haltung Italiens geweigert, diesem im vorhinein Kenntnis über die geplante Aktion gegen Serbien zu geben, wie dies im Dreibundvertrag vorgeschrieben war, mit dem formalen, aber reichlich fadenscheinigen Argument, daß man keinerlei territorialen Gebietserwerb auf Kosten Serbiens anstrebe. Dies nahm die italienische Regierung zum Anlaß, um zu erklären, daß der Bündnisfall nicht vorliege. Man ließ in Rom freilich durchblicken, daß Italien seine Haltung überdenken werde, wenn Österreich-Ungarn dazu bereit sein sollte, ihm das Trentino abzutreten. Daran war bei Lage der Dinge freilich nicht zu denken. So traten die Mittelmächte mit einer im Süden und Südosten potentiell offenen Flanke in einen Krieg mit drei europäischen Großmächten ein, eine diplomatisch wie militärisch gleichermaßen verfahrene Situation. Einzig die Türkei, die man eigentlich als selbständiges Staatsgebilde bereits aufgegeben hatte und auf deren Zerfall man spekulierte, und Bulgarien konnten als Bündnispartner gewonnen werden; doch wurde ihr Bündniswert von den Militärs schon damals äußerst gering eingeschätzt.

Nur auf innenpolitischem Felde erwies sich die Strategie Bethmann Hollwegs als ein voller Erfolg. Hier gelang es, nicht zuletzt dank einer umfassenden Lenkung der Presse, unter Führung der offiziösen Blätter, die Bevölkerung davon zu überzeugen, daß allein das zarische Rußland die Schuld am Ausbruch des Krieges treffe. Die persönliche Fühlungnahme des Kanzlers mit dem Parteivorstand der Sozialdemokratie tat ein übriges, um auch die Arbeiterschaft davon zu überzeugen, daß die Reichsleitung alles getan habe, um den Ausbruch des Krieges abzuwenden. In der Öffentlichkeit war man einhellig der Meinung, daß dieser Krieg dem Deutschen Reich durch die sinistren Machenschaften der Ententemächte aufgezwungen worden sei, die nun den Ring der Einkreisung endgültig zugezogen hätten. Die »Kölnische Zeitung« brachte in einem aller Wahrscheinlichkeit nach offiziös inspirierten Artikel vom 7. August 1914 diese weitverbreitete Stimmung prägnant zum Ausdruck: »Jetzt, nachdem England die Karten aufgedeckt hat, begreift der letzte Mann im Volke, um was es geht: die gewaltigste Verschwörung, welche die Weltgeschichte kennt gegen zwei friedliche, nicht auf Eroberung, sondern nur auf Sicherung ihrer staatlichen Einheit bedachte Völker. Eine Verschwörung der Machtgier mit dem Rachedurst, bei dem alle Kulturpflichten aufs schnödeste verraten werden.«[58] Die Massen der deutschen Bevölkerung glaubten ebenso bereitwillig wie aufrichtig daran, daß das Deutsche Reich nur zur Verteidigung zu den Waffen gegriffen habe. In Wahrheit war der Krieg das Resultat des machiavellistischen Kalküls einer kleinen, innerlich bereits überlebten Führungsschicht, welche in einer kritischen weltpolitischen Situation leichtfertig und mit zu hohem Einsatz gespielt hatte, weil sie hoffte, auf diese Weise ihre eigene geschwächte Machtstellung stabilisieren zu können. Walther Rathenau hat diesen Sachverhalt im Dezember 1914 in unübertroffener Weise zum Ausdruck gebracht: »In diesem Kriege klingt ein falscher Ton, es ist nicht 1813, nicht 1866, nicht 1870. Notwendig oder nicht, höhere Gewalt oder nicht – so, wie es hier geschah, mußte es nicht geschehen.«[59]

Anmerkungen

Einleitung

1 Zur Entstehung des Sedan-Tages vgl. Theodor Schieder, Das Deutsche Reich als Nationalstaat, Köln 1960[1], S. 125 ff.

2 Vgl. auch Lothar Gall, Bismarcks Süddeutschlandpolitik 1866–1870, in: Eberhard Kolb (Hg.), Europa vor dem Krieg von 1870. Mächtekonstellation – Konfliktfelder – Kriegsausbruch, München 1987, S. 23–32.

3 Vgl. Jochen Dittrich, Bismarck, Frankreich und die spanische Thronkandidatur der Hohenzollern. Die »Kriegsschuldfrage« von 1870, München 1962; Eberhard Kolb, Der Kriegsausbruch 1870. Politische Entscheidungsprozesse und Verantwortlichkeiten in der Julikrise 1879, Göttingen 1970; Josef Becker, Zum Problem der Bismarckschen Politik in der spanischen Thronfolgefrage 1879, Historische Zeitschrift (künftig HZ), Bd 212, 1971, S. 529–607; W. Carr, The Origins of the War of German Unification, London und New York 1991; Lawrence Steefel, Bismarck, the Hohenzollern Candidacy, and the Origins of the Franco-German War of 1870, Cambridge, Mass. 1962.

4 Moritz Busch, Tagebuchblätter, Bd 1, Leipzig 1899, S. 7, zit. nach Kolb, Kriegsausbruch 1870, S. 33.

5 Vgl. W. F. Monneypenny und G. E. Buckle, The Life of Benjamin Disraeli, Earl of Beaconsfield, 2 Bde, London 1929, Bd 2, S. 473 f.

6 Zit. bei Beate Gödde-Baumanns, Ansichten eines Krieges, in: Kolb, Europa vor dem Krieg, S. 177.

7 Die beste Darstellung des deutsch-französischen Krieges ist nach wie vor Michael Howard, The Franco-Prussian War. The German Invasion of France, 1870–71, New York 1969[5]; siehe ferner W. von Groote und U. von Gersdorff, Entscheidung 1870. Der Deutsch-Französische Krieg, Stuttgart 1970.

8 Helmuth Graf von Moltke, Gesammelte Schriften und Denkwürdigkeiten, Bd 5, Briefe des General-Feldmarschalls Grafen Helmuth von Moltke, Berlin 1892, S. 179; vgl. auch Stig Förster (Hg.), Helmuth v. Moltke. Vom Kabinettskrieg zum Volkskrieg. Eine Werkauswahl, Bonn 1992.

9 Für die Probleme des Friedensschlusses 1870/71 siehe Eberhard Kolb, Der Weg aus dem Krieg. Bismarcks Politik im Krieg und die Friedensanbahnung 1870/71, München 1990.

10 Zu den deutschen Kriegszielen 1870 vgl. Hans-Ulrich Wehler, Krisenherde des Kaiserreiches 1871–1918. Studien zur deutschen Sozial- und Verfassungsgeschichte, Göttingen 1970, S. 20–22; Walter Lipgens, Bismarck, die öffentliche Meinung und die Annexion von Elsaß und Lothringen 1871, HZ, Bd 199, 1964, S. 31 ff.; Walter Lipgens, Bismarck und die Frage der Annexion von 1870, HZ, Bd 209, 1969, S. 586 ff.; Lothar Gall, Zur Frage der Annexion von Elsaß und Lothringen, 1879, HZ, Bd 206, 1986, S. 265 ff.; Eberhard Kolb, Bismarck und das Aufkommen der Annexionsforderung 1870, HZ, Bd 209, 1969, S. 318 ff.; Josef Becker, Baden, Bismarck und die Annexion von Elsaß und Lothringen, Zeitschrift für Geschichte des Oberrheins, Bd 115, 1967, S. 1 ff.; Lothar Gall, Das Problem Elsaß-Lothringen, in: Theodor Schieder und Ernst Deuerlein (Hg.), Reichsgründung 1870/71, Stuttgart 1970, S. 366–85.

11 Was fordern wir von Frankreich, Preußische Jahrbücher, Bd 26, 1870, S. 371.

12 So beispielsweise in einem Brief an seine Frau vom 27. Februar 1871, Die Gesammelten Werke Otto von Bismarcks (künftig GW), Bd 14, Nr 1409, S. 816.

13 So schon im August 1870. Vgl. GW, Bd 6 b, Nr 1755, S. 454.

14 Z. B. W. E. Mosse, The European Powers and the German Question 1848–1871, Cambridge 1958; zum neueren Forschungsstand siehe Eberhard Kolb (Hg.), Europa und die Reichsgründung, HZ, Beiheft 6, München 1980. Siehe ferner Klaus Hildebrand, Staatskunst oder Systemzwang. Die »deutsche Frage« als Problem der Weltpolitik, HZ, Bd 228, 1979, S. 624–644.

15 Horst Kohl (Hg.), Die politischen Reden des Fürsten Bismarck, 14 Bände, Nachdruck Stuttgart 1922 (künftig Kohl, Reden Bismarcks), Bd 5, S. 5 f.

Das Deutsche Reich und die europäischen Mächte (1870–1878)

Die Anfänge des Bismarckschen Bündnissystems und die Krieg-in-Sicht-Krise 1875

1 Allgemein zur Außenpolitik Bismarcks Theodor Schieder, Europa im Zeitalter der Nationalstaaten und europäische Weltpolitik bis zum I. Weltkrieg, in: Ders. (Hg.), Handbuch der europäischen Geschichte, Bd 6, Stuttgart 1968; Klaus Hildebrand, Deutsche Außenpolitik 1871–1918; München 1989; Erich Brandenburg, Von Bismarck zum Weltkriege, 1939^2; Ludwig Dehio, Hegemonie und Gleichgewicht, Krefeld 1948; A. J. P. Taylor, Bismarck. Mensch und Staatsmann, München 1962; W. N. Medlicott, Bismarck, Gladstone and the Concert of Europe, Nachdruck New York 1969; N. Japikse, Europa und Bismarcks Friedenspolitik, Berlin 1927; Martin B. Winckler, Bismarcks Bündnispolitik und das europäische Gleichgewicht, Stuttgart 1964; Andreas Hillgruber, Deutsche Großmacht- und Weltpolitik im 19. und 20. Jahrhundert, Düsseldorf 1977; Ders., Die gescheiterte Großmacht. Eine Skizze des deutschen Reiches, Düsseldorf 1980; Ders., Bismarcks Außenpolitik, Freiburg 1981^2; Immanuel Geiss, Der lange Weg in die Katastrophe. Die Vorgeschichte des Ersten Weltkriegs, 1815–1914, München und Zürich 1990.

2 Erlaß an den Gesandten in Wien, von Schweinitz, am 8. Oktober 1870, GW, Bd 6 b, Nr 1850, S. 535.

3 Kohl, Reden Bismarcks, Bd 5, S. 6: »Das neue Deutschland, wie es aus der Feuerprobe des gegenwärtigen Krieges hervorgegangen ist, wird ein zuverlässiger Bürge des europäischen Friedens sein, weil es stark und selbstbewußt genug ist, um sich die Ordnung seiner inneren Angelegenheiten als ein ausschließliches, aber auch ausreichendes und zufriedenstellendes Erbtheil zu bewahren.«

4 Vgl. auch E. Kolb, Der Pariser Kommuneaufstand und die Beendigung des deutsch-französischen Krieges, HZ, Bd 215, 1972, S. 265–98.

5 Telegramm an Reuß vom 8. Oktober 1870, GW, Bd 6 b, Nr 1851, S. 535.

6 GW, Bd 6 c, S. 7 f.

7 GW, Bd 6 c, S. 10.

8 Winckler, Bismarcks Bündnispolitik; Ders., Bismarcks Rumänienpolitik und die europäischen Großmächte 1878/79, Jahrbücher für die Geschichte Osteuropas, NF., Bd 2, 1954, S. 53 ff.; Ders., Der Ausbruch der »Krieg-in-Sicht-Krise« vom Frühjahr 1875, Zeitschrift für Ostforschung 4, 1965, S. 671 ff., Anm. 103.

9 Dazu Hans Herzfeld, Deutschland und das geschlagene Frankreich 1871–1873, Berlin 1924.

10 Die große Politik der Europäischen Kabinette 1871-1914, Sammlung der diplomatischen Akten des Auswärtigen Amtes, hg. von L. Lepsius u. a., Berlin 1922–27 (künftig GP), Bd 1, Nr 136, S. 218.

11 GP, Bd 1, Nr 137, S. 221.

12 Zur Krieg-in-Sicht-Krise siehe Hans Herzfeld, Die deutsch-französische Kriegsgefahr von 1875, Berlin 1922, und Andreas Hillgruber, Die »Krieg-in-Sicht-Krise« 1875 – Wegscheide in der Politik der europäischen Großmächte in der späten Bismarck-Zeit, in: Gedenkschrift für Martin Göhring, hg. von E. Schulin, Wiesbaden 1968, S. 193 ff.

13 GP, Bd 1, Nr 151, S. 239.

14 Ebd., S. 240; GP, Bd 1, Nr 152, S. 240.

15 Dazu immer noch erschöpfend: Hajo Holborn, Bismarcks europäische Politik zu Beginn der siebziger Jahre und die Mission Radowitz, Berlin 1925, ferner, mit neuem Material: Ernst Engelberg, Bismarck. Das Reich in der Mitte Europas, Berlin 1990, S. 193 ff.

16 W. Wehrenpfennig, Politische Korrespondenz, 12. April 1875, Preußische Jahrbücher, Bd 35, 1875, S. 448–459, hier: S. 452.

17 Karl-Ernst Jeismann, Das Problem des Präventivkrieges im europäischen Staatensystem mit besonderem Blick auf die Bismarckzeit, Freiburg und München 1957, S. 93.
18 Vgl. Engelberg, Bismarck. Mitte Europas, Berlin 1990, S. 198 f.
19 GP, Bd 1, Nr 176, S. 274.
20 GP, Bd 1, Nr 173, S. 272.
21 GP, Bd 1, Nr 193, S. 300.
22 GW, Bd 8, Nr 105, S. 145.
23 GP, Bd 1, Nr 194, S. 303.

Die Orient-Krise (1875–1878) und der Berliner Kongreß.

1 Allgemein dazu Barbara und Charles Jelavich, The Balcans, Englewood Cliffs 1965; Edgar Hoesch, Geschichte der Balkanländer, Stuttgart 1968.
2 Barbara Jelavich, The Ottoman empire, the great powers and the straits question, 1870–1887, Bloomington, Indiana 1973.
3 GP, Bd 2, Nr 250, S. 71.
4 Vgl. Immanuel Geiss, Die deutsche Reichspolitik gegenüber der Aufstandsbewegung in der Herzegowina und in Bosnien 1875–1878, in: Ders. (Hg.), Das Deutsche Reich und die Vorgeschichte des Ersten Weltkriegs, München 1978, S. 76 ff.
5 Vgl. Wolfgang J. Mommsen, Ägypten und der Nahe Osten in der deutschen Außenpolitik 1870–1914, in: Ders., Der autoritäre Nationalstaat. Verfassung, Gesellschaft und Kultur im deutschen Kaiserreich, Frankfurt am Main 1990, S. 140 ff.
6 GP, Bd 2, Nr 228, S. 32.
7 Vgl. GP, Bd 2, Nr 251, S. 76.
8 Bülow an Schweinitz am 23. Oktober 1876, GP, Bd 2, Nr 251, S. 76.
9 Vgl. dazu den immer noch eindrucksvollen Überblick über die Orientfrage von Egmont Zechlin, Die türkischen Meerengen – ein Brennpunkt der Weltgeschichte, Geschichte in Wissenschaft und Unterricht, Bd 17, 1966, S. 1 ff.
10 Vgl. Theodor Schieder, Bismarck – gestern und heute, in: Ders., Einsichten in die Geschichte, Berlin 1979, S. 313 f.
11 GP, Bd 2, Nr 294, S. 153 f.
12 Zitiert bei Medlicott, Bismarck, Gladstone, S 36.
13 Vgl. Theodor Schieder, Bismarck – gestern und heute, S. 314.
14 Dazu W. N. Medlicott, The Congress of Berlin and After, A diplomatic history of the Near Eastern settlement 1878–1880, 1963[2]; ferner R. Melville und H.-J. Schröder (Hg.), Der Berliner Kongreß von 1878. Die Politik der Großmächte und die Probleme der Modernisierung in Südosteuropa in der Zweiten Hälfte des 19. Jahrhunderts, Wiesbaden 1982.
15 Am 2. Februar 1878, GP, Bd 2, Nr 310, S. 180 f.
16 Rudolf von Benningsens Reden, hg. v. W. Schultze und F. Thimme, Bd 1, Halle 1911, S. 354; auch Stenographische Berichte über die Verhandlungen des deutschen Reichstages (künftig Sten. Ber. RT), 3. Legislaturperiode, II. Session 1878, S. 93.
17 Sten. Ber. RT, 3. Leg. per., II. Sess. 1878, S. 98; S. 102 f.
18 Cvetana Todorova, Bismarck und die bulgarische Frage, in: Melville und Schröder, Der Berliner Kongreß, S. 103.
19 Für die Verhandlungen siehe jetzt: Der Berliner Kongreß 1878. Protokolle und Materialien, hg. v. Immanuel Geiss, Boppard 1978.
20 C. O. Blaisdell, European Financial Control in the Ottoman Empire, New York 1929, Nachdruck 1966.
21 Wolfgang J. Mommsen, Europäischer Finanzimperialismus vor 1914. Ein Beitrag zu einer pluralistischen Theorie des europäischen Imperialismus, in: Ders., Der Europäische Imperialismus. Aufsätze und Abhandlungen, Göttingen 1985, S. 85–148; hier: S. 125 ff.
22 Dies geschah in Form eines Vertrages mit Österreich–Ungarn, in dem der Art. V des Prager

Friedens annulliert wurde. Der Vertrag wurde ohne vorausgegangene Verständigung der anderen Mächte am 4. Februar 1879 im Deutschen Reichsanzeiger veröffentlicht. Vgl. Bismarck und die Nordschleswiger Frage, 1864–1879, hg. v. Walter Platzhoff u. a., Berlin 1925, S. 454 ff.

Das Deutsche Reich als Vormacht Europas (1879–1890)

Bismarcks zweites Bündnissystem (1889–1884).

1 Medlicott, Congress of Berlin, S. 8 f.
2 W. J. Mommsen, Ägypten und der Nahe Osten in der deutschen Außenpolitik, in: Ders., autoritärer Nationalstaat, S. 149.
3 GP, Bd 3, Nr 446, S. 14 ff.
4 Ebd., S. 15.
5 Vgl. auch Lothar Gall, Bismarck. Der weiße Revolutionär, Frankfurt am Main/Berlin 1987, 5. Aufl., S. 593.
6 Vgl. die Aufzeichnung Wilhelms I. über seine Unterredung mit dem Zaren am 4. September 1879, GP, Bd 3, Nr 457, S. 36 ff.
7 Erste Reaktion Bismarcks vom 24. August 1879 in GP, Bd 3, Nr 447, S. 20. Vgl. auch Bismarck an Bülow am 1. September 1879, GP, Bd 3, Nr 453, S. 25.
8 Aufzeichnung vom 5. September 1878, GP, Bd 3, Nr 458, S. 41 f.
9 Vgl. den Erlaß Bismarcks an den Prinzen Reuß vom 12. September 1879, GP, Bd 3, Nr 467, S. 72.
10 Vgl. Wolfgang J. Mommsen, Österreich-Ungarn aus der Sicht des deutschen Kaiserreiches, in: Ders., Autoritärer Nationalstaat, S. 217 ff.
11 Vgl. den Art. IV. des Vertragstextes in GP, Bd 3, Nr 485, S. 104.
12 Vgl. unten, S. 24.
13 Medlicott, Bismarck, Gladstone, London 1956, S. 53 f. Vgl. auch Bismarcks Immediatbericht vom 22. Oktober 1883, GW, Bd 6 b, S. 283: »Mit einem so unfähigen Politiker, wie Gladstone, der nichts als ein großer Redner ist, läßt sich keine Politik betreiben, bei welcher England mit Sicherheit in Rechnung gezogen werden könnte,« sowie den bei Medlicott, S. 341–343, veröffentlichten Erlaß Bismarcks an von Schweinitz vom 26. Februar 1884.
14 Medlicott, Congress of Berlin, S. 189.
15 GP, Bd 3, S. 176 ff.
16 Hillgruber, Bismarcks Außenpolitik, S. 159.
17 Schieder, Europa im Zeitalter der Nationalstaaten, S. 68.
18 Dazu Fritz Fellner, Der Dreibund. Europäische Diplomatie vor dem Ersten Weltkrieg, München 1965^{2}, S. 9 ff.
19 Text bei Italicus [d. i. E. E. Berger], München 1928, S. 227 ff.
20 Vgl. Fellner, Der Dreibund, S. 15.
21 Zit. in Erinnerungen an Bismarck. Aufzeichnungen von Mitarbeitern und Freunden des Fürsten, in Verbindung mit A. v. Brauer gesammelt von Erich Marcks und K. A. Müller, Stuttgart und Berlin 1915^{2}, S. 319.
22 Vgl. Wolfgang J. Mommsen, Bismarck, the Concert of Europe, and the Future of West Africa, in: Stig Förster, Wolfgang J. Mommsen und Ronald Robinson (Hg.), Bismarck, Europe and Africa. The Berlin Africa Conference 1884/85 and the Onset of Partition, Oxford 1988, S. 161 ff.
23 Schieder, Europa im Zeitalter der Nationalstaaten, S. 70.
24 GP, Bd 5, S. 295.
25 Ebd., S. 295.

Die Anfänge des deutschen Imperialismus (1882–1885)

1 Busch, Tagebuchblätter, Bd II, Leipzig 1899, S. 157.
2 Hans-Ulrich Wehler, Bismarck und der Imperialismus, Köln und Berlin 1969, S. 182 ff., bes. S. 191. Zum Begriff »Freihandelsimperialismus« siehe W. J. Mommsen, Imperialismustheorien. Eine Einführung, Göttingen 1987, S. 70 ff.
3 Vgl. dazu H. Pogge-v. Strandtmann, Domestic Origins of German Colonial Expansion under Bismarck, Past and Present, Bd 42, 1969, S. 148 ff.
4 Grundlegend Wehler, Bismarck und der Imperialismus; K. J. Bade, Friedrich Fabri und der Imperialismus in der Bismarckzeit. Revolution – Depression – Expansion, Freiburg 1975; Horst Gründer, Geschichte der deutschen Kolonien, Paderborn 1985; A. J. P. Taylor, Germany's First Bid for Colonies 1884–1885, New York 1970.
5 Wolfgang Kelsch, Ludwig Bamberger als Politiker, Berlin 1933, S. 85.
6 M. Broemel (Hg.), Bericht über die Verhandlungen des 19. Kongresses deutscher Volkswirthe in Berlin am 21., 22. und 23. Oktober 1880, Berlin 1880, S. 148.
7 Kelsch, Bamberger als Politiker, S. 83.
8 Vgl. auch M. v. Hagen, Bismarcks Kolonialpolitik, Stuttgart 1923, S. 183 f.
9 Umfassende Darstellung bei Bade, Friedrich Fabri.
10 E. von der Brüggen, Preußische Jahrbücher, Bd 55, 1883, S. 171 ff.
11 Vgl. E. Bendikat, Die organisierte Kolonialbewegung in der Bismarck-Ära, Heidelberg 1984; Pogge-v. Strandtmann, Domestic Origins; K. J. Bade, Imperial Germany and West Africa. Colonial Movement, Business Interests, and Bismarck's ›Colonial Policies‹, in: Bismarck, Europe and Africa, S. 122–127.
12 Vgl. Pogge-v. Strandtmann, Domestic Origins, S. 114.
13 Kohl, Reden Bismarcks, Bd 10, S. 165.
14 Zit. bei Hagen, Bismarcks Kolonialpolitik, S. 187, Anm. 2, nach A. Zimmermann, Geschichte der deutschen Kolonialpolitik, Berlin 1914, S. 46.
15 Kohl, Reden Bismarcks, Bd 10, S. 385 f.
16 Vgl. H. Washausen, Hamburg und die Kolonialpolitik des Deutschen Reichs, 1880–1898, Hamburg 1968.
17 K. Bade, The German Colonial Movement, in: Bismarck, Europe and Africa, S. 130.
18 Hatzfeldt an Herbert v. Bismarck, 7. Februar 1883, zit. bei Wehler, Imperialismus, S. 266 f. Vgl. Mommsen, Bismarck, the Concert of Europe, S. 157.
19 Münster an Bismarck vom 22. November 1883, zit. bei Wehler, Imperialismus, S. 271, sowie Anm. 13, S. 272; vgl. die Erklärung Granvilles gegenüber Münster vom 21. November 1883 bei Taylor, Germany's First Bid for Colonies, S. 25 f., Anm. 2.
20 Aufzeichnung Hatzfeldts vom 14. Dezember 1883, zit. bei Wehler, Imperialismus, S. 271.
21 GP, Bd 3, Nr 680, S. 414.
22 Zur Berliner Westafrikakonferenz von 1884/85 siehe: Bismarck, Europe and Africa; S. E. Crowe, The Berlin West Africa Conference 1884–1885, Nachdruck Westport, Conn. 1970; G. König, Die Berliner Kongo-Konferenz, 1884–1885, Essen 1938.
23 GP, Bd 4, S. 96 f.
24 Documents diplomatiques francaises, Bd 5, S. 424.
25 GP, Bd 3, S. 414.
26 Kohl, Reden Bismarcks, Bd 10, S. 196 f.
27 Zit. bei Königh, Kongo-Konferenz, S. 108.
28 Siehe auch H. Ganslmeier (Hg.), Protocoles et Acte Général de la Conférénce de Berlin, 1884–1885, Bremen 1984.
29 GW, Bd 8, S. 646.

Das Wiederaufflammen der Orient-Krise und der Umbau des Bismarckschen Bündnissystems (1885–1887)

1 Dazu allgemein Lothar Gall, Die europäischen Mächte und der Balkan im 19. Jahrhundert, HZ, Bd 228, 1979, S. 551 ff.; ferner Charles Jelavich, Tzarist Russia and Balcan Nationalism. Russian Influence in the Internal Affairs of Bulgaria and Serbia, 1879–1886, Berkeley 1959; Jelavich, Ottoman Empire.

2 Vgl. auch Dieter Friede, Der verheimlichte Bismarck. Neue Untersuchungen über Bismarcks Rußlandpolitik, Würzburg 1960; ferner Sigrid Kumpf-Korfes, Bismarcks »Draht nach Rußland« 1878–1891, Berlin 1968.

3 Zitiert bei Kohl, Reden Bismarcks, Bd 12, S. 259 f.

4 Ebd., S. 173.

5 Kohl, Reden Bismarcks, Bd 12, S. 190 f.

6 Ebd., Bd 12, S. 173 f.

7 Hillgruber, Bismarcks Außenpolitik, S. 181.

8 Am 4. Januar 1887, GP, Bd 6, S. 163.

9 Kohl, Reden Bismarcks, Bd 12, S. 177.

10 Ebd., S. 183.

11 Georg F. Kennan, The Decline of Bismarck's European Order, Franco-Russian Relations, 1875–1900, Princeton, N.J. 1979 (dt. 1981), S. 73.

12 Dazu Helmut Böhme, Politik und Ökonomie in der Reichsgründungs- und späten Bismarck-Zeit, in: Michael Stürmer (Hg.), Das kaiserliche Deutschland, Düsseldorf 1978, S. 26 ff.; Hans-Ulrich Wehler, Bismarcks späte Rußlandpolitik, in: Ders., Krisenherde, S. 163 ff.

13 Am 21. Dezember 1886. GP, Bd 5, S. 211.

14 GP, Bd 4, S. 312.

15 Robert C. Tignor, Modernization and British Colonial Rule in Egypt, 1882–1914, Princeton, N.J. 1966, S. 83.

16 Am 3. Februar 1887, GP, Bd 4, S. 301.

17 Zur zeitgenössischen Präventivkriegsdebatte vgl. Hillgruber, Bismarcks Außenpolitik, S. 187 ff.

18 Aus der reichen, den Rückversicherungsvertrag kontrovers diskutierenden Literatur sind insbesondere zu nennen Hans Rothfels, Zur Geschichte des Rückversicherungsvertrages, Preußische Jahrbücher, Bd 187, 1922, S. 256 ff.; P. Rassow, Zur Interpretation des Rückversicherungs-Vertrages, Historisches Jahrbuch, Bd 74, 1955, S. 758 ff.; H. Krausnick, Rückversicherungsvertrag und Optionsproblem 1887–1890, in: Geschichtliche Kräfte und Entscheidungen, hg. v. Martin Göhring u. A. Scharff, Wiesbaden 1954; H. Hallhamm, (Hg.), Zur Geschichte und Problematik des Rückversicherungsvertrages von 1887, Darmstadt 1968.

19 Randbemerkung Bismarcks zu einem Bericht Hatzfeldts von Mitte Januar 1888: Hatzfeldt, Nachgelassene Papiere, 1838–1901, hg. und eingel. v. G. Ebel in Verbindung mit M. Behnen, 2 Bde, Boppard 1976, Bd 1, S. 658, Anm. 9.

20 So noch Hildebrand, Deutsche Außenpolitik, S. 21 ff.

21 W. Bußmann (Hg.), Herbert von Bismarck. Aus seiner politischen Privatkorrespondenz, Göttingen 1964, S. 457 f.

22 GP, Bd 6, Nr 1350, S. 342.

Das außenpolitische System Bismarcks im Strudel mächtepolitischer Rivalitäten (1887–1890)

1 Vgl. dazu W. N. Medlicott, The Mediterranean Agreement of 1887, Slavonic Review, Bd 5, 1926, S. 66–88; F. A. Hinsley, Bismarck, Salisbury and the Mediterranean Agreement of 1887, Cambridge Historical Journal, Bd 1, 1958, S. 76 ff.

2 Zum folgenden Wehler, Bismarcks späte Rußlandpolitik, und Kennan, Decline; ferner René Girault, Diplomatie européenne et impérialismes 1871–1914, Paris 1979, S. 109 ff.; Kumpf-Korfes, Bismarcks »Draht nach Rußland«; P. Jakobs, Das Werden des französisch-russischen Zweibundes 1890–1894, Wiesbaden 1968.

3 Brief vom 23. November 1887, Hatzfeld, Nachgelassene Papiere, Bd 1, S. 646.
4 Vgl. dazu K. Canis, Bismarck und Waldersee. Die außenpolitischen Krisenerscheinungen und das Verhalten des Generalstabes 1882 bis 1890, Berlin 1980.
5 Vgl. Denkwürdigkeiten des Generalfeldmarschalls Alfred Grafen von Waldersee, Stuttgart und Berlin 1922, Bd 1, S. 334 f. und 337; ferner Canis, Bismarck und Waldersee, Berlin (Ost) 1980, S. 236 ff.
6 Waldersee, Denkwürdigkeiten, Bd 1, S. 347.
7 Holstein an Hatzfeldt, 14. Januar 1888, Botschafter Paul Graf von Hatzfeldt, Nachgelassene Papiere 1838–1901, 1. Teil, hg. v. G. Ebel in Verbindung mit M. Behnen, Boppard 1976, S. 657.
8 Kohl, Reden Bismarcks, Bd 12, S. 467.
9 Ebd., S. 470.
10 Ebd., S. 466.
11 Ebd., S. 477.
12 Dazu eingehend Wehler, Bismarcks späte Rußlandpolitik, S. 170 ff.
13 Ebd., S. 174.
14 Vgl. Waldersee, Denkwürdigkeiten, Bd 2, S. 65 ff.
15 Vgl. R. Girault, Diplomatie européene, S. 122 ff.
16 Waldersee, Denkwürdigkeiten, Bd 2, S. 67.
17 Novoje Vremja, Herbst 1889, zitiert bei Kennan, Decline, S. 405 (nach der englischen Übersetzung).
18 Vgl. Die geheimen Papiere Friedrich von Holsteins, hg. v. N. Rich u. M. H. Fisher, dt. Ausgabe hg. von Werner Frauendienst, 4 Bde, Göttingen 1956–1963, Bd 2, Tagebuchblätter, Göttingen 1957, S. 408 f., 421, 423.
19 Am 22. November 1887. GP, Bd 4, S. 378 f.
20 P. Kluke, Bismarck und Salisbury, HZ, Bd 175, 1953, S. 301.
21 Hatzfeldt, Nachgelassene Papiere, Bd 2, S. 680.
22 F. F. Müller, Deutschland–Sanzibar–Ostafrika, Geschichte einer deutschen Kolonialeroberung, Berlin 1959, S. 321.
23 GP, Bd 4, Nr 818, S. 176, Anm.
24 Vgl. jetzt Lothar Gall, Bismarck und England, in: P. Kluke u. P. Alter (Hg.), Aspekte der deutsch-britischen Beziehungen, Stuttgart 1978, S. 46 ff.
25 GP, Bd 4, S. 400–402.
26 Hans Rothfels, Bismarcks englische Bündnispolitik, Stuttgart 1924, S. 121 f.
27 Kissinger Diktat vom 15. Juli 1877, GP, Bd 2, S. 154.
28 Waldersee, Denkwürdigkeiten, Bd 2, S. 56.
29 Ebd., S. 48.

Das Streben nach der Weltmachtstellung

Die Außenpolitik des »Neuen Kurses« im Zeichen zunehmender imperialistischer Rivalitäten (1890–1894)

1 Hatzfeldt, Nachgelassene Papiere, Bd 2, S. 658.
2 Waldersee, Denkwürdigkeiten, Bd 2, S. 48.
3 Vgl. dazu Konrad Canis, Bismarck und Waldersee. Die Außenpolitischen Krisenerscheinungen und das Verhalten des Generalstabes 1882–1890, Berlin 1980, S. 259 ff.
4 Waldersee, Denkwürdigkeiten, Bd 2, S. 115.
5 Zur Politik Caprivis neuerdings die sehr materialreiche Untersuchung von Rainer Lahme, Deutsche Außenpolitik 1890–1894. Von der Gleichgewichtspolitik Bismarcks zur Allianzstrategie Caprivis, Göttingen 1990, sowie R. Weitowitz, Deutsche Politik und Handelspolitik unter Reichskanzler Leo v. Caprivi 1890–1894, Düsseldorf 1978, die sich allerdings auf die

Handelsvertragspolitik konzentriert und die außenpolitischen Probleme nur am Rande behandelt.

6 GP, Bd 7, Nr 1368, S. 8 f.

7 Dazu Lahme, Deutsche Außenpolitik, S. 111 ff. sowie S. 179 f. Lahme tendiert dazu, die ältere These von der entschiedenen Option Caprivis für Großbritannien zuungunsten des zarischen Rußland aufgrund einer umfassenden Quellenanalyse einzuschränken.

8 Erlaß vom 29. Mai 1890 an den deutschen Botschafter in St. Petersburg, v. Schweinitz, GP, Bd 7, Nr 380, S. 34.

9 Ebd., S. 35.

10 Vgl. K. Canis, Zur Außenpolitik der Regierung des »Neuen Kurses«, Zeitschrift für Geschichtswissenschaft, Bd 31, 1983, S. 986 ff.

11 Vgl. dazu neuerdings Andreas Hillgruber, der einmal mehr die Zäsur hervorhebt, die die Nichterneuerung des Rückversicherungsvertrages für die deutsche Außenpolitik bedeutet habe. Siehe ders., Deutsche Rußland-Politik 1871–1918. Grundlagen – Grundmuster – Grundprobleme, Saeculum, Bd 27, 1976, S. 100 f.

12 Vgl. dazu George F. Kennan, The Fateful Alliance. France, Russia and the Coming of the First World War, New York 1984.

13 Vgl. dazu Wolfgang Stribrny, Bismarck und die deutsche Politik nach seiner Entlassung (1890–1898), Paderborn 1977, S. 21–55.

14 Vgl. jetzt auch Lahme, Deutsche Außenpolitik, S. 43 f.

15 Dazu neuerdings John C.G. Röhl, Der »Königsmechanismus« im Kaiserreich, in: Ders., Kaiser, Hof und Staat. Wilhelm II. und die deutsche Politik, München 1987, S. 116 ff. Hier wird allerdings die Rolle Wilhelms II. im politischen Entscheidungsprozeß bei weitem überzeichnet. Siehe zu diesem Punkt Wolfgang J. Mommsen, Kaiser Wilhelm II and German Politics, Journal of Contemporary History, Bd 25, 1990, Nr 289 ff.

16 Vgl. dazu Lahme, Deutsche Außenpolitik, S. 179 ff.

17 Vgl. J. Alden Nichols, Germany after Bismarck. The Caprivi Era, 1890–1894, Cambridge, Mass. 1958, S. 57 f.

18 Gwendolin Cecil, Life of Robert Marquis of Salisbury, London 1932, Bd 4, 365.

19 Hatzfeldt, Nachgelassene Papiere, Bd 2, S. 780.

20 Vgl. dazu Roger Chickering, We Men Who Feel Most German. A Cultural Study of the Pan-German League, 1886–1914, Boston 1984, S. 48 ff., sowie die allerdings teilweise überholte Darstellung von Jürgen Kuczynski in dessen Studien zur Geschichte des deutschen Imperialismus, Bd II, Propagandaorganisationen des Monopolkapitals, Berlin 1950, S. 11 ff.

21 Otto Bonhard, Geschichte des Alldeutschen Verbandes, Leipzig und Berlin 1920, S. 237.

22 Lothar Werner, Der Alldeutsche Verband 1890–1918. Ein Beitrag zur Geschichte der öffentlichen Meinung in Deutschland in den Jahren vor und während des Weltkriegs, Berlin 1935, S. 29.

23 GP, Bd 8, Nr 1837, S. 206.

24 Vgl. Gregor Schöllgen, Imperialismus und Gleichgewicht, München 1984, S. 40 und 48 f.

25 Dazu im einzelnen Weitowitz, Deutsche Politik und Handelspolitik, S. 65 ff.

26 Dazu neben Jürgen Puhle, Agrarische Interessenpolitik und preußischer Konservatismus im wilhelminischen Reich (1893–1914). Ein Beitrag zur Analyse des Nationalismus in Deutschland am Beispiel des Bundes der Landwirte und der Deutsch-Konservativen Partei, Bonn 1975^2, neuerdings Hans-Peter Ullmann, Interessenverbände in Deutschland, Frankfurt am Main 1988, S. 85 ff.

27 Vgl. René Girault, Emprunts russes et investitissements françaises en Russie 1887–1914, Paris 1973, S. 224 ff.

28 GP, Bd 8, Nr 2042, S. 441.

Die Ära des ungebremsten »persönlichen Regiments« Wilhelms II. (1894–1897)

1 Vgl. dazu I.V. Hull, The Entourage of Kaiser Wilhelm II, 1888–1918, Cambridge 1982, S. 76ff; John C. G. Röhl, Graf Phillip zu Eulenburg – des Kaisers bester Freund, in: Ders., Kaiser, Hof und Staat, S. 48 ff.
2 John C. G. Röhl, Deutschland ohne Bismarck. Die Regierungskrise im zweiten Kaiserreich 1890–1900, Tübingen 1969, S. 114.
3 Holstein an Eulenburg, 29. November 1895, Phillip Eulenburgs Politische Korrespondenz, Bd 3, S. 1593
4 Die Geheimen Papiere Friedrich von Holsteins, Bd 3, S. 531
5 An Eulenburg am 23. Juli 1896, Phillip Eulenburgs politische Korrespondenz, Bd 3, S. 1714.
6 Zu Holsteins Rolle hinter den Kulissen und seinen zahlreichen Versuchen, mäßigend auf die Auswüchse des persönlichen Regiments Wilhelms II. einzuwirken, siehe ferner die materialreiche Studie von Norman Rich, Friedrich von Holstein, Politics and Diplomacy in the Era of Bismarck and Wilhelm II, 2 Bde, Cambridge 1965, insbes. Bd 2, S. 484 ff.
7 Paul M. Kennedy, The Samoan Tangle. A Study in Anglo-German-American Relations 1878–1900, Dublin 1974, S. 119.
8 GP, Bd 10, Nr 2572, S. 251.
9 Interview mit Oberst Leopold Swaine vom 20. Dezember 1895, GP, Bd 10, Nr 2572, S. 254 f.
10 Röhl, Deutschland ohne Bismarck, S. 149.
11 Rich, Holstein, Bd 2, S. 436.
12 Die Geheimen Papiere Friedrich von Holsteins, Bd 3, S. 464.
13 Max-Weber-Gesamtausgabe, Bd I/4, Tübingen 1993, S. 571 f.
14 Vgl. den undatierten Entwurf der Denkschrift Tirpitz' vom 3. Januar 1896, bei Volker R. Berghahn und Wilhelm Deist, Rüstung im Zeitalter der wilhelminischen Weltpolitik. Grundlegende Dokumente 1890–1914, Düsseldorf 1988, S. 195–198; das Zitat auf S. 197.
15 Vgl. auch Tirpitz' Briefwechsel mit Admiral von Stosch um die Jahreswende 1895/96, in: ders., Erinnerungen, Leipzig 1919, S. 52–55.
16 Vgl. dazu Jonathan Steinberg, Yesterdays Deterrent. Tirpitz and the Birth of the German Battle Fleet, London 1965, mit entsprechenden Nachweisen.
17 Röhl, Deutschland ohne Bismarck, S. 155.
18 Holstein an Eulenburg am 3. Februar 1897, Die Geheimen Papiere Friedrich von Holsteins, Bd 4, S. 8–10.

Die Anfänge der deutschen Weltpolitik unter Bülow und Tirpitz (1897–1906)

1 Bülow an Eulenburg, 26. Dezember 1897, zitiert bei Philipp Eulenburgs politische Korrespondenz, hg. v. John C. G. Röhl, Bd 3, Boppard 1983, S. 1877 f.
2 Die Reden Wilhelms II. in den Jahren 1896–1900. Gesammelt und hg. v. Johs. Penzler, Zweiter Teil, Leipzig o. J. [1904], S. 9.
3 Joseph Schumpeter, Zur Soziologie der Imperialismen, in: Ders., Aufsätze zur Soziologie, Tübingen 1953, S. 74. Vgl. Mommsen, Imperialismustheorien, S. 21–24.
4 Dazu vor allem Geoff Eley, Reshaping the German Right. Radical Nationalism and Political Change after Bismarck, Ann Arbor 1991, S. 41 ff.
5 Vgl. Chickering, We Men Who Feel Most German, S. 303.
6 Bernhard Fürst von Bülow, Deutsche Politik, Berlin 1916, S. 227.
7 Friedrich Naumann, Demokratie und Kaisertum, in: Ders., Schriften zur Verfassungspolitik, Werke, hg. von Theodor Schieder, Bd 2, bearbeitet von Wolfgang J. Mommsen, Köln und Opladen 1966, S. 266.
8 Zitiert bei Peter Winzen, Bülows Weltmachtkonzept, Boppard 1977, S. 67.
9 Vgl. Bülow, Deutsche Politik, S. 227.
10 Vgl. Rüdiger vom Bruch, Wissenschaft, Politik und öffentliche Meinung. Gelehrtenpolitik im Wilhelminischen Deutschland (1890–1914), Husum 1980, S. 77.

11 Dazu Volker R. Berghahn, Der Tirpitz-Plan. Die Genesis einer innenpolitischen Krisenstrategie, Düsseldorf 1971, S. 145 ff; Michael Salewski, Tirpitz, Göttingen 1979, S. 47 ff.; siehe ferner den Sammelband von H. Schottelius und Wilhelm Deist (Hg.), Marine und Marinepolitik, Düsseldorf 1980², mit den Beiträgen von Ekkehard Verchau, S. 54 ff., und Volker R. Berghahn, S. 89 ff.

12 Dieses Argument wurde erstmals vollständig angeführt in der Begründung zur Novelle vom Jahre 1900: siehe Alfred von Tirpitz, Der Aufbau der deutschen Weltmacht, Stuttgart und Berlin 1924, S. 108; vgl. R. Stadelmann, Die Epoche der deutschen Flottenrivalität, in: Ders. (Hg.), Deutschland und Westeuropa, Schloß Laupheim 1948; ferner, wenn auch apologetisch, W. Hubatsch, Die Ära Tirpitz, Göttingen 1955.

13 Denkschrift vom Juli 1897, zitiert bei Berghahn und Deist, Rüstung, S. 122.

14 Zitiert bei Hans Hallmann, Der Weg zum deutschen Schlachtflottenbau, Stuttgart 1933, S. 290.

15 Volker Berghahn. Rüstung und Machtpolitik. Zur Anatomie des »Kalten Krieges« von 1914, Düsseldorf 1973, S. 31 f.

16 Tirpitz, Erinnerungen, Leipzig 1919, S. 52.

17 Gesammelte Politische Schriften, Tübingen 1985⁵, S. 30, Max-Weber-Gesamtausgabe, Bd I/4, S. 671.

18 Vgl. M. Epkenhans, Zwischen Patriotismus und Geschäftsinteresse. F. A. Krupp und die Anfänge des deutschen Schlachtflottenbaus, Geschichte und Gesellschaft, Bd 15, 1989, S. 204 ff.

19 Berghahn und Deist, Rüstung, S. 129.

20 Notizen Tirpitz' vom 28. September 1899, ebd., S. 160 f.

21 Aufzeichnung über Perspektiven einer künftigen deutschen Weltpolitik aus dem Jahre 1896, ebd., S. 121.

22 Am 6. Dezember 1897, Sten. Ber. RT, 9. Leg. Per., V. Sess., 1897/98, Bd 1, S. 60.

23 Zur deutschen Chinapolitik siehe Udo Ratenhof, Die Chinapolitik des Deutschen Reiches 1871 bis 1945. Wirtschaft – Rüstung – Militär, Boppard 1987, S. 153 ff., sowie Werner Stingl, Der Ferne Osten in der deutschen Politik vor dem Ersten Weltkrieg (1902–1914), 2 Bde., Frankfurt am Main 1978, S. 127 ff.

24 Vgl. Boris Barth, Die deutsche Hochfinanz und die Imperialismen. Banken und Außenpolitik vor 1914, Phil. Diss., Universität Düsseldorf (Manuskript) 1993, S. 154 ff.

25 Hansemann an Bülow am 22. Februar 1900, zit. ebd., S. 363.

26 Vgl. dazu Jost Dülffer, Regeln gegen den Krieg? Die Haager Friedenskonferenzen von 1899 und 1907 in der internationalen Politik, Berlin 1981, S. 103 ff.

27 Ebd., S. 109.

28 Winzen, Bülows Weltmachtkonzept, S. 243 ff. Vgl. auch dessen materialreichen Aufsatz: Prince Bülow's Weltmachtpolitik, Australian Journal of Politics and History, Bd 22, 1976, S. 227–242.

29 Winzen, Bülows Weltmachtkonzept, S. 86.

Erste Marokko-Krise und das Gespenst der »Einkreisung« Deutschlands (1904–1906)

1 Die geheimen Papiere Friedrich von Holsteins, Bd 4, 1963, S. 230.

2 Vgl. Barbara Vogel, Deutsche Rußlandpolitik. Das Scheitern der deutschen Weltpolitik unter Bülow 1900–1906, München 1973, S. 124 ff.

3 Ebd., S. 107.

4 Ebd., S. 111.

5 Zur weiteren Entwicklung des Dreibundes und der Verflechtung der Dreibundpolitik mit den informellen imperialistischen Zielen Italiens ebenso wie der anderen europäischen Mächte neuerdings umfassend Michael Behnen, Rüstung – Bündnis – Sicherheit. Dreibund und informeller Imperialismus 1900–1908, Tübingen 1985, insbesondere S. 45 ff.

6 Fellner, Dreibund, S. 58.

7 Zitiert nach Friedrich von Holstein, Lebensbekenntnisse in Briefen an eine Frau, hg. v. Helmut Rogge, Berlin 1932, S. 231.
8 GP, Bd 19/I, Nr. 6027, S. 165. Vgl. auch Vogel, Deutsche Rußlandpolitik, S. 161.
9 Gerhard Ritter, Der Schlieffenplan. Kritik eines Mythos, München 1956, S. 165. Vgl. ferner Peter Rassow, Schlieffen und Holstein, HZ, Bd 173, 1952, S. 297–313.
10 Friedrich von Trotha, Holstein als Mensch und Politiker, Berlin o. J. [1931], S. 204, 206.
11 So Bülow gegenüber Waldersee schon im Jahre 1903.
12 Dazu allgemein H. Raulff, Zwischen Machtpolitik und Imperialismus. Die deutsche Frankreichpolitik 1904/06, Düsseldorf 1976, S. 74 ff.
13 So die Formulierung von Holstein, in: Holstein, Lebensbekenntnisse, S. 239.
14 Vgl. Pierre Guillen, L'Allemagne et le Maroc de 1870 à 1905, Paris 1967, S. 848 f.
15 Vgl. Richard von Kühlmann, Erinnerungen, Heidelberg 1948, S. 233. Siehe ferner Otto Hammann, Deutsche Weltpolitik 1890–1912, Berlin 1925, S. 128 f.
16 Vogel, Deutsche Rußlandpolitik, S. 207.
17 Siehe den Entwurf von Holstein und Bülow, in: GP, Bd 19/I, Nr 6125, Anlage, S. 210. Vgl. Walter Goetz (Hg.), Briefe Wilhelms II. an den Zaren 1894–1914, Berlin o. J. [1920], Nr XXXIX, S. 144.
18 Vgl. Raulff, Zwischen Machtpolitik und Imperialismus, S. 37 ff.
19 Vgl. Samuel R. Williamson, Jr., The Politics of Grand Strategy. Britain and France prepare for War, 1904–1914, Cambridge, Mass. 1969, S. 59–67.
20 Ebd., S. 74.
21 Siehe Berghahn und Deist, Rüstung, S. 180–186, insbesondere S. 184.
22 Ebd., S. 189.
23 Sten. Ber. RT, 11. Leg. Per., 1905/06, Bd 218, S. 3649 B.
24 Ebd., S. 3650 A.
25 Brief an Friedrich Naumann vom 14. Dezember 1906, Max-Weber-Gesamtausgabe, Bd II/5: Briefe 1906–1908, hg. v. M. R. Lepsius und W. J. Mommsen, S. 202; vgl. Wolfgang J. Mommsen, Max Weber und die deutsche Politik, Tübingen 1974^2, S. 156.
26 Berghahn, Tirpitz-Plan, S. 192 f.
27 So Berghahn, ebd., S. 30.
28 Vgl. dazu jüngst Michael Epkenhans, Die wilhelminische Flottenrüstung 1908–1914. Weltmachtstreben, industrieller Fortschritt, soziale Integration, München 1991, S. 25 ff.
29 Zit. bei Dülffer, Regeln gegen den Krieg?, S. 287.
30 Ebd., S. 291 f., sowie S. 302 ff.
31 Zitiert ebd., S. 291.

Formeller und informeller Imperialismus in der Ära Bülow

1 Für die innere Entwicklung der deutschen Kolonien siehe u. a. H. Gründer, Geschichte der deutschen Kolonien; Helmut Bley, Kolonialherrschaft und Sozialstruktur in Deutsch-Südwestafrika 1894–1914, Hamburg 1968; D. Bald, Deutsch-Ostafrika 1900–1914. Eine Studie über Verwaltung, Interessengruppen und wirtschaftliche Erschließung, München 1970; R. Tetzlaff, Koloniale Entwicklung und Ausbeutung. Wirtschafts- und Sozialgeschichte Deutsch-Ostafrikas 1885–1914, Berlin 1970; L. H. Gann und P. Duignan (Hg.), The Rulers of German Africa 1884–1914, Stanford, Calif. 1977; Karin Hausen, Deutsche Kolonialherrschaft in Afrika. Wirtschaftsinteressen und Kolonialverwaltung in Kamerun vor 1914, Zürich 1970; J. A. Moses und P. M. Kennedy (Hg.), Germany in the Pacific and the Far East, 1870–1914, St. Lucia, Queensland 1977.
2 Berechnet nach Walther G. Hoffmann, Das Wachstum der deutschen Wirtschaft seit der Mitte des 19. Jahrhunderts, Berlin 1965, S. 520, 524.
3 Nach Jean Ducruet, Les capitaux européens au Proche-Orient, Paris 1964, amendiert durch Hausen, Deutsche Kolonialherrschaft, S. 6.
4 Vgl. dazu die umfassende Darstellung von Ragnhild Fiebig-von Haase, Lateinamerika als

Konfliktherd der deutsch-amerikanischen Beziehungen 1890–1903, 2 Teilbde, Göttingen 1986, insbesondere S. 104 ff.

5 Vgl. Wolfgang J. Mommsen, Imperialismus. Seine geistigen, politischen und wirtschaftlichen Grundlagen, Hamburg 1977, S. 134 f.

6 Siehe dazu Alexander Schölch, Wirtschaftliche Durchdringung und politische Kontrolle durch die europäischen Mächte im Osmanischen Reich (Konstantinopel, Kairo, Tunis), Geschichte und Gesellschaft, Bd 1, 1975, S. 404–446; ferner Mommsen, Europäischer Finanzimperialismus, mit weiterführender Literatur.

7 Vgl. Hajo Holborn, Deutschland und die Türkei 1878–1890, Berlin 1926, S. 82, sowie Mommsen, Ägypten und der Nahe Osten; ferner Gregor Schöllgen, Zwischen Abstinenz und Engagement. Bismarck und die Orientalische Frage, in: Bismarck und seine Zeit, hg. v. Johannes Kunisch, Berlin 1992, S. 155 ff.

8 Zit. bei Fritz Seidenzahl, Hundert Jahre Deutsche Bank 1870–1970, Frankfurt 1970, S. 67.

9 Zur Geschichte der Bagdadbahn siehe Schöllgen, Imperialismus und Gleichgewicht.

10 Zitiert in: Herrschaftsmethoden des deutschen Imperialismus 1897/98 bis 1917, hg. v. Wilibald Gutsche, Berlin (DDR) 1977, S. 63 f.

11 Ebd.

12 GP, Bd 12/II, Nr 3345, S. 575, Anm.

13 GP, Bd 12/II, Nr 3347, S. 578 f.

14 Vgl. Schöllgen, Imperialismus und Gleichgewicht, S. 113 f.

Der Niedergang des außenpolitischen Systems Bülow (1907–1909)

1 Helfferich an Gwinner, Direktor der Deutschen Bank, am 30. November 1908, GP, Bd 27/II, Nr 9958, Anlage, S. 565.

2 GP, Bd 24, Nr 8248, S. 162, Fußnote. Vgl. auch Bülow an Tirpitz, 29. Januar 1909, bei Tirpitz, Aufbau, S. 117–119; vgl. auch ebd., S. 146.

3 Zitiert bei Berghahn, Tirpitz-Plan, S. 118.

4 GP, Bd 26/I, Nr 8939 A, S. 440.

Die Außenpolitik Bethmann Hollwegs unter dem Druck zunehmender imperialistischer Strömungen in der deutschen Gesellschaft (1909–1914)

Die deutsche Außenpolitik zwischen Disengagement und Aggression (1909–1911)

1 Zitiert nach Bülow, Denkwürdigkeiten, Bd 2, Berlin 1930, S. 198.

2 Sten. Ber. RT, 12. Leg. Per., 2. Sess., 1909–11, Bd 258, S. 2.

3 Ebd., S. 189 B.

4 Aufzeichnung vom 13. August 1909, GP, Bd 28, S. 213.

5 Dies hat insbesondere Fritz Fischer als die eigentliche Zielsetzung der deutsch-englischen Verhandlungen des Jahres 1909 angesehen. Vgl. aber GP, Bd 28, Nr 10441, S. 409.

6 Vgl. Aufzeichnung Bethmann Hollwegs vom 15. Oktober 1909, GP, Bd 28, S. 242.

7 Sten. Ber. RT, 12. Leg. Per., 2. Sess., 1909–11, Bd 262, S. 3561 A.

8 Nachlaß Carl Eisendecher, BA Koblenz, 1/1–7.

9 Am 30. März 1911, Sten. Ber. RT, 12. Leg. Per., II. Sess., Bd 266, S. 6003 B.

10 Zitiert nach Schulthess' Europäischer Geschichtskalender, Jg. 1910, S. 173.

11 Am 15. März 1990, Sten. Ber. RT, 12. Leg. Per., II. Sess., Bd 260, S. 2133 D.

12 Am 16. März 1910, ebd., S. 2162 D.

13 Zitiert bei Kuczynski, Studien zur Geschichte des deutschen Imperialismus, Bd 2, S. 218.

14 Vgl. Jean-Claude Allain, Agadir 1911: Une crie impérialiste en Europe pour la conquète du Maroc, Paris 1976, S. 144–46.

15 Ebd., S. 202.

16 Siehe die Karte bei Geoffrey Barraclough, From Agadir to Armageddon. Anatomy of a Crisis, London 1982, S. 92.
17 Vgl. Emily Oncken, Panthersprung nach Agadir: Die deutsche Politik während der zweiten Marokkokrise 1911, Düsseldorf 1981, S. 44.
18 Vgl. Allain, Agadir, S. 240.
19 Vgl. ebd. S. 267.
20 Zit. bei Barraclough, From Agadir to Armageddon, S. 98.
21 Vgl. ebd., S. 101 f.
22 Aufzeichnung Zimmermanns vom 12. Juni 1911, GP, Bd 29, S. 146. Kiderlen-Wächter erklärte sich damit am 16. Juni »völlig einverstanden«, ebd., Anm.
23 Siehe Alfred Vagts, M. M. Warburg & Co. Ein Bankhaus in der deutschen Weltpolitik, 1905–1933, Vierteljahreshefte für Sozial- und Wirtschaftsgeschichte, Bd 45, 1958, S. 289–388, sowie in: Alfred Vagts, Bilanzen und Balancen. Aufsätze zur internationalen Finanz und internationalen Politik, hg. v. Hans-Ulrich Wehler, Frankfurt 1979, S. 52–55.
24 Siehe Oncken, Panthersprung, S. 334, und Edgar Hartwig, Zur Politik und Entwicklung des Alldeutschen Verbandes von seiner Gründung bis zum Beginn des Ersten Weltkrieges 1891–1914, Jena 1966, S. 265. Vgl. ferner Heinrich Class, Wider den Strom. Vom Werden und Wachsen der nationalen Opposition im alten Reich, Leipzig 1932, S. 203.
25 Vgl. Ernst Jäckh, Kiderlen-Wächter. Der Staatsmann und der Mensch, Stuttgart 1925, Bd 2, S. 122, sowie Class' nachträgliche Mitteilungen über seine Kontakte mit Kiderlen-Wächter, in Class, Wider den Strom, S. 178 f., ferner Oncken, Panthersprung, S. 334.
26 Zit. bei George F. W. Hallgarten, Imperialismus vor 1914, München 1963², Bd 2, S. 238.
27 Jäckh, Kiderlen-Wächter, Bd 2, S. 129
28 Vgl. Otto Hammann, Bilder aus der letzten Kaiserzeit, Berlin 1922, S. 88, und Kurt Riezler, Tagebücher, Aufsätze, Dokumente, hg. v. Karl Dietrich Erdmann, Göttingen 1972, S. 178 f. (Eintragung vom 30. Juli 1911).
29 Vgl. »Die Post« vom 4. August 1911 sowie den Artikel aus der Feder des Reichsrats Graf Preysing in der »Zukunft« vom 5. August 1911. Harden ließ diesem wenig später einen von ihm selbst verfaßten Artikel mit dem bezeichnenden Titel »Guilleaume le timide« folgen.
30 Vgl. das Tagebuch der Baronin Spitzemberg. Aufzeichnungen aus der Hofgesellschaft der Hohenzollern, hg. v. Rudolf Vierhaus, Göttingen 1960, S. 531 f. (Eintragungen vom 2. und 7. August 1911).
31 Vgl. für die Reaktion Wilhelms II. GP, Bd 29, Nr 10699, S. 318 f.
32 Zit. bei Helmuth von Moltke, Erinnerungen, Briefe, Dokumente 1877–1916, Stuttgart 1922, S. 362.
33 Sten. Ber. RT, 12. Leg. Per., II. Sess., Bd 268, S. 7711 A.
34 Ebd., S. 7713 A.
35 Ebd., S. 7718 D.
36 Ebd., S. 7721 A.
37 Ebd., S. 7730 C, D.
38 Ebd., S. 7756 C.
39 Brief vom 16. November 1911, Nachlaß Eisendecher 1/1–7, Bundesarchiv Koblenz.
40 In dem Bericht von Hertlings aus der Budgetkommission hieß es: »Es wurde die Ansicht vertreten, man möge die Streitfrage de lege lata auf sich beruhen lassen, sich für die Zukunft aber so einrichten, daß in analogen Fällen das Mitbestimmungsrecht des Reichstages gewahrt sei.« Sten. Ber. RT, 12. Leg. Per., II. Sess., Bd 268, S. 8346 B.
41 Ebd., S. 8360 B.

Die deutsche Außenpolitik am Scheideweg: Die Haldane Mission vom Frühjahr 1912

1 Vgl. Wolfgang J. Mommsen, Innenpolitische Bestimmungsfaktoren der deutschen Außenpolitik vor 1914, in: Ders., Der autoritäre Nationalstaat, S. 316 ff. Die englische Urfassung, Domestic Factors in German Foreign Policy before 1914, in: James J. Sheehan (Hg.), Imperial Germany, New York 1976, S. 223 ff.
2 Alfred von Tirpitz, Politische Dokumente. Der Aufbau der deutschen Weltmacht, Bd 1, S. 200; vgl. auch Wilhelm Deist, Flottenpolitik und Flottenpropaganda. Das Nachrichtenbureau des Reichsmarineamtes 1897–1914, Stuttgart 1976, S. 268 f.
3 Tirpitz an Capelle, 12. August 1911, bei Tirpitz, Dokumente, Bd 1, S. 205.
4 Ebenda, S. 207 f. Das Zitat auf S. 208.
5 Deist, Flottenpolitik, S. 270, dort zit. nach Schulthess' Europäischer Geschichtskalender, Jg 1911, S. 144.
6 Siehe Berghahn und Deist, Rüstung, S. 337.
7 Wilhelm II. an Bethmann Hollweg am 26. September sowie am 30. September 1911, Tirpitz, Dokumente, Bd 1, S. 216 ff. Vgl. GP, Bd 31, S. 5 f.
8 Vgl. Deist, Flottenpolitik, S. 270 ff.
9 Vgl. dazu Stig Förster, Der doppelte Militarismus, Die deutsche Heeresrüstungspolitik zwischen Status-Quo-Sicherung und Aggression 1890–1913, Wiesbaden 1985, S. 219.
10 Sten. Ber. RT, 13. Leg. Per, I. Sess., Bd 283, S. 2283.
11 Vgl. GP, Bd 31, Nr 11349, S. 100.
12 Vgl. jetzt auch M. Epkenhans, Die wilhelminische Flottenrüstung, S. 98 f.
13 GP, Bd 31, S. 157, Anm.
14 Vgl. Greys Vorschlag vom 14. März 1912, British Documents on the Origins of the War 1898–1914, Bd 6, S. 713 f.
15 An Metternich, 8. März 1912, GP, Bd 31; Nr 11 391, S. 160.
16 GP, Bd 31, Nr 11 406, S. 189.
17 Rede vom 18. März 1912 im Unterhaus. The Parliamentary Debates, 5th Series, Bd 35, S. 1553 f.
18 Vgl. Arthur Marder, From the Dreadnought to Scapa Flow. The Royal Navy in the Fisher Era, 1904–1919, Bd 1, London 1966, S. 287 ff.

Die Balkankriege von 1912/13 und die fortschreitende Einengung des politischen Handlungsspielraums des Deutschen Reiches

1 Sten. Ber. RT, 13. Leg. Per., 1. Sess., 1912/13, Bd 284, S. 1300 B.
2 Ebd., S. 1300 C.
3 Ebd., S. 1334 C.
4 Friedrich von Bernhardi, Deutschland und der nächste Krieg, Leipzig 1912, S. 111 f.
5 An Eisendecher, 22. Juli 1912; NL Eisendecher 1/1–7. Vgl auch GP, Bd 31, Nr 11 546, S. 449, Anm.
6 Aufzeichnung vom 4. Oktober 1912. GP, Bd 33, S. 164 ff.
7 Zur Außenpolitik Österreich–Ungarns siehe F. R. Bridge, From Sadowa to Sarajewo. The Foreign Policy of Austria-Hungary, London 1972.
8 Vgl. den Erlaß Kiderlen-Wächters an Kühlmann vom 20. Oktober 1912, GP, Bd 33, S. 237.
9 Vgl. Kiderlen-Wächter an Bethmann Hollweg vom 2. September 1912, GP, Bd 33, S. 93: »Nach unseren Verträgen und Abmachungen sind wir nicht verpflichtet, Österreich–Ungarn in seinen orientalischen Plänen, geschweige denn Abenteuern zu unterstützen.«
10 GP, Bd 33, S. 204.
11 GP, Bd 33, S. 295.
12 GP, Bd 33, S. 303.

13 Vgl. die Erklärung Kiderlen-Wächters vor dem Bundesratsausschuß für die auswärtigen Angelegenheiten am 28. November 1912, zit. bei Jäckh, Kiderlen-Wächter, Bd 2, S. 197 f.

14 Zit. bei Luigi Albertini, The Origins of the War of 1914, 3 Bde, London u. a. 1952, Bd 1, S. 401 (Übers. v. Verf.).

15 GP Bd 33, Nr 12453, S. 424, Anm.; vgl. auch Nr 12405, S. 374 f., Anm.

16 Sten. Ber. RT, 13. Leg. Per., 1. Sess., 1912/13, Bd 286, S. 2472 B.

17 Vgl. das Protokoll der Fraktionssitzung der Sozialdemokratischen Partei vom 29. November 1912, in: Die Reichstagsfraktion der deutschen Sozialdemokratie 1898 bis 1918, hg. v. Erich Matthias und Eberhard Pikart, Erster Teil, Düsseldorf 1966, S. 280 f.

18 Ledebour, in Sten. Ber. RT, 13. Leg. Per., 1. Sess. 1912/13, Bd 286, S. 2475 D, 2479 B, C; David, ebd. S. 2510 A.

19 Ebd., S. 2488 A.

20 Ebd., S. 2472 C.

21 Ebd., S. 2536 C.

22 GP, Bd 39, S. 119 ff.

23 GP, Bd. 33, S. 451 f.

24 Aufzeichnung Wilhelms II. für Kiderlen-Wächter vom 8. Dezember 1912, GP, Bd 39, S. 123 f.

25 Vgl. für diesen Begriff, statt des bei Fritz Fischer verwendeten Terminus »Kriegsrat«, Bernd F. Schulte, Zu der Krisenkonferenz vom 8. Dezember 1912, Historisches Jahrbuch, Bd 102, 1982, S. 183–197; ders., Europäische Krise und Erster Weltkrieg. Beiträge zur Militärpolitik des Kaiserreichs 1871–1914, Frankfurt 1983, S. 35 f. In seiner zuvor erschienenen Studie Vor dem Kriegsausbruch 1914. Deutschland, die Türkei und der Balkan, Düsseldorf 1980, S. 75 ff., verwendet Schulte noch den Begriff »Kriegsrat«.

26 Die Aufzeichnungen des Admirals von Müller über den sog. »Kriegsrat« vom 8. Dezember 1912 wurden erstmals, freilich in verstümmelter Form, veröffentlicht bei Walter Görlitz, Der Kaiser. Aufzeichnungen des Chefs des Marinekabinetts Georg Alexander von Müller, Göttingen 1965, S. 124 f.; jetzt vollständiges nebst allen einschlägigen, sowei einigen neuerdings aufgefundenen Dokumenten bei John C. G. Röhl, An der Schwelle zum Weltkrieg, Militärgeschichtliche Mitteilungen, 1977/1, S. 77 ff. Vgl. auch Mommsen, Autoritärer Nationalstaat, S. 392–95.

27 Es hieß hier weiter: »Das Volk dürfe nicht in die Lage versetzt werden, sich erst bei Ausbruch eines großen europäischen Krieges die Frage vorzulegen, für welche Interessen Deutschland in diesem Kriege zu kämpfen habe. Das Volk müsse vielmehr schon vorher mit dem Gedanken an einen solchen Krieg vertraut gemacht werden«. Röhl, Schwelle zum Weltkrieg, S. 100 f.

28 Bethmann Hollweg an Wilhelm II. vom 10. Dezember 1912, jetzt bei Röhl, Schwelle zum Weltkrieg, S. 102 f.

29 GP, Bd 39, S. 124.

30 Siehe Röhl, Schwelle zum Weltkrieg, S. 100. Zu diesem in der Forschung heftig umstrittenen Sachverhalt vgl. W. J. Mommsen, Der Topos vom unvermeidlichen Krieg. Außenpolitik und öffentliche Meinung im Deutschen Reich im letzten Jahrzehnt vor 1914, in: Jost Dülffer, Karl Holl (Hg.), Bereit zum Krieg. Kriegsmentalität im Wilhelminischen Deutschland, 1890–1914, Göttingen 1986, S. 207 f., und die dort angegebene Literatur. Jüngst hat Röhl auf die Kritik an seiner These, daß die Krisenkonferenz vom 8. Dezember 1912 die Entscheidung für die zielbewußte Herbeiführung des Ersten Weltkrieges gebracht habe, ausführlich geantwortet, unter Zitierung neuen Materials, dabei aber diese seine These selbst weitgehend zurückgenommen. Vgl. John C. G. Röhl, Der militärpolitische Entscheidungsprozeß in Deutschland am Vorabend des Ersten Weltkrieges, in: Ders., Kaiser, Hof und Staat, S. 175 ff. Die Darstellung von Bernd F. Schulte, Europäische Krise und Erster Weltkrieg, S. 35 ff., ist reich an Material, aber einseitig und methodisch unzulänglich; flache Polemik ersetzt allzuoft Sachargumente.

31 Vgl. Gerhard Granier, Deutsche Rüstungspolitik vor dem Ersten Weltkrieg. General Franz Wandels Tagebuchaufzeichnungen aus den preußischen Kriegsministerium, Militärgeschichtliche Mitteilungen, 38, 1985/2, S. 128.

32 Bethmann Hollweg für Kiderlen-Wächter, 17. Dezember 1912, GP, Bd 39, S. 8.
33 Förster, Doppelter Militarismus, S. 255.
34 GP, Bd 39, S. 9 f.
35 GP, Bd 39, S. 145 ff.
36 Vgl. Förster, Doppelter Militarismus, S. 263.
37 Jagow an Berchtold, 23. März 1913, zit. bei Michaelis, Die deutsche Politik während der Balkankriege, Waldeburg 1929, S. 208.
38 Berchtold an Jagow, 13. März 1913, GP, Bd 34/II, Nr 12 969, S. 498 f.
39 Tschirschky an Jagow, 24. April 1913, GP, Bd 34/II, Nr 13 203, S. 731 f.
40 GP, Bd 34, S. 549.
41 Österreich–Ungarns Außenpolitik von der bosnischen Krise 1908 bis zum Kriegsausbruch 1914, Wien/Leipzig 1930, Bd 7, Nr 8157, S. 3.
42 GP, Bd 35, S. 346 ff.; das Zitat auf S. 347.
43 Siehe Konstantin Loulos, Die deutsche Griechenlandpolitik von der Jahrhundertwende bis zum Ausbruch des Ersten Weltkrieges, Frankfurt am Main 1986, S. 297.
44 GP, Bd 35, Nr 13 583, S. 344 f.
45 Vgl. Loulos, Griechenlandpolitik, S. 314 f.
46 Vgl. die Aufzeichnung Wangenheims vom 5. Mai 1914, GP, Bd 36/II, S. 786.
47 Vgl. GP, Bd 39, Nr 15 794, S. 443 ff. und Nr 15 817, S. 481–487.
48 Hans Fürstenberg (Hg.), Carl Fürstenberg. Die Lebensgeschichte eines deutschen Bankiers, Frankfurt am Main 1961, S. 294 f.
49 Vgl. dazu Andrej Mitrovič, Germany's Attitude toward the Balkans 1912–1914, in: East Central European Society and the Balkan Wars, hg. v. Bélak Koràly und Dimitrije Djordjevič, New York 1957, S. 295–298.
50 Ebd., S. 300–302.
51 Schon im Dezember 1913 urteilte die Wirtschaftsabteilung des Auswärtigen Amtes in Berlin, daß unter dem Gesichtspunkt der auswärtigen Politik der Förderung der deutsch-serbischen Wirtschaftsbeziehungen erhebliche Bedeutung zukomme. Ebd., S. 309 f.
52 GP, Bd 36/I, S. 395.
53 Hugo Hantsch, Leopold Graf Berchtold. Grandseigneur und Staatsmann, Bd 1, Graz 1963, S. 505 f. Vgl. auch Österreich–Ungarns Außenpolitik von der bosnischen Krise 1908 bis zum Kriegsausbruch 1914, Wien/Leipzig 1930, Bd 7, Nr 8934.

Deutsche Weltpolitik und noch kein Krieg

1 Kühlmann an Bethmann Hollweg, 15. Oktober 1912, GP, Bd 33, Nr 12 284, S. 229.
2 Zit. bei Holger Afflerbach, General von Falkenhayn, 1861–1913, phil. Diss. Universität Düsseldorf 1987 (Manuskript) S. 77. Erscheint demnächst in der Publikationsreihe des Militärgeschichtlichen Forschungsamts.
3 Vgl. dazu Gregor Schöllgen, Richard von Kühlmann und das deutsch-englische Verhältnis 1912–1914, HZ, Bd 230, 1980, S. 293 ff.
4 Deutsche Weltpolitik und kein Krieg!, Berlin 1913.
5 Von Bassermann zu Stresemann. Die Sitzungen des nationalliberalen Zentralvorstandes 1912–1917, hg. v. Klaus-Peter Reiss, Düsseldorf 1967, S. 146.
6 Sten. Ber. RT, 13. Leg. Per., I. Sess., Bd 288, S. 4169 A.
7 Vgl. dazu Förster, Doppelter Militarismus, S. 268 f.
8 Bethmann Hollweg an Eisendecher, 23. März 1913, NL Eisendecher, 1/1–7, BA Koblenz.
9 Vgl. dazu Peter-Christian Witt, Die Finanzpolitik des Deutschen Reiches von 1903 bis 1913. Eine Studie zur Innenpolitik des Wilhelminischen Deutschland, Lübeck und Hamburg 1970, S. 339–41.
10 Nach dem von dem Abgeordneten Vogtherr erstatteten Kommissionsbericht, vgl. Sten. Ber. RT, 13. Leg. Per., 1. Sess., Bd 288, S. 4154 D.
11 Sten. Ber. RT, 13. Leg. Per., I. Sess., Bd 289, S. 4512 D, 4513 C.

12 Ebd. S. 4515 A.
13 Ebd. S. 4547 A, B.
14 Nationalzeitung, 26./27. April 1913.
15 Zitiert bei Wolfgang J. Mommsen, Die latente Krise des Deutschen Reiches 1909–1914, in: Handbuch der deutschen Geschichte, neu hg. von L. Just, Bd 4/1, Frankfurt am Mainz 1979, S. 62.
16 Ebd., S. 63.
17 Vgl. P. H. S. Hatton, Harcourt and Solf: The Search for an Anglo-German Understanding through Africa, 1912–14, European Studies Review, Bd 1, 1971, S. 123–145.
18 Ebd., S. 132.
19 Karte bei A. J. P. Taylor, The Struggle for Mastery in Europe 1848–1918, Oxford 1971, S. 503.
20 Vgl. den Abdruck des Vertragsentwurfs, Art. VIII, in GP, Bd 37/I, Nr 14 682, S. 81.
21 So Sir Edward Grey im britischen Kabinett im Juli 1912; vgl. Hatton, Harcourt and Solf, S. 136.
22 Vgl. dazu die vor dem Abschluß befindliche Düsseldorfer Dissertation von Rolf Peter Tschapek, Deutscher Finanzimperialismus im Vorfeld territorialer Erwerbungen. Die Umsetzung der deutsch-englischen Verträge über die eventuelle Aufteilung der portugiesischen Kolonien im südlichen Afrika.
23 Vgl. Jacques Willequet, Le Congo Belge et la Weltpolitik (1894–1914), Brüssel 1962, S. 383 f.
24 Vgl. oben, S. [H 4/8].
25 Vgl. E. W. Edwards, British Diplomacy and Finance in China, 1895–1914, Oxford 1987, S. 185 f., 194.
26 J. J. Ruedorffer [pseud. für Kurt Riezler], Grundzüge der Weltpolitik in der Gegenwart, Berlin 1913, S. 229.
27 Sten. Ber. RT, 13. Leg. Per., I. Sess., Bd 286, S. 2491 D.
28 Paul Rohrbach, Zum Weltvolk hindurch, Stuttgart 1914, S. 17.
29 Zit. bei Fritz Fischer, Krieg der Illusionen. Die Deutsche Politik von 1911 bis 1914, Düsseldorf 1969, S. 340.
30 Vgl. auch Bassermann Ende 1912 im Reichstag, Sten. Ber. RT, 13. Leg. Per., I. Sess., Bd 291, S. 6295 B.
31 Deutsche Gefahren und Neue Ziele, in: Walther Rathenau, Gesammelte Schriften, Bd 1, Zur Kritik der Zeit. Mahnung und Warnung, Berlin 1925, S. 267 ff.
32 Am Anfang steht ein großer Bericht Wangenheims an Bethmann Hollweg vom 21. Mai 1913, in dem dieser argumentierte, daß sich die asiatische Türkei aus eigener Kraft nicht mehr erhalten könne und demgemäß ein gemeinsames Vorgehen des Deutschen Reiches und Großbritanniens angezeigt sei, um eine gründliche Reorganisation der Türkei von Grund auf herbeizuführen. Siehe GP, Bd 38, Nr 15 312, S. 41 ff.
33 Vgl. Jagow an Lichnowsky, 31. Mai 1913, GP, Bd 38, Nr 15 317, S. 54 f.
34 Zimmermann an Lichnowsky, 23. Januar 1913, GP, Bd 34/I, Nr 12718, S. 237.
35 Vgl. Alexander Schölch, Wirtschaftliche Durchdringung und politische Kontrolle durch die europäischen Mächte im Osmanischen Reich, Geschichte und Gesellschaft, Bd 1, 1975, S. 436.
36 Angaben bei Jacques Thobie, Banque impériale ottomane et banque impériale de Perse jusqu'en 1914. Stratégies comparées de deux banques centrales dans un contexte semi-colonial, Relations Internationales, Bd 56, 1988, S. 441.
37 Vgl. auch Ducruet, Les capitaux Européenns, S. 110 f.
38 Auf dem Balkan, von Rumänien abgesehen, betrieb die Deutsche Bank im Hinblick auf ihr hohes Engagement im Nahen Osten eine ungewöhnlich restriktive Politik. Vgl. Mitrovič, Germany's Attitude, S. 302.
39 Vgl. die Denkschrift der Deutschen Bank vom 17. März 1913, GP, Bd 37/I, Nr 14721, S. 144 ff., und Schöllgen, Imperialismus und Gleichgewicht, S. 380.
40 Jagow an Lichnowsky, 25. März 1913, GP, Bd 37/I, Nr 14725, S. 155.

41 Vgl. dazu und für die nachfolgenden Ausführungen Heinz Lemke, Die Deutsche Bank in der Auseinandersetzung um die Erteilung der Erdölkonzession in Mesopotamien 1911–1914, Jahrbuch für Geschichte, Bd 34, Berlin 1987, S. 244 ff.

42 Vgl. ebd., S. 243 f.

43 Dies ist gegen die ansonsten verdienstvolle Darstellung Schöllgens, Imperialismus und Gleichgewicht, S. 400 ff., einzuwenden, die die internationalen finanzimperialistischen Verflechtungen des Bagdadbahnunternehmens nicht immer zureichend berücksichtigt.

44 Jagow an Wangenheim, 28. Juli 1913, zitiert bei Erich Brandenburg, Von Bismarck zum Weltkriege, Berlin 1925[1], S. 408.

45 Wangenheim an Jagow vom 21. März 1913, GP, Bd 38, Nr 15312, S. 43–48. Hier heißt es u. a.: Nach sorgfältiger Prüfung und genauer Besprechung mit sachverständigen Interessenten bin ich daher zu dem Ergebnis gelangt, daß das auf der Karte rot schraffierte [oben schwarz schraffiert] Gebiet als unsere engere Interessensphäre behauptet werden und bei einer eventuellen Liquidation der Türkei uns zufallen muß. Der Rest des Landstreifens – auf der Karte durch blaue Schraffierung [oben stark gepunktet] kenntlich gemacht – »kann als unsere weitere Interessensphäre bezeichnet werden. Diese umschließt zwei sehr wertvolle Gebiete: das für europäische Ansiedler geeignete westanatolische Hochland und das als Baumwolland einer glänzenden Zukunft entgegengehende mittlere Mesopotamien. Ob und wie weit wir unsere engere Interessensphäre einmal in diese Gegenden vorschieben können, wird von unserer wirtschaftlichen Expansionskraft und von unserer Stellung zu unseren Konkurrenten abhängen.«

46 Wangenheim an Bethmann Hollweg, 26. April 1913, GP, Bd 38, Nr 15439, S. 200.

47 Bericht Kokowtzow an den Zaren, 13. Dezember 1913, Nr 1169, in: Friedrich Stieve (Hg.), Der Diplomatische Schriftwechsel Iswolkis 1911–1914, Bd 3, Berlin 1926, S. 390 ff.

Der »Sprung ins Dunkle«

1 Zit. bei Tirpitz, Erinnerungen, S. 233.

2 Alldeutscher Imperialismus oder ökonomische Expansion? Gespräch zwischen Hugo Stinnes und Heinrich Class im September 1911, abgedruckt in: Mommsen, Imperialismus, Grundlagen, S. 145.

3 Vgl. hierzu und für die folgende Darstellung Mommsen, Topos; auch in: Ders., Autoritärer Nationalstaat, S. 380 ff. Siehe ferner ders., Die latente Krise, sowie James Joll, 1914. The Unspoken Assumptions. London 1968, und ders., The Origins of the First World War, London und New York 1968, wie auch die knappe übersichtliche Zusammenfassung von L. C. F. Turner, Origins of the First World War, Nachdruck London 1989. Die Literatur zur Entstehung des Ersten Weltkriegs ist heute nahezu unüberschaubar geworden; neuerdings ist in diesem Zusammenhang der Rolle der anderen Großmächte vermehrte Aufmerksamkeit zugewandt worden. Im übrigen zeichnet sich in Teilen der Forschung die Tendenz ab, wieder hinter den mit den Arbeiten Fritz Fischers, insbesondere seinem zweiten großen Werk »Krieg der Illusionen« erreichten Forschungsstand zurückzugehen. Fritz Fischer selbst hat 1983 in seiner Studie »Juli 1914. Wir sind nicht hineingeschlittert.« Das Staatsgeheimnis um die Riezler-Tagebücher, Reinbek 1983, nochmals in die Forschungskontroverse eingegriffen. Die nachfolgende Darstellung stützt sich in erster Linie auf eine sorgfältig abwägende Analyse der uns heute erreichbaren Quellen. Demgemäß wird hier nur auf die wichtigsten neueren Arbeiten verwiesen, soweit sie nicht im Folgenden ausdrücklich zitiert werden. Siehe u. a. Gregor Schöllgen, (Hg.), Flucht in den Krieg. Die Außenpolitik des kaiserlichen Deutschland, Darmstadt 1991; R. J. W. Evans und Hartmut Pogge-von Strandtmann, The Coming of the First World War, Oxford 1988; J. Remak, 1914 – The Third Balcan War, Journal of Modern History, Bd 43, 1971, S. 353–366; Klaus Hildebrand, Imperialismus, Wettrüsten und Kriegsausbruch 1914, Neue Politische Literatur, Bd 20, 1975, S. 166 ff., 339 ff.: Ders., Julikrise 1914: Das europäische Sicherheitsdilemma, Geschichte in Wissenschaft und Unterricht, Bd 36, 1985, S. 469–502; Manfred Rauh, Die »deutsche Frage« vor 1914: Weltmachtstreben

und Obrigkeitsstaat?, in: Josef Becker und Andreas Hillgruber, (Hg.), Die deutsche Frage, München 1983, S. 109–182; Volker Ullrich, Der Sprung ins Dunkle – die Julikrise 1914 und ihre aktuellen Lehren, Geschichtsdidaktik, Bd 9, 1984, S. 97–106; P. W. Schroeder, World War I as Galloping Gertie, Journal of Modern History, Bd 44, 1972, S. 319–344; ders., Das deutsche Kalkül in der Julikrise 1914 und die Frage der englischen Neutralität, Geschichte in Wissenschaft und Unterricht, Bd 34, 1983, S. 79–97.

4 So beispielsweise Paul Rohrbach, Dem Kriege zu!, in: Ders., Zum Weltvolk hindurch, S. 12–38; das Zitat auf S. 26.

5 Ebenda, S. 12.

6 Direkte Belege für diese Haltung des Generalstabs lassen sich erst für den Sommer 1914 beibringen. Doch kann man diese angesichts der bekannten Einstellung Moltkes, der schon 1912 einen europäischen Krieg für unvermeidlich ansah und diesen »je eher, je besser« führen wollte, bereits für das Frühjahr 1914 voraussetzen. Vgl. u. a. ein Schreiben Moltkes an Conrad von Hötzendorff vom 13. März 1914, in dem der Generalstabschef seine große Sorge über die russischen Rüstungen bekundete, es allerdings aus dem gleichen Grunde für unwahrscheinlich erklärte, daß Rußland »in nächster Zeit [!] eine Gelegenheit zum Kriege gegen Österreich, oder [...] gegen uns« suchen wolle. Conrad von Hötzendorff, Aus meiner Dienstzeit, 1906–1918, Bd 3: 1913 und das erste Halbjahr 1914. Der Ausgang des Balkankrieges und die Zeit bis zum Fürstenmord in Sarajewo, Wien 1922, S. 609 ff.; das Zitat auf S. 611.

7 Zit. bei Mommsen, Topos, S. 214 f.

8 Vgl. ebenda, S. 218.

9 Hötzendorff, Dienstzeit, Bd 3, S. 670.

10 Siehe die Aufzeichnung über das Gespräch Moltkes mit Conrad von Hötzendorff, bei Hötzendorff, Dienstzeit, Bd 3, S. 669 ff.; das Zitat auf S. 670.

11 Vgl. József Galántai, Die Österreich-Ungarische Monarchie und der Weltkrieg, o. O. 1979, S. 229 f.

12 Zitiert bei Barbara Tuchman, August 1914. Ausbruch des Ersten Weltkrieges – der eigentliche Beginn unseres Jahrhunderts, Bern und München 1964, Nachdruck 1979, S. 36.

13 »Schon vor Monaten« habe Moltke »sich dahin ausgesprochen, daß [...]« Lerchenfeld an Hertling, 31. Juli 1914, Bayerische Dokumente zum Kriegsausbruch und zum Versailler Schuldspruch, hg. v. Pius Dirr, München 1924², Nr 71, S. 176.

14 Egmont Zechlin, Motive und Taktik der Reichsleitung 1914. Ein Nachtrag, Der Monat, Heft 209, 1966, S. 91–95, hier S. 92.

15 Lerchenfeld an Hertling, Bayerische Dokumente, Nr 1, S. 111 ff.; das Zitat auf S. 113.

16 Vgl. dazu Mommsen, Topos, sowie allgemein Joll, 1914.

17 Detaillierte Darstellung bei Erwin Hölzle, Der Osten im Ersten Weltkrieg, Leipzig 1944, freilich mit weitgehender Übersteigerung der Bedeutung der Marinekonvention. Hölzle folgend, aber vollends Großbritannien zum eigentlichen Verantwortlichen für den Ausbruch des Ersten Weltkriegs erklärend, Manfred Rauh, Die britisch-russische Marinekonvention von 1914 und der Ausbruch des Ersten Weltkrieges, Militärgeschichtliche Mitteilungen, Bd 41, 1987/1, S. 37 ff. Rauh kommt zu der, den Sachverhalt in grotesker Weise übersteigernden Schlußfolgerung: »Auf dem Weg über die Marinekonvention brachten England und Frankreich das europäische Gleichgewicht gegen die Mittelmächte zum Einsturz [...], Ebd., S. 53.

18 NL Eugen Schiffer, Preußisches Geheimes Staatsarchiv Berlin-Dahlem.

19 Schlußbemerkungen Wilhelm II. zu einem Bericht Wangenheims vom 8. Juni 1914, GP, Bd 36/II, Nr 14 603, S. 805.

20 In einem vertraulichen Schreiben des Reichskanzlers an den deutschen Botschafter in London Fürst Lichnowski, GP, Bd 39, Nr 15 883, S. 628 ff.; das Zitat auf S. 628 f.

21 Vagts, Bilanzen und Balancen?, S. 75

22 Vgl. die Eintragung Riezlers vom 7. Juli 1914 in seinem Tagebuch, das allerdings nur mit erheblichen Einschränkungen und einiger Vorsicht für die Interpretation der deutschen Politik in der Julikrise herangezogen werden kann, da die fraglichen Teile des Tagebuchs mit großer Wahrscheinlichkeit später überarbeitet und teilweise unter anderen Datierungen angeordnet

worden sind. Selbst die Verwendung des Terminus »Weltkrieg« zu diesem Zeitpunkt ist einigermaßen verwunderlich und läßt auf eine spätere Redaktion schließen. Kurt Riezler. Tagebücher, Aufsätze, Dokumente, hg. von Karl Dietrich Erdmann, Göttingen 1972, S. 183.

23 Tschirschky an Bethmann Hollweg, 30. Juni 1914, in: Immanuel Geiss, Julikrise und Kriegsausbruch 1914, Eine Dokumentensammlung, Hannover 1963, Bd 1, S. 59.

24 Ebd.

25 Tschirschky an Bethmann Hollweg, 2. Juli 1914, in: Geiss, Julikrise, Bd 1, S. 69 f.

26 Aufzeichnung Berchtolds vom 3. Juli 1914, in: Geiss, Julikrise, Bd 1, S. 74 f.

27 Handschreiben Kaiser Franz Josephs an Wilhelm II. vom 2. Juli 1914, das anläßlich des Besuchs von Hoyos in Berlin übergeben wurde, bei Geiss, Julikrise, Bd 1, S. 65.

28 Bericht des sächsischen Gesandten in Berlin vom 2. Juli 1914, bei Geiss, Julikrise, Bd 1, S. 72. Vgl. auch die Mitteilung des sächsischen Militärattachés Leuckart an den sächsischen Staats- und Kriegsminister Carlowitz vom folgenden Tage: »Ich habe den Eindruck gewonnen, daß man es dort [d. h. im Generalstab, d. Vf.] als ganz günstig ansieht, wenn es jetzt zu einem Kriege käme. Besser würden die Verhältnisse und Aussichten für uns nicht werden«, bei Geiss, Julikrise, Bd 1, S. 75.

29 Vgl. Koester an Dusch, 20. Juli 1914, bei Geiss, Julikrise, Bd 1, S. 249: »Es wurde mir vertraulich mitgeteilt, daß seine Majestät der Kaiser eine Unterstützung Österreichs mit allen Mitteln völlig billige, dass der Reichskanzler dagegen anfänglich zögerte, sich dieser Auffassung anzuschliessen, nunmehr aber auch die gleiche Ansicht vertritt.«

30 Eine Andeutung dieser Art findet sich bereits in Hoyos' Aufzeichnung über ein Gespräch mit dem deutschen Publizisten Viktor Naumann vom 1. Juli 1914; dieser erklärte: »Eine solche Aktion würde für Deutschland der Prüfstein sein, ob Russland den Krieg wolle oder nicht«. Geiss, Julikrise, Bd 1, S. 61. Vgl. ferner Tirpitz, Erinnerungen, S. 227, wonach Moltke ihm später versichert habe, »daß er mit den ganzen Verhandlungen nichts zu tun gehabt und keineswegs empfohlen hätte, das Ultimatum an Serbien als Prüfstein dafür zu verwenden, ob die Entente Krieg wollte oder sich dazu noch nicht stark genug fühlte«. Dies trifft, was Moltke angeht, insofern zu, als er während der entscheidenden Tage auf Urlaub war. Aber es war dies ohnehin eine im Auswärtigen Amt bzw. in der Umgebung Bethmann Hollwegs geborene Idee, durch welche die Militärs befriedigt werden sollten, ohne jedoch deren Spiel zu spielen.

31 Ein konkreter Beleg dafür in dem Schreiben Moltke an Bethmann Hollweg vom 18. Juli 1914, in: Kriegsrüstung und Kriegswirtschaft, Anlagen zum ersten Band, Berlin 1930, Dok. Nr 67, S. 196 f.

32 Vgl. Eintragungen Riezlers vom 20. und 23. Juli 1914, Tagebücher, S. 187, 190.

33 Eintragung vom 14. Juli 1914, ebd., S. 185.

34 Eintragung vom 11. Juli 1914, ebd.

35 Vgl. Andreas Hillgruber, Riezlers Theorie des kalkulierten Risikos und Bethmann Hollwegs politische Konzeption in der Julikrise 1914, HZ, Bd 202, 1966, S. 333–351.

36 Vgl. D. W. Spring, Russia and the Coming of War, in: Evans und Strandtmann, The Coming of the First World War, S. 57–86, hier S. 75 ff.

37 Zit. bei John C. G. Röhl, Zwei deutsche Fürsten zur Kriegsschuldfrage. Lichnowsky und Eulenburg und der Ausbruch des Ersten Weltkriegs, Düsseldorf 1971, S. 21.

38 Vgl. Grey an Rumbold, 6. Juli 1914, British Documents on the Origins of the War 1898–1914, Bd 11, London 1926 (Nachdruck 1967), Nr 32, S. 24 f. Vgl. Karl Max Fürst Lichnowsky, Meine Londoner Mission 1912–1914, Berlin 1919, S. 27 ff.

39 Vgl. Graf Szögyény an Berchtold, am 5. Juli 1917, in Geiss, Julikrise, Bd 1, S. 84.

40 Siehe Fritz Fellner, Die »Mission Hoyos«, in: Studien zum Kontinuitätsproblem der deutschen Geschichte, Bd 1: Deutschlands Sonderung von Europa 1862–1945. Aufsätze, hg. von Wilhelm Alff, Frankfurt, Bern und New York 1984, S. 283–316, hier: Anhang: Persönliche Erinnerungen an die Schreckenstat in Sarajewo und den Ausbruch des Weltkriegs, S. 313.

41 Vgl. Hopmann an Tirpitz, 13. Juli 1914, in: Kaiserliche Marine und Kriegsausbruch 1914. Neue Dokumente zur Julikrise, hg. v. Volker R. Berghahn und Wilhelm Deist, Militärgeschichtliche Mitteilungen, Bd 7, 1970/1, S. 50.

42 Geiss, Julikrise, Bd 1, S. 228.
43 Bethmann Hollweg an Schoen, Lichnowsky und Pourtalès, 26. Juli 1914, nicht abgesandt, Geiss, Julikrise, Bd 2, S. 46.
44 Ebd.
45 Siehe Szögyény an Berchtold, 27. Juli 1914, Geiss, Julikrise, Bd 2, S. 93 ff.
46 Bethmann Hollweg an Tschirschky, 27. Juli 1914, Geiss, Julikrise, Bd 2, S. 111.
47 Geiss, Julikrise, Bd 2, S. 185, Anm. 2.
48 Bethmann Hollweg an Tschirschky, 28. Juli 1914, Geiss, Julikrise, Bd 2, S. 197.
40 Buchanan an Grey, 25. Juli 1914, Geiss, Julikrise, Bd 1, S. 435 ff.; das Zitat auf S. 437.
50 Moltke an Bethmann Hollweg, 29. Juli 1914, Geiss, Julikrise, Bd 2, S. 261 ff.; das Zitat auf S. 263.
51 Bethmann Hollweg an Goschen, 29. Juli 1914, Geiss, Julikrise, Bd 2, S. 283 f., und Goschen an Grey, 29. Juli 1914, Geiss, Julikrise, Bd 2, S. 333 f., sowie Goschen an Grey, British Documents, Bd 11, Nr 293, S. 185 f.
52 Lichnowsky an Jagow, 1. August 1914, Geiss, Julikrise, Bd 2, S. 544.
53 Lichnowsky an Jagow, 1. August 1914, Geiss, Julikrise, Bd 2, S. 554.
54 Georg Alexander von Müller, Regierte der Kaiser?, Kriegstagebücher, Aufzeichnungen und Briefe des Chefs des Marine-Kabinetts Admiral Georg Alexander von Müller 1914–1918, Göttingen, Berlin, Frankfurt 1959, S. 38 f.
55 Vgl. Gerd Krumeich, Aufrüstung und Innenpolitik in Frankreich vor dem Ersten Weltkrieg, Wiesbaden 1980, S. 270.
56 Geiss, Kriegsausbruch, Bd 2, Nr 784, S. 371 ff.
57 Max Weber, Zur Politik im Weltkrieg, Schriften und Reden 1914–1918, Max-Weber-Gesamtausgabe, Bd I/15, hg. v. Wolfgang J. Mommsen in Zusammenarbeit mit Gangolf Hübinger, Tübingen 1984, S. 469.
58 Kölnische Zeitung, Nr 890, 7. August 1914, Morgenausgabe.
59 Brief an Fanny Künstler vom 6. Dezember 1914, in: Walther Rathenau. In Brief und Bild, eingeleitet und hg. v. Margarete von Eynern, Frankfurt am Main 1967, S. 134.

Bibliographie

Quellensammlungen und Aktenpublikationen

Allgemeines

V.R. Berghahn und W. Deist, Rüstung im Zeichen der wilhelminischen Weltpolitik, Grundlegende Dokumente 1890–1914, Düsseldorf 1988;
Deutscher Geschichtskalender, hg. von K. Wippermann, 35 Bde, Leipzig 1885–1919;
Europäischer Geschichtskalender, Bd 1–25 (1860–1884), hg. von H. Schulthess, Nördlingen 1861–1885; Fortsetzung unter dem Titel Schulthess' Europäischer Geschichtskalender, Neue Folge, Bd 1–34 (1885–1918), hg. von E. Delbrück u.a., Nördlingen und München 1886–1922;
F.T. Gatter (Hg.), Protokolle und Generalakte der Berliner Afrika-Konferenz 1884–1885, Bremen 1984;
J. Hohlfeld (Hg.), Dokumente der deutschen Politik und Geschichte von 1848 bis zur Gegenwart, Bd 1: Die Reichsgründung und das Zeitalter Bismarcks 1848–1890; Bd 2: Das Zeitalter Wilhelms II. 1890–1918, Berlin und München o.J. [1951].

Außenpolitik und internationale Beziehungen

Amtliche Aktenstücke zur Geschichte der Europäischen Politik 1895–1914 [Die Belgischen Dokumente zur Vorgeschichte des Weltkrieges], im Auftrag des Auswärtigen Amtes hg. von B. Schwertfeger, 9 Bde, Berlin 1925;
A. Bach (Hg.), Deutsche Gesandtschaftsberichte zum Kriegsausbruch 1914, Berichte und Telegramme der badischen, sächsischen und württembergischen Gesandtschaften in Berlin aus dem Juli und August 1914, Berlin 1937;
W. Baumgart (Bearb.), Die Julikrise und der Ausbruch des Ersten Weltkrieges 1914, Darmstadt 1983;
M. Behnen (Hg.), Quellen zur deutschen Außenpolitik im Zeitalter des Imperialismus 1890–1911, Darmstadt 1977;
Bismarck und die nordschleswigsche Frage 1864–1879, Die diplomatischen Akten des Auswärtigen Amtes zur Geschichte des Artikels 5 des Prager Friedens, Berlin 1925;
British Documents on the Origins of the War 1898–1914, hg. von G.P. Gooch und H. Temperley, 11 Bde, ND London 1967; dt. Ausgabe hg. von H. Lutz, Berlin 1926–1938;
Die Deutschen Dokumente zum Kriegsausbruch 1914, im Auftrag des Auswärtigen Amtes hg. von Graf M. Montgelas und W. Schücking, 4 Bde, Berlin ³1927;
P. Dirr (Hg.), Bayerische Dokumente zum Kriegsausbruch und zum Versailler Schuldspruch, München und Berlin ³1925;
Documents Diplomatiques Francais 1871–1914, hg. vom Ministère des affaires étrangères, 41 Bde, Paris 1929–1959;
H. Ganslmeier (Hg.), Protokoles et Acte général de la conféréncе de Berlin, 1884–1885, Bremen 1984;
I. Geiss (Hg.), Der Berliner Kongreß 1878, Protokolle und Materialien, Boppard am Rhein 1978;
Ders. (Hg.), Julikrise und Kriegsausbruch 1914, Eine Dokumentensammlung, 2 Bde, Hannover 1963/1964;
Die große Politik der europäischen Kabinette 1871–1914, Sammlung der Diplomatischen Akten des Auswärtigen Amtes, im Auftrage des Auswärtigen Amtes hg. von J. Lepsius, A. Mendelssohn-Bartholdy und F. Thimme, 40 Bde, Berlin 1922–1927;
W.J. Mommsen, Imperialismus, Seine geistigen, politischen und wirtschaftlichen Grundlagen, Ein Quellen- und Arbeitsbuch, Hamburg 1977;
A. Novotny, Quellen und Studien zur Geschichte des Berliner Kongresses 1878, Bd 1: Österreich, die Türkei und das Balkanproblem im Jahre des Berliner Kongresses, Graz 1957;
Österreich-Ungarns Außenpolitik von der bosnischen Krise 1908 bis zum Kriegsausbruch 1914, Wien und Leipzig 1930;
A.F. Pribram (Hg.), Die politischen Geheimverträge Österreich-Ungarns 1879–1914, 2 Bde, Wien 1920;
Quellen zur Entstehung des Ersten Weltkrieges, Internationale Dokumente, 1901–1914, hg. von E. Hölzle, Darmstadt 1978;

A. von Tirpitz, Politische Dokumente, 2 Bde, Stuttgart und Berlin 1924–1926.

Allgemeine Darstellungen, Handbücher und Aufsatzsammlungen

Europa

F.R. Bridge, From Sadowa to Sarajewo, The foreign policy of Austria-Hungary, London 1972;
Ders. und R. Bullen, The great powers and the European states system, 1815–1914, London und New York 1980;
L. Dehio, Gleichgewicht oder Hegemonie, Betrachtungen über ein Grundproblem der neueren Staatengeschichte, Krefeld 1948;
L. Gall, Europa auf dem Weg in die Moderne 1850–1890 (Oldenbourg Grundriß der Geschichte, Bd 14), München und Wien ²1989;
R. Girault, Diplomatie européenne et impérialismes 1871–1914, Paris 1979;
H. Gollwitzer, Geschichte des weltpolitischen Denkens, Bd 2: Zeitalter des Imperialismus und der Weltkriege, Göttingen 1982;
Ders., Europe in the age of imperialism 1880–1914
Handbuch der europäischen Geschichte, Bd 5: Europa von der Französischen Revolution zu den nationalstaatlichen Bewegungen des 19. Jahrhunderts, hg. von W. Bussmann, Stuttgart 1981; Bd 6: Europa im Zeitalter der Nationalstaaten und der europäischen Weltpolitik bis zum Ersten Weltkrieg, hg. von T. Schieder, Stuttgart 1968;
E. J. Hobsbawm, Das imperiale Zeitalter, 1875–1914, Frankfurt am Main 1989;
E. Hoensch, Geschichte der Balkanländer, Stuttgart 1968;
B. und C. Jelavich, The Balcans, Englewood Cliffs 1965;
J. Joll, Europe since 1870, An international history, London 1973;
P. M. Kennedy, The rise and fall of the great powers, New York 1988;
F. Klein und K.O. von Aretin (Hg.), Europa um 1900, Texte eines Kolloquiums, Berlin (O) 1989;
B. Koràly und D. Djordjevic (Hg.), East Central Europe society and the Balkan wars, New York 1957;
W. J. Mommsen, Das Zeitalter des Imperialismus (Fischer Weltgeschichte, Bd 28), Frankfurt am Main 1969;
The new Cambrigde Modern History, Bd 11: Material progress and world-wide problems 1870–1898, hg. von F.H. Hinsley, Cambridge 1962; Bd 12: The shifting balance of world forces 1898–1945, hg. von C.L. Mowat, Cambridge ²1968;
P. Renouvin (Hg.), Histoire des relations internationales, Bd 5 und 6: Le XIXe siècle, II: 1871–1914, L'apogée de l'Europe, Paris 1955;
T. Schieder, Nationalismus und Nationalstaat, Studien zum nationalen Problem im modernen Europa, hg. von O. Dann und H.-U. Wehler, Göttingen 1991;
Ders., Staatensystem als Vormacht der Welt 1848–1918 (Propyläen Geschichte Europas, Bd 5), Frankfurt am Main, Berlin und Wien ²1982;
G. Schmidt, Der europäische Imperialismus, München 1985;
G. Schöllgen, Das Zeitalter des Imperialismus (Oldenbourg Grundriß der Geschichte, Bd 15), München 1986.

Deutsches Reich

J. Becker und A. Hillgruber (Hg.), Die deutsche Frage im 19. und 20. Jahrhundert, Augsburg 1983;
W. Carr, A history of Germany 1815–1990, London ⁴1991;
G.A. Craig, Deutsche Geschichte, 1866–1945, Vom Norddeutschen Bund bis zum Ende des Dritten Reiches, München ³1982;
G. Eley, Wilhelminismus, Nationalismus, Faschismus, Zur historischen Kontinuität in Deutschland, Münster 1991;
N. Elias, Studien über die Deutschen, Machtkämpfe und Habitusentwicklung im 19. und 20. Jahrhundert, hg. von M. Schröter, Frankfurt am Main 1989;
E. Engelberg, Bismarck, Das Reich in der Mitte Europas, Berlin 1990;
R. J. Evans, Rethinking German history, Nineteenth century Germany and the origins of the Third Reich, London 1989;
A. Hillgruber, Die gescheiterte Großmacht, Eine Skizze des deutschen Reiches 1871–1945, Düsseldorf 1980;
H. Holborn, Deutsche Geschichte in der Neu-

zeit, Bd 3: Das Zeitalter des Imperialismus (1871–1945), München und Wien 1971;
L. JUST (Hg.), Handbuch der deutschen Geschichte, Bd 3/2: W. BUSSMANN, Das Zeitalter Bismarcks, Frankfurt am Main [4]1968; Bd 4/I: Deutsche Geschichte der neuesten Zeit von Bismarcks Entlassung bis zur Gegenwart, Teil 1: Das deutsche Reich von 1890 bis 1933, Abschnitt I: W. FRAUENDIENST, Das Deutsche Reich von 1890 bis 1914 (1909), Abschnitt Ia: W. J. MOMMSEN, Die latente Krise des Deutschen Reiches 1909 bis 1914, Frankfurt am Main 1973, S. 3–120;
F. KLEIN, Deutschland von 1897 bis 1917, Deutschland in der Periode des Imperialismus bis zur Großen Sozialistischen Oktoberrevolution, Berlin (O) [5]1986;
C. GRAF VON KROCKOW, Die Deutschen in ihrem Jahrhundert 1890–1990, Reinbek bei Hamburg 1990;
W. J. MOMMSEN, Der autoritäre Nationalstaat, Verfassung, Gesellschaft und Kultur des deutschen Kaiserreichs, Frankfurt am Main 1990;
DERS., Nation und Geschichte, Über die Deutschen und die deutsche Frage, München 1989;
T. NIPPERDEY, Deutsche Geschichte 1866–1918, Bd 1: Arbeitswelt und Bürgergeist, München 1990; Bd 2: Machtstaat vor der Demokratie, München 1992;
PLOETZ – Das deutsche Kaiserreich 1867/71 bis 1918, Bilanz einer Epoche, hg. von D. LANGEWIESCHE, Freiburg im Breisgau und Würzburg 1984;
R. POIDEVIN, Die unruhige Großmacht, Deutschland und die Welt im 20. Jahrhundert, Freiburg im Breisgau 1985;
T. SCHIEDER, Das Deutsche Kaiserreich von 1871 als Nationalstaat, Köln 1961;
J. J. SHEEHAN (Hg.), Imperial Germany, New York 1976;
M. STÜRMER, Das ruhelose Reich, Deutschland 1866–1918 (Die Deutschen und ihre Nation III), Berlin 1983;
DERS. (Hg.), Das kaiserliche Deutschland, Politik und Gesellschaft 1870–1918, Düsseldorf [3]1978;
H.-U. Wehler, Das deutsche Kaiserreich 1871–1918, Göttingen [6]1988;
J. ZIEKURSCH, Politische Geschichte des neuen deutschen Kaiserreichs, 3 Bde, Frankfurt am Main 1925–1930.

Außenpolitik und internationale Beziehungen

Übergreifende Darstellungen

H. M. ADAMS, Probleme der Beziehungen zwischen Preußen-Deutschland und den USA seit Bismarck, Würzburg 1961;
A. M. BIRKE und M.-L. RECKER (Hg.), Das gestörte Gleichgewicht, Deutschland als Problem britischer Sicherheit im 19. und 20. Jahrhundert, München 1990;
E. BRANDENBURG, Von Bismarck zum Weltkrieg, Frankfurt am Main [2]1939;
D. CALLEO, Legende und Wirklichkeit der deutschen Gefahr, Neue Aspekte zur Rolle Deutschlands in der Weltgeschichte von Bismarck bis heute, Bonn 1980;
K. CANIS, Bismarck und Waldersee, Die außenpolitischen Krisenerscheinungen und das Verhalten des Generalstabes 1882 bis 1890, Berlin 1980;
E. M. CARROLL, Germany and the great powers 1866–1914, A study in public opinion and foreign policy, Hamden/Conn. [2]1966;
L. DEHIO, Deutschland und die Weltpolitik im 20. Jahrhundert, München 1955;
L. L. FARRAR JR., Arrogance and anxiety, The ambivalence of German power, 1848–1914, Iowa City 1981;
F. FELLNER, Der Dreibund, Europäische Diplomatie vor dem Ersten Weltkrieg, Wien 1960;
J. GEISS, Der lange Weg in die Katastrophe, Die Vorgeschichte des Ersten Weltkriegs 1815–1914, München und Zürich 1990;
DERS., German foreign policy, 1871–1914, London und Boston [2]1979;
K. HILDEBRAND, Deutsche Außenpolitik 1871–1918, München 1989;
A. HILLGRUBER, Bismarcks Außenpolitik, Freiburg im Breisgau [2]1981;
DERS., Deutsche Großmacht- und Weltpolitik im 19. und 20. Jahrhundert, Düsseldorf 1977;
DERS., Kontinuität und Diskontinuität in der deutschen Außenpolitik von Bismarck bis Hitler, Düsseldorf 1969;
N. JAPIKSE, Europa und Bismarcks Friedenspolitik, Berlin 1927;
K. E. JEISMANN, Das Problem des Präventivkrieges im europäischen Staatensystem mit besonderem Blick auf die Bismarckzeit, Berlin 1927;
C. JELAVICH, Tzarist Russia and Balcan nation-

alism, Russian influence in the internal affairs of Bulgaria and Serbia, 1879–1886, Berkeley 1959;
P. M. KENNEDY, The rise of the Anglo-German antagonism 1860–1914, London 1980;
DERS., The war plans of the great powers, 1880–1914, London 1979;
P. KLUKE und P. ALTER (Hg.), Aspekte der deutsch-britischen Beziehungen im Laufe der Jahrhunderte, Stuttgart 1978;
M. KRÖGER, »Le baton égyptien« – Der ägyptische Knüppel, Die Rolle der »ägyptischen Frage« in der deutschen Außenpolitik von 1875/76 bis zur »Entente Cordiale«, Frankfurt am Main 1991;
W. L. LANGER, European alliances and alignments 1871–1890, New York ²1950;
H. LUTZ, Österreich-Ungarn und die Gründung des Deutschen Reiches, Europäische Entscheidungen 1867–1871, Frankfurt am Main 1979;
W. N. MEDLICOTT, Bismarck, Gladstone, and the concert of Europe, New York ²1969;
H. C. MEYER, Mitteleuropa in German thought and action, 1815–1945, Den Haag 1955;
R. POIDEVIN und J. BARIÉTY, Frankreich und Deutschland, Die Geschichte ihrer Beziehungen 1815–1975, München 1982;
G. SCHÖLLGEN, Die Macht in der Mitte Europas, Stationen deutscher Außenpolitik von Friedrich dem Großen bis zur Gegenwart, München 1992;
K. SCHWABE (Hg.), Das Diplomatische Korps 1871–1945, Boppard am Rhein 1985;
A. J. P. TAYLOR, The struggle for mastery in Europe, 1848–1918, Oxford ²1971;
G. ZIEBURA (Hg.), Grundfragen der deutschen Außenpolitik seit 1871, Darmstadt 1975.

Die Reichsgründung und der deutsch-französische Krieg von 1870/71

J. BECKER, Zum Problem der Bismarckschen Politik in der spanischen Thronfolgefrage 1870, in: Historische Zeitschrift 212 (1971), S. 529–607;
W. CARR, The origins of the war of German unification, London und New York 1991;
R. DIETRICH (Hg.), Europa und der Norddeutsche Bund, Berlin 1968;
J. DITTRICH, Bismarck, Frankreich und die spanische Thronkandidatur der Hohenzollern, Die »Kriegsschuldfrage« von 1870, München 1962;
ENTSCHEIDUNG 1866, Der Krieg zwischen Österreich und Preußen, hg. vom Militärgeschichtlichen Forschungsamt, Stuttgart 1966;
EUROPA UND DIE REICHSGRÜNDUNG, Preußen-Deutschland in der Sicht der großen europäischen Mächte 1860–1880, hg. von E. KOLB (Historische Zeitschrift, Beiheft NF 6), München 1980;
EUROPA VOR DEM KRIEG VON 1870, Mächtekonstellation – Konfliktfelder – Kriegsausbruch, hg. von E. KOLB unter Mitarbeit von E. MÜLLER-LUCKNER, München 1987;
H. GOLDSCHMIDT (Hg.), Bismarck und die Friedensverhandlungen zu Brüssel und Frankfurt, März – Dezember 1871, Berlin 1929;
W. VON GROOTE und U. VON GERSDORFF, Entscheidung 1870, Der deutsch-französische Krieg, Stuttgart 1970;
M. HOWARD, The Franco-Prussian war, The German invasion of France, 1870–71, New York ⁵1969;
E. KOLB, Der Weg aus dem Krieg, Bismarcks Politik im Krieg und die Friedensanbahnung 1870/71, München 1990;
DERS., Der Kriegsausbruch 1870, Politische Entscheidungsprozesse und Verantwortlichkeiten in der Julikrise 1870, Göttingen 1970;
P. LEVILLAIN und R. RIEMENSCHNEIDER (Hg.), La guerre 1870/71 et ses conséquences, Actes du XXᵉ colloque historique franco-allemand organisé à Paris par l'Institut Historique Allemand en coopération avec le Centre de Recherches Adolphe Thiers, du 10 au 12 octobre 1984 et du 14 au 15 octobre 1985, Bonn 1990;
W. E. MOSSE, The European powers and the German question 1848–71, With special reference to England and Russia, Cambridge 1958;
W. PLATZHOFF u. a. (Hg.), Bismarck und die Nordschleswiger Frage, 1864–1879, Berlin 1925;
L. A. PUNTILA, Bismarcks Frankreichpolitik, Göttingen 1971;
T. SCHIEDER und E. DEUERLEIN (Hg.), Reichsgründung 1870/71, Tatsachen, Kontroversen, Interpretationen, Stuttgart 1970;
L. STEEFEL, Bismarck, the Hohenzollern candidacy, and the origins of the Franco-German war of 1870, Cambridge/Mass. 1962.

Das Bündnissystem Bismarcks

K. O. FREIHERR VON ARETIN (Hg.), Bismarcks Außenpolitik und der Berliner Kongreß, Wiesbaden 1978;
H. ELZER, Bismarcks Bündnispolitik von 1887, Erfolg und Grenzen einer europäischen Friedensordnung, Frankfurt am Main 1991;
D. FRIEDE, Der verheimlichte Bismarck, Neue Untersuchungen über Bismarcks Rußlandpolitik, Würzburg 1960;
H. HALLMANN (Hg.), Zur Geschichte und Problematik des deutsch-russischen Rückversicherungsvertrages von 1887, Darmstadt 1968;
H. HERZFELD, Deutschland und das geschlagene Frankreich 1871–1873, Berlin 1924;
DERS., Die deutsch-französische Kriegsgefahr von 1875, Berlin 1922;
H. HOLBORN, Bismarcks europäische Politik zu Beginn der siebziger Jahre und die Mission Radowitz, Berlin 1925;
B. JELAVICH, The Ottoman empire, The great powers and the straits question, 1870–1887, Bloomington 1973;
G. F. KENNAN, Bismarcks europäisches System in der Auflösung, Die französisch-russische Annäherung 1875–1890, Berlin 1981;
S. KUMPF-KORFES, Bismarcks Draht nach Rußland, Zum Problem der sozial-ökonomischen Hintergründe der russisch-deutschen Entfremdung im Zeitraum von 1878–1891, Berlin (O) 1968;
U. LAPPENKÜPER, Die Mission Radowitz, Untersuchungen zur Rußlandpolitik Otto von Bismarcks (1871–1875), Göttingen 1990;
W. N. MEDLICOTT, The congress of Berlin and after, A diplomatic history of the Near Eastern settlement 1878–1888, London ²1963;
R. MELVILLE und H.-J. SCHRÖDER (Hg.), Der Berliner Kongreß von 1878, Die Politik der Großmächte und die Probleme der Modernisierung in Südosteuropa in der zweiten Hälfte des 19. Jahrhunderts, Wiesbaden 1982;
H. MÜLLER-LINK, Industrialisierung und Außenpolitik, Preußen-Deutschland und das Zarenreich von 1860–1890, Göttingen 1977;
H. ROTHFELS, Bismarcks englische Bündnispolitik, Stuttgart 1924;
R. F. SCHMIDT, Die gescheiterte Allianz, Österreich-Ungarn, England und das Deutsche Reich in der Ära Andrassy (1867 bis 1878/79), Frankfurt am Main 1992;
H. TRÜTZSCHLER VON FALKENSTEIN, Bismarck und die Kriegsgefahr des Jahres 1887, Berlin 1924;
B. WALLER, Bismarck at the crossroads, The reorientation of German foreign policy after the congress of Berlin 1878–1880, London 1974;
M. WINCKLER, Bismarcks Bündnispolitik und das europäische Gleichgewicht, Stuttgart 1964;
W. WINDELBAND, Bismarck und die europäischen Großmächte 1879–1885, Essen ²1942.

Die deutsche »Weltpolitik« 1890 bis 1914
und der Ausbruch des Ersten Weltkrieges

L. ALBERTINI, The origins of the war of 1914, 3 Bde, London 1952;
J.-C. ALLAIN, Agadir 1911, Une crise impérialiste en Europe pour la conquète du Maroc, Paris 1976;
H. ALTRICHTER, Konstitutionalismus und Imperialismus, Der Reichstag und die deutsch-russischen Beziehungen 1890–1914, Frankfurt am Main 1977;
P. R. ANDERSON, The background of anti-English feeling in Germany 1890–1902, New York ²1969;
ANONYM [H. PLEHN], Deutsche Weltpolitik und kein Krieg!, Berlin 1913;
G. BARRACLOUGH, From Agadir of Armageddon, Anatomy of a crisis, London 1982;
M. BEHNEN, Rüstung – Bündnis – Sicherheit, Dreibund und informeller Imperialismus 1900–1908, Tübingen 1985;
V. R. BERGHAHN, Germany and the approach of war in 1914, London 1973;
F. VON BERNHARDI, Deutschland und der nächste Krieg, Leipzig 1912;
R. J. CRAMPTON, The hollow detente, Anglo-German relations in the Balcans 1911–1914, London 1980;
J. DÜLFFER, Regeln gegen den Krieg? Die Haager Friedenskonferenzen von 1899 und 1907 in der internationalen Politik, Berlin 1981;
R. J. EVANS und H. POGGE VON STRANDMANN (Hg.), The coming of the First World War, Oxford 1988;
F. FISCHER, Hitler war kein Betriebsunfall, Aufsätze, München 1991;
DERS., Juli 1914, Wir sind nicht hineingeschlittert, Das Staatsgeheimnis um die Riezler-Tagebücher, Reinbek bei Hamburg 1983;

DERS., Der Krieg der Illusionen, Die deutsche Politik von 1911–1914, Düsseldorf 1969;
I. GEISS, Das Deutsche Reich und die Vorgeschichte des Ersten Weltkrieges, München und Zürich 1985;
R. GIRAULT, Emprunts russes et investitions Françaises en Russie 1887–1914, Paris 1983;
W. GUTSCHE, »Panthersprung« nach Agadir, 1911, Berlin 1988;
O. HAMMANN, Deutsche Weltpolitik 1890–1912, Berlin 1925;
A. HILLGRUBER, Deutschlands Rolle in der Vorgeschichte der beiden Weltkriege, Göttingen ³1986;
W. HUBATSCH, Die Ära Tirpitz, Göttingen 1955;
P. JAKOBS, Das Werden des französisch-russischen Zweibundes 1890–1894, Wiesbaden 1968;
J. JOLL, Die Ursprünge des Ersten Weltkriegs, München 1988;
DERS., 1914, The unspoken assumptions, London 1968;
G.F. KENNAN, The fateful alliance: France, Russia and the coming of the First World War, New York 1984;
R. LAHME, Deutsche Außenpolitik 1890–1894, Von der Gleichgewichtspolitik Bismarcks zur Allianzstrategie Caprivis, Göttingen 1990;
J.W. LANGDON, July 1914, The long debate 1918–1990, New York und Oxford 1991;
W. LAQUEUR und G.L. MOSSE (Hg.), Kriegsausbruch 1914, München 1970;
K. LOULOS, Die deutsche Griechenlandpolitik von der Jahrhundertwende bis zum Ausbruch des Ersten Weltkrieges, Frankfurt am Main 1986;
R.K. MASSIE, Dreadnought, Britain, Germany, and the coming of the great war, New York 1991;
F. MEINECKE, Geschichte des deutsch-englischen Bündnisproblems 1890–1901, ND München und Berlin 1972;
H. MICHAELIS, Die deutsche Politik während der Balkankriege, Waldeburg 1929;
E. ONCKEN, Panthersprung nach Agadir, Die deutsche Politik während der Zweiten Marokkokrise 1911, Düsseldorf 1981;
R. POMMERIN, Der Kaiser und Amerika, Die USA in der Politik der Reichsleitung 1890–1917, Köln und Wien 1986;
H. RAULFF, Zwischen Machtpolitik und Imperialismus, Die deutsche Frankreichpolitik 1905–1906, Düsseldorf 1976;
G. RITTER, Die Legende von der verschmähten englischen Freundschaft 1898/1901, Freiburg im Breisgau 1929;
J.C.G. RÖHL, Zwei deutsche Fürsten zur Kriegsschuldfrage, Lichnowsky und Eulenburg und der Ausbruch des Ersten Weltkriegs, Düsseldorf 1971;
P. ROHRBACH, Zum Weltvolk hindurch, Stuttgart 1914;
J.J. RUEDORFER [Pseud. KURT RIEZLER], Grundzüge der Weltpolitik in der Gegenwart, Berlin 1913;
G. SCHÖLLGEN (Hg.), Flucht in den Krieg? Die Außenpolitik des kaiserlichen Deutschland, Darmstadt 1991;
B.F. SCHULTE, Vor dem Kriegsausbruch 1914, Deutschland, die Türkei und der Balkan, Düsseldorf 1980;
F. STERN, Bethmann Hollweg und der Krieg, Die Grenzen der Verantwortung, Tübingen 1968;
W. STRIBRNY, Bismarck und die deutsche Politik nach seiner Entlassung (1890–1898), Paderborn 1977;
B. TUCHMAN, August 1914, Ausbruch des Ersten Weltkrieges – der eigentliche Beginn unseres Jahrhunderts, München und Bern ²1979;
L.C.F. TURNER, Origins of the First World War, ND London 1989;
B. VOGEL, Deutsche Rußlandpolitik, Das Scheitern der deutschen Weltpolitik unter Bülow 1900–1906, München 1973;
K.D. WERNECKE, Der Wille zur Weltgeltung, Außenpolitik und Öffentlichkeit am Vorabend des Ersten Weltkrieges, Düsseldorf 1970;
S.R. WILLIAMSON, The politics of grand strategy, Britain and France prepare for war, 1904–1914, Cambridge/Mass. 1969;
P. WINZEN, Bülows Weltmachtkonzept, Untersuchungen zur Frühphase seiner Außenpolitik 1897 bis 1901, Boppard am Rhein 1977.

Imperialismus und Kolonialpolitik 1884–1918

R. VON ALBERTINI, Europäische Kolonialherrschaft 1880–1940, Zürich 1976;
DERS. (Hg.), Moderne Kolonialgeschichte, Köln und Berlin 1970;
J. ARTELT, Tsingtau, Deutsche Stadt und Festung in China 1897–1914, Düsseldorf 1984;

K.J. Bade, Europäischer Imperialismus im Vergleich, Frankfurt am Main 1988;
Ders., Friedrich Fabri und der Imperialismus in der Bismarckzeit, Revolution – Depression – Expansion, Freiburg im Breisgau 1975;
Ders. (Hg.), Imperialismus und Kolonialmission, Kaiserliches Deutschland und koloniales Imperium, Wiesbaden 1982;
D. Bald, Deutsch-Ostafrika 1900–1914, Eine Studie über Verwaltung, Interessengruppen und wirtschaftliche Erschließung, München 1970;
W. Baumgart, Deutschland im Zeitalter des Imperialismus 1890–1914, Grundkräfte, Thesen und Strukturen, Stuttgart 1982;
E. Bendikat, Organisierte Kolonialbewegung in der Bismarck-Ära, Brazzaville und Heidelberg 1984;
C. O. Blaisdell, European financial control in the Ottoman empire, New York 1929 (ND 1966);
H. Bley, Kolonialherrschaft und Sozialstruktur in Deutsch-Südwestafrika 1894–1914, Hamburg 1968;
J. M. Bridgman, The revolt of Hereros, Berkeley 1981;
R. Cornevin, Geschichte der deutschen Kolonisation, Goslar 1974;
S.E. Crowe, The Berlin West Africa conference 1884–1885, ND Westport/Conn. 1970;
H. Drechsler, Südwestafrika unter deutscher Kolonialherrschaft, Der Kampf der Herero und Nama gegen den deutschen Imperialismus (1884–1915), Berlin (O) 1966;
R. F. Dreyer, The mind of official imperialism, British and Cape Government perceptions of German rule in Namibia from the Helgoland-Zanzibar treaty to the Kruger telegram (1890–1896), Essen 1987;
J. Ducruet, Les capitaux européens au Proche-Orient, Paris 1964;
E. W. Edwards, British diplomacy and finance in China, 1895–1914, Oxford 1987;
R. Fiebig-von Haase, Lateinamerika als Konfliktherd der deutsch-amerikanischen Beziehungen 1890–1903, 2 Bde, Göttingen 1986;
D. K. Fieldhouse, Die Kolonialreiche seit dem 18. Jahrhundert (Fischer Weltgeschichte, Bd 29), Frankfurt am Main 1965;
S. G. Firth, New Guinea under the Germans, Melbourne 1982;
S. Förster, W.J. Mommsen und R. Robinson (Hg.), Bismarck, Europe, and Africa, The Berlin Africa conference 1884–1885 and the onset of partition, Oxford 1988;
M. Fröhlich, Von Konfrontation zur Koexistenz, Die deutsch-englischen Kolonialbeziehungen in Afrika zwischen 1884 und 1914, Bochum 1990;
L. H. Gann und P. Duignan (Hg.), The rulers of German Africa 1884–1914, Stanford/Cal. 1977;
P. Gifford und W. R. Louis (Hg.), Britain and Germany in Africa, Imperial rivalry and colonial rule, New Haven und London 1967;
H. Gründer, Geschichte der deutschen Kolonien, Paderborn ²1991;
Ders., Christliche Mission und deutscher Imperialismus, Eine politische Geschichte ihrer Beziehungen während der deutschen Kolonialzeit (1884–1914) unter besonderer Berücksichtigung Afrikas und Chinas, Paderborn 1982;
P. Guillen, L'Allemagne et le Maroc de 1870 à 1905, Paris 1967;
M. von Hagen, Bismarcks Kolonialpolitik, Stuttgart 1923;
G. W. F. Hallgarten, Imperialismus vor 1914, Die soziologischen Grundlagen der Außenpolitik europäischer Großmächte vor dem Ersten Weltkrieg, 2 Bde, München ²1963;
G. Hardach, König Kopra, Die Marianen unter deutscher Herrschaft 1899–1914, Stuttgart 1990;
K. Hausen, Deutsche Kolonialherrschaft in Afrika, Wirtschaftsinteressen und Kolonialverwaltung in Kamerun vor 1914, Zürich und Freiburg im Breisgau 1970;
W. O. Henderson, Studies in German colonial history, London 1962;
H. Holborn, Deutschland und die Türkei 1878–1890, Berlin 1926;
W. Hubatsch, U. Hagen und H. bei der Wieden, Die Schutzgebiete des Deutschen Reiches, in: Grundriß zur deutschen Verwaltungsgeschichte 1815–1945, hg. von W. Hubatsch, Bd 22: Bundes- und Reichsbehörden, Marburg 1983, S. 352–570;
J. Iliffe, Tanganyika under German rule 1905–1912, Cambridge 1969;
P. M. Kennedy, The Samoan tangle, A study in Anglo-German-American relations, 1878–1900, Dublin 1974;
F. Klein (Hg.), Studien zum deutschen Imperialismus vor 1914, Berlin (O) 1976;
A.J. Knoll, Togo under imperial Germany

1884–1914, A case study in colonial rule, Stanford/Cal. 1978;
DERS. und L. H. GANN (Hg.), Germans in the tropics, Essays in German colonial history, New York 1987;
G. KÖNIGH, Die Berliner Kongo-Konferenz, Ein Beitrag zur Kolonialpolitik Bismarcks, Essen 1938;
D. KRONE, Zwischen Waterberg und Kilimandscharo, Der deutsche Kolonialismus in Afrika bis zum ersten Weltkrieg, Berlin 1990;
J. KUCZYNSKI, Studien zur Geschichte des deutschen Imperialismus, 2 Bde, Berlin 1948/1950;
W. L. LANGER, The diplomacy of imperialism 1890–1902, New York ³1956;
W. J. MOMMSEN, Imperialismustheorien, Ein Überblick über die neueren Imperialismusinterpretationen, Göttingen ²1987;
DERS. (Hg.), Der europäische Imperialismus, Aufsätze und Abhandlungen, Göttingen 1979;
DERS. (Hg.), Der moderne Imperialismus, Stuttgart 1971;
DERS. und J. OSTERHAMMEL (Hg.), Imperialism and after, Continuities and discontinuities, London 1986;
J. A. MOSES und P. M. KENNEDY (Hg.), Germany in the Pacific and Far East, 1870–1914, St. Lucia/Queensland 1977;
F. F. MÜLLER, Deutschland – Zanzibar – Ostafrika, Geschichte einer deutschen Kolonialeroberung 1884–1890, Berlin (O) 1959;
R. NESTVOGEL und R. TETZLAFF (Hg.), Afrika und der deutsche Kolonialismus, Zivilisierung zwischen Schnapshandel und Bibelstunde, Berlin 1987;
J. PETSCHULL und T. HÖPKER, Der Wahn vom Weltreich, Die Geschichte der deutschen Kolonien, Hamburg 1984;
V. PLAGEMANN (Hg.), Übersee, Seefahrt und Seemacht im deutschen Kaiserreich, München 1988;
U. RATENHOF, Die Chinapolitik des Deutschen Reiches 1871–1945, Wirtschaft – Rüstung – Militär, Boppard am Rhein 1987;
W. REINHARD, Geschichte der europäischen Expansion, Bd 3: Die Alte Welt seit 1818; Bd 4: Dritte Welt Afrika, Stuttgart 1988/1990;
DERS. (Hg.), Imperialistische Kontinuität und nationale Ungeduld im 19. Jahrhundert, Frankfurt am Main 1991;
A. SCHÖLCH, Ägypten den Ägyptern, Die politische und gesellschaftliche Krise der Jahre 1878–1882 in Ägypten, Zürich 1972;
G. SCHÖLLGEN, Imperialismus und Gleichgewicht, Deutschland, England und die orientalische Frage 1871–1914, München 1984;
D. M. SCHRENDER, The scramble for Southern Africa, 1877–1895, The politics of partition reappraised, Cambridge 1982;
P. SEBALD, Togo 1884–1914, Eine Geschichte der deutschen »Musterkolonie« auf der Grundlage amtlicher Quellen, Berlin (O) 1988;
W. D. SMITH, The German colonial empire, Chapel Hill 1978;
W. STINGL, Der Ferne Osten in der deutschen Politik vor dem Ersten Weltkrieg (1902–1914), 2 Bde, Frankfurt am Main 1978;
H. STOECKER (Hg.), Drang nach Afrika, Die koloniale Expansionspolitik und Herrschaft des deutschen Imperialismus in Afrika von den Anfängen bis zum Ende des zweiten Weltkrieges, Berlin (O) ²1991;
DERS. (Hg.), Kamerun unter deutscher Kolonialherrschaft, 2 Bde, Berlin (O) 1960/1968;
A. J. P. TAYLOR, Germany's first bid for colonies 1884–1885, A move in Bismarck's European policy, London 1938 (ND 1967);
R. C. TIGNOR, Modernization and British colonial rule in Egypt, 1882–1914, Princeton/N. Y. 1966;
H.-U. WEHLER, Bismarck und der Imperialismus, München ⁴1976;
DERS. (Hg.), Imperialismus, Königstein im Taunus ⁴1979;
J. WILLEQUET, Le Congo Belge et la Weltpolitik (1894–1914), Brüssel 1962;
A. ZIMMERMANN, Geschichte der deutschen Kolonialpolitik, Berlin 1914.

Militär, Flotte und Rüstung

V. R. BERGHAHN, Rüstung und Machtpolitik, Zur Anatomie des »Kalten Krieges« von 1914, Düsseldorf 1973;
DERS., Der Tirpitz-Plan, Genesis und Verfall einer innenpolitischen Krisenstrategie unter Wilhelm II., Düsseldorf 1971;
E. BÖHM, Überseehandel und Flottenbau, Hanseatische Kaufmannschaft und deutsche Seerüstung 1879–1902, Hamburg 1972;
W. A. BOELCKE, So kam das Meer zu uns, Die preußisch-deutsche Kriegsmarine in Übersee 1822–1914, Frankfurt am Main und Berlin 1981;
W. DEIST, Flottenpolitik und Flottenpropagan-

da, Das Nachrichtenbureau des Reichsmarineamts 1897–1914, Stuttgart 1976;
DERS. (Hg.), The German military in the age of total war, Leamington Spa 1985;
M. EPKENHANS, Die wilhelminische Flottenrüstung 1908–1914, Weltmachtstreben, industrieller Fortschritt, soziale Integration, München 1991;
S. FÖRSTER, Der doppelte Militarismus, Die deutsche Heeresrüstungspolitik zwischen Status-quo-Sicherung und Aggression 1890–1913, Stuttgart 1985;
A. GASSER, Preußischer Militärgeist und Kriegsentfesselung 1914, 3 Studien zum Ausbruch des ersten Weltkrieges, Basel 1985;
H. HALLMANN, Der Weg zum deutschen Schlachtflottenbau, Stuttgart 1933;
H. HERWIG, »Luxury« fleet, The imperial German navy 1888–1918, London 1980;
E. KEHR, Schlachtflottenbau und Parteipolitik 1894–1901, Berlin 1930;
KRIEGSRÜSTUNG UND KRIEGSWIRTSCHAFT, Bd 1: Die militärische, wirtschaftliche und finanzielle Rüstung Deutschlands von der Reichsgründung bis zum Ausbruch des Weltkrieges, Berlin 1930;
I. N. LAMBI, The navy and German power politics, 1862–1914, Boston 1984;
M. MESSERSCHMIDT, Militär und Politik in der Bismarckzeit und im Wilhelminischen Deutschland, Darmstadt 1975;
G. RITTER, Staatskunst und Kriegshandwerk, Das Problem des »Militarismus« in Deutschland, 4 Bde: Bd 1, München [4]1970; Bd 2, München [2]1965; Bd 3, München 1964; Bd 4, München 1968;
B. F. SAULTE, Europäische Krise und Erster Weltkrieg, Beiträge zur Militärpolitik des Kaiserreichs 1871–1914, Frankfurt am Main 1983;
H. SCHOTTELIUS und W. DEIST (Hg.), Marine und Marinepolitik im kaiserlichen Deutschland 1871–1914, Düsseldorf 1972;
B. F. SCHULTE, Europäische Krise und Erster Weltkrieg, Beiträge zur Militärpolitik des Kaiserreichs, 1871–1914, Frankfurt am Main 1983;
J. STEINBERG, Yesterday's deterrent: Tirpitz and the birth of the German battle fleet, London 1965.

Memoiren, autobiographische Schriften und Biographien sowie personenbezogene Quellen und Studien

Monarchen und regierende Fürsten

K.H. BÖRNER, Wilhelm I. 1797 bis 1888, Deutscher Kaiser und König von Preußen, Eine Biographie, Köln 1984;
L. CECIL, Wilhelm II, Prince and Emperor, 1859–1900, Chapel Hill und London 1989;
W. P. FUCHS (Hg.), Großherzog Friedrich I. von Baden und die Reichspolitik 1867–1907, 4 Bde, Stuttgart 1968–1980;
I. V. HULL, The Entourage of Kaiser Wilhelm II, 1888–1918, Cambridge 1982;
KAISER FRIEDRICH III., Das Kriegstagebuch von 1870/71, hg. von H. O. Meisner, Berlin 1926;
T. A. KOHUT, Wilhelm II and the Germans, A study in leadership, Oxford 1991;
W. J. MOMMSEN, Kaiser Wilhelm II and German politics, in: Journal of Contemporary History 25 (1990), S. 289–316;
J. PENZLER, Die Reden Kaiser Wilhelms II., 4 Bde, Leipzig 1897–1913;
K. RIEZLER, Tagebücher, Aufsätze, Dokumente, hg. von K. D. ERDMANN, Göttingen 1972;
J. C. G. RÖHL, Kaiser, Hof und Staat, Wilhelm II. und die deutsche Politik, München 1987;
DERS. und N. SOMBART (Hg.), Kaiser Wilhelm II, New interpretations, Cambridge 1982;
W. SCHRÖDER, Das persönliche Regiment, Reden und sonstige öffentliche Äußerungen Wilhelms II., München 1907;
WILHELM II., Briefe Wilhelms II. an den Zaren 1894–1914, hg. und eingeleitet von W. GOETZ, Berlin o. J. [1920].

Staatsmänner, Politiker, Beamte und Militärs

O. VON BISMARCK, Die gesammelten Werke, hg. von H. VON PETERSDORFF, F. THIMME, W. FRAUENDIENST, W. ANDREAS, W. SCHÜSSLER, G. RITTER, R. STADELMANN und W. WINDELBAND, 15 Bde, Berlin 1924–1935;
B. FÜRST VON BÜLOW, Denkwürdigkeiten, 4 Bde, Berlin 1930;
DERS., Deutsche Politik, Berlin 1916;
W. BUSSMANN (Hg.), Staatssekretär Graf Her-

bert von Bismarck, Aus seiner politischen Privatkorrespondenz, Göttingen 1964;
E. ENGELBERG, Bismarck, Bd 1: Urpreuße und Reichsgründer, Berlin 1985; Bd 2: Das Reich in der Mitte Europas, Berlin 1990;
E. EYCK, Bismarck, Leben und Werk, 3 Bde, Zürich 1941–1944;
S. FOERSTER (Hg.), Helmuth von Moltke, Vom Kabinettskrieg zum Volkskrieg, Eine Werkauswahl, Bonn 1992;
L. GALL, Bismarck, Der weiße Revolutionär, Berlin und Frankfurt am Main [5]1981;
W. GÖRLITZ, Der Kaiser, Aufzeichnungen des Chefs des Marinekabinetts Georg Alexander von Müller, Göttingen 1965;
H. HANTSCH, Leopold Graf Berchtold, Grandseigneur und Staatsmann, Graz 1963;
P. GRAF VON HATZFELD, Botschafter Paul Graf von Hatzfeld, Nachgelassene Papiere 1838–1901, hg. und eingeleitet von G. EBEL in Verbindung mit M. BEHNEN, 2 Bde, Boppard am Rhein 1976;
A. HILLGRUBER, Otto von Bismarck, Gründer der europäischen Großmacht Deutsches Reich, Zürich und Frankfurt am Main 1978;
C. VON HÖTZENDORFF, Aus meiner Dienstzeit, 1906–1918, 5 Bde, Wien 1922;
F. VON HOLSTEIN, Die geheimen Papiere Friedrich von Holsteins, hg. von N. RICH und M. H. FISHER; dt. Ausgabe von W. FRAUENDIENST, 4 Bde, Göttingen 1956–1963;
E. JÄCKH (Hg.), Kiderlen-Wächter, Der Staatsmann und der Mensch, Briefwechsel und Nachlaß, 2 Bde, Stuttgart 1925;
K. M. FÜRST LICHNOWSKY, Meine Londoner Mission 1912–1914, Berlin 1919;
H. O. MEISNER (Hg.), Denkwürdigkeiten des General-Feldmarschalls Alfred Grafen von Waldersee, 3 Bde, Stuttgart und Berlin 1922;
H. VON MOLTKE, Erinnerungen, Briefe, Dokumente 1877–1916, Stuttgart 1922;
W. F. MONEYPENNY und G. E. BUCKLE, The life of Benjamin Disraeli, Earl of Beaconsfield, 2 Bde, London 1929;
G. A. VON MÜLLER, Regierte der Kaiser? Kriegstagebücher, Aufzeichnungen und Briefe des Chefs des Marine-Kabinetts Admiral Georg Alexander von Müller 1914–1918, Göttingen, Berlin und Frankfurt am Main 1959;
F. NAUMANN, Werke, hg. von T. SCHIEDER, 6 Bde, Köln und Opladen 1964–1969;
N. RICH, Friedrich von Holstein, Politics and diplomacy in the era of Bismarck and Wilhelm II, 2 Bde, London 1965;
G. RICHTER, Friedrich von Holstein, Ein Mitarbeiter Bismarcks, Lübeck 1966;
J. C. G. RÖHL (Hg.), Philipp zu Eulenburg und Hertefeld, Politische Korrespondenz, 3 Bde, Boppard am Rhein 1976–1983;
H. ROGGE (Hg.), Friedrich von Holstein, Lebensbekenntnis in Briefen an eine Frau, Berlin 1932;
A. GRAF VON ROON, Denkwürdigkeiten aus dem Leben des General-Feldmarschalls Kriegsministers Grafen (Albrecht) von Roon, Sammlung von Briefen, Schriftstücken und Erinnerungen, 3 Bde, Breslau [4]1897;
H. ROTHFELS, Bismarck, der Osten und das Reich, Darmstadt 1960;
M. SALEWSKI, Tirpitz, Göttingen 1979;
W. SCHULTZE und F. THIMME (Hg.), Rudolf von Bennigsen, Reden, 2 Bde, Halle 1911/1922;
M. SCHWARZ, MdR, Biographisches Handbuch der Reichstage, Hannover 1965;
A. J. P. TAYLOR, Bismarck, Mensch und Staatsmann, München 1962;
A. VON TIRPITZ, Der Aufbau der deutschen Weltmacht, Stuttgart und Berlin 1924;
DERS., Erinnerungen, Leipzig 1919;
F. VON TROTHA, Holstein als Mensch und Politiker, Berlin o. J. [1931];
R. VIERHAUS (Hg.), Das Tagebuch der Baronin Spitzemberg, geb. Freiin von Varnbüler (1859–1914), Aufzeichnungen aus der Hofgesellschaft der Hohenzollern, Göttingen [4]1976.

Personen- und Ortsregister